Introducing
Practice Spanish: Study Abroad

Practice Spanish: Study Abroad, created exclusively by McGraw-Hill Education, is the first 3-D immersive language game designed to put students' developing language skills to the test through real-world communicative scenarios. Students travel virtually to Colombia, where they problem-solve, communicate, and navigate through a variety of cultural scenarios and adventures in a fictional Colombian town.

Players begin by playing Mini-games—fast-paced games designed to help master the vocabulary and grammar needed to successfully complete the Quest that follows. Whether dragging and dropping words into meaningful sentences, accurately moving cascading words into specified categories, or labeling visual images, the students' goal is to earn as many points as possible in the limited time available.

Students begin the Quest experience by creating their very own, personalized avatar. Selecting their gender, physical characteristics, and clothing, students are encouraged to enter a world of their own making.

Within each Quest, students are given clear objectives, such as finding a fellow student in the sprawling plaza, assisting a friend in medical need, navigating their local campus, and even solving a series of mysteries incorporating elements of the magical realism that plays such a significant role i ... rformance is measured by th ... fully while also maximizing achie ... , time spent, well-being, and langu ... e as often as they like, exploring the pla ... eting new people along the way.

Practice Spanish: Study Abroad is accessible online via laptops and tablets through **McGraw-Hill Connect®** or directly through **www.mhpractice.com**. **Practice Spanish: Mini-games** are optimized for smartphones.

Experience Spanish and McGraw-Hill LearnSmart® provide each student with a **personalized** and **adaptive** learning experience based on their individual needs.

Experience Spanish is now **mobile-enabled for tablets,** allowing students to engage in their course material via the devices they use every day.

Mc Graw Hill Education | LEARNSMART®

EXPERIENCE SPANISH

Un mundo sin límites

SECOND EDITION

María J. Amores
West Virginia University

José Luis Suárez-García
Colorado State University

Annie Rutter Wendel
University of Georgia

Special thanks to Melanie Waters at the University of Illinois at Urbana-Champaign for her insights and significant contributions to this edition.

EXPERIENCE SPANISH: UN MUNDO SIN LIMITES, SECOND EDITION

Published by McGraw-Hill Education, 2 Penn Plaza, New York, NY 10121.

Some ancillaries, including electronic and print components, may not be available to customers outside the United States.

This book is printed on acid-free paper.

1 2 3 4 5 6 7 8 9 0 DOW/DOW 1 0 9 8 7 6 5 4

ISBN 978-0-07-353444-2 (Student Edition)
MHID 0-07-353444-7

ISBN 978-1-259-28507-3 (Instructor's Edition)
MHID 1-259-28507-3

Senior Vice President, Products & Markets: *Kurt L. Strand*
Vice President, General Manager, Products & Markets: *Michael Ryan*
Vice President, Content Design & Delivery: *Kimberly Meriwether David*
Managing Director: *Katie Stevens*
Brand Manager: *Katherine K. Crouch*
Director, Product Development: *Meghan Campbell*
Product Developer: *Pennie Nichols*
Executive Marketing Manager: *Craig Gill*
Marketing Manager: *Chris Brown*
Director of Digital Content: *Janet Banhidi*
Digital Product Developer: *Laura Ciporen*
Digital Product Analyst: *Sarah Carey*
Senior Faculty Development Manager: *Jorge Arbujas*
Director, Content Design & Delivery: *Terri Schiesl*
Program Manager: *Kelly Heinrichs*
Content Project Managers: *Mary E. Powers, Amber Bettcher, Erin Melloy*
Buyer: *Susan K. Culbertson*
Design: *Tara McDermott*
Content Licensing Specialists: *Shawntel Schmitt, Rita Hingtgen*
Cover Image: *© Corbis/Royalty-Free (background; © McGraw-Hill Education (butterfly)*
Compositor: *Lumina Datamatics, Inc.*
Printer: *R. R. Donnelley*

All credits appearing on page or at the end of the book are considered to be an extension of the copyright page.

Library of Congress Cataloging-in-Publication Data

Amores, María, author.
EXPERIENCE SPANISH: Un mundo sin límites: Second Edition: María J. Amores, West Virginia University; José Luis Suárez-García, Colorado State University; Annie Rutter Wendel, University of Georgia: Special thanks to Melanie Waters at the University of Illinois at Urbana-Champaign for her insights and significant contributions to this edition.—Second Edition.
p. cm.
Includes bibliographical references and index.
ISBN 978-0-07-353444-2 (Student Edition: alk. paper)—ISBN 978-1-259-28507-3 (Instructors Edition: alk. paper)
1. Spanish language—Textbooks for foreign speakers—English. 2. Spanish language—Grammar. 3. Spanish language—Spoken Spanish. I. Suárez-García, José Luis, author. II. Wendel, Annie, author. III. Waters, Melanie, author. IV. Title.
PC4129.E5A534 2016
468.2'421—dc23

2014027049

The Internet addresses listed in the text were accurate at the time of publication. The inclusion of a website does not indicate an endorsement by the authors or McGraw-Hill Education, and McGraw-Hill Education does not guarantee the accuracy of the information presented at these sites.

www.mhhe.com

To my husband, Jim Rentch, my deepest thanks for his support.
—María J. Amores

Para Courtenay, aire limpio andaluz; Natalia y Sebi, identidad multicultural.
—José Luis Suárez-García

To Ryan, ***mi media naranja,*** *who sees the art in each thing and the joy in each moment, and shares it all with me. Thank you for your strength and love.*
—Annie Rutter Wendel

experience

Experience Spanish ***Preface*** How do you Want Your Students to **Experience Spanish?**

Experience Spanish: Un mundo sin límites, presents vocabulary and grammar in action *through* culture. With emphasis on the 5C's, the *Experience Spanish* program delivers dynamic opportunities for communicative practice in all course delivery formats built upon the following principles:

- ***Culture is core:*** Culture is infused throughout the program. The students' cultural experience and exposure is not limited to special cultural sections, but rather embedded in presentations as well as in vocabulary and grammar practice. The dedicated cultural sections are rich and varied: **Entrada cultural, Expresiones artísticas, Notas culturales, Notas interdisciplinarias, Lectura cultural, Concurso de videoblogs, Conexiones culturales en vivo,** and **Conexiones culturales.** These readings, videos, notes, and fine art presentations offer students extensive cultural perspectives and promote cross-cultural comparisons and connections.
- ***Language in action:*** Vocabulary in *Experience Spanish* is presented visually through colorful, engaging illustrations, and put into action with personal and communicative activities. Grammar points are introduced with contextualized short dialogues or cultural readings that immediately illustrate the concepts in action, allowing students to experience the structures in context before focusing on the forms and rules.
- ***Personalized experience:*** No two students are alike. Why should their learning paths be? LearnSmart uses revolutionary adaptive technology to build a learning experience unique to each student's individual needs. Students engage in targeted vocabulary and grammar practice so they are prepared to practice communication in the classroom. To further the personalized experience, we're excited to announce the interactive 3-D game, *Practice Spanish: Study Abroad,* that immerses students in a virtual study abroad experience in Colombia. *Practice Spanish,* accessible on laptops and mobile devices, allows students to practice real world language in a game environment that integrates culture, grammar, and vocabulary.
- **Experience Spanish everywhere:** Connect Spanish, McGraw-Hill's digital teaching and learning environment, is now mobile and enabled for tablets, allowing students to engage in their course material via the devices they use every day.

CULTURE IS CORE

Professors report that they often sacrifice culture to cover all of the grammar and vocabulary required within their introductory Spanish course. As the semester marches on and grammar forms become increasingly complex, opportunities for students to explore culture are reduced to the point where most students receive only superficial cultural coverage because there simply isn't enough time.

Experience Spanish eases the pressure to "cover it all" by weaving cultural information *into* vocabulary and grammar presentations and activities. A recurring activity at the end of each grammar section (beginning in **Capítulo 2**) is **Experiencia integral**. This culminating activity provides reading strategies, cultural input, practice of target vocabulary and grammar, recycling of previously learned vocabulary and grammar, and communicative and connection opportunities.

> *Experience Spanish* is a text that moves culture out of the sidebar and into the forefront of student learning.
>
> **Casey Reynolds,**
> *Lake Land College, Mattoon*

EXPERIENCIA INTEGRAL

¿Qué vamos a hacer (*to do*)?

ANTES DE LEER. What are some of the more popular gathering places in your city? Make a list of them, what kind of people go there, and what they do there. Be ready to share your answers with the class.

PASO 1. Complete the narration about pastimes in Mexico. Use the present tense of the verbs in parentheses. When two words appear in parentheses, indicate the correct one.

México es un país[a] grande, con diversas ciudades y pueblos.[b] Las actividades y los pasatiempos de los residentes son diferentes según el clima, (el/la[1]) geografía y la situación económica. Pero no importa[c] si (*tú:* ir[2]) a una ciudad grande o a una aldea,[d] (*tú:* ir[3]) a encontrar[e] un zócalo. Como en otros países hispanohablantes, la plaza (ser[4]) el corazón del pueblo.[f]

Aunque[g] muchas personas (ir[5]) al zócalo durante el día, las actividades se aceleran por (el/la[6]) tarde y la noche. Todo el mundo[h] (ir[7]) al zócalo: los viejos, los jóvenes... todos[i] (ir[8]) allí. Varias personas (pasear[9]) por el zócalo y (hablar[10]) con amigos y vecinos.[j] (Los/Las[11]) fines de semana, especialmente los sábados, los mariachis (tocar[12]) música. Muchos (bailar[13]) o (mirar[14]) bailar a las personas. Los niños (ir[15]) con sus padres a jugar. Los jóvenes (buscar[16]) a sus amigos y novios o novias. A veces, los adultos (hablar[17]) de negocios[k] en el zócalo. ¡El zócalo es un centro de mucha actividad y vida[l]!

Unos mariachis en el zócalo (central plaza)

- **Antes de leer** is a pre-reading step that provides students with reading strategies. Each **Experiencia integral** covers a strategy or technique to optimize reading comprehension, for example, recognition of cognates, prefixes and suffixes, and word families; scanning for information; and predicting. Some **Antes de leer** provide questions to activate students' background knowledge on the topic.
- **Paso 1** consists of a cloze reading passage on a cultural topic that is related to the chapter theme and region of focus. Students complete these passages with words or forms to practice the target structure, as well as previously learned vocabulary and structures. These cloze cultural readings become longer and more detailed as the chapters progress.
- **Paso 2** provides questions or discrete point items that check how well the students understood the reading.
- **Pasos 3** and **4** provide opportunities for paired or group discussions on the cultural topic, and for exploration of the topic outside of the classroom, that can be brought back in the form of audio and visual presentations.

In addition to culturally rich vocabulary and grammar activities, *Experience Spanish* offers a variety of culture-based features.

Entrada cultural This feature, found before **Capítulo 1,** then before each even-numbered chapter, introduces the area of focus. *Experience Spanish* begins this regional introduction.

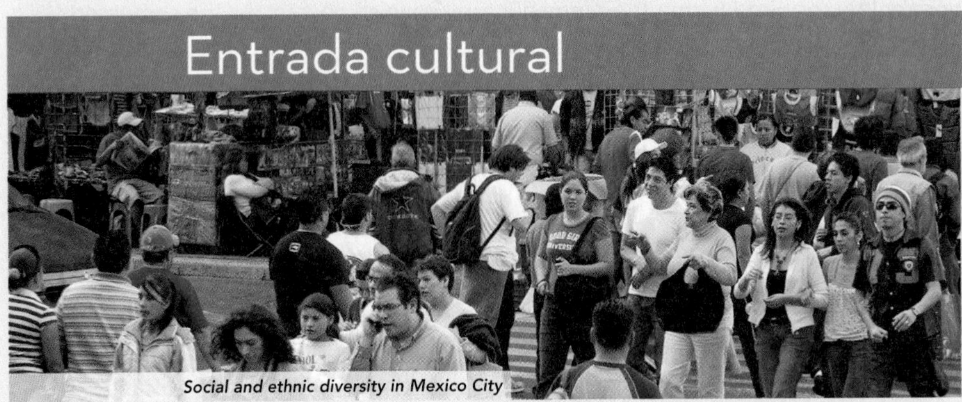

Social and ethnic diversity in Mexico City

Nota cultural

CULTURES

LOS CUATES

If a Spanish speaker introduces his or her friend as a **cuate/a,** you know for sure that he or she is a Mexican. A **cuate/a** is a close friend, someone you may have known for years. **Cuates** are the friends you play soccer with every day after school or those who invite you to their birthday parties. Generally, **cuates** are friends who live in your neighborhood with whom you grew up and that you see all the time. As a young adult, **cuates** are the people you go out with on a Saturday night or with whom you meet in a sports bar to watch your favorite team.

Nota cultural Each chapter includes one or more **Nota cultural** passages, short cultural readings related to the chapter topic and regional area. All are supported with a list of comprehension and expansion questions.

Nota interdisciplinaria This *Connections* activity provides interdisciplinary information related to the chapter topic and target region and is also supported with a list of comprehension and expansion questions.

Nota interdisciplinaria

MATEMÁTICAS: Más, menos, por, entre, son

In **Capítulo 1,** you learned that in Spanish, the plus sign (+) is pronounced **más** and the minus (–) sign is pronounced **menos.** Review the following words for other mathematical symbols.

× → **por** :* → **entre / dividido entre** = → **son**

Tres **más** ocho **son** once. *Three plus eight equals eleven.*
Siete **por** nueve **son** sesenta y tres. *Seven times nine equals sixty-three.*

Experience Spanish makes culture the central point while students are using their grammar and vocabulary to learn more about not just Spanish, but culture as well.

Diana Mayclin Spinar,
Dakota Wesleyan University

Expresiones artísticas

Adriana M. García

Todo tiene su efecto (*Everything has its effect*), 2012

Expresiones artísticas This art feature includes an image of fine art (big C) or indigenous art or craft (little c) and information about that image. The follow-up questions check students' comprehension and encourage them to explore and make additional connections.

Lectura cultural Every chapter includes a reading about a topic related to the chapter theme and/or region of focus. Beginning in **Capítulo 4,** the readings are taken from Hispanic publications. All readings feature **Antes de leer** pre-reading and **Después de leer** post-reading activities.

Lectura cultural

ANTES DE LEER

You are going to read an article about pastimes in Mexico City. Before you read the passage, answer these questions. Then share your ideas with the class.

1. ¿Qué te gusta hacer en tu tiempo libre?
2. En tu opinión, ¿cuáles son los pasatiempos más comunes entre (*among*) los estudiantes de tu universidad?

La Ciudad de México

Una biblioteca en Coyoacán

La Ciudad de México es una gran metrópolis en donde hay entretenimiento[a] para gente de diversos gustos y aficiones. Las personas interesadas en la historia pueden[b]

Concurso de videoblogs This video-based section occurs at the end of **Capítulos 1–14.** The basis is a videoblog competition, for which six students create and enter two videoblogs about their country. The students are from Mexico, Spain, the Dominican Republic, Costa Rica, Peru, and Argentina. The feature in the textbook that corresponds to the video includes pre- and post-viewing activities.

Concurso de videoblogs

Miguel vive en Guanajuato, México. En su blog habla del fútbol, el deporte nacional de México y de Guanajuato

México: Miguel

El fútbol en México

ANTES DE VER

A. Capítulo y video. Answer the questions.

1. Do you practice any sport or attend sporting events of your favorite sports teams? Explain.
2. What are the three most popular sports where you live? Is **fútbol** or soccer one of them? Why or why not?
3. Where is a good place to enjoy a sporting event in your area?

B. Anticipación. Miguel's friends Chucho and Elena will talk about their favorite teams over lunch. What type

Conexiones culturales en vivo This video-based feature occurs after odd-numbered chapters beginning with **Capítulo 3** and ending with **Capítulo 13.** Each video explores a topic related to the focus of the previous two chapters, and makes comparisons of that topic in three different countries. The video is supported by pre-viewing and post-viewing activities in the textbook.

Conexiones culturales en vivo

Los pasatiempos y los deportes

ANTES DE VER

How much do you know about pastimes and sports in the Spanish-speaking world? Indicate if the sentences are true (C) or false (F).

El fútbol es el deporte nacional en muchos países hispanos.

	C	F
1. El fútbol es un deporte de gran importancia en los países	☐	☐

Conexiones culturales This photo-essay section, which follows the **Conexiones culturales en vivo** section, explores a single product or practice in the Hispanic world. The features products and practices are soccer, the plaza, rice, national parks, the guitar, and modern communication. Each presentation is supported by two to three comprehension and discussion activities.

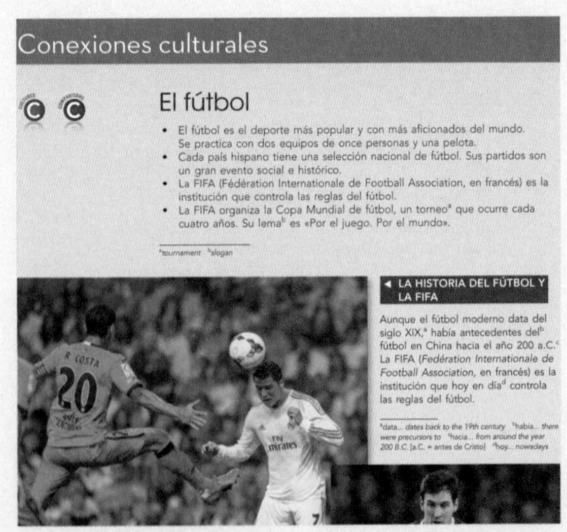

Conexiones culturales

El fútbol

- El fútbol es el deporte más popular y con más aficionados del mundo. Se practica con dos equipos de once personas y una pelota.
- Cada país hispano tiene una selección nacional de fútbol. Sus partidos son un gran evento social e histórico.
- La FIFA (Fédération Internationale de Football Association, en francés) es la institución que controla las reglas del fútbol.
- La FIFA organiza la Copa Mundial de fútbol, un torneo[a] que ocurre cada cuatro años. Su lema[b] es «Por el juego. Por el mundo».

[a]tournament [b]slogan

◀ LA HISTORIA DEL FÚTBOL Y LA FIFA

Aunque el fútbol moderno data del siglo XIX,[a] había antecedentes del[b] fútbol en China hacia el año 200 a.C.[c] La FIFA (*Fedération Internationale de Football Association,* en francés) es la institución que hoy en día[d] controla las reglas del fútbol.

[a]*data... dates back to the 19th century* [b]*había... there were precursors to* [c]*hacia... from around the year 200 B.C.* [a.C. = antes de Cristo] [d]*hoy... nowadays*

Experience Spanish focuses on learning language from culture, not a side addition to the massive load of grammar and vocabulary.

Katherine J. Zimmer,
Indiana State University

LANGUAGE IN ACTION

The heart of any language classroom is communication; however, many students struggle with creating language in action using static words and a list of rules. *Experience Spanish* helps students jump into action with the language they're learning through visual presentations, activities that engage students to use the language to communicate about themselves, and interactive presentations.

TEMA I: Una pasión por los deportes

Vocabulario en acción

Los pasatiempos° y los deportes

°Los... Pastimes

The **Vocabulario en acción** feature presents the lexical groups in visually appealing scenes that illustrate words and phrases in context. Similarly, **Gramática en acción** sections, which precede each grammar presentation, are brief readings or dialogues that show the grammar in action. The follow-up **Comprensión** activity is designed to help students deduce the structure and how to apply the rules.

Gramática

2.1 Present Tense of Regular -er and -ir Verbs

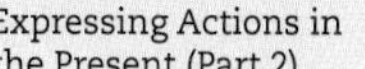

GRAMÁTICA EN ACCIÓN

Nuevos amigos

[*Melissa es una estudiante de los Estados Unidos que vive en México este semestre. Ella habla con su nuevo amigo, Jaime, sobre sus actividades favoritas en el tiempo libre.*]

JAIME: ¿Qué tal, Melissa?

MELISSA: Muy bien. ¡México es magnífico! Hay muchas cosas y actividades interesantes.

JAIME: ¡Qué bien! ¿**Vives** con una familia?

MELISSA: Sí. **Vivo** con una familia mexicana muy simpática y **asisto** a clases en la universidad todos los días.

JAIME: ¿Y **comprendes** bien el español?

MELISSA: Sí. Hablar es un poco difícil, pero **leo** y **escribo** muy bien. **Aprendo** más cada día. **Me gusta** mucho practicar.

JAIME: ¿Con quién practicas?

MELISSA: Con mis nuevos amigos, Alejandra y Samuel. Son muy divertidos. Nosotros **comemos** y **bebemos** en restaurantes muy buenos. Alejandra y yo **corremos** en el parque.

JAIME: ¿Visitas muchos lugares en la ciudad?

MELISSA: Sí. Hay muchos lugares interesantes. Mis compañeros de clase

It creates a competitive environment, it takes their learning beyond the classroom environment, and it promotes motivation and positive attitudes toward language learning.

—Nuria Lopez-Ortega,
University of Cincinnati

PERSONALIZED EXPERIENCE

No two students learn a language the same way or at the same rate. Students enter the Introductory Spanish course with a wide range of knowledge of experiences from true beginners to native speakers. So how do you know to whom to teach what?

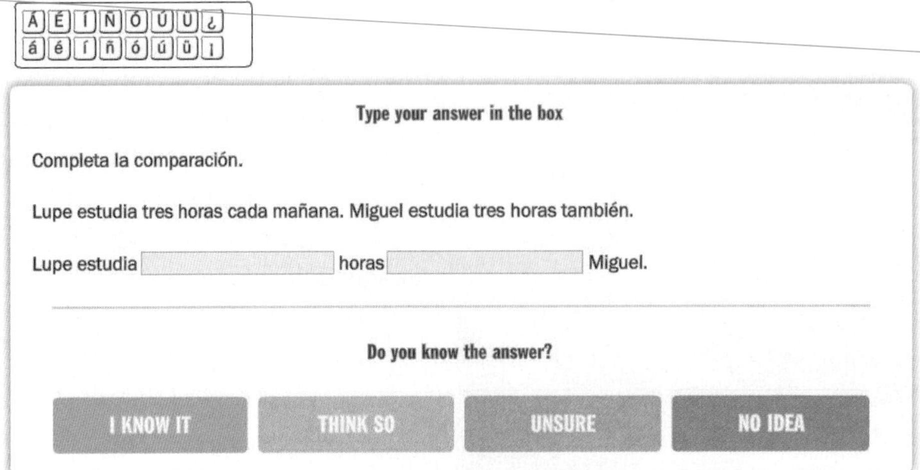

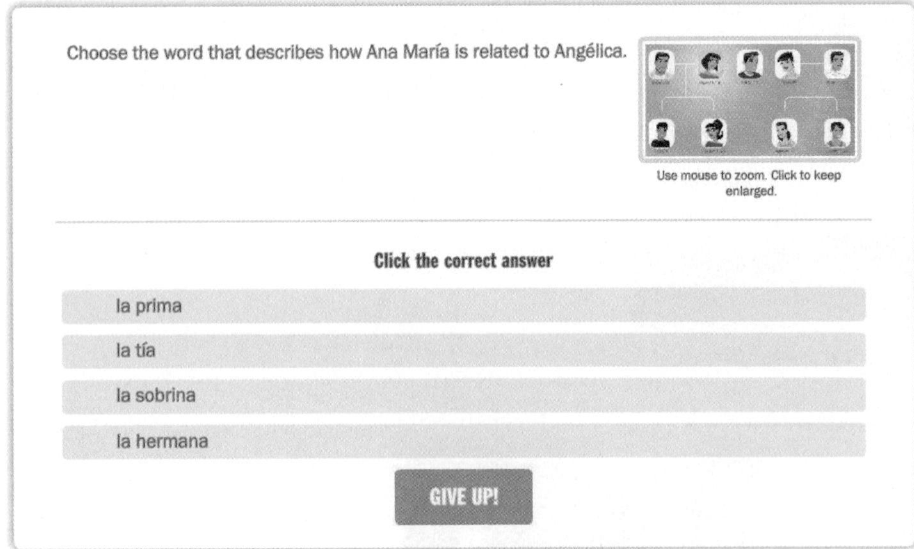

McGraw-Hill's LearnSmart provides each student with a personalized and adaptive learning experience based on individual needs. As a student works through a series of probes around the vocabulary and grammar presented in each chapter, LearnSmart identifies what the student knows and doesn't know, and continuously adapts the subsequent probes to focus on areas where the student needs the most help. A student learns and masters core vocabulary and grammar at his or her own pace and comes to class better prepared to communicate in the target language. LearnSmart is available within Connect Spanish, McGraw-Hill's digital teaching and learning environment, and as a stand-alone mobile app.

Experience Spanish also meets students where they are . . . with innovative digital solutions for students' learning needs with Connect and LearnSmart.

Casey Reynolds,
Lake Land College, Mattoon

Practice Spanish: Study Abroad is an immersive 3-D language game designed exclusively by McGraw-Hill Education to provide complex language practice.

It would be **a great tool for students beginning to learn Spanish.** It would help them **study grammar and vocabulary.** It seems like a fun game, and **I would definitely be willing to play it.**

—**Abigael,** *University of Illinois at Urbana-Champaign*

Students travel virtually to Colombia, where they problem solve, communicate, and navigate through a variety of cultural scenarios and adventures as they "study abroad." *Practice Spanish: Study Abroad* provides students with extensive and meaningful language practice outside the classroom experience, actively engaging and motivating students to explore the Spanish language in real-world cultural settings while having fun using their developing language skills to complete practical, day-to-day activities. *Practice Spanish: Study Abroad* is available as a stand alone product or as an addition to Connect Spanish.

I think that Practice Spanish is a great tool that teaches Spanish in a way that students can practically use in the "real world," and I look forward to using it in my classroom!

—**Alina Vega Franco,**
Broward College, Central

I will definitely use this in my online classes. Students tend to fall to the wayside when they are left to study on their own, and this will be a way for them to study without realizing they are studying."

—**Michelle Ocasio,**
Valdosta State University

I will use it because I like the idea that students can learn from playing a game. I will use the game as a way to complement what students do in our basic language courses both in the classroom and at home. The game can be easily assigned to students as homework to be completed at home, or as an activity to be done at the language lab.

—**Alfredo Sosa-Velasco,** *Southern Connecticut State University*

I like the new focus on practice, mainly the **tablet version** and study abroad game. LearnSmart has always been a phenomenal product. With the addition of the mobile app and study abroad game, this book will appeal to millennial learners.

Veronica Tempone,
Indian River State College

The game for one, is very innovative and would be the **first of its kind.** Not only is it helping students learn. The interface is very **user friendly** and looks very **simple to navigate,** allowing a **wider age range of players.**

—Deandra, *University of Cincinnati*

EXPERIENCE SPANISH EVERYWHERE

Connect Spanish is now mobile-enabled, allowing students to engage in their course material via the devices they use every day. Students can access *Workbook/ Laboratory Manual* exercises, eBook, LearnSmart, video and audio materials, and grammar tutorials on tablets.

Additional key features of Connect Spanish include:

- Connect-only interactive activities using drag-and-drop functionality, embedded audio, voice recorders, and videos targeting key vocabulary, grammar, and cultural content for extra practice
- a comprehensive gradebook, including time-on-task measurements, the ability to quick grade, to drop the lowest score, and to view student grade-to-date calculations
- powerful reports that provide instructors insight into classroom and student performance with data and information that can be used to inform how valuable class time is spent
- the ability to customize assignments using the Assignment Builder's user-friendly filtering system, allowing instructors to create unique assignments targeting specific skills, learning objectives, ACTFL standards, and more
- access to all instructor's resources, including pre-made exams and a test bank for online delivery of exams
- Tegrity™, McGraw-Hill's video capture software, which allows instructors to post short videos, tutorials, and lessons for student access outside of class
- Voice Board and Blackboard IM, two powerful tools integrated into Connect Spanish, promote communication and collaboration outside of the classroom. Voice Board activities allow students to participate in threaded oral discussion boards, while Blackboard IM activities facilitate real-time interaction via text instant messaging and voice or video chat. The white board and screen sharing tools provide opportunities for collaboration, and virtual office hours allow instructors to meet online with students either one-on-one or in groups. Instructors can deliver voice presentations, voice emails, or podcasts as well. Whether for an online or hybrid course or a face-to-face one seeking to expand the oral communication practice and assessment, these tools allow student-to-student or student-to-instructor virtual oral chat functionality.
- MH Campus and Blackboard integration simplifies and streamlines course administration by integrating Connect Spanish with any Learning Management System. With features such as single sign-on for students and instructors, gradebook synchronization, and easy access to all of McGraw-Hill's language content (even from other market-leading titles not currently adopted for your course), teaching an introductory language course has never been more streamlined.

ABOUT THE AUTHORS

María J. Amores received her Licenciatura en Filología Hispánica from the Universidad de Sevilla and her Ph.D. in Spanish Applied Linguistics with a concentration in Second Language Acquisition from Pennsylvania State University. She is currently an Associate Professor of Spanish at West Virginia University, Morgantown, where she coordinates and supervises the Basic Spanish Program and teaches undergraduate and graduate courses in language, culture, methodology, and linguistics. Her research is oriented toward pedagogical issues related to the teaching of writing and to the professional development of graduate teaching assistants. Professor Amores has published various articles on these topics in *Dimension, The Northeast Conference on the Teaching of Foreign Languages Review,* and *Foreign Language Annals*. She has also conducted several in-service workshops at national institutions for language instructors at the public school (K-12) levels, and at international institutions for teachers of Spanish as a second language.

José Luis Suárez García (Ph.D., University of Illinois at Urbana-Champaign, 1991) is currently a Professor of Spanish in the Department of Foreign Languages and Literatures at Colorado State University in Fort Collins. He regularly teaches courses on Spanish Language, Golden Age and Contemporary Literature and Culture. Professor Suárez García was coauthor of two manuals for Intensive/High Beginning, and Intermediate Grammar Review courses (*Nuevos Destinos*) and contributing writer for the *Pasajes*: *Cultura* and *Pasajes: Literatura* (4e) published by McGraw-Hill. He has also published several reviews, articles, and books on Spanish Golden Age literature and culture, medieval bibliography, poetic and dramatic theory, and contemporary theater. He has been a guest speaker at Jornadas de Teatro Clásico in Almagro and Almería, and has been a Panelist at the Festival del Siglo de Oro in El Paso, Texas. Some of his publications have appeared in *Criticón, Journal of Spanish Studies, La Crónica, Journal of Hispanic Philology, Anales de Literatura Española,* Editorial Castalia, and Editorial Universidad de Granada.

Annie Rutter Wendel received her M.A. in Spanish Linguistics from the University of Georgia in 2007, where she is currently an instructor teaching Introductory and Intermediate Spanish, Conversation and Composition, and Business Spanish. She has formerly served as preceptor of the high-beginner program there, but now oversees intermediate courses. With years of experience teaching English as a second language abroad and having learned Spanish entirely through immersion herself, she is fascinated by second language acquisition and pedagogy. She specializes in innovations in instructional technology, as well as hybrid and online learning, and has presented on these topics at ACTFL and through numerous webinars. She has successfully developed hybrid and online programs that emphasize communication and foster community, including one through the University of Georgia's Online Learning Fellows program. Additionally, she has consulted with faculty nationwide on their implementation of the Connect Spanish platform and other digital tools.

ACKNOWLEDGMENTS

We would like to thank the overwhelming number of friends and colleagues who served on boards of advisors or as consultants, completed reviews or surveys, and attended symposia or focus groups. Their feedback was indispensible in creating the *Experience Spanish / Connect Spanish* program. The appearance of their names in the following lists does not necessarily constitute their endorsement of the program or its methodology.

Review/Webinar

Bradley Hoot
DePaul University

María Ramos
Macomb Community College

Moraima Mundo Ríos
Butler University

Schubert Schubert
Butler University

Gunnar Anderson
State University of New York at Potsdam

Enrica Ardemagni
Indiana University Purdue University Indianapolis

Michelle C. Baghdadi
Community College of Rhode Island

Valeria Barragán
Coastline Community College

Patricia Bazán-Figueras
Fairleigh Dickinson University

Silvia Belen Ramos
Fairleigh Dickinson University

Malu Benton
Hudson Valley Community College

Tom Blodget
Butte College

Amy Bomke
Indiana University Purdue University Indianapolis

Ryan Boylan
University of North Georgia

Maria Teresa Brettell
Dixie State University

Kristy Britt
University of South Alabama

Isabel Brown
University of South Alabama

Julia Emilia Bussade
University of Mississippi

Maria Calatayud
University of North Georgia

Lisa Calvin
Indiana State University

Sarah Campbell
Montgomery College

Lilian Cano
University of Texas at San Antonio

Resha Cardone
Southern Connecticut State University

Ines Carrera-Junco
Borough of Manhattan Community College

Nicole Casnettie
University of Georgia

Lorenz Chan
Central Virginia Community College

Kelly Conroy
Northern Illinois University

Jim Crawford
Northwestern State University

Adam V. Crofts
College of Southern Idaho

Debra Currere
Northern Illinois University

Khamla L. Dhouti
California Baptist University

Elizabeth Vargas Dowdy
State College of Florida

Denise Egidio
Guilford Technical Community College

Linda Elliott-Nelson
Arizona Western College

Hector Fabio Espitia
Grand Valley State University

Dina Fabery
University of Central Florida

Lorraine Michelle Faust
Arizona Western College

Claudia R. Fernández
Knox College

Ileana Gantt
Butte College

Maria del Carmen Garcia
Texas Southern University

Jennifer Garzon
Truckee Meadows Community College

Heidi Gehman-Perez
Southside Virginia Community College

José Ignacio González
University of Central Florida

Mark D. Greger
Georgia Highlands College

Ari Gutman
eTroy University

Marilyn Harper
Pellissippi State Community College

Michael Harrison
San Diego Mesa College

Richard Heath
Kirkwood Community College

Florencia Henshaw
University of Illinois Urbana Champaign

Dallas Jurisevic
Metropolitan Community College

Elena Killian
Central Virginia Community College

Isabel Killough
Norfolk State University

Bryan Koronkiewicz
DePaul University

Ken LaBrant
Troy University

Ryan LaBrozzi
Bridgewater State University

Nilsa Lasso-von Lang
Moravian College

David Leavell
Colleg of Southern Nevada

Mike Ledgerwood
Samford University

D. Brian Mann
University of North Georgia

Frances Matos-Schultz
University of Minnesota

Melissa Maynard
Clinton Community College

José A. Mazón
Saint Bonaventure University

Susana Mazuelas
West Virginia University

Richard Mc Callister
Delaware State University

José Mendoza
University of San Diego

Ljiljana Milojevic
Ocean County College

Jerome Miner
Knox College

Deborah Mistron
Middle Tennessee State University

Charles Hernando Molano
Lehigh Carbon Community Collge

Esperanza Muñoz Pérez
Kirkwood Community College

Shonu Nangia
Louisiana State University—Alexandria

Diane Navas
Truckee Meadows Community College

Nilsa Perez-Cabrera
Blinn College

Teresa Perez-Gamboa
University of Georgia

Jesús Rafael Pico
Indiana University Kokomo

Stacey Powell
Auburn University

Anne Prucha
University of Central Florida

David Quintero
Seattle Central Community College

Maria Ramos
Macomb Community College

Casey Reynolds
Lake Land College

Angelo Rodriguez
Kutztown University of Penssylvania

Annie Rutter Wendel
University of Georgia

Oneida M. Sanchez
Borough of Manhattan Community College

José Sandoval
Coastal Carolina Community College

Bethany Sanio
University of Nebraska—Lincoln

Marilin Sarria
South Carolina State University

Nina Shecktor
Kutztown University of Pennsylvania

Leigh A. Simone
St. Bonaventure University

Dawn Slack
Kutztown University of Pennsylvania

Anita Smith
Pitt Community College

Diana Mayclin Spinar
Dakota Wesleyan University

Paquita Suárez Coalla
Borough of Manhattan Community College

Carrie Tamburo
Seattle Central Community College

Clay Tanner
University of Memphis

Kacie Tartt
University of Central Florida

Edda Temoche-Weldele
Grossmont College

Veronica I. Tempone
Indian River State College

John Teye
Delaware State University

Toni Trives
Santa Monica College

Elaini Tsoukatos
Mount Saint Mary's University

Natalia Verjat
Tarrant County College Northeast

Claudia G. Vestal
Guilford Technical Community College

Melanie Waters
University of Illinois Urbana Champaign

Jennifer Whitelaw
DePaul University

Susanna Williams
Macomb Community College

Kelley L. Young
University of Missouri—Kansas City

Marjorie Zambrano-Paff
Indiana University of Pennsylvania

Katherine J. Zimmer
Indiana State University

Nancy Zimmerman
Kutztown University of Pennsylvania

Symposium

Enrica Ardemagni
Indiana University Purdue University Indianapolis

Angela Bailey de las Heras
Illinois State University

Ann Baker
University of Evansville

Adam Ballart
Ball State University

Adoración Berry
University of Memphis

Amy Bomke
Indiana University Purdue University Indianapolis

Daniel Briere
University of Indianapolis

Nancy Broughton
Wright State University—Celina

Patricia Cabrera
University of Indianapolis

Maribel Campoy
University of Indianapolis

Doug Canfield
University of Tennessee—Knoxville

Deanne Cobb-Zygadlo
Kutztown University of Pennsylvania

Kelly Conroy
Western Kentucky University

Manuel Cortés-Castañeda
Eastern Kentucky University

Darren Crasto
Houston Community College—Northwest

Richard Curry
Texas A&M University

Allen Davis
Indiana University—Bloomington

Esther Domenech
University of Redlands

Dorian Dorado
Louisiana State University—Baton Rouge

Paula Ellister
University of Oregon

Idoia Elola
Texas Tech University

Jason Fetters
Purdue University—West Lafayette

Gayle Fielder-Vierma
University of Southern California

Ruth Flores
California Baptist University

William Flores
California Baptist University

Leah Fonder-Solano
University of Southern Mississippi

Luz Font
Florida State College—South Campus

Muriel Gallego
Ohio University—Athens

Scott Gibby
Austin Community College—Northridge

Antonio Martín Gómez
Purdue University—West Lafayette

Inmaculada Gómez-Soler
University of Memphis

Melissa Groenewold
University of Louisville—Louisville

Patricia Harrigan
Community College of Baltimore Country

Mary Hartson
Oakland University

Greg Helmick
University of North Florida

Eda Henao
Borough of Manhattan Community College

Alex Herrera
Cypress College

Cristina Kowalski
University of Cincinnati—Cincinnati

Ryan LaBrozzi
Bridgewater State University

Debbie Lee-DiStefano
Southeast Missouri State University

Melissa Logue
Columbus State Community College

Steve Lombardo
Purdue University—Calumet

Nuria López-Ortega
University of Cincinnati—Cincinnati

Christopher Luke
Ball State University

Jillian Markus
Vincennes University

Ivan Martinez
Ball State University

Leticia McGrath
Georgia Southern University

Ivalise Mendez
Ball State University

Wendy Méndez-Hasselman
Palm Beach State College

Montserrat Mir
Illinois State University

Cheryl Moody
Pulaski Technical College

Juan Carlos Moraga
Folsom Lake College

Rosa-María Moreno
Cincinnati State Technical and Community College

Alejandro Muñoz-Garces
Coastal Carolina University

Danae Orlins
University of Cincinnati—Cincinnati

Sandra Yelgy Parada
Los Angeles City College

Federico Pérez-Pineda
University of South Alabama

Lee Ragsdale
Ivy Tech Community College of Indiana - Indianapolis

Noris Rodríguez
University of Cincinnati—Cincinnati

Aaron Roggia
Northern Illinois University

Daniel Runnels
University of Louisville

Aaron Salinger
Mount San Antonio College

Jacquelyn Sandone
University of Missouri—Columbia

Eduardo Santa Cruz
Hanover College

Daniela Schuvaks-Katz
Indiana University Purdue University Indianapolis

Steven Sheppard
University of North Texas

Efila Jzar Simpson
Vincennes University

Alfredo J. Sosa-Velasco
Southern Connecticut State University

Melissa Stewart
Western Kentucky University

Jorge Suazo
Georgia Southern University

Alysha Timmons
California State University

Ana Vicente
Indiana University Purdue University Indianapolis

Ana Vives de Girón
Collin College

Michal Vrooman
Grand Valley State University

Amber Workman
California Lutheran University

Carlotta Yetter
Moreno Valley College

Elizabeth Zúñiga-Irvin
University of North Carolina—Wilmington

The authors wish to thank the following friends and professional colleagues. Their feedback, support, and contributions are greatly appreciated.

- The graduate teaching assistants at West Virginia University, especially: Susana Mazuelas, Elena Gandolla, and Manuel Villaescusa for contributing to some of the cultural features
- International Studies Abroad (ISA) for their invaluable assistance with the DVD Program.
    - Gustavo Artaza, *President/CEO*
    - Dr. Rafael Hoyle, Ph.D., *Executive Vice President of Academic Affairs*
    - Arturo Artaza, *Executive Vice President University Relations and Marketing in Austin*
    - Dominick Luciano, *Senior Director of University Relations and Marketing Manager*
    - Christian Vargas, *ISA San José, Costa Rica Resident Director*
    - Michelle McRaney DeWinder, *ISA Lima, Peru Resident Director*
    - Guillermo Cáceres, *ISA Buenos Aires, Argentina Resident Director*
    - Alma Montes, *ISA Guanajuato, Mexico Resident Director*
    - Jonathan Lapiax, *ISA Santiago, Dominican Republic Assistant Resident Director*
    - Laura Reyes Ruiz, *ISA Granada, Assistant Director of European Operations*

- Eugenio Aguilar, *ISA Granada*
- Lorena Herrera, *ISA Granada*
- Marisa Revelles, *ISA Granada, Resident Director*
- Liliana Valenti (Coquí), *ISA Buenos Aires*
- María Sol Alonso, *ISA Buenos Aires*
- María Elena Arroyo, *ISA Lima*

- The staff of the Museo de Arte de Lima for their hospitality and for allowing us to film inside the museum
- Mona Miller, *Director of EuroLearn,* for her support of the video project in the initial stages
- The bloggers and other people who participated in the **Concurso de videoblogs** segments
  - Héctor Iván Bernal (Los Angeles)
  - Miguel Anguiano, Elena, Alejandra, and Chucho (Mexico)
  - Ana Gallego Coin, Carlos and Julia, Eugenio and Lorena, as well as Miguel González Dengra, Concha García, and their children Carlos and Julia (Spain)
  - Juan Carlos, Pedro, Catalina and her mother Leticia, and our special thanks to Don Carlos, «el pintor de carretas» in Sarchí (Costa Rica)
  - Merfry Rijo de Contreras (Dominican Republic)
  - María Elena Arroyo and Graciela (Peru)
  - Federico Villar and Sol (Argentina)
- The various film crews in Argentina, Costa Rica, Dominican Republic, Los Angeles, Mexico, Peru, and Spain, especially Jennifer Rodes (Klic Video Productions, Los Angeles) and Xavier Roy (Froggie Productions)
- We would like to thank our editorial leader, Pennie Nichols, for her great creativity and her tireless editorial assistance in the second edition. Her commitment to this project went beyond her editorial duty, and we are very appreciative. Our sincere thanks to our wonderfully talented and patient Project Managers, Kelly Heinrichs and Mary Powers. Also thank you to Designer Tara McDermott, and Content Licensing Specialists Shawntel Schmitt and Rita Hingtgen.
- And to Dra. Teresa Pérez-Gamboa, for her incredible support, love, and guidance through the years. Deepest thanks to her from me (Annie Wendel) for all the ways in which she has taught me and taken me under her wing.
- We would like to acknowledge Michael Morris, our co-author from the First Edition, who passed away just as our program published.

Contents

Vocabulary

Grammar	Writing & Video	Reading & Culture

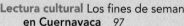

Vocabulary

Grammar	Writing & Video	Reading & Culture

Vocabulary

Grammar	Writing & Video	Reading & Culture

Grammar	Writing & Video	Reading & Culture

En el National Puerto Rican Day Parade, *Manhattan*

Entrada cultural

Hispanics in the United States

En El Paso, Texas

En la Calle Ocho, Miami

Shakira

Fajitas, un plato (dish) *tex-mex popular*

The United States has a varied and fascinating blend of ethnic cultures, of which Hispanic culture is one of the richest and most important. Several factors interact to create this cultural wealth: the differing origins of Hispanics (Mexico, Central America, the Caribbean, South America, and Spain), the historical tendency of different groups to reside in different areas (Cubans in Florida, Puerto Ricans in New York, and Mexicans in states that border Mexico), and the sheer numbers of Hispanics who now live throughout this country.

In the United States, as of 2012, Hispanics represented more than 17 percent of the total population, or more than 53 million people. They comprise the most numerous minority group in the country, and projections indicate that by 2060 Hispanics will constitute 31 percent of the estimated 420 million people who will live in the United States at that time.

Examples of the contributions of Hispanics to American contemporary culture are found everywhere: in architecture, in painting, in the Latin music created in the United States, as well as in the works of popular singers from Hispanic countries. Television broadcasts dozens of programs in Spanish, Hispanic actors star in U.S. movies, and Americans read the works of Hispanic authors. We hear the influence of Spanish in spoken American English, and we see it in the written language as well. American cuisine also contains many foods of Hispanic origin. Did you know that the turkey eaten on Thanksgiving is of Central American origin? And did you know that potatoes originated in the Andean region where Peru and Bolivia are now located? Certainly there are few people in the United States in the 21st century who are unfamiliar with tortillas and the foods we make with them, which originated in Mexico and Central America.

PREGUNTAS

1. Do you like Hispanic music? Can you name some musicians and/or bands of Hispanic origin?
2. How about Hispanic food? How many dishes of Mexican and Central American origin can you name?
3. Can you think of other examples of Hispanic culture that we see on a daily basis?

CAPÍTULO 1

¿Qué estudias?*

EN ESTE CAPÍTULO
Los Estados Unidos

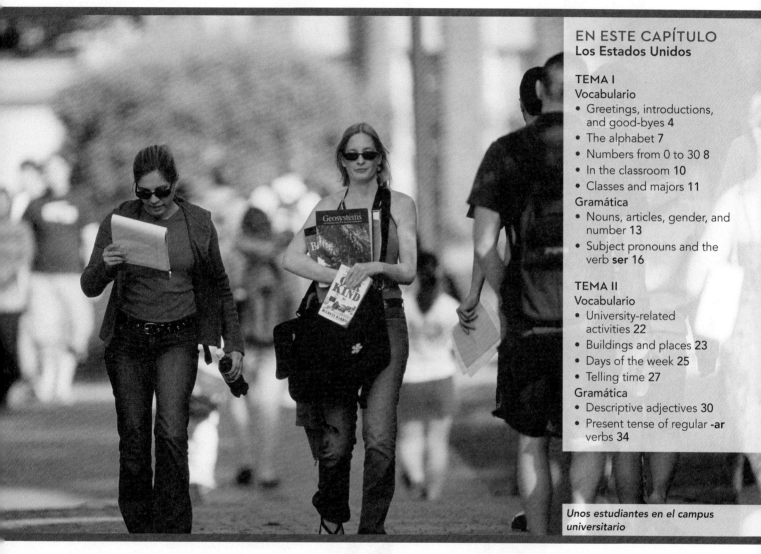

Unos estudiantes en el campus universitario

1. Why did you decide to take Spanish in college?
2. Are there Hispanic students at your institution? Is the Hispanic population large there? Do you know where the majority comes from?
3. Do Hispanic students have an association? Do you participate in some of the activities they may organize? Which ones?

www.connectspanish.com

*¿Qué... *What do you study?*

TEMA I: Hola, ¿qué tal?

Vocabulario en acción

Los saludos, las presentaciones y las despedidas°

°Los... *Greetings, introductions, and good-byes*

1.

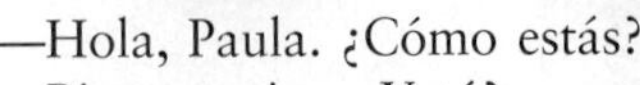

—Hola, Paula. ¿Cómo estás?
—Bien, gracias. ¿Y tú?
—Muy bien, gracias.

2.

—Buenos días, profesora* Peña. ¿Cómo está usted?
—Regular, profesor Galeano. ¿Y usted?
—Muy bien, gracias.
—De nada.

3.

—Hasta luego, Jorge.
—Adiós, Luis.

4.

—Hola. ¿Cómo te llamas?
—Me llamo Jaime García.
—Mucho gusto.
—Igualmente.

5.

—Hola. Soy Guillermo. ¿Cuál es tu nombre?
—Mi nombre es Rosa María.
—Mucho gusto, Rosa María.
—Igualmente, Guillermo. ¿De dónde eres?
—Soy de San José. ¿Y tú?
—Soy de Nueva York.

*Use **profesora** for female professors and **profesor** for male professors.

Nota cultural

ADDRESSING PEOPLE IN FORMAL AND FAMILIAR SITUATIONS

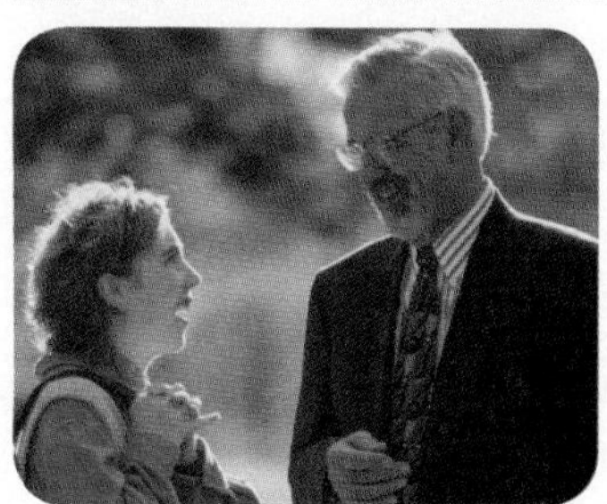

Hola, ¿cómo está usted?

Spanish has two ways of directly addressing a single person as *you*. **Usted** is used in formal situations, such as with a professor or in a business context. **Tú** is used in familiar situations, such as with family and friends. However, in some Hispanic cultures, it's common for relatives to use **usted** with each other as a sign of respect.

If you're ever unsure whether to use **tú** or **usted,** remember the following simple rule: use **usted** until you're told it's OK to use **tú.** In this textbook, students will be addressed as **tú.**

SITUACIONES Indicate whether you should use **tú** or **usted** forms to address people in the following situations.

	TÚ	USTED
1. You bump into the Dean of your college at the library.	☐	☐
2. You greet a classmate in the hallway.	☐	☐

- To greet someone, you can use one of these expressions.

Hola.	Hello.
Buenos días.	Good morning (*until midday meal*).
Buenas tardes.	Good afternoon (*until evening meal*).
Buenas noches.*	Good evening (*after evening meal*).

- Here are some expressions you can use to talk about yourself and find out more about someone else.

¿Cómo estás?	How are you (*familiar*)?
¿Cómo está usted?	How are you (*formal*)?
¿Qué tal?	How's it going?
(Muy) Bien.	(Very) Well.
Regular.	So-so.
¿Y tú?	And you (*fam.*)?
¿Y usted?	And you (*form.*)?
¿Cómo te llamas? / **¿Cuál es tu nombre/apellido?**	What's your (*fam.*) (first/last) name?
¿Cómo se llama usted? / **¿Cuál es su nombre/apellido?**	What's your (*form.*) (first/last) name?
Me llamo ... / **Mi nombre/apellido es ...**	My (first/last) name is . . .
Soy ...	I'm . . .
Mucho gusto.	It's a pleasure (to meet you).
Igualmente.	Likewise.
¿De dónde eres?	Where are you (*fam.*) from?
¿De dónde es usted?	Where are you (*form.*) from?
Soy de...	I'm from . . .

*__Buenas noches__ can also be translated as *Good night* and thus used as a way of saying good-bye to someone, as in **Buenas noches, hasta mañana.** (*Good night, see you tomorrow.*)

- To say good-bye to someone, you can use:

Adiós.	Good-bye.
Hasta luego.	See you later.
Hasta mañana.	See you tomorrow.

- Here are a few polite expressions that you should know.

Gracias.	Thank you.
De nada.	You're welcome.

ACTIVIDADES

A. Saludos y despedidas. Indicate the correct responses to complete each dialogue.

1. —Buenos días, señor Osorio.
   —____
   —Bien, gracias. ¿Y usted?
   —____
   —Adiós.
2. —____
   —Bien, gracias. ¿Y tú?
   —____
   —Hasta mañana.
   —____

a. —Bien. Hasta luego.
b. —Buenos días, señora Martínez. ¿Cómo está usted?
c. —Hasta luego.
d. —Hola, Miguel. ¿Qué tal?
e. —Muy bien, gracias.

B. Respuestas (*Answers*) lógicas. Listen to the expressions and select the appropriate answer.

1. a. Adiós. b. Me llamo Andrea. c. ¿Cuál es tu nombre?
2. a. Mi nombre es Rose. b. Mucho gusto. c. Soy Rose.
3. a. Lisa. b. Hola. Mucho gusto. c. ¿Cómo te llamas?
4. a. Me llamo Ana. b. Soy de Pennsylvania. c. Muy bien, gracias.
5. a. ¿Cuál es tu apellido? b. Hasta luego. c. Buenos días.
6. a. Buenas tardes. b. Regular. c. De nada.

C. Mis (*My*) compañeros de clase (*classmates*)

PASO 1. Find at least four classmates that you haven't met yet and have a short conversation with each of them in Spanish. Try to use a variety of greetings and ways to say good-bye.

Write the answers to items 2 and 4 in a chart like the following. Be sure to:

1. greet the person and introduce yourself
2. ask what his or her name is
3. ask how he or she is, or how it's going
4. ask where he or she is from
5. say good-bye

Nombre	Apellido	Origen (ciudad / estado / nación)
Susy	*Lake*	*Monroe, Louisiana*

PASO 2. Now introduce one of the people above to the rest of the class.

MODELO Esta es (*This is*) Susy Lake de Monroe, Louisiana.

Nota cultural

LOS SALUDOS

¡Hola! ¿Qué tal?

It is very common for people from Hispanic cultures to shake hands, hug each other, and kiss each other on the cheek when greeting or saying good-bye to someone. Typically, women kiss each other on the cheek whether they are already acquainted or meeting for the first time. The same is true when a man and a woman meet. It is more common for two men to shake hands, although they may hug each other if they are close friends.

PREGUNTAS

1. What do you think about the Hispanic way of greeting people? What does it say about Hispanic cultures?
2. How does the Hispanic way of greeting people compare to how people greet each other in non-Hispanic cultures?

El abecedario°

El... *The alphabet*

Review the **Abecedario** in Appendix I, then complete these activities.

ACTIVIDADES

A. Buscando en el mapa (*Searching on the map*)

PASO 1. Review the sample words and phrases in the third column of the chart in Appendix I. Did you notice that they're all place-names? See how many of these place-names you can find on the three regional maps inside the back cover of *Experience Spanish*. **¡OJO!** (*Careful!*) All but two of these place-names can be found on the maps.

PASO 2. Now listen to the spelling of some place-names in Spanish, then write the letters you hear and try to figure out what place it is.

1. . . . 2. . . . 3. . . . 4. . . . 5. . . .

B. ¡A deletrear! (*Let's do some spelling!*)

PASO 1. Jot down this information.

1. your last name
2. your best friend's last name
3. the name of the first street on which you remember living
4. the name of the city where you were born
5. the name of a city in the world that you would like to visit

PASO 2. With a partner, take turns spelling your answers for **Paso 1** in Spanish, but not in order. Your partner should guess which item from **Paso 1** you are spelling.

MODELO ESTUDIANTE 1: S – M – I – T – H
ESTUDIANTE 2: ¿Es número 1?
E1:* No.
E2: ¿Es número 2?
E1: ¡Sí!

*__Estudiante 1, Estudiante 2,__ and so on, will be abbreviated as **E1, E2, . . .** in **Modelos** moving forward.

C. Otros (*Other*) compañeros de clase

PASO 1. Introduce yourself to two more people in the classroom and find out their names and where they are from. You may need to spell your names and places of origin in order to get the information right.

MODELO E1: ¿Cómo te llamas y de dónde eres?
E2: Me llamo Kate Allen y soy de Danville, California.

	MODELO	ESTUDIANTE 1	ESTUDIANTE 2
nombre	*Kate*		
apellido	*Allen*		
lugar de origen	*Danville, California*		

PASO 2. Then present the information to the class.

MODELO Mi compañera se llama Kate Allen y es de Danville, California.

Los números de 0 a 30°

Los... *Numbers from 0 to 30*

Uno, dos, tres, cuatro, cinco.

0 cero	**8 ocho**	**16 dieciséis**	**24 veinticuatro**
1 uno	**9 nueve**	**17 diecisiete**	**25 veinticinco**
2 dos	**10 diez**	**18 dieciocho**	**26 veintiséis**
3 tres	**11 once**	**19 diecinueve**	**27 veintisiete**
4 cuatro	**12 doce**	**20 veinte**	**28 veintiocho**
5 cinco	**13 trece**	**21 veintiuno**	**29 veintinueve**
6 seis	**14 catorce**	**22 veintidós**	**30 treinta**
7 siete	**15 quince**	**23 veintitrés**	

- Note the accents on **dieciséis, veintidós, veintitrés,** and **veintiséis.**
- When used as an adjective, **uno** changes to **un** for masculine and **una** for feminine.

  Hay solo **un** hombre aquí. — *There's only one man here.*
  Tengo solo **una** tía. — *I have only one aunt.*

- **Veintiuno** changes to **veintiún** or **veintiuna** when used as an adjective.

  Tengo **veintiún** dólares. — *I have $21.*
  Hay **veintiuna** rosas aquí. — *There are twenty-one roses here.*

Nota comunicativa

Hay AND ¿cuántos/as?

The verb form **hay** means *there is* or *there are.*

Hay doce libros en el escritorio. — *There are twelve books on the desk.*

¿Cuántos/as? is used before plural nouns to ask *how many?* **¿Cuántos?** is used before masculine plural nouns and **¿cuántas?** before feminine ones.

—¿**Cuántos estudiantes** hay en esta clase? — *How many students are there in this class?*
—Hay veinticinco. — *There are twenty-five.*
—¿**Cuántas personas** hay en esta foto? — *How many people are there in this photo?*
—Hay siete personas. — *There are seven people.*

ACTIVIDADES

A. Los números. Write out the numbers.

MODELO 4 → cuatro

1. 10	**4.** 21	**7.** 28	**10.** 16
2. 14	**5.** 6	**8.** 5	**11.** 8
3. 7	**6.** 12	**9.** 15	**12.** 1

B. ¿Cuántos dijo? (*How many did he/she say?*) Listen to some short phrases, each containing a number. Jot down the number you hear, as in the model.

Vocabulario práctico

hombres	men	**libros**	books
mi	my	**escritorio**	desk
familia	family	**teléfonos celulares**	cell phones
clase	class	**computadoras**	computers
hoy	today	**laboratorio**	laboratory
mujeres	women		

MODELO (*you hear*) Hay siete hombres en mi familia. →
(*you write*) siete

C. Matemáticas

PASO 1. Invent eight mathematical expressions, with answers, using the numbers 1 to 30. **¡OJO!** Make sure the answer is also under 30. Create only "plus" and "minus" equations: + (**más**), – (**menos**), = (**son**)

PASO 2. Take turns reading your equations (but *not* the answer) to your partner to see if he or she can provide the correct answer.

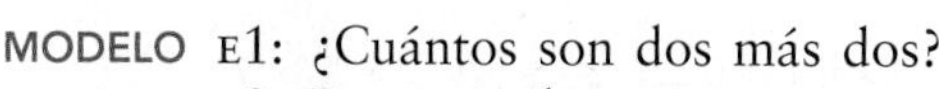
MODELO E1: ¿Cuántos son dos más dos?
E2: Dos más dos son cuatro.

D. ¿Cuántos créditos tomas (*do you take*)?

PASO 1. Interview three classmates to find out the courses they are taking this semester and the number of credits they have. Jot down their answers.

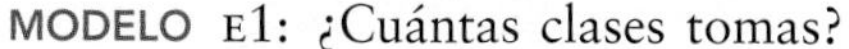
MODELO E1: ¿Cuántas clases tomas?
E2: Seis clases.
E1: ¿Y cuántos créditos?
E2: Dieciocho créditos.

PASO 2. Now present the information to the rest of the class.

MODELO Sarah toma (*is taking*) seis clases y dieciocho créditos este (*this*) semestre. Lucas y Brian toman (*are taking*) dieciséis créditos.

En el salón de clase°

En... *In the classroom*

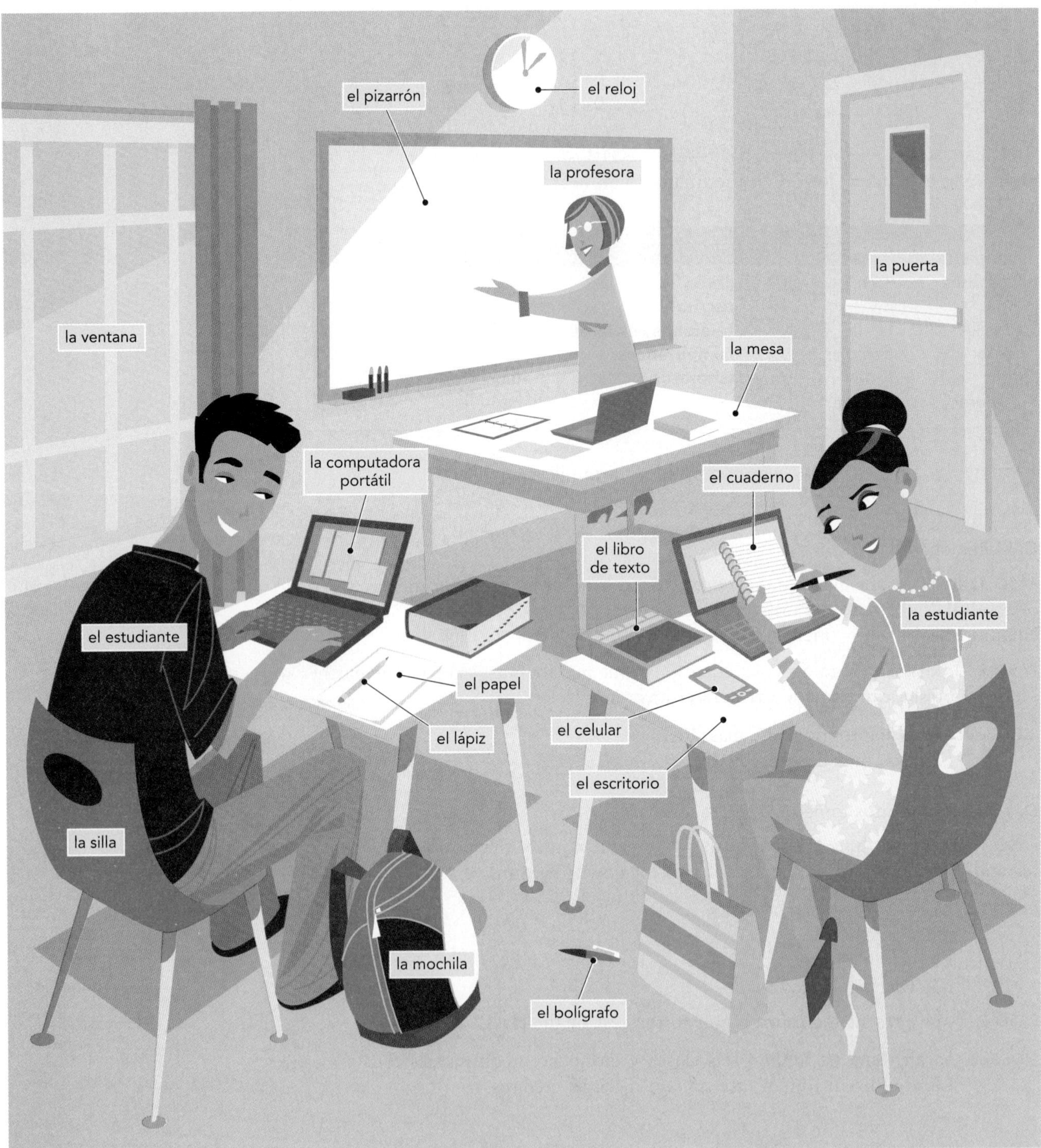

Las materias y las carreras°

°Las... *Classes and majors*

la administración empresarial	business administration
las ciencias políticas	political science
la contabilidad	accounting
el derecho	law
la economía	economics
el español	Spanish (*language*)
la estadística	statistics
la física	physics
la informática	computer science
la ingeniería	engineering
el inglés	English (*language*)
las lenguas (extranjeras)	(foreign) languages
las matemáticas	math
el periodismo	journalism
la química	chemistry
la sicología	psychology

Cognados: la anatomía, la arquitectura, el arte, la astronomía, la biología, la filosofía, la geografía, la historia, la literatura, la medicina, la música, la sociología

Observa

There are two types of articles in Spanish: definite (**el, la, los, las** = *the*) and indefinite (**un, una, unos, unas** = *a, an; some*). You will learn more about articles in **Gramática 1.1.**

ACTIVIDADES

A. Asociaciones. Match the classes with their corresponding majors.

MATERIAS	CARRERAS
1. ____ la física, las matemáticas, la ingeniería	a. Bellas Artes (*Fine Arts*)
2. ____ las ciencias políticas, las leyes	b. Administración Empresarial
3. ____ el arte, la música	c. Medicina
4. ____ la contabilidad, la estadística, la economía	d. Derecho
5. ____ la anatomía, la genética, la biología	e. Arquitectura

Nota cultural

CULTURES C

MARIO MOLINA

El doctor Mario Molina es de Veracruz, México, y actualmente[a] es profesor en la Universidad[b] de California, San Diego. Ganó[c] el Premio Nóbel de Química en 1995[d] por sus estudios sobre[e] la descomposición de la capa[f] de ozono.

[a]*currently* [b]*University* [c]*He won* [d]mil novecientos noventa y cinco [e]por... *for his studies about* [f]*layer*

PREGUNTAS

1. Why was Mario Molina awarded the Nobel Prize?
2. What other notable Hispanic people do you know of in this country? What are/were their contributions?

B. Más (*More*) asociaciones. Match the majors with their corresponding person, thing, or concept.

1. ____ Física
   a. la literatura b. la puerta c. Albert Einstein

2. ____ Filosofía
   a. Platón (*Plato*) b. Mona Lisa c. la novela

3. ____ Informática
   a. una computadora b. Sigmund Freud c. el cuaderno

4. ____ Historia
   a. Cristóbal Colón (*Christopher Columbus*)
   b. una oficina
   c. la sicología

5. ____ Química
   a. el derecho b. Mario Molina c. la lengua extranjera

C. ¿Qué hay en tu (*your*) mochila?

PASO 1. Indicate which of the following objects may be found in a student's backpack.

1. ☐ escritorios
2. ☐ una computadora portátil
3. ☐ la literatura
4. ☐ una mujer
5. ☐ un celular
6. ☐ un diccionario
7. ☐ cuadernos
8. ☐ la ventana
9. ☐ mesas
10. ☐ bolígrafos
11. ☐ libros
12. ☐ sillas

PASO 2. Answer the questions your instructor asks. He or she will keep track of the common objects on the board.

MODELO INSTRUCTOR: Amy, ¿hay bolígrafos en tu mochila?
ESTUDIANTE: Sí, hay dos bolígrafos. / No, no hay bolígrafos.

D. Mis clases. Finish the following statements with information that is true for you. Then share your answers with your classmates.

1. Este semestre/trimestre tomo (*I am taking*) [número] materias: [lista de materias]
2. Mi materia favorita es...
3. Mi profesor favorito / profesora favorita es...

Gramática

1.1 Nouns, Articles, Gender, and Number

Identifying People and Things

El Valle (Valley) *de los Monumentos, Utah*

GRAMÁTICA EN ACCIÓN

Un viaje al suroeste de los Estados Unidos

- el **carr**o
- la **Rut**a 66
- los **amig**os
- las **vist**as
- un **muse**o en el Gran Cañón
- una **iglesi**a en San Antonio
- unos **recuerd**os
- unas **montañ**as en Colorado

Comprensión

PASO 1. Give the correct plural form of each article.

MODELO un museo → unos museos

1. la ruta → ______ rutas
2. el carro → ______ carros
3. una iglesia → ______ iglesias

PASO 2. Give the correct singular form of each article.

MODELO los amigos → el amigo

1. unas montañas → ______ montaña
2. unos recuerdos → ______ recuerdo
3. las vistas → ______ vista

In Spanish, nouns identify people, places, things, and ideas, and they are either masculine or feminine in gender. All nouns in Spanish have gender, though there is often no obvious logic explaining the gender of a noun. Definite articles (**el/la/los/las** = *the*) and indefinite articles (**un/una/unos/unas** = *a, an; some*) must agree in gender and number with the noun they accompany, as shown in the following charts.

DEFINITE ARTICLES (*the*)				
	MASCULINE		FEMININE	
SINGULAR	**el libr**o	the book	**la plum**a	the pen
PLURAL	**los cuadern**os	the notebooks	**las ventan**as	the windows

INDEFINITE ARTICLES (*a, an; some*)				
	MASCULINE		FEMININE	
SINGULAR	**un libr**o	a book	**una plum**a	a pen
PLURAL	**unos cuadern**os	some notebooks	**unas ventan**as	some windows

GENDER

A. Masculine nouns

1. Most nouns that end in **-o** or that refer to male beings are masculine.

   el cuaderno (*notebook*) **un hombre** (*man*)

2. Nouns ending in **-l, -n, -r,** and **-s** are usually masculine.

   el fin (*end*) **el amor** (*love*)
   un papel (*paper*) **un mes** (*month*)

3. Many nouns ending in **-ma, -pa,** or **-ta** are masculine, even though they end in **-a.**

   el problema **un mapa** **un atleta** (*athlete*)

B. Feminine nouns

1. Most nouns that end in **-a** or that refer to female beings are feminine.

   la mesa (*table*) **una mujer** (*woman*)

2. In addition, nouns ending in **-ión** and **-d** are usually feminine.

   la acción (*action*) **una universidad** (*university*)

C. Nouns that refer to people

Almost all nouns that refer to people have both a masculine and feminine form, the use of which depends on the gender of the person in question.

1. For nouns ending in **-o**, the feminine is formed by changing the **-o** to **-a.**

   el compañero de clase (*male classmate*) **la compañera de clase** (*female classmate*)
   un amigo (*male friend*) **una amiga** (*female friend*)

2. Usually, when a masculine noun ends in a consonant, the feminine is formed by adding an **-a** after the final consonant.

   el profesor / la profesora **un francés** (*French* [*man*]) / **una francesa** (*French* [*woman*])

3. For nouns ending in **-ante** and **-ista,** the same form is used for both masculine and feminine. The definite or indefinite article, as well as the context, will clarify the gender of the person being described.

   el estudiante / la estudiante **un dentista / una dentista**

D. Additional rules and exceptions

1. Nouns ending in **-e** don't follow any rule and their gender needs to be memorized.

   el café (*café; coffee*) **una clase**

2. Some common nouns are irregular and don't follow the rules. The gender of these nouns needs to be memorized.

   el día (*day*) **una mano** (*hand*)

NUMBER

A. Nouns that end in a vowel form the plural by adding **-s.**

cuaderno → **cuadernos**

B. Nouns that end in any consonant except **-z** add **-es** to form the plural.

mujer → **mujeres**

C. To form the plural of nouns ending in **-z,** change the **-z** to **-c** and add **-es.**

lápiz → **lápices**

ACTIVIDADES

A. Los artículos definidos. Give the definite article (**el/la/los/las**) of each noun. **¡OJO!** Some nouns can be either masculine or feminine.

1. ______ actor
2. ______ sistema
3. ______ amigos
4. ______ tendencias
5. ______ cantante (*singer*)
6. ______ televisión
7. ______ artista
8. ______ libertad (*freedom*)

B. Los artículos indefinidos. Give the indefinite article (**un/una/unos/unas**) of each noun.

1. ______ comunidad
2. ______ elección
3. ______ tema
4. ______ deporte
5. ______ novelas
6. ______ influencias
7. ______ escritor (*writer*)
8. ______ día

C. ¿Singular o plural? With a partner, change the phrases from singular to plural, or vice versa.

MODELOS un saludo → unos saludos
las despedidas → la despedida

1. la universidad
2. los profesores
3. un optimista
4. los días
5. una flor (*flower*)
6. la clase
7. un escritorio
8. unas estudiantes

D. ¿Qué es? Choose any noun from **Actividades A** and **B.** Tell your partner the gender and number of the word, but do not mention the noun. Your partner must tell which word you are thinking of. Then alternate roles. **¡OJO!** There may be more than one possible answer.

MODELO E1: Es masculino y singular.
E2: ¿Es amigos?
E1: No. Es singular, no es plural.
E2: ¿Es escritor?
E1: Sí.

Expressing *to be*

1.2 Subject Pronouns and the Verb **ser**

GRAMÁTICA EN ACCIÓN

Una página de *Facebook*

Hola. **Yo** me llamo Antonio.

- **Soy** inteligente, flexible y liberal.
- No **soy** pesimista.
- **Soy de** Guadalajara, México.

Mi amiga se llama Ana.

- **Es** independiente y responsable.
- No **es** impaciente.
- **Es de** La Paz, Bolivia.

Comprensión. Complete the statements using the correct conjugation of the verb **ser**.

1. Ana ______ paciente.
2. Antonio ______ inteligente y optimista.

¿Y tú? Answer the following questions about yourself in a complete sentence.

1. ¿Eres impaciente?
2. ¿Eres optimista?

As in English, pronouns are used in Spanish when referring to the subject of a verb. The following chart shows the subject pronouns in Spanish.

SUBJECT PRONOUNS AND THE VERB **ser** (*to be*)			
SINGULAR		PLURAL	
yo soy	I am	**nosotros somos** **nosotras somos**	we are
tú eres	you are (*fam.*)	**vosotros sois** **vosotras sois**	you are (*fam. Spain*)
usted (Ud.*) es	you are (*form.*)	**ustedes (Uds.*) son**	you are (*form. Spain; fam., form. elsewhere*)
él es	he is	**ellos son**	they are
ella es	she is	**ellas son**	

*The subject pronouns **usted** and **ustedes** are usually abbreviated **Ud.** and **Uds.**, respectively. *Experience Spanish* will use **Ud.** and **Uds.** moving forward.

A. Masculine and feminine subject pronouns

You may have noticed that in Spanish there are both masculine and feminine subject pronouns. Use the feminine pronouns when referring to a female subject or an all-female group of subjects. The masculine pronouns are used the rest of the time, for example, when referring to all male or mixed groups of male and female subjects.

Ella es inteligente.	*She is intelligent.*
Nosotras somos de Miami.	*We are from Miami* (all females).
Ellos son pacientes.	*They are patient* (all male or mixed group).

B. Formal and informal *you* subject pronouns

1. Singular pronouns: In Spanish there are both formal and informal subject pronouns, the use of which depends on a variety of social and geographical factors. In general, you will use the informal **tú** form when speaking to people with whom you have a familiar relationship, and the formal **usted** with people with whom your relationship is more distant.

Tú eres **optimista.**	*You are optimistic* (close relationship).
Ud. es **optimista.**	*You are optimistic* (distant relationship).

2. Plural pronouns: In most Spanish-speaking countries, **ustedes** is used when addressing any group of people. In Spain, however, **vosotros** is used to address groups of familiar people, while **ustedes** is reserved for addressing groups of people with whom your relationship is distant.

C. Omitting subject pronouns

Subject pronouns in Spanish can usually be omitted, except when used to avoid confusion, add emphasis, or create contrast. For example:

Yo **soy de California.** ¿**De dónde eres** tú?	*I'm from California. Where are* ***you*** *from?*

D. The verb ser

1. **Ser** is used with adjectives to describe the characteristics and qualities of people and things.

El profesor es inteligente **y muy** paciente.	*The professor is intelligent and patient.*
Las clases de español son interesantes.	*The Spanish classes are interesting.*

2. Use **ser** with the preposition **de** to express origin.

—¿De **dónde** son **Uds.**?	*Where are you from?*
—Somos de **Nueva York.**	*We're from New York.*

Please note that, when **de** is followed by the definite article **el**, the two words are combined to form the contraction **del.**

Miguel es del estado de Texas.	*Miguel is from the state of Texas.*

Nota comunicativa

COMMUNICATION

BASIC NEGATION

Insert the word **no** before a verb to make it negative.

No **soy** de los Estados Unidos.	*I'm not from the United States.*
No **somos** de aquí.	*We're not from here.*

Observa

If you use an adjective to describe more than one person, place, thing, or idea, the adjective must be in the plural.

Julia y David son **inteligentes.**

Use the same rules to make adjectives plural that you learned earlier in this chapter for making nouns plural: Add **-s** to words ending in a vowel; add **-es** to words ending in a consonant.

Observa

The adjectives in **Actividad A** are cognates (**cognados**). Cognates are words that are similar or identical in form and meaning in two or more different languages.

ACTIVIDADES

A. Descripciones

PASO 1. Complete the following sentences with the correct subject pronoun and an adjective from the list that describes the subject(s). Follow the model.

altruista	paciente	materialista	responsable	elegante
egoísta	impaciente	rebelde	irresponsable	independiente
idealista	optimista	arrogante	superficial	inteligente
realista	pesimista	liberal	sentimental	extravagante

MODELO Mis compañeros de cuarto (*roommates*): → Ellos son responsables y optimistas.

1. Mis amigos: _______.
2. Mi mejor (*best*) amigo/a: _______.
3. Mi compañero/a de clase y yo: _______.
4. Mi profesor(a) de español (*Spanish*): _______.
5. Yo _______. No _______.

PASO 2. Complete the following questions with the correct form of the verb **ser**.

1. ¿Cómo _____________ tú?
2. ¿Cómo _____________ tus amigos?
3. ¿Cómo _____________ tus compañeros de clase y tú?
4. ¿Cómo _____________ tu profesor(a) de español?

PASO 3. Using the completed questions from **Paso 2**, interview a classmate. Take turns asking each other all of the questions. Pay careful attention to the conjugation of **ser** as you answer the questions.

B. Personalidades famosas

PASO 1. Using the adjectives from **Actividad A,** prepare a brief description of a famous person's personality. You may also make your description negative (**No es +** *adjetivo*...). Then write three choices of people to fit that description.

MODELO Es extravagante, egoísta y no es liberal.
¿Es... a) Tom Cruise, b) Bill O-Reilly o c) Barack Obama?

PASO 2. Read your description and the options to the class and see if they can guess the correct person.

C. Fanáticos

PASO 1. The people and things you are a fan of are also part of your identity. Indicate what team, television show, sport, artist, or fictional character (or anything else!) you are a fan of.

MODELO Soy fanático/a de ______.

PASO 2. Now, find out how many people in class are also fans of the same thing. Be sure to ask everyone (including your instructor). Create a table like the one below and write names in the appropriate column.

MODELO E1: Miriam, ¿eres fanática de los Cardinals?
E2: ¡No! ¡Soy fanática de los Cubs!

Sí	No
	Miriam

PASO 3. Write at least two sentences summarizing all the information you obtained in **Paso 2.** How many people are not fans of the same thing? Who are they?

PASO 4. Report your results to the class. Take notes when others share their results.

D. ¿Y cómo son estas (*these*) personas?

PASO 1. Read the selections about some people from the Hispanic world who have become famous in this country.

SALMA HAYEK, having already gained popularity as an actress in Mexico, left for Los Angeles with the dream of becoming an equally successful actress in the United States. She soon realized that there would be more challenges than she had anticipated. One such challenge was her very thick accent in English, which closed many opportunities for her. She worked very hard, took English lessons, studied acting, and eventually overcame all of the challenges to become one of Hollywood's leading actresses. She has played roles of strong Hispanic women, such as Frida Khalo and Minerva Mirabal. She is now an acclaimed film producer and director.

JAVIER BARDEM was famous in his native Spain before he became popular in this country. In 2000, he was the first Spanish actor to be nominated for an Oscar for his portrayal of Reinaldo Arenas, a gay Cuban writer, in *Before Night Falls.* The excitement after his nomination was such that fans mobbed him on the streets of Madrid and paparazzi waited at his doorstep. Former King Juan Carlos even invited him to dinner! In 2008, Bardem finally became the first Spanish actor to win an Oscar, for his role in *No Country for Old Men.* Bardem has since performed in several notable films including *Biutiful* and *Skyfall*, costarring with his wife Penélope Cruz in a couple (*Vicky Cristina Barcelona* and *The Counselor*).

PASO 2. With a partner, answer the questions about the people described in **Paso 1. ¡OJO!** For item 3, mention what characteristics both actors have in common. Use adjectives that you learned in **Actividad A** and **B** and elsewhere.

1. ¿Cómo es Salma Hayek?
2. ¿Cómo es Javier Bardem?
3. ¿Cómo son los dos (*both of them*)?

Palabra escrita°

Palabra... *Written word*

A comenzar

Generating Your Ideas / Brainstorming. This pre-writing strategy consists of writing down all the ideas that come to mind about the subject of your composition. Jot down more ideas that you could possibly use, even those that seem irrelevant to you at this point. They may be very useful later on in the writing process! Brainstorming ideas may take the form of short sentences or simple words, and the information can be visually arranged on the page in different ways. Brainstorming, specifically, takes a listing form and is called, "**lluvia de ideas** (*rain* [*shower*] *of ideas*)" in Spanish.

You are going to start the process of writing a brief composition that you will finalize in the **Palabra escrita: A finalizar** section of your *Workbook/Laboratory Manual.* The topic of this composition is **Mi universidad.** The purpose of your composition will be to tell the reader about your university.

A. Lluvia de ideas. With a partner, jot down as many ideas about your university as you can for these categories.

1. number and origin of students
2. number of professors
3. academic programs: quantity and popularity
4. cultural and social events that your institution offers for students

B. A verificar (*Let's verify*). Check your university's website to make sure that the information is accurate. You may want to add more details. Share your information with the class and jot down any additional ideas that you gain from that experience.

C. A escribir (*Let's write*). Now write a first draft of your composition with the ideas and information that you jotted down in **Actividades A** and **B. ¡OJO!** Keep your work in a safe place. You'll need it again when you do the **Palabra escrita: A finalizar** section in your *Workbook/Laboratory Manual.*

Expresiones artísticas

Adriana M. García

Todo tiene su efecto (*Everything has its effect*), 2012

Adriana María García, from San Antonio, Texas, participated in a mural program during her high school years, during which she learned about the great Mexican muralists (Diego Rivera, David Siqueiros, José Clemente Orozco). Her art is a reflection of her past and her heritage, and she draws inspiration from the stories of people she meets, especially from the women in her life.

Todo tiene su efecto is a reflection of García's past, her heritage, and her ethnic identity. This work won the 2012 José Cuervo Tradicional Mural Contest. The objective of the contest was to create a mural exploring Hispanic culture (family, education, folklore). In Garcia's mural, we see women representing different aspects of Hispanic heritage. An underlying image or structure in the mural is a tree of life, carrying both historical and mythological content. The mural is a tribute not only to Hispanic culture, history, and mural tradition, but it also honors her family, paying special homage to the many stories she heard from her grandfather about the circus **La Carpa Hermanos García.**

REFLEXIÓN

1. Why do you think that this mural is named *Everything has its effect*? Relate the name to the images of the mural.
2. What aspects of the mural do you find most interesting? Do you think that García's art is a good representation of Hispanic culture and identity?
3. Are there murals, wall art projects, and/or graffiti in your area? If so, where in your area and what are the themes of the images? If not, why do you think that is?

TEMA II: ¿Estudias y trabajas?°

¿Estudias… *Do you study and work?*

Vocabulario en acción

Actividades típicas en la universidad

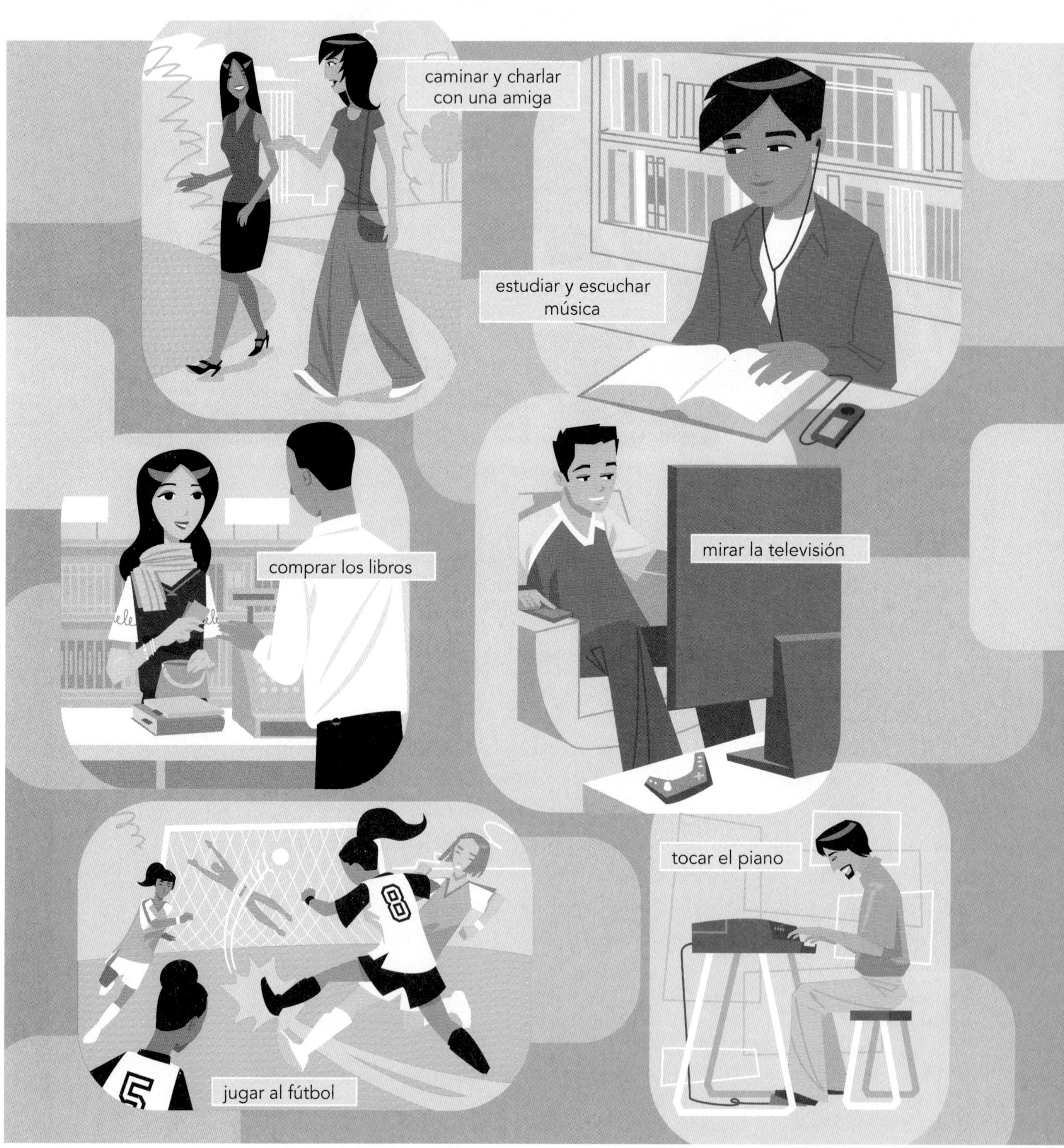

andar en bicicleta	to ride a bicycle
bailar	to dance
buscar (algo)	to look for (something)
charlar (con)	to chat (with)
hablar (por teléfono)	to talk, speak (on the phone)
jugar (a)	to play (*a game, sport*)
al basquetbol	basketball
al béisbol	baseball
al fútbol americano	football
al vólibol	volleyball
lavar la ropa	to wash clothes
navegar en Internet	to surf the Internet
tocar	to play (*a musical instrument*)
tomar	to take; to drink
tomar apuntes	to take notes
tomar una clase	to take a class
trabajar	to work

Los edificios y los lugares°

°Los... *Buildings and places*

la biblioteca	library
el centro estudiantil	student union
el estadio	stadium
la Facultad de...	School of . . .
Bellas Artes	Fine Arts
Ciencias	Science
Educación	Education
Letras	Humanities
Leyes	Law
Medicina	Medicine
la librería	bookstore
la oficina	office
la residencia (estudiantil)	(student) dorm
el salón de clase	classroom
el teatro	theater

Cognados: la cafetería, el campus, la clínica, el gimnasio, el hospital, el laboratorio, la universidad

ACTIVIDADES

A. Obligaciones o diversiones. Indicate whether you consider each of the following activities **una obligación** (O) or **una diversión** (*fun*) (D). What activities for **Vocabulario en acción** would you add to each list?

	O	D
1. charlar con amigos	☐	☐
2. ir a la biblioteca	☐	☐
3. tocar un instrumento	☐	☐
4. trabajar	☐	☐
5. tomar apuntes	☐	☐
6. bailar	☐	☐
7. lavar la ropa	☐	☐
8. comprar libros	☐	☐
9. caminar a clase	☐	☐
10. jugar al fútbol	☐	☐

B. Los lugares y las actividades. Match the activities with their appropriate places.

1. ___ tomar clases de biología y química
2. ___ levantar pesas (*to lift weights*)
3. ___ tomar clases de música y arte
4. ___ comprar hamburguesas y tacos
5. ___ comprar los libros
6. ___ tomar clases de lenguas extranjeras
7. ___ estudiar
8. ___ tomar apuntes

a. la cafetería
b. la biblioteca / la residencia
c. la Facultad de Ciencias
d. la librería
e. el gimnasio
f. el salón de clase
g. la Facultad de Bellas Artes
h. la Facultad de Letras

C. Mis actividades favoritas

PASO 1. Indicate your two favorite activities from this list.

1. ☐ bailar en un club
2. ☐ andar en bicicleta
3. ☐ jugar al fútbol
4. ☐ caminar
5. ☐ mirar la televisión
6. ☐ navegar en Internet
7. ☐ hablar por teléfono
8. ☐ estudiar
9. ☐ comprar ropa
10. ☐ tocar un instrumento musical
11. ☐ escuchar música
12. ☐ charlar con amigos

PASO 2. Now circulate and ask at least five classmates what their two favorite activities are. Jot down their names in a table like the one below. Follow the model.

Vocabulario práctico

The following instruments are cognates or close cognates. Do you play one of these?

el clarinete
la flauta
la guitarra
el piano
el saxofón
la trompeta
el violín

MODELO E1: Zach, ¿cuáles son tus actividades favoritas?
E2: Mis actividades favoritas son navegar en Internet y mirar la televisión.
E1: Paula, ¿cuáles son tus actividades favoritas?
E3: Mis actividades favoritas son andar en bicicleta y tocar el piano.

bailar en un club		hablar por teléfono	
andar en bicicleta	*Paula*	estudiar	
jugar al fútbol		comprar ropa	
caminar		tocar un instrumento musical	*Paula*
mirar la televisión	*Zach*	escuchar música	
navegar en Internet	*Zach*	charlar con amigos	

PASO 3. Compare your list with those of two other classmates to find out how similar or not your favorite activities are. Then share the information with the class.

MODELO Las actividades favoritas de Zach son navegar en Internet y mirar la televisión. Las preferencias de Paula son andar en bicicleta y tocar el piano. Zach y yo somos más compatibles.

Los días de la semana°

Los... *Days of the week*

noviembre						
lunes	martes	miércoles	jueves	viernes	sábado	domingo
1	2	3	4	5	6	7
8	9	10	11	12	13	14
15	16	17	18	19	20	21
22	23	24	25	26	27	28
29	30					

los días entre semana	weekdays
lunes	Monday
martes	Tuesday
miércoles	Wednesday
jueves	Thursday
viernes	Friday
el fin de semana	weekend
sábado	Saturday
domingo	Sunday

¿Cuándo? — When?

hoy	today
mañana	tomorrow
pasado mañana	the day after tomorrow
el lunes (martes, miércoles,...)	on Monday (Tuesday, Wednesday, . . .)
los lunes (martes, miércoles,...)	on Mondays (Tuesdays, Wednesdays, . . .)
el lunes (martes, miércoles,...) que viene	next Monday (Tuesday, Wednesday, . . .)
la semana que viene	next week
todos los días	every day
entre semana	during the week
por la mañana	in the morning
por la tarde	in the afternoon
por la noche	in the evening, at night
antes (de)	before
después (de)	after

ACTIVIDADES

A. ¿Qué día es? Referring to the calendar on page 25, listen to the statements and indicate whether each one is true or false.

MODELO (*you hear*) El día 4 es jueves. →
(*you indicate*) Cierto.

	CIERTO	FALSO
1.	☐	☐
2.	☐	☐
3.	☐	☐
4.	☐	☐
5.	☐	☐
6.	☐	☐

B. Si (*If*) hoy es... Again, referring to the calendar on page 25, match each statement with the correct day.

1. Si hoy es miércoles, mañana es ____.
2. Si hoy es viernes, pasado mañana es ____.
3. Si hoy es lunes, pasado mañana es ____.
4. Si mañana es martes, hoy es ____.
5. Si pasado mañana es lunes, hoy es ____.
6. Si hoy es el día 11, el día 18 es ____.

a. domingo
b. el jueves que viene
c. jueves
d. lunes
e. miércoles
f. sábado

C. ¿Cuándo es mejor (*better*)? Indicate when you think it is better to do certain things.

Es mejor...

1. estudiar →
   ☐ los fines de semana
   ☐ entre semana

2. lavar la ropa →
   ☐ el sábado por la mañana
   ☐ el domingo por la noche

3. mirar la televisión →
   ☐ todas las noches
   ☐ el jueves y el domingo

4. tomar clases →
   ☐ por la tarde
   ☐ por la mañana

5. caminar y charlar con los amigos →
   ☐ el sábado y el domingo
   ☐ todos los días

6. jugar al basquetbol, al vólibol o al fútbol americano →
   ☐ tres veces a la semana
   ☐ los fines de semana

¿Qué hora es?°

¿Qué... *What time is it?*

1. **Es la una.**

2. **Son las siete.**

3. **Son las diez y cuarto. (Son las diez y quince.)**

4. **Son las ocho y media. (Son las ocho y treinta.)**

5. **Son las cuatro y diez.**

6. **Es la una y veinte.**

7. **Son las nueve menos cuarto/quince.**

8. **Es la una menos veinte.**

Otras palabras y expresiones

¿A qué hora... ?	At what time . . . ?
a la(s) + *time*	at + *time*
de la mañana	in the morning
de la tarde	in the afternoon
de la noche	in the evening, at night
en punto*	sharp, exactly
mediodía	noon
medianoche	midnight

- Use **es la una...** for times between 1:00 and 1:59 but **son las...** for all other times.
- Use **y cuarto** to indicate *quarter past* and **y media** to indicate *half past.*
- To add minutes to a time, use **y** and the number.
- To indicate time that is approaching the hour, use **menos** and the number.
- To find out what time something happens, use **¿A qué hora... ?** To answer, use **A la(s)** + *time.*

—**¿A qué hora** es la clase de español? — *What time is Spanish class?*
—**A las** doce y media. — *At 12:30.*

Observa

Note that **de** is used in the expressions **de la mañana (tarde, noche)** when referring to a specific time, but **por** is used when no specific time is stated.

—¿Cuándo es tu clase de historia?

—A las nueve **de la mañana.** (*specific time*)

but

—**Por la mañana.** (*general, no specific time stated*)

*The phrase **en punto** is typically only used at the top of the hour. **Son las nueve en punto.**

- To indicate A.M. or P.M., use **de la mañana (tarde, noche).**

Son las siete y quince **de la** mañana.	*It's 7:15 in the morning. (It's 7:15* A.M.)
Es la una **de la** tarde.	*It's 1:00 o'clock in the afternoon. (It's 1:00* P.M.)
Son las once **de la** noche.	*It's 11:00 o'clock at night. (It's 11:00* P.M.)

- To emphasize an exact time of day, use **en punto.**

Son las tres **en punto.**	*It's exactly 3:00 o'clock.*
—¿A qué hora es el partido?	*What time is the game?*
—A la una **en punto.**	*At 1:00 sharp.*

- To express *midnight* and *noon,* use **medianoche** and **mediodía,** respectively.

Es **medianoche**	*It's midnight.*
—¿Cuándo es la fiesta?	*When is the party?*
—Mañana a **mediodía.**	*Tomorrow at noon.*

ACTIVIDADES

A. ¿Qué hora es? Taking turns with a partner, say what time is shown on a random clock below. The partner should guess which clock.

MODELO E1: Son las cinco y media de la tarde.
E2: Es el número 4.

A.M.
1.

P.M.
2.

A.M.
3.

P.M.
4.

P.M.
5.

A.M.
6.

P.M.
7.

A.M.
8.

A.M.
9.

P.M.
10.

P.M.
11.

A.M.
12.

B. ¿Cómo es tu horario (*schedule*)?

PASO 1. Interview a classmate to about his or her class schedule. You need to find out what classes he or she takes, what days and times, where each is held, and the name of the instructor. Create a chart to fill out as your classmate answers your questions.

MODELO E1: ¿Qué clases tomas (*are you taking*) este semestre?
E2: (Tomo [*I am taking*]) español, biología, psicología...
E1: ¿A qué hora y qué días es tu clase de biología?
E2: Es a las nueve de la mañana, los lunes, miércoles y viernes.
E1: ¿Dónde es la clase de biología?
E2: Es en Noyes Lab.
E1: ¿Quién (*Who*) es tu profesor o profesora?
E2: Es la profesora Smith.

LUNES	MARTES	MIÉRCOLES	JUEVES	VIERNES
9:00-9:50 Biología, la prof. Smith, en Noyes Lab		*9:00-9:50 Biología, la prof. Smith, en Noyes Lab*		*9:00-9:50 Biología, la prof. Smith, en Noyes Lab*

PASO 2. When you've completed your interviews, show your charts to each other to verify whether or not they are correct. If something is not correct, make the necessary changes.

Nota cultural

EL RELOJ DE 24 HORAS

Pullman de Morelos ¡ Placer al Viajar !

CUERNAVACA
AEROPUERTO DE LA CD. DE MEXICO

AEROPUERTO - CUERNAVACA		CUERNAVACA - AEROPUERTO	
6:30	15:45	4:00	12:00
7:30	16:30	4:30	12:40
8:15	17:15	5:00	13:20
9:15	18:00	5:30	14:15
10:30	18:45	6:00	15:00
11:15	19:30	7:00	16:00
12:00	20:15	8:00	16:40
12:45	21:00	9:00	17:15
13:30	22:00	10:00	18:15
14:15	23:00	10:40	19:30
15:00		11:20	

MEXICO D.F. **55-49-35-05 AL 08**
CUERNAVACA **(73) 18-46-38 Ó 18-91-87**
TIEMPO APROX. DE RECORRIDO: **1 HR. 40 min.**

It is a common practice in the Hispanic world to use the 24-hour clock in schedules for television programs, buses, trains, movies, and the like. In North America, this is often known as *military time*. To convert the P.M. hours of military time to the 12-hour clock, simply subtract twelve from the hours. Thus, 14:00 would become 2:00 P.M., and 19:00 would be 7:00 P.M.

Spanish speakers rarely use the 24-hour clock in conversation. When asked for the time, they will normally respond using the 12-hour system, for example, **"Son las dos de la tarde"** to mean *It's 2:00 P.M.*

ACTIVIDAD Convert the following times to military time.

1. 9:00 A.M.
2. 4:30 P.M.
3. 8:15 P.M.
4. 10:46 P.M.
5. 12:00 A.M.

Gramática

Describing People, Places, Things, and Ideas

1.3 Descriptive and Possessive Adjectives

GRAMÁTICA EN ACCIÓN

El nuevo semestre

ROSA MARÍA: ¿Cómo son **tus** clases este semestre?

JAVIER: Todas **mis** clases son **interesantes**.

ROSA MARÍA: ¡Qué padre! Tengo tres clases **aburridas** este semestre y solamente una clase **interesante**.

JAVIER: ¿Y cómo son **tus** profesores?

ROSA MARÍA: **Mi** profesora de historia es muy **inteligente** y **simpática**, pero los otros profesores no son tan **buenos**.

Comprensión. Add the correct endings to the adjectives in the following sentences.

1. Rosa María toma **tres clases** aburrid___.
2. **La profesora** de historia de Rosa María es simpátic___.
3. **Los otros profesores** de Rosa María no son muy buen___.
4. Todas las clases de Javier son interesante___.

FORMATION

A. Descriptive adjectives must agree in gender and number with the person, place, or thing that they modify.

Carmen es muy **simpática**. — *Carmen is very nice.*
Fernando y Josefina son **puertorriqueños**. — *Fernando and Josefina are Puerto Rican.*

DESCRIPTIVE ADJECTIVES		
Gender / Number Agreement		
	MASCULINE	FEMININE
SINGULAR	**un amigo alto**	**una amiga alta**
PLURAL	**unos amigos altos**	**unas amigas altas**

B. Masculine adjectives that end in any vowel other than **-o** don't change in the feminine singular form, and simply add **-s** to form the plural.

	MASCULINE	FEMININE
SINGULAR	**elegante** **pesimista**	**elegante** **pesimista**
PLURAL	**elegantes** **pesimistas**	**elegantes** **pesimistas**

C. Masculine adjectives that end in a consonant add **-a** to form the feminine singular, **-es** to form the masculine plural, and **-as** for the feminine plural.

	MASCULINE	FEMININE
SINGULAR	**trabajador** **español**	**trabajadora** **española**
PLURAL	**trabajadores** **españoles**	**trabajadoras** **españolas**

POSITION

A. Adjectives usually follow the nouns they modify.

Es una clase **interesante.**	*It's an interesting class.*
Ana y Lourdes son **estudiantes inteligentes.**	*Ana and Lourdes are smart students.*

B. Some adjectives may either precede or follow the nouns they describe.

1. When **bueno/a** and **malo/a** precede a masculine, singular noun, the **-o** is dropped from the adjective.

Es un buen libro.	*It's a good book.*
Es un mal ejemplo.	*It's a bad example.*

2. **Grande** can also precede or follow a noun. However, when preceding a noun it's shortened to **gran**, and the meaning changes to *great* or *important*.

Quebec es una gran ciudad.	*Quebec is a great city.*
Los Ángeles es una ciudad grande.	*Los Angeles is a large city.*

SOME COMMON ADJECTIVES

Here are some common adjectives that you have already seen or that you will need to know as you continue your Spanish studies.

alto/a	tall	**fácil**	easy
bajo/a	short	**difícil**	difficult
bonito/a	pretty	**rubio/a**	blond(e)
guapo/a	handsome; pretty	**pelirrojo/a**	redheaded
feo/a	ugly	**moreno/a**	dark-haired; dark-skinned
trabajador(a)	hardworking	**simpático/a**	nice
perezoso/a	lazy	**antipático/a**	mean
interesante	interesting	**grande**	large
divertido/a	fun	**pequeño/a**	small
aburrido/a	boring		

UNSTRESSED POSSESSIVE ADJECTIVES

Unstressed possessive adjectives show ownership of something or someone, agree in gender and number with the person or thing being possessed, and always precede the noun they modify.

Mi **libro** de filosofía es interesante. — *My philosophy book is interesting.*
Vuestra **mamá** es muy inteligente. — *Your mother is very smart.*
Sus **apuntes** de clase son claros. — *His class notes are clear.*

UNSTRESSED POSSESSIVE ADJECTIVES			
mi(s)	my	**nuestro/a(s)**	our
tu(s)	your (*fam.*)	**vuestro/a(s)**	your (*fam. Sp.*)
su(s)	your (*form.*)	**su(s)**	your (*form. Sp.; fam., form. elsewhere*)
su(s)	his/her	**su(s)**	their

Because **su(s)** has so many interpretations, a phrase with the preposition **de** is often used to avoid confusion:

el/la/los/las + [*person/thing being possessed*] + **de** + *owner*

POTENTIALLY UNCLEAR	CLARIFIED WITH **de** PHRASE
Su clase es interesante. (*Whose class? His, hers, yours, theirs?*)	**La clase de Uds**. es interesante. *Your class is interesting.*
Su libro es viejo. (*Whose book?*)	**El libro del profesor** es viejo. *The professor's book is old.*

ACTIVIDADES

A. ¿Cómo son?

PASO 1. Choose four of the professions from the list below. Using the verb **ser** and three different adjectives for each person, describe some of the qualities typical of men and women of each profession. Two of your descriptions should refer to males and two to females. Use adjectives from **Vocabulario práctico** or other adjectives you know. Pay attention to gender agreement!

Vocabulario práctico	
cómico	inteligente
creativo	introvertido
diligente	materialista
estudioso	paciente
extrovertido	responsable
flexible	serio

MODELO una profesora → Es dedicada, lista y organizada.

un hombre/una mujer de negocios (*businessman/businesswoman*)
un(a) artista
un(a) sicólogo/a
un(a) doctor(a)
un(a) escritor(a) de novelas
un actor / una actriz de comedias

PASO 2. In pairs, take turns reading the descriptions you wrote for **Paso 1** so that your partner can guess the occupation described.

MODELO E1: Es dedicada, lista y organizada.
E2: ¿Es un profesor?
E1: No.
E2: ¡Es una profesora!
E1: Sí.

B. ¿Cómo soy?

PASO 1. On a separate sheet of paper, use the verb **ser** and three different adjectives to write sentences to describe yourself. You may use physical descriptions or personality traits. Pay attention to gender agreement. Your instructor will collect the papers and redistribute them randomly to the class.

PASO 2. Now go around the room and ask your classmates questions. Your goal is to identify who wrote the description that you have.

MODELO E1: ¿Eres dedicada?
E2: No. (Sí.)
E1: Bien, adiós. (Bien, ¿eres también (*also*) lista?)

Observa

The interrogative **¿cuál?** has a plural form: **¿cuáles?**

¿**Cuál es** tu carrera?

¿**Cuáles son** tus libros?

C. Nuestra información

PASO 1. Answer each of the questions with personal information.

1. ¿Cuál es tu ciudad de origen?
2. ¿Cuál es tu especialidad (*major*)?
3. ¿Cuál es tu clase favorita?
4. ¿Cuáles son tus clases más difíciles?
5. ¿Cómo se llama tu profesor(a) favorito/a?
6. ¿Cuáles son tus libros (o novelas) favoritos/as?
7. ¿Cuáles son tus deportes favoritos?

PASO 2. Your instructor will assign you one of the questions from **Paso 1.** Go around and ask that question of at least five classmates. Based on the information, write a summary sentence using a form of **nuestro/a(s)**. Be ready to report your findings to the class.

MODELO Nuestro deporte favorito es el fútbol.
Nuestro/a/o(s) ______ favorito/a(s) es/son ______.

Expressing Actions in the Present (Part 1)

1.4 Present Tense of Regular -ar Verbs

GRAMÁTICA EN ACCIÓN

Un día típico de Raúl

[*Raúl le* **manda** *un e-mail a su amigo Alberto sobre sus clases este semestre.*]

Hola, Alberto:

¿Qué tal? Aquí todo bien. **Tomo** cuatro clases este semestre, y mi clase favorita es francés a las diez de la mañana. ¡La profesora solo **habla** en francés! Es un poco difícil, pero la clase es muy divertida. Después, **trabajo** en la cafetería hasta las dos, y luego **estudio** en la biblioteca por la tarde. Por la noche, **paso** tiempo con mi novia: **miramos** la televisión, **cenamos** en un restaurante o simplemente **descansamos** y **pasamos** un rato juntos. Si mi novia **necesita** estudiar, **hablo** por teléfono con mis padres o leo mi e-mail.

¿Y tú, Alberto? ¿Cuántas clases **tomas**? ¿**Hablas** francés? ¿Cuándo y dónde **estudias**? ¿**Trabajas** este semestre?

Hasta pronto,
Raúl

Comprensión. Match each verb to the corresponding sentence. Pay attention to form and meaning.

1. Raúl _____ cuatro clases este semestre.
2. Raúl y su novia (*girlfriend*) _____ la televisión por la noche.
3. Cuando su novia necesita estudiar, Raúl _____ por teléfono con sus padres.
4. A veces Raúl y su novia _____ en un restaurante.

a. cenan
b. toma
c. miran
d. habla

A. The base of the Spanish verb system is the infinitive. Infinitives are not conjugated, which means that they have no subject associated with them.

estudiar	*to study (infinitive; no subject; not conjugated)*
yo **estudio**, tú **estudias**, él **estudia**	*I study, you study, he studies (conjugated verbs)*

Spanish has three types of infinitives: those that end in **-ar**, **-er**, or **-ir**. For now, we'll focus on just the **-ar** verbs.

B. To conjugate an **-ar** verb in the *present tense*, remove the **-ar** from the infinitive (**habl-**) and add the present tense endings **-o**, **-as**, **-a**, **-amos**, **-áis**, and **-an**.

PRESENT TENSE OF -ar VERBS			
hablar (*to talk, speak*)			
(yo) hablo	I speak	**(nosotros/as) hablamos**	we speak
(tú) hablas	you speak	**(vosotros/as) habláis**	you speak
(Ud.) habla	you speak	**(Uds.) hablan**	you speak
(él/ella) habla	he/she speaks	**(ellos/as) hablan**	they speak

C. Note in the preceding chart that the subject pronouns (**yo, tú, Ud., . . .**) are in parentheses. This is because they are usually considered optional in Spanish. That is, the conjugated verb forms already convey the subject (**hablo** = *I speak*). The subject pronouns are used only to add emphasis or to clarify and avoid confusion.

Yo hablo inglés y español. ¿Qué **hablas tú**?	*I speak English and Spanish. What do **you** speak?*

Accordingly, you will often see no subject stated in a sentence. This means that you will have to pay attention to the verb endings and the context in order to recognize the subject of a sentence.

D. The preceding chart shows only one simple translation of the Spanish present tense. However, present tense verbs have other meanings, depending on the context.

Bailo cada fin de semana.	***I dance** every weekend.*
¿**Caminas** a la universidad?	***Do you walk** to the university?*
—Juan, ¿qué **haces**?	*Juan, what **are you doing**?*
—**Hablo** por teléfono.	***I am speaking** on the phone.*
Mañana **trabajo** todo el día.	*Tomorrow **I will work** all day.*

E. You learned a few **-ar** verbs in the **Vocabulario en acción** section of this **Tema** (pp. 22–23). Here are some more **-ar** verbs and expressions that you should know.

COMMON -ar VERBS			
cenar	to eat dinner	**pasar tiempo**	to spend time
contestar	to answer	**pasar un rato**	to spend some time
desayunar	to eat breakfast	**practicar**	to practice
descansar (un rato)	to rest (a bit)	**practicar un deporte**	to participate in a sport
llamar (por teléfono)	to call (on the phone)	**regresar (a)**	to return, go back (*to a place*)
llegar	to arrive	**sacar buenas/malas notas**	to get good/bad grades
llevar	to carry	**terminar**	to finish
pagar (por)	to pay (for)		

F. Some verbs are commonly followed by the infinitive of another verb. When this happens, only the first verb is conjugated, just as in English.

desear + *inf.* to desire/want to (*do something*)

Deseo regresar a casa ahora, por favor.	*I want to go back home now, please.*

necesitar + *inf.* to need to (*do something*)

Necesitamos estudiar para el examen.	*We need to study for the exam.*

ACTIVIDADES

A. Otras actividades diarias (*daily*). Complete each sentence or dialogue with the correct form of each of the verbs in parentheses.

1. Rosalinda __________ (llamar) a sus clientes por teléfono.
2. Keesha __________ (navegar) en Internet antes de sus clases.
3. Tomás y su novia, Elena, __________ (pasar) un rato juntos (*together*).
4. ¡Huy (*Gosh*), Ana! __________ (llevar) muchas cosas en tu mochila. Pesa (*It weighs*) mucho, ¿no?
5. —David, ¿A qué hora __________ (llegar) tú a la universidad entre semana?
   —Bueno (*Well*), __________ (llegar) a las nueve en punto. Luego (*Then*), __________ (tomar) un café y __________ (descansar) un rato.
6. —¿Qué tipos de música __________ (escuchar) Uds.?
   —Normalmente __________ (escuchar) música rock, pero a veces escuchamos música latina.

B. Entrevista

PASO 1. Interview a partner using these questions. Then switch roles. Take note of each other's responses.

Be aware of the conjugations of the **-ar** verbs as you respond. You will use the **yo** form when referring to yourself, and the **nosotros** form when referring to yourself and your friends.

1. ¿Cuántas clases tomas este semestre? ¿Son difíciles o fáciles?
2. ¿Sacas buenas notas normalmente o son malas? ¿Cuántas horas estudias cada (*each*) semana?
3. ¿Pasas mucho tiempo con tus amigos? ¿Qué programas de televisión miran tus amigos y tú? ¿Qué tipo de música escuchan Uds.?
4. ¿Practicas deportes? ¿Tocas un instrumento musical?

PASO 2. You and your partner should connect with another pair in the class to form a group of four. Each of you should introduce your partner to the rest of the group and explain a bit about his or her classes and activities based on the conversation.

MODELO Mi compañero es Miguel. Él toma cuatro clases y son muy difíciles. Él saca buenas notas y estudia cinco horas cada semana. Miguel toca la guitarra. Él y sus amigos miran deportes en la televisión.

C. ¿Qué haces tú (*do you do*)?

PASO 1. Create a chart like the following, and fill it out to show when you do some of the following activities. Fill in eight spaces using *only* verbs from the list and only one activity per space. You may use some verbs twice if you like. Don't show your chart to anyone. **¡OJO!** Your verb conjugations should be in the **yo** form.

bailar	descansar	estudiar	navegar en Internet
charlar por teléfono	escuchar música	mirar la tele	practicar un deporte

	LUNES	MARTES	MIÉRCOLES	JUEVES	VIERNES	SÁBADO	DOMINGO
por la mañana							
por la tarde							
por la noche							

PASO 2. With a partner, take turns guessing what activities the other does and when. Keep your chart hidden from your partner. A correct guess (**sí**) is a hit; put a check mark (✓) on your paper. A wrong guess (**no**) is a miss; put an X on your paper. Follow the **modelo.** Players lose a turn for using the incorrect form (should be **tú**) to ask a question. The first person to get five hits is the winner!

MODELOS E1: ¿Bailas los sábados por la noche?
E2: Sí.
E1: (*writes* ✓)

E2: ¿Navegas en Internet los domingos por la tarde?
E1: No.
E2: (*writes* X)

Lectura cultural

ANTES DE LEER

You are going to read a text about associations for Latin American students at some institutions in the United States and Canada. Which of the following types of information would you expect to find in the reading?

☐ objetivos de las asociaciones
☐ programas de actividades de recreación
☐ servicios sociales para los estudiantes y la comunidad
☐ carreras de los estudiantes latinoamericanos
☐ programas de actividades culturales

Asociaciones de estudiantes latinoamericanos

En Stanford University

En muchas universidades estadounidenses, y en algunas[a] canadienses, hay organizaciones o asociaciones de estudiantes latinoamericanos. El objetivo de estas organizaciones es promover[b] la lengua y la cultura latinoamericanas en el campus y en la comunidad. Los socios[c] son estudiantes de diferentes países de habla hispana[d] y, con frecuencia, de Brasil. Sin embargo,[e] las asociaciones invitan a participar en sus actividades a todas las personas de la comunidad.

Las actividades son numerosas y muy diversas. La mayoría[f] de las asociaciones organizan torneos[g] de fútbol, *picnics* en donde sirven comida hispana,[h] fiestas tradicionales o conciertos de música latina. Algunas organizaciones realizan también[i] servicios sociales en la comunidad. Por ejemplo, ofrecen[j] clases de español gratis, organizan intercambios entre[k] estudiantes de universidades hispanas y su universidad en Norteamérica, o ayudan económicamente a[l] estudiantes de Latinoamérica. Algunas asociaciones organizan actividades culturales como[m] festivales de cine, exposiciones[n] de arte o foros en línea[ñ] para hablar de temas de la actualidad[o] en Latinoamérica.

[a]*some* [b]*promote* [c]*members* [d]de... *Spanish-speaking countries* [e]Sin... *However* [f]*majority* [g]*tournaments* [h]sirven... *they serve Hispanic food* [i]realizan... *also provide* [j]*they offer* [k]intercambios... *exchanges between* [l]ayudan... *they help financially* [m]*like* [n]*exhibitions* [ñ]foros... *online forums* [o]de... *current*

Los programas de las organizaciones tienen[p] muchos objetivos y todos contribuyen a la diversidad de la universidad y la comunidad. Además,[q] estas asociaciones ofrecen a los estudiantes latinoamericanos una oportunidad de mantener[r] su lengua, su cultura y su identidad.

[p]*have* [q]*In addition* [r]*maintain*

Nota interdisciplinaria

GEOGRAFÍA: LAS NACIONALIDADES HISPANAS

Review the Spanish-speaking countries. Can you identify the nationality from the list for each Spanish-speaking country on the map?

argentino/a	hondureño/a
boliviano/a	mexicano/a
chileno/a	nicaragüense
colombiano/a	panameño/a
costarricense	paraguayo/a
cubano/a	peruano/a
dominicano/a	puertorriqueño/a
ecuatoguineano/a	salvadoreño/a
ecuatoriano/a	uruguayo/a
guatemalteco/a	venezolano/a

DESPUÉS DE LEER

A. Comprensión. Provide the following information, based on the reading.

1. nacionalidad de los socios de las asociaciones
2. objetivo de las asociaciones
3. actividades de recreación
4. actividades culturales
5. servicios a la comunidad y a los estudiantes
6. beneficios para los socios

B. Temas de discusión. With a partner, answer the questions. Then share your ideas with the class.

1. ¿Hay una asociación de estudiantes latinoamericanos en su universidad? ¿De qué países son los estudiantes de la asociación?
2. ¿Cuántas asociaciones de estudiantes hay en su universidad? ¿Qué tipos de actividades organizan para los estudiantes y la comunidad?

Concurso° de videoblogs

Competition

Los Ángeles: Héctor

Presentación del concurso

Héctor es un estudiante hispano de Texas que (who) vive (lives) y estudia en Los Ángeles.

ANTES DE VER° *watching*

A. Capítulo y vídeo. Answer the questions.

1. What Hispanic influences are apparent in your community?
2. What kind of Hispanic food is available? Do you like it? Why or why not?
3. What do you think of the blogging culture? Do you like to blog?

B. Anticipación

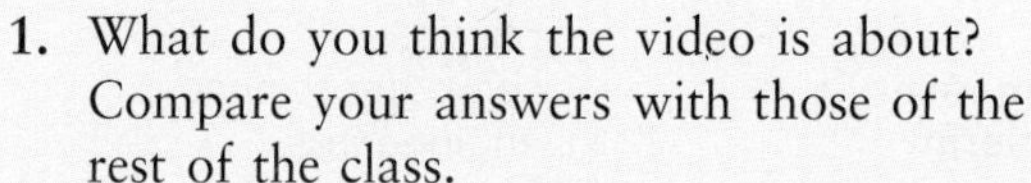

1. What do you think the video is about? Compare your answers with those of the rest of the class.
2. Complete this sentence with at least three adjectives from this chapter. El concurso de videoblogs va a ser (*will be*) _____________.

Vocabulario práctico	
agua horchata	*cold rice-based drink*
Uds. van a aprender.	You're going to learn
les va a gustar	you're going to like it
porteño	from Buenos Aires
¿recuerdan?	do you remember?

DESPUÉS DE VER

A. Comprensión. Answer the questions, based on Héctor's video.

1. Complete the sentence with at least two items, based on the video. En la calle Olvera, puedes comer (*you can eat*) ____.
2. Match each blogger participant with his or her nationality: **argentino/a, costarricense, dominicano/a, española(a), mexicano, peruano. ¡OJO!** Use the correct form of the adjective.

   a. Ana es ____.
   b. Federico es ____.
   c. Juan Carlos es ____.
   d. María Elena es ____.
   e. Merfry es ____.
   f. Miguel es ____.

B. Opinión. With a partner, complete the items.

1. What will the winner of the competition receive? Is that a good prize? Explain.
2. Using **ser** + *adjective,* write sentences each comparing Los Angeles to the place where you live.

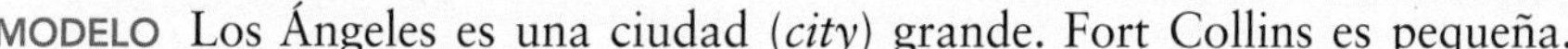

MODELO Los Ángeles es una ciudad (*city*) grande. Fort Collins es pequeña.

3. Who do you think will win the video competition and why?

C. Temas de discusión. With a partner, answer the questions.

1. What do you think you will learn about the culture and the homes of the video participants?
2. What images or topics from the video segment were most interesting to you and why?

Vocabulario

Los saludos, las presentaciones y las despedidas	Greetings, introductions, and good-byes
Hola.	Hello.
Buenos días.	Good morning (*until midday meal*).
Buenas tardes.	Good afternoon (*until evening meal*).
Buenas noches.	Good evening (*after evening meal*).
¿Cómo estás?	How are you (*fam.*)?
¿Cómo está usted (Ud.)?	How are you (*form.*)?
¿Qué tal?	How's it going?
(Muy) Bien.	(Very) Well.
Regular.	So-so.
¿Y tú?	And you (*fam.*)?
¿Y usted (Ud.)?	And you (*form.*)?
¿Cómo te llamas? / **¿Cuál es tu nombre / apellido?**	What's your (*fam.*) first/last name?
¿Cómo se llama usted (Ud.)? / **¿Cuál es su nombre / apellido?**	What's your (*form.*) first/last name?
Me llamo... / **Mi nombre es...**	My name is . . .
Mi apellido es...	My name is . . .
Soy...	I'm . . .
Mucho gusto.	It's a pleasure (to meet you).
Igualmente.	Likewise.
¿De dónde eres?	Where are you (*fam.*) from?
¿De dónde es usted (Ud.)?	Where are you (*form.*) from?
Soy de...	I'm from . . .
Adiós.	Good-bye.
Hasta luego.	See you later.
Hasta mañana.	See you tomorrow.

Los números de 0 a 30	Numbers from 0 to 30

cero, uno, dos, tres, cuatro, cinco, seis, siete, ocho, nueve, diez, once, doce, trece, catorce, quince, dieciséis, diecisiete, dieciocho, diecinueve, veinte, veintiuno, veintidós, veintitrés, veinticuatro, veinticinco, veintiséis, veintisiete, veintiocho, veintinueve, treinta

En el salón de clase	In the classroom
el bolígrafo	pen
la computadora (portátil)	computer (laptop)
el cuaderno	notebook
el escritorio	desk
el lápiz	pencil
el libro de texto	textbook
la mesa	table
la mochila	backpack
el papel	paper
el pizarrón	whiteboard
la puerta	door
el reloj	clock; watch
la silla	chair
la tarea	homework
el (teléfono) celular	cell (phone)
la ventana	window

Cognados: la clase, el diccionario, el teléfono

Las materias y las carreras	Classes and majors
la administración empresarial	business administration
las ciencias políticas	political science
la contabilidad	accounting
el derecho	law
la economía	economics
el español	Spanish (*language*)
la estadística	statistics
la física	physics
la informática	computer science
la ingeniería	engineering
el inglés	English
las lenguas (extranjeras)	(foreign) languages
las matemáticas	math
el periodismo	journalism
la química	chemistry
la sicología	psychology

Cognados: la anatomía, la arquitectura, el arte, la astronomía, la biología, la filosofía, la geografía, la historia, la literatura, la medicina, la música, la sociología

Los pronombres personales	Personal pronouns
yo	I
tú	you (*sing. fam.*)
usted (Ud.)	you (*sing. form.*)
él	he
ella	she
nosotros/as	we
vosotros/as	you (*pl. fam. Sp.*)
ustedes (Uds.)	you (*pl. form.*)
ellos/as	they

El verbo ser	the verb *to be*
ser (*irreg.*)	to be
soy	I am
eres	you (*sing. fam.*) are
es	he/she is, you (*sing. form.*) are
somos	we are
sois	you (*pl. fam. Sp.*) are
son	they are, you (*pl. form.*) are

Actividades típicas en la universidad	Typical activities at the university
andar en bicicleta	to ride a bicycle
bailar	to dance
buscar (algo)	to look for (something)
caminar	to walk
charlar	to chat
comprar	to buy
escuchar (música)	to listen to (music)
estudiar	to study
hablar (por teléfono)	to talk, speak (on the phone)
jugar (a)	to play (*a game, sport*)
al basquetbol	basketball
al béisbol	baseball
al fútbol	soccer
al fútbol americano	football
al vólibol	volleyball
lavar la ropa	to wash clothes
mirar la televisión	to watch TV
navegar en Internet	to surf the Internet
tocar	to play (*a musical instrument*)
tomar	to take; to drink
tomar apuntes	to take notes
tomar una clase	to take a class
trabajar	to work

Los edificios y los lugares	Buildings and places
la biblioteca	library
el centro estudiantil	student union
el estadio	stadium
la Facultad de...	School of ...
Bellas Artes	Fine Arts
Ciencias	Sciences
Educación	Education
Letras	Humanities
Leyes	Law
Medicina	Medicine
la librería	bookstore
la oficina	office
la residencia (estudiantil)	(student) dorm
el salón de clase	classroom
el teatro	theater

Cognados: la cafetería, el campus, la clínica, el gimnasio, el hospital, el laboratorio, la universidad

Los días de la semana	Days of the week
el día	day
los días entre semana	weekdays
lunes	
martes	
miércoles	
jueves	
viernes	
el fin de semana	weekend
sábado	
domingo	
la semana	week

¿Cuándo?	When?
antes (de)	before
después (de)	after
entre semana	during the week
hoy	today
el lunes (martes, miércoles,...)	on Monday (Tuesday, Wednesday, ...)
el lunes (martes, miércoles,...) que viene	next Monday (Tuesday, Wednesday, ...)
los lunes (martes, miércoles,...)	on Mondays (Tuesdays, Wednesdays, ...)
mañana	tomorrow
pasado mañana	the day after tomorrow
por la mañana	in the morning
por la noche	in the evening, at night
por la tarde	in the afternoon
la semana que viene	next week
todos los días	every day

¿Qué hora es?	What time is it?
Es la una.	It's one o'clock.
Son las dos (tres...).	It's two (three ...) o'clock.
¿A qué hora?	At what time?
A la(s) + time	At + *time*
de la mañana	in the morning
de la noche	in the evening, at night
de la tarde	in the afternoon
en punto	sharp, exactly
medianoche	midnight
mediodía	noon
menos cuarto/quince	quarter to
y cuarto/quince	quarter past
y media/treinta	half past

Las personas	
el/la (mejor) amigo/a	(best) friend
el/la compañero/a de clase	classmate
el/la compañero/a de cuarto	roommate
el/la estudiante	student
el hombre	man
la mujer	woman
el/la profesor(a)	professor; teacher

Los adjetivos	Adjectives
aburrido/a	boring
alto/a	tall
antipático/a	mean
bajo/a	short
bonito/a	pretty
buen, bueno/a	good
difícil	difficult
divertido/a	fun
fácil	easy
feo/a	ugly
gran(de)	large
guapo/a	handsome; pretty
interesante	interesting
mal, malo/a	bad
moreno/a	dark-haired; dark-skinned
pelirrojo/a	redheaded
pequeño/a	small
perezoso/a	lazy
rubio/a	blond(e)
simpático/a	nice
trabajador(a)	hardworking

Los adjetivos posesivos	(Unstressed) Possessive adjectives
mi(s)	my
tu(s)	your (*sing. fam.*)
su(s)	your (*sing. form.*); his; her
nuestro/a(s)	our
vuestro/a(s)	your (*pl. fam. Sp.*)
su(s)	your (*pl. form. Sp.; pl. fam., form. elsewhere*); their

Las nacionalidades — **Nationalities**

argentino/a, boliviano/a, chileno/a, colombiano/a, costarricense, cubano/a, dominicano/a, ecuatoguineano/a, español(a), guatemalteco/a, hondureño/a, mexicano/a, nicaragüense, panameño/a, paraguayo/a, peruano/a, puertorriqueño/a, salvadoreño/a, uruguayo/a, venezolano/a

Las palabras interrogativas	Question words
¿cómo?	how?
¿cuál(es)?	what?, which?
¿cuándo?	when?
¿cuánto/a(s)?	how much (many)?
¿(de) dónde?	where (from)?
¿quién(es)?	who?
¿qué?	what?

Otros verbos	Other verbs
cenar	to eat dinner
contestar	to answer
desayunar	to eat breakfast
descansar (un rato)	to rest (a bit)
desear + *inf.*	to desire/want to (*do something*)
llamar (por teléfono)	to call (on the phone)
llegar	to arrive
llevar	to carry
necesitar + *inf.*	to need to (*do something*)
pagar (por)	to pay (for)
pasar tiempo	to spend time
pasar un rato	to spend some time
practicar	to practice
practicar un deporte	to participate in a sport
regresar (a)	to return, go back (*to a place*)
sacar buenas/malas notas	to get good/bad grades
terminar	to finish

Otras palabras y expresiones	Other words and expressions
Gracias.	Thank you, Thanks.
De nada.	You're welcome.
a veces	sometimes
aquí	here
con	with
de	from; of
del	from the
el / la / los / las	the
este/a	this
hay	there is/are
no	no; not
pero	but
sí	yes
solo	only
un poco	a little
un(a)	a
unos/as	some
y	and

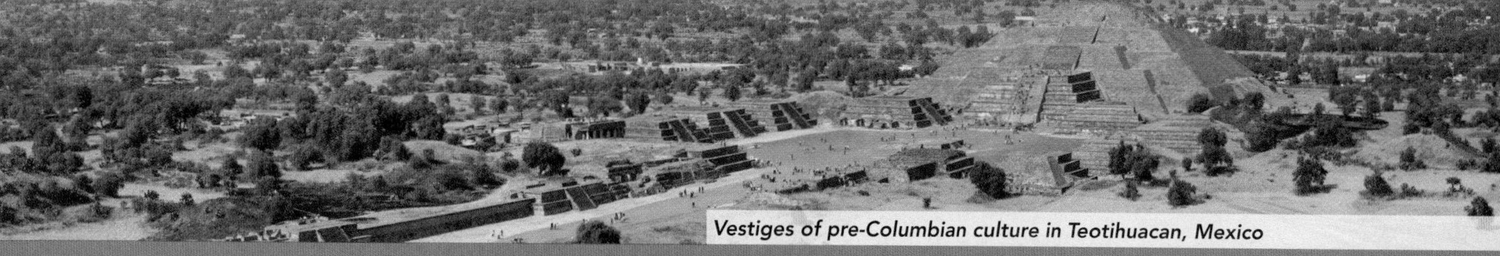
Vestiges of pre-Columbian culture in Teotihuacan, Mexico

Entrada cultural

Social and ethnic diversity in Mexico City

México

A quetzal in the highland forests of western Mexico

In the pre-Columbian region of what is Mexico today, a number of indigenous peoples, including the Mayans and the Aztecs, lived and created highly developed civilizations that flourished for 4,000 years before the Spanish arrived in 1519. Advancements in mathematics, astronomy, art, medicine, and architecture such as pyramids and temples are only part of these civilizations' legacy. During the conquest by Spain and the following colonial period, the pre-Hispanic cultures blended with Spanish social and religious traditions, and interracial mixing among indigenous people and Spanish colonizers created new ethnic groups. This ethnic blend, known in Spanish as **mestizaje**, has been and still is present in Mexican society and is the foundation of Mexican cultural identity. As such, today Mexico is a multicultural and multiethnic country, where Spanish coexists officially with numerous indigenous languages, and where its people show their deep-rooted traditions and beliefs.

The convergence of cultures can be observed in lifestyles, crafts, architecture, music, and more. While Mexican villagers hold to traditional lifestyles, people in large urban areas have more in common with their European and U.S. counterparts. The cultural fusion is notable in the colorful textiles and pottery, Mexican folk art traditions that originated from indigenous and Spanish crafts. It is inherent in the architecture of Mexico, where indigenous archeological ruins stand next to magnificent colonial buildings, such as churches or haciendas, and modern skyscrapers. The influence of different cultures is also reflected in Mexican music. Traditional sounds include the well-known mariachi, rancheras, and corridos. However, contemporary music like pop, hip hop, rap, and rock, both in English and in Spanish, are popular among Mexicans as well.

Mexico's richness is also present in its unique diversity of flora and fauna and in its abundance of natural resources, such as petroleum, natural gas, various metals and minerals, oceans that yield copious quantities of seafood, and fertile land for agriculture.

Embroidered blouse and black clay pottery, traditional crafts from Oaxaca, Mexico

PREGUNTAS

1. Can you find any indications of cultural blending in your country? Where specifically? Give examples to support your answer.
2. Think of a minority group in your country and explain how its culture has influenced the mainstream culture. How has the mainstream culture influenced the culture of this minority group?

CAPÍTULO 2

¿Qué haces en tu tiempo libre?*

EN ESTE CAPÍTULO
México

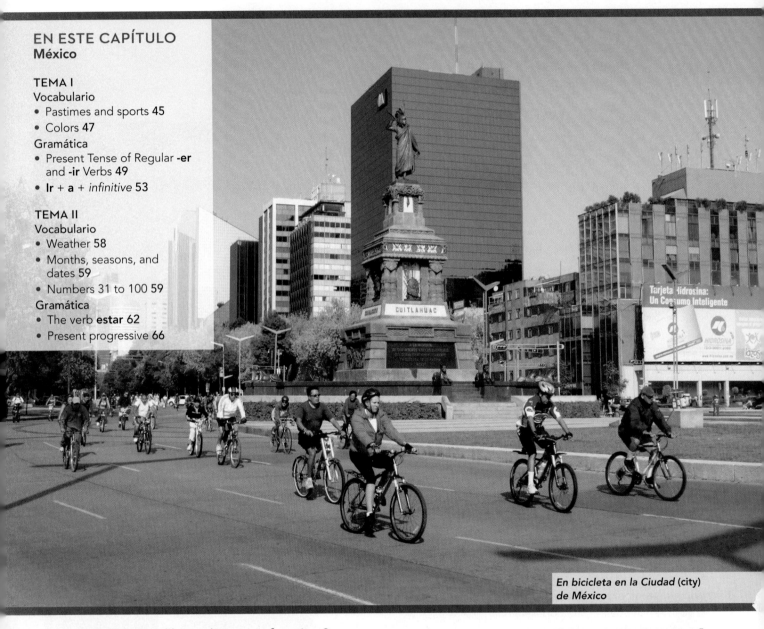

En bicicleta en la Ciudad (city) *de México*

1. **What do you like to do in your free time?**
2. **Do you enjoy going to musical or other cultural events? What kind?**
3. **Do you participate in any sports? In organized leagues or just among friends?**

www.connectspanish.com

*¿Qué... *What do you do in your free time?*

TEMA I: Una pasión por los deportes

Vocabulario en acción

Los pasatiempos° y los deportes

°Los... *Pastimes*

la calle	street
la fiesta	party
el parque	park
el partido	game (*single occurrence*)
el pasatiempo	pastime
el tiempo libre	free time

Cognados: el golf, el tenis

Repaso: andar en bicicleta, bailar, caminar, cantar, descansar, escuchar (música), jugar, mirar la televisión, navegar en Internet, practicar un deporte, tocar un instrumento musical; el basquetbol, el béisbol, el fútbol (americano), el vólibol

Observa

The verb **jugar** has some irregularities in the present tense.

juego	**jugamos**
juegas	**jugáis**
juega	**juegan**

Juego al fútbol todos los sábados. *I play soccer every Saturday.*

You'll learn more about similar irregular verbs in later chapters.

ACTIVIDADES

A. Los pasatiempos y los deportes

PASO 1. Jot down as many related words as possible from the **Vocabulario en acción** presentation for each drawing.

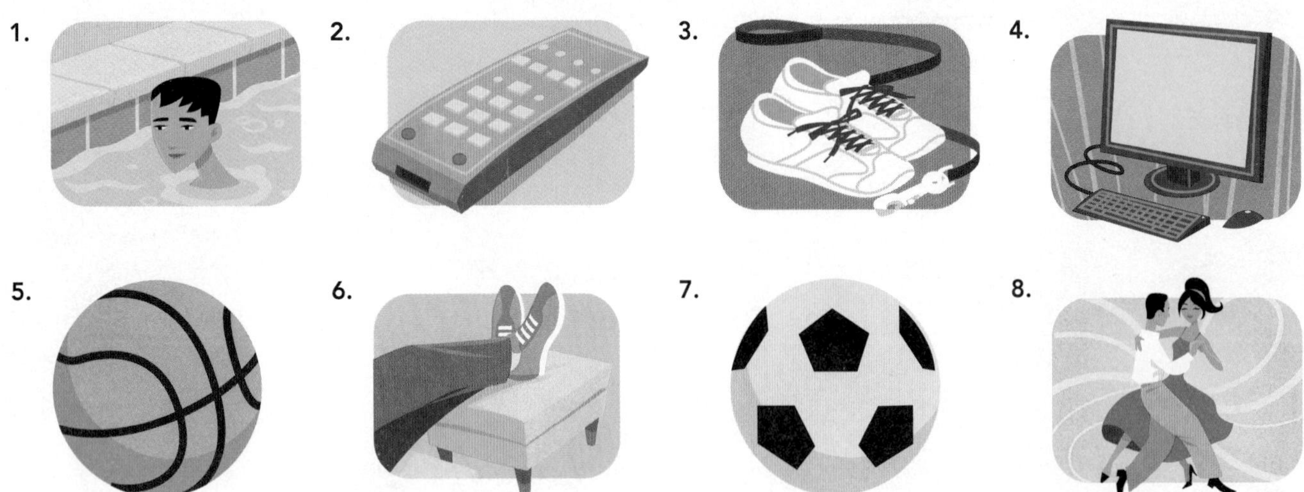

PASO 2. Now organize the words you jotted down in **Paso 1** into the categories of **Pasatiempos** and **Deportes.** Which ones are **pasatiempos**? Which are **deportes**?

B. Asociaciones. Match the people or things with their appropriate activities.

1. _____ Michael Phelps
2. _____ en Internet
3. _____ la televisión
4. _____ la fiesta
5. _____ Manu Ginóbili
6. _____ el parque
7. _____ Lionel Messi
8. _____ fotos

a. sacar
b. jugar al fútbol
c. pasear
d. nadar en la piscina
e. bailar
f. jugar al basquetbol
g. navegar
h. mirar

C. Los pasatiempos

PASO 1. Using the vocabulary that you have learned so far, list three activities for each of the following categories.

1. solitario
2. equipo (*team*)
3. activo
4. sedentario
5. al aire libre (*outside*)

PASO 2. Select two activities from **Paso 1** from different categories and prepare definitions for them. The rest of the class has to guess which activity you are describing.

MODELOS Es un deporte. Necesitas...
Es una actividad que (*that*) practicamos en...

Vocabulario práctico

el bate de béisbol	baseball bat
la gorra	baseball cap
la pelota	ball
la raqueta de tenis	tennis racquet
los zapatos de tenis	tennis shoes

Los colores

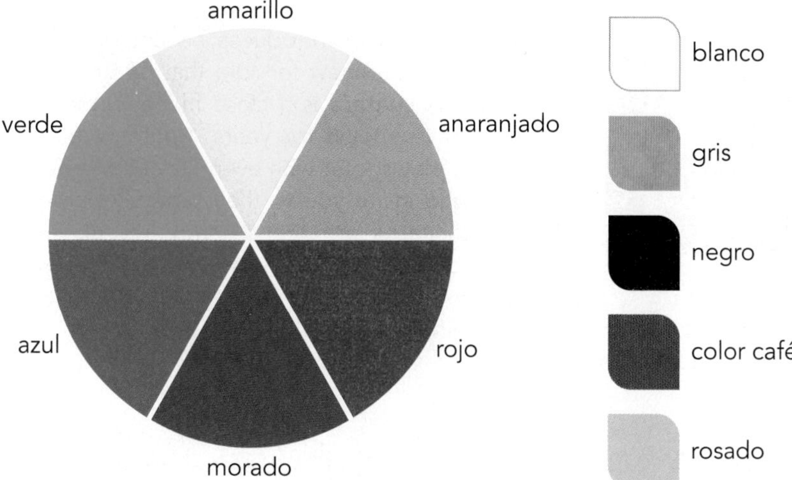

blanco

gris

negro

color café

rosado

- When used as adjectives, colors must agree in gender and number with the nouns they modify: **el edificio blanco, la bicicleta roja.**
- Note that some colors have only one form for masculine and feminine: **el edificio gris, la bicicleta gris.**
- **Color café** requires the use of **de** before it.

Es de color café. *It's brown.*

ACTIVIDADES

A. Las habitaciones (*bedrooms*) de Laura y Gustavo

PASO 1. List the things in color that you see in the two bedrooms. Follow the model. **¡OJO!** You can use the **Vocabulario práctico** from page 47.

MODELO En la habitación de Laura hay una bicicleta rosada,...

La habitación de Laura

La habitación de Gustavo

PASO 2. With a partner, compare what Laura and Gustavo do in their spare time. Follow the model.

MODELO Laura practica tenis y fútbol, camina y...

Nota cultural

LOS CUATES

If a Spanish speaker introduces his or her friend as a **cuate/a,** you know for sure that he or she is a Mexican. A **cuate/a** is a close friend, someone you may have known for years. **Cuates** are the friends you play soccer with every day after school or those who invite you to their birthday parties. Generally, **cuates** are friends who live in your neighborhood with whom you grew up and that you see all the time. As a young adult, **cuates** are the people you go out with on a Saturday night or with whom you meet in a sports bar to watch your favorite team.

PREGUNTAS

1. How would you translate the term **cuate/a** into English?
2. Do you have some friends that you consider closer than others? What do your friends mean to you? What activities do you do together?

Gramática

2.1 Present Tense of Regular -er and -ir Verbs

Expressing Actions in the Present (Part 2)

GRAMÁTICA EN ACCIÓN

Nuevos amigos

[*Melissa es una estudiante de los Estados Unidos que* **vive** *en México este semestre. Ella habla con su nuevo amigo, Jaime, sobre sus actividades favoritas en el tiempo libre.*]

JAIME: ¿Qué tal, Melissa?

MELISSA: Muy bien. ¡México es magnífico! Hay muchas cosas y actividades interesantes.

JAIME: ¡Qué bien! ¿**Vives** con una familia?

MELISSA: Sí. **Vivo** con una familia mexicana muy simpática y **asisto** a clases en la universidad todos los días.

JAIME: ¿Y **comprendes** bien el español?

MELISSA: Sí. Hablar es un poco difícil, pero **leo** y **escribo** muy bien. **Aprendo** más cada día. **Me gusta** mucho practicar.

JAIME: ¿Con quién practicas?

MELISSA: Con mis nuevos amigos, Alejandra y Samuel. Son muy divertidos. Nosotros **comemos** y **bebemos** en restaurantes muy buenos. Alejandra y yo **corremos** en el parque.

JAIME: ¿Visitas muchos lugares en la ciudad?

MELISSA: Sí. Hay muchos lugares interesantes. Mis compañeros de clase **viven** cerca del Zócalo. **Me gusta** mirar las cosas que **venden** en el centro de la ciudad.

Comprensión. Complete each sentence with the correct verb and form.

1. Melissa __________ bien el español, pero hablar el idioma no es muy fácil.
2. Alejandra y Melissa __________ en el parque.
3. Melissa __________ con una familia mexicana y __________ a clases en la universidad.
4. Melissa y sus nuevos amigos __________ y __________ en restaurantes buenos.

A. To form the present tense of **-er** and **-ir** verbs, remove the **-er/-ir** from the infinitive (**com-/viv-**) and add the present tense endings, as shown in the chart. Note that the endings are the same for both **-er** and **-ir** verbs except in the **nosotros/as** and **vosotros/as** forms.

PRESENT TENSE OF -er AND -ir VERBS			
comer (*to eat*)		**vivir** (*to live*)	
como	**comemos**	**vivo**	**vivimos**
comes	**coméis**	**vives**	**vivís**
come	**comen**	**vive**	**viven**

B. Here are some additional common **-er** and **-ir** verbs you should know.

COMMON -er AND -ir VERBS			
-er VERBS		**-ir** VERBS	
aprender	to learn	**abrir**	to open
aprender a + *inf.*	to learn to (*do something*)	**asistir (a)**	to attend, go to (*a class, event*)
beber	to drink	**describir**	to describe
comprender	to understand	**escribir**	to write
correr	to run; to jog	**recibir**	to receive
creer	to believe		
leer	to read		
vender	to sell		

Nota comunicativa

COMMUNICATION

THE VERB gustar

The verb **gustar** in Spanish is used to express *to like/dislike doing something.* Because **gustar** literally means *to be pleasing* (*to someone*), the subject pronouns (**yo, tú, él/ella, Ud., nosotros, vosotros, ellos/as, Uds.**) are not used. Instead, you will use the pronouns **me, te, le, nos, os,** and **les,** followed by **gusta** + *inf.*

me gusta + *inf.*	I like (*to do something*)	**nos gusta** + *inf.*	we like (*to do something*)
te gusta + *inf.*	you (*sing. fam.*) like (*to do something*)	**os gusta** + *inf.*	you (*pl. fam.*) like (*to do something*)
le gusta + *inf.*	he/she likes (*to do something*) you (*sing. form.*) like (*to do something*)	**les gusta** + *inf.*	he/she likes (*to do something*) you (*pl. form.*) like (*to do something*)

To ask "Do you like (*to do something*)?," use these patterns:

¿**Te gusta** + *inf.*? (*sing. fam.*)
¿**Le gusta** + *inf.*? (*sing. form.*)

¿**Os gusta** + *inf.*? (*pl. fam.*)
¿**Les gusta** + *inf.*? (*pl. form.*)

—¿**Te gusta** caminar todos los días? — *Do you like to walk every day?*
—Sí, **me gusta** caminar en el parque. — *Yes, I like to walk in the park.*
Les gusta jugar al basquetbol. — *They like to play basketball.*

Add the word **no** before the pronoun to express dislikes.

No me gusta correr. — *I don't like to jog.*
No te gusta beber café. — *You do not like to drink coffee.*

When using **le** or **les,** you can use the phrase **a** + *pronoun/name* to clarify who likes/dislikes.

a + él/ella/Ud./*name* **le gusta** + *inf.*

a + ellos/ellas/Uds./*name*(s) **les gusta** + *inf.*

A Miguel le gusta leer novelas históricas. — *Miguel likes to read historical novels.*
A ella le gusta pasar tiempo con sus amigos. — *She likes to spend time with her friends.*

ACTIVIDADES

A. ¿Qué hacen? (*What are they doing?*)

PASO 1. Indicate the correct verb to complete each sentence.

1. Tú no _____ esta lección.
2. Uds. _____ a clase de lunes a viernes.
3. Mis amigos y yo _____ café por la mañana.
4. El profesor _____ en la cafetería con sus estudiantes.
5. Este semestre yo _____ a hablar español y alemán.
6. Olga y Paloma _____ sus libros al final (*at the end*) del semestre.
7. Por la mañana, _____ por el parque con mi amiga Inés.
8. La profesora de historia _____ el período colonial.

a. corro
b. venden
c. comprendes
d. bebemos
e. aprendo
f. asisten
g. come
h. describe

PASO 2. Restate each sentence from **Paso 1** to describe you and/or your friends. Change information in the sentence as necessary.

MODELO No comprendo la **Lección 3.**
Nosotros no comprendemos las matemáticas.

B. En la universidad

PASO 1. With a partner, look at the image and take turns describing what each person is doing. Try to use the correct form of the **-er** and **-ir** verbs on page 50.

1. Jenni
2. Úrsula, Penélope y Héctor
3. los profesores
4. Miguel
5. Antonio
6. don Charlie

PASO 2. Now, write three questions using those same verbs and the verb **gustar**. You will use the questions to ask your classmate about his or her likes and dislikes.

MODELO ¿Te gusta correr en el parque?

PASO 3. Take turns with your partner asking each other the questions you created in **Paso 2.**

C. Entrevista. Interview a partner using these questions. Then switch roles.

1. ¿Qué bebes por la mañana?
2. ¿Lees mucho? ¿Qué te gusta leer?
3. ¿Dónde vives? ¿Te gusta tu residencia?
4. ¿A cuántas clases asistes los lunes? ¿Te gusta tu horario de clases?
5. ¿Dónde comes los fines de semana? ¿En qué restaurante te gusta comer?

Vocabulario práctico

el agua	water
el café	
el jugo	juice
la leche	milk
la limonada	
el té	

EXPERIENCIA INTEGRAL

Los deportes en México

ANTES DE LEER. In **Capítulo 1** you learned about nouns and articles (**el, la, los, las**) in Spanish. Most nouns are preceded by an article or another word such as possessives (**mi, tu, su,** etc.). Sometimes they are part of an expression. In **la clase de español,** both **clase** and **español** are nouns.

- Scan through the first three sentences of the reading in **Paso 1** and underline all of the nouns.
- If **jugar** means *to play*, what do you think **el juego** and **el jugador** mean? Look at the context in which they are used to help you determine their meaning.
- If a **beisbolista** is a baseball player, what do you think the term for a soccer (**fútbol**) player is?

Un aro (ring) en una cancha de pelota de Chichén Itzá

PASO 1. Complete the reading about sports in Mexico. Choose the correct word in parentheses when there are choices. For all other items, use the correct form of the verb in parentheses.

Hay una larga[a] historia de deportes en México. (El/La[1]) juego de pelota[b] es de la época precolombina.[c] En una de las versiones de este deporte, el jugador (pasar[2]) una pelota por (un/una[3]) aro de piedra.[d] El deporte más popular en México hoy en día (ser[4]) el fútbol. En la Primera División de México hay dieciocho clubes con los mejores equipos[e] de México. México también tiene[f] un equipo nacional muy (bueno/buena[5]). Cuando los aficionados[g] (comprar[6]) una entrada[h] para un partido del equipo nacional, (*ellos:* asistir[7]) al partido en el estadio más grande de México, el Estadio Azteca, en México, D.F.* El béisbol también (ser[8]) un deporte muy popular. La Liga Mexicana de Béisbol se fundó[i] en 1925 con seis equipos, pero hoy (es/hay[9]) dieciséis equipos en esta liga nacional. ¡Y algunos mexicanos juegan en las Grandes Ligas[j] americanas! Cuando tú (mirar[10]) partidos de béisbol, (escuchar[11]) a los reporteros hablar de beisbolistas mexicanos, ¿no?

[a]*long* [b]*juego... ball game* [c]*época... pre-Columbian period* [d]*aro... stone ring* [e]*mejores... best teams* [f]*has* [g]*fans* [h]*ticket* [i]*se... was founded* [j]*Grandes... Major Leagues*

PASO 2. Complete these items based on what you learned in **Paso 1.**

1. La Primera División de México es una liga de _____.
   a. fútbol b. béisbol c. juego de pelota
2. Hay _____ equipos de béisbol en la Liga Mexicana.
   a. seis b. dieciséis c. dieciocho
3. Los mexicanos asisten a partidos de _____ en el Estadio Azteca.
   a. pelota b. béisbol c. fútbol
4. Muchos atletas mexicanos juegan _____ en las Grandes Ligas.
   a. a la pelota b. al béisbol c. al fútbol
5. Hay aros de piedra en _____.
   a. Chichén Itzá b. el Estadio Azteca c. las Grandes Ligas

PASO 3. With a partner, talk about traditional and popular sports in your area.

*México, D.F. (sometimes shortened to simply el D.F. [el de-efe]) is Mexico City. D.F. stands for **Distrito Federal.**

2.2 Ir + a + *infinitive*

GRAMÁTICA EN ACCIÓN

Una fiesta

[*Elisa habla de sus planes y de los planes de su hermano.*]

Este sábado mis compañeras de cuarto y yo **vamos a organizar** una fiesta. Yo **voy a invitar** a nuestros amigos y Elena **va a comprar** la comida. Mariana y Lucía **van a decorar** el apartamento. La noche de la fiesta **vamos a escuchar** música y todos **van a bailar.** ¡**Va a ser** una fiesta divertida!

Por su parte, mi hermano Claudio **va a estudiar** todo el fin de semana con sus compañeros de clase. **Van a pasar** horas en la biblioteca y no **van a asistir** a la fiesta. Claudio no **va a pasar** un fin de semana divertido.

Comprensión. Write the letter of the option that best completes each sentence.

1. Elisa ______ a sus amigos a la fiesta el sábado.
2. Elena, Mariana y Lucía ______ en los preparativos.
3. Elisa ______ y escuchar música durante la fiesta.
4. Claudio y sus compañeros de clase ______ todo el fin de semana.

a. van a estudiar
b. va a invitar
c. va a bailar
d. van a participar

A. You can express future plans using the verb **ir** (*to go*), followed by the preposition **a** and an infinitive: **ir** + **a** + *infinitive*. Here are the present tense forms of **ir**.

ir (*to go*)	
voy	**vamos**
vas	**vais**
va	**van**

—¿Qué **vas a hacer** el sábado? *What are you going to do on Saturday?*
—**Voy a nadar** en la piscina con mis amigos. *I'm going to swim in the pool with my friends.*

B. **Ir** + **a** can also be used with nouns to express destination. Note that the question word **¿adónde?** is often used with **ir.**

—**Vamos al** partido de béisbol el viernes. *We're going to the baseball game on Friday.*
—¿**Adónde vas** después del partido? *Where are you going after the game?*
—**Voy a** la fiesta de Jaime. *I'm going to Jaime's party.*

ACTIVIDADES

A. ¿Qué van a hacer (*to do*) el fin de semana que viene? Match each drawing with the most logical sentence.

a.

b.

c.

d.

e.

f.

g.

h.

1. _____ Mis padres van a bailar el sábado por la noche.
2. _____ Mis amigos y yo vamos a jugar al fútbol el domingo por la tarde.
3. _____ Ernesto y Antonio van a mirar la televisión el sábado.
4. _____ Vas a escuchar música todo el fin de semana.
5. _____ Uds. van a patinar en línea en el parque el sábado por la mañana.
6. _____ Tú y tus amigos van a nadar el domingo.
7. _____ Voy a andar en bicicleta el viernes por la tarde.
8. _____ Elena va a comprar un DVD el viernes por la noche.

B. ¿Adónde van? Listen to the descriptions about what people need, then tell where the person is going based on what he/she needs. **¡OJO!** There can be more than one answer for some items.

MODELOS (*You hear*) Lucía necesita el libro de texto para la clase de biología. →
(*You say*) (Ella) Va a la librería.
(*You hear*) Necesito un sándwich. →
(*You say*) Voy a la cafetería.

C. ¿Qué van a hacer (*to do*)?

PASO 1. Using the first three questions as an example, write two additional questions to ask your classmates, using **ir** + **a** + *inf.*

1. ¿Qué vas a hacer este fin de semana?
2. ¿Dónde vas a cenar esta noche (*tonight*)?
3. ¿Cuál va a ser tu clase más interesante este semestre? ¿Por qué?

PASO 2. Now interview a classmate, asking him or her each of the five questions. Take some notes so that you will remember his or her responses to the questions.

EXPERIENCIA INTEGRAL

¿Qué vamos a hacer (*to do*)?

ANTES DE LEER. What are some of the more popular gathering places in your city? Make a list of them, what kind of people go there, and what they do there. Be ready to share your answers with the class.

PASO 1. Complete the narration about pastimes in Mexico. Use the present tense of the verbs in parentheses. When two words appear in parentheses, indicate the correct one.

México es un país[a] grande, con diversas ciudades y pueblos.[b] Las actividades y los pasatiempos de los residentes son diferentes según el clima, (**el/la**[1]) geografía y la situación económica. Pero no importa[c] si (*tú:* **ir**[2]) a una ciudad grande o a una aldea,[d] (*tú:* **ir**[3]) a encontrar[e] un zócalo. Como en otros países hispanohablantes, la plaza (**ser**[4]) el corazón del pueblo.[f]

Aunque[g] muchas personas (**ir**[5]) al zócalo durante el día, las actividades se aceleran por (**el/la**[6]) tarde y la noche. Todo el mundo[h] (**ir**[7]) al zócalo: los viejos, los jóvenes... todos[i] (**ir**[8]) allí. Varias personas (**pasear**[9]) por el zócalo y (**hablar**[10]) con amigos y vecinos.[j] (**Los/Las**[11]) fines de semana, especialmente los sábados, los mariachis (**tocar**[12]) música. Muchos (**bailar**[13]) o (**mirar**[14]) bailar a las personas. Los niños (**ir**[15]) con sus padres a jugar. Los jóvenes (**buscar**[16]) a sus amigos y novios o novias. A veces, los adultos (**hablar**[17]) de negocios[k] en el zócalo. ¡El zócalo es un centro de mucha actividad y vida[l]!

Unos mariachis en el zócalo (central plaza)

[a]*country* [b]ciudades... *cities and towns* [c]no... *it doesn't matter* [d]*village* [e]*find* [f]corazón... *heart of the town* [g]*Although* [h]Todo... *Everyone* [i]viejos... *old, young... everyone* [j]*neighbors* [k]*business* [l]*life*

PASO 2. Indicate the **zócalo** activities mentioned in **Paso 1. ¡OJO!** For item 8, give another activity based on the reading.

1. ☐ leer
2. ☐ jugar
3. ☐ bailar
4. ☐ tocar música
5. ☐ comer
6. ☐ pasear
7. ☐ buscar a...
8. ☐ ¿ ?

PASO 3. With a partner, think about a plaza or other central area that you plan to visit soon. What are some of the activities that people typically do there? What are you going to do when you visit that place? Use activities from **Pasos 1** and **2** but try to include at least two additional activities.

Palabra escrita

A comenzar

Organizing Your Ideas. Getting organized is a very important pre-writing strategy. After you've brainstormed your initial ideas (see **Palabra escrita: A comenzar** in **Capítulo 1**), group those ideas by category so that all related ideas are together. Then look for patterns or a logical sequence in which to present your ideas and arrange them in that order. Once you've done this, your composition and your thoughts should be much more organized and thus clearer to the reader.

You are going to start the process of writing a brief composition that you will finalize in the **Palabra escrita: A finalizar** section of your *Workbook/Laboratory Manual.* The topic of this composition will be **La pasión por los deportes.** The purpose of your composition will be to tell the reader about what sports are popular in your area.

A. Lluvia de ideas. With a partner, answer these questions, based on what you've learned in **Tema I.**

1. ¿Cuáles son los deportes más populares en este país (*country*)? ¿Y en tu estado o provincia?
2. ¿Qué deportes practicas?
3. ¿Qué deportes te gusta mirar en la televisión?
4. ¿En qué otras actividades deportivas (*sports*) participas?
5. ¿Qué actividad deportiva vas a practicar el fin de semana que viene?

B. A organizar (*Let's organize*) tus ideas. Review your ideas and organize them into categories and in a logical order, as suggested in the strategy box. Look for additional details on the Internet. Share your information with the class and jot down any additional ideas that you gain from that experience.

C. A escribir. Now write a first draft of your composition with the information that you provided in **Actividades A** and **B. ¡OJO!** Keep your work in a safe place. You'll need it again when you do the **Palabra escrita: A finalizar** section in your *Workbook/Laboratory Manual.*

José Guadalupe Posada

Calavera de los periódicos (*c. 1900/1910)*

José Guadalupe Posada (1852–1913) was a print maker and engraver from Aguascalientes, Mexico, whose art and humor influenced Mexican artists, in particular Mexican muralists. Diego Rivera referred to Posada as the father of modern art. Posada often expressed religious and sociopolitical satire through his **calavera** characters, skeletons dressed up in fancy outfits at functions and in a variety of situations. The target of his satire was often the upper class of his time. Posada's art, forgotten towards the end of his life, reemerged in the 1920s and became a key element in Mexican visual culture. Today the **calaveras** are most often associated with events surrounding **el Día de los Muertos** (*Day of the Dead*).

This engraving features several allegorical and political figures, which represent not only government and social issues of the day, but the time of its publication: turn of the century. The figures in the engraving include Don Quijote, **El Tiempo** (*Time*), **el Siglo XIX** (the 19th century), **el siglo XX**, and political parties.

REFLEXIÓN

1. Create a list of all the themes that you think the print suggests and then discuss those themes.
2. Describe who the people in the print are (are they friends, family?) and how you think they feel. Why are they biking? Share your ideas with the other groups and the rest of the class.

TEMA II: El tiempo y las estaciones°

El... *Weather and seasons*

Vocabulario en acción

¿Qué tiempo hace?°

¿Qué... *What's the weather like?*

Hace (mucho) frío.

Está* nevando. / Nieva.

Está* lloviendo. / Llueve.

Hace (mucho) viento.

Está (muy) nublado.*
Hay (muchas) nubes.

Hace fresco.

Hace (mucho) calor.

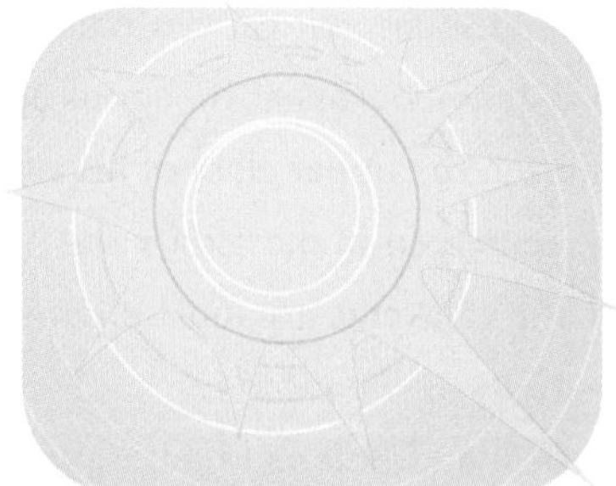

Hace (mucho) sol.

Hace (muy) **buen/mal tiempo.**	*The weather is (very) nice/bad.*

- The verb **hacer** (*to do; to make*) is used to describe many weather conditions. For example, the phrase that expresses *It's cold* (**Hace frío**) literally means, *It makes cold.* With these expressions, use **mucho**, not **muy**, to express *very.*

—¿Qué tiempo hace?	*What's the weather like?*
—Hace mucho calor hoy.	*It's very hot today.*

*The verb **estar** can be used for some weather expressions. You'll learn more about **estar** later in this chapter and in future chapters.

Los meses del año, las estaciones y las fechas°

Los... *Months of the year, seasons, and dates*

enero
febrero
marzo
abril
mayo
junio
julio
agosto
septiembre
octubre
noviembre
diciembre

el invierno

el otoño

la primavera

el verano

Cognado: el calendario

Los números de 31 a 100

In **Capítulo 1** you learned numbers 0 through 30. These numbers will help you talk about temperature.

31 treinta y uno	**35 treinta y cinco**	**39 treinta y nueve**	**70 setenta**
32 treinta y dos	**36 treinta y seis**	**40 cuarenta**	**80 ochenta**
33 treinta y tres	**37 treinta y siete**	**50 cincuenta**	**90 noventa**
34 treinta y cuatro	**38 treinta y ocho**	**60 sesenta**	**100 cien**

- Note the pattern for the 30s. 40 through 99 use the same pattern.

41 cuarenta y uno	63 sesenta y tres	85 ochenta y cinco
52 cincuenta y dos	74 setenta y cuatro	96 noventa y seis

- Months, like days of the week, are usually in lowercase letters in Spanish.
- To express dates, use the formula: **el** + *day* + **de** + *month*.

  Hoy es el 3 de mayo. — *Today is May 3rd.*
  Nuestro aniversario es el 26 de junio. — *Our anniversary is (on) June 26th.*

ACTIVIDADES

A. ¿Qué tiempo hace? Listen to different weather descriptions, then write the letter for each description (**a-l**) with the corresponding drawing. **¡OJO!** There will be more than description for some drawings.

1. _____
2. _____
3. _____
4. _____
5. _____
6. _____
7. _____

B. El pronóstico del tiempo (*weather forecast*)

PASO 1. Write a short description of a logical weather forecast for the following places and times. **¡OJO!** Remember that the seasons in the southern hemisphere are the "opposite" of those in the northern hemisphere.

1. el mes de junio en Miami, Florida
2. el mes de noviembre en Quebec
3. el mes de octubre en Dallas
4. el mes de enero en Aspen
5. el mes de febrero en Buenos Aires
6. el mes de agosto en Sydney, Australia

PASO 2. Read your descriptions from **Paso 1** to a partner. He or she will guess the place you describe, based on the weather forecast you provide.

Nota interdisciplinaria

MATEMÁTICAS: Más, menos, por, entre, son

In **Capítulo 1**, you learned that in Spanish, the plus sign (+) is pronounced **más** and the minus (–) sign is pronounced **menos.** Review the following words for other mathematical symbols.

× → **por**   :* → **entre / dividido entre**   = → **son**

Tres **más** ocho **son** once.	*Three plus eight equals eleven.*
Siete **por** nueve **son** sesenta y tres.	*Seven times nine equals sixty-three.*
Veinticuatro **entre** seis **son** cuatro.	*Twenty-four divided by six equals four.*

ACTIVIDAD Say the following math problems aloud, including the correct answer.

1. 32 + 19 = ______ **2.** 94 : 2 = ______ **3.** 74 – 8 = ______ **4.** 10 × 10 = ______

C. Un poco de matemáticas. Say and complete each formula aloud in Spanish.

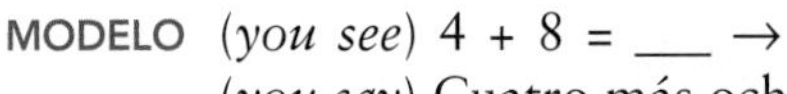

MODELO (*you see*) 4 + 8 = ___ →
(*you say*) Cuatro más ocho son doce.

1. 90 : 3 = ___	3. 54 + 14 = ___	5. 12 × 5 = ___	7. 21 × 4 = ___
2. 13 + 7 = ___	4. 66 : 11 = ___	6. 89 – 15 = ___	8. 100 – 65 = ___

D. Fechas

PASO 1. With a partner, practice giving dates in your life, in the school year, or in the calendar year.

MODELO E1: ¿Cuándo es el examen parcial (*midterm*) para esta clase?
E2: Es el 15 de octubre.

1. el examen parcial para esta clase
2. los exámenes finales
3. el día de la independencia de este país
4. la Navidad (*Christmas*)
5. el Día de Acción de Gracias (*Thanksgiving*)
6. el primer (*first*) día de las vacaciones de primavera (*spring break*)
7. el primer día de primavera (verano, otoño, invierno)
8. ¿ ?

PASO 2. Now write out the date of your birthday (**cumpleaños**) in Spanish. Create a chart with the months in Spanish, and write your name with your birth month. Then, go around the classroom and ask four people when their birthdays are. Write their names with their birth months on your chart.

MODELO E1: ¿Cuándo es tu cumpleaños?
E2: Es el catorce de mayo.

PASO 3. In groups of four, assign a record keeper, then compare and integrate the information from your charts on one chart by asking and answering questions.

MODELO E1: ¿Cuántos cumpleaños hay en enero?
E2: Tres: el cumpleaños de Sarah, de Cynthia y de Steve.
E1: *Writes the names.*

PASO 4. Report to the class, and have a volunteer tally the information on the board. In which month are there the most/least birthdays? How many? Who has a birthday this semester?

*Traditionally the : symbol is used in Spanish to denote division. However, thanks to the proliferation of modern electronics, most Spanish speakers today use the symbol that appears on those electronic devices: ÷.

Gramática

2.3 The Verb **estar**

Expressing Location and Conditions

GRAMÁTICA EN ACCIÓN

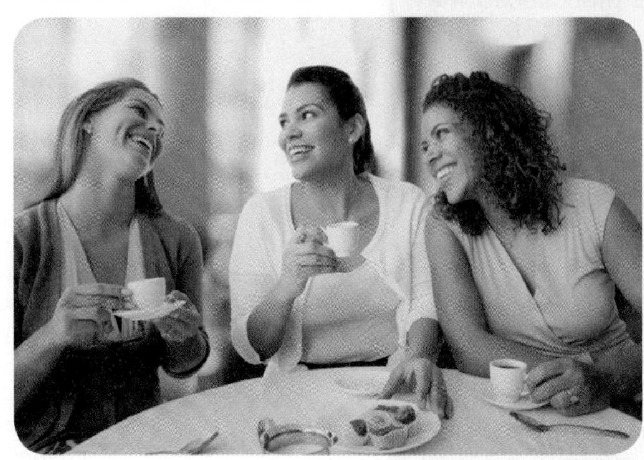

Entre amigas

[*A continuación* está *parte de una conversación entre tres amigas en un café.*]

SOFÍA: ¿Y tú, Laura, cómo **estás**? ¿Y tu esposo?

LAURA: **Estamos** muy bien. Enrique **está** ahora en Nueva York en una conferencia y **estoy** muy contenta porque él regresa mañana.

VERÓNICA: ¡Qué bien! ¿Dónde viven Uds. ahora?

LAURA: Nuestro apartamento nuevo **está** cerca del hospital. Me gusta mucho. Es muy conveniente para mi trabajo.

VERÓNICA: ¿Y tus hijos, Sofía? ¿Cómo **están**?

SOFÍA: **Están** muy bien. Ahora **están** en la escuela, pero **están** emocionados por las vacaciones de verano.

Comprensión. Complete each sentence with the correct form of the verb **estar**.

1. Laura y su esposo ______ muy bien.
2. La casa de Laura ______ cerca del hospital.
3. Sofía, Laura y Verónica ______ en el café.

You have already learned many of the uses of the verb **ser,** which is one verb in Spanish that means *to be*. In this section you will learn some of the uses of the verb **estar,** another Spanish verb that is equivalent to the English verb *to be*. Keep in mind that **ser** and **estar** are *never* interchangeable, and that each verb is used in specific contexts.

Here are the present tense forms of **estar.**

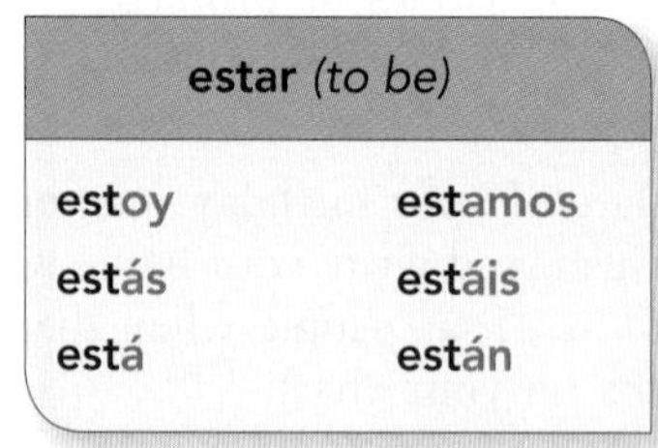

estar *(to be)*	
estoy	**estamos**
estás	**estáis**
está	**están**

A. One main use of **estar** is to tell where something or someone is located.

El parque Chapultepec está en la Ciudad de México.	*Chapultepec Park is in Mexico City.*
Mis padres están en casa hoy.	*My parents are at home today.*

In addition to the preposition **en** (*in; on; at*), there are several other prepositions of location that are used with **estar.** Here are some of the most common prepositions of location.

cerca (de)	close (to)	**enfrente de**	in front of
lejos (de)	far (from)	**detrás de**	behind
encima de	on top of	**a la derecha (de)**	to the right (of)
debajo de	under	**a la izquierda (de)**	to the left (of)

Estamos cerca de la Biblioteca Nacional.	*We are close to the National Library.*
El Museo de Antropología **está** a la derecha.	*The Museum of Anthropology is to the right.*
El Estadio Olímpico no **está** lejos de aquí.	*The Olympic Stadium isn't far from here.*

Nota comunicativa

COMMUNICATION

THE VERB **quedar** TO DESCRIBE LOCATION

The verb **quedar** (*to be situated*) can be used interchangeably with **estar** to describe the location of cities, buildings, and other relatively permanent structures.

—¿Dónde **están** (**quedan**) las canchas de tenis?	*Where are the tennis courts?*
—**Quedan** (**Están**) detrás del edificio de educación física.	*They are behind the physical education building.*

B. **Estar** is also used to describe people's emotions and the current conditions of people and things. Here are some common adjectives used with **estar.**

aburrido/a	bored	**limpio/a**	clean
alegre	happy	**loco/a**	crazy
asustado/a	scared	**nervioso/a**	nervous
cansado/a	tired	**ocupado/a**	busy
contento/a	content, happy	**preocupado/a**	worried
emocionado/a	excited	**regular**	so-so
enfermo/a	sick	**sorprendido/a**	surprised
enojado/a	angry	**sucio/a**	dirty
irritado/a	irritated	**triste**	sad

Todos **están** contentos porque hace muy buen tiempo.	*Everyone is happy because it's nice out.*

C. Here are two common adverbs used with **estar.**

bien	fine, well
mal	bad, not well; sick

—¿Cómo **estás**?	*How are you?*
—**Estoy** bien, gracias.	*I'm fine, thanks.*

ACTIVIDADES

A. ¿Dónde están? Tell where everyone is this summer.

MODELO el profesor (Cabo San Lucas) → El profesor está en Cabo San Lucas.

1. Uds. (México, D.F.)
2. Mary (Tijuana)
3. yo (Guadalajara)
4. Horacio y Mark (Acapulco)
5. tú (Cancún)
6. Josi y yo (Oaxaca)

B. ¿Cómo están? Read each description of the destinations and activities from Actividad A. With a partner, describe how the people visiting those places and participating in those activities feel. Use the correct forms of **estar** and the adjectives from the list on the previous page.

1. En México, D.F. hay muchos restaurantes, monumentos y museos (*museums*). Uds. caminan mucho y miran muchas cosas (*things*). Uds. _________.
2. En Tijuana hace mucho calor y hay mucha contaminación (*pollution*). Mary _________.
3. En el verano en Guadalajara llueve mucho. Es imposible salir (*to go out*). Yo _________.
4. En Acapulco, Mark y Horacio practican muchos deportes, nadan y toman el sol. Al final del día, ellos _________.
5. En Cancún hace muy buen tiempo y tú lees un libro en la playa (*beach*) todo el día. Tú _________.
6. Oaxaca queda en las montañas (*mountains*) y hace muy buen tiempo. Josi y yo hacemos (*take*) excursiones todos los días. Josi y yo _________.

C. Cuando... With a partner, describe how you feel and what you usually do in these circumstances.

MODELO Cuando tomo un examen muy difícil... → estoy muy nervioso/a. Estudio mucho.

1. Cuando llueve todo el fin de semana...
2. Cuando hace mucho calor...
3. Cuando está nevando y no hay clase...
4. Cuando dejo (*to leave*) mi teléfono celular en casa...
5. Cuando estudio todo el día en la biblioteca...
6. Cuando visito a un amigo de otra ciudad...
7. Cuando miro mucho la televisión...

EXPERIENCIA INTEGRAL

Los problemas climáticos y ambientales (*environmental*)

ANTES DE LEER. An important reading strategy is to recognize cognates, similar words, and word parts. Guess the meaning of the following, and look for additional cognates and similar words in **Paso 1.**

- Cognates: **deforestación, desertificación, desastre natural** = ?
- Similar words: **tormenta tropical** (not a *tropical torment*) = ?; **contaminación** (not *contamination*, but sort of) = ?
- Word parts: if **-ado/-ido** = *-ed,* **marcado** and **atrapado** = ?
- You have learned **llueve** and **lloviendo.** What do you think **la lluvia** means?

PASO 1. Complete the reading about a few of the weather-related environmental issues in Mexico.

Muchas personas creen que en todo México (es/hace[1]) calor todo el año, pero México (ser[2]) un país grande y variado con (diferente[3]) problemas climáticos y ambientales: 1) desastres naturales en la costa, 2) desertificación en el norte,[a] 3) deforestación en el sur[b] y 4) contaminación en (los/las[4]) ciudades grandes.

Los desastres naturales más comunes (ser[5]) los huracanes en la costa. En las costas del Pacífico y del Caribe, típicamente (hacer[6]) calor todo el año, y (los/las[7]) estaciones (estar[8]) marcadas por la lluvia[c] y las tormentas. Entre[d] junio y noviembre, llueve mucho y los huracanes y tormentas tropicales (ser[9]) frecuentes.

[a] *north* [b] *south* [c] *rain* [d] *Between*

Algunas dunas en Baja California

El altiplano[e] (**quedar**[10]) en el interior de México entre dos cordilleras.[f] En el norte del altiplano, (**cerca/encima**[11]) de los Estados Unidos, el clima (**ser**[12]) árido y la desertificación es un (**gran/grande**[13]) problema. La industria de la ganadería[g] acelera el problema y el gobierno (**buscar**[14]) maneras para combatir la deforestación.

Al otro extremo del país, en los bosques[h] tropicales que (**estar**[15]) en el sur, el problema es la deforestación. ¿Qué medidas (*nosotros:* **necesitar**[16]) tomar para combatir este problema mundial[i]?

Otro problema mundial es la contaminación. México, D.F. (**ser**[17]) una ciudad de más de 20 millones de residentes, con unos 8 millones de automóviles. La contaminación de los autos (**quedar**[18]) atrapada entre las tres montañas que (**estar**[19]) alrededor de[j] la capital. El Plan Verde (**ser**[20]) un proyecto monumental del gobierno para combatir la contaminación. Para reducir el *smog,* el plan es construir[k] techos[l] verdes; van a plantar jardines, árboles[m] y otras plantas (**debajo/encima**[21]) de los edificios de la ciudad.

---

[e]*highlands* [f]*mountain ranges* [g]*cattle* [h]*forests* [i]*worldwide* [j]alrededor... *surrounding*
[k]*to build* [l]*roofs* [m]*trees*

PASO 2. With a partner, decide how to classify each of the following issues: **un problema** (P), **una de las causas del problema** (C), **una solución** (S), or **un recurso** (resource) (R). Then say where each occurs (**ocurre[n]**) in Mexico.

MODELO la desertificación → ☑ P: Ocurre en el norte (en el altiplano).

	P	C	S	R
1. la deforestación	☐	☐	☐	☐
2. el clima árido	☐	☐	☐	☐
3. los huracanes	☐	☐	☐	☐
4. la industria de la ganadería	☐	☐	☐	☐
5. los 8 millones de coches	☐	☐	☐	☐
6. los bosques tropicales	☐	☐	☐	☐
7. los techos verdes	☐	☐	☐	☐
8. el *smog*	☐	☐	☐	☐

PASO 3. With a partner, research **El Plan Verde.** What does the plan encompass? What other cities in the world are taking similar measures? Choose one aspect of the project to explore and present your findings to the class.

Expressing Actions in Progress

2.4 The Present Progressive

GRAMÁTICA EN ACCIÓN

El fin de semana

Es el fin de semana, pero Mariana **está estudiando** para un examen muy difícil. Está leyendo sus apuntes de clase y practicando mucho. Sus compañeros de clase están escribiendo muchos e-mails y Mariana está contestando sus preguntas. También **está bebiendo** un refresco y **comiendo** una hamburguesa. Una amiga llama para invitar a Mariana a una fiesta, pero Mariana contesta: «No voy porque estoy memorizando las fórmulas para el examen de química». ¡Pobre Mariana!

Comprensión. Give the correct word to complete each sentence.

1. Mariana está __________ un refresco y comiendo una hamburguesa.
2. Mariana está __________ para un examen de química.
3. Ella no __________ pasando tiempo con sus amigos.
4. Los amigos de Mariana __________ organizando una fiesta.
5. Los compañeros de la clase de química __________ escribiendo muchos e-mails.

In Spanish, the present progressive is formed by using the present tense of the verb **estar** with a verb form called the *present participle* or *gerund*. This structure is equivalent to the English structure *to be* + ______*-ing*, and like its English counterpart, refers to actions that are *in progress* at the moment.

—¿Qué estás haciendo?	*What **are you doing** (right now)?*
—Estoy mirando la televisión.	***I'm watching** television.*

A. The gerund is formed by dropping the **-ar**, **-er**, or **-ir** ending from the infinitive and adding **-ando** for **-ar** verbs or **-iendo** for **-er** and **-ir** verbs.

THE PRESENT PROGRESSIVE: **Estar + -ando/-iendo**

	INFINITIVE	PRESENT PARTICIPLE (GERUND)	TRANSLATION
-ar VERBS	**jugar**	**jugando**	playing
-er VERBS	**comer**	**comiendo**	eating
-ir VERBS	**escribir**	**escribiendo**	writing

B. When the stem of a an **-er** or **-ir** verb ends in a vowel, a spelling change of **-i-** to -y- is required.

THE PRESENT PARTICIPLE: **-yendo**

INFINITIVE	FORMATION	PRESENT PARTICIPLE (GERUND)	TRANSLATION
creer	**cre + iendo**	**creyendo**	believing
leer	**le + iendo**	**leyendo**	reading

C. Spanish uses the present progressive less frequently than English. Therefore, many contexts in which *to be + -ing* is used in English do not correspond to the present progressive tense in Spanish. In Spanish you should most often use the simple present tense. When describing plans for the near future, use **ir + a +** *inf.* You should only use the present progressive in Spanish when you want to emphasize the fact that something is happening *right now, at this very moment.*

—¿Con quién **estudias** hoy?	*Whom are you studying with today?*
—**Voy a estudiar** con Pablo.	*I'm studying (going to study) with Pablo.*
—¿Qué **estás leyendo**?	*What are you reading (right now)?*
—**Estoy leyendo** el periódico, pero después **voy** al cine.	*I'm reading the newspaper (right now), but later I'm going to the movies.*

ACTIVIDADES

A. ¿Qué están haciendo (*doing*)? Match the sentences from each column to describe what people are doing at this moment.

1. _____ Los niños están en el parque.	a. Está llamando a su mejor amiga.
2. _____ Hace mucho frío afuera y no deseo salir.	b. Estamos estudiando en la biblioteca.
3. _____ Hace fresco. Hace muy buen tiempo.	c. Estoy tomando mucha agua.
4. _____ Mañana hay un examen difícil.	d. Están practicando fútbol.
5. _____ Paloma está triste.	e. Estamos paseando por la calle.
6. _____ Uds. no comprenden la lección y necesitan ayuda (*help*).	f. Están hablando con la profesora en su oficina.
7. _____ Hace mucho calor.	g. Estoy leyendo una novela en casa.

B. En este momento en la playa (*beach*)

PASO 1. Working with a classmate, look at the image and take turns telling what the following people are doing at this moment. **¡OJO!** Some will have more than one possible answer.

MODELO Carmen e Inma están paseando.

1. Carmen e* Inma
2. Daniel
3. Pablo y Érica
4. Alfonso
5. David y Raquel
6. Sara y José

PASO 2. Individually, choose one of the people or pairs of people from **Paso 1.** Write a short description about what they are doing, and make up some details about how they feel using the verb **estar. ¡OJO!** Don't use their names in your description.

PASO 3. Form a small group of four to five students. Read your description to the group and see if your classmates can guess which person or pair you are describing.

MODELO E1: Está caminando con una amiga y su perro, y está muy cansado.
E2: Es Pablo.

*When the conjunction **y** occurs before a word that begins with **i-** or **hi-**, **y** changes to **e**.

C. ¿Dónde están y qué están haciendo? With a partner, talk about where these people are and what they are doing right now. If you're not sure, invent logical sentences. ¡OJO! Come up with a famous person for items 5 and 6.

MODELO nuestro/a profesor(a) → Nuestro profesor está en clase. Está explicando la lección.

1. tu compañero/a de cuarto
2. tu mejor amigo/a
3. tu mamá/papá
4. nosotros/as
5. ¿ ?
6. ¿ ?

EXPERIENCIA INTEGRAL

¡Están patinando en el hielo (*ice skating*)!

ANTES DE LEER. With a partner decide which of the following are reasonable activities to do outside when it is cold and/or snowy. How often do each of you do these activities? How much does it cost? Where are your favorite places to do these activities?

tomar el sol
pasear con el perro
esquiar
nadar
sacar fotos
patinar en el hielo

PASO 1. Complete Estela's explanation of the ice rink in Mexico City's Zócalo. Give the correct form of the verbs in parentheses. When the cue *PP* appears, use the present progressive of the verb. When there are two words, choose the correct word.

¡Qué onda!* Me llamo Estela y soy del D.F. Esta tarde, mis amigos y yo estamos en el Zócalo. ¡(*Nosotros, PP:* **Esperar**[a]) nuestro turno para patinar en el hielo! Todos los años en el invierno, hay una pista de hielo aquí en el Zócalo. La pista es enorme. ¡Y (**ser**[2]) gratis[b]! Este año los patines[c] también (**ser**[3]) gratis.

(*Nosotros,* **Estar**[4]) un poco aburridos esperando para entrar en la pista de hielo. Siempre[d] (*nosotros:* **llegar**[5]) muy temprano, a (**los/las**[6]) 8:00 de la mañana. Pero (**esperar**[7]) unas cinco o seis horas. Y después de esperar tantas horas, el tiempo en la pista (**estar**[8]) limitado a setenta y cinco minutos.

Esperar por mucho tiempo no es el único[e] problema con la pista. Como en el D.F. no (**hacer**[9]) mucho frío en (**el/la**[10]) invierno, por la tarde cuando hace (**mucho/mucha**[11]) sol, a veces el hielo se derrite.[f] También (*yo:* **necesitar**[12]) confesar que nosotros los capitalinos[g] no (**patinar**[13]) muy bien y los pequeños accidentes son frecuentes.

Con todos los inconvenientes,[h] ¡es muy divertido y una experiencia única[i] en la capital! Todos (*PP:* **esperar**[14]) muchas horas, pero (*ellos:* **pasar**[15]) el tiempo hablando de las maravillas[j] que (**ir**[16]) a hacer en el hielo.

[a]*To wait* [b]*free (of charge)* [c]*skates* [d]*Always* [e]*only* [f]*se... melts* [g]personas de la capital
[h]*nuisances* [i]*unique* [j]*wonders*

*¡**Qué onda!** is an expression used in Mexico to express **¿Qué pasa?** or *What's happening/up?* There is a **Nota cultural** about this expression on page 79.

La pista de hielo (ice rink) *en el Zócalo de México, D.F.*

PASO 2. Indicate whether the sentences are true (C) or false (F), based on Estela's description.

	C	F
1. Es posible patinar en el hielo todo el año en el Zócalo.	☐	☐
2. No hace mucho frío en la capital en el invierno.	☐	☐
3. Patinar en la pista es muy caro (*expensive*).	☐	☐
4. No necesitas traer patines a la pista.	☐	☐
5. La pista no es muy grande.	☐	☐
6. Es necesario esperar muchas horas para entrar en la pista.	☐	☐
7. Muchas personas patinan de seis a ocho horas.	☐	☐
8. Los residentes de México, D.F. son expertos en patinar.	☐	☐

PASO 3. With a partner, invent two venues for entertaining a community. You can use established places or invent places. You will give clues about what people are doing there and the class will try to guess what the venue is. Use the **Vocabulario práctico** for ideas and look up words you might need.

Vocabulario práctico

el campo de fútbol (americano)	soccer (football) field
la cancha de tenis/basquetbol	tennis/basketball court
el gimnasio, el parque, la piscina, la pista de hielo	

MODELO Muchas personas están patinando en el hielo. → Es una pista de hielo.

Lectura cultural

ANTES DE LEER

You are going to read an article about pastimes in Mexico City. Before you read the passage, answer these questions. Then share your ideas with the class.

1. ¿Qué te gusta hacer en tu tiempo libre?
2. En tu opinión, ¿cuáles son los pasatiempos más comunes entre (*among*) los estudiantes de tu universidad?

La Ciudad de México

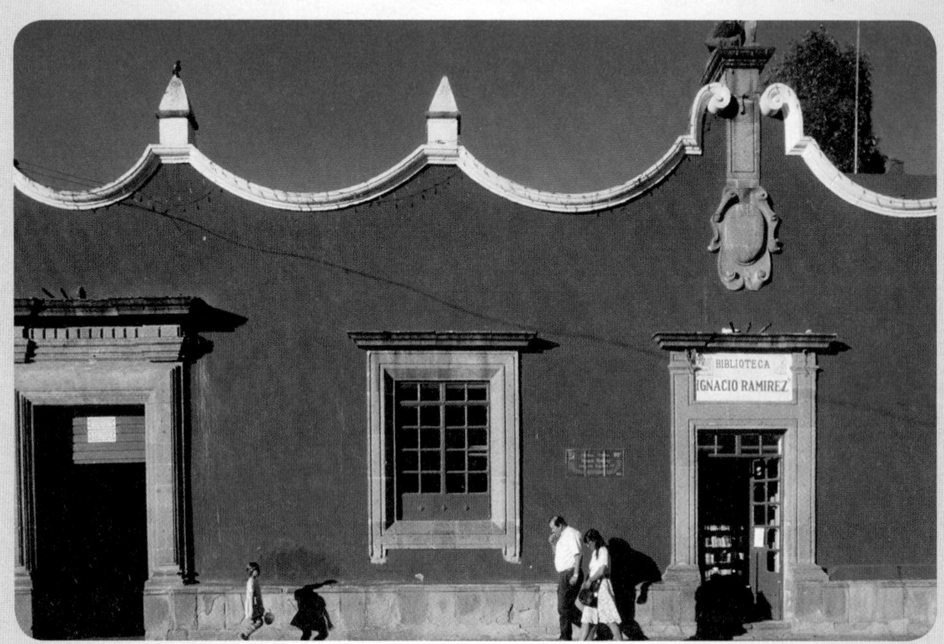

Una biblioteca en Coyoacán

La Ciudad de México es una gran metrópolis en donde hay entretenimiento[a] para gente de diversos gustos y aficiones. Las personas interesadas en la historia pueden[b] visitar los innumerables museos y sitios de interés que hay en la ciudad. En el Zócalo, por ejemplo, hay preciosos edificios del gobierno,[c] como el Palacio Nacional, que exhiben famosos murales del artista Diego Rivera. Cerca del Zócalo está el Templo Mayor, un sitio arqueológico de ruinas aztecas, perfecto para apreciar la historia del Imperio azteca. También es interesante pasear por las calles de la ciudad y observar la magnífica arquitectura colonial de ciertos distritos. La zona de Coyoacán, con sus casas pintadas de colores vivos —sobre todo, morados, rojos y verdes— es especialmente atractiva. En este lugar hay muchos cafés literarios donde la clientela puede escuchar música y disfrutar de[d] un ambiente bohemio y estimulante.

La Ciudad de México también ofrece oportunidades para actividades al aire libre.[e] Hay parques naturales ideales para correr, caminar o andar en bicicleta. Además,[f] para los aficionados al golf, la Ciudad de México cuenta con espléndidos campos[g] de fama nacional e internacional.

Finalmente, la ciudad ofrece muchas opciones para pasar las noches: restaurantes de exquisitos menús internacionales y locales, cafés, cantinas, bares, discotecas, teatros y conciertos. Un lugar de diversión es La Plaza Garibaldi, donde se congregan los populares mariachis para entretener[h] con sus canciones tradicionales a las personas que pasean por la plaza.

[a]*entertainment* [b]*can* [c]*government* [d]disfrutar... *enjoy* [e]al... *outdoors* [f]*In addition* [g]*courses* [h]*entertain*

DESPUÉS DE LEER

A. ¿Cierto o falso? Indicate if the statements are true (**C**) or false (**F**).

	C	F
1. En la Ciudad de México hay pasatiempos para personas de gustos diferentes.	☐	☐
2. La Ciudad de México ofrece la oportunidad de asistir a actividades culturales.	☐	☐
3. Por las noches, la Ciudad de México no es muy animada.	☐	☐
4. No hay lugares para hacer ejercicio o practicar deportes.	☐	☐

B. Comprensión

PASO 1. Read the article again and list the activities that people can do at these places and times.

1. en el Zócalo
2. en el Palacio Nacional
3. en la Plaza Garibaldi
4. en el Templo Mayor
5. en los parques naturales
6. por la noche
7. en Coyoacán

PASO 2. Imagine that you're planning a trip to Mexico City and write two to three sentences about the things you are going to do there, based on the reading. Be prepared to explain to the class why you would go there.

MODELO En D.F., voy a visitar Coyoacán porque me gusta escuchar música en lugares bohemios.

C. Lugares interesantes. With a partner, and using the text as a model, make a list in Spanish of interesting places where you live and some activities that people can do there. Then share the information with the rest of the class.

Miguel vive en Guanajuato, México. En su blog habla del fútbol, el deporte nacional de México y de Guanajuato

México: Miguel

El fútbol en México

ANTES DE VER

A. Capítulo y vídeo. Answer the questions.

1. Do you practice any sport or attend sporting events of your favorite sports teams? Explain.
2. What are the three most popular sports where you live? Is **fútbol** or soccer one of them? Why or why not?
3. Where is a good place to enjoy a sporting event in your area?

B. Anticipación. Miguel's friends Chucho and Elena will talk about their favorite teams over lunch. What type of typical Mexican food do you think they will eat? Based on the photo, do you think they root for the same team? Do you think they will agree or disagree about the team that will win the game this weekend?

Vocabulario práctico

desde muy chicos	from a young age
¡Por supuesto!	Of course!
¡Ni modo!	No way!
jugo de naranja	orange juice
desafortunadamente	unfortunately
no tenemos	we don't have
tú sabes	you know
quiero ver	I want to watch

DESPUÉS DE VER

A. Comprensión. ¿Cierto o falso? Indicate whether the statements are true (C) or falso (F), according to Miguel's blog. Correct the statements that are false.

	C	F
1. Both friends are fans of the same team.	☐	☐
2. There is no famous soccer team in Guanajuato.	☐	☐
3. At the restaurant, Miguel orders **limonada** and **enchiladas.**	☐	☐
4. The game starts at 3:00 P.M.	☐	☐
5. Chucho is very sad because his team is losing.	☐	☐

COMMUNICATION

B. Opinión. Work with a partner to write two to three sentences describing what the friends are doing and how they are feeling during the segment. Use **estar,** adjectives from page 63, and the present progressive in your descriptions. Be prepared to share your answers with the class.

MODELO Elena y Chucho están hablando de sus equipos favoritos.
Chucho está triste al final del partido.

C. Temas de discusión. With a partner, answer the questions. Then share your thoughts with the class.

1. How do sports affect young people? What are the mental, physical, and psychological advantages and disadvantages of one sport over another?
2. What are some of the most dangerous sports? Which ones are the least dangerous or not dangerous at all? Why?
3. Why is soccer so important in México, and the rest of the Hispanic world? Do you think that soccer will ever be as popular in the United States or Canada as it is in Latin America and Europe? Explain.

Vocabulario

Los pasatiempos y los deportes	**Pastimes and sports**
nadar (en la piscina)	to swim (in the swimming pool)
pasear (con el perro)	to take a walk, stroll (with the dog)
patinar (en línea)	to (inline) skate
sacar fotos	to take photos
tomar el sol	to sunbathe
la calle	street
la fiesta	party
el/la novio/a	boyfriend/girlfriend
el parque	park
el partido	game (*single occurrence*)
el tiempo libre	free time

Cognados: el dominó, el golf, el tenis
Repaso: andar en bicicleta, bailar, caminar, cantar, descansar, escuchar, jugar (ue), mirar la televisión, pasar tiempo, practicar un deporte, tocar un instrumento musical; el basquetbol, el béisbol, el fútbol (americano), el vólibol

Los colores

amarillo, anaranjado, azul, blanco, color café, gris, morado, negro, rojo, rosado, verde

Otros verbos	
abrir	to open
aprender	to learn
aprender a + *inf.*	to learn (*to do something*)
asistir (a)	to attend, go to (*a class, event*)
beber	to drink
comer	to eat
comprender	to understand
correr	to run; to jog
creer	to believe
escribir	to write
estar (*irreg.*)	to be
estar + *gerund*	to be (*doing something*)
gustar	to like (*lit.* to be pleasing)
ir (*irreg.*)	to go
ir + a + *inf.*	to be going to (*do something*)
leer	to read
recibir	to receive
quedar	to be (located)
vender	to sell
vivir	to live

¿Qué tiempo hace?	**What's the weather like?**
Está lloviendo. / Llueve.	It's raining.
Está nevando. / Nieva.	It's snowing.
Está (muy) nublado. / Hay (muchas) nubes.	It's (very) cloudy.
Hace (muy) buen/mal tiempo.	The weather is (very) nice/bad.
Hace (mucho) calor/frío/sol/viento.	It's (very) hot/cold/windy/sunny.
Hace fresco.	It's cool.

Las estaciones del año — **Seasons of the year**

el invierno, la primavera, el verano, el otoño

Los meses del año — **Months of the year**

enero, febrero, marzo, abril, mayo, junio, julio, agosto, septiembre, octubre, noviembre, diciembre

Los números de 31 a 100

treinta y uno, treinta y dos, treinta y tres, treinta y cuatro, treinta y cinco, treinta y seis, treinta y siete, treinta y ocho, treinta y nueve, cuarenta, cincuenta, sesenta, setenta, ochenta, noventa, cien

Cognado: el calendario

Las preposiciones de lugar	**Prepositions of location**
a la derecha (de)	to the right (of)
a la izquierda (de)	to the left (of)
cerca (de)	close (to)
debajo de	under
detrás de	behind
en	in; on; at
encima de	on top of
enfrente de	in front of
entre	between; among
lejos (de)	far (from)

Los estados físicos y emocionales	**Physical and emotional states**
aburrido/a	bored
alegre	happy
asustado/a	scared
cansado/a	tired
contento/a	content, happy
emocionado/a	excited
enfermo/a	sick
enojado/a	angry
loco/a	crazy
mal *adv.*	bad, not well; sick
ocupado/a	busy
sorprendido/a	surprised
triste	sad

Cognados: irritado/a, nervioso/a
Repaso: regular, bien

Otras palabras	
la ciudad	city
el país	country (nation)
¿adónde?	(to) where?
conmigo	with me
contigo	with you (*sing. fam.*)
cuando	when
para	for
por	for; by
también	also

CAPÍTULO 3

La vida diaria*

EN ESTE CAPÍTULO

México

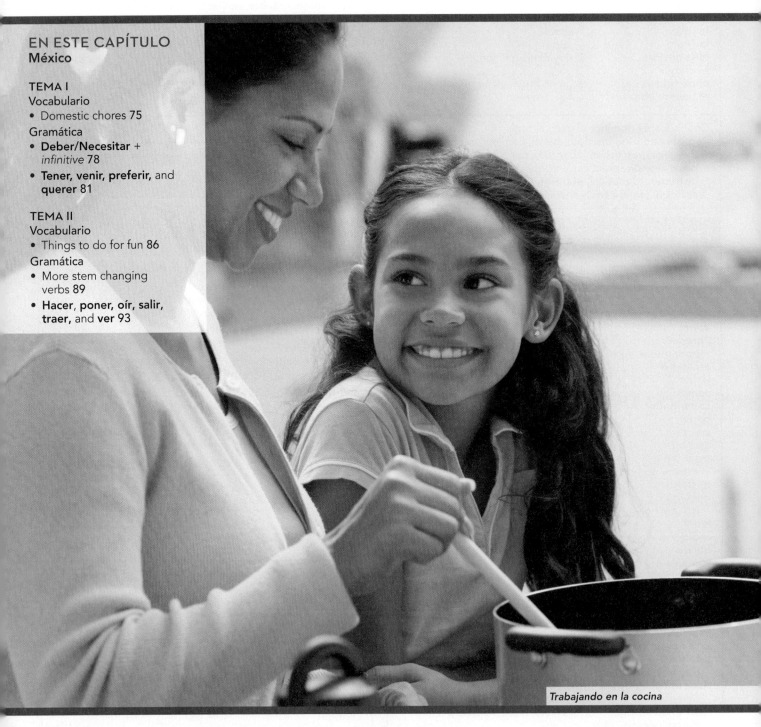

Trabajando en la cocina

1. **What domestic chores do you typically do in your daily life?**
2. **What activities do you enjoy? Which ones do you like the least?**
3. **What do you do for fun? What do you do to relax?**

www.connectspanish.com

*La... *Daily life*

TEMA I: Las obligaciones y los quehaceres

Vocabulario en acción

Los quehaceres domésticos°

quehaceres... *chores*

Otros quehaceres

arreglar el cuarto	to tidy/clean up the room
cortar el césped	to mow the lawn, cut the grass
lavar la ropa	to wash clothes
limpiar (la casa)	to clean (the house)
poner (*irreg.*) la mesa	to set the table
quitar la mesa	to clear the table
secar la ropa	to dry clothes
trabajar en el jardín	to work in the garden/yard
trapear (el piso)	to mop (the floor)

Los aparatos domésticos°

Los... *Appliances*

la aspiradora	vacuum cleaner
la estufa	stove
el horno	oven
el (horno de) microondas	microwave (oven)
la lavadora	washer, washing machine
el lavaplatos	dishwasher
la secadora	dryer

¿Con qué frecuencia?°

¿Con... *How often?*

siempre	always
una vez a la semana	once a week
una vez al mes	once a month

Repaso: todos los días

ACTIVIDADES

A. Los aparatos domésticos. Indicate the word that is *not* related.

	a.	b.	c.	d.
1.	a. cocinar	b. la secadora	c. el horno	d. la estufa
2.	a. planchar	b. el horno microondas	c. la ropa	d. la secadora
3.	a. el horno	b. el piso	c. la aspiradora	d. barrer
4.	a. arreglar el cuarto	b. hacer la cama	c. sacudir los muebles	d. cortar el césped
5.	a. los platos	b. doblar	c. lavar	d. poner la mesa

B. ¿Lógico o ilógico? Indicate if the following sentences are logical (**lógico: L**) or not (**ilógico: I**). If a sentence isn't logical, change it so that it is.

		L	I
1.	Uso la secadora después de sacar la ropa de la lavadora.	☐	☐
2.	En mi casa no hay lavaplatos, por eso uso la aspiradora.	☐	☐
3.	El piso está sucio (*dirty*), por eso sacudo los muebles.	☐	☐
4.	Me gusta hacer la cama por la noche, después de estudiar.	☐	☐
5.	Primero voy a lavar la ropa, luego voy a secar la ropa, después, voy a doblar la ropa.	☐	☐
6.	Antes de poner la mesa, quitamos la mesa.	☐	☐
7.	Alberto va a tender su ropa porque no tiene secadora.	☐	☐
8.	Cuando llueve, me gusta trabajar en el jardín.	☐	☐

C. ¡Vamos a limpiar!

PASO 1. List five chores from the **Vocabulario en acción** that need to be done in your room or at your house right now.

PASO 2. Share your list with a partner. For each item, complete one of the sentences to explain what needs to be done and when you're going to do it.

No me gusta ______, pero voy a ______.
No tengo tiempo (*I don't have time*) para ______, pero voy a ______.

MODELOS No me gusta trapear el piso, pero voy a trapear el fin de semana que viene.
No tengo tiempo para lavar los platos, pero voy a lavar los platos esta noche (*tonight*).

D. Compañeros de casa

PASO 1. Imagine that you and a partner are housemates and that you're going to divide up the chores around the house. Make a list of daily, weekly, and monthly chores, and assign each chore to one person or the other. Include as many chores as you can think of.

PASO 2. Now share your results of **Paso 1** with the class.

MODELO Sue va a sacar la basura todos los días. Las dos (*both of us*) vamos a cocinar todos los días. Yo voy a cortar el césped una vez a la semana.

Nota interdisciplinaria

SOCIOLOGÍA: CHANGING GENDER ROLES IN MEXICO

Traditionally, Mexican women were responsible for caring for children, cooking, and cleaning. However, it is becoming more common for Mexican men to help with household chores. This shift is due to several factors, but arguably, the most important is the increased level of education and awareness women are able to achieve now. That said, conventional attitudes about what constitutes "women's work" persist in more traditional parts of the country, depending on women's social status, where they live, their family income, and whether they are single, married, or divorced.

In rural areas where access to education for women is often limited, men generally work outside their home to provide for their families, while women devote themselves to housekeeping. This situation is also true for women from working-class families in urban areas. In contrast, families of greater economic means often employ young women to help with running their households. While in some upper-class families these young women may be regarded as servants, in others they are treated almost as members of the family by their employers.

PREGUNTAS

1. What social forces are driving changes in the traditional status of women in Mexico? Are they the same forces that, in your opinion, may exist in every country?
2. What are the roles of women in your community? Are these roles changing? How do they compare to what you have just learned about Mexican society?

Gramática

Expressing Obligation

3.1 Deber/Necesitar + *infinitive*

GRAMÁTICA EN ACCIÓN

Las obligaciones

[*Jaime y sus compañeros de cuarto* **deben hacer** *muchas cosas esta semana. Jaime describe sus responsabilidades.*]

Esta semana mis compañeros de cuarto y yo **debemos limpiar** nuestro apartamento. Manuel **necesita pasar** la aspiradora y yo **debo lavar** los platos. Mis compañeros de cuarto **necesitan trabajar** todas las noches y yo **debo estudiar.** ¡Y alguien **debe ir** de compras!

Comprensión. Complete each sentence with the correct verb form, based on Jaime's narration.

1. Jaime ________ lavar los platos y Manuel ________ pasar la aspiradora.
2. Los compañeros de cuarto de Jaime ________ trabajar mucho.
3. Jaime y sus compañeros de cuarto ________ limpiar su apartamento.

¿Y tú? Answer the following questions in a complete sentence.

1. ¿Qué **debes hacer** (*do*) para mantener (*to maintain*) tu cuarto limpio?
2. ¿Cuántas horas **necesitas estudiar** cada semana para sacar buenas notas en tu clase de español?

The verb **deber** + *inf.* is used to express that someone must or should do something. **Necesitar** + *inf*, as you learned in **Capítulo 1,** expresses that someone needs to do something. Generally, **necesitar** expresses a slightly stronger sense of obligation than **deber.** Both verbs have regular conjugations.

deber (*should, must*)	
debo	debemos
debes	debéis
debe	deben

necesitar (*to need*)	
necesito	necesitamos
necesitas	necesitáis
necesita	necesitan

Debo limpiar mi cuarto. — *I should clean my room.*

No **necesitas poner** la mesa hasta las 7:00. — *You don't need to set the table until 7:00.*

ACTIVIDADES

A. Los quehaceres. Complete the sentences with the correct form of **necesitar** in the first blank and the correct form of **deber** in the second.

1. Mis compañeros de cuarto y yo ________ lavar la ropa. También ________ doblar la ropa.
2. Yo ________ cortar el césped y tú ________ trabajar en el jardín.
3. Julio ________ pasar la aspiradora y Camilo ________ barrer el piso.
4. Manuel, tú ________ poner la mesa y después de comer (*eating*), ________ quitar la mesa.
5. Gabriel y León, Uds. ________ barrer el piso. También ________ trapear.
6. Finalmente, nosotros ________ arreglar el cuarto y ________ hacer la cama.

B. ¿Qué debes hacer (*do*)?

PASO 1. Ask a partner what he/she should or needs to do at specific or general times. Use the following verbs and expressions, as well as others that you know.

arreglar mi cuarto	lavar los platos	sacudir los muebles
cocinar	planchar la ropa	trapear
cortar el césped	sacar la basura	¿ ?

MODELOS esta noche →

E1: ¿Qué debes/necesitas hacer esta noche?

E2: Debo sacar la basura./Necesito leer la lección y ver mi programa favorito en la televisión.

1. a las 4:30 de la tarde hoy
2. mañana por la mañana
3. el lunes que viene
4. mañana a las 7:00 de la noche
5. el fin de semana que viene
6. pasado mañana
7. esta noche
8. el mes que viene

PASO 2. Form a small group with another pair, and take turns asking each other about your partner's obligations. Compare your answers, and decide which member of the group has the most obligations.

C. Mis quehaceres

PASO 1. Write a complete sentence using **deber** or **necesitar**, indicating how frequently you should or need to do each chore. If you don't (need to) do a chore, use **no deber/necesitar**. Create a chart to show the chores you do and the frequency.

Vocabulario práctico

antes de... / después de...
por la mañana/tarde/noche
solo para ocasiones especiales
todos los días
una vez a la semana / al mes / al año

MODELO planchar la ropa → Debo planchar la ropa una vez a la semana. / No necesito planchar la ropa.

1. planchar la ropa
2. arreglar el cuarto
3. hacer la cama
4. lavar los platos
5. lavar la ropa
6. sacar la basura

PASO 2. Exchange charts with another student. Based on the chart, write three questions to ask about the chores, how often he/she does them, and why.

MODELO ¿Por qué planchas la ropa una vez a la semana? Yo solo plancho la ropa para ocasiones especiales.

PASO 3. Now interview each other using the questions you wrote for **Paso 2** and determine which of you is more of a *neat freak*: **tiene obsesión por el orden. ¡OJO!** In Spanish, like in English, when someone is asked why (**por qué**) he/she does or did something, the response almost always includes the word *because* . . . (**porque...**).

MODELO E1: ¿Por qué planchas la ropa una vez a la semana? Yo solo plancho la ropa para ocasiones especiales.

E2: Porque trabajo en una oficina los miércoles y viernes.

Nota cultural

¿QUÉ ONDA?

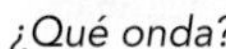
¿Qué onda?

The phrase **¿qué onda?,** used in Mexico, means *what's up?* **Buena onda** and **mala onda** are used in Mexico to refer to people or situations.

Juan es buena onda.	*Juan is a good/cool guy.*
Paco es mala onda.	*Paco is a jerk.*
¡Qué buena onda!	*Sweet! How cool!*
¡Qué mala onda!	*What a bummer!*

EXPERIENCIA INTEGRAL

La familia García necesita limpiar su casa

ANTES DE LEER. Who takes care of the household chores in your house? Make a list of what the following people do: **¿Cuáles son tus obligaciones? ¿y las de tu mamá? ¿tu papá? ¿tus hermanos** (*brothers and sisters*)**? ¿tu compañero/a de casa?** Does the same person always complete the same task?

PASO 1. Complete the situation between Sra.* García and her family with the correct form of the verb in parentheses.

[*Sra. García wants to gather her family (her children, María Elena and Betito, and her husband, Esteban) and have them help her with the household chores.*]

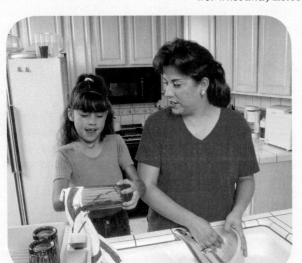

—*Gracias por ayudarme* (helping me) *con los platos, mamá.*
—*Por nada, mi vida.*

SRA. GARCÍA: ¡Chicos![a] ¡María Elena! ¡Betito! ¡Bajen,[b] por favor! (*Yo:* **Necesitar**[1]) limpiar la casa pero Uds. (**deber**[2]) ayudar.[c]

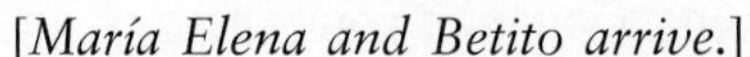

[*María Elena and Betito arrive.*]

MARÍA ELENA: Sí, mamá. ¿Qué onda?[d]

SRA. GARCÍA: (*Nosotros:* **Necesitar**[3]) limpiar la casa hoy y todos (**deber**[4]) ayudar. María Elena, (*tú:* **deber**[5]) lavar los platos y poner la mesa.

MARÍA ELENA: Sí, mamá.

SRA. GARCÍA: Betito, (*tú:* **deber**[6]) barrer el piso y sacar la basura.

BETITO: Ay, mamá, no me gusta barrer. Pero voy a hacerlo.[e]

SRA. GARCÍA: Después, los dos[f] (**necesitar**[7]) arreglar su cuarto porque es un desastre... ¡Dios mío![g]

[*Sra. García puts her hand on Esteban's shoulder.*]

Y tú, mi amor... (**deber**[8]) cortar el césped, porque está alto.

ESTEBAN: Claro que sí, mi vida.[h] ¿Y qué vas a hacer tú?

SRA. GARCÍA: ¿¡Yo!? Pues, todo lo demás.[i] (*Yo:* **Necesitar**[9]) sacudir los muebles, pasar la aspiradora y después trabajar en el jardín.

ESTEBAN: Entendido.[j] Bueno,[k] chicos... ¡A trabajar!

[a]*Kids!* [b]*Come downstairs* [c]*help* [d]¿Qué... *What's up?* [e]*do it* [f]los... *the two of you* [g]¡Dios... *My God!* [h]mi... *my dear (lit. my life)* [i]lo... *the rest* [j]*understood* [k]*Well*

PASO 2. Describe what these people end up doing based on **Paso 1.** ¿Qué quehaceres del vocabulario del **Tema 1** no se mencionan en el diálogo?

MODELO Esteban →
Esteban corta el césped.

1. María Elena...
2. Betito...
3. La Sra. García...

PASO 3. Work with a partner to answer the questions.

1. ¿Qué quehaceres necesitan hacer (*to do*) Uds. este fin de semana?
2. ¿Qué quehaceres domésticos les gusta hacer menos?
3. ¿Qué deben hacer en casa esta semana?

*The titles **señor** (*Mr.*), **señora** (*Mrs.*), and **señorita** (*Miss*) before last names, can be abbreviated to **Sr., Sra.,** and **Srta.**

3.2 **Tener, venir, preferir,** and **querer**

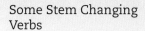

Some Stem Changing Verbs

GRAMÁTICA EN ACCIÓN

La familia mexicana

CULTURES C

México **tiene** una larga historia de la familia tradicional y extendida, en la que la esposa o la madre mantiene el hogar, y el esposo o el padre **tiene** trabajo fuera de la casa. Pero en estos días, en algunas familias mexicanas, ambos padres trabajan, y en muchos casos solo la familia nuclear vive en la casa. Con estas situaciones **vienen** otros cambios. Por ejemplo, la madre ya no **tiene** la ayuda de su madre o su suegra en casa, y no **tiene** tiempo para hacer todos los quehaceres. A veces, las familias emplean a una muchacha para limpiar y cocinar, pero en otros casos, si **quieren** ahorrar dinero, **prefieren** compartir los quehaceres.

Comprensión. Complete each sentence with the correct form of **tener** or **querer,** based on the passage.

1. Muchas madres mexicanas no ________ tiempo para terminar todos los quehaceres.
2. Si una familia ________ ahorrar dinero, no emplea a una muchacha para limpiar y cocinar.
3. Ahora, en muchas familias mexicanas, la madre ________ un trabajo fuera de la casa.

The **yo** forms of **tener** and **venir** have the irregular ending **-go.** With the exception of the **nosotros** and **vosotros** forms, all other forms of **tener, venir, preferir,** and **querer** change the **-e-** of the verb stem to **-ie-**. These are called stem changing verbs. You will learn more about stem changing verbs in **Gramática 3.3.**

tener (*to have*)	
tengo	tenemos
tienes	tenéis
tiene	tienen

venir (*to come*)	
vengo	venimos
vienes	venís
viene	vienen

preferir (*to prefer*)	
prefiero	preferimos
prefieres	preferís
prefiere	prefieren

querer (*to want*)	
quiero	queremos
quieres	queréis
quiere	quieren

A. The verb **tener** is used in many common expressions that are expressed with *to be* in English. These are common **tener** expressions that you will need to know.

tener... años	to be . . . years old
tener (mucho) calor	to be (very) hot
tener cuidado	to be careful
tener éxito	to be successful
tener (mucho) frío	to be (very) cold
tener ganas de + *inf.*	to feel like (*doing something*)
tener (mucha) hambre	to be (very) hungry
tener miedo (de)	to be afraid (of)
tener prisa	to be in a hurry
tener razón	to be right
no tener razón	to be wrong
tener (mucha) sed	to be (very) thirsty
tener sueño	to be sleepy
tener (mucha) suerte	to be (very) lucky

Nota comunicativa

Tener que + *inf.*

Earlier in this chapter you saw two ways to express obligation, with the verbs **deber** and **necesitar.** Another way of expressing obligation in Spanish is with the expression **tener que** + *inf.*, which means to have to (*do something*).

Hoy **tenemos que lavar** la ropa.	*Today we have to do laundry.*
¿A qué hora **tienes que estar** en casa?	*What time do you have to be home?*

B. The verbs **preferir** and **querer** express preference and desire for things when followed by nouns, but they are also often used to express preference and desire for actions when followed by a verb in the infinitive.

Yo **prefiero estudiar** en la residencia pero mi compañero de cuarto **quiere invitar** a sus amigos a mirar una película.	*I prefer to study in the dorm, but my roommate wants to invite his friends to watch a movie.*

ACTIVIDADES

A. Un mensaje telefónico. Listen to the telephone message that Susana left for her friend, María, and indicate whether the statements are true (**C**) or false (**F**).

	C	F
1. Susana no tiene que trabajar esta tarde.	☐	☐
2. Susana prefiere mirar la televisión.	☐	☐
3. Susana no quiere patinar en el parque.	☐	☐
4. Anita también quiere ir al parque.	☐	☐
5. Anita tiene que trabajar hasta las 5:00.	☐	☐
6. Anita prefiere andar en bicicleta.	☐	☐

B. Nuestras actividades. Complete the sentences with the correct form of **tener, venir, preferir,** or **querer.** ¡OJO! You will need to choose the correct verb for each sentence, depending on the context.

1. Todos los fines de semana, mis amigos ________________ a mi casa.
2. No me gusta caminar o andar en bicicleta en mi tiempo libre. Yo ________________ leer una novela.
3. El fin de semana que ________________, mis amigos y yo ________________ ir al gimnasio.
4. ¿Cuándo ________________ (tú) que trabajar?
5. Elisa no ________________ estudiar el fin de semana que ________________.
6. ¿(Tú) ________________ patinar o correr?
7. Después de clase, mis compañeros de cuarto y yo ________________ a casa.
8. Voy a descansar un poco porque ________________ sueño.

C. Mis actividades. Work with a partner to answer the questions.

1. ¿Qué prefieres hacer (*to do*) en el tiempo libre durante el verano? ¿Y durante el invierno? ¿Por qué?
2. ¿Qué días tienes que asistir a clase? ¿A qué hora tienes que llegar al campus?
3. ¿Para qué clases tienes que estudiar mucho? ¿Dónde prefieres estudiar?
4. ¿Qué tienes que hacer este fin de semana? ¿Qué quieres hacer este fin de semana?
5. ¿Vienen tus amigos de otras ciudades de visita con frecuencia? ¿Qué prefieren hacer cuando vienen?
6. ¿Qué quieres hacer durante las próximas (*next*) vacaciones? ¿Prefieres pasar las vacaciones con amigos o con la familia?

EXPERIENCIA INTEGRAL

Los balnearios (*Spas/Water parks*) de Morelos, México

ANTES DE LEER. Jot down a few things that you do when you want to relax and when you are on vacation.

PASO 1. Complete the passage with the correct form of each verb in parentheses.

Si tú (**querer**[1]) relajarte,[a] (*tú:* **tener**[2]) que ir a uno de los balnearios de Morelos con sus aguas termales.[b] Hay actividades para todos. Para los niños hay piscinas. ¡Muchos niños no (**querer**[3]) salir de la piscina ni[c] para comer! Para las personas que (**tener**[4]) ganas de disfrutar de la naturaleza,[d] hay jardines bonitos. Si un visitante (**preferir**[5]) hacer ejercicio[e], también hay gimnasios.

Muchas personas van al balneario para descansar. A veces no (*ellos:* **querer**[6]) hacer ejercicio; (*ellos:* **preferir**[7]) tomar un baño termal. Otras personas (**querer**[8]) tener un tratamiento de barro[f] natural.

Celia Bermúdez, del D.F., explica: «Nosotros (**tener**[9]) suerte porque vivimos cerca de muchos balnearios bonitos. Mi familia y yo (**venir**[10]) aquí en las vacaciones porque está cerca de la capital. Mis hijos (**tener**[11]) prisa por nadar y mi esposo siempre (**querer**[12]) jugar al dominó con los otros hombres. Pero yo (**preferir**[13]) un tratamiento facial y un masaje. Hay de todo».[g]

Las Estacas, un balneario y campamento (campsite) de Morelos

[a]*relax* [b]*thermal* [c]*not even* [d]disfrutar... *enjoy nature* [e]hacer... *to exercise* [f]*mud* [g]Hay... *There's a little of everything.*

PASO 2. Indicate whether the statements are true (**C**) or false (**F**), based on the reading in **Paso 1.** Change the false statements so that they are true.

	C	F
1. No hay muchas actividades diferentes en los balnearios.	☐	☐
2. Los balnearios están cerca de México, D.F.	☐	☐
3. Las personas que van a un balneario pueden tomar un baño termal.	☐	☐
4. En los balnearios no hay gimnasios.	☐	☐

PASO 3. With a partner, answer the questions.

1. ¿Qué actividades puedes hacer en un balneario? Preparen una lista. ¿Adónde van las personas en su región para participar en las actividades mencionadas en el **Paso 1**? Expliquen.
2. ¿Cuáles son algunos lugares populares para los turistas en su región? ¿Visitan Uds. esos (*those*) lugares? ¿En qué actividades participan las personas allí?

PASO 4. Research **balnearios** and compare the activities offered at water parks in Spanish-speaking countries with those offered at water parks in this country. Share your results with the class.

Palabra escrita

A comenzar

Developing Your Ideas: Collecting Information (Part 1). Another way to generate ideas is by collecting information about the topic of your composition. This strategy is necessary when the subject of your composition goes beyond your personal experience and knowledge. The resources you use to collect information are varied, ranging from searching Internet sources, to administering questionnaires to people, to simply interviewing your classmates. It all depends on the topic of your composition. For the purpose of this composition, you will interview your classmates.

You are going to start the process of writing a brief composition that you will finalize in the **Palabra escrita: A finalizar** section of your *Workbook/Laboratory Manual*. The topic of this composition is **Las obligaciones y los quehaceres.** The purpose of your composition will be to tell the reader about the things that your classmates and you have to do or should do in a typical week.

A. Lluvia de ideas. Brainstorm a list of things that correspond to each category.

1. los quehaceres que no me gustan
2. los quehaceres que prefiero hacer (*to do*)
3. las cosas que tengo que hacer en una semana típica
4. las cosas que debo hacer en una semana típica

B. Entrevistas

PASO 1. First formulate the questions that you will need to ask your classmates to find out what chores they don't like, which ones they prefer, and what they have to do or should do in a typical week.

PASO 2. Now interview *at least* three classmates (in Spanish), using your questions from **Paso 1.** As you interview each classmate, jot down his or her responses.

C. A organizar tus ideas. Review the information you've collected to see if you notice any patterns. Are there preferences or obligations that all of you have in common? Are there things that only one or two of you do? If you don't see any patterns, you probably need to collect some more information. Interview a few more classmates like you did in **Actividad B** and repeat this **Actividad C.**

D. A escribir. Now write a first draft of your composition with the ideas and information that you collected in **Actividades A, B,** and **C.** **¡OJO!** Keep your work in a safe place. You'll need it again when you do the **Palabra escrita: A finalizar** section in your *Workbook/Laboratory Manual.*

La Catedral Metropolitana

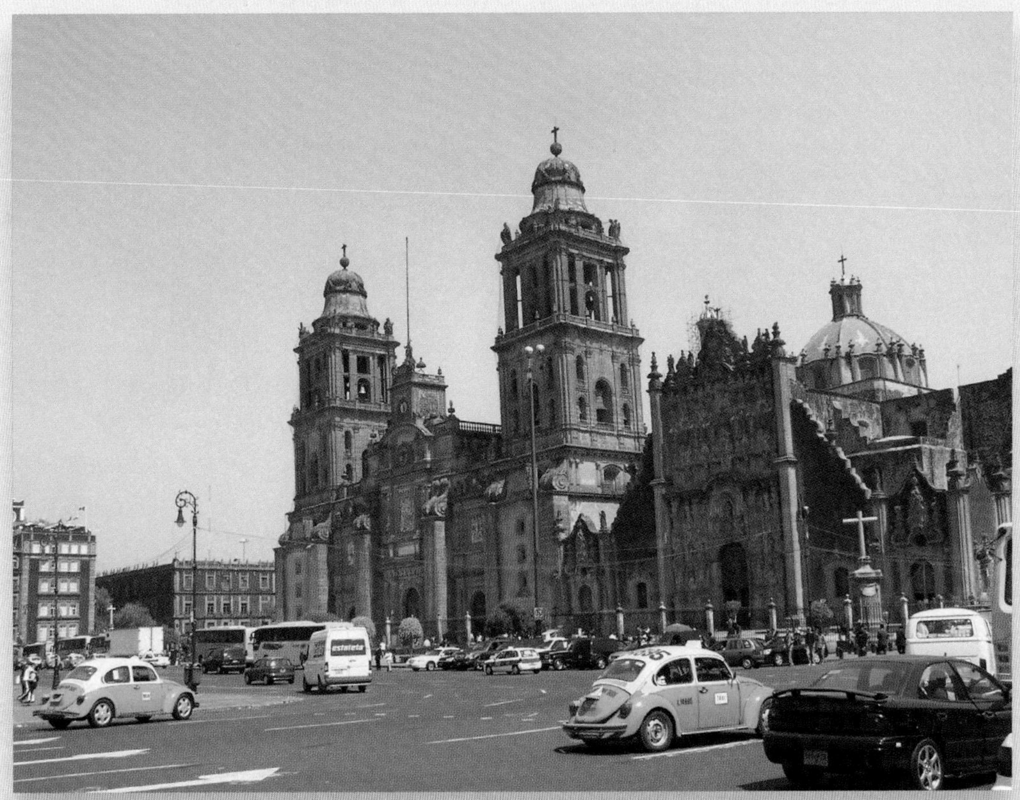

La Catedral Metropolitana, en el Zócalo de la Ciudad de México

Mexico City's Metropolitan Cathedral is the largest church in Latin America and the heart of the world's largest Roman Catholic diocese. It is located on the north side of the Zócalo, which is known officially as the Plaza de la Constitución. Built over a number of years (1525–1813), many architectural and decorative styles were integrated into the structure, including classical, baroque, and neoclassical styles. Inside the cathedral, the sacristy, the choir, and the Altar de los Reyes—with sculptures of kings and queens who have been canonized—are masterpieces of these different artistic styles. The facade is divided into three sections, which are flanked by the two monumental bell towers that rise 67m[a] above the Zócalo.

REFLEXIÓN

1. Name the closest large religious institution in the area where you live. Do you consider it an icon of culture for the community? Explain.
2. Cathedrals often play a double role: one for the religious community and another as a tourist attraction. What other religious institutions and architectural points of interest do you know of that also attract tourists?
3. Do you think that going to church can be considered a social practice as well as a religious one? Explain.

[a]*220 feet*

TEMA II: El tiempo libre

Vocabulario en acción

Las distracciones y otros pasatiempos

hacer (*irreg.*) **ejercicio**	to exercise
ir (*irreg.*)	to go
al cine	to the movies
a la mezquita	to the mosque
a la sinagoga	to the synagogue
jugar (ue) a los videojuegos	to play videogames
pasarlo bien/mal	to have a good/bad time
tomar un café	to have coffee
tomar una siesta	to take a nap
ver (*irreg.*) **un DVD / una película**	to watch a DVD/movie

Cognados: el masaje, la meditación
Repaso: caminar, correr, escuchar música, jugar al dominó, mirar la televisión; la piscina

ACTIVIDADES

A. Después de un día difícil

PASO 1. Indicate the activities you prefer to do after a hard day. **¡OJO!** You can include other activities that you learned in **Capítulo 2.**

1. ☐ escuchar música
2. ☐ hacer ejercicio
3. ☐ hacer yoga
4. ☐ asistir a la iglesia (mezquita/sinagoga)
5. ☐ ir al cine
6. ☐ jugar a las cartas
7. ☐ jugar a los videojuegos
8. ☐ jugar al billar
9. ☐ jugar al dominó
10. ☐ levantar pesas
11. ☐ tomar un café
12. ☐ tomar una copa
13. ☐ tomar una sauna
14. ☐ tomar una siesta
15. ☐ ¿ ?
16. ☐ ¿ ?

PASO 2. Tell where you might go to do each of the activities in **Paso 1. ¡OJO!** You can use words from the **Vocabulario práctico** or names of specific places in your area.

Vocabulario práctico	
el bar	el gimnasio
el café	la mezquita
la casa	la sinagoga
el club	el templo
la discoteca	la universidad

MODELOS Voy al gimnasio a levantar pesas.
Me gusta asistir a la sinagoga Beth Shalom los sábados.

B. Asociaciones. Match the sentences to form logical continuous thoughts.

1. Jorge y su compañero de cuarto necesitan estudiar más esta noche. ___
2. Nora va a una fiesta con su amiga. ___
3. A Íñigo le gusta hacer ejercicio. ___
4. La familia Gómez es muy religiosa. ___
5. Horacio pasa mucho tiempo en el bar. ___
6. Nancy desea ver la nueva película de Guillermo del Toro. ___
7. Pablo está muy cansado. ___

a. Van a tomar una copa y a bailar.
b. Necesita tomar una siesta.
c. Levanta pesas todos los días.
d. Deben tomar café.
e. Va al cine esta noche.
f. Va a la iglesia todos los domingos.
g. Le gusta jugar al billar.

C. Consejos

PASO 1. With a partner, offer at least two suggestions for the person(s) in these situations. **¡OJO!** Use **deber, necesitar,** or **tener que** in your answers. Follow the model.

MODELO Esteban tiene mucho trabajo y está muy estresado. →
Esteban debe hacer yoga o levantar pesas. No debe tomar café.

1. Marina necesita perder peso (*lose weight*).
2. A Angélica le gusta mucho ver películas, pero no tiene televisión.
3. Alberto está cansado, pero tiene que trabajar por la noche.
4. Marcos está en casa. Hace mal tiempo y Marcos está muy aburrido.
5. Amalia y Carmen están muy nerviosas. Mañana tienen un examen.
6. Son las 8:00 de la mañana. Daniel tiene que ir a clase, pero no tiene energía.

PASO 2. Your instructor will choose two of the situations in **Paso 1.** Each pair will then share their suggestions for what to do and not to do. As a class, decide which suggestions are the best for the two situations.

D. Las obligaciones y las diversiones. With a partner, ask and answer questions using phrases from each column, adding words as necessary. You can answer truthfully, or invent answers. Your partner should guess if your sentences are true or false for you.

MODELO E1: ¿Qué te gusta hacer (*to do*) antes de un examen?
E2: Me gusta hacer yoga (antes de un examen).
E1: No, no es cierto.
E2: Sí, es cierto. Asisto a las clases de yoga en el centro estudiantil.

antes de después de	+	clase un examen limpiar la casa quitar la mesa sacudir los muebles trabajar	+	debo me gusta necesito tengo que voy a	+	andar en bicicleta escuchar música jugar a las cartas / a los videojuegos jugar al billar / al dominó levantar pesas mirar la televisión hacer yoga tomar un café / una siesta ¿ ?

E. Mi profesor(a)

PASO 1. Write three sentences telling what you think your instructor likes to do to relax, is going to do to relax today, and doesn't have time to do.

1. A mi profesor(a) le gusta…
2. Esta tarde mi profesor(a) va a…
3. Mi profesor(a) no tiene tiempo para…

PASO 2. As a class, take turns asking your instructor questions, and try to ask follow-up questions, as in the model. Take notes about your instructor's answers since you will need them for the next step.

MODELO ESTUDIANTE: ¿A Ud. le gusta jugar a los videojuegos?
PROFESOR(A): Sí, me gusta jugar a los videojuegos.
ESTUDIANTE: ¿Y cuál es su videojuego favorito?
PROFESOR(A): Bueno (*Well*), mi videojuego favorito es… Me gusta mucho.

PASO 3. Using the information from **Paso 1** questions, write at least three sentences describing an "ideal" relaxing day for your instructor. What does he or she do to relax? Which activities does he or she avoid?

MODELO En un día ideal, mi profesor(a)…

Gramática

3.3 More Stem Changing Verbs

GRAMÁTICA EN ACCIÓN

¿Qué podemos hacer después de clase?

CULTURES C

*[Ignacio y Lourdes, estudiantes de la Universidad de las Américas, **piensan** pasar tiempo con su nuevo amigo, Andrew. Andrew es un estudiante extranjero de Toronto.]*

IGNACIO: ¿Qué prefieren hacer primero?

LOURDES: Quiero comer algo, pero no en la universidad, porque **almuerzo** aquí casi todos los días. Vamos al Mercado de Cholula, donde **sirven** unas quesadillas deliciosas.

ANDREW: Después, ¿**podemos** ir a la pirámide?

LOURDES: Claro. ¡Tienes que visitar nuestra pirámide!

IGNACIO: ¿A qué hora **piensan** volver? Tengo otro examen mañana.

LOURDES: No estoy segura. ¿A qué hora **cierran** el parque y el museo?

IGNACIO: **Podemos** preguntar en el mercado. De todos modos, Andrew, no **puedes** ver todo en un día. Es muy grande, con la iglesia, el museo, los túneles…

ANDREW: ¿Túneles arqueológicos? ¿**Pierden** a muchas personas en los túneles?

IGNACIO: ¡No, hombre! Hay mapas y si **pides** un guía, no pasa nada.

Un túnel en la Gran Pirámide de Cholula

Comprensión. Indicate the correct verb to complete each sentence.

1. Lourdes casi siempre ___ en la universidad.
2. El parque ___ por la tarde.
3. Ignacio ___ a casa para estudiar más.
4. Lourdes ___ pedir una quesadilla en el mercado.
5. Andrew no ___ ver todo el parque en un día.

a. quiere
b. puede
c. vuelve
d. almuerza
e. cierra

You have already seen in **Gramática 3.2** how verbs like **querer** and **preferir** have a change to their stem vowel. Many other common verbs in Spanish have spelling changes in their stems when conjugated in the present tense. These changes affect all forms except **nosotros** and **vosotros.** The patterns can be seen in the following verb charts. There are three types of stem changes in the present tense: **e → ie, o → ue,** and **e → i.**

STEM CHANGE **e → ie**			
pensar (*to think*)		**perder** (*to lose*)	
pienso	**pensamos**	**pierdo**	**perdemos**
piensas	**pensáis**	**pierdes**	**perdéis**
piensa	**piensan**	**pierde**	**pierden**

Other common verbs with an **e → ie** stem change:

cerrar	to close	**entender**	to understand
empezar	to begin	**tender (la ropa)**	to hang clothes

STEM CHANGE **o → ue**			
almorzar (*to have lunch*)		**volver** (*to return*)	
almuerzo	**almorzamos**	**vuelvo**	**volvemos**
almuerzas	**almorzáis**	**vuelves**	**volvéis**
almuerza	**almuerzan**	**vuelve**	**vuelven**

Other common verbs with an **o → ue** stem change:

dormir	to sleep	**mostrar**	to show
encontrar	to find	**poder**	to be able
jugar*	to play	**soler** + *inf*	to usually (do something)

STEM CHANGE **e → i**			
pedir (*to ask for; to order*)		**servir** (*to serve*)	
pido	**pedimos**	**sirvo**	**servimos**
pides	**pedís**	**sirves**	**servís**
pide	**piden**	**sirve**	**sirven**

Other common verbs with an **e → i** stem change:

conseguir[†]	to get, obtain	**seguir**[†]	to continue; to follow

A. Several stem changing verbs can be followed by an infinitive. Note that the expression **pensar** + *inf*. translates as *to plan to* (*do something*).

Mucha gente **prefiere tomar** vacaciones en agosto. — *Many people prefer to take vacations in August.*

Los estudiantes suelen **tomar** mucho café durante la semana de los exámenes finales. — *Students usually drink lots of coffee during the week of final exams.*

Pablo no **puede salir** con nosotros. — *Pablo can't go out with us.*

Nosotros **pensamos viajar** a la costa este fin de semana. — *We are planning to travel to the coast this weekend.*

B. Some stem changing verbs form common expressions with the addition of a preposition.

1. **empezar** + **a** + *inf.* = *to begin to* (*do something*)
   Muchas personas **empiezan a hacer** yoga porque tienen mucho estrés en sus vidas. — *Many people start doing yoga because they have a lot of stress in their lives.*
2. **pensar** + **en** + *noun* = *to think about* (*something*)
   Todos debemos **pensar en** el futuro. — *We should all think about the future.*
3. **volver** + **a** + *inf.* = *to* (*do something*) *again*
   Vuelvo a mirar mis películas favoritas cuando tengo tiempo libre. — *I watch my favorite movies again when I have free time.*

*__jugar__ is the only **u → ue** stem changing verb in Spanish. As you saw in **Capítulo 2**, **jugar** is generally followed by **a** when speaking about playing a game or sport; for example, **jugar al tenis**.

[†]**(con)seguir → (con)sigo, (con)sigues, (con)sigue,…**

C. The formula **seguir** + *gerund* is used to express a continuing action or situation. Note that the translation of **seguir** varies depending on the context.

¿Sigues trabajando en el laboratorio de computadoras?	*Are you still working at the computer lab?*
Seguimos estudiando para el examen hasta cinco minutos antes de la clase.	*We keep studying for the test until five minutes before class.*

D. Stem changing **-ir** verbs have a stem change in their gerund form as well.

e → i: **conseguir → consiguiendo; pedir → pidiendo; preferir → prefiriendo; seguir → siguiendo; servir → sirviendo**

o → u: **dormir → durmiendo**

ACTIVIDADES

A. Asociaciones. Match each sentence to the correct verb form, based on the context.

1. Yo siempre ____ una siesta después de la clase de química.
2. Cuando mis amigos y yo ____ en un restaurante, siempre pedimos pizza.
3. Laura no ____ la lección de gramática. Necesita hablar con su profesora.
4. Mis amigos y yo ____ a las cartas frecuentemente.
5. Ellos ____ la ropa porque no hay una secadora en su casa.
6. Tú y yo ____ la puerta cuando escuchamos música.
7. Ella siempre ____ las llaves (*keys*) y no puede entrar en su apartamento.

a. almorzamos
b. pierde
c. duermo
d. tienden
e. jugamos
f. entiende
g. cerramos

B. Un día típico. Complete each sentence with the correct form of the verb in parentheses.

1. Yo ________ (**empezar**) a estudiar la lección.
2. Mis amigos ________ (**jugar**) al billar.
3. Tú ________ (**pedir**) una hamburguesa.
4. La profesora ________ (**pensar**) tomar café.
5. Los estudiantes ________ (**almorzar**) en la cafetería.
6. Tú ________ (**poder**) levantar pesas después de clase.
7. Nosotros ________ (**entender**) la lección y no necesitamos estudiar más.

Nota cultural

CULTURES

LA VIRGEN DE GUADALUPE

La imagen original de la Virgen de Guadalupe

On December 12, thousands of Mexican Catholics visit the Basilica of Guadalupe in Mexico City to venerate the Virgin of Guadalupe, Mexico's most popular revered religious image.

The Virgin of Guadalupe was officially recognized by the Roman Catholic Church in 1737 and eventually named Patroness of Mexico and the Americas. The Virgin of Guadalupe is not only a religious icon, but a symbol of today's Mexican culture as well. Images of her are seen everywhere: in churches, homes, stores, taxis, buses, offices, and even in tattoos.

PREGUNTAS

1. Do you know of other cultures that have significant cultural icons? Which ones? How do people relate to those icons in their daily lives?
2. Had you ever heard about the **Virgen de Guadalupe** before reading this **Nota cultural?** If so, what have you heard? Search the Internet for some information and share your findings with the class.

C. Entrevista. Interview a classmate using these questions. Then switch roles. Elaborate on your answers and provide as many details as possible.

1. ¿Qué piensas hacer este fin de semana? ¿Quieres salir con tus amigos? ¿Qué tienes que hacer?
2. ¿Dónde almuerzas normalmente? ¿Qué restaurante prefieres para un almuerzo rápido (*quick*)?
3. ¿Cuántas horas duermes cada noche? ¿Debes dormir más (*more*)?
4. ¿Juegas deportes? ¿Juegas videojuegos? ¿Cuáles son tus favoritos? ¿Por qué?
5. ¿Con qué frecuencia sueles hablar por teléfono con tu familia? ¿Prefieres hablar o escribir mensajes de texto (*text messages*)?

EXPERIENCIA INTEGRAL

En Cuernavaca

ANTES DE LEER. Tell what time you do the activities. **¿A qué hora comes por la mañana? (…almuerzas? / …tomas café? / …vas al cine? / …sales** (*go out*) **por la noche?**

PASO 1. Complete the conversation between Jennifer and Mrs. Reyes with the correct form of each verb in parentheses.

SRA. REYES: ¿Cómo (*tú:* **pensar**[1]) pasar la tarde, Jennifer?

JENNIFER: No estoy segura, pero mis amigas y yo (**querer**[2]) salir juntas.[a]

SRA. REYES: ¿Cuándo (*Uds.:* **pensar**[3]) salir?

JENNIFER: A las 6:00. Ellas (**almorzar**[4]) a las 2:00. Luego (*ellas:* **dormir**[5]) la siesta.

SRA. REYES: Bueno, Cuernavaca es la Ciudad de la Eterna Primavera,[b] así que (*Uds.:* **poder**[6]) hacer muchas actividades afuera,[c] como pasear por el zócalo o visitar el Jardín Borda. Si no quieren estar afuera, hay museos donde (*Uds.:* **poder**[7]) mirar arte o artefactos históricos. También hay un cine cerca de la casa.

JENNIFER: El cine es una buena idea. Hay una película que yo (**querer**[8]) ver. Necesito saber[d] a qué hora (*la película:* **empezar**[9]). Y ¿a qué hora (**cerrar**[10]) el café de la esquina[e]?

SRA. REYES: A las 11:00. ¿Por qué?

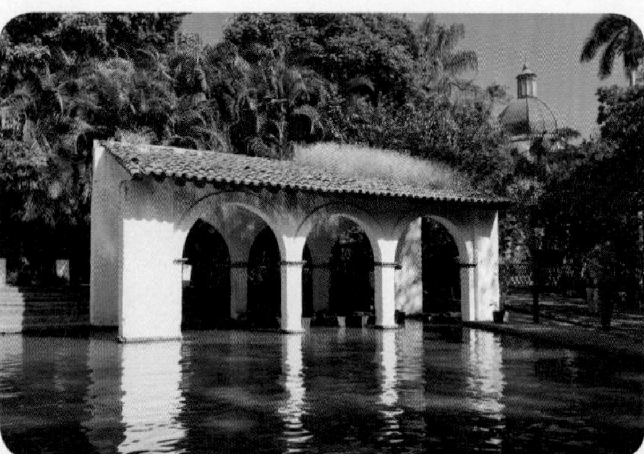

El Jardín Borda, en Cuernavaca, México

JENNIFER: Porque[f] después, (*nosotras:* **poder**[11]) tomar un café y charlar.

SRA. REYES: Es una buena idea. (*Ellos:* **Servir**[12]) pasteles[g] deliciosos en ese[h] café.

JENNIFER: Gracias por la idea, señora. ¡A mis amigas y a mí nos gusta mucho Cuernavaca!

[a]salir… *to go out together* [b]la… *The City of Eternal Spring* [c]*outside* [d]*to find out* [e]de… *on the corner* [f]*Because* [g]*pastries* [h]*that*

PASO 2. Answer the questions, based on **Paso 1.**

1. ¿Qué piensa hacer Jennifer esta tarde?
2. ¿A qué hora quieren salir Jennifer y sus amigas? ¿Por qué?
3. Según (*According to*) la Sra. Reyes, ¿qué pueden hacer Jennifer y sus amigas?
4. ¿A qué hora cierra el café? ¿Qué sirven allí (*there*)?

PASO 3. With a partner, answer the questions.

1. ¿Adónde prefieren ir para pasarlo bien? ¿Qué prefieren hacer?
2. ¿Qué actividades pueden hacer los estudiantes extranjeros en su ciudad?

3.4 Hacer, poner, oír, salir, traer, and ver

Some Irregular Verbs

GRAMÁTICA EN ACCIÓN

Los fines de semana

[*Dos amigos charlan enfrente de la biblioteca.*]

JULIO: Oye, Rodrigo, ¿qué **haces** los fines de semana?

RODRIGO: Bueno, depende. Los sábados son para descansar, pero siempre **hago** ejercicio o juego al tenis por la mañana. Después, regreso a casa, **pongo** la televisión y **veo** un partido de fútbol o béisbol, o **hago** otra cosa para descansar. Pero en la noche, siempre **salgo** con mis cuates.

JULIO: ¿Y los domingos?

RODRIGO: Ja, ja... Mis amigos y yo somos muy responsables. Los domingos no **hacemos** cosas muy divertidas. Pensamos en nuestras obligaciones. Normalmente **traigo** mis libros a la biblioteca y **hago** la tarea para mis cuatro clases. Vengo aquí porque necesito silencio. En la residencia, mis compañeros de cuarto siempre **ponen** música o **ven** la televisión mientras lavan la ropa y pasan la aspiradora.

JULIO: Mmm... Comprendo. Ay, ¡es hora de trabajar! Bueno, ¡nos vemos!

Comprensión. Match each sentence to the verb form that best completes it.

1. Los sábados, Rodrigo ____ ejercicio por la mañana.
2. Rodrigo no ____ la televisión porque necesita silencio para estudiar.
3. Los compañeros de cuarto de Rodrigo ____ música mientras limpian el apartamento.
4. Rodrigo y sus amigos ____ los sábados por la noche.

a. ve
b. ponen
c. salen
d. hace

A. The verbs **hacer, poner, salir, traer,** and **ver** have some irregular conjugations.

hacer (*to do; to make*)		**poner** (*to put, place*)	
hago	**hacemos**	**pongo**	**ponemos**
haces	**hacéis**	**pones**	**ponéis**
hace	**hacen**	**pone**	**ponen**

salir (*to leave; to go out*)		**traer** (*to bring*)	
salgo	**salimos**	**traigo**	**traemos**
sales	**salís**	**traes**	**traéis**
sale	**salen**	**trae**	**traen**

oír (*to hear*)		**ver** (*to see; to watch*)	
oigo	**oímos**	**veo**	**vemos**
oyes	**oís**	**ves**	**veis**
oye	**oyen**	**ve**	**ven**

B. The verbs **hacer, poner,** and **salir** are often used in a variety of expressions, sometimes with alternate meanings. Here are a few examples.

hacer una fiesta	to throw a party
hacer ejercicio	to exercise
poner	to turn on (*an electrical appliance or music*)
salir (con)	to go out (*with*)
salir de	to leave from (*a place*)
salir para	to leave for (*a place*)

C. For most Spanish speakers, the verbs **mirar** and **ver** can be used interchangeably when referring to watching something like television or a movie. Note, however, that only **ver** can be used to mean *to see.*

Los lunes Eugenio mira/ve su programa favorito en la televisión.	*On Mondays Eugenio watches his favorite program on television.*
¿Ves al hombre alto? Es mi papá.	*Do you see the tall man? He's my dad.*

ACTIVIDADES

A. Las mañanas en casa de Amelia. Complete Amelia's narration about mornings in her home with the correct form of **hacer, poner, oír, salir, traer,** or **ver.**

Las mañanas son muy ajetreadas.[a] Todos los días, papá ________[1] a correr por media hora antes de desayunar. Entonces, prepara café y ________[2] la radio. Por eso, aunque[b] mi hermano y yo no ________[3] la televisión entre semana, ________[4] las noticias[c] todos los días. Mamá prepara el desayuno[d] mientras yo ________[5] la mesa. Desayunamos juntos[e] todas las mañanas. Después de desayunar, mi hermano ________[6] un sándwich. ________[7] un sándwich y fruta al colegio[f] porque no le gusta almorzar en la cafetería. Yo no ________[8] almuerzo[g] porque prefiero comer con mis amigas en la cafetería. A las 8:00 en punto, todos nosotros ________[9] de casa. Yo ________[10] con mi hermano para el colegio y mis padres van al trabajo.

[a]*busy* [b]*although* [c]*news* [d]*breakfast* [e]*together* [f]*school* [g]*lunch*

B. De vacaciones con las amigas

PASO 1. Listen carefully to Ana describe her time with her friends during spring break. As you listen, identify the subject of each activity. The first one is done for you.

1. poner la televisión __e__
2. poner la mesa ____
3. traer pizza ____
4. hacer yoga ____
5. oír música ____
6. salir al mercado ____
7. ver muchas cosas interesantes ____

a. Isabel y Rosita
b. Juan y Carmen
c. nosotras
d. todos
e. yo

PASO 2. Now write a complete sentence for each activity, using the subjects you identified in **Paso 1.**

MODELO poner la televisión: yo → Pongo la televisión.

PASO 3. Interview a partner, asking each other the following questions about your activities when on vacation with friends.

Cuando estás de vacaciones con tus amigos...

1. ¿sales por la noche? ¿Te gusta comer en restaurantes con tus amigos?
2. ¿haces muchas cosas interesantes? ¿Qué hacen tus amigos y tú?
3. ¿ves mucho la televisión? ¿Qué programa ven todos tus amigos?
4. ¿traes tus libros para estudiar? ¿Por qué?

C. ¿Cuándo tienes tiempo?

PASO 1. Using the following options, write four questions to ask your classmates when they participate in some of these activities.

MODELO ver deportes en la televisión → ¿Cuándo ves deportes en la televisión?

ver deportes en la televisión	hacer una fiesta elegante
salir con amigos	ver una película en el cine
poner la lavadora	oír música nueva en la radio
hacer ejercicio en el gimnasio	traer tu computadora a clase

PASO 2. In small groups, take turns asking each other all of your questions, and jot down some notes based on the responses your classmates give, and their names.

PASO 3. Individually, write a summary of your conversation in four or five complete sentences.

MODELO Todos nosotros salimos con amigos los fines de semana. Sara y Daniel traen su computadora a clase todos los días, etcétera.

Nota cultural

FOOD AND SOCIAL NORMS

En el Café Tacuba, en México, D.F.

Dining etiquette, as with all aspects of culture, differs from country to country. In Mexico, if you invite someone to eat in a restaurant, you are expected to pay the bill. Requesting separate checks is considered socially unacceptable by most Mexicans. The dress code at a restaurant is quite strictly observed. In formal restaurants, men typically dress in suit and tie and women wear formal dresses. In less formal locations, business casual attire is appropriate, but wearing very casual clothing is inappropriate, especially for dinner. Other points of etiquette: keep both hands above the table, use knife and fork—except for food like tacos or tostadas—, and engage in conversation.

Conversation is an important aspect of social breakfasts, lunches, and dinners. People may spend two or more hours enjoying their meal and chatting with each other. Leaving immediately after eating is regarded as rude.

PREGUNTAS

1. Inviting someone to a restaurant may have different connotations in different cultures. What does it mean to you? And to people in your community?
2. Compare Mexican dining etiquette—dress code, time spent during meals, manners at the table—to that in your community. Is it similar or different? How?

EXPERIENCIA INTEGRAL

¿Qué podemos hacer en la capital?

ANTES DE LEER. In pairs, talk about the capital of your state/province or country, and prepare a list of the most popular attractions there, for example, museums, cathedrals (churches or temples), parks, and historical buildings.

PASO 1. Complete the reading about attractions in Mexico City with the correct form of each verb in parentheses.

La Piedra del Sol es el famoso calendario azteca.

México D.F. es la ciudad hispanohablante[a] más grande del mundo.[b] La capital (tener[1]) atracciones para todos.

Si (*tú:* querer[2]) visitar el D.F. pero (ser[3]) un(a) estudiante pobre y no (traer[4]) mucho dinero, no hay problema. ¡Hay muchas actividades gratis[c]!

Mucha gente (empezar[5]) su *tour* en el Zócalo o la Plaza de la Constitución, el corazón[d] de la capital y el centro de mucha actividad. Desde la plaza, los turistas (poder[6]) ver espléndidos ejemplos de arquitectura, por ejemplo, mirando hacia el este,[e] (*tú:* ver[7]) el Palacio Nacional, el centro del gobierno mexicano y, al norte,[f] (*tú:* encontrar[8]) la Catedral Metropolitana.*

Saliendo de la capital un poco, (*nosotros:* poder[9]) visitar Xochimilco.† Muchas familias (salir[10]) de la capital los domingos para pasar un día descansando, comiendo y paseando por los canales en las trajineras.‡

Si te gusta la historia, (deber[11]) visitar la Plaza de las Tres Culturas. En esta plaza, los turistas (ver[12]) la arquitectura colonial y moderna al lado de las ruinas de templos aztecas, donde los arqueólogos todavía[g] (hacer[13]) excavaciones.

La capital (tener[14]) muchos museos importantes, pero el museo más visitado es el Museo Nacional de Antropología. Sus exposiciones de artefactos precolombinos incluyen[h] la Piedra del Sol, el famoso calendario azteca. El museo es enorme. Muchos visitantes (seguir[15]) y escuchan a los guías,[i] pero otros (usar[16]) auriculares[j] y (oír[17]) las descripciones en su propio idioma.[k]

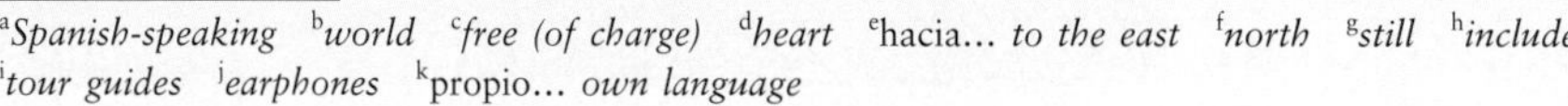

[a]*Spanish-speaking* [b]*world* [c]*free (of charge)* [d]*heart* [e]hacia... *to the east* [f]*north* [g]*still* [h]*include* [i]*tour guides* [j]*earphones* [k]propio... *own language*

PASO 2. **¿Cierto o falso?** Answer based on **Paso 1.**

	C	F
1. Todas las atracciones están lejos del Zócalo.	☐	☐
2. Los españoles destruyeron (*destroyed*) todos los artefactos aztecas.	☐	☐
3. Xochimilco no está en la capital.	☐	☐
4. Necesitas mucho dinero para visitar México D.F.	☐	☐

PASO 3. With a partner, answer the questions.

1. ¿Qué pueden hacer los turistas en la capital de su estado o provincia? ¿En la ciudad donde Uds. viven?
2. Cuando Uds. viajan, ¿qué actividades prefieren hacer? ¿Visitar museos? ¿Visitar lugares históricos? Expliquen.

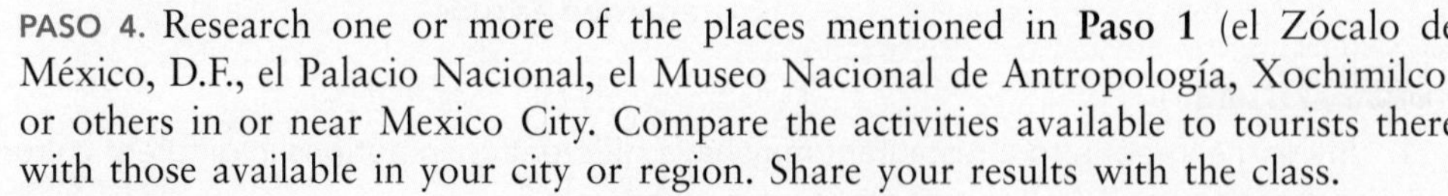

PASO 4. Research one or more of the places mentioned in **Paso 1** (el Zócalo de México, D.F., el Palacio Nacional, el Museo Nacional de Antropología, Xochimilco) or others in or near Mexico City. Compare the activities available to tourists there with those available in your city or region. Share your results with the class.

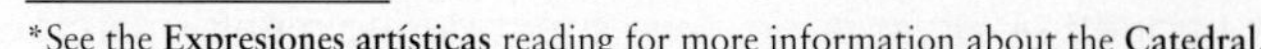

*See the **Expresiones artísticas** reading for more information about the **Catedral**.

†Xochimilco is a park with floating gardens and canals just south of Mexico City.

‡**Trajineras** are colorfully decorated, non-motorized boats, similar to gondolas, that are popular among tourists and residents.

Lectura cultural

You are going to read an account of a young Mexican lady named Leticia Guerrero. Leticia, or Leti, as her family and friends call her, is a college student in Cuernavaca, Mexico. In addition to her studies, she has a job and helps with the chores around the house, but she still finds time to go out with friends.

ANTES DE LEER

Mi vida diaria

PASO 1. Work with a partner to interview each other using the questions. Provide as many details as you can.

1. ¿Cómo es tu vida diaria? ¿Tienes mucho trabajo entre semana? ¿Por qué?
2. ¿Qué te gusta hacer para descansar? ¿Por qué?
3. ¿Cuáles son tus pasatiempos preferidos para los fines de semana? ¿Por qué?

PASO 2. Now share the results of your interview in **Paso 1** with the class.

MODELO La vida diaria de David es muy tranquila (*calm*), porque solo tiene tres clases por semana y no tiene que trabajar.

Los fines de semana en Cuernavaca

Me llamo Leticia, pero mi familia y mis amigos me llaman Leti. Estoy estudiando una maestría[a] en Educación y Tecnología Educativa en la Universidad Internacional de Cuernavaca. El programa es muy difícil y tengo que estudiar mucho. Además de estudiar,[b] trabajo por la tarde. Me gusta mi trabajo, pero toma mucho tiempo. Entre semana, apenas tengo[c] tiempo para estudiar, porque siempre llego tarde[d] a casa. En la noche, miro la televisión o juego a las cartas con mis papás para descansar un poco antes de dormir. Una gran ventaja[e] de mi universidad es que solo hay clases de lunes a jueves. Así que[f] tengo un largo fin de semana libre para estudiar y descansar.

Lo primordial[g] para mí los fines de semana es

La Catedral de Cuernavaca

[a]*master's* [b]Además... *Besides studying* [c]apenas... *I hardly have* [d]*late* [e]*advantage* [f]Así... *So* [g]lo... *the essential thing*

estudiar y hacer toda la tarea que no pude[h] hacer durante la semana anterior. Así que suelo hacer la tarea los viernes antes y después del trabajo. Después, en la noche, prefiero ir a un café al aire libre,[i] como Los Arcos cerca del zócalo, o a la Ex Hacienda de Cortés, a tomar una copa con unos amigos. Los viernes prefiero hacer algo tranquilo después de una larga semana.

Los sábados por la mañana, ayudo a[j] mi mamá con los quehaceres y, por la tarde, me gusta cocinar para darle a[k] mi mamá la oportunidad de no tener que cocinar un día de la semana. De esa manera,[l] ella puede descansar, leer, escuchar música o ir de compras.

Luego, en la noche, es cuando lo paso bien con mis amigos. Una cosa que me gusta mucho es bailar. Y por «bailar» quiero decir:[m] bailar salsa, cumbia, merengue y cualquier otro tipo de música latina. Por eso, mis amigos y yo vamos a Zúmbale, el mejor club de música latina en vivo de Cuernavaca. Allí, pasamos la mayor parte de la noche bailando, tomando unas copas y bailando más.

Los domingos, duermo hasta tarde y después voy a misa[n] con mis padres a la Catedral de Cuernavaca. La Catedral es grande y es casi imposible entender lo que dicen por los altavoces,[ñ] por el eco. Pero a mi mamá le gusta porque después puede ver y charlar con sus amigas.

En la tarde, el domingo es para la familia, y a mi papá le gusta llevarnos a un lugar fuera de Cuernavaca. A veces vamos a Tepoztlán o a lugares como Taxco, Xochicalco, Las Estacas, las Lagunas[o] de Zempoala, las Grutas[p] de Cacahuamilpa y otros. Pero, desafortunadamente, no tengo tiempo para hablar de esos lugares, porque tengo que ir al trabajo.

[h]no... *I couldn't* [i]al... *open air* [j]ayudo... *I help* [k]darle... *give* [l]De... *That way* [m]quiero... *I mean* [n]*mass* (*Catholic church service*) [ñ]lo... *what they say through the loudspeakers* [o]*ponds* [p]*Grottos* (*Caves*)

DESPUÉS DE LEER

A. ¿Qué hace Leti? Work with a partner to answer the questions.

1. ¿Qué hace Leti entre semana?
2. ¿Cuántos días tiene el fin de semana de Leti? ¿Cuáles son? ¿Por qué?
3. ¿Qué hace Leti los viernes?
4. ¿Qué hace la mamá de Leti los sábados? ¿Por qué?
5. ¿Qué hace Leti los sábados por la mañana? ¿Y por la tarde?
6. ¿Qué hace Leti los sábados por la noche? ¿Por qué?
7. ¿Qué hacen Leti y su familia los domingos por la mañana? ¿Y por la tarde?

B. ¿Qué hay que hacer en Cuernavaca?

Leti mentions a few things she likes to do and places she likes to go in Cuernavaca. Research the places she mentions and other attractions in Cuernavaca that interest you. Share your findings with the class.

C. ¡Vamos en camino! (*Let's hit the road!*)

Research one of the places outside of Cuernavaca that Leti mentions to find out more about it. Answer the following questions and share your results with the class.

1. ¿Cómo se llama el lugar?
2. ¿En qué estado de la República Mexicana está?
3. ¿Qué puedes hacer allí?
4. Hay algún lugar similar en este país? ¿Cómo se llama? ¿Qué puede hacer una persona que va allí (*there*)?

D. Comparaciones

Write a brief paragraph in which you compare your weekend activities from **Antes de leer** with Leti's weekend activities.

México: Miguel

Guanajuato

Guanajuato, una ciudad pequeña con grandes atracciones como los mercados, un teatro famoso, iglesias y museos

ANTES DE VER

A. Capítulo y vídeo. Before viewing, write four complete sentences using the verbs from the list to describe activities you think you *can* / *should* / *want to* / *need to* do in Guanajuato.

MODELO poder → En Guanajuato podemos visitar iglesias coloniales.

hacer	deber	ir	necesitar
poder	querer	tener que	

B. Anticipación. Read the general description that Miguel provides about Guanajuato.

> Estamos en la histórica Plaza de la Paz. Vemos su basílica, casas de muchos colores estilo coloniales, edificios públicos y, al centro, tenemos el Monumento a la Paz. Como ven, hay mucha gente en las plazas. A la gente le gusta pasear y charlar con sus amigos en la plaza. Guanajuato es una ciudad tranquila y pequeña, no como las grandes ciudades donde hay mucha gente y muchos carros.

With a partner, talk about what type of places you would like to visit and why if you were to travel to Guanajuato. Historical sites, museums, natural parks, local restaurants, places to shop, or typical touristic attractions?

Vocabulario práctico

tortas	sandwiches
licuadas	shakes
aguas frescas	fruit drinks
sandía	watermelon
piña	pineapple
callejones estrechos	narrow alleyways
beso	kiss

DESPUÉS DE VER

A. Comprensión. ¿Cierto o falso? Indicate whether the statements are true (C) or false (F), according to Miguel's blog. Correct the statements that are false.

		C	F
1.	Elena and Alejandra are Miguel's sisters.	☐	☐
2.	Guanajuato is a large city with a lot of downtown traffic.	☐	☐
3.	At Mercado Hidalgo, you can find almost anything.	☐	☐
4.	The Plaza de la Paz is a modern plaza with many private buildings.	☐	☐

B. Opinión. Work with a partner to answer and discuss the items.

1. In pairs describe with details the itinerary selected by Miguel to visit his city. What place was the most interesting, and why?
2. Look up the story of **el Callejón del Beso** online. Then write at least three sentences in Spanish describing it, things to do there, and why it's special. Use the vocabulary from this chapter (**pasarlo bien, ver, preferir**) and from previous chapters (**pasar tiempo con el novio/a, desear, estar, pasear,** emotional states).

C. Temas de discusión. With a partner, complete the tasks.

1. Compare Guanajuato with a small city from your area. Summarize some unique elements of both cities.
2. Research more information about Guanajuato and prepare a short review of the cultural elements that make this city a popular attraction in Mexico.

Vocabulario

Los quehaceres domésticos	Domestic chores
arreglar el cuarto	to tidy/clean up the room
barrer (el piso)	to sweep (the floor)
cocinar	to cook
cortar el césped	to mow the lawn, cut the grass
doblar la ropa	to fold clothes
hacer (*irreg.*) **la cama**	to make the bed
lavar los platos	to wash the dishes
limpiar (la casa)	to clean (the house)
pasar la aspiradora	to vacuum
planchar (la ropa)	to iron (clothes)
poner (*irreg.*) **la mesa**	to set the table
quitar la mesa	to clear the table
sacar la basura	to take out the trash
sacudir los muebles	to dust (the furniture)
secar la ropa	to dry clothes
tender (ie) la ropa	to hang clothes
trabajar en el jardín	to work in the garden/yard
trapear (el piso)	to mop (the floor)

Repaso: lavar la ropa

Los aparatos domésticos	Appliances
la aspiradora	vacuum cleaner
la estufa	stove
el horno	oven
el (horno de) microondas	microwave (oven)
la lavadora	washer, washing machine
el lavaplatos	dishwasher
la secadora	dryer

¿Cón qué frecuencia?	How often?
diario/a	daily
siempre	always
una vez a la semana / al mes	once a week/month

Repaso: todos los días

Las distracciones	Entertainment/Hobbies
hacer ejercicio/yoga	to exercise, do yoga
ir (*irreg.*) **al cine**	to go to the movies
levantar pesas	to lift weights
pasarla bien/mal	to have a good/bad time
tomar una siesta	to take a nap
el billar	pool (billiards)
el café	(cup of) coffee
las cartas	cards (*game*)
la copa	drink (*alcoholic*)
la iglesia	church
la mezquita	mosque
la película	movie
la sinagoga	synagogue
el videojuego	videogame

Cognados: el DVD, el masaje, la meditación, la sauna
Repaso: caminar, correr, escuchar música, jugar (ue) al dominó, mirar la televisión, nadar en la piscina

Otros verbos	
almorzar (ue)	to eat lunch
cerrar (ie)	to close
conseguir (*like* **seguir)**	to get, obtain
deber + *inf.*	should, ought to (*do something*)
dormir (ue)	to sleep
empezar (ie)	to begin
empezar a + *inf.*	to begin to (*do something*)
encontrar (ue)	to find
entender (ie)	to understand
hacer	to make, do
mostrar (ue)	to show
oír (*irreg.*)	to hear
pedir (i)	to ask for; to order
pensar (ie) (en)	to think (*about*)
pensar + *inf.*	to plan to (*do something*)
perder (ie)	to lose
poder (ue)	to be able
poner	to put, place; to turn on (*lights/appliance*)
preferir (ie)	to prefer
querer (ie)	to want
salir (irreg.)	to go out; to leave
seguir (i)	to continue; to follow
seguir + *gerund*	to keep / still be (*doing something*)
servir (i)	to serve
soler (ue) + *inf.*	to usually (*do something*)
tener (*irreg.*)	to have
traer (*irreg.*)	to bring
venir (*irreg.*)	to come
ver (*irreg.*)	to see; to watch
volver (ue)	to return (*to a place*)
volver a + *inf.*	to (*do something*) again

Repaso: necesitar

Expresiones con el verbo *tener*	
tener... años	to be ... years old
tener (mucho) calor	to be (very) hot
tener cuidado	to be careful
tener éxito	to be successful
tener frío	to be cold
tener ganas de + *inf.*	to feel like (*doing something*)
tener (mucha) hambre	to be (very) hungry
tener miedo (de)	to be afraid (of)
tener prisa	to be in a hurry
tener que + *inf.*	to have to (*do something*)
tener razón	to be right
no tener razón	to be wrong
tener (mucha) sed	to be (very) thirsty
tener sueño	to be sleepy
tener (mucha) suerte	to be (very) lucky

Otras palabras y expresiones	
la cosa	thing
el trabajo	work
esta noche	tonight
¿por qué?	why?
porque	because

Los pasatiempos y los deportes

El fútbol es el deporte nacional en muchos países hispanos.

ANTES DE VER

How much do you know about pastimes and sports in the Spanish-speaking world? Indicate if the sentences are true (**C**) or false (**F**).

	C	F
1. El fútbol es un deporte de gran importancia en los países hispanos.	☐	☐
2. El fútbol no es un deporte popular entre (*among*) los niños (*children*) mexicanos.	☐	☐
3. Costa Rica tiene fama por la variedad de actividades que se puede hacer al aire libre (*outdoors*).	☐	☐
4. En la República Dominicana, los jóvenes juegan solo al fútbol.	☐	☐
5. Los beisbolistas dominicanos no son conocidos (*well-known*) en este país.	☐	☐

Vocabulario práctico

la porra	group of fans (*Mex.*)	**sueñan con ser**	(they) dream of being
apoya	supports	**en cualquier lugar**	anywhere
el senderismo	hiking	**han ganado**	they have won
montar a caballo	horseback riding	**los centros de entrenamiento**	training centers
disfrutar de	to enjoy		
la tirolina	ziplining		

DESPUÉS DE VER

Complete the sentences with words from the list, based on the video. **¡OJO!** Some words are not used.

bate	ecoturismo	fútbol	porras
béisbol	equipo	insectos	senderismo

1. El ________ es muy popular en la vida (*life*) hispana.
2. Las ________ mexicanas son muy dedicadas a su equipo favorito.
3. Costa Rica ofrece (*offers*) actividades relacionadas con el ________.
4. La biodiversidad de la naturaleza (*nature*) costarricense consiste en muchas variedades de plantas, animales e ________.
5. El ________ es el deporte más popular en la República Dominicana.
6. Para jugar al béisbol, solo se necesitan (*are needed*) un ________, una pelota, unos guantes (*gloves*) y unos amigos.

El fútbol

- El fútbol es el deporte más popular y con más aficionados del mundo. Se practica con dos equipos de once personas y una pelota.
- Cada país hispano tiene una selección nacional de fútbol. Sus partidos son un gran evento social e histórico.
- La FIFA (Fédération Internationale de Football Association, en francés) es la institución que controla las reglas del fútbol.
- La FIFA organiza la Copa Mundial de fútbol, un torneo[a] que ocurre cada cuatro años. Su lema[b] es «Por el juego. Por el mundo».

[a]*tournament* [b]*slogan*

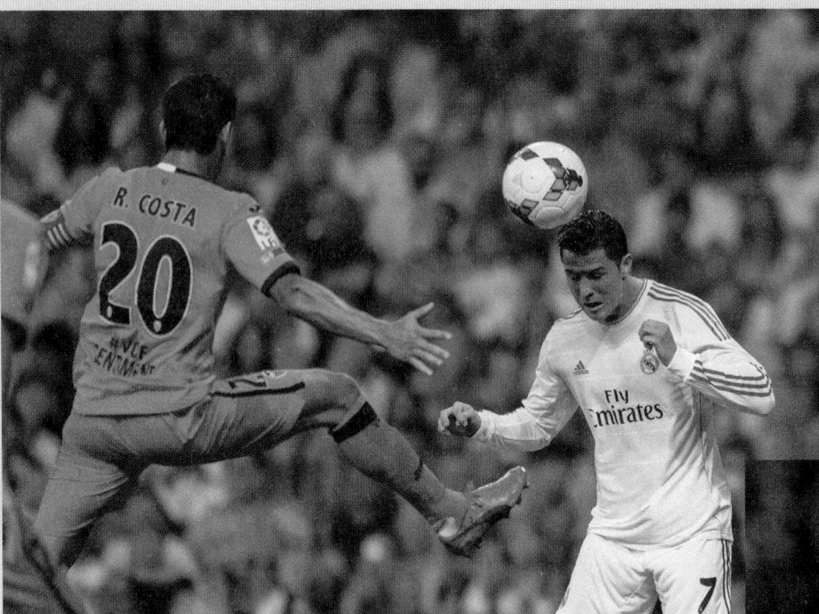

◄ LA HISTORIA DEL FÚTBOL Y LA FIFA

Aunque el fútbol moderno data del siglo XIX,[a] había antecedentes del[b] fútbol en China hacia el año 200 a.C.[c] La FIFA (*Fedération Internationale de Football Association*, en francés) es la institución que hoy en día[d] controla las reglas del fútbol.

[a]data... *dates back to the 19th century* [b]había... *there were precursors to* [c]hacia... *from around the year 200 B.C.* [a.C. = antes de Cristo] [d]hoy... *nowadays*

LIONEL MESSI ►

Lionel Messi es un futbolista argentino de fama internacional. Messi juega en el F.C.[a] Barcelona como delantero.[b] Es popular por la calidad[c] de su fútbol, sus goles y sus premios.[d] Muchos expertos consideran a Messi el mejor futbolista del mundo[e] y es el primer[f] futbolista en ganar cuatro *FIFA Ballons d'Or.*

[a]Fútbol Club [b]*forward* [c]*quality* [d]*awards* [e]mejor... *best player of the world* [f]*first*

LAS LIGAS FEMENINAS ▶

¡El fútbol es popular entre las mujeres también! En los Estados Unidos, se practica mucho en las escuelas y universidades y hay ligas y equipos femeninos profesionales. En la liga profesional femenina de los Estados Unidos hay futbolistas internacionales, como Mónica Ocampo, de México, y Laura del Río, de España.

ASÍ SE DICE: EL LENGUAJE DEPORTIVO

el basquetbol = el baloncesto (*Sp.*)
correr = hacer (*irreg.*) **jogging**
el fútbol = el balompié
la pelota = el balón, la bola, el esférico
surfear = correr las olas, hacer (*irreg.*) **surfing**

goalie = **el arquero, el golero, el guardameta, el portero**
indoor soccer = **el futbito** (*Sp.*), **el fútbol sala, el futsal**
innings (**béisbol**) = **las entradas, los innings**
to snowboard = **hacer** (*irreg.*) **snowboard**
to waterski = **esquiar (esquío) sobre el agua**

ACTIVIDADES

A. Comprensión. Indicate if the sentences are true (**C**) or false (**F**).

	C	F
1. La Copa Mundial se juega cada cuatro años.	☐	☐
2. La FIFA organiza la Copa Mundial.	☐	☐
3. Laura del Río juega para un equipo profesional en España.	☐	☐
4. Lionel Messi es un famoso beisbolista dominicano.	☐	☐
5. El fútbol se originó (*originated*) en Francia en el siglo XIX.	☐	☐

B. Temas de discusión. In small groups, discuss *one* of these topics and write some brief conclusions in Spanish. Share your ideas with the class.

1. los deportes en la vida diaria
2. la importancia de los pasatiempos en la vida estudiantil
3. los deportes individuales frente a (*versus*) los deportes en grupo
4. los deportes y la sociedad

Girasoles en Andalucía

Entrada cultural

España

Flamenco en Sevilla

Inmigrantes en las Islas Canarias

El Alcázar de Segovia

España forma, con Portugal y Gibraltar, la Península Ibérica. La posición geográfica de la península ha facilitado[a] durante su historia el asentamiento[b] de numerosos pueblos como los fenicios, romanos, visigodos, árabes y judíos.[c] Los romanos introducen el latín, base del español de hoy, en la península. Después llegan los visigodos y establecen el cristianismo. Más tarde, los árabes dominan la península durante ocho siglos y dejan su influencia en la arquitectura, en la cocina y en la lengua. Durante ese tiempo un gran número de judíos coexiste con árabes y cristianos y colaboran en proyectos artísticos y científicos. Estos pueblos, con tradiciones culturales muy diversas, determinan la riqueza[d] cultural de la España de hoy.

Esta riqueza está presente en las costumbres y tradiciones de los españoles, en el arte y en la magnífica arquitectura. Un gran número de monumentos son Patrimonio de la Humanidad.[e] Está presente también en la diversidad lingüística. El español, o castellano, es la lengua oficial del país, pero hay regiones con otras lenguas oficiales: el catalán en Cataluña, el gallego[f] en Galicia y el vascuence en el País Vasco. La música española presenta estilos muy variados también. La música folclórica más popular incluye el flamenco, típico del sur del país, y la jota, baile característico de varias regiones del norte de la península. En la actualidad, ritmos occidentales como el pop, el rock, el rap y el hip hop son influyentes y coexisten con la música tradicional.

El efecto de otras culturas continúa en la sociedad española contemporánea. En la década de los 90, España empieza a recibir una gran cantidad de inmigrantes de países latinoamericanos como Ecuador, Colombia, Argentina, Bolivia, Perú y la República Dominicana, y de diferentes zonas de África, Asia y Europa. Esta intensa inmigración ha creado[g] una diversidad racial, cultural, lingüística y religiosa con implicaciones significativas en la cultura española. Sin embargo, en los últimos años España presenta una disminución[h] considerable en la afluencia[i] de inmigrantes.

---

[a]ha... *has made easy* [b]*settlement* [c]*Jewish people* [d]*richness* [e]Patrimonio... *UNESCO World Heritage Sites* [f]*Galician* [g]ha... *has created* [h]*decrease* [i]*influx*

PREGUNTAS

1. ¿Por qué hay en España tanta (*such*) riqueza cultural? ¿En qué aspectos se manifiesta la diversidad cultural?
2. ¿Qué efectos ha tenido (*has had*) la inmigración en la sociedad española contemporánea?
3. Norteamérica está formada por inmigrantes de diversos países. Piensa en un grupo. ¿En qué aspectos de la cultura norteamericana ves la influencia de este grupo de inmigrantes?

CAPÍTULO 4

¿Cómo es tu familia?

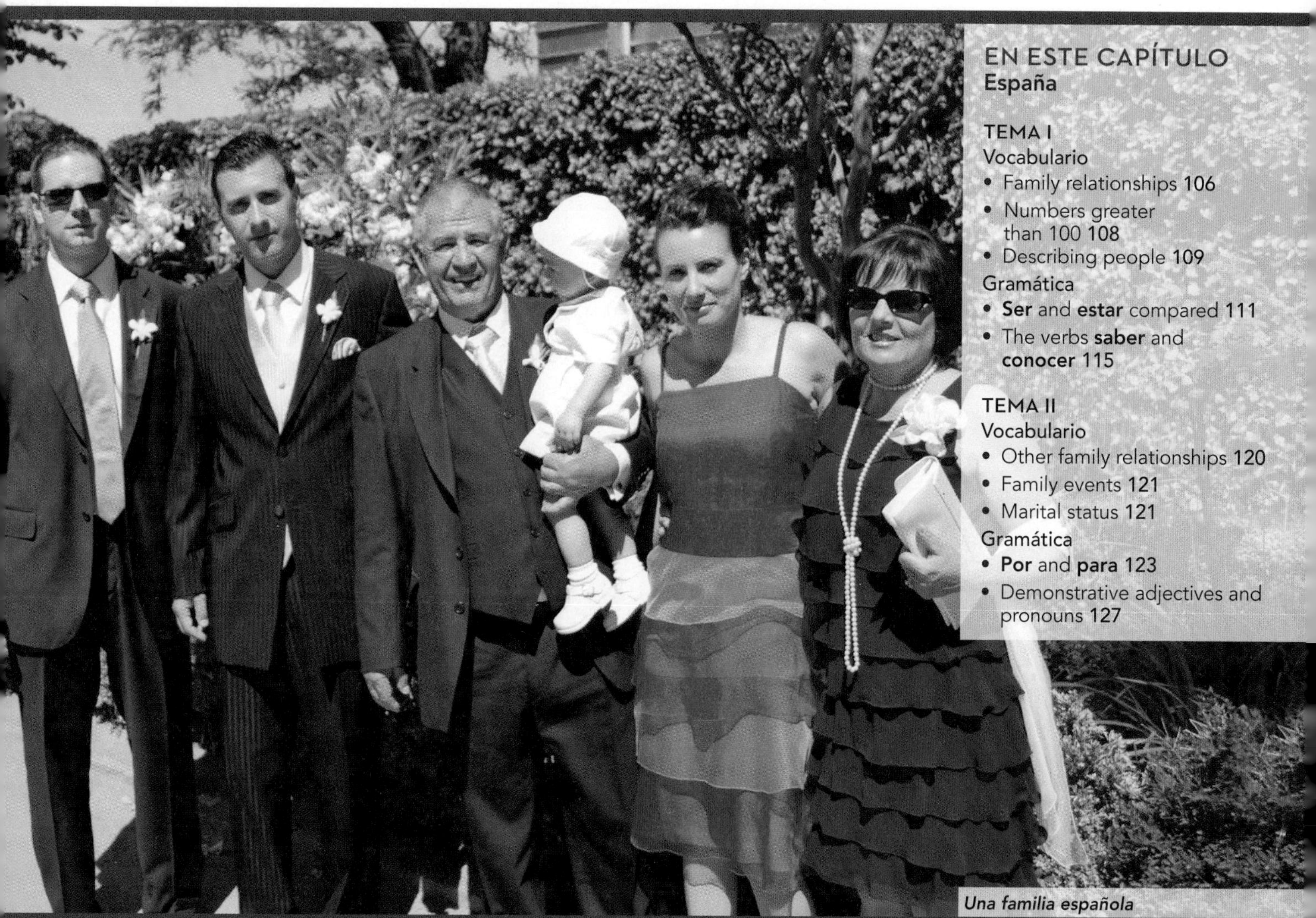

EN ESTE CAPÍTULO
España

Una familia española

1. ¿Cuántas personas hay en tu familia? ¿Dónde viven?
2. Cuando piensas en el concepto de «la familia», ¿a quiénes incluyes? ¿solo a los padres y hermanos o a todos los miembros y todas las generaciones de la familia? ¿y a los parientes políticos (*in-laws*)? ¿y a las mascotas (*pets*)?
3. Describe la foto, inventando información. ¿Cuáles son las relaciones familiares entre las personas en la foto? ¿Crees que es una ocasión especial?

www.connectspanish.com

TEMA I: La familia nuclear

Vocabulario en acción

Las relaciones familiares°

Las... *Family relationships*

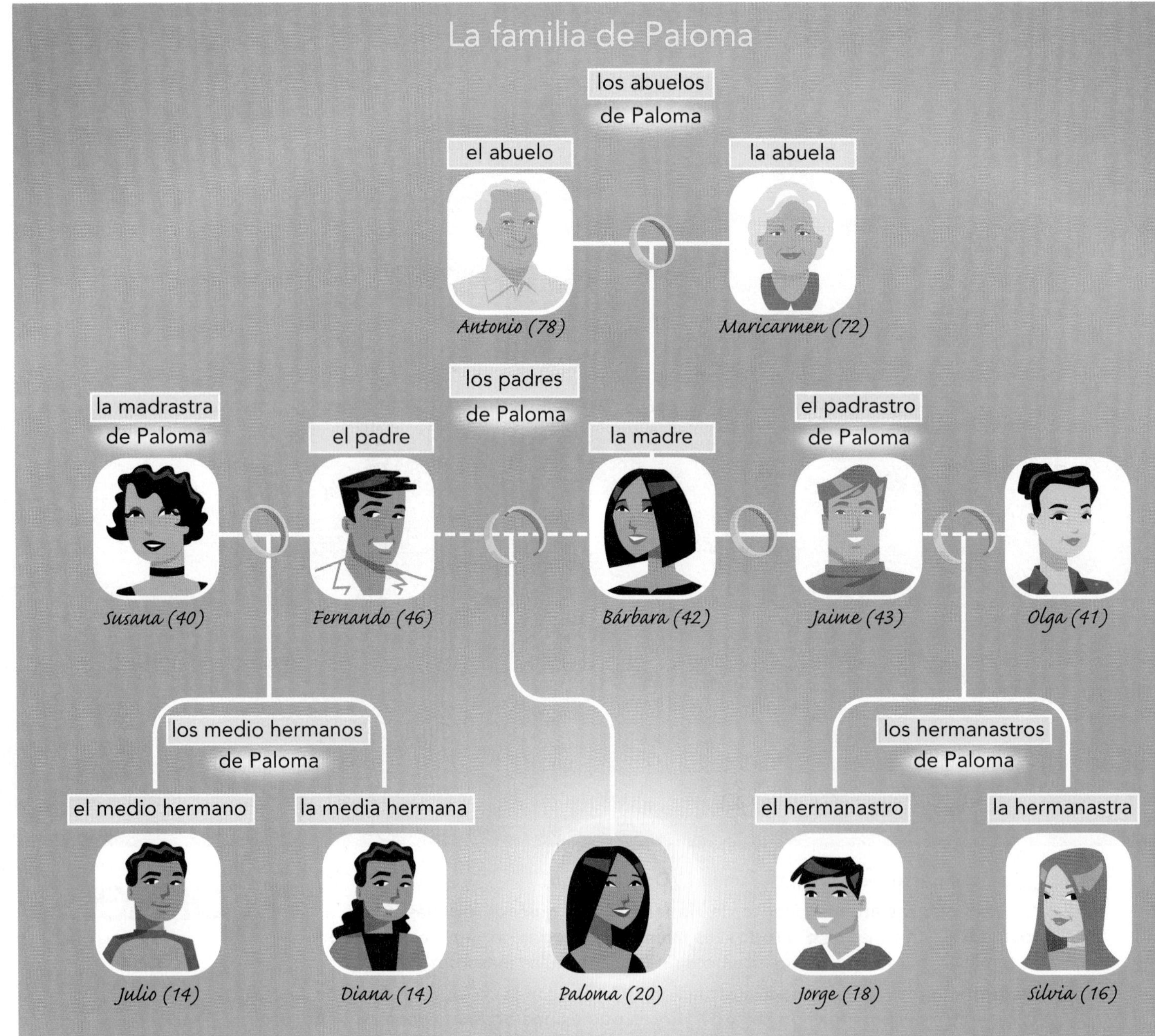

los esposos	spouses
el/la esposo/a	husband/wife
el/la gemelo/a	twin
los hermanos	siblings
el/la hermano/a	brother/sister
los hijastros	stepchildren
el/la hijastro/a	stepson/stepdaughter
el/la hijo/a adoptivo/a	adopted son/daughter
el/la hijo/a único/a	only child
los hijos	children
el/la hijo/a	son/daughter
los nietos	grandchildren
el/la nieto/a	grandson/granddaughter
los parientes	relatives

Observa

Some Spanish speakers do not distinguish between **medio hermanos** (*half siblings*) and **hermanastros** (*stepsiblings*). They use **hermanastros** for both.

Las mascotas

el gato	cat

Repaso: el perro

ACTIVIDADES

A. ¿Cierto o falso? Escucha las oraciones e indica si son ciertas (**C**) o falsas (**F**), según (*according to*) el árbol genealógico (*family tree*) de la página 106. Corrige (*Correct*) las oraciones falsas.

	C	F
1.	☐	☐
2.	☐	☐
3.	☐	☐
4.	☐	☐
5.	☐	☐
6.	☐	☐
7.	☐	☐
8.	☐	☐

B. ¿Quién es?

PASO 1. Escucha cada (*each*) descripción e identifica a la persona, según el árbol genealógico de la página 106.

1. _____ 2. _____ 3. _____ 4. _____ 5. _____ 6. _____ 7. _____ 8. _____

PASO 2. Escribe cuatro oraciones sin revelar (*without revealing*) el nombre de la persona que describes. Después, en parejas (*pairs*), túrnense (*take turns*) para leer sus oraciones y adivinar (*guess*) los nombres de las personas descritas.

MODELO E1: Es la hermana de Jorge. ¿Cómo se llama?
E2: Se llama Silvia.

Nota cultural

LOS APELLIDOS[a]

Marina Guzmán Núñez y su madre Miriam Núñez-Gúzman

En la mayoría de los países de habla española las personas tienen dos apellidos: el primer[b] apellido del padre y el primer apellido de la madre. Tradicionalmente, el apellido del padre es el primero y el apellido de la madre es el segundo.[c] Mira este nombre: Marina Guzmán Núñez. De acuerdo al método tradicional de nombrar a un hijo, *Guzmán* sería[d] el apellido del padre de Marina, y Núñez sería el apellido de su madre.

Sin embargo,[e] las convenciones han cambiado.[f] En España, los padres pueden colocar[g] el apellido de la madre primero y después el apellido del padre. Incluso los hijos, cuando son mayores de edad (en España, 18 años), pueden escoger[h] el nombre que quieren primero. Así, Marina, a los 18 años, puede ser Marina Guzmán Núñez (a la manera tradicional), o Marina Núñez Guzmán (la nueva posibilidad).

[a]*surnames* [b]*first* [c]*second* [d]*would be* [e]Sin... *Nevertheless* [f]han... *have changed* [g]*place* [h]*choose*

PREGUNTAS

1. ¿Cuántos apellidos tienen los españoles? ¿Es una costumbre en España solamente o en otros países hispanos?
2. En general, ¿qué apellido llevan las personas de su país? ¿Es posible escoger el apellido de la madre?

Los números a partir de° 100

°a... *beyond*

100 cien	**500 quinientos/as**	**1.000 mil**
101 ciento uno	**600 seiscientos/as**	**2.000 dos mil**
200 doscientos/as	**700 setecientos/as**	**1.000.000 un millón (de)**
300 trescientos/as	**800 ochocientos/as**	**2.000.000 dos millones (de)**
400 cuatrocientos/as	**900 novecientos/as**	

- For numbers between 100 and 200, use **ciento.**

  Ciento uno, ciento dos, ciento tres... ciento noventa y nueve

- The hundreds from 200 to 900 will show gender agreement.

  Doscientos uno, **doscientos** dos... **doscientos** noventa y nueve hombres

  Trescientas tres... **cuatrocientas** siete... **novecientas** cinco mujeres

- The indefinite article is not used before one thousand.

  Mil dólares — **Cinco mil dólares**

- To express years in Spanish, the numbers are said using **mil.**

  1492 **mil** cuatrocientos noventa y dos
  1959 **mil** novecientos cincuenta y nueve
  1776 **mil** setecientos setenta y seis
  2001 **dos mil** uno

- To express dates that include years, use the formula: **el** + *day* + **de** + *month* + **de** *year.*

  Hoy es **el 30 de abril de 2015.** — *Today is April 30, 2015.*

- Use the indefinite article for one million. The preposition **de** is required before a noun.

  un millón **de** personas — *a million people*
  tres millones **de** personas — *three million people*

Nota comunicativa

ASKING SOMEONE'S AGE WITH tener

To ask how old someone is, use the question **¿Cuántos años tienes?** for someone you would refer to as **tú** or **¿Cuántos años tiene Ud.?** for someone you would refer to as **Ud.**

—¿Cuántos años tienes?	*How old are you (sing. fam.)?*
—Tengo 22 años.	*I'm 22 (years old).*
—¿Cuántos años tiene Ud.?	*How old are you (sing. form.)?*
—Tengo 43 años.	*I'm 43 (years old).*

ACTIVIDADES

A. ¿En qué año nació (*was he/she born*)? Mira las edades (*ages*) de las personas en el árbol genealógico de la página 106. Imagínate que el año actual (*current*) es el 2015 y, de acuerdo con (*based on*) las edades, indica en qué año nació (*was born*) cada persona.

MODELO Bárbara → Nació en mil novecientos setenta (1973).

1. Antonio
2. Maricarmen
3. Fernando
4. Susana
5. Jaime
6. Paloma
7. Silvia
8. Jorge

B. El divorcio en España

PASO 1. Lee el resumen (*summary*) de un informe sobre tasas (*report about rates*) de divorcio en España. No te preocupes (*Don't worry*) si no comprendes todas las palabras. Trata de (*Try to*) entender la idea general del informe.

EL EFECTO DEL «DIVORCIO EXPRÉS» EN ESPAÑA

En 2005, el gobierno de España introdujo[a] un proyecto de ley[b] para el «divorcio exprés», que permite el divorcio sin[c] la separación física. En 2006, se registraron[d] 126.952* divorcios en España, un aumento[e] del 74,3* por ciento en comparación con 2005. El aumento más grande fue[f] entre los recién casados:[g] 945 parejas se divorciaron[h] en el primer año de matrimonio, un aumento del 330,6 por ciento. Datos recientes establecen que entre los años 2005 y 2013, las parejas españolas divorciadas incrementaron[i] en un 54 por ciento, más de 734.600 personas.

[a]*introduced* [b]proyecto... *bill* [c]*without* [d]se... *were registered* [e]*increase* [f]*was* [g]recién... *newlyweds* [h]parejas... *couples divorced* [i]*increased*

PASO 2. Contesta las preguntas con los números y años correctos. **¡OJO!** Di (*Say*) tus respuestas en voz alta (*aloud*).

1. ¿En qué año aprobaron (*did they approve*) la ley para el «divorcio exprés» en España?
2. ¿Cuántos divorcios se registraron en 2006?
3. ¿En qué porcentaje (*percentage*) aumentaron (*increased*) los divorcios en 2006?
4. ¿Cuántas parejas recién casadas se divorciaron en 2006?
5. Para el año 2013 el porcentaje de divorcios aumentó (*increased*) en un 54 por ciento. ¿Cuántas personas representan este porcentaje?

*Note that in Spanish, the decimal point we use in English becomes a comma and the comma a period. If you need to read the punctuation of a number, the words are **punto** (period) and **coma** (*comma*). Generally you will only read punctuation for numbers with decimals, so, for example, 65,2 would be **sesenta y cinco coma dos.**

Para describir a la gente°

°people

cariñoso/a	affectionate	**orgulloso/a**	proud
delgado/a	thin	**torpe**	clumsy
gordo/a	fat	**tranquilo/a**	calm
hermoso/a	pretty	**travieso/a**	mischievous
jubilado/a	retired	**unido/a**	close (*relationship*)
listo/a	smart	**viejo/a**	old

Cognados: extrovertido/a, obediente, responsable, tímido/a

Repaso: alto/a, bajo/a, bonito/a, bueno/a, feo/a, guapo/a, joven (jóvenes), moreno/a, nervioso/a, pelirrojo/a, perezoso/a, rubio/a, trabajador(a)

ACTIVIDADES

A. ¿Cómo son? Completa las descripciones de la familia de Marisol con palabras de la lista.

cariñoso/a	guapo/a	listo/a	travieso/a
extrovertido/a	jubilado/a	pelirrojo/a	unido/a

1. En mi familia, todos somos morenos. No tengo parientes ________.
2. Mi abuelo ya no trabaja. Está ________.
3. Mi hermana trabaja mucho en la escuela y es buena estudiante. Es muy ________.
4. Mi media hermana Agustina es preciosa, pero no es muy obediente. Es ________.
5. En mi familia hacemos muchas cosas juntos. Somos una familia muy ________.
6. Mi hermanastro Sebastián es muy popular en la escuela porque es muy ________. Pero no tiene novia porque también es muy tímido.
7. Mi madrastra Victoria hace muchas cosas para nosotros. Me gusta pasar tiempo con ella porque es muy ________ y paciente.
8. Mi hermana Beatriz es simpática y ________. Tiene muchos amigos muy interesantes.

B. ¿De quién hablo? En parejas, miren el árbol genealógico en la página 106. Túrnense para describir a un pariente de una persona en esa familia, sin decir (*without saying*) el nombre. Deben decir (*say*) cuántos años tiene y cómo es físicamente. La otra persona debe adivinar (*guess*) quién es. Cada uno de Uds. debe describir a cuatro personas diferentes.

MODELO E1: Esta pariente de Antonio y Maricarmen tiene 42 años y es morena.
E2: ¿Es la nieta de Antonio y Maricarmen?
E1: No, no es la nieta.
E2: ¡Es la hija de Antonio y Maricarmen!
E1: ¡Sí!

C. Entrevista. Entrevista a un compañero / una compañera de clase con las preguntas. Luego, cambien de papel (*switch roles*). Escribe las respuestas de tu compañero/a. Vas a compartirlas (*share them*) con la clase.

1. ¿Cómo se llaman tus padres?
2. ¿Cuántos hermanos tienes? ¿Cómo se llaman y cuántos años tienen?
3. ¿Qué mascota o mascotas tienes? ¿Cómo es/son? (Describan la personalidad de sus mascotas.)
4. ¿Cuántos abuelos vivos (*living*) tienes? ¿Dónde viven? ¿Cuándo visitas/ves a tus abuelos?
5. ¿Quién es tu pariente favorito? ¿Cómo se llama? ¿Cuántos años tiene? ¿Por qué es tu pariente favorito?

Gramática

4.1 **Ser** and **estar** Compared

Comparing Ways to Say *to be*

GRAMÁTICA EN ACCIÓN

Los últimos chismes

[*Paula y Nidia* **son** *parientes. Hablan de los últimos chismes de su familia.*]

NIDIA: ¿Paula? **Soy** yo, Nidia. ¿Cómo **estás**? ¿**Estás** ocupada?

PAULA: No, no, **estoy** bien. ¿Y tú? ¿Qué **estás** haciendo?

NIDIA: No mucho. Tengo unas noticias muy buenas. Federica tiene un novio y ya **están** hablando de matrimonio. Se llama Franco y **es** de Madrid.

PAULA: ¿De verdad? ¿Federica? ¡**Es** increíble! ¿Cómo **es** el hombre?

NIDIA: Según mamá, **es** alto y guapo y tiene mucho dinero. La boda va a **ser** en la Iglesia del Rosario en junio.

PAULA: Federica debe **estar** muy feliz. ¡*Yo* **estoy** muy feliz! Pero la casa de ella **está** en Málaga. ¿Van a vivir en Madrid?

NIDIA: No. Van a vivir en una casa enorme. La casa **es** de los padres de Franco y **está** en la playa.

PAULA: ¡Qué noticias! Bueno, ¿qué hora **es**? No **es** muy tarde. Necesito hablar con Marta inmediatamente. Ella va a **estar** muy sorprendida. Hablamos más tarde. Chau, Nidia.

NIDIA: Chau, Paula.

Comprensión. Completa cada una de las oraciones con la forma correcta de **ser** o **estar**.

1. La familia de Franco ______ de Madrid y ______ muy rica.
2. Paula y Nidia ______ sorprendidas por la nueva relación de Federica.
3. La casa donde van a vivir Federica y Franco después de la boda (*wedding*) no ______ en Madrid.
4. La fecha para la boda de Federica y Franco ______ en el verano.

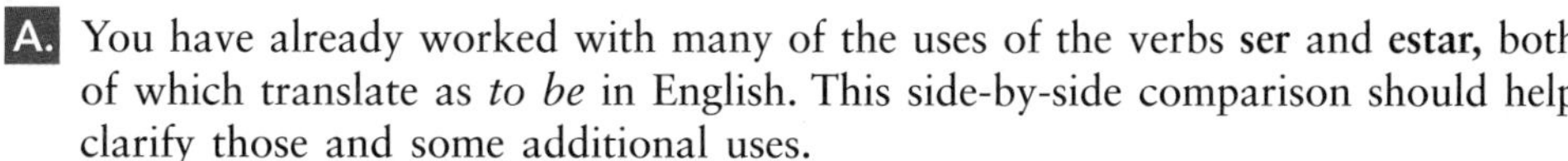

A. You have already worked with many of the uses of the verbs **ser** and **estar,** both of which translate as *to be* in English. This side-by-side comparison should help clarify those and some additional uses.

USES OF THE VERB **ser**	USES OF THE VERB **estar**
1. **Ser** is used to give the time of day or year, the month, the date, and the day: Hoy **es** el 15 de mayo. **Es** martes. **Es** primavera. *Today is the 15th of May. It is Tuesday. It is spring.*	1. **Estar** is used to form the present progressive tense, which is used to state that an action is in progress at this moment. En este momento **estoy** leyendo el periódico en línea. *At the moment I'm reading the newspaper on line.*

USES OF THE VERB **ser**	USES OF THE VERB **estar**
2. **Ser** with adjectives describes the inherent physical or character (personality) qualities of a person or thing. Mi hija **es** baja pero **es** muy atlética. *My daughter is short but very athletic.* Vosotros **sois** muy amables. *You (all) are very kind.*	2. **Estar** with adjectives is used to describe the physical, emotional, or mental condition of a person or thing. It can also be used to describe appearance, emphasizing a change from the person or thing's usual qualities. Los niños **están** muy cansados hoy. No tienen la energía de siempre. *The children are very tired today. They don't have their usual energy.* No puedes usar el coche porque **está** descompuesto/roto. *You can't use the car because it's broken down.*
3. **Ser** is used to tell the location of events, such as concerts, meetings, and classes. La boda **es** en Madrid. *The wedding is in Madrid.* Las clases de arte **son** en el salón 213. *The art classes are in room 213*	3. **Estar** is used to tell physical or geographical location of a person, place, or thing. Mi familia **está** en la playa. *My family is at the beach.* La ciudad de Atlanta **está** en Georgia. *The city of Atlanta is in Georgia.*
4. **Ser** with **de** indicates possession or material something is made of. —¿La computadora **es** de Manuel? —No, **es** de Ana María. *Is the computer Manuel's?* *No, it's Ana María's.* Este teléfono **es** de plástico. *This telephone is (made of)* plastic.	
5. **Ser** indicates origin and nationality. ¿**Es** Marisol de España? Sí, **es** española. *Is Marisol from Spain? Yes, she's Spanish.*	
6. **Ser** gives a definition, or it identifies someone or something (occupation, religious political affiliation, relationships). Mi tío Ramón **es** mi pariente favorito. Es piloto y escritor. *Uncle Ramón is my favorite relative. He's a pilot and writer.* Federica **es** la tía de Nidia y Paula. *Federica is Nidia and Paula's aunt.*	

B. In some cases, the meaning of an adjective changes depending on whether **ser** or **estar** is used. Remember that **ser** refers to inherent qualities, while **estar** refers to current conditions or to indicate a change from the norm.

La película es aburrida.	*The movie is boring.*
Verónica está aburrida.	*Verónica is bored.*
Rodrigo es muy listo.	*Rodrigo is very clever.*
Rodrigo está listo.	*Rodrigo is ready.*
Marcos es rico.	*Marcos is rich.*
La comida está rica.	*The food tastes delicious.*
La manzana es verde.	The apple is green (*color*).
La manzana está verde.	The apple is not ripe (*is unripe*).

ACTIVIDADES

A. La familia de Natalia. Escribe la letra que corresponde al uso de **ser** o **estar** en cada una de las oraciones.

1. ____ La familia de Natalia **es** muy cariñosa y alegre. Pasan mucho tiempo juntos.
2. ____ La casa en las montañas donde pasan los veranos **es** de los abuelos de Natalia.
3. ____ La casa **está** cerca de un lago (*lake*) y tiene una cocina (*kitchen*) muy grande y cuatro dormitorios.
4. ____ Este fin de semana toda la familia **está** celebrando allí el aniversario de los padres de Natalia.
5. ____ Van a pasar todo el fin de semana juntos, pero la gran fiesta **es** el sábado a las 8:00 de la noche.
6. ____ Los padres de Natalia **están** muy contentos porque les gusta pasar tiempo charlando con la familia y los amigos. ¡Qué divertido!

a. posesión
b. ubicación (*location*)
c. características o cualidades
d. emociones y condiciones
e. la hora / la fecha
f. progresivo

B. El álbum de fotos. Completa el párrafo con la forma correcta de **ser** o **estar,** según el contexto.

Emilia está hablando con Alberto, su amigo.

Mira[a] mis fotos, Alberto. En esta, ves a mi amiga Adriana. Ella ________[1] de Toledo... Mis amigos y yo ________[2] en la playa de Málaga en esta foto... Y aquí ves a mi madrastra Magdalena. Ella ________[3] muy inteligente. ________[4] arquitecta. En esta foto, mi cuarto ________[5] sucio, y mis papás ________[6] enojados... Esta ________[7] la foto de la casa de mi hermana. (La casa) ________[8] en Madrid. Mira, aquí ________[9] (tú) en mi casa para mi cumpleaños[b]... Sí, son mis hermanastros. (Ellos) ________[10] de Granada... ¿Qué ________[11] haciendo yo en esta foto? Este...[c] Ay, ________[12] las 2:45. ¡Tengo que irme![d]

[a]*Look at* [b]*birthday* [c]*Um...* [d]*leave*

C. La familia Martín

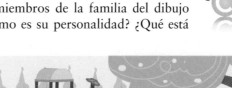

PASO 1. En parejas, describan a cada uno de los miembros de la familia del dibujo (*drawing*). ¿Cómo es físicamente esa persona? ¿Cómo es su personalidad? ¿Qué está haciendo en este momento? ¡Sean creativos!

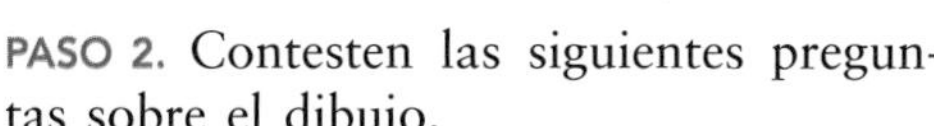

PASO 2. Contesten las siguientes preguntas sobre el dibujo.

1. ¿Qué estación del año es? ¿Qué tiempo hace?
2. ¿Dónde está la familia en este momento? ¿Por qué están en este lugar? ¿Cómo es el lugar?
3. ¿De quién es Coco? ¿Cómo es Coco? ¿Qué está haciendo?
4. ¿Cómo están los miembros de la familia hoy?

EXPERIENCIA INTEGRAL

La leyenda (*legend*) del acueducto de Segovia

ANTES DE LEER. Una leyenda es una narración sobre un evento histórico o una persona de la historia. No tiene documentación ni evidencia. ¿Puedes pensar en unas leyendas famosas?

PASO 1. Completa la lectura con la forma correcta del verbo entre paréntesis. **¡OJO!** Cuando hay dos verbos entre paréntesis, escoge (*choose*) primero el verbo correcto.

El acueducto de Segovia, España

Uno de los sitios más impresionantes de España es el acueducto de Segovia. (**Estar/Ser**[1]) muy grande y muy interesante. (**Tener**[2]) 167 arcos elegantes en total y se extiende por toda la ciudad. ¡Y no tiene cemento!. El acueducto data del siglo I[a] y (**estar/ser**[3]) una construcción romana. No obstante,[b] hay una leyenda con una versión diferente de su historia.

Según la leyenda, una empleada segoviana (**traer**[4]) agua desde el Río Frío todas las mañanas. El trabajo (**estar/ser**[5]) muy difícil. Un día, la mujer (**volver**[6]) a casa con un gran jarro[c] de agua. (**Estar/Ser**[7]) las 6:00 de la mañana, y ella (**estar/ser**[8]) muy cansada. «¿Por qué (*yo:* **tener**[9]) que trabajar tan duro?» (**pensar**[10]) ella. «Necesito una solución».

De repente, ella ve una figura muy extraña.[d]

—¿Quién (**estar/ser**[11]) tú?

—Soy el diablo.[e] Tú y yo vamos a hacer un pacto. Yo te[f] (**hacer**[12]) un acueducto.

—¿Y qué me (*tú:* **pedir**[13]) a cambio[g]?

—Tu alma.[h] Tú (**estar/ser**[14]) trabajando mucho. Necesitas mi ayuda.

—Está bien. Pero si tú no terminas el acueducto para las 5:00 de la mañana, yo no te doy[i] mi alma.

—Trato hecho.[j]

Esa noche, la mujer no (**dormir**[15]) bien. Hace muy mal tiempo y llueve mucho. Pero no es una tormenta[k] común: ¡La mujer mira por la ventana y ve a miles de demonios trabajando!

Finalmente, (**estar/ser**[16]) las 5:00 de la mañana. Cuando la mujer (**salir**[17]) de la casa, (**ver/mirar**[18]) un gran acueducto. Pero, afortunadamente, al acueducto le falta la última piedra.[l] El diablo (**estar/ser**[19]) furioso, pero la mujer (**estar/ser**[20]) muy contenta y aliviada porque el diablo no va a tener su alma. Y ahora, Segovia tiene un acueducto elegante y útil.

---

[a]data... *dates from the 1st century* [b]No... *Nevertheless* [c]*jug* [d]*strange* [e]*devil* [f]*for you* [g]me... *do you ask of me in exchange* [h]*soul* [i]no... *I won't give you* [j]Trato... *Deal* [k]*storm* [l]le... *is missing the last stone*

PASO 2. Contesta las preguntas, según el **Paso 1.**

1. ¿Dónde está el acueducto? ¿Cómo es?
2. ¿Cuál es el trabajo de la mujer en la leyenda?
3. ¿Cómo está la mujer cuando conoce al diablo?
4. ¿Qué quiere el diablo? ¿Cómo piensa ayudar a la mujer?
5. ¿Cuál es el trato entre el diablo y la mujer? ¿Cuál es la condición de la mujer?
6. Al final, ¿qué pasa? ¿Cómo está la mujer? ¿Y el diablo?

PASO 3. ¿Puedes identificar una leyenda asociada con una estructura o un edificio donde vives? Si no, ¿conoces una leyenda asociada con una estructura o un edificio de otro lugar? Nombra los personajes (*characters*) de la leyenda e identifica el fenómeno o evento que la leyenda explica.

4.2 The Verbs **saber** and **conocer**

Expressing to *know* and to *be familiar with*

GRAMÁTICA EN ACCIÓN

¡Vas a conocer a mis padres!

CULTURES C

[*Hoy Ángela va a presentarlos a sus padres a su novio, Eduardo. Todos van a cenar juntos en un restaurante muy famoso. Ángela y Eduardo conversan mientras caminan al restaurante.*]

El Restaurante Casa Botín en Madrid

ÁNGELA: ¿Estás nervioso? ¡Vas a **conocer** a mis padres finalmente!

EDUARDO: Estoy muy tranquilo. **Sé** que todo va a estar bien.

ÁNGELA: ¿**Sabes** dónde está el Restaurante Casa Botín?

EDUARDO: **Sé** que está cerca de la Plaza Mayor. No **conozco** muy bien estas calles, pero estoy usando el GPS. ¿**Saben** tus padres dónde está?

ÁNGELA: Sí, ellos **saben** perfectamente dónde está. Es su restaurante favorito para ocasiones especiales. Mis padres **conocen** a uno de los chefs, Rubén. ¡Rubén **sabe** preparar comidas deliciosas!

EDUARDO: ¡Qué bien! **Sé** que va a ser una cena muy divertida. No **conozco** a tus padres todavía, pero **sé** que voy a dar una buena impresión.

ÁNGELA: Sí. Yo **conozco** bien a mis padres y **sé** que vamos a pasarlo muy bien.

Comprensión. Indica la opción correcta para completar cada oración. Puedes usar las opciones más de una vez.

1. Los padres de Ángela ____ a un chef del restaurante.
2. Ángela y Eduardo no ____ dónde está exactamente el restaurante.
3. Eduardo no está nervioso porque ____ que va a dar una buena impresión.
4. Eduardo no ____ las calles de esta zona.
5. Rubén, el chef, ____ cocinar muy bien.

a. sabe
b. saben
c. conocen
d. conoce

¿Y tú? Contesta las siguientes preguntas con oraciones completas.

1. ¿Conoces muchos restaurantes en tu ciudad?
2. ¿Sabes preparar muchas comidas?

In Spanish, both **saber** and **conocer** express *to know*. Note the irregular **yo** forms (**sé** and **conozco**) in the present tense.

saber (*to know*)		**conocer** (*to know, be acquainted with*)	
sé	**sabemos**	**conozco**	**conocemos**
sabes	**sabéis**	**conoces**	**conocéis**
sabe	**saben**	**conoce**	**conocen**

Both of these verbs express *to know*, but they are not interchangeable.

> **Observa**
>
> Did you notice the **a** following the verb **conocer** in the previous examples? This use is called the personal **a,** and there is no English equivalent. It is used to indicate when a person is a direct object of a verb. You will learn more about this use of the personal **a** and about direct objects in **Gramática 5.1.**

A. **Saber** expresses to know facts or specific bits of information. When followed by an infinitive, it expresses to know how (*to do something*).

—¿Sabes el teléfono de Miguel?	*Do you know Miguel's telephone number?*
—No, pero sé el teléfono de su hermana.	*No, but I know his sister's number.*
David no sabe **jugar** al tenis. Debe practicar mucho.	*David doesn't know how to play tennis. He needs to practice a lot.*

B. **Conocer** expresses familiarity or acquaintance with people, places, and things. When used with people, it can also mean to meet (for the first time), depending on the context.

—¿Conocen Uds. al esposo de Alicia?	*Do you all know Alicia's husband?*
—Sí, conocemos a su esposo. Es muy simpático.	*Yes, we know her husband. He's very nice.*

ACTIVIDADES

A. ¿Saber o conocer? ¿Con qué verbo asocias cada uno de los conceptos?

	SABER	CONOCER
1. el número de teléfono de tu profesor(a) de español	☐	☐
2. la dirección (*address*) de tus tíos	☐	☐
3. a los padres de tu mejor amigo/a	☐	☐
4. Barcelona	☐	☐
5. hablar español	☐	☐
6. jugar al billar	☐	☐
7. a todos tus primos	☐	☐
8. dónde está la biblioteca	☐	☐

B. El sabelotodo (*know-it-all*). Javier quiere impresionar (*to impress*) a Marta. Completa la conversación entre ellos con las formas correctas de **saber** y **conocer**.

JAVIER: Yo _________[1] a muchas personas famosas.

MARTA: ¿Sí? ¿_________[2] (Tú) a Daddy Yankee?

JAVIER: Sí, y también _________[3] (yo) dónde vive. Tengo su número de teléfono.

MARTA: ¿Sí? ¿Y él también _________[4] tu número de teléfono?

JAVIER: Por supuesto.[a] Y mi familia y yo también _________[5] a muchos atletas famosos. Por ejemplo, mis hermanos _________[6] a todos los jugadores del Real Madrid y _________[7] sus direcciones.

MARTA: ¿De veras[b]? ¡Obviamente[c] no _________[8] (tú) impresionar a las mujeres!

[a]Por... *Of course* [b]De... *Really?* [c]*Obviously*

C. Expertos sobre la familia

PASO 1. Completa cada una de las preguntas con **conoces** o **sabes,** según el contexto y escribe una pregunta más (número 5) sobre la familia, usando **conocer** o **saber.** (Las columnas **sí/no** son para el **Paso 2.**)

	SÍ	NO
1. ¿_________ de memoria (*by heart*) el número de teléfono de tu padre o madre?	☐	☐
2. ¿_________ la ciudad natal (*hometown*) de tus abuelos?	☐	☐
3. ¿_________ la fecha del cumpleaños de tu padre o tu madre?	☐	☐
4. ¿_________ a los padres de tu mejor amigo/a?	☐	☐
5. ¿ ?	☐	☐

PASO 2. Usa las preguntas del **Paso 1** para entrevistar a un compañero / una compañera y marca sus respuestas (**sí** o **no**). ¿Es experto/a sobre su familia tu compañero/a?

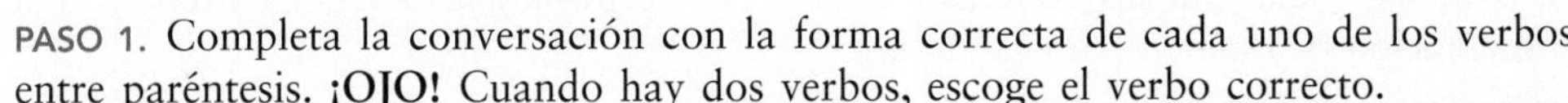

EXPERIENCIA INTEGRAL

¡Bienvenidos (*Welcome*) a Madrid!

CULTURES RECYCLE COMMUNICATION

ANTES DE LEER. En parejas, hablen de sus actividades por la noche. ¿Qué hacen Uds. cuando no tienen que estudiar? ¿Cuáles son sus lugares favoritos? ¿A qué hora salen de casa? ¿A qué hora regresan?

PASO 1. Completa la conversación con la forma correcta de cada uno de los verbos entre paréntesis. **¡OJO!** Cuando hay dos verbos, escoge el verbo correcto.

[*Tres estudiantes universitarios de los Estados Unidos visitan la capital de España. Acaban de terminar* (They just finished) *su tour de la ciudad con el guía turístico.*]

GUÍA: Bueno, ¿qué (*Uds.:* **pensar**[1]) de nuestra capital? Es muy interesante, ¿no?

DAVID: Sí, muchas gracias. Ahora (*yo:* **conocer/saber**[2]) mucho más de la historia de Madrid. Pero la verdad[a] es que (*nosotros:* **ser/estar**[3]) cansados de ver monumentos y edificios. Queremos (**conocer/saber**[4]) a otros jóvenes y hacer algo[b] un poco más divertido. ¿Qué nos recomienda Ud.?

Una noche de música y baile en Joy Eslava

GUÍA: Bien. Ahora que[c] (*Uds:* **conocer/saber**[5]) la ciudad un poco. ¿Qué (*Uds.:* **querer**[6]) hacer? ¿Les gusta bailar? ¿Recuerdan la Puerta del Sol? Pues Joy Eslava,* una discoteca famosa, (**ser/estar**[7]) cerca de la plaza. (**Ser/Estar**[8]) muy grande y muy popular.

JASON: ¡Qué buena idea! (*Nosotros:* **Poder**[9]) ir después de cenar. ¿Necesitamos mucho dinero?

GUÍA: No, no mucho. La discoteca no abre hasta medianoche, y el precio es más barato[d] antes de la 1:30. La mayoría[e] (**ir**[10]) después de las 2:00. Después de salir de la discoteca, es típico ir a San Ginés† para tomar churros con chocolate.[f] ¿(*Uds.:* **Conocer/Saber**[11]) la tradición?

CINDY: No (**conocer/saber**[12]) la tradición, pero ¡me gusta mucho el chocolate! ¿Dónde (**ser/estar**[13]) ese restaurante?

GUÍA: San Ginés es una chocolatería detrás de la discoteca. Allí (**servir**[14]) churros a miles de turistas y españoles las veinticuatro horas del día.

DAVID: (*Yo:* **Saber/Conocer**[15]) que el chocolate es delicioso.

GUÍA: Siempre hay cola[g] para entrar en San Ginés muy temprano por la mañana porque es popular, pero típicamente no es necesario esperar[h] mucho tiempo.

CINDY: Creo que es perfecto y una buena manera de pasar la noche. Señor guía, gracias por su ayuda.

[a]*truth* [b]*something* [c]Ahora... *Now that* [d]*cheaper* [e]*Most (people)* [f]*fried-dough pastry* (churros), *served with thick, rich hot chocolate* [g]*line* [h]*to wait*

PASO 2. Contesta las preguntas, según el **Paso 1.**

1. ¿Qué prefieren hacer los estudiantes?
2. Según el guía, ¿qué actividades deben hacer los jóvenes?
3. ¿A qué hora deben ir a la discoteca? ¿Por qué?
4. ¿Qué lugar recomienda el guía para después?

(Continúa.)

*In the 1980s, the **Teatro Eslava,** which was over 100 years old, was converted in this **macro discoteca,** one of the first of its kind in the capital.

†**Chocolatería San Ginés** has been serving **chocolate con churros** since the late 1800s.

PASO 3. En parejas, contesten las preguntas.

1. ¿Qué pueden hacer los turistas en la ciudad donde Uds. viven? ¿En su estado/provincia? ¿Qué lugares recomiendan si quieren hacer una actividad divertida?
2. Cuando Uds. viajan, ¿qué actividades prefieren hacer? ¿Visitar museos? ¿Conocer lugares históricos? ¿Qué más? Expliquen.

PASO 4. Busca información sobre por lo menos uno de los lugares mencionados en el **Paso 1,** o sobre otra atracción turística de Madrid. Compara las actividades turísticas de ese lugar con las actividades turísticas de tu ciudad o región. Prepara una presentación o resumen para la clase.

Palabra escrita

A comenzar

Selecting a Topic. When selecting a topic to write about, keep in mind the following recommendations. First, choose a topic that interests you. Writing about a topic of personal interest has proven to result in better writing samples. Second, write from your own personal experience whenever possible. This will reduce the amount of outside research you have to do. Third, choose a topic that's within the scope of your purpose. In other words, select a focused topic that doesn't force you to write a lot more than what is expected of you. If your topic is too broad, your composition could either be too long, or too confusing (lacking focus), or both. Remember: you don't want to lose your audience.

You are going to start the process of writing a brief composition that you will finalize in the **Palabra escrita: A finalizar** section of your *Workbook/Laboratory Manual*. The general topic of this composition is **La familia,** but you will choose the specific subtopic you want to write about. You can write a description of your family, a statement about what "family" means or what is important about family, an anecdote or description of a favorite relative, and so on. The purpose of your composition will be to tell the reader about the family-related topic you choose.

A. Lluvia de ideas. En parejas, hagan una lluvia de ideas sobre estos temas y otros que se les ocurran (*that come to mind*).

1. temas posibles sobre la familia
2. palabras o frases que describen a sus familias
3. palabras o frases que describen a la familia ideal
4. palabras o frases que describen al pariente favorito de cada uno/a de Uds.
5. la importancia de la familia
6. una definición de «la familia»

B. A organizar tus ideas. Repasa tus ideas e indica las que más te interesan (*the ones that interest you most*). Luego, escoge un tema. Haz una lluvia de ideas (*Brainstorm*) sobre otros detalles que puedes incluir. Organiza tus ideas, compártelas (*share them*) con la clase y apunta otras ideas que se te ocurran durante el proceso.

C. A escribir. Ahora, escribe el borrador (*first draft*) de tu composición con las ideas y la información que recopilaste (*collected*) en las **Actividades A** y **B. ¡OJO!** Guarda bien tu trabajo. Vas a necesitarlo (*need it*) otra vez para la sección de **Palabra escrita: A finalizar** en el *Workbook/Laboratory Manual*.

Diego Velázquez

Diego Rodríguez de Silva y Velázquez (1599–1660) fue[a] el pintor principal en la corte del rey[b] Felipe IV. Es uno de los pintores más importantes del siglo XVII español.

Las Meninas es una obra representativa del Barroco español, un estilo conocido por los detalles y ornamentación. En el centro de este cuadro, se representa a la Infanta Margarita con dos meninas o damas de honor.[c] También vemos al pintor autorretratado[d] y a los reyes — Felipe IV y doña Mariana — reflejados en el espejo al fondo.[e]

[a]*was* [b]*king* [c]damas... *ladies-in-waiting* [d]*in a self-portrait* [e]espejo... *mirror in the background*

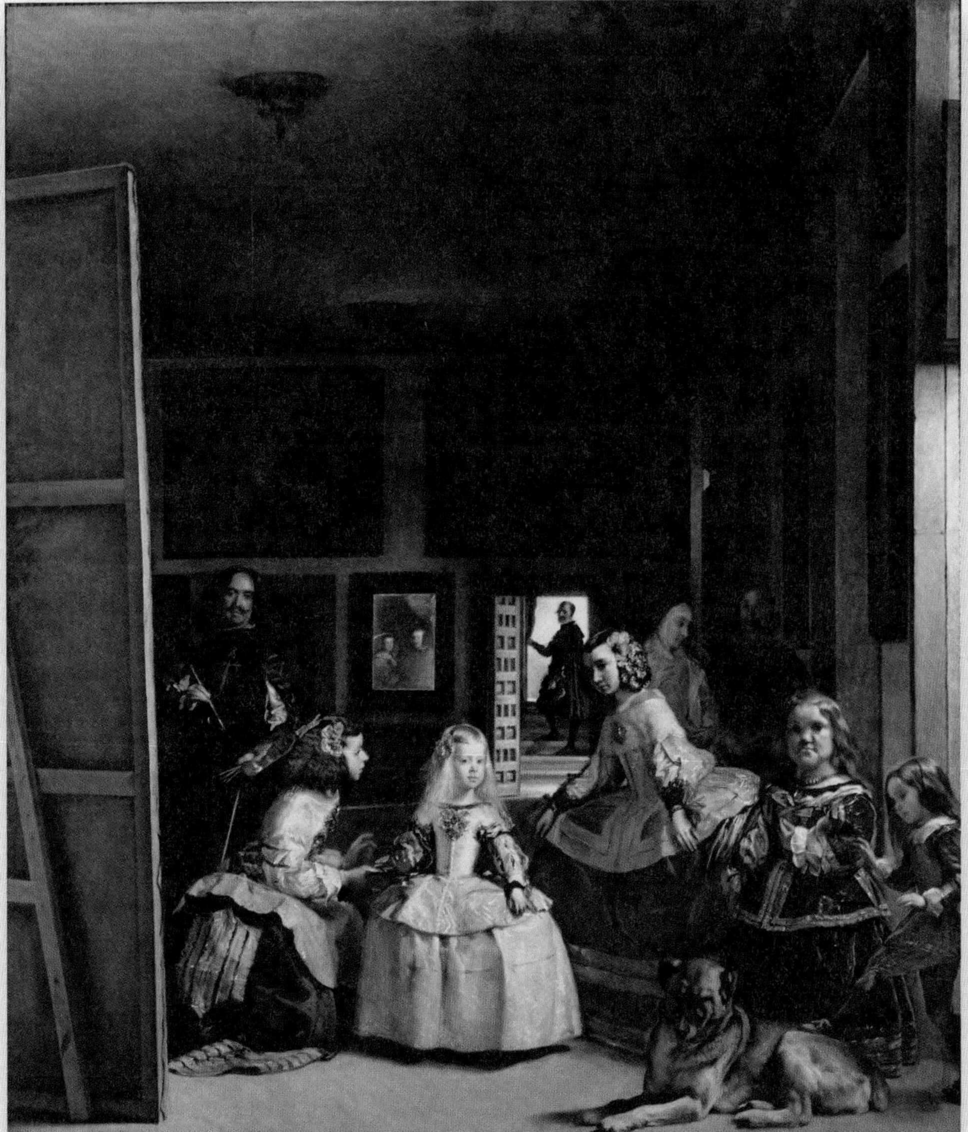

Las Meninas, *1656*

REFLEXIÓN

1. ¿A quién(es) está pintando el artista del cuadro? ¿Por qué hay tantas personas en el cuadro?
2. ¿Por qué crees que se titula *Las Meninas* en vez de *La Infanta Margarita*?
3. ¿Qué partes del cuadro son más interesantes para ti?

TEMA II: La familia extendida

Vocabulario en acción

Otras relaciones familiares

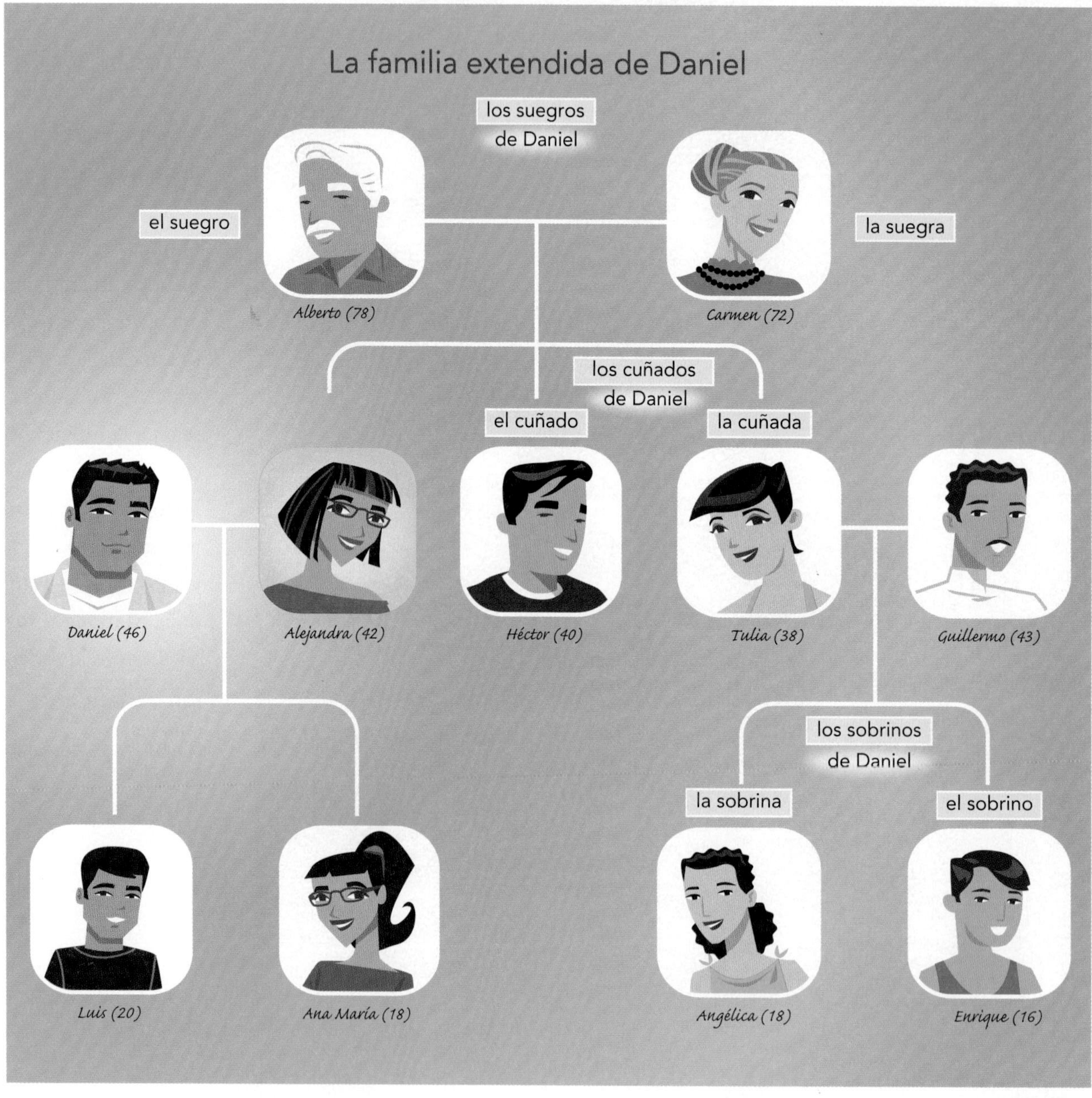

el/la ahijado/a	godson/goddaughter
la madrina	godmother
la nuera	daughter-in-law
el padrino	godfather
el/la primo/a	cousin
los tíos	aunts and uncles
el tío	uncle
la tía	aunt
el yerno	son-in-law

Los eventos familiares

el bautizo	baptism
la boda	wedding
el cumpleaños	birthday
el divorcio	divorce
el matrimonio	marriage; married couple

Cognado: la ceremonia civil

El estado civil°

El... *Marital status*

casado/a	married
divorciado/a	divorced
separado/a	separated
soltero/a	single
viudo/a	widowed

ACTIVIDADES

A. Correcciones. Corrige las oraciones, según el dibujo de la página 120.

1. Tulia es la cuñada de Guillermo.
2. Héctor tiene tres cuñados.
3. Angélica es la sobrina de Guillermo.
4. Luis y Enrique son tíos.
5. Daniel es soltero.

Nota interdisciplinaria

SOCIOLOGÍA: LA NUEVA FAMILIA ESPAÑOLA

Una madre soltera con su hija

La familia tradicional, formada por un hombre y una mujer casados y sus hijos, es el modelo más común en España, pero no es el único. Desde finales del siglo XX, nuevos tipos de familia conviven[a] con la familia clásica y gozan de[b] plena[c] aceptación social. Madres solteras, segundas o terceras parejas,[d] hijos adoptados de otros países del mundo, madres o padres separados con sus hijos, personas que viven solas o matrimonios mestizos entre españoles e inmigrantes han transformado[e] mucho la estructura familiar en España.

[a]*coexist* [b]*enjoy* [c]*total* [d]segundas... *second or third spouses* [e]han... *have transformed*

PREGUNTAS

1. Según el texto, ¿cómo es la estructura de la familia tradicional española?
2. ¿Cuáles son algunos de los ejemplos de los nuevos modelos de familia en España?

B. Definiciones

PASO 1. Empareja cada una de las oraciones con la palabra o expresión definida.

1. ____ Es el hermano del padre o de la madre.
2. ____ Tiene ex esposo.
3. ____ Es una mujer con ahijado.
4. ____ Son hijos del hermano o de la hermana.
5. ____ Su esposo ya murió (*has already died*).
6. ____ Son los padres del esposo o de la esposa.
7. ____ No está casada y no tiene ex esposo.
8. ____ Es la esposa del hijo.

a. divorciada
b. los sobrinos
c. los suegros
d. la nuera
e. el tío
f. la madrina
g. soltera
h. la viuda

PASO 2. Escoge cuatro palabras del **Vocabulario en acción** de los **Temas I** y **II** de este capítulo y escribe una definición en español para cada palabra. Puedes usar las oraciones del **Paso 1** como modelo.

PASO 3. En parejas, túrnense para leer las definiciones del **Paso 2** y adivinar las palabras definidas.

C. Mis compadres

PASO 1. Lee la selección sobre los padrinos (*godparents*). Luego, indica la las oraciones son ciertas (C) or falsas (F).

Bautizo de la Princesa Sofía de España, con sus padrinos el Príncipe Constantino de Bulgaria y Paloma Rocasolano

El compadrazgo[a] es una tradición en muchas familias hispanas. La costumbre de designar un padrino tiene orígenes cristianos y judíos. El padrino y la madrina participan en sacramentos religiosos, como[b] el bautismo en la tradición cristiana y la circuncisión en la tradición judía, así como las confirmaciones y bodas. Pero también participan en fiestas y otras celebraciones familiares. Son parte de la familia, y los padres y padrinos tienen una relación especial: son compadres.

La idea es que los padres y los padrinos comparten la crianza[c] de un hijo. Los padrinos pueden ser parientes (tíos del ahijado, por ejemplo), pero en muchos casos, son buenos amigos de los padres. Un hijo o hija típicamente tiene dos padrinos: una madrina y un padrino. Pero pueden tener más.

[a]*co-parenthood* [b]*such as* [c]*upbringing*

	C	F
1. El compadrazgo es la tradición de adoptar hijos.	☐	☐
2. La tradición del padrino no es exclusiva de los cristianos.	☐	☐
3. El papel de los padrinos es estrictamente secular.	☐	☐
4. A veces un ahijado o una ahijada tiene más de dos padrinos.	☐	☐
5. Mi padrino es el compadre de mis padres.	☐	☐

D. Mi familia

PASO 1. Dibuja (*Draw*) el árbol genealógico de tu familia o de una familia imaginaria. Dibuja solo la estructura con espacios en blanco (*blank*). Escribe tu nombre y tu edad en el lugar correcto pero no escribas los nombres de tus parientes.

PASO 2. En parejas, intercambien árboles. El objetivo es completar todos los espacios en blanco con los nombres y las edades de los miembros de la familia de la pareja, según las descripciones. No verifiquen la información ahora, solo al final.

MODELO E1: Mi padre se llama Tom. Tiene 45 años.
E2: [*writes "Tom (45)" on the blank for E1's father*]
E1: Mis padres están divorciados y tengo una madrastra que se llama Lily. Lily tiene 53 años.
E2: [*writes the name "Lily (53)" on the blank for E1's stepmother*]

PASO 3. Intercambien árboles otra vez para confirmar si todos los nombres y edades están bien o no.

Gramática

4.3 Por and para

Expressing *by, for, through, . . .*

GRAMÁTICA EN ACCIÓN

La comida de los domingos

El Parque Casilda Iturrizar en Bilbao

[*Ryan va a estudiar en la Universidad de Deusto de Bilbao* **por** *un año y vivir con una familia vasca en el barrio Indautxu. Es su primera semana con la familia y su nuevo «hermano» español, Quique, explica la rutina de los domingos.*]

QUIQUE: Los domingos, toda la familia come en casa de mis abuelos. Mi mamá y mis tías ayudan a mi abuela **por** la mañana porque preparan mucha comida **para** la familia. Nosotros debemos llegar a la casa de mis abuelos **para** la 1:30. La comida siempre es a las 2:00.

RYAN: ¿Dónde viven tus abuelos?

QUIQUE: Viven en la calle Cosme Echevarrieta. Podemos caminar **por** el Parque Casilda Iturrizar **para** llegar más rápido.

RYAN: ¿No vamos **por** autobús?

QUIQUE: No, solo tenemos que caminar **por** seis o siete manzanas. Está cerca. No debes hacer otros planes **por** la tarde. ¡Comemos mucho! Y luego hablamos **por** una o dos horas después de la comida. ¡Es muy bueno **para** aprender sobre los deportes y la política del País Vasco, y **para** practicar el español!

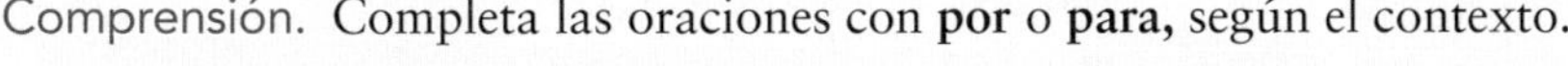

Comprensión. Completa las oraciones con **por** o **para,** según el contexto.

1. La abuela de Quique necesita ayuda ______ preparar la comida para toda la familia.
2. Ryan está en Bilbao ______ estudiar y practicar el español.
3. Ryan y Quique van a estar en la casa de la abuela ______ tres o cuatro horas.
4. Caminan ______ un parque para llegar a la calle Cosme Echevarrieta, donde vive la abuela de Quique.
5. La familia de Quique come en casa de su abuela ______ la tarde.

You have probably noticed the many occurrences of the prepositions **por** and **para** in Spanish. You may already know that they both can mean *for*. However, they are not interchangeable, and they each have several English equivalents in addition to *for*. Some of the most common and most important uses of each are presented here.

USES OF **por**	USES OF **para**

1. **Por** is used to express *in* when referring to the periods of the day (**por la mañana/tarde/noche**). Remember that **de** is used when giving the exact time of day: **Son las 8:00 de la mañana.**

   Prefiero estudiar **por la mañana** cuando tengo más energía.
   I prefer to study in the morning when I have more energy.

2. **Por** expresses movement *through* or *along*.

   El perro sale **por la puerta,** pero el gato sale **por la ventana**.
   The dog leaves through the door, but the cat leaves through the window.

3. **Por** means *by, on,* or *by means of* in terms of modes of transportation or communication.

   Mis abuelos no viajan **por avión** porque tienen miedo de volar.
   My grandparents don't travel by air (on airplanes) because they are afraid of flying.

   Mis hermanos y yo nos hablamos frecuentemente **por teléfono**.
   My siblings and I talk to each other frequently on the phone.

4. **Por** is used in many fixed expressions. Here are a few of the most common.

por ejemplo	*for example*
por eso	*therefore, that's why*
por favor	*please*
por fin	*finally*
por lo general	*in general*
por lo menos	*at least*

1. **Para** is used to express deadlines.

   El informe es para el jueves.
   The report is for (due by) Thursday.

   Tenemos que estar en la oficina **para** las 8:00.
   We need to be in the office by 8:00.

2. **Para** is used to express destination, *toward* or *in the direction* of a place.

   Mañana mis tíos salen **para Málaga**.
   Tomorrow my aunt and uncle leave for Málaga.

3. **Para** + *inf.* means *in order to* (*do something*). Note that in English we often mean *in order to* but only say the word *to.*

   Debemos llegar a las 6:00 **para tener** suficiente tiempo.
   We should arrive at 6:00 (in order) to have enough time.

4. **Para** indicates *who* or *what* something is destined for or to be given to.

   El vídeo es **para mi hermana** y el juguete es **para mi hermanastro.**
   The video is for my sister and the toy is for my stepbrother.

ACTIVIDADES

A. Asociaciones

PASO 1. Completa las oraciones con **por** y **para,** según el contexto.

1. Esta tarde Laura y su esposo salen ______ Madrid ______ visitar a los abuelos.
2. Es el cumpleaños de la abuela de Laura. ______ eso, hay una cena especial mañana ______ la noche.
3. Laura y su esposo manejan, y pasan ______ muchos pueblos (*towns*) pequeños y hermosos ______ llegar a Madrid.
4. La prima de Laura que vive en París viaja ______ avión ______ asistir a la cena y celebrar con la familia.
5. Laura tiene un regalo (*gift*) especial ______ su abuela. Es un *iPad* con ______ lo menos 500 fotos de la familia y su música favorita.

PASO 2. En parejas, miren los ejemplos del **Paso 1** y expliquen por qué se usa **por** y **para** en cada ejemplo.

B. Una mañana típica. Completa la descripción de una mañana típica de Sofía con **por** y **para.**

______[1] la mañana, mi padre prepara el café ______[2] mamá mientras ella nos despierta[a] ______[3] ir a la escuela. Mis hermanos tienen que salir a las 7:30 ______[4] tomar el autobús. Yo también voy a la escuela en autobús, pero mi autobús pasa ______[5] nuestra casa a las 8:00. No puedo ver la televisión ______[6] la mañana, ______[7] eso escucho mi *iPod* o leo mientras espero el autobús.

A veces el autobús llega un poco tarde,[b] y como mis padres salen ______[8] el trabajo a las 8:00 en punto, espero sola por unos minutos. Tengo que estar en mi clase a las 8:20, y cuando el autobús llega tarde, tengo que correr ______[9] llegar a tiempo.

[a]nos... *wakes us up* [b]*late*

C. Mascotas para la familia

PASO 1. En parejas, contesten las preguntas sobre el anuncio.

1. ¿Cómo pueden ser buenas las mascotas para los niños?
2. ¿Cómo pueden ayudar las mascotas a las personas mayores?

Mascotas para toda la familia
• para enseñar la responsabilidad
• para aliviar el estrés y la depresión
• para pasar momentos divertidos
• por el cariño que la mascota les trae a todos
¡Las mascotas son buenas para todos!

PASO 2. Ahora contesten estas preguntas personales.

1. ¿Qué mascotas tienen Uds.? ¿Por qué prefieren ese tipo de animal? Expliquen.
2. ¿Cómo se llaman sus mascotas?
3. ¿Qué hacen para pasar tiempo con sus mascotas?
4. ¿ ?

EXPERIENCIA INTEGRAL

Mi nombre, mi santo y mi cumpleaños (*birthday*)

ANTES DE LEER. Contesta las siguientes preguntas.
¿Cuál es tu nombre? ¿Es el nombre de un pariente? ¿Cuándo es tu cumpleaños? Mira la foto en esta página. ¿Quiénes son las personas? ¿Qué y cómo celebran?

PASO 1. Completa la descripción con la forma correcta de las palabras entre paréntesis. Si hay dos palabras, escoge la palabra correcta.

¡Feliz cumpleaños!

En los países hispanos, especialmente en España, muchos padres nombran[a] a sus hijos por un santo. Aunque[b] España es hoy un país moderno y liberal, (**mucho**[1]) españoles conservan esta tradición católica.

(**Por/Para**[2]) los niños, es divertido tener el nombre de un santo, porque pueden celebrar dos fiestas: su cumpleaños y el día de (**su/sus**[3]) santo. (**Por/Para**[4]) ejemplo, si el cumpleaños de Pedro es (**el/la**[5]) 22 de febrero, (*él*: **ir**[6]) a hacer una fiesta el 22 de febrero (**por/para**[7]) celebrar su cumpleaños. (**Por/Para**[8]) el 29 de junio, va a celebrar el día de su santo, San Pedro. También hay santas. Ana, (**por/para**[9]) ejemplo, nació el 12 de junio y (*ella*: **celebrar**[10]) su cumpleaños ese[c] día. Pero su familia también (**hacer**[11]) otra fiesta el 26 de julio en honor de su santa, Santa Ana.

En este país, las fiestas de cumpleaños son (**por/para**[12]) los niños y (**su**[13]) amigos, pero en España y otros países hispanohablantes, los miembros de la familia son los invitados[d] principales.

---

[a]*name* [b]*Although* [c]*that* [d]*guests*

PASO 2. Empareja las frases para formar oraciones lógicas según el **Paso 1**.

1. El día del santo refleja (*reflects*) ___
2. En las fiestas de cumpleaños en España, los parientes son, por lo general, ___
3. Algunos españoles hacen una fiesta ___
4. Típicamente en este país, las fiestas de cumpleaños son para los niños ___
5. El 26 de julio es ___

a. el día de Santa Ana.
b. y sus amigos.
c. para celebrar el día del santo.
d. la tradición católica de España.
e. los invitados más importantes.

PASO 3. Entrevista a un compañero / una compañera con las preguntas. Luego, cambien de papel.

1. ¿Qué significado (*meaning*) tiene tu nombre? ¿Es el nombre de un santo? ¿de un pariente? ¿de una persona famosa?
2. ¿Cuándo hace fiestas tu familia?
3. ¿Cómo celebras tu cumpleaños? ¿Haces una fiesta con tu familia? ¿con tus amigos? ¿Dónde haces la fiesta?

4.4 Demonstrative Adjectives and Pronouns

Expressing *this, that, these, and those*

GRAMÁTICA EN ACCIÓN

Esta es mi ciudad.

[Terry visita a la familia de su amiga Sabela en La Coruña, Galicia. **Esta** *tarde, Sabela y Terry pasean por el Paseo Marítimo y hablan de la familia y la ciudad de Sabela.]*

La Coruña

SABELA: Casi toda mi familia es del pueblo de Beo, pero ahora todos vivimos en **esta** ciudad. En **aquel** pueblo… bueno, en casi todos los pueblos de **esta** provincia, no hay muchas oportunidades para trabajar.

TERRY: Pero **esta** ciudad es maravillosa, ¿no? **Este** paseo es estupendo. Bordea toda la ciudad y las playas. ¿Cómo se llama **esa** playa en el centro que acabamos de pasar?

SABELA: **Esa** es la playa Orzán, la otra es Riazor.

TERRY: Y la torre…

SABELA: Sí, **aquella** torre es el símbolo de **esta** ciudad. Se llama la Torre de Hércules y es de los tiempos romanos. Tienes razón. **Esta** es una ciudad maravillosa. Y **este** verano, ¡tienes que volver para celebrar las Hogueras de San Juan! ¡**Ese** es el festival favorito de mi familia!

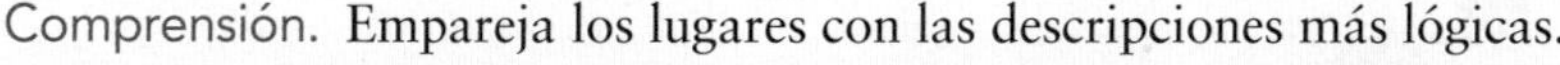

Comprensión. Empareja los lugares con las descripciones más lógicas.

1. ___ la Torre de Hércules
2. ___ la ciudad de La Coruña
3. ___ el festival de San Juan
4. ___ el Paseo Marítimo
5. ___ el pueblo de Beo
6. ___ las playas de Orzán y Riazor

a. Aquel es el más largo de Europa.
b. Ese es el favorito del verano.
c. Esta tiene más de 2.000 años.
d. Esas están en el centro.
e. Esta tiene muchas atracciones.
f. Aquel no tiene muchas oportunidades.

A. Demonstrative adjectives express *this, that, these,* and *those.* In English, *this* and *these* refer to things that are close to the speaker, while *that* and *those* indicate things that are farther from the speaker. However, a further distinction is made in Spanish between things that are relatively far and those that are even farther away from the speaker.

The following chart shows the forms of the demonstrative adjectives in Spanish. Like most adjectives in Spanish, these also must agree in gender and number with the item they describe. Note that the masculine singular forms do not end in **-o** like most other adjectives.

DEMONSTRATIVE ADJECTIVES (*this, that, these,* and *those*)						
	SINGULAR	PLURAL	SINGULAR	PLURAL	SINGULAR	PLURAL
MASCULINE	**este** (*this*)	**estos** (*these*)	**ese** (*that*)	**esos** (*those*)	**aquel** (*that [way over there]*)	**aquellos** (*those [way over there]*)
FEMININE	**esta** (*this*)	**estas** (*these*)	**esa** (*that*)	**esas** (*those*)	**aquella** (*that [way over there]*)	**aquellas** (*those [way over there]*)

—Isabel, este joven es mi primo Jorge.	*Isabel, this young man is my cousin Jorge.*
—Esa mujer alta es mi tía Pati.	*That tall woman is my aunt Pati.*
—¿Y quién es aquel hombre guapo?	*And who is that handsome man over there?*

B. Demonstratives can also be used as pronouns. The singular English equivalents are generally expressed with *one,* as in *this one* or *that one*. The forms of the pronouns are identical to the adjectives shown in the preceding chart and examples.

—Y tu hermano, ¿es **ese** hombre o aquel?	*And your brother. Is he that man or the one over there?*
—Es ese. Aquel es un amigo de la familia.	*He's that one. The one over there is a friend of the family.*

C. When *this* and *that* are referring to unknown objects or to an entire situation, the neuter pronouns **esto, eso,** and **aquello** are used.

¿Qué es esto?	*What is this?*
¡Eso es horrible!	*That's horrible!*
¿Qué es aquello que se ve allí?	*What is that over there?*

ACTIVIDADES

A. Estas familias. Escucha cada una las descripciones e indica la letra de la familia descrita. **¡OJO!** Algunas (*Some*) familias se describen dos veces. la famila descrita.

Vocabulario práctico

el/la muchacho/a boy/girl

B. En una fiesta familiar. Completa el diálogo con los demostrativos correctos: **este/a, esto, ese/a, eso, aquel(la).**

SAMUEL: ¿Qué tienes aquí? ¿Un regalo? ¿Qué es ________[1]?

AMANDA: Es un regalo para el abuelo. ¿Ves ________[2] foto de él con la abuela allí en la cocina (*kitchen*), en el refrigerador? Tengo una copia ampliada de la foto con un marco[a] muy bonito.

SAMUEL: ¡Qué bien! ________[3] es su foto favorita. Su cumpleaños es mañana, ¿no?

AMANDA: Sí, pero la fiesta es hoy.

SAMUEL: ¿Hoy?

AMANDA: Sí, ________[4] noche a las 8:00 en casa de la tía Lupe.

SAMUEL: ¡Ay! Se me olvidó[b] ________.[5]

AMANDA: ¿No tienes un regalo para el abuelo?

SAMUEL: Sí, claro. Solo que no recordaba[c] la fecha de la fiesta. Aquí en mi mochila está el regalo. ¿Qué piensas de ________[6] libro? Es de su autora favorita.

AMANDA: Es un regalo perfecto. El abuelo siempre está leyendo novelas históricas.

---

[a]*frame* [b]Se... *I forgot* [c]Solo... *It's just that I didn't remember*

C. Descripciones. En parejas, túrnense para describir a los miembros de las familias en la imagen de la **Actividad A** (página 128), usando pronombres demostrativos y sin indicar la familia. La otra persona debe adivinar (*guess*) cuál es la familia descrita.

MODELO E1: Este abuelo tiene el pelo gris.
E2: Es la familia A.

Nota cultural

DON QUIJOTE DE LA MANCHA

Don Quijote y Sancho Panza

Don Quijote de la Mancha (1605), del escritor español Miguel de Cervantes (1547–1616), narra la historia de Don Quijote, un hidalgo enloquecido[a] por la lectura de libros de caballería.[b] Don Quijote idealiza la realidad a la manera de los libros de caballería y, con la idea de que él es un caballero andante,[c] sale con su vecino[d] Sancho Panza para luchar contra[e] las injusticias. Tienen muchas aventuras cómicas, como la famosa lucha contra los gigantes[f] que, en realidad, son molinos de viento.[g] Las aventuras siempre terminan en humillación para Don Quijote. La novela es una parodia divertida de la literatura caballeresca,[h] y una obra maestra de la literatura española y universal. Ha tenido[i] una enorme influencia en el mundo del arte y la cultura de todo el mundo. El personaje de Don Quijote simboliza el idealismo y la lucha contra la realidad hostil, y la palabra **quijote** es hoy parte de la lengua española y es sinónimo de **idealista** o **poco práctico.**

---

[a]hidalgo... *crazed country gentleman* [b]*chivalry* [c]caballero... *knight-errant* [d]*neighbor* [e]luchar... *to fight against* [f]*giants* [g]molinos... *windmills* [h]literatura... *chivalresque literature* [i]ha... *has had*

PREGUNTAS

1. ¿Por qué está loco Don Quijote?
2. ¿Qué detalle del texto indica que Don Quijote es idealista?
3. ¿Conocen Uds. héroes de ficción que luchan por causas nobles? ¿Cuál(es)?

EXPERIENCIA INTEGRAL

La unidad (*unity*) de la familia vasca

ANTES DE LEER. Mira el mapa de España al final del libro. Identifica el País Vasco y algunas de las ciudades del País Vasco.

1. ¿Cómo se llaman las montañas cerca de la región?
2. ¿Qué queda al norte del País Vasco?
3. ¿Cómo se llaman las ciudades españolas indicadas en el mapa del País Vasco?

PASO 1. Completa la lectura sobre las familias vascas con la forma correcta de las palabras entre paréntesis.

*Una pareja vasca vota con la ayuda (*help*) de sus hijos en unas elecciones regionales en Bilbao.*

Los vascos son un grupo étnico en España y Francia que vive en una región de Europa llamada el País Vasco. El País Vasco tradicionalmente incluye siete provincias: cuatro en el norte[a] de España y tres en el sur[b] de Francia. La mayoría de los vascos vive en España. (**Por/Para**[1]) eso, (**mucho**[2]) personas asocian el vasco con España.

El origen de (**este**[3]) pueblo[c] y su idioma es un misterio. Sin embargo, los vascos comparten (**mucho**[4]) características culturales con las otras regiones españolas. Como el resto de los españoles, los vascos (**ser**[5]) muy unidos y (**ese**[6]) unidad se refleja en las familias.

Una diferencia entre el País Vasco y el resto de las regiones españolas respecto a la familia es que la tasa de natalidad[d] en el País Vasco (**ser**[7]) inferior a la media[e] española, incluso a la media europea. (**Este**[8]) fenómeno se debe[f] en parte al desarrollo industrial de la sociedad vasca, muy superior al de otras regiones españolas. La industrialización ofrece más trabajos (**por/para**[9]) todos y la mujer vasca tiene más oportunidades en (**este**[10]) mercado laboral. Como consecuencia, las mujeres vascas tienden a[g] casarse cuando son mayores y, (**por/para**[11]) eso, tienen pocos hijos.

[a]*north* [b]*south* [c]*people* [d]tasa... *birthrate* [e]*mean* [f]se... *is due* [g]tienden... *tend*

PASO 2. Indica si las oraciones son ciertas o falsas según el **Paso 1**.

	C	F
1. La comunidad vasca se encuentra en dos países europeos.	☐	☐
2. El vascuence (idioma del País Vasco) tiene origen en el francés.	☐	☐
3. La familia vasca típica es muy unida y grande.	☐	☐
4. La economía vasca es muy industrializada.	☐	☐
5. La mujer vasca es muy tradicional.	☐	☐

PASO 3. En parejas, contesten las preguntas.

1. En este país, ¿cuáles son algunas de las dificultades de las madres que quieren trabajar?
2. En este país, ¿cuáles son algunas tradiciones o características que personas de todas las regiones tienen en común?

PASO 4. Según la lectura, el «desarrollo industrial» tiene un impacto en la familia del País Vasco. Define el término «desarrollo industrial». Luego, di si hay mucho desarrollo industrial en tu comunidad y trata de explicar el impacto que tiene en estructuras sociales (como la familia) de tu comunidad.

Lectura cultural

Vas a leer un artículo publicado en la sección **Mi mundo** de la revista *Siempre mujer.* El artículo informa sobre una encuesta realizada por la revista *Time.* Habla de los cambios recientes en los roles familiares del hombre y de la mujer, como consecuencia de la incorporación de la mujer al mundo del trabajo.

ANTES DE LEER

En parejas, contesten las preguntas. Después compartan sus ideas con la clase.

1. Piensen en sus familias y en la familia típica de su comunidad. ¿Quién tiene mayor responsabilidad de cuidar de la casa y de los hijos?
2. ¿Qué miembros de su familia trabajan fuera (*outside*) de la casa? ¿Tienen un trabajo a tiempo completo (*full time*) o a tiempo parcial? ¿Y cuál es la situación en otras familias que Uds. conocen bien?
3. En general en su comunidad, ¿quién cuida de la casa y de los hijos si la mamá y el papá tienen un trabajo a tiempo completo fuera de la casa?

Los nuevos roles familiares

¿La mujer trabaja y el hombre cuida los niños? Claro que sí.[a] Hoy en día, las relaciones de pareja son una constante negociación.

No es una sorpresa que cada vez sean[b] más las mujeres que trabajan, sobre todo en estos tiempos de crisis económica, cuando cualquier aporte salarial[c] es bien recibido.

Según un estudio realizado por la revista *Time:*

- En 1970 la mayoría de los niños creció[d] bajo el cuidado de sus madres, quienes eran amas de casa.[e] Hoy en día, solo el 30 por ciento puede decir lo mismo.
- Sin embargo, ante la sociedad, la mujer sigue siendo la responsable de la crianza[f] de los chicos.
- El 44 por ciento de las mujeres encuestadas no estuvo de acuerdo con que fuera[g] el hombre quien trabajara fuera de la casa y la mujer quien se encargara[h] de los hijos, mientras que el 57 por ciento de los hombres estuvo de acuerdo.[i]
- En cuanto a las prioridades en la vida femenina, la mayoría de las mujeres dijo[j] que estar saludables,[k] ser autosuficientes, tener solvencia económica y un trabajo a tiempo completo era lo más importante para ellas.

[a]Claro... *Of course* [b]*there are* [c]cualquier... *any financial contributions* [d]grew up [e]eran... *were housewives* [f]*raising* [g]no estuvo... *did not agree that it was* [h]se... *was in charge* [i]estuvo... *agreed* [j]*said* [k]*healthy*

- Para los hombres, la salud, el trabajo, la casa y el dinero son igualmente importantes, pero en menor escala. Esto indica que ahora los roles familiares son compartidos.
- Además, el 85 por ciento de las mujeres dijo sentirse cómodo[l] de trabajar fuera de la casa, y el 79 por ciento de los hombres dijo que ahora está mucho mejor visto y más aceptado que ellos se encarguen del hogar, mientras que[m] ellas trabajan.

****Fuente:*** *Estudio* What Women Want Now, *publicado en la revista* Time.

[l]dijo... *said they felt comfortable* [m]mientras... *while* [n]*Source*

DESPUÉS DE LEER

A. ¿Cierto o falso? Indica si las oraciones son ciertas (C) o falsas (F). Corrige las oraciones falsas con información específica del artículo.

	C	F
1. Hasta los años 70 la mayoría de las mujeres era (*were*) ama de casa.	☐	☐
2. En estos tiempos, solo un 30 por ciento de las mujeres cuida del hogar y de los niños.	☐	☐
3. Hoy día, los hombres y las mujeres tienen prioridades diferentes en la vida.	☐	☐
4. A las mujeres de hoy no les gusta trabajar fuera de casa, pero necesitan el dinero.	☐	☐
5. El hombre de hoy día acepta más cuidar del hogar que en el pasado.	☐	☐

B. Temas de discusión. En grupos pequeños, contesten las preguntas. Después, compartan sus respuestas con la clase.

1. ¿Qué prioridades tienen los hombres y las mujeres de hoy, según el artículo?
2. El texto sugiere (*suggests*) que la mujer trabaja fuera de casa y es la responsable del hogar y la familia. Según sus propias experiencias, ¿ocurre lo mismo en su comunidad? Expliquen.
3. ¿Piensan Uds. que hoy día los hombres se encargan del hogar y de los hijos más que en el pasado?
4. En su opinión, ¿qué piensa la sociedad, en general, de un hombre que cuida del hogar mientras su esposa trabaja fuera de la casa?
5. Imagínense (*Imagine*) su futuro. ¿Les gustaría (*Would you like*) cuidar de su casa y de sus hijos y no tener profesión? ¿Son similares las respuestas de los hombres de la clase a las de las mujeres?

España: Ana

La vida familiar en Granada

Ana Gallego es de Granada, España, y trabaja en teatro y televisión. En su blog conocemos su ciudad y aprendemos sobre la familia española.

ANTES DE VER

A. Capítulo y vídeo. En parejas, contesten las preguntas.

1. Describan a miembros de su familia usando adjetivos de este capítulo.
2. Describan a una persona de España que conocen personalmente. Si no conocen a ningún (*any*) español, nombren a personas famosas de España y descríbanlas (*describe them*).

B. Anticipación. En parejas, contesten las preguntas.

1. Según lo que Uds. ya saben, ¿cómo es la familia típica española de hoy? Formen oraciones para describirla.
2. ¿Cómo se compara la familia española con sus propias familias?

Vocabulario práctico

mostraros	show you
homenaje	honor
bienvenidos	welcome
¡pues anda que tú!	look who's talking!
basta ya	stop, that's enough
tener la fiesta en paz	live in peace

DESPUÉS DE VER

A. Comprensión. Indica si las oraciones son ciertas (C) o falsas (F), según el blog de Ana. Corrige las oraciones falsas.

		C	F
1.	El segmento comienza en un parque famoso de Granada.	☐	☐
2.	En el parque hay una gran variedad de flores y árboles.	☐	☐
3.	García Lorca es un director de cine español.	☐	☐
4.	Concha y Miguel son profesores de matemáticas.	☐	☐
5.	Concha habla de sus hijos y sus padres.	☐	☐
6.	Ana no conoce a Carlos ni a Julia.	☐	☐

PASO 2. Escribe la letra correspondiente para indicar quién dice las siguientes oraciones del blog.

1. ____ ¿Llamamos a la puerta?
2. ____ Hola, encantada de conoceros.
3. ____ Lo normal. Dos padres, dos hijos, varios tíos, primos, sobrinos.
4. ____ ¿Nosotros? ¿Una familia típica española? No sé lo que significa eso.
5. ____ Bueno, basta ya. ¿Es que no podemos tener la fiesta en paz en esta casa?

a. Ana
b. Miguel
c. Concha
d. Julia
e. Carlos

B. Opinión. En parejas, contesten las preguntas. Después, compartan sus ideas con la clase.

1. ¿Creen Uds. que la familia de Concha y Miguel es una familia típica en España? Expliquen.
2. ¿Cómo es la relación entre los miembros de la familia que visita Ana?

C. Temas de discusión. En parejas, contesten la pregunta que Ana hace al final de su blog: ¿Es parecida la familia de Concha y Miguel a su propia familia? Mencionen algunas semejanzas y diferencias.

Vocabulario

Las relaciones familiares	**Family relationships**
el/la abuelo/a	grandfather/grandmother
los abuelos	grandparents
el/la ahijado/a	godson/goddaughter
el/la esposo/a	husband/wife
el/la gemelo/a	twin
el/la hermanastro/a	stepbrother/stepsister
el/la hermano/a	brother/sister
los hermanos	siblings
el/la hijastro/a	stepson/stepdaughter
el/la hijo/a	son/daughter
el/la hijo/a adoptivo/a	adopted son/daughter
el/la hijo/a único/a	only child
los hijos	children
la madrastra	stepmother
la madre	mother
la madrina	godmother
el/la medio/a hermano/a	half brother/sister
el/la nieto/a	grandson/granddaughter
los nietos	grandchildren
el padrastro	stepfather
el padre	father
los padres	parents
el padrino	godfather
los padrinos	godparents
el/la pariente	relative
el/la primo/a	cousin
el/la sobrino/a	nephew/niece
los sobrinos	nephews and nieces
el/la tío/a	uncle/aunt
los tíos	aunts and uncles

La familia política	**In-laws**
el/la cuñado/a	brother-in-law/sister-in-law
la nuera	daughter-in-law
el/la suegro/a	father-in-law/mother-in-law
el yerno	son-in-law

Las mascotas	**Pets**
el gato	cat

Repaso: el perro

Los números a partir de 100

cien, ciento uno, ciento dos, ciento tres,... ciento noventa y nueve
doscientos/as, trescientos/as, cuatrocientos/as, quinientos/as, seiscientos/as, setecientos/as, ochocientos/as, novecientos/as
mil, dos mil,...
un millón (de), dos millones (de),...

Para describir a la gente

cariñoso/a	affectionate
delgado/a	thin
gordo/a	fat
hermoso/a	pretty
jubilado/a	retired
listo/a	smart
orgulloso/a	proud
torpe	clumsy
tranquilo/a	calm
travieso/a	mischievous
unido/a	close (*relationship*)
viejo/a	old

Cognados: extrovertido/a, obediente, responsable, tímido/a
Repaso: alto/a, bajo/a, bonito/a, bueno/a, feo/a, guapo/a, joven (jóvenes), moreno/a, nervioso/a, pelirrojo/a, perezoso/a, rubio/a, trabajador(a)

Los eventos familiares

el bautizo	baptism
la boda	wedding
el cumpleaños	birthday
el divorcio	divorce
el matrimonio	marriage; married couple

Cognado: la ceremonia civil

El estado civil	**Marital status**
casado/a	married
divorciado/a	divorced
separado/a	separated
soltero/a	single
viudo/a	widowed

Los verbos

conocer (zc)	to know, be acquainted with (*person/place*)
saber (*irreg.*)	to know (*a fact*)
saber + *inf.*	to know (*how to do something*)

Repaso: estar (*irreg.*), **ser** (*irreg.*)

Las preposiciones

para	for; toward
para + *inf.*	in order to (*do something*)
por	for; in; by, on, by means of; through; along
por ejemplo	for example
por eso	therefore, that's why
por favor	please
por fin	finally
por lo general	generally
por lo menos	at least

Los demostrativos	**Demonstratives**
aquel(la); aquellos/as	that (one) (*way over there*); those (*way over there*)
ese/a; esos/as	that (one); those
este/a; estos/as	this (one); these
eso, aquello (*neuter*)	that
esto (*neuter*)	this

Otras palabras y expresiones

la oración	sentence
el resumen	summary
cada	each
¿cuántos años tiene(s)?	how old are you?
en parejas	in pairs
según	according to
siguiente	following
sin	without

CAPÍTULO 5

¡Hogar, dulce hogar!*

EN ESTE CAPÍTULO

España

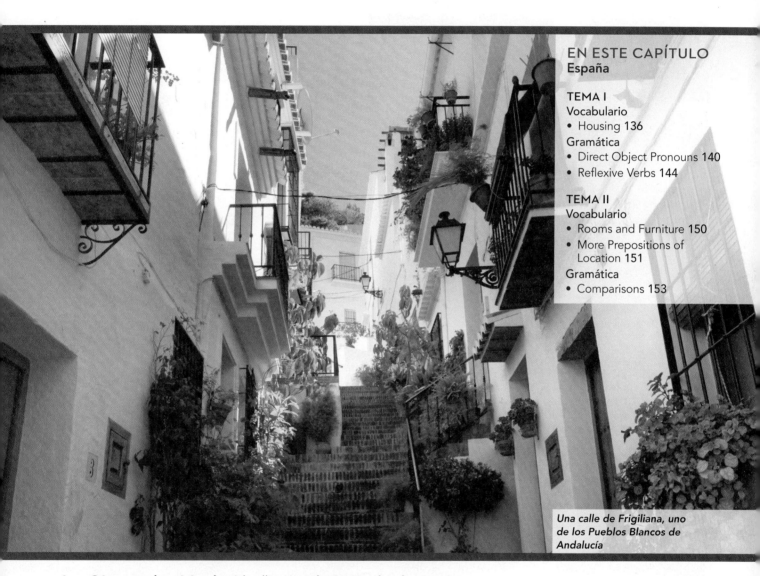

Una calle de Frigiliana, uno de los Pueblos Blancos de Andalucía

1. ¿Cómo son las viviendas (*dwellings*) en la región donde vives?
2. ¿Dónde vives durante el año académico, en una casa, en una residencia estudiantil, en un edificio de apartamentos? ¿en otro lugar?
3. ¿Qué parte de tu casa o apartamento te gusta más? ¿por qué?

www.connectspanish.com

*Hogar… *Home, sweet home!*

TEMA I: ¿Hay una vivienda típica?

Vocabulario en acción

Las viviendas

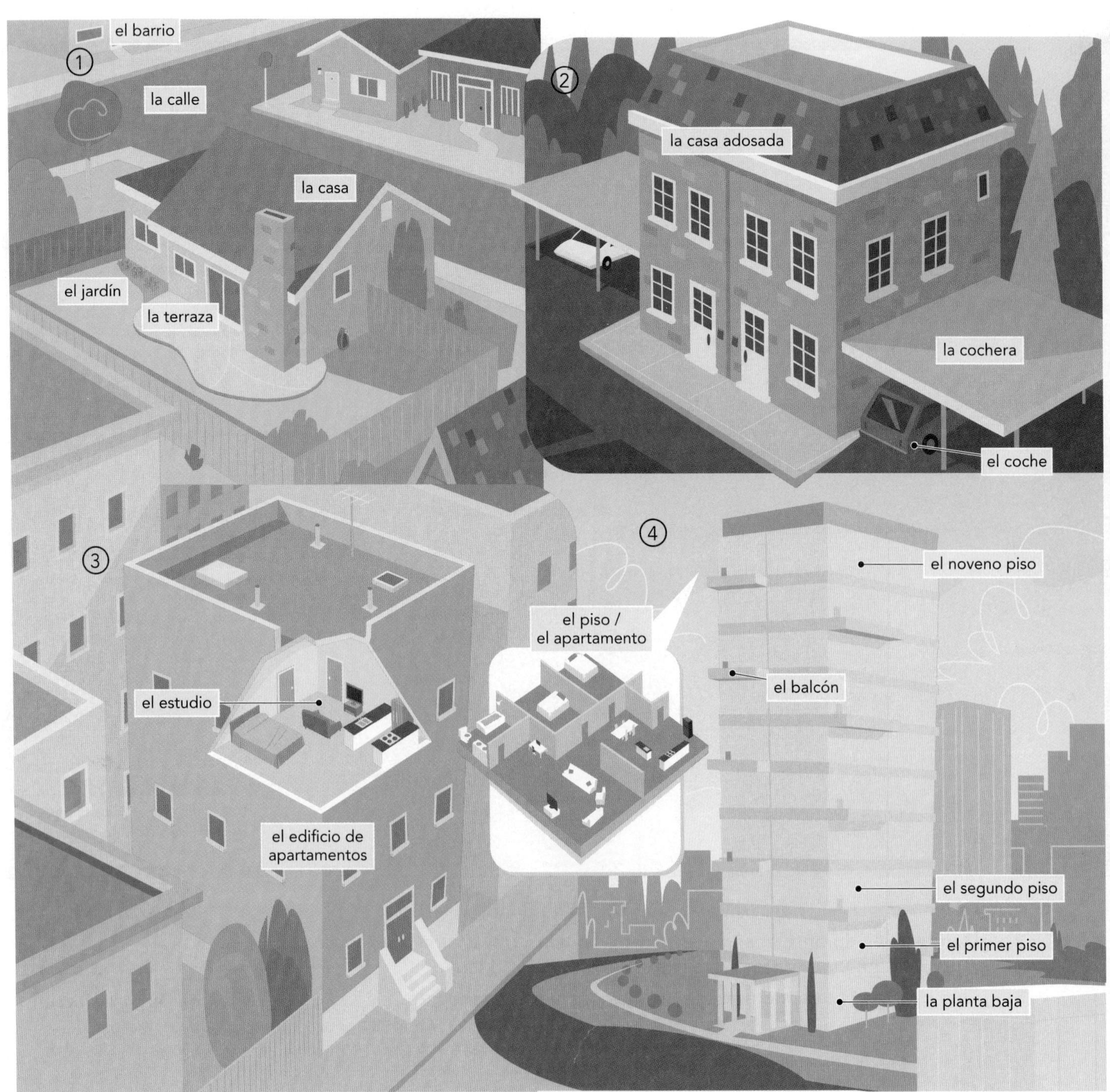

las afueras	outskirts; suburbs
el ascensor	elevator
la avenida	avenue
el bulevar	boulevard
el campo	country(side)
la casa adosada	townhouse
el centro	downtown
el/la vecino/a	neighbor
amueblado/a	furnished
céntrico/a	central, centrally located
lleno/a de luz	bright; well-lit
oscuro/a	dark; dim
de al lado	next-door
sin amueblar	unfurnished

Cognados: el chalet, el patio
Repaso: el césped, la ventana; tranquilo/a

Nota comunicativa

COMMUNICATION

ORDINAL NUMBERS

Here are some of the more common ordinal numbers in Spanish.

primer, primero/a	first	**sexto/a**	sixth
segundo/a	second	**séptimo/a**	seventh
tercer, tercero/a	third	**octavo/a**	eighth
cuarto/a	fourth	**noveno/a**	ninth
quinto/a	fifth	**décimo/a**	tenth

Ordinal numbers can be used as adjectives or pronouns, and they agree in number and gender with nouns they modify or replace.

Vivimos en la **segunda casa** a la derecha.	*We live in the second house on the right.*
Mi casa es la **quinta** desde la esquina.	*My house is the fifth from the corner.*

The adjective forms **primer** and **tercer** are used to refer to masculine singular nouns. When used as masculine singular pronouns, they end in an **-o.**

—¿Es este el **primer piso**? (*adjective*)	*Is this the second floor?*
—No, es el **tercero.** (*pronoun*)	*No, this is the fourth.*

ACTIVIDADES

A. Opción múltiple. Escucha cada una de las descripciones. Indica la opción correcta.

	a.	b.	c.
1.	**a.** el piso	**b.** la casa	**c.** la casa adosada
2.	**a.** el estudio	**b.** el bulevar	**c.** el vecino
3.	**a.** las afueras	**b.** el balcón	**c.** la terraza
4.	**a.** la terraza	**b.** el estudio	**c.** la planta baja
5.	**a.** el jardín	**b.** la planta baja	**c.** el balcón
6.	**a.** el centro	**b.** la cochera	**c.** el barrio
7.	**a.** las calles	**b.** el edificio de apartamentos	**c.** el campo
8.	**a.** la avenida	**b.** el barrio	**c.** el noveno piso

B. La palabra intrusa (*that doesn't belong*). Indica la palabra que no corresponde a la serie y explica por qué.

MODELO **a.** el barrio **b.** las afueras **(c.)** el vecino **d.** el campo
El vecino no es una zona o lugar.

1.	**a.** el centro	**b.** el bulevar	**c.** el estudio	**d.** la avenida
2.	**a.** el estudio	**b.** el ascensor	**c.** el piso	**d.** la casa
3.	**a.** la ventana	**b.** el balcón	**c.** la cochera	**d.** el campo
4.	**a.** la planta baja	**b.** sin amueblar	**c.** el primer piso	**d.** el segundo piso
5.	**a.** oscuro	**b.** tranquilo	**c.** lleno de luz	**d.** quinto

C. Tipos de viviendas en España

PASO 1. Lee la información sobre las viviendas en España.

La mayoría de los españoles vive en pisos o en casas adosadas porque no se dispone de[a] mucho espacio. En las ciudades grandes predominan los pisos, pero en los pueblos pequeños es más típico vivir en casas individuales o adosadas. Algunas personas viven en chalets en las afueras de las ciudades y de los pueblos. Otras personas tienen un chalet como segunda vivienda lejos de su ciudad de origen para pasar las vacaciones. En los estudios y apartamentos viven generalmente las personas solteras. Finalmente, en España hay pueblos muy pequeños en zonas rurales donde la gente que trabaja en el campo vive en granjas[b] como en este país.

[a]no... *is not available* [b]*farmhouses*

Un chalet en Cantabria

PASO 2. En parejas, hagan una lista de los tipos de viviendas que se mencionan en el **Paso 1.** Después indiquen una característica de cada una de ellas.

MODELO Tipo de vivienda: casas adosadas
Característica: Muchos españoles viven en casas adosadas.

PASO 3. En grupos, y siguiendo el modelo del **Paso 2,** hagan una descripción de los tipos de viviendas de la región geográfica donde Uds. viven. ¿Son esos tipos de viviendas semejantes o diferentes a los tipos de viviendas en España? Compartan sus ideas con la clase.

D. Entrevista

PASO 1. Entrevista a un compañero / una compañera con las preguntas. Luego, cambien de papel.

1. ¿Vives solo/a, con compañeros de cuarto o con tu familia?
2. ¿Qué tipo de vivienda tienes aquí? ¿En qué parte del pueblo / de la ciudad está ubicada (*located*)?
3. ¿Qué tipo de vivienda tiene tu familia? Descríbela.
4. ¿Vive tu familia en una ciudad pequeña o en una ciudad grande? ¿En qué parte de la ciudad vive?
5. ¿Cómo es el barrio? ¿Te gusta tu barrio? ¿Por qué?

PASO 2. Prepara una descripción de las semejanzas (*similarities*) y diferencias entre tú y tu compañero/a. Vas a compartirla con la clase.

MODELO Charlie y yo vivimos con compañeros de cuarto, pero Charlie vive en una casa y yo vivo en un apartamento.

Nota interdisciplinaria

ARQUITECTURA: LOS PARADORES ESPAÑOLES

El Parador Nacional de Ronda

Los paradores españoles son hoteles dentro de edificios históricos, como antiguos palacios, castillos[a] o monasterios. La arquitectura de los edificios y el paisaje[b] en que se encuentran varían. Hay, por ejemplo, de estilo románico,[c] gótico, renacentista, barroco, y mientras[d] muchos están en el centro histórico de las ciudades, otros están en sitios naturales.

Los claustros,[e] salones y otras partes interiores están restaurados, pero mantienen el estilo y el ambiente original. Hay paradores con piscinas, saunas y gimnasios, y las habitaciones tienen todas las comodidades[f] modernas, como aire acondicionado, minibar y baños completos. Sin embargo[g], muchos mantienen el espíritu del pasado, pues están amueblados con piezas[h] de la época original.

[a]*castles* [b]*scenery* [c]*romanesque* [d]while [e]*cloisters* [f]*comforts* [g]Sin… *Nevertheless* [h]*pieces*

PREGUNTAS

1. ¿En qué tipos de edificios están situados los paradores españoles? ¿En qué lugares de España hay paradores?
2. ¿Cómo es la arquitectura de los paradores? ¿Cómo es el interior de los edificios?
3. ¿Cómo son las habitaciones?

Gramática

Referring to Previously Mentioned People and Objects

5.1 Direct Object Pronouns

GRAMÁTICA EN ACCIÓN

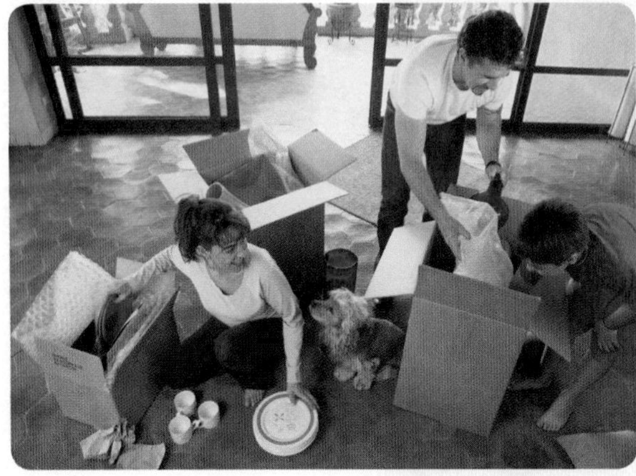

La nueva casa

[*Una familia pone los muebles en su nueva casa. Hablan los padres mientras que los niños* **los** *ayudan.*]

PAPÁ: Aquí está la nueva mesa. ¿Quién tiene las sillas?

MAMÁ: Yo **las** tengo, amor.

PAPÁ: ¿Y el sofá?

MAMÁ: **Lo** tienen Federico y Bárbara, pero es muy pesado para ellos.

PAPÁ: **Los** ayudo.

MAMÁ: Oye, ¿dónde está Liliana? No **la** veo.

PAPÁ: Está en el salón.

MAMÁ: Necesitamos **cuidarla** porque es muy joven. ¡Liliana!

PAPÁ: Llama a Federico y Bárbara también. Todos vamos a descansar un rato. **Los** invito a tomar un helado.

MAMÁ: Ay, gracias, amor. ¡Federico, Bárbara, Liliana,... !

Comprensión. Completa los diálogos con las palabras de la lista.

la las los te

1. —¿Quién tiene la mesa?
   —Yo ______ tengo.
2. —No veo a los niños. ¿Dónde están?
   —Yo ______ veo. Están en la cocina.
3. —Necesitamos las cortinas. ¿Dónde están?
   —No sé. No ______ tengo.
4. —¿Me ayudas con la cómoda (*chest of drawers*)?
   —Sí, ______ ayudo.

A direct object receives the action of the verb in a sentence and generally answers the question *what?* or *whom?*

¿Miran Uds. la televisión en el salón?	*Do you all watch television in the living room?*

Here, the subject **Uds.** is performing the action in the sentence, while the direct object **la televisión** receives the action of the verb **miran.** Again, the direct object answers the question *What (do you watch)?* Remember to use the personal **a** before a direct object noun if it refers to a person or personified entity, such as the family pet.

—¿Vas a llamar **a** Elena esta tarde?	*Are you going to call Elena this afternoon?*
—Sí, **la** voy a llamar (esta tarde).	*Yes, I'm going to call her (this afternoon).*
—¿Ves **a** Duque, mi perro?	*Do you see Duque, my dog?*
—No, no **lo** veo.	*No, I don't (see him).*

A. Direct object pronouns are used to avoid having to repeat the direct object over and over in a conversation or in writing. Each third person form must agree in number and gender with the noun that it replaces, and all direct object pronouns precede the conjugated verb.

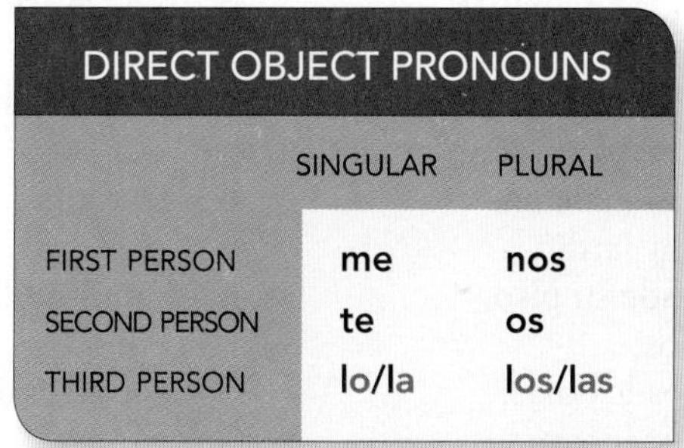

DIRECT OBJECT PRONOUNS	SINGULAR	PLURAL
FIRST PERSON	**me**	**nos**
SECOND PERSON	**te**	**os**
THIRD PERSON	**lo/la**	**los/las**

—¿Usa Ángel **el ordenador** en casa?	*Does Ángel use the computer at home?*
—Sí, lo usa en casa.	*Yes, he uses it at home.*
—¿Tiene el piso balcones?	*Does the apartment have balconies?*
—Sí, los tiene.	*Yes, it has them.*
—¿Te saludan Teresa y Susana cuando te ven?	*Do Teresa and Susana greet you when they see you?*
—Sí, me saludan cuando me ven en la calle.	*Yes, they greet me when they see me on the street.*

B. In a negative sentence, the word *no* is placed just before the direct object pronoun.

—¿Usas mucho la piscina de tu casa?	*Do you use the pool at your house much?*
—No, no la uso mucho.	*No, I don't use it much.*

C. In the case of a conjugated verb followed by an infinitive, the direct object pronoun may be placed just before the conjugated verb or attached to the infinitive.

—¿Puedes llamarme a la casa?	*Can you call me at home?*
—Sí, te **puedo** llamar. —Sí, puedo **llamarte**.	*Yes, I can call you.*

D. If the verb is in the present progressive form, the pronoun may be placed immediately before the conjugated form of **estar,** or attached to the end of the gerund. When pronouns are attached to a gerund, a written accent marks the original stressed syllable.

—¿Estás limpiando la cocina?	*Are you cleaning the kitchen?*
—Sí, la **estoy** limpiando. —Sí, estoy **limpiándola**.	*Yes, I'm cleaning it.*

Vocabulario práctico	
uso	I use
sentarme	sit (myself) down
amables	friendly
casi	almost

ACTIVIDADES

A. El piso de Laura. Escucha la descripción del nuevo apartamento de Laura. Luego indica las respuestas correctas.

1. El piso de Laura tiene muchas ventanas.
   a. Las abre todas las mañanas. **b.** No las abre todas las mañanas.
2. El piso también tiene balcón.
   a. Laura lo usa mucho. **b.** Laura no lo usa mucho.
3. Laura toma café en el balcón.
   a. Lo toma por las mañanas **b.** Lo toma por las tardes.
4. El edificio tiene un jardín.
   a. Laura lo ve desde su piso. **b.** Laura no lo ve desde su piso.
5. Laura tiene vecinos.
   a. Los llama todos los días. **b.** Los ve casi todos los días.
6. El edificio tiene ascensor.
   a. Laura lo usa. **b.** Laura no lo usa.

B. En casa. Completa las oraciones con el pronombre de objeto directo correcto, según el contexto.

1. Tu ropa está sucia. ¿Por qué no ______ lavas?
2. Ellos tienen muchos libros. ______ tienen en la estantería del despacho.
3. La casa de mi mamá tiene muchas ventanas, pero no ______ abre todos los días.
4. Profesora, Ud. debe usar la cochera. ¿______ ve allí?
5. ¿Quieres ir al cine con nosotros? ______ llamamos antes de salir.
6. Estamos muy contentos porque tú vas a dar una fiesta. ¿______ vas a invitar?
7. Tengo que cortar el césped. ______ corto todos los fines de semana.
8. No conozco a Federico. No sé por qué él dice que ______ conoce.

C. Cosas útiles

PASO 1. Escribe una descripción de cuatro objetos (de tu casa, de la clase, etcétera) que usas con frecuencia. **¡OJO!** Escribe por lo menos dos oraciones completas para cada cosa que describes, y usa los pronombres de objeto directo en tus descripciones.

MODELO el lápiz → Lo uso para escribir. Lo tengo en mi escritorio ahora.

PASO 2. En parejas, túrnense para leer sus descripciones. Deben adivinar el objeto descrito.

MODELO E1: Lo uso para escribir.
E2: El bolígrafo.
E1: No, lo tengo en mi escritorio ahora.
E2: ¡Es un lápiz!
E1: Sí.

EXPERIENCIA INTEGRAL

Los patios andaluces

ANTES DE LEER. Piensa en tu casa o la casa de tus padres. ¿Hay un jardín, un patio, una terraza o un balcón? ¿Hay plantas o flores cerca de o dentro de la casa? Escribe una lista de las características que tiene. ¿Cuál es el lugar central para la familia?

PASO 1. Completa el pasaje con los pronombres de objeto directo correctos, según el contexto.

Un patio en Córdoba

Los patios andaluces son una joya[a] de esta región del sur de España, y puedes conocer______[1] en nuestro *tour* especial por los patios de Córdoba.

Estos patios son interiores —es decir, la gente no ______[2] ve desde la calle. Son una parte central de la casa y muy íntima. La familia también ______[3] considera una parte central de la vida familiar.

Los patios andaluces reflejan[b] la influencia árabe. Los visitantes ______[4] ven inmediatamente en su forma geométrica y ordenada. Las flores[c] y las plantas son una parte importante de esta forma. Los jardineros[d] ______[5] ponen en lugares cuidadosamente escogidos para hacer resaltar[e] sus colores. Las paredes también son comunes en los patios, y la gente ______[6] construye para definir el espacio. De manera semejante, los patios incluyen arbustos, árboles y paseos[f] y la gente ______[7] incorpora en forma geométrica.

¿Quieres tener una experiencia inolvidable[g]? ______[8] invitamos a venir a Córdoba.

[a]*gem* [b]*reflect* [c]*flowers* [d]*gardeners* [e]hacer... *to make stand out* [f]arbustos... *bushes, trees, and paths* [g]*unforgettable*

PASO 2. Contesta las preguntas, según el **Paso 1.**

1. ¿A qué ciudad va el *tour*?
2. ¿Cómo son los patios andaluces? Descríbelos.
3. ¿Cómo ponen los jardineros las plantas y las flores en los jardines?
4. ¿Cómo se usan (*are used*) los arbustos, los árboles y los paseos?

PASO 3. En parejas, contesten las preguntas.

1. ¿Qué jardines públicos o parques hay en su región? ¿Los visitan Uds.? Expliquen.
2. ¿Es importante el jardín o el patio para la familia en su región? Expliquen.
3. ¿En qué actividades participan las familias en los jardines y parques públicos de su región? ¿En cuáles participan Uds.?

PASO 4. Busca más información sobre los patios andaluces. Compáralos con los jardines y parques en tu región. Después, comparte tus resultados con la clase.

Expressing Actions That One Does to Oneself

5.2 Reflexive Verbs

GRAMÁTICA EN ACCIÓN

Un lunes loco

[María, Camila y Paula son compañeras de cuarto. Comparten un piso de tres dormitorios y un solo baño en el barrio del Realejo en Granada. Hoy es lunes y todas tienen prisa. Se preparan para ir a sus clases.]

CAMILA: ¡María! ¿Qué haces en el baño? Sabes que yo siempre **me ducho** primero. ¡Es mi turno en el baño!

MARÍA: Tranquila. **Me lavo** la cara y **me lavo** los dientes. Solo necesito cinco minutos. ¿Qué hace Paula?

CAMILA: Tú la conoces. Siempre **se despierta** muy tarde.

MARÍA: Bueno, necesita **levantarse** y **vestirse** ya. Tiene un examen en su primera clase.

CAMILA: Siempre **se irrita** cuando **se despierta** por la mañana. Yo no quiero hablar con ella.

PAULA: ¡Por favor! ¡**Me estoy levantando** ahora! ¿Cómo es posible? Vosotras siempre **os sentís** tan bien por la mañana. Yo no **me siento bien** antes del mediodía. ¡Para mí, es difícil **levantarme**!

CAMILA: Bueno, ya **nos conocemos**. Yo **me acuesto** a las 11:00 y duermo ocho horas, pero tú nunca **te duermes** antes de las 2:00 de la mañana… María **se toma** cuatro horas en el baño. ¡Ya es mi turno! Quiero **ducharme** y **maquillarme** antes de salir para clase. Paula, ¿**nos vemos** a las 3:00 en el café?

PAULA: Sí. **Nos vemos** a las 3:00. Elena y Carmen vienen también.

CAMILA: Ay, no. No **nos** vamos a **divertir** con esas dos porque no **se llevan bien**.

PAULA: Pero tenemos que **reunirnos** con ellas también para hablar de los planes para el proyecto.

MARÍA: Ya puedes **ducharte**, Camila. Pero no hay más agua caliente.

Comprensión. Escribe la palabra correcta para completar cada una de las oraciones.

1. Camila ______ ducha primero.
2. Camila y Paula ______ van a ver en el café a las 3:00.
3. Yo no ______ enojo por la mañana como Paula.
4. Elena y Carmen no ______ llevan bien.
5. ¿Y tú? ¿______ duchas por la mañana o por la noche normalmente?

bañarse (*to bathe; to swim*)	
me **baño**	nos **bañamos**
te **bañas**	os **bañáis**
se **baña**	se **bañan**

Spanish has a special category of verbs called reflexive verbs, which are used when speakers talk about what they do to themselves or for themselves. A reflexive verb consists of two parts, a reflexive pronoun followed by a conjugated form of the verb. The reflexive pronoun always refers to the subject of the verb, who performs the action on him/herself.

Reflexive pronouns follow the same rules of placement as direct object pronouns: when a conjugated verb is followed by an infinitive or a gerund, place the pronoun either before the conjugated verb or attached to the end of infinitive or gerund. Remember to add an accent mark to the gerund when attaching a pronoun.

Me voy a divertir. *or* Voy a **divertirme**.
I'm going to have a good time.

Nos estamos relajando. *or* Estamos relajándonos.
We're relaxing.

Most verbs about personal-care routine are reflexive in Spanish.

acostarse	to lie down
afeitarse	to shave
despertarse (ie)	to wake up
desvestirse (i, i)	to get undressed
dormirse (ue, u)	to fall asleep
ducharse	to (take a) shower
lavarse la cara / las manos / el pelo	to wash one's face/hands/hair
lavarse los dientes	to brush one's teeth
maquillarse	to put on makeup
secarse	to dry off
vestirse (i, i)	to get dressed

There are many other verbs in Spanish that can be used reflexively and that you will learn later in this book. For now, the following are some reflexive verbs not related to personal care that you see in this chapter:

divertirse (ie)	to have a good time, have fun
mudarse	to move (*from one residence to another*)
relajarse	to relax
sentirse (ie)	to feel

Nota comunicativa

RECIPROCAL VERBS

Reciprocal verbs are used to express the idea of *each other*. Like the reflexive verbs, they are used with the reflexive pronouns and the reflexive and subject pronouns agree. But because reciprocal actions are mutually carried out by two or more people, only the plural forms (**nos**, **os**, and **se**) are used. Almost any verb can be used in a reciprocal context, but the following are common examples.

abrazarse	to hug (each other)
besarse	to kiss (each other)
comunicarse	to communicate (with each other)
conocerse (zc)	to know (each other), to meet (each other) (*for the first time*)
darse (*irreg.*) **la mano**	to shake hands (with each other)
despedirse (*like* **pedir**)	to say good-bye (to each other)
llevarse bien/mal	to get along well/poorly (with each other)
reunirse (me reúno)	to meet up (with each other)
saludarse	to greet (each other)
verse (*irreg.*)	to see (each other)

Mis amigos y yo **nos vemos** cada fin de semana. — *My friends and I see each other every weekend.*
Pablo y Yolanda **se abrazan** y **se besan**. — *Pablo and Yolanda hug and kiss each other.*

ACTIVIDADES

A. ¿Es lógico o no? Escucha las oraciones. Luego, indica si las actividades están en orden lógico (**Sí**) o no (**No**). Si no, ordénalas.

	sí	no		sí	no		sí	no		sí	no
1.	☐	☐	**3.**	☐	☐	**5.**	☐	☐	**7.**	☐	☐
2.	☐	☐	**4.**	☐	☐	**6.**	☐	☐	**8.**	☐	☐

B. ¿Para qué?

PASO 1. Indica lo que hacen estas personas, según lo que necesitan.

MODELO Tú necesitas acondicionador (*conditioner*). → Te lavas el pelo.

1. Esteban necesita una rastrillo (*razor*).
2. Nosotros necesitamos toallas (*towels*).
3. Uds. necesitan sus teléfonos celulares.
4. Yo necesito jabón (*soap*).

PASO 2. Ahora, indica lo que *están haciendo* las personas.

MODELO Tú necesitas acondicionador. → Te estás lavando el pelo. *o* Estás lavándote el pelo.

1. Mis hermanas necesitan lápiz labial (*lipstick*) y rímel (*mascara*).
2. Necesitamos sacar todos los muebles (*furniture*) del apartamento.
3. Ramón necesita champú (*shampoo*).
4. Necesito mi ropa.

PASO 3. Indica lo que *van a hacer* las personas.

MODELO Tú necesitas acondicionador. → Te vas a lavar el pelo. *o* Vas a lavarte el pelo.

1. Necesitas pasta de dientes (*toothpaste*).
2. Necesitamos ir a nuestro café favorito a las 2:00.
3. Mis padres necesitan almohadas (*pillows*).
4. Uds. deben salir ya (*right away*) para la fiesta.

C. Entrevista. Entrevista a un compañero / una compañera de clase con estas preguntas. Luego cambien de papeles.

1. ¿A qué hora te despiertas los días de clase? Para ti, ¿es fácil o difícil levantarte por la mañana?
2. ¿Te afeitas/maquillas todos los días antes de salir? ¿Por qué?
3. ¿Cómo te relajas después de clase? ¿Dónde se reúnen tus amigos y tú?
4. Normalmente, ¿cómo te sientes antes de un examen muy difícil? ¿Por qué?
5. ¿Cómo se saludan tus amigos y tú cuando se ven? ¿Se abrazan? ¿Se dan la mano? ¿Con qué frecuencia se ven Uds.?
6. ¿Cómo se comunican tus padres y tú normalmente? ¿Con qué frecuencia se comunican por teléfono? ¿Se escriben mensajes de texto?

Nota cultural

CULTURES

EL CAMINO DE SANTIAGO

El Camino de Santiago[a] es una serie de rutas medievales de peregrinación[b] que cruzan Europa hasta la tumba del apóstol Santiago en la Catedral de Santiago de Compostela, España. Históricamente los peregrinos seguían[c] este itinerario por motivos religiosos, y otros, para evitar la cárcel.[d] La ruta más popular es el Camino Francés, que atraviesa casi 500 millas.

Hoy día, los peregrinos hacen el peregrinaje desde muchos lugares y por razones diferentes. Unas personas llegan caminando y otras en bicicleta. Como toma muchos días de camino, se quedan[e] en hostales o refugios[f] o acampan.

[a]El... *The Way of Saint James* [b]serie... *series of medieval pilgrimage routes* [c]*pilgrims would (used to) follow* [d]evitar... *avoid a prison sentence* [e]se... *they stay* [f]*refuges*

EXPERIENCIA INTEGRAL

Un día en el Camino de Santiago

ANTES DE LEER. Muchos peregrinos modernos que siguen el Camino de Santiago no lo hacen por razones religiosas. Les gusta dar una caminata (*to hike*) histórica, por ejemplo. ¿Te gusta dar caminatas? ¿Qué haces para prepararte para una caminata larga? ¿Sabes de otras peregrinaciones o excursiones famosas?

PASO 1. Completa la lectura con la forma correcta de cada uno de los verbos entre paréntesis. **¡OJO!** Cuando hay dos verbos entre paréntesis, escoge primero el verbo correcto.

Álvaro (**estar/ser**[1]) estudiante. Este verano, sigue el Camino de Santiago con dos amigas. Todos los días, Álvaro (**despertarse**[2]) a las 5:00 de la mañana. (*Álvaro:* **Levantarse**[3]) inmediatamente, (**vestirse**[4]) y (**lavarse**[5]) la cara y los dientes. Después, Álvaro y sus amigas desayunan y salen con sus mochilas para seguir el camino.

PERIODISTA:[a] ¿Qué (**pensar**[6]) Ud. del peregrinaje a Santiago, de esta experiencia?

ÁLVARO: Es una experiencia magnífica. Caminamos mucho todos los días, y al final del día, siempre (*nosotros:* **estar/ser**[7]) muy cansados. Pero todos los días (*yo:* **conocer/saber**[8]) a muchas personas, y me gusta mucho escuchar sus experiencias en el Camino. Todas son interesantes.

PERIODISTA: ¿Cómo (*Ud.:* **relajarse**[9]) al final del día?

ÁLVARO: Primero, (*yo:* **bañarse**[10]) en el hostal. Después, (*yo:* **vestirse**[11]) con ropa cómoda[b] y charlo con los otros peregrinos mientras[c] cenamos. A veces un peregrino toca la guitarra y canta o hablamos de nuestras experiencias en el Camino. Finalmente, (*yo:* **acostarse**[12]) temprano porque (*yo:* **conocer/saber**[13]) que mañana (*yo:* **tener**[14]) que caminar más.

Enfrente de la Catedral de Santiago de Compostela

[a]*journalist* [b]*comfortable* [c]*while*

PASO 2. Contesta las preguntas, según el **Paso 1.**

1. ¿A qué hora se despierta Álvaro? ¿Cuándo se levanta?
2. ¿Cómo empieza el día de Álvaro en el Camino de Santiago? ¿Qué hace?
3. ¿Cómo describe Álvaro su experiencia como peregrino?
4. ¿Cómo se siente Álvaro al final del día?
5. ¿Qué le gusta mucho a Álvaro? ¿Por qué?
6. ¿Cómo se relaja Álvaro al final del día?
7. ¿A qué hora se acuesta Álvaro? ¿Por qué?

PASO 3. Busca información en blogs, Twitter y Facebook sobre las experiencias de personas que siguen el Camino de Santiago, y escribe un resumen de la persona y su experiencia. Usa las preguntas para organizar tus ideas, y luego, preséntalas a la clase.

1. ¿Cómo se llama la persona? ¿De dónde es?
2. ¿Cuál de las rutas sigue? ¿Con quién(es) hace la excursión?
3. ¿Por cuántos días camina? ¿Dónde duerme? ¿Se queda (*Does he/she stay*) en hoteles u hostales o prefiere acampar?
4. ¿Cómo se siente durante su caminata? ¿Se divierte en el camino o no?

Palabra escrita

A comenzar

Developing Your Ideas Through Description. The purpose of a descriptive piece of writing is to provide the reader with sensory information about the subject being presented, for example, how it sounds, smells, or looks. In other words, the writer wants to help the reader to see or feel the topic the way he/she does. To achieve this, adjectives and other linguistic conventions need to be chosen carefully. A useful pre-writing activity is to write sentences or brief paragraphs about how a person, place, thing, or event makes you feel and why.

You are going to start the process of writing a brief composition that you will finalize in the **Palabra escrita: A finalizar** section of your *Workbook/Laboratory Manual.* The topic of this composition is **Un lugar especial en el hogar.** The purpose of your composition will be to describe a certain area or room in your home (or a favorite relative's home that you're familiar with) and to explain to the reader why it is special to you.

A. Lluvia de ideas. Haz una lluvia de ideas sobre estas preguntas.

1. ¿Cuál es el lugar especial para ti en el hogar? ¿Dónde está?
2. ¿Cómo es?
3. ¿Qué haces allí?
4. ¿Cómo te sientes cuando estás allí?
5. ¿Por qué es un lugar especial para ti?

B. A organizar tus ideas. Repasa tus ideas y asegúrate de (*make sure*) que describen bien el lugar y que comunican las emociones que sientes cuando estás en ese lugar. Organiza tus ideas, compártelas (*share them*) con la clase y apunta otras ideas que se te ocurran durante el proceso.

C. A escribir. Ahora, haz el borrador de tu composición con las ideas y la información que recopilaste (*collected*) en las **Actividades A** y **B. ¡OJO!** Guarda bien tu trabajo. Vas a necesitarlo otra vez para la sección de **Palabra escrita: A finalizar** en el *Workbook/Laboratory Manual.*

Antoni Gaudí

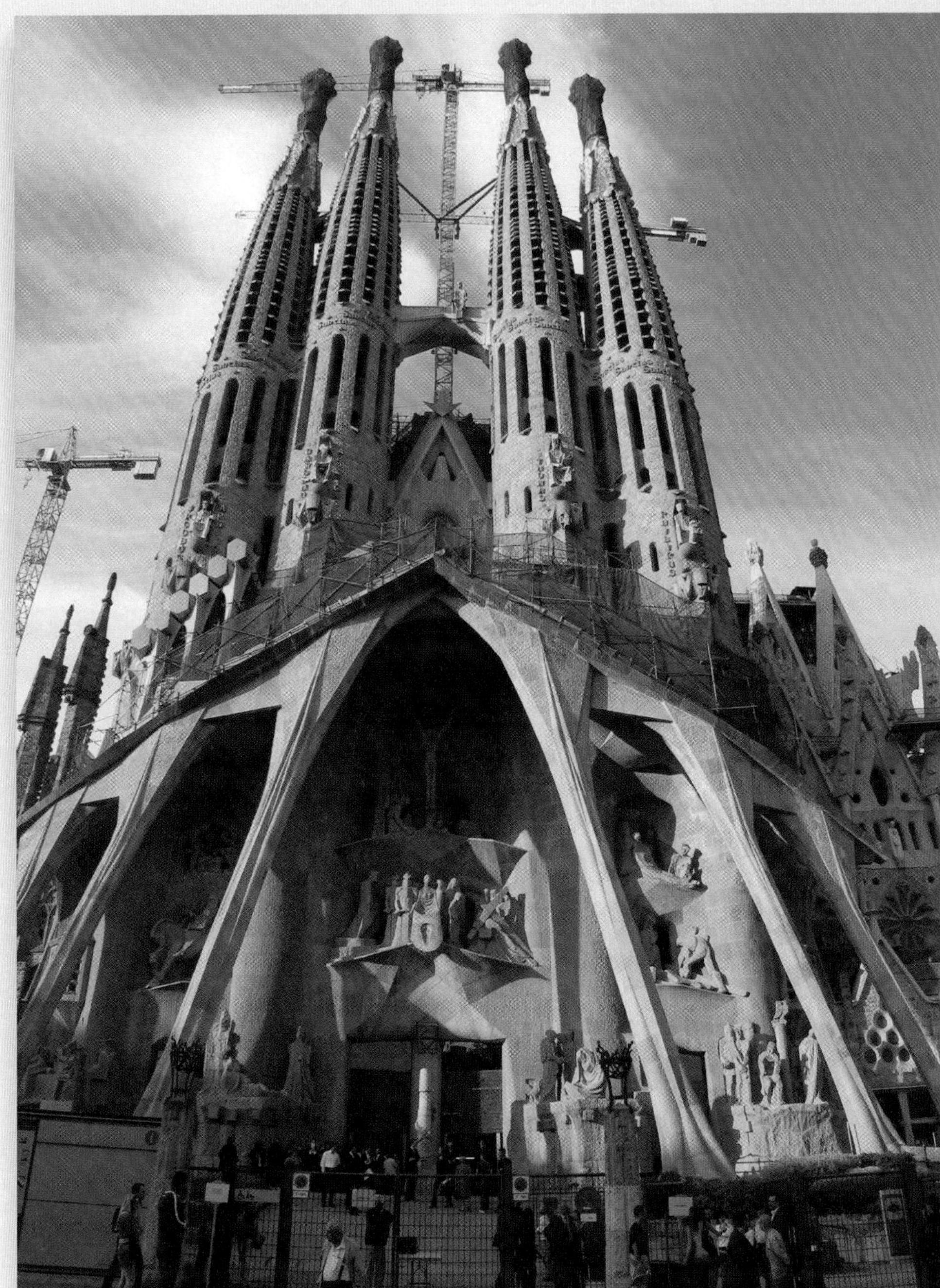
La Catedral de la Sagrada Familia, Barcelona

El arquitecto catalán Antoni Gaudí (1852–1926) fue[a] el máximo representante del Modernismo y un pionero en las vanguardias artísticas del siglo XX. Mientras vivía, muchos críticos y artistas no entendían ni apreciaban[b] el arte de Gaudí, pero actualmente,[c] su obra es emblemática de la modernidad de Barcelona.

La Sagrada Familia, su obra maestra, es una catedral neogótica de grandes dimensiones. Este proyecto fue para Gaudí una obsesión personal, pero en 1926, antes de completar la catedral, Gaudí murió[d] en un accidente. En 1979 se reiniciaron[e] las obras, siguiendo la idea original de Gaudí.

[a]*was* [b]no... *didn't understand or appreciate* [c]*today* [d]*died* [e]se... *resumed*

REFLEXIÓN

1. Según la lectura, la obra de Gaudí es emblemática de la modernidad. ¿En qué aspectos te parece moderna esta catedral?
2. En grupos pequeños, analicen el papel (*role*) cultural de una catedral como La Sagrada Familia. ¿Qué papel es más importante? ¿El papel religioso? ¿El papel comunitario y social? ¿El papel artístico?

TEMA II: En casa

Vocabulario en acción

Los cuartos y los muebles de la casa

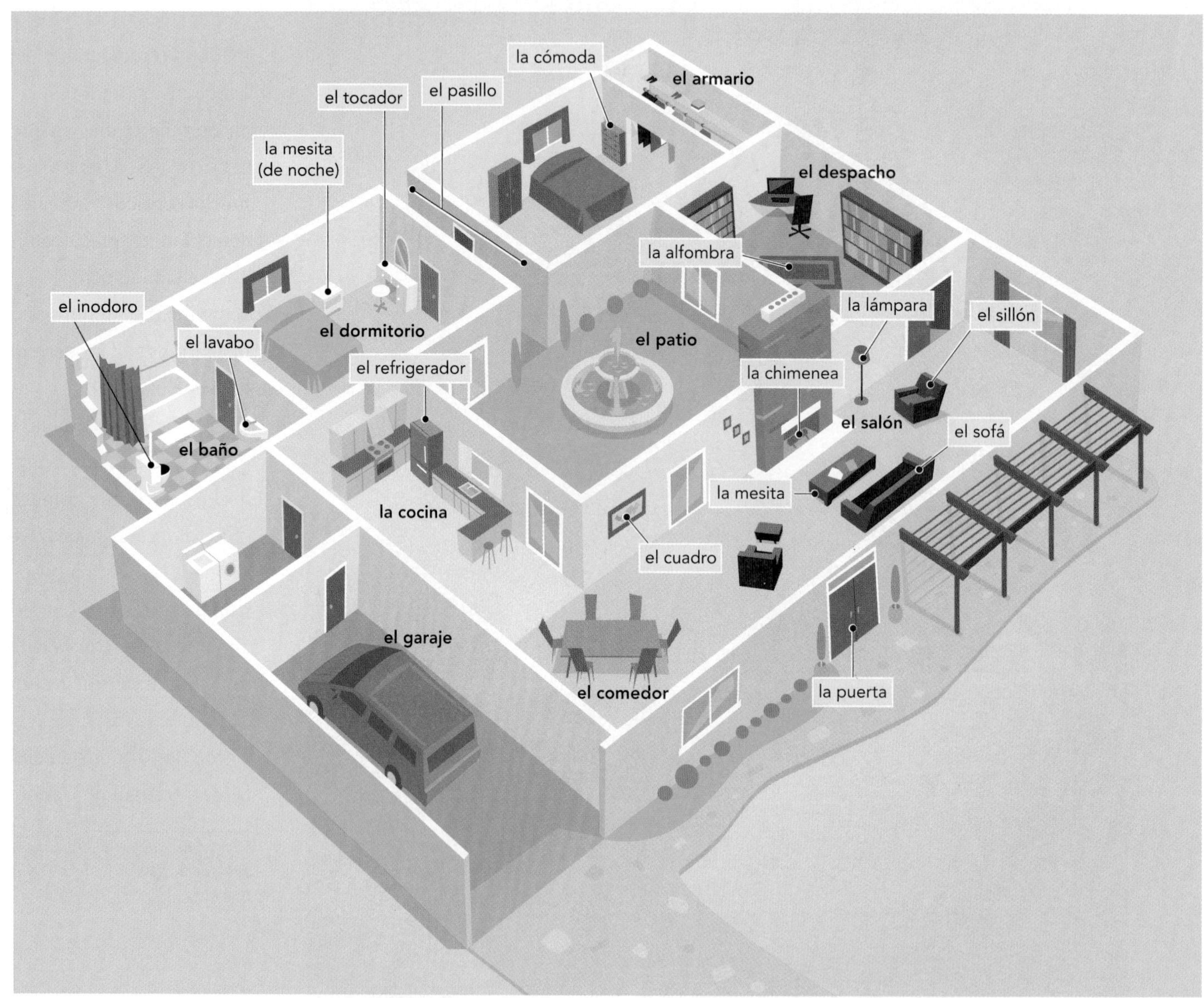

la cafetera	coffee maker
la ducha	shower
el dormitorio principal	master bedroom
la estantería	shelves

Repaso: la cama, el escritorio, la estufa, el horno (de microondas), la lavadora, el lavaplatos, la mesa, la piscina, la secadora, la silla

Otras preposiciones de lugar

al lado de	next to
delante de	in front of
dentro de	inside
enfrente de	across from
arriba	upstairs; up
abajo	downstairs; down
adentro	inside
afuera	outside

Repaso: a la derecha/izquierda (de), cerca de, debajo de, encima de, entre

ACTIVIDADES

A. Asociaciones

PASO 1. Empareja las actividades con la cosa o el lugar más lógico. **¡OJO!** A veces hay más de una respuesta posible.

1. bañar el perro ________
2. cortar el césped ________
3. poner la mesa ________
4. lavar los platos ________
5. mirar la televisión ________
6. tomar una siesta ________
7. sacar la basura ________
8. hacer la cama ________
9. limpiar el inodoro ________
10. tender la ropa ________
11. estudiar y leer ________
12. jugar a las cartas ________
13. sacudir la mesita ________
14. trapear ________
15. pasar la aspiradora ________
16. tomar una copa ________

a. el dormitorio
b. el despacho
c. el baño
d. la cocina
e. el comedor
f. el salón
g. el jardín

PASO 2. Indica las acciones del **Paso 1** que son quehaceres.

PASO 3. Ahora, escoge tres actividades del **Paso 1** que haces y di dónde las haces.

MODELO tomar una siesta → Tomo una siesta en el sofá del salón todas las tardes.

B. ¿Dónde está? Di en qué parte de la casa está cada persona descrita. **¡OJO!** Hay más de una respuesta posible para algunas oraciones.

MODELO Antonio está bañando (*bathing*) al perro. → Está en el jardín / la terraza.

1. Elisa está poniendo su ropa en la cómoda.
2. Esta parte conecta los cuartos de la casa y Marta está pasando la aspiradora allí.
3. Hace buen tiempo y la familia está comiendo afuera.
4. Todos en la familia están juntos, hablando y mirando la televisión.
5. Ramón está completando un informe (*report*) en la computadora para su clase de historia.
6. Mamá está esperando en el coche.
7. Inés está limpiando la ducha.
8. Olga está buscando mi libro en la estantería.

C. Los muebles

PASO 1. Di en qué cuartos típicamente tenemos estos muebles, aparatos y otras cosas. **¡OJO!** Hay más de una respuesta para algunas cosas.

MODELO la lámpara → Está en el salón / el dormitorio / el despacho.

1. el sillón
2. la estantería
3. el microondas
4. el tocador
5. la mesita
6. la chimenea
7. el cuadro
8. el inodoro

PASO 2. Di cuáles son las cosas del **Paso 1** que tienes y explica dónde las tienes. Incluye una breve descripción.

MODELO Tengo una lámpara en el dormitorio. La lámpara es pequeña y vieja.

Nota cultural

LAS CORRALAS

Una corrala

Las corralas son un tipo de vivienda tradicional de Madrid. Empezando en el siglo XVI, las corralas se contruyen para acomodar a los emigrantes a la capital. Su gran expansión ocurre en el siglo XIX, convirtiéndose en el alma[a] de Madrid. Las corralas son escenarios de famosas obras de teatro, de musicales y de películas, y sus habitantes inspiraron[b] grandes obras literarias.

La corrala generalmente tiene cuatro plantas[c] y en cada planta hay viviendas que dan a[d] un patio central o corredor. Estas viviendas, de menos de 30 metros cuadrados,[e] tienen dos dormitorios, una cocina y un comedor y en la mayoría, los baños son comunitarios. Los apartamentos no tienen ventanas al exterior. Es en el patio donde transcurre la vida social de la comunidad.

[a]soul [b]inspired [c]stories [d]que... *that open* on to
[e]metros... *square meters*

PREGUNTAS

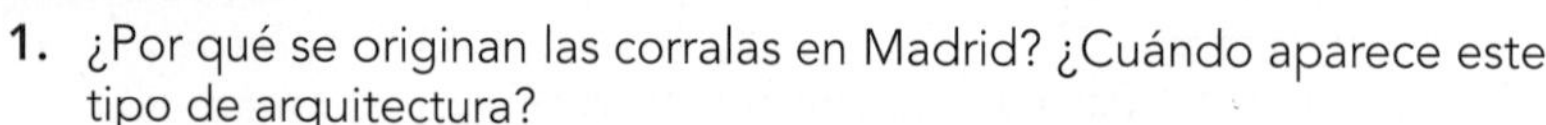

1. ¿Por qué se originan las corralas en Madrid? ¿Cuándo aparece este tipo de arquitectura?

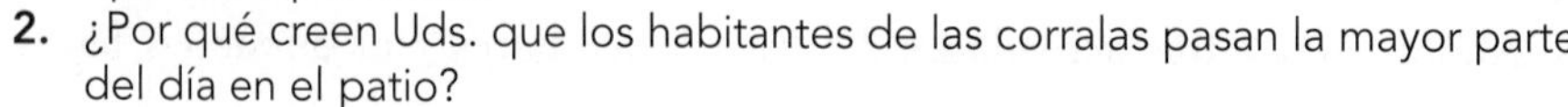

2. ¿Por qué creen Uds. que los habitantes de las corralas pasan la mayor parte del día en el patio?

D. ¿Cierto o falso?

PASO 1. Escribe cinco oraciones sobre el dibujo de la casa en la página 150. Una o dos de tus oraciones deben ser falsas. Incluye las preposiciones y expresiones que sabes.

MODELOS En el despacho hay tres estanterías.
El baño está a la derecha del dormitorio.
La lavadora está detrás de la secadora.

PASO 2. En parejas, túrnense para leer sus oraciones. Tu compañero/a debe decir si la oración es cierta o falsa. Si responde correctamente, gana un punto. Al final, ¿quién tiene más puntos?

MODELO E1: En el despacho hay tres estanterías.
E2: Es cierto.
E1: No, es falso. En el despacho solo hay dos estanterías.

E. Mi cuarto favorito

PASO 1. En parejas, describan su cuarto favorito de su casa.

MODELO Mi cuarto favorito es el salón porque paso mucho tiempo allí con mis amigos y mi familia. En el salón tenemos una chimenea, dos sofás, dos sillones...

PASO 2. Describe el cuarto favorito de tu compañero/a sin mencionar el nombre del cuarto. La clase debe adivinar qué cuarto es.

MODELO Maura pasa mucho tiempo con sus amigos y su familia en su cuarto favorito. Hay una chimenea, dos sofás, dos sillones...

Gramática

5.3 Comparisons

Making Comparisons

GRAMÁTICA EN ACCIÓN

Compañeros

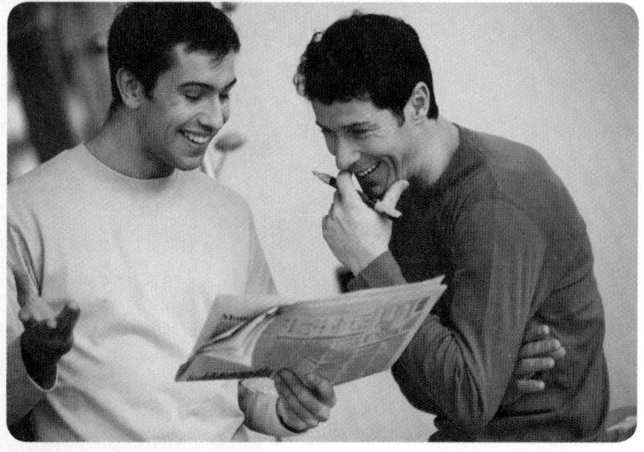

[Rafael y Paco buscan un piso cerca de la Facultad de Derecho en Granada. Deben pensar en muchos factores antes de tomar una decisión.]

RAFAEL: Personalmente, creo que un apartamento céntrico es **mejor que** un apartamento en las afueras.

PACO: Pero los pisos céntricos cuestan **más que** los pisos en las afueras y tienen **menos** dormitorios.

RAFAEL: ¡Pero están mucho **más** cerca de la Facultad **que** los pisos en las afueras! No quiero caminar **tanto como** el semestre pasado.

PACO: Sí, pero el precio es **más** importante **que** la distancia. Yo no tengo **tanto** dinero **como** tú. Mi trabajo no paga **tanto como** tu trabajo.

RAFAEL: ¡Mira este piso! Está **tan** lleno de luz **como** nuestro primer piso, está **tan** cerca de la facultad **como** los otros que miramos y cuesta un poco **menos** también. ¿Qué piensas?

PACO: ¡Es perfecto! Cuesta **menos de** €500 al mes.

RAFAEL: ¡Qué bien! ¡Yo quiero **el** dormitorio **más** grande!

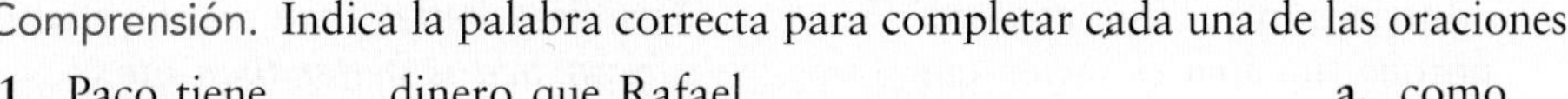

Comprensión. Indica la palabra correcta para completar cada una de las oraciones.

1. Paco tiene ____ dinero que Rafael.	**a.** como
2. Los pisos céntricos no tienen tantos dormitorios ____ los pisos en las afueras.	**b.** más
3. Rafael quiere caminar menos ____ el semestre pasado.	**c.** que
4. Para Paco, el precio es ____ importante que la distancia.	**d.** menos
5. El piso perfecto está ____ lleno de luz como el primer piso de Paco y Rafael.	**e.** tan

Comparisons are used to describe the characteristics that are shared or that differ between two (or more) people or things, as well as differences in the ways in which actions are carried out. In this section you will learn to compare adjectives, adverbs, nouns, and verbs. There are two main types of comparisons in Spanish: those of equality, and those of inequality.

Comparisons of Inequality / La desigualdad

In order to express differences between people, things, and actions, follow these patterns:

A. When pointing out that a person or thing has *more* or *less* of a characteristic than another person or thing, or when explaining a difference in the way in which an action is carried out, use the formula **más/menos** + *adj./adv.* + **que**.

Mi estudio es más **pequeño** que el apartamento de Juan.	*My studio is smaller than Juan's apartment.*
El ascensor de mi edificio es menos **rápido** que este ascensor.	*The elevator in my building is less fast (slower) than this one.*

B. When stating that two actions are unequal in some way, use the formula *verb* + **más/menos** + **que.**

El piso amueblado **cuesta** más que el piso sin amueblar.	*The furnished apartment costs more than the unfurnished one.*
Limpias menos que yo porque tu casa es más pequeña.	*You clean less than I do because your house is smaller.*

C. When you wish to communicate that nouns are not equal, use the following formula **más/menos** + *noun* + **que.**

En aquel edificio hay menos **balcones** que en mi edificio.	*In that building there are fewer balconies than in my building.*
Las afueras de la ciudad tienen más **jardines** que el centro.	*The suburbs have more gardens than the downtown area.*

Note that when expressing comparisons that include a quantity or specific number, you should use **más/menos** + **de.**

Mi edificio de apartamentos tiene más de cincuenta residentes.	*My apartment building has more than fifty residents.*
Hay menos de diez casas en mi calle.	*There are fewer than ten houses on my street.*

D. There are a few irregular patterns when comparing the inequality of certain adjectives. For age, use the special comparative forms **mayor(es) que** (*older than*) and **menor(es) que** (*younger than*). The ideas *better than* and *worse than* are expressed with the words **mejor(es) que** and **peor(es) que.**

Mis abuelos son mayores que los abuelos de mi esposo.	*My grandparents are older than my husband's grandparents.*
Tu hijo es menor que el hijo de Sara.	*Your son is younger than Sara's son.*
Tú duermes mejor que nosotros porque tu cama es mejor que nuestra cama.	*You sleep better than we do because your bed is better than ours.*
El barrio de ellos está peor que antes.	*Their neighborhood is worse than before.*

Comparisons of Equality / La igualdad

When expressing similarities between people, things, and actions, use these patterns:

A. In order to express that a person or thing has as much of a characteristic as another person or thing, the following formula is used: **tan** + *adj./adv.* + **como.**

La Calle Mesones es tan **larga** como la Calle Duquesa.	*Mesones Street is as long as Duquesa Street.*
Nuestro apartamento es tan **céntrico** como el apartamento de nuestros amigos.	*Our apartment is as centrally located as our friends' apartment.*

B. When mentioning the equality of two actions, use the formula *verb* + **tanto como.**

Ella **camina** tanto como nosotros.	*She walks as much as we do.*
Los residentes del cuarto piso **usan** el balcón tanto como los residentes del tercer piso.	*The residents of the fourth floor use the balcony as much as the residents of the third floor.*

C. When communicating that nouns are equal in quantity, the formula **tanto/tanta(s)** + *noun* + **como** is used. Note that since **tanto** is used as an adjective in this case, it must agree in gender and number with the noun that is being compared.

El edificio de Nora tiene tantos **ascensores** como mi edificio.	*Nora's building has as many elevators as mine does.*
Prefiero este piso porque tiene tantos **dormitorios** como el piso de mis padres.	*I prefer this apartment because it has as many bedrooms as my parents' apartment.*

Nota comunicativa

SUPERLATIVES

When we refer to something in English as the *biggest, fastest, smallest, best, worst,* and so on, we are expressing superlatives. In Spanish, superlatives are very similar in structure to comparisons. The only differences are the inclusion of a definite article (**el, la, los, las**) and an optional expression with **de** that expresses the group to which the subject is being compared. Compare the following sentences. The first is a typical comparison and the second a typical superlative.

Mi tío Arnoldo es **más alto que** mi tío Federico.	*My uncle Arnoldo is taller than my uncle Federico.*
Mi tío Arnoldo es **la persona más alta de** la familia.	*My uncle Arnoldo is the tallest person in the family.*

Often, the expression with **de** is not included if the context is already clear.

El fútbol es el **deporte más popular** (del mundo).	*Soccer is the most popular sport (in the world).*
Rusia es **el país más grande** (del mundo).	*Russia is the largest country (in the world).*

ACTIVIDADES

A. Una decisión importante. Sara tiene que decidir si quiere mudarse de su casa adosada, en las afueras, para vivir en un estudio en el centro.

PASO 1. Completa las comparaciones de desigualdad con las palabras correctas.

El estudio que me gusta cuesta mucho menos ________[1] mi casa adosada. Pero mi casa tiene tres dormitorios y es mucho ________[2] amplia que el estudio. Si vives en el centro caminas mucho ________[3] que si vives en las afueras. ¡En el centro todo está cerca! Pero en el centro no hay jardín. Mi perro va a tener mucho ________[4] espacio para correr del que tiene en las afueras. ¡No sé qué hacer!

PASO 2. Completa las comparaciones de igualdad con las palabras correctas.

El estudio no tiene tanto espacio ________[1] mi casa, pero está mucho más lleno de luz. ¡Tengo muchas cosas! Mis amigos que viven en estudios céntricos no tienen ________[2] cosas como yo. ¿Qué voy a hacer con tantas cosas? ¿Y voy a ver a mis amigos si vivo en el centro? Sí. Si vivo en el centro voy a pasar ________[3] tiempo como ahora charlando con ellos. Voy a estar ________[4] feliz en el centro como en las afueras. ¡Tengo que mudarme!

B. ¿Cuál es mejor?

PASO 1. Escribe tres comparaciones de igualdad y tres comparaciones de desigualdad sobre las casas de Tomás y Alberto.

MODELO La cocina de Tomás es más grande que la cocina de Alberto.

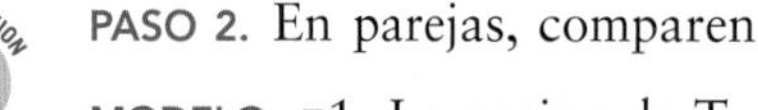

PASO 2. En parejas, comparen sus descripciones.

MODELO E1: La cocina de Tomás es más grande que la cocina de Alberto.
E2: Sí, pero la cocina de Alberto tiene tantas ventanas como la cocina de Tomás.

PASO 3. Decidan cuál de las casas es la mejor. ¿Están de acuerdo? Escriban dos oraciones explicando su decisión y compártanlas con la clase. ¿Cuál es la favorita entre los estudiantes?

C. Los mejores arquitectos

PASO 1. En parejas, imagínense su casa ideal. Creen un cuadro (*chart*) con información sobre la casa de sus sueños (*your dream house*). ¡Sean creativos! Incluyan cuánto cuesta el alquiler (*rent*) o la hipoteca (*mortgage*) por mes.

Nuestra casa	Número de dormitorios	Número de baños	Otros detalles	Otros detalles	Otros detalles
Cuesta ($_______/mes)					

PASO 2. Con otra pareja, escriban por lo menos tres comparaciones de igualdad y tres comparaciones de desigualdad sobre las dos casas.

PASO 3. Decidan cuál de las casas es la mejor y preséntenla a la clase. Entre todos van a seleccionar la mejor casa de la clase.

EXPERIENCIA INTEGRAL

El Prado y dos pintores españoles

ANTES DE LEER. Las palabras de transición son importantes para formar párrafos fluidos y más interesantes. Estas son algunas (*some*) de las palabras de transición que ya sabes: **ahora, después, pero, por ejemplo, por eso, por fin, por lo general, porque, pronto, próximo** y **también.** Busca el significado de estas: **a la vez, a pesar de, además, así, aún, aunque, de hecho, entonces, mientras, sin duda, sin embargo, todavía.** ¿Cuántas puedes encontrar en el **Paso 1**?

El cartón La gallina ciega (Blind Man's Bluff) *(1789), Francisco de Goya*

PASO 1. Completa la lectura con la forma correcta de cada una de las palabras entre paréntesis. Los símbolos +, − y = significan el tipo de comparación. **¡OJO!** Las palabras **mejor, peor, mayor** y **menor** son opciones posibles también.

Aunque el Museo Nacional del Prado tiene (− visitantes[1]) (que el / del /como el[2]) Louvre, de Francia, casi tres millones de personas al año lo visitan y, sin duda, el Museo tiene la (+ bueno[3]) colección española de arte. Con unos 4.900 cuadros, el Museo del Prado posee la (+ amplio[4]) y valiosa colección de pintura[a] española (que el / del / como el[5]) mundo. En 1785 el rey[b] Carlos III manda[c] la construcción de un museo grande para demostrar al mundo que Madrid tiene (= atracciones[6]) (que/de/como[7]) Roma, París y Londres. Además, quiere mostrar que los artistas de España tienen (= talento[8]) (que/de/como[9]) otros artistas europeos.

Los pintores más representados en el museo son Diego Velázquez y Francisco de Goya, y la obra[d] (+ conocido[10]) de la colección es *Las Meninas* por Velázquez.* Sin embargo, el museo no tiene (=[11]) obras de Velázquez (que/como[12]) de Goya. De hecho, la colección de Goya —más (que/de/como[13]) ciento cincuenta pinturas— es la (+ grande[14]) (que el / del / como el[15]) Prado. Las pinturas de Goya muestran (= [16]) su talento (que/como[17]) los cambios en su estado mental. Sus primeras obras son grandes cartones para los setenta y tres tapices[e] que la familia real[f] usa para decorar y cubrir las paredes frías del palacio. Los tapices representan los pasatiempos de los ricos, pobres, jóvenes y viejos. Más tarde, los retratos[g] reales de Goya son (+ satírico[18]) (que/de/como[19]) sus tapices. Al final de su carrera, deprimido y aislado, Goya pinta las obras (− alegre[20]) (que/de/como[21]) su carrera: catorce murales en su casa, conocidos como *las pinturas negras.* Estas también se conservan en el Prado.

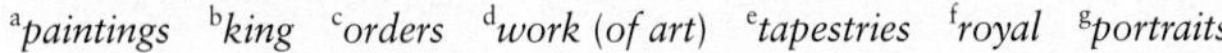

[a]*paintings* [b]*king* [c]*orders* [d]*work* (*of art*) [e]*tapestries* [f]*royal* [g]*portraits*

PASO 2. Contesta las preguntas sobre la lectura.

1. ¿Por qué es único (*unique*) el Museo del Prado?
2. ¿Quién es el responsable de la construcción del museo?
3. ¿Cuál es el objetivo de los cartones de tapices de Goya? ¿Cuántos hay?
4. ¿Cómo son las pinturas negras? ¿Cuántas hay? ¿Dónde están ahora?

PASO 3. En parejas, hablen de sus pintores (*painters*) favoritos. ¿Prefieren los artistas modernos más que a los antiguos? ¿los americanos o los internacionales? ¿Quiénes son sus artistas favoritos? ¿sus pinturas favoritas?

PASO 4. Busca más información sobre Goya. ¿Cómo son los otros cartones? ¿Cuántas series hay? ¿Cómo se llaman las otras pinturas de su época oscura? ¿Te gustan?

*See **Expresiones artísticas** on page 119.

Lectura cultural

Vas a leer anuncios de viviendas cerca de la ciudad de Granada, España, publicados en *Puerta Elvira*, una revista gratuita de viviendas de Granada. Algunas viviendas están dentro de Granada, otras están en pueblos en las afueras de Granada.

ANTES DE LEER

Contesta las preguntas. Después, comparte tus respuestas con la clase.

1. Piensa en anuncios típicos de viviendas, en los periódicos o revistas, del lugar donde vives. ¿Qué tipo de información incluyen?
2. Haz una lista de las características que te gustan en una vivienda.
3. Los anuncios tienen poco espacio en los periódicos y en las revistas y es común usar abreviaturas (*abbreviations*). Empareja las abreviaturas con las palabras correspondientes.

1. ____ aprox.	a. Independiente
2. ____ Urb.	b. Urbanización
3. ____ dorm.	c. aproximadamente
4. ____ Indep.	d. electrodomésticos
5. ____ electrod.	e. dormitorio(s)

INTERESANTES OFERTAS DE SEGUNDA MANO[a]

CASA CON 5.000m^2 DE TERRENO EN COGOLLOS VEGA, casa con 3 Dormitorios, Salón, Cocina, Baño y un bajo[b] de 100m^2 aprox., piscina de 15x7 con depuradora,[c] agua de manantial,[d] Abundantes árboles frutales. 372.627 Euros

AMBROZ, casa pueblo perfecto estado en 2 plantas: 200 m^2 útiles. 2 salones (1 de ellos con chimenea), cochera, cocina amueblada, baño y aseo[e] con plato ducha, 4 dormitorios, patio 40 m^2 en planta baja y 2 terrazas planta alta 184.510 Euros

CÁJAR, adosada: Salón, cocina amueblada, despensa,[f] aseo y 2 baños, 3 dormitorios, 2 armarios empotrados,[g] torreón[h] con una habitación de 12 m^2, piscina 3'5 de gresite,[i] suelo de tarima flotante,[j] pintura lisa,[k] calefacción[l] y semisótano.[m] 208.551 Euros

ZUBIA, TOTALMENTE AMUEBLADO. Piso 100 m^2, salón, cocina amueblada, aseo y baño, 3 dormitorios, plaza de garaje y trastero,[n] terraza comunitaria. 122.606 Euros

PURCHIL, 2 Adosadas próxima entrega:[ñ] Salón 28 m^2, cocina 15 m^2, lavadora/secadora, 4 dormitorios, aseo y 2 baños, patio 36 m^2, semisótano 57 m^2 terminado, tarima flotante, pintura lisa, calefacción. Urb. Privada con piscina. 164.076 Euros

URB. EL VENTORRILLO, Chalet Indep.: 375 m^2 de parcela. 220 m^2 construidos. Salón 40 m^2, cocina 16 m^2 amueblada, 2 baños, 3 dormitorios, calefacción, suelo gres imitación parqué.[o] 234.394 Euros

GRANADA, Apartamento próxima entrega: Salón, cocina, lavadora/secadora, despensa, baño, 1 dormitorio, terraza 12 m^2, pintura lisa, doble acristalamiento,[p] preinstalación aire acondicionado y acumuladores de calor, plaza de garaje y ascensor. 195.328 Euros

GRANADA, DUPLEX-PALACIO DEPORTES: Completamente reformado. Salón con chimenea y terraza, cocina amueblada con electrod., lavadora/secadora, despensa, baño y aseo, 2 dormitorios con armarios empotrados, calefacción, aire acondicionado, pintura lisa, doble acristalamiento, ascensor, 2 cocheras. 218.768 Euros

[a]segunda... *previously owned (homes)* [b]planta baja [c]*filter system* [d]agua... *spring/well water* [e]*half bathroom* [f]*pantry* [g]*built-in* [h]*tower-like room at the top of a house* [i]*ceramic tile* [j]tarima... *laminated wood* [k]*smooth* [l]*heating system* [m]*level of building partially below ground level* [n]*storage room* [ñ]próxima... *joined with a common wall* [o]gres... *inlaid with imitation stoneware* [p]*window panes*

BELICENA, Adosada: Salón 23 m², cocina amueblada con electrodomésticos, baño y aseo, 3 dormitorios, patio 47 m² con barbacoa,[q] 54 m² semisótano, pintura lisa. 159.268 Euros

GRANADA, Estudio en zona Estadio Juventud: 42 m² útiles. Salón, cocina independiente amueblada, 1 dorm., baño, calefacción individual, preinstalación aire acondicionado, ascensor. 121.103 Euros

HIJAR, Adosada: 180 m² construidos. Salón 30 m², cocina amueblada, lavadora/secadora, 50 m² patio solado[r] con barbacoa, 2 baños y aseo, 3 dorm, semisótano con chimenea y trastero. 174.293 Euros

ALBOLOTE, Urb. Villas Blancas: Chalet independiente con 270 m² útiles. Salón 30 m² con chimenea, cocina, despensa, lavadora/secadora, 3 baños, 2 armarios empotrados, calefacción, piscina con barbacoa. 306.516 Euros

[q]*barbecue* [r]*with tiled floor*

DESPUÉS DE LEER

A. Comprensión. Contesta las preguntas.

1. ¿A qué se refiere la información en letra mayúscula (*capital letters*) al principio de los anuncios?
2. ¿Cuántos tipos de viviendas aparecen en el anuncio?
3. ¿Qué tienen en común el duplex de Granada y el chalet situado en Urbanización Villas Blancas de Albolote?
4. Indica tres características que el apartamento y el estudio en Granada no tienen en común.
5. ¿Qué anuncio(s) incluyen un cuarto en la planta más baja de la vivienda? ¿Cómo se llama este cuarto?
6. ¿Qué vivienda te gusta más? ¿Por qué? ¿Tiene las mismas características de la vivienda que describiste (*described*) en la pregunta 2 de **Antes de leer**? Explica.

B. ¿Qué les sugieres? ¿Qué vivienda(s) deben comprar estas personas? Explica por qué.

1. a un matrimonio que no tiene mucho dinero
2. a las personas que les gusta comer fuera, cuando hace buen tiempo
3. a una persona soltera que no necesita mucho espacio
4. a las personas mayores que tienen dificultad para caminar y subir o bajar escaleras
5. a las personas que les gusta mucho nadar en el verano

C. Compro casa. En parejas, imagínense que Uds. van a comprar la vivienda de los anuncios que más les gusta. Escriban cinco preguntas apropiadas para hacerle al propietario (*owner*).

D. Una comparación de piso. En parejas, comparen sus respuestas para una de las personas de la **Actividad B,** y pónganse de acuerdo (*come to an agreement*) sobre la casa que la persona debe comprar. Luego, busquen anuncios para viviendas en el periódico o en Internet en la comunidad de Uds. y traten de encontrar una vivienda para esa misma persona. ¿En qué se parecen la vivienda en Granada y la vivienda de su comunidad? ¿En qué se diferencian? Preparen un resumen para presentar en clase.

Concurso de videoblogs

Lorena y Eugenio buscan vivienda en la ciudad.

España: Ana

La vivienda en Granada

ANTES DE VER

A. Capítulo y video

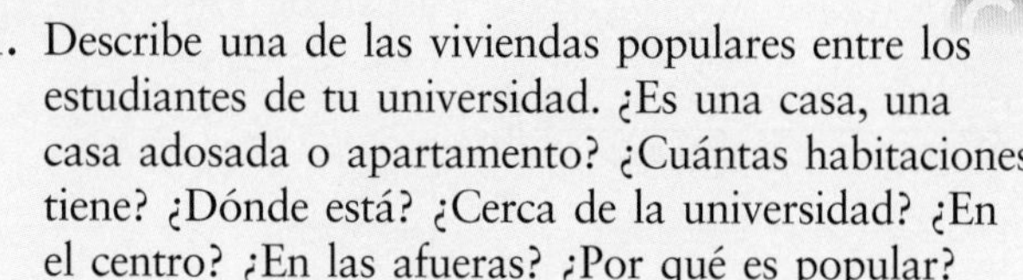

1. Describe una de las viviendas populares entre los estudiantes de tu universidad. ¿Es una casa, una casa adosada o apartamento? ¿Cuántas habitaciones tiene? ¿Dónde está? ¿Cerca de la universidad? ¿En el centro? ¿En las afueras? ¿Por qué es popular?
2. Escribe dos oraciones comparando una de las viviendas hispanas descritas en este capítulo con tu vivienda o la vivienda de tu niñez (*childhood*).

B. Anticipación. Contesta las preguntas.

1. ¿Crees que en las ciudades españolas normalmente los matrimonios jóvenes viven en una casa o en un piso? Explica.
2. ¿Cómo crees que la vivienda afecta a las relaciones familiares?
3. En tu opinión, ¿qué otros factores importantes debemos considerar al buscar una vivienda?

Vocabulario práctico

podrías	you could
me encanta	I love (it)
posibilidades económicas	sufficient funds
¡Ni pensarlo!	No way!
broma	joke

DESPUÉS DE VER

A. Comprensión. Vuelve a ver el segmento y termina las oraciones.

1. En Albaycín vemos _____.
2. En la Plaza de Bibarrambla hay _____.
3. El Paseo del Salón es un lugar perfecto para _____.
4. El perro de Lorena tiene un nombre especial porque _____.
5. En la revista, Eugenio encuentra un lugar perfecto, pero _____.
6. Eugenio propone (*proposes*) que el perro viva (*live*) con su madre (la madre de él), pero ella _____.
7. En la ciudad, hay diferentes posibilidades de vivienda, entre ellas: _____.

B. Opinión. Contesta las preguntas. Luego, compara tus respuestas con las de tus compañeros/as de clase.

1. ¿Qué tipo de trabajo crees que hacen Lorena y Eugenio? ¿Por qué crees que desean mudarse de la provincia (las afueras o el campo) a la ciudad?
2. ¿Cuáles son los factores que una persona tiene que considerar cuando busca una vivienda? ¿Cuál es el factor más importante para una pareja joven? ¿Crees que el factor es diferente para una familia con dos o tres hijos? ¿Y para dos estudiantes de la universidad? Explica.

C. Tema de discusión. En parejas, contesten las preguntas. Después, compartan sus ideas con la clase.

1. ¿Quién controla (*is in charge*) normalmente la casa en este país, el hombre o la mujer? ¿Creen Uds. que es igual en el mundo hispano? Expliquen.
2. En su comunidad, cuando un matrimonio de jóvenes busca vivienda, ¿qué hacen típicamente? ¿Alquilan un piso o compran una casa? ¿Por qué?
3. Hagan una lista de los pros y los contras entre vivir en el centro de la la ciudad o cerca de la universidad o el trabajo, y vivir en las afueras, en un barrio. Hagan comparaciones y compárenlas con las de otros estudiantes. ¿Están todos de acuerdo con las opiniones?

Vocabulario

Las viviendas	Housing
las afueras	outskirts; suburbs
el ascensor	elevator
la avenida	avenue
el balcón	balcony
el barrio	neighborhood
el bulevar	boulevard
el campo	country(side)
la casa adosada	townhouse
el centro	downtown
el coche	car
la cochera	carport
el edificio de apartamentos	apartment building
el estudio	studio apartment
el piso	apartment; floor (*of a building*)
el primer piso	second floor
el segundo piso	third floor
la planta baja	first (ground) floor
la terraza	terrace
el/la vecino/a	neighbor
amueblado/a	furnished
céntrico	central, centrally located
lleno/a de luz	bright; well-lit
oscuro/a	dark; dim
de al lado	next-door
sin amueblar	unfurnished

Cognados: el apartamento, el chalet, el patio
Repaso: la calle, la casa, el césped, el jardín, la ventana; tranquilo/a

Los números ordinales
primer, primero(a); segundo/a, tercer, tercero(a); cuarto/a; quinto/a; sexto/a; séptimo/a; octavo/a; noveno/a; décimo/a

La casa	
el baño	bathroom
la chimenea	fireplace
la cocina	kitchen
el comedor	dining room
el despacho	office, study
el dormitorio (principal)	(master) bedroom
el pasillo	hallway
el salón	living room

Cognado: el garaje
Repaso: la piscina, la puerta

Los muebles y los aparatos domésticos	
la alfombra	rug
el armario	closet
la cafetera	coffee maker
la cómoda	chest of drawers
el cuadro	painting, wall hanging
la ducha	shower
la estantería	shelves
el inodoro	toilet
la lámpara	lamp
el lavabo	(bathroom) sink
la mesita	coffee table
la mesita (de noche)	nightstand
el refrigerador	refrigerator
el sillón	armchair
el tocador	dresser

Cognado: el sofá
Repaso: la cama, el escritorio, la estufa, el horno (de microondas), la lavadora, el lavaplatos, la mesa, la secadora, la silla

Otras preposiciones de lugar	
abajo	downstairs; down
adentro	inside
afuera	outside
al lado de	next to
arriba	upstairs; up
delante de	in front of
dentro de	inside

Repaso: a la derecha/izquierda (de), cerca de, debajo de, en, enfrente de, encima de, entre, lejos de

Los verbos reflexivos y recíprocos	
abrazarse	to hug (each other)
acostarse (ue)	to lie down
afeitarse	to shave
bañarse	to bathe; to swim
besarse	to kiss (each other)
comunicarse	to communicate (with each other)
conocerse (zc)	to know (each other); to meet (each other) (*for the first time*)
darse (*irreg.*) **la mano**	to shake hands (with each other)
despedirse (*like* **pedir**)	to say good-bye (to each other)
despertarse (ie)	to wake up
desvestirse (i)	to get undressed
divertirse (ie)	to have a good time, have fun
dormirse (ue)	to fall asleep
ducharse	to (take a) shower
lavarse la cara / las manos / el pelo	to wash one's face/ hands/hair
lavarse los dientes	to brush one's teeth
llevarse bien/mal	to get along well/poorly (with each other)
maquillarse	to put on makeup
mudarse	to move (*from one residence to another*)
relajarse	to relax
reunirse (me reúno)	to meet up (with each other)
saludarse	to greet (each other)
secarse (el pelo)	to dry off (one's hair)
sentirse (ie)	to feel
verse (*irreg.*)	to see (each other)
vestirse (i)	to get dressed

Las comparaciones	
más/menos… que	more/less than …
mayor/menor que	older/younger than
mejor/peor que	better/worse than
tan, tanto/a(s)… como	as . . . as
el/la/los/las más/menos (mejor/peor; mayor/menor)… de	the most/least (worst/best; oldest/youngest) . . . of/in
el/la/los/las mejor(es)/ peor(es)/mayor(es)/ menor(es) de	the worst/best/oldest/ youngest of/in

Una familia mexicana

La familia

ANTES DE VER

A. Anticipación. ¿Cómo es la familia hispana típica? Di (*Say*) si estás de acuerdo o no con las oraciones.

La familia hispana típica…

1. tiene más de tres hijos.
2. comparte la vivienda con miembros de su familia extendida.
3. es tradicional: la madre cuida a (*takes care of*) los hijos mientras el padre trabaja.
4. prefiere hacer actividades en casa en vez de hacerlas (*instead of doing them*) al aire libre.

B. La foto. En parejas, miren la foto del vídeo.

1. Escriban una descripción para la foto.
2. Escriban dos oraciones para describir a las personas en la foto.

Vocabulario práctico

el horario	schedule
darse un beso	to kiss each other
el mate	*bitter, tea-like drink*
la quinceañera	*celebration in honor of a girl's 15th birthday*
a gusto	at home; fine, comfortable

DESPUÉS DE VER

A. Comprensión. ¿Qué aprendiste sobre la familia hispana «típica»? Indica si las oraciones son ciertas (C) o falsas (F), según el vídeo.

	C	F
1. La vida fuera de casa es muy importante para las familias hispanas.	☐	☐
2. En una familia tradicional, es el padre quien se encarga de (*is in charge of*) los hijos.	☐	☐
3. En Argentina está prohibido mostrar afecto (*affection*) en público.	☐	☐
4. Los animales domésticos no tienen mucha importancia en la vida de los hispanos.	☐	☐
5. En México, la iglesia es muy importante en la vida familiar.	☐	☐
6. Los adolescentes mexicanos prefieren estar con sus padres en vez de estar con sus amigos.	☐	☐

B. Identificación. En parejas, describan la vida familiar y social en cada uno de los tres países del vídeo. Hagan comparaciones entre las familias de esos países y también compárenlos con las familias de este país. Escriban por lo menos tres comparaciones para compartir con la clase.

C. Conexión final. En parejas, imagínense que trabajan en un programa de intercambio internacional de estudiantes de la universidad y tienen que comunicarse con estudiantes de España, México y Argentina que vienen a vivir con familias en este país. Escojan un país (España, México o Argentina) y escriban dos o tres oraciones para describir algunas de las diferencias en la vida familiar de este país que esos estudiantes deben esperar.

La plaza

Muchos pueblos y ciudades hispanos tienen una plaza central con edificios oficiales y construcciones religiosas importantes. En algunas plazas hay bares, cafés y restaurantes donde las familias pueden comer y tomar algo al aire libre. Como[a] la vida fuera de casa es una parte integral de la cultura hispana, la plaza tiene una función social y representa un espacio de ocio[b] y un lugar de encuentro[c] muy importante entre los hispanos.

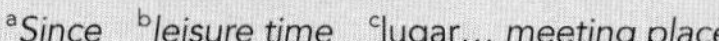

[a]*Since* [b]*leisure time* [c]lugar... *meeting place*

◄ LA PLAZA MAYOR

La Plaza Mayor de Madrid, la capital de España, está ubicada[a] en el centro de la ciudad. Hoy día está rodeada de[b] pisos, cafés, restaurantes y edificios municipales. Pero antes fue[c] el sitio de corridas de toros[d] y «autos de fe», tribunales[e] públicos de la Inquisición española.

[a]*located* [b]rodeada... *surrounded by* [c]*it was* [d]corridas... *bullfights* [e]*trials*

LA PLAZA DE MAYO ►

La Plaza de Mayo siempre ha sido[a] un eje[b] importante en la vida política de Buenos Aires y de Argentina. El nombre conmemora la revolución del 25 de mayo de 1810, que condujo a[c] la independencia de España. La Casa Rosada, que se ve detrás de la plaza en la foto, es la sede[d] del poder[e] ejecutivo del país.

[a]ha... *has been* [b]*focal point* [c]condujo... *led to* [d]*seat* [e]*power*

◀ LA PLAZA DE ARMAS

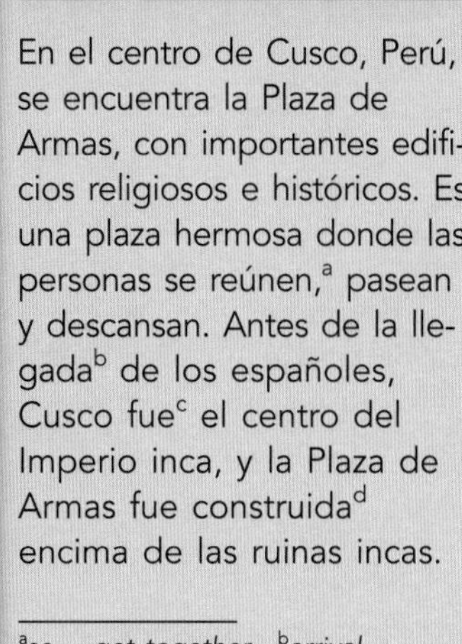

En el centro de Cusco, Perú, se encuentra la Plaza de Armas, con importantes edificios religiosos e históricos. Es una plaza hermosa donde las personas se reúnen,[a] pasean y descansan. Antes de la llegada[b] de los españoles, Cusco fue[c] el centro del Imperio inca, y la Plaza de Armas fue construida[d] encima de las ruinas incas.

[a]*se... get together* [b]*arrival* [c]*was* [d]*constructed*

ASÍ SE DICE

el bar = la bodega, la cantina, la cervecería, el pub, la taberna
el café = la cafetería, el cafetín
el ocio = el descanso, la diversión, los ratos libres, el recreo, el tiempo libre
la plaza = la glorieta, la placeta, la plazuela, el zócalo (*Mex.*)
el restaurante = el comedor, la fonda, el mesón, el restorán/restaurán

ACTIVIDADES

A. Comprensión. Completa las oraciones con información de las plazas.

1. Muchas plazas hispanas tienen ______________ oficiales y construcciones ______________ importantes.
2. Un aspecto único (*unique*) que tiene la Plaza Mayor en Madrid son los ______________, viviendas para algunos españoles.
3. Antes de la época colonial (la llegada de los ______________), Cusco fue el centro del ______________.
4. El nombre de la Plaza de Mayo celebra la ______________ de mayo en Argentina y su independencia de España.
5. La Plaza de Armas fue construida (*was built*) encima de ______________ de culturas prehispánicas.

B. Conexiones. En parejas, contesten las preguntas.

1. ¿En qué son semejantes las plazas en el mundo hispano?
2. ¿Qué función tienen las plazas donde Uds. viven? Indiquen algunas diferencias y semejanzas entre las plazas de su país y las plazas de los países hispanos.

C. Temas de discusión. En grupos pequeños, comenten *uno* de estos temas y escriban algunas conclusiones breves en español. Luego, compartan sus conclusiones con la clase.

1. mi plaza favorita de este país (de nuestra región)
2. un lugar de encuentro famoso de este país (por ejemplo: Central Park en Nueva York, Bourbon Street en Nueva Orleans, etcétera)

Una vista típica del Caribe

Entrada cultural

En Cuba

En la República Dominicana

El Caribe: Cuba, Puerto Rico, la República Dominicana y Venezuela

Los países caribeños de habla española incluyen Cuba, Puerto Rico, la República Dominicana y Venezuela. Aunque todos presentan características propias, los países del Caribe tienen muchos elementos en común. Por ejemplo, tienen una sociedad multicultural que es una mezcla[a] de la población indígena, los colonizadores españoles y los esclavos africanos. Esa mezcla étnica se nota en la gastronomía, la música, el baile, el arte, la literatura, la moda[b] y la forma de hablar de la gente de la región.

La República Dominicana atrae a miles de turistas de todo el mundo por sus preciosas playas, y hoy día se considera entre los principales destinos turísticos de Latinoamérica. También es conocida por el béisbol y por el número de sus jugadores que juegan en las Grandes Ligas de los Estados Unidos.

En Ponce, Puerto Rico

Cuba, como la República Dominicana, es un destino turístico. Muchos visitantes quedan encantados con la amabilidad[c] de la gente, sus playas, su pasado colonial, su comida y la calidad de su tabaco y su ron. Pero un reto[d] para Cuba sigue siendo el rechazo[e] de la comunidad internacional por su gobierno y la falta[f] de libertades y de calidad de vida para sus ciudadanos.[g]

En Puerto Rico, la música forma parte de la vida diaria. Los ritmos folclóricos incluyen la bomba y la plena, la salsa y el reggaetón. Además del turismo, las compañías farmacéuticas, electrónicas, textiles, petroquímicas y biotecnológicas son su principal fuente de ingresos.[h]

Oficialmente Venezuela es parte de Sudamérica y tiene rasgos continentales. Pero, especialmente en las zonas de la costa y en la Isla Margarita, Venezuela comparte muchos aspectos culturales con los países caribeños como, por ejemplo, la forma de hablar, la comida, la música y el baile.

---

[a] *mixture* [b] *fashion* [c] *friendliness* [d] *challenge* [e] *rejection* [f] *lack* [g] *citizens* [h] fuente… *source of income*

PREGUNTAS

1. ¿Por qué la sociedad de los países caribeños es multicultural?
2. ¿Qué semejanzas y diferencias hay entre los cuatro países?
3. ¿Qué país del Caribe les gustaría visitar? Basen sus respuestas en la información del texto.

CAPÍTULO 6

¡A comer!

EN ESTE CAPÍTULO
El Caribe

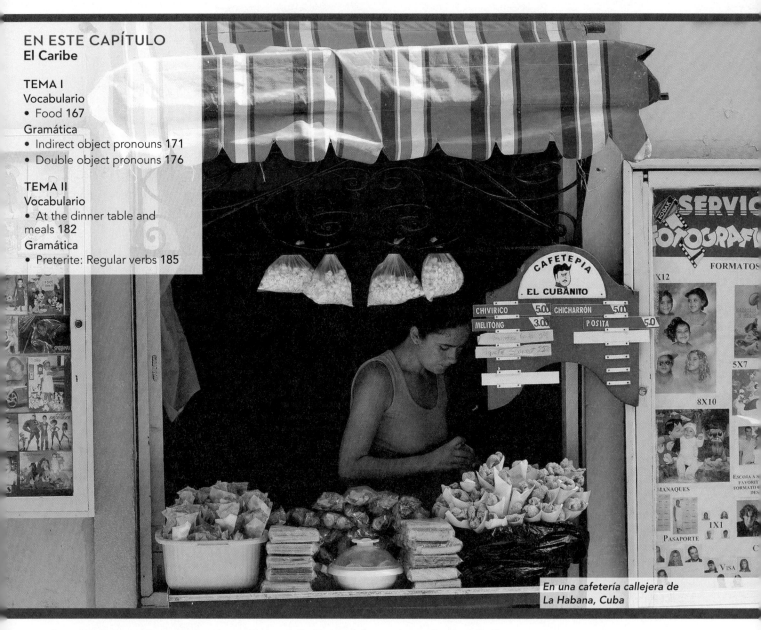

En una cafetería callejera de La Habana, Cuba

1. ¿Qué tipos de comidas te gustan más? ¿la comida mexicana? ¿la china? ¿la italiana? ¿la de otra nacionalidad?
2. ¿Qué tipos de restaurantes hay en la ciudad donde vives? ¿Hay restaurantes hispanos? ¿Cómo se llaman?
3. ¿Hay vendedores ambulantes o loncheras (*food trucks*) donde vives? ¿Qué piensas de los vendedores de comida en las calles? ¿Te gusta la comida que venden?

www.connectspanish.com

TEMA I: ¿Existe una comida hispana?

Vocabulario en acción

La comida

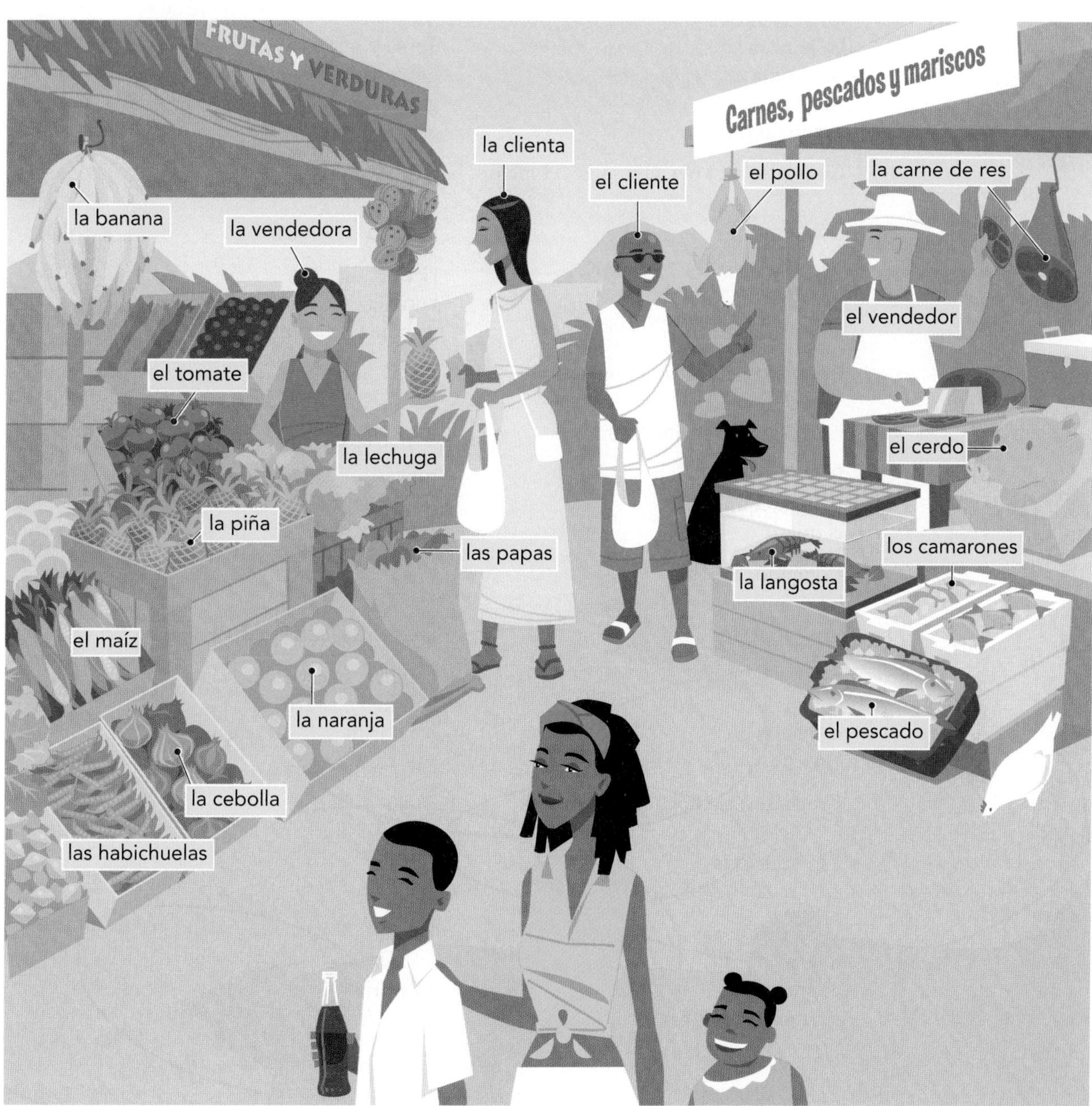

Otras carnes y pescados	Other meats and fish
el atún	tuna
el bistec	(beef) steak
la carne de cerdo	pork
la chuleta (de cerdo)	(pork) chop
los huevos	eggs
el jamón	ham
el pavo	turkey
el tocino	bacon

Otras frutas y verduras	Other fruits and vegetables
el aguacate	avocado
el ajo	garlic
los champiñones	mushrooms
las espinacas	spinach
la fresa	strawberry
los frijoles	beans
los guisantes	peas
la manzana	apple
la toronja	grapefruit
las uvas	grapes
la zanahoria	carrot

Cognados: el kiwi, el mango, el melón, la papaya, la pera

Los granos	Grains
el arroz	rice
la galleta	cookie; cracker
el pan (integral)	(whole wheat) bread

Cognados: el cereal, la pasta

Los productos lácteos	Dairy products
la leche	milk
la mantequilla	butter
el queso	cheese

Cognado: el yogur

Los postres	Desserts
los dulces	candies, sweets
el flan	caramel custard
el helado	ice cream
el pastel	pie; cake

Cognados: el chocolate, la vainilla

Las bebidas	Drinks
el agua	water
la cerveza	beer
el jugo	juice
el refresco	soft drink
el vino (blanco/tinto)	(white/red) wine

Cognados: el champaña, el té

Otras palabras y expresiones	
el aceite (de oliva)	(olive) oil
el azúcar	sugar
el mercado	market
la pimienta	pepper
el supermercado	supermarket
la tienda (de comestibles)	(grocery) store

Cognados: preparar; la sal, el vinagre

ACTIVIDADES

Dole vende muchas frutas frescas y enlatadas (canned).

A. Los productos

PASO 1. Empareja cada marca (*name brand*) con el producto correspondiente.

1. ____ Chiquita y Dole	a. la leche
2. ____ Green Giant y Del Monte	b. las galletas
3. ____ Borden y Horizon	c. el yogur
4. ____ Dannon y Yoplait	d. el azúcar
5. ____ Kraft y Sargento	e. el queso
6. ____ Imperial y Domino	f. el atún
7. ____ Keebler y Nabisco	g. la banana
8. ____ Chicken of the Sea y Starkist	h. las habichuelas

PASO 2. Empareja cada comestible (*food item*) con la sección del supermercado donde se encuentra.

1. ____ los champiñones	a. las aves (*poultry*)
2. ____ la mantequilla	b. las carnes
3. ____ la toronja	c. el pescado y los mariscos
4. ____ los camarones	d. las verduras
5. ____ las chuletas	e. las frutas
6. ____ el jugo	f. las bebidas
7. ____ el pavo	g. los productos lácteos
8. ____ el aceite	h. los aderezos (*seasonings*) y condimentos

B. ¿De quién es?

PASO 1. Lee las descripciones de estas compañeras de casa. Luego, indica para quién son las compras: para Alejandra (**A**), Cecilia (**C**) o Nancy (**N**). **¡OJO!** Hay cosas que pueden ser para más de una persona.

Alejandra: Es vegetariana y nunca toma bebidas alcohólicas. Tiene alergias al gluten.
Cecilia: Es carnívora, pero come mucha fruta. Tiene alergias a los productos lácteos.
Nancy: Es carnívora y no le gustan las verduras verdes. Tiene alergias a los mariscos.

	A	C	N		A	C	N
1. pan integral	☐	☐	☐	7. leche	☐	☐	☐
2. tocino	☐	☐	☐	8. lechuga	☐	☐	☐
3. guisantes	☐	☐	☐	9. papas	☐	☐	☐
4. galletas	☐	☐	☐	10. fresas	☐	☐	☐
5. queso	☐	☐	☐	11. camarones	☐	☐	☐
6. jugo de naranja	☐	☐	☐	12. carne de cerdo	☐	☐	☐

PASO 2. En parejas, hagan una lista de los comestibles que las tres amigas del **Paso 1** pueden compartir.

C. ¿Qué plato (*dish*) vamos a preparar hoy?

PASO 1. En una hoja de papel aparte, haz una lista de los tres platos que más te gusta preparar en casa. Por ejemplo, ensalada de…, sándwiches de…, pasta con salsa de tomate, etcétera.

PASO 2. En parejas, comparen sus listas. ¿Hay un plato que a los dos les gusta preparar en casa? Seleccionen ese plato e imagínense que van a prepararlo juntos. Hagan una lista de los ingredientes que necesitan comprar para prepararlo.

PASO 3. Compartan esta información con la clase. ¿Cuál es el plato más práctico para un estudiante?

D. La nutrición

PASO 1. En parejas, clasifiquen los comestibles presentados en el **Vocabulario en acción** de acuerdo con los siguientes valores nutritivos: (1) Carbohidratos, (2) Proteínas, (3) Vitaminas, (4) Calcio, (5) Grasas (*Fats*), (6) Azúcar. **¡OJO!** Algunos comestibles pueden pertenecer (*belong*) a más de una categoría.

PASO 2. Preparen un menú para el desayuno, el almuerzo y la cena de las siguientes personas: (1) un atleta que necesita mucha energía, (2) un niño de 8 años que está creciendo (*growing*) y (3) una persona vegetariana que no puede comer carne, pero que debe consumir proteínas.

PASO 3. Ahora léanles sus menús a otras parejas sin mencionar para qué persona los prepararon (*prepared*). Sus compañeros tienen que adivinar quién es esa persona.

Nota cultural

EL LECHÓN EN PUERTO RICO

Un lechón asado

El lechón asado es el plato tradicional en Puerto Rico durante las fiestas de Navidad. Algunos historiadores dicen que la forma de asar el lechón en Puerto Rico procede[a] de los antiguos piratas del Caribe y no existe en otras partes del mundo. Primero, aderezan el cerdo con sal, pimienta y orégano, y lo dejan reposar[b] durante siete u ocho horas. Al día siguiente, preparan dos palos de madera[c] que terminan en forma de **y**, y ponen una vara[d] encima. Finalmente, en esta vara asan el cerdo muy lentamente sobre el fuego. Las familias puertorriqueñas preparan el lechón en el patio y es motivo de fiesta y reunión de familiares y amigos.

[a]*comes from* [b]lo... *let it marinate* [c]palos... *wooden sticks* [d]*thick stick*

PREGUNTAS

1. ¿Qué ingredientes usan los puertorriqueños para preparar el lechón? ¿Cuánto tiempo requiere la preparación?
2. ¿En qué época del año es más común comer lechón asado? ¿Dónde preparan los puertorriqueños su lechón asado?

Nota comunicativa

EXCLAMATIONS

The basic formula for exclamations in Spanish is: ¡**qué** + *adj.*! (Note the accent on **qué**.) Here are some common exclamations you may hear related to food.

¡**Qué delicioso/rico/sabroso**!	*How delicious!*
¡**Qué rica** es la comida de aquí!	*My, how delicious the food is here!*
¡**Qué buena** está esta salsa!	*Wow, this salsa tastes good!*
¡Puaj! ¡**Qué mala** está esta sopa!	*Yuck! This soup tastes bad!*
¡**Qué** asco!	*How disgusting!*

E. ¡Qué sabroso!

PASO 1. Apunta cuatro o cinco de los platos que conoces. Puedes inventar uno si quieres.

PASO 2. En parejas, túrnense para nombrar o describir sus platos. La otra persona va a reaccionar con una expresión con **¡Qué...!**

MODELO E1: la sopa de guisantes verdes
E2: ¡Qué asco!

Gramática

6.1 Indirect Object Pronouns

Expressing *to/for Whom* Something Is Done

GRAMÁTICA EN ACCIÓN

En el mercado

[*Paz habla de su mercado favorito en San Juan, Puerto Rico.*]

En un mercado de Puerto Rico

¡**Me** gusta mucho este mercado! Siempre vengo aquí con mi amiga Adela. El Sr. Olmos es nuestro vendedor favorito porque tiene las mejores frutas. A veces **nos** da un descuento y siempre es amable, **dándonos** consejos sobre cuáles son las frutas más dulces y frescas. En el mercado, **les** compro muchas frutas y legumbres a mi esposo y a mis hijos. Esta mañana, voy a **comprarle** una papaya a mi esposo porque es la fruta que más **le** gusta. Mis hijos siempre **me** piden ensalada de frutas, por eso, voy a comprar manzanas, peras y naranjas.

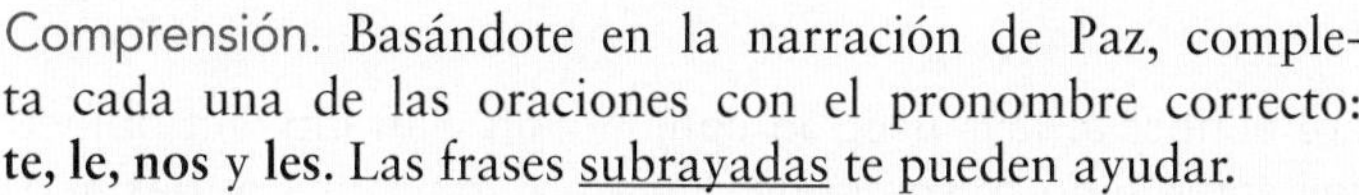

Comprensión. Basándote en la narración de Paz, completa cada una de las oraciones con el pronombre correcto: **te, le, nos** y **les.** Las frases subrayadas te pueden ayudar.

1. Paz _____ compra mucha comida a su esposo y a sus hijos.
2. Los hijos de Paz _____ piden ensalada de frutas frecuentemente.
3. El Sr. Olmos es nuestro vendedor favorito y siempre _____ ofrece consejos sobre las mejores frutas.
4. A Paz le gusta ir al mercado. ¿Y a ti? ¿_____ gusta comprar comida en el mercado?

An indirect object receives the action of the verb in a sentence and generally answers the question *to whom?* or *for whom?*

El mesero **le sirve** el café **a José María.**	*The waiter serves coffee to José María.*
Yolanda **nos prepara** la cena.	*Yolanda prepares dinner for us.*

INDIRECT OBJECT PRONOUNS			
me	to/for me	**nos**	to/for us
te	to/for you	**os**	to/for you
le	to/for you, him/her, it	**les**	to/for you, them

A. Placement of indirect object pronouns is the same as for direct object pronouns. They are placed immediately before a conjugated verb or can be attached to the end of an infinitive or gerund. If pronouns are attached to a gerund, you must add a written accent to indicate the original stressed syllable.

¿**Le sirvo** más leche a la niña?	*Shall I serve the little girl more milk?*
Voy a **servirte** el postre.	*I'm going to serve you dessert.*
Estoy **preparándoles** té a mis amigos.	*I'm preparing tea for my friends.*

B. If an indirect object noun is used in a sentence, it must be accompanied by the corresponding indirect object pronoun. This may seem redundant, but is necessary in Spanish. You can leave out the indirect object noun (e.g., **a mis amigos**) if the context is clear, but you must always include the indirect object pronoun (**me, te, le, nos, os, les**). Any indirect object nouns are always preceded by the preposition **a.**

—Joven, ¿**le** va a traer una ensalada **a mi amiga** también?	*Waiter, are you going to bring a salad for my friend as well?* (Indirect object noun needed to establish context.)
—En seguida, señor. Ahorita **le** traigo una.	*Right away, sir. I'll bring her one right now.* (Indirect object noun no longer needed.)

Nota comunicativa

COMMUNICATION

THE VERBS dar AND decir

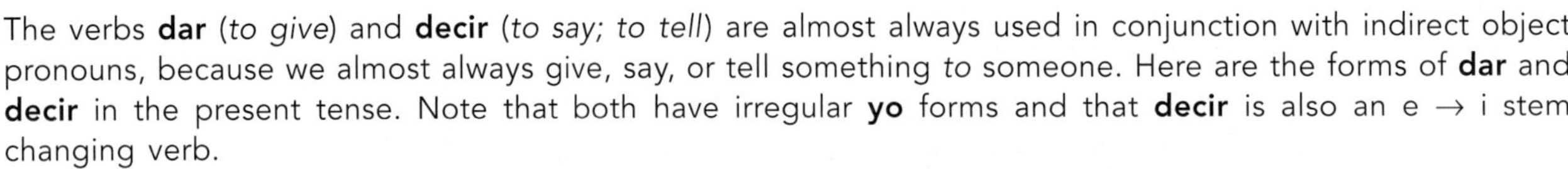

The verbs **dar** (*to give*) and **decir** (*to say; to tell*) are almost always used in conjunction with indirect object pronouns, because we almost always give, say, or tell something *to* someone. Here are the forms of **dar** and **decir** in the present tense. Note that both have irregular **yo** forms and that **decir** is also an e → i stem changing verb.

dar (*irreg.*) to give	
doy	**damos**
das	**dais**
da	**dan**

decir (*irreg.*) to say; to tell	
digo	**decimos**
dices	**decís**
dice	**dicen**

—¿Cuánto **le das** al mesero de propina?	*How much do you give the waiter as a tip?*
—Generalmente **le doy** el 20 por ciento.	*I usually give 20 percent.*
—¿**Me** puede **decir** cuál es el menú del día?	*Can you tell me what today's special is?*

C. Here are some common verbs that take indirect objects. Some of them you already know. Note that some of them have stem changes.

COMMON VERBS THAT TAKE INDIRECT OBJECTS					
contar (ue)	to count; to tell	**mandar**	to send	**prometer**	to promise
deber	to owe	**mostrar (ue)**	to show	**recomendar (ie)**	to recommend
entregar	to deliver; to hand in	**ofrecer (zc)**	to offer	**regalar**	to give (*as a gift*)
escribir	to write	**pedir (i, i)**	to request; to order		
explicar	to explain	**preguntar**	to ask (a question)	**servir (i, i)**	to serve
hablar	to speak	**prestar**	to loan	**sugerir (ie, i)**	to suggest

ACTIVIDADES

A. Preparativos para la fiesta. Marta y Elena hacen planes para una fiesta en su casa. Completa cada oración con el pronombre de objeto indirecto correcto.

1. Marta _____ manda un e-mail a los invitados con la dirección del lugar de la fiesta.
2. Elena _____ explica a Marta el menú para la cena.
3. Nosotros somos muy artísticos. Elena _____ pide ayuda con las decoraciones.
4. Tú sabes preparar una carne exquisita. Marta _____ pregunta si la puedes preparar para la fiesta.
5. Yo tengo un jardín con muchos tomates frescos. Elena _____ pide cinco tomates para la ensalada.
6. Ellos son los mejores amigos de Elena. Ella _____ promete que la fiesta va a ser divertida.

Nota comunicativa

MORE ON gustar AND SIMILAR VERBS

As you learned in **Capítulo 2,** indirect object pronouns are used with **gustar** to express *to like (to do something)*. The indirect object pronouns are used in this structure because **gustar** literally means *to please (be pleasing to) someone.*

—¿**Te gusta** comer en restaurantes elegantes?	*Do you like (Does it please you) to eat in elegant restaurants?*
—Sí, **me gusta** mucho.	*Yes, I like it (it pleases me) very much.*

Additionally, the verb **gustar** agrees with the thing liked. For actions and for single objects, use **gusta** (singular). When more than one thing is liked, use **gustan** (plural). Remember to use a + name/pronoun if necessary to clarify to whom **le** or **les** refers.

—¿A tus hijos **les gustan** las espinacas?	*Do your children like spinach?*
—¡No, no **les gustan** para nada! Pero les **gusta** la sopa cremada de espinacas.	*No, they don't like it at all! But they like creamed spinach soup.*

Several additional verbs require the same construction as **gustar**. Here are some common ones.

aburrir	to bore	**importar**	to matter
encantar	to really like, to love	**molestar**	to bother, to annoy
interesar	to interest	**preocupar**	to worry

A ellos **les encantan** las frutas tropicales.	*They love tropical fruit.*
Nos molesta recibir mal servicio en un restaurante.	*It bothers us to receive bad service in a restaurant.*
¿A Uds. **les interesa** la comida orgánica?	*Do organic foods interest you all?*

B. De compras. Estás en el mercado con tu compañero/a. Explíquense qué les van a comprar a las siguientes personas y por qué. Usen oraciones completas y usen **gustar** o un verbo como **gustar** en sus explicaciones.

MODELO A mi mamá le compro mucha fruta porque le encanta comerla.

1. A mi hermana que es vegetariana...
2. A mis compañeros de cuarto...
3. A mi profesor(a) de español...
4. A mi compañero/a de clase...
5. A mi novio/a o mejor amigo/a...

C. Entrevista. En parejas, contesten las preguntas. ¡OJO! Deben usar los pronombres de objeto indirecto.

1. ¿A quién le preparas cenas especiales? ¿Por qué?
2. ¿Qué comidas te encantan? ¿Con qué frecuencia las comes? ¿Alguien (*Someone*) te prepara tus comidas favoritas?
3. ¿Qué comidas te aburren o no te gustan? ¿Por qué? Cuando alguien te sirve una comida que no te gusta, ¿qué le dices?
4. ¿Quién te manda muchos mensajes de texto? ¿Qué tipo de mensajes te escribe? ¿Mensajes importantes? ¿cómicos? ¿triviales?
5. ¿A quién le escribes más mensajes de texto? ¿Cuántos mensajes le escribes por día? ¿Por qué le escribes a esa persona más que a otras?

Nota cultural

LOS MERCADOS TRADICIONALES

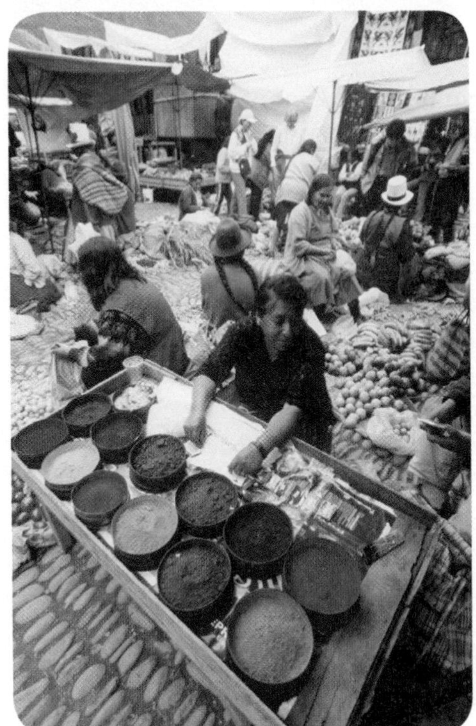

El mercado de Pisac, Perú

En todos los pueblos y ciudades de Latinoamérica, existen mercados tradicionales donde las personas se reúnen[a] para comprar y vender diversos productos, como comida, muebles, animales, flores y mucho más. Aunque los grandes supermercados disponen de mayor[b] variedad de productos, los mercados tradicionales son muy populares porque cumplen[c] funciones sociales y culturales importantes.

Los mercados se celebran,[d] por lo general, en las plazas, que se transforman en punto de encuentro[e] de compradores y vendedores locales, e incluso de otras regiones. Para muchas personas, sobre todo para las que viven lejos de los núcleos urbanos, el día del mercado es la única oportunidad que tienen de viajar, ver a familiares o amigos y enterarse[f] de los eventos más importantes de la zona. También es el momento para adquirir artículos que no pueden conseguir en su lugar de origen, y para las personas de la ciudad, es una excursión agradable.

[a]se... *get together* [b]disponen... *have a greater* [c]*fulfill* [d]se... *take place* [e]punto... *meeting point* [f]*find out about*

PREGUNTAS

1. ¿Dónde se celebran los mercados tradicionales en Latinoamérica? ¿Qué tipos de productos venden los vendedores en los mercados?
2. ¿Por qué prefieren muchos hispanos ir al mercado para hacer sus compras? ¿Qué ventajas tiene el mercado para las personas que viven en zonas rurales? ¿Y para las personas que viven en la ciudad?

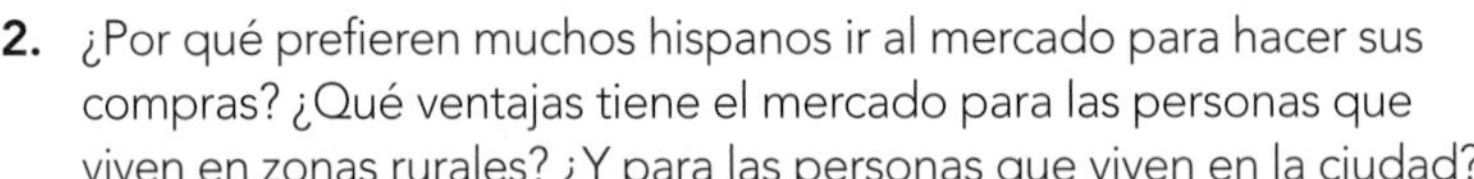

3. ¿Hay mercados al aire libre en la ciudad donde Uds. viven? ¿Son parecidos o diferentes de los mercados del mundo hispano? Expliquen.

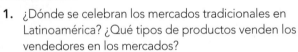

EXPERIENCIA INTEGRAL

El café cubano

ANTES DE LEER. Una buena estrategia para leer es notar los prefijos (*prefixes*) y sufijos (*suffixes*) de las palabras. El sufijo **-ito/a** al final de un sustantivo (*noun*) significa que esa cosa es pequeña o forma una expresión de cariño (*endearment*). Por ejemplo, una **casita** es una **casa pequeña.** Cuando una madre se refiere a su hijo como **hijito,** es una expresión de cariño. ¿Qué significa, entonces, **un cafecito**? Si **espuma** y **taza** significan *foam* y *cup*, ¿qué significan **espumita** y **tacita**?

PASO 1. Completa la conversación entre Lisa y Andy y su amigo cubano Emilio. Escribe la forma correcta de las palabras entre paréntesis. Si se indica, escribe el pronombre en el lugar correcto también.

Un cafecito cubano

LISA: ¡Me encanta la comida cubana! ¡Es tan rica!

ANDY: ¡A mí también! Gracias por (**preparar / a nosotros**[1]) esta cena deliciosa.

EMILIO: ¡De nada! Me gusta cocinar. ¿(*Yo:* **Traer / A Uds.**[2]) un café? También tengo café cubano.

LISA: ¿A esta hora de la noche?

EMILIO: Sí, nosotros los cubanos (**tomar**[3]) café a todas horas. Es un ritual, un evento social para nosotros.

LISA: Pues, entonces, ¡café cubano! ¿(*Yo:* **Poder / A ti**[4]) ayudar?

EMILIO: No, gracias. (*Yo:* **Ir / A Uds.**[5]) a preparar una espumita. ¿O (*Uds.:* **preferir**[6]) un cortado?

ANDY: ¿Una espumita? ¿Un cortado? No (*yo:* **entender / a ti**[7]).

EMILIO: Ah, (*yo:* **explicar / a Uds.**[8]). Típicamente tomamos un cafecito, que es un café expreso con azúcar. (*Nosotros:* **Decir**[9]) *cafecito* porque servimos el café en tacitas, es decir, en tazas[a] muy pequeñas. Como el café cubano es muy fuerte,[b] lo tomamos con mucho azúcar.

ANDY: Pero tú nos dijiste[c] una espumita o un cortado.

EMILIO: Ah, sí. Para preparar una espumita, mezclamos[d] un poco de café con azúcar para formar una espuma dulce y después, (*nosotros:* **poner**[10]) la espuma en un cafecito. Por eso, se llama espumita. Es un cafecito más elegante.

LISA: Y más dulce.

EMILIO: Sí. Y si la espumita es todavía demasiado[e] fuerte para ti, Lisa, (*yo:* **poder / a ti11**) preparar un cortado, que es un cafecito con un poco de leche.

LISA: ¡(*Tú:* **Estar / A nosotros**[12]) dando una lección cultural sobre el café cubano!

EMILIO: ¡Ja, ja! Es que me encanta el café. Soy, como decimos en Cuba, muy cafetero.[f] ¿Qué tal si (*yo:* **preparar / a Uds.**[13]) una colada?

ANDY: ¿Una colada?

EMILIO: Sí. Es una taza grande de café con azúcar, con tres tacitas para compartir.

ANDY: ¿Por qué no? ¡Estás (**hacer / a nosotros**[14]) una fiesta de café! ¡Qué rico!

[a]*cups* [b]*strong* [c]*told* [d]*we mix* [e]todavía... *still too* [f]muy... *coffee addict*

PASO 2. Empareja cada palabra con la definición correcta.

1. ___ el cafecito	a. cafecito con leche
2. ___ la espumita	b. expreso con azúcar
3. ___ la colada	c. adicto al café
4. ___ el cortado	d. cafecito con espuma de azúcar y café
5. ___ el cafetero	e. tres o más tacitas de cafecito

PASO 3. Entrevista a un compañero / una compañera con estas preguntas. Luego, cambien de papel.

1. ¿Tienes amigos que te preparan comida? ¿Qué tipo de comida te preparan? ¿Te gustan los platos que te preparan?
2. ¿Qué comidas les preparas a tus amigos? ¿Les sirves café después de una cena?
3. ¿Dónde y cuándo te gusta tomar café? ¿Qué tipo de café te gusta? ¿Te gusta el café expreso? ¿Qué tipo de café sabes preparar?

Combining Direct and Indirect Object Pronouns

6.2 Double Object Pronouns

GRAMÁTICA EN ACCIÓN

En la mesa

MANUELA: Mamá, ¿me pasas las tortillas, por favor?

ABUELA: Con gusto **te las** paso, mi hija. Querido, ¿le sirves vino a Manuela, por favor?

ABUELO: Sí, **se lo** sirvo en un momento. Manuela, ¿me pasas el maíz?

MANUELA: Sí, papá. **Te lo** paso en un segundo.

ABUELO: Gracias, mi hija. Querida, ¿cuándo nos vas a traer el postre?

ABUELA: Paciencia, mi amor. Después de la comida, **se lo** traigo a todos.

Comprensión. Indica los pronombres para completar las oraciones de este diálogo. Las palabras subrayadas te pueden ayudar.

MANUELA: Los champiñones están muy ricos. Papá, ¿___ pasas, por favor? **a.** te los

ABUELO: Por supuesto, ___ paso en un momento, hija. **b.** te la

MANUELA: Gracias, papá. ¿Quieres más ensalada? ¿___ paso? **c.** se la

ABUELA: Yo ___ paso ahorita. ¡Tu padre siempre necesita comer más verduras! **d.** me los

A. When a direct and an indirect object pronoun are found in the same clause, they always appear together, and the indirect object pronoun always precedes the direct object pronoun.

—Papá, ¿**me** vuelves a contar esa historia?	*Papá, will you tell me that story again?*
—Si, mi hija, te la vuelvo a contar.	*Yes, my child, I'll tell it to you again.*

B. The indirect object pronouns **le** and **les** change to **se** when they precede the direct object pronouns **lo, la, los,** and **las.**

—¿**Le** puede mostrar la sandía a Sara?	*Can you show Sara the watermelon?*
—Claro que sí, se la muestro en un momento.	*Of course, I'll show it to her in a moment.*

C. Like individual object pronouns, double object pronouns can be attached to the end of an infinitive or gerund. In either case, a written accent is placed on the vowel of the syllable that receives the stress.

—¿Vas a pasar**me** los platos?	*Are you going to pass me the plates?*
—Sí, voy a **pasártelos.**	*Yes, I'm going to pass them to you.*
—¿**Nos** está explicando el menú?	*Is he explaining the menu to us?*
—Sí, está **explicándonoslo.**	*Yes, he's explaining it to us.*

Nota comunicativa

OBJECT PRONOUNS WITH COMMANDS

You have already seen commands throughout *Experience Spanish* in the instructions for many activities. For example, **lee, escribe, hablen, expliquen,** and **túrnense** are some of the commands that you already understand. You will learn more about commands in **Capítulos 8** and **10.** For now, you should be able to recognize them in a sentence. To help you recognize commands with pronouns, note the following.

When giving a command with object pronoun(s), pronoun placement depends on whether the command is affirmative (***Do** it*) or negative (***Don't** do it*). Pronoun(s) must be attached to the end of affirmative commands.

Tú tienes la ensalada. **Pásamela** por favor.	*You have the salad. Pass it to me, please.*
Esa es la taza favorita de la abuela. Si vienen a visitarnos, **tráigansela**.	*That is grandma's favorite mug. If you're coming to visit us, bring it to her.*

Pronoun(s) must appear before the negative command itself, and after the word **no**.

Ese supermercado vende mis dulces favoritos. Pero **no me los compres**, por favor; estoy a dieta.	*That supermarket sells my favorite sweets. But please don't buy them for me; I'm on a diet*
Juan quiere helado, pero **no se lo den** todavía.	*Juan wants ice cream, but don't give it to him yet.*

ACTIVIDADES

A. En el mercado. Escucha las declaraciones y para cada una indica la respuesta correcta para formar una secuencia lógica.

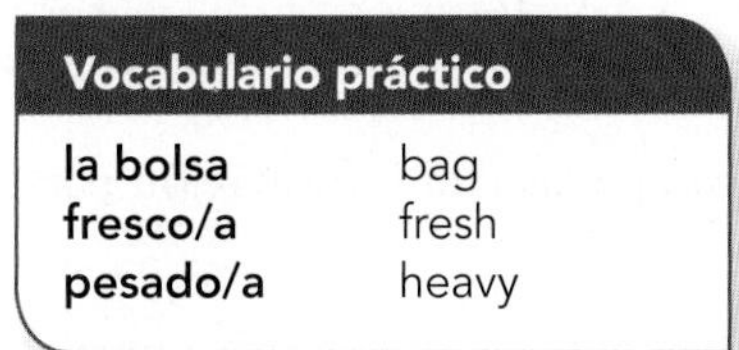

Vocabulario práctico

la bolsa	bag
fresco/a	fresh
pesado/a	heavy

1. ____	a. Por eso tu madre nunca se los sirve.
2. ____	b. Sí, pero voy a comprártela primero.
3. ____	c. Entonces, no se lo voy a pedir.
4. ____	d. Ahora se lo traigo, señora.
5. ____	e. Voy a comprártelas.
6. ____	f. Por eso no se las compro.
7. ____	g. Yo te la puedo llevar.

B. La fiesta del año

PASO 1. Completa cada oración con los pronombres de objeto directo e indirecto correctos, según el contexto. **¡OJO!** Usa dos pronombres en tus respuestas.

Cada año en septiembre hacemos una gran fiesta para celebrar los cumpleaños de muchos amigos. Invitamos a todos los amigos y ellos nos ayudan con comida e ingredientes.

ANITA: ¿Dónde están las mesas? ¿Cuándo ________[1] (a nosotros) va a traer tu padre?

PATRICIO: A las 3:00 de la tarde. Necesito la carne picada[a] para preparar las hamburguesas. ¿ ________[2] das?

ANITA: Está en el refrigerador. Ahora ________[3] traigo si tú me buscas los tomates para la ensalada.

PATRICIO: Perfecto. Los recojo[b] del jardín y ________[4] dejo en la cocina en cinco minutos.

ANITA: Gracias. ¿Quién nos va a hacer los dulces?

PATRICIO: Mi hermana ________[5] va a hacer. Pero necesita los ingredientes.

ANITA: Yo ________[6] llevo después de ir al supermercado. ¿Es todo?

PATRICIO: ¿Cuándo les escribo un mensaje de texto a los invitados con la dirección para llegar a la casa?

ANITA: Es mejor si ________[7] escribes dos horas antes de la fiesta. ¡No lo olvides!

---

[a]*ground* [b]*I will pick*

PASO 2. Cuando haces una fiesta o una cena especial, ¿qué comidas y bebidas les ofreces a tus invitados? Haz una lista.

PASO 3. En parejas, miren sus listas y háganse preguntas.

MODELO E1: ¿Por qué les sirves arroz a tus invitados?
E2: Se lo sirvo porque va bien con la carne.

C. ¿A quién....?

PASO 1. Escribe oraciones completas con información personal, indicando a quién(es) le(s) haces las estas cosas.

MODELO pedir favores → Les pido favores a mis amigos.

pedir favores	contar mis secretos	dar abrazos
mandar mensajes de texto	prestar dinero	decir mentiras (*lies*)

PASO 2. En parejas, háganse preguntas sobre las acciones del **Paso 1.** Deben pedir explicaciones: ¿Por qué o cuándo hacen estas cosas? **¡OJO!** Usen dos preguntas en sus respuestas. Sigan el modelo.

MODELO E1: ¿A quién le pides favores?
E2: Yo se los pido a mi abuela.
E1: ¿Por qué se los pides a tu abuela?
E2: Se los pido porque es rica y tiene mucho tiempo para hacérmelas.

EXPERIENCIA INTEGRAL

Las frutas del Caribe

ANTES DE LEER. Una de las estrategias para leer es mirar las palabras en el contexto de la oración. Busca las siguientes palabras en la lectura: (segundo párrafo) **desconocidas, semillas,** (tercer párrafo) **originario,** (cuarto párrafo) **endulzar.** Trata de determinar qué significa cada palabra según el contexto. Considera también las palabras relacionadas: **conocer, origen, dulce.**

PASO 1. Completa el texto sobre las frutas caribeñas con la forma correcta de las palabras entre paréntesis. Cuando aparecen dos opciones, escoge la correcta. Cuando aparecen **ser** y **estar** juntos, escoge el verbo correcto y escribe la forma correcta.

Algunas frutas y verduras típicas del Caribe

Las frutas variadas del Caribe son un elemento clave[a] en los platos deliciosos de la región. Cuando visitas un país del Caribe, (*tú:* **tener**[1]) la oportunidad de probar frutas (**exótico**[2]) que no (*nosotros:* **poder**[3]) comprar en este país. Y no (**te las / se las**[4]) puedes traer a tus amigos como recuerdo.[b] (**Por/Para**[5]) eso, (**los/las**[6]) tienes que disfrutar mientras (*tú:* **ser/estar**[7]) en el Caribe.

El Caribe es una región muy fértil que produce (**rico**[8]) frutas tropicales. Estas frutas desconocidas impresionaron[c] a los primeros exploradores, pero se enfrentaron con[d] un problema: «¿Cómo (**se los / se las**[9]) vamos a llevar a los reyes españoles cuando un viaje es de dos meses o más?» Durante los siguientes años, llevaron a Europa semillas y plantas de tomate, maíz, aguacate, papas y (**otro**[10]) frutas y verduras.

Hoy en día, las frutas de las islas caribeñas son más variadas. Frutas, como la guayaba,[e] (**ser/estar**[11]) originarias de las islas. Otras frutas (**popular**[12]) del Caribe, como el aguacate y la piña, son de Centro o Sudamérica. Otras frutas (**venir**[13]) del sur de Asia, por ejemplo, la banana o plátano y el mango.

Una de las plantas (**caribeño**[14]) más importantes es la caña[f] de azúcar. Pero no es originaria del Caribe; viene de África. Los esclavos[g] africanos la trajeron[h] al Caribe con (**su**[15]) especias[i] y su música. La caña de azúcar floreció[j] en el Caribe. Los caribeños todavía usan el azúcar para endulzar su comida y producir ron.[k] Y, aunque ya no son los principales exportadores del azúcar, aún (**lo/la**[16]) venden en el mercado europeo.

---

[a]*key* [b]*souvenir* [c]*impressed* [d]se... *faced* [e]*guava* [f]*cane* [g]*slaves* [h]*brought* [i]*spices* [j]*flourished* [k]*rum*

PASO 2. Indica las oraciones que son posibles, según el **Paso 1.**

1. ☐ Todas las frutas que asociamos con el Caribe son originarias del Caribe.
2. ☐ Es ilegal traer frutas del Caribe a este país como turista.
3. ☐ Muchas frutas exóticas florecen en el Caribe.
4. ☐ La comida caribeña tiene mucha influencia de África.
5. ☐ Los mangos son originarios del Caribe.
6. ☐ La piña es originaria de Cuba.
7. ☐ El Caribe exporta azúcar a Europa.

PASO 3. Piensa en cómo generalmente preparas o sirves estas frutas. ¿Qué le pones a la fruta o con qué la sirves? Luego, en parejas, háganse preguntas sobre cómo van a preparar o servir la comida. Sigue el modelo. ¿Uds. sirven o comen las frutas de la misma forma?

MODELO la banana →

E1: ¿Cómo me vas a servir la banana?
E2: Te la sirvo con cereal.
E1: Yo te la voy a preparar con helado.

el aguacate	el coco	la fresa
la piña	la toronja	la naranja

Palabra escrita

A comenzar

Stating Your Topic Sentence. The topic sentence is the central idea of a paragraph and any other information in that paragraph should simply support this main point. In this composition, you will be making comparisons. As you move from one comparative point to the next, the topic sentence can help you stay focused, and the reader will be able to follow and interpret your points clearly.

You are going to start the process of writing a brief composition that you will finalize in the **Palabra escrita: A finalizar** section of your *Workbook/Laboratory Manual.* The topic of this composition is **Las ventajas y desventajas de comprar comestibles en ciertos lugares.** The purpose of your composition will be to explain and compare the advantages and disadvantages of buying food in at least three of the following types of stores: superstores (e.g., Costco), large supermarket chains (e.g., Kroger), local grocery stores, convenience stores, and farmers markets.

A. Lluvia de ideas. En parejas, hagan una lluvia de ideas sobre estos temas relacionados con la compra de comestibles en diferentes tipos de tiendas, pensando en las comparaciones que pueden hacer.

1. la selección
2. los precios
3. la calidad
4. la economía local
5. ¿ ?

B. A organizar tus ideas. Repasa tus ideas y organízalas en categorías. Mientras empiezas a identificar los párrafos que vas a escribir, elabora una oración temática para cada párrafo. Comparte tu información con la clase y apunta otras ideas que se te ocurran durante el proceso.

C. A escribir. Ahora, haz el borrador de tu composición con las ideas y la información que recopilaste (*collected*) en las **Actividades A** y **B.** **¡OJO!** Guarda bien tu trabajo. Vas a necesitarlo otra vez para la sección de **Palabra escrita: A finalizar** en el *Workbook/Laboratory Manual.*

Amelia Peláez

Hibiscus, *1943*

La pintora cubana Amelia Peláez (1896–1968) es una figura importante del arte modernista del siglo XX. En 1927, viaja a París donde está en contacto con y se influye por las vanguardias artísticas del arte europeo de los años 20. Regresa a Cuba en 1934 y sus obras se exponen en exhibiciones en ciudades importantes como La Habana, México, D.F., Bogotá, Miami, Nueva York y Sao Paolo. En sus obras, influidas por los grandes clásicos como Picasso, Amelia retrata rostros[a] femeninos, parejas, naturaleza y su ambiente[b] de una manera bella e única. Sus cuadros rebosan de[c] colores vivos y la abstracción de los temas que le preocupan y el ambiente natural que observa.

Hibiscus es una pintura en homenaje[d] a la naturaleza cubana. En este cuadro se destacan[e] unas flores, también conocidas como marpacífico, típicas de Cuba, que son tan emblemáticas que en 1978 emitieron[f] una serie de sellos[g] con estas flores de hojas[h] grandes. Las flores marpacífico, típicas de varios países y lugares cálidos, además de ser plantas y flores hermosas, son una delicadeza de sabor[i] alegre y suave, usadas en bebidas y para decorar postres exquisitos.

[a]retrata... *paints faces* [b]*surroundings* [c]rebosan... *spill over with* [d]en... *paying homage* [e]se... *features* [f]*they printed/released* [g]*stamps* [h]*petals* [i]*flavor*

REFLEXIÓN

1. En parejas, describan el cuadro. ¿Cómo son los colores y las figuras del cuadro? ¿Por qué se considera el arte moderno? Comparen sus respuestas con la clase.
2. Busca otro/a artista importante del arte moderno que también explora los temas de la naturaleza de una manera semejante al arte de Amelia Peláez. Prepara una breve presentación comparando una obra de ese/a artista con el cuadro *Hibiscus* o con otro cuadro de Amelia Peláez que te parece especial. Si es posible, incluye la imagen en tu presentación.

TEMA II: ¿Salimos a comer o comemos en casa?

Vocabulario en acción

En la mesa y las comidas°

°*meals*

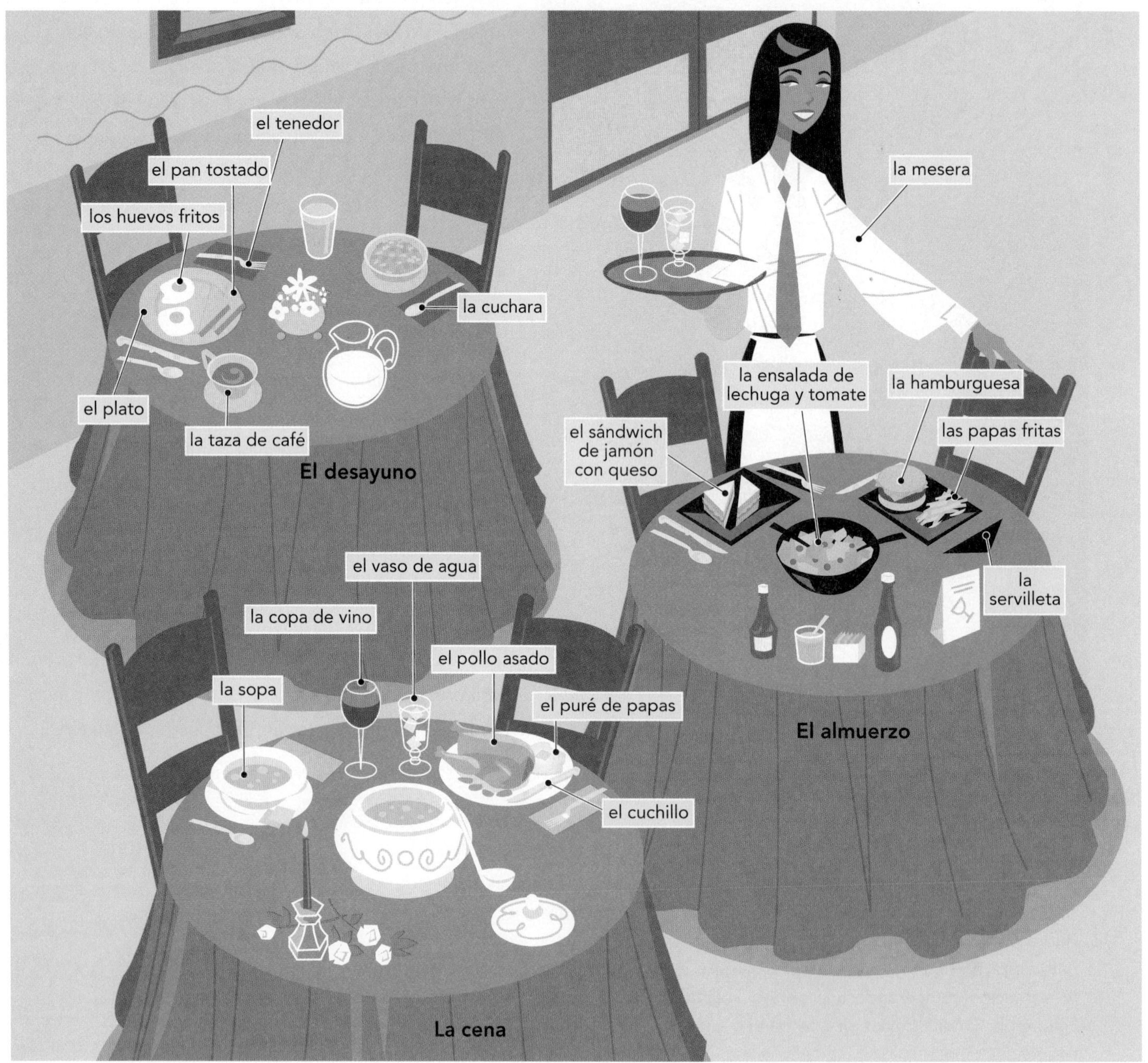

merendar (ie)	to snack
probar (ue)	to taste, try
el alimento	food; nourishment

Cognados: los ingredientes, los utensilios; internacional, local, natural, orgánico/a, tradicional, tropical

En el restaurante

pedir (i, i)	to order
la cuenta	bill, check
la propina	tip
la tarjeta de crédito	credit card
en efectivo	cash

Cognados: el/la chef, el menú, la reservación; variado/a

ACTIVIDADES

A. En la mesa. Escucha cada una de las descripciones. Luego, indica la opción correcta para cada descripción.

1. **a.** la tarjeta de crédito **b.** el cuchillo **c.** el vaso
2. **a.** la taza **b.** el tenedor **c.** el pollo asado
3. **a.** la mesera **b.** el pan tostado **c.** la cuchara
4. **a.** la chuleta **b.** la propina **c.** el vino
5. **a.** la servilleta **b.** las papas fritas **c.** el plato
6. **a.** la copa **b.** el vaso **c.** la taza

Nota interdisciplinaria

CONNECTIONS

CIENCIAS DE LA SALUD:[a] LA ALIMENTACIÓN

¿Cuál es la dieta más sana para la salud? *La Food and Drug Administration* de los Estados Unidos hace las siguientes recomendaciones.

1. Comer productos variados y aumentar el consumo de los carbohidratos hasta un 57 por ciento en la dieta diaria. Es recomendable comer frutas, verduras y cereales integrales, y reducir el consumo de azúcar refinada.
2. Reducir las grasas hasta un 25 por ciento del consumo energético total para prevenir[b] las enfermedades[c] cardiovasculares.
3. Limitar las proteínas hasta un 15 por ciento de la dieta diaria. Comer aves y pescados y reducir el consumo de carnes rojas.
4. Comer alimentos ricos en fibra, como las verduras, frutas y cereales integrales. La cantidad de fibra no puede ser nunca inferior a los 22 gramos por día.
5. Consumir bebidas alcohólicas con moderación.
6. Evitar[d] los alimentos con alto contenido de sal para prevenir la hipertensión.

[a]*Health* [b]*to prevent* [c]*illnesses* [d]*To avoid*

PREGUNTAS

1. ¿Qué alimentos son buenos para la salud y qué productos debemos evitar? Mencionen alimentos e ingredientes específicos.
2. Específicamente, ¿cómo afectan la salud los productos ricos en grasas? ¿Y el exceso de sal en las comidas?
3. Piensen en platos típicos de su cultura y en los ingredientes que llevan. De acuerdo con la información de la lectura, ¿creen que la dieta del lugar donde Uds. viven es, en general, saludable o no? Expliquen.

B. Un día típico

PASO 1. Haz (*Do*) una encuesta sobre lo que (*what*) comen tus compañero/as en un día típico. Hazles preguntas a por lo menos cinco estudiantes para completar el cuadro (*chart*). Lleva las cuentas (*Tally*) de sus respuestas. Sigue el modelo.

MODELO E1: ¿Qué comes para el desayuno?
E2: No desayuno nunca.
E1: [*Indica «no» en el cuadro.*] ¿Y qué comes para el almuerzo?
E2: Típicamente como un sándwich de jamón con queso y una manzana.
E1: [*Indica «proteínas», «frutas» y «granos» en el cuadro.*]

	NO	PROTEÍNAS	VERDURAS	FRUTAS	GRANOS	DULCES
el desayuno						
el almuerzo						
la cena						

PASO 2. Ahora, la clase va a dibujar el cuadro en la pizarra. Deben apuntar en el cuadro todos los resultados. Digan si creen que los estudiantes de la clase comen bien o no, según los resultados.

C. Un restaurante

PASO 1. Escoge un restaurante local. Escribe una breve descripción del restaurante sin nombrarlo. Describe la comida que sirven, el ambiente, el servicio, etcétera.

MODELO Es un restaurante muy elegante con un ambiente relajante y acogedor. La comida es excelente, pero un poco cara. Sirven...

PASO 2. Ahora, lee tu descripción a la clase. Tus compañeros van a adivinar el nombre del restaurante.

Vocabulario práctico

el ambiente acogedor	cozy atmosphere
animado	lively atmosphere
familiar	family atmosphere
fresco	fresh atmosphere
relajante	relaxing atmosphere
romántico	romantic

D. Un nuevo restaurante

PASO 1. Imagínense que Uds. van a abrir un nuevo restaurante cerca de la universidad y que en este restaurante solo van a servir el almuerzo. En grupos de tres personas, diseñen (*design*) el restaurante. Incluyan en su plan el nombre del restaurante, las especialidades, el plato del día, los precios y otra información necesaria para darle publicidad a su restaurante.

PASO 2. En clase, van a comparar sus restaurantes. Como (*Since*) solo pueden abrir un restaurante en esta zona, voten por el mejor plan. Todos deben justificar su voto.

Gramática

6.3 Preterite: Regular Verbs

Talking About Completed Past Actions (Part 1)

GRAMÁTICA EN ACCIÓN

La Bodeguita del Medio

En la Bodeguita del Medio, La Habana, Cuba

[*Loida **visitó** Cuba por primera vez el verano pasado. **Viajó** con dos amigos por un mes. Después de ocho días, **visitó** un cibercafé y le **escribió** su primer e-mail a su familia.*]

¡Saludos a todos!

¡Me encanta Cuba! Hoy **comí** en la famosa Bodeguita del Medio en La Habana. No es como la Bodeguita del Medio de Miami. Este restaurante es muy bohemio y pequeño; no es nada elegante. Sirven platos típicos de Cuba y tiene una larga historia de personas famosas que han comido aquí. Cuando **llegamos, nos sentamos** en el bar por un rato. Jeff y Lynne **tomaron** mojitos. Luego, **comimos** en el patio. Los tres **compartimos** dos platos de comida típica, y Jeff se comió todo el arroz. Lo **pasamos** muy bien, viendo a cientos de turistas entrar a sacar fotos y salir. ¡La pared está llena de nombres porque todo el mundo firma su nombre allí! **Busqué** un lugarcito limpio y **escribí** mi nombre y la fecha en la pared. **Leí** varios nombres, pero no **reconocí** a nadie famoso. Bueno, es todo por el momento.

Hablamos pronto.

Un beso,

Loida

Comprensión. Indica el verbo correcto para completar cada una de las oraciones.

comieron comió escribieron escribió llegaron llegó pasaron pasó

1. Loida y sus amigos lo _______ muy bien en la Bodeguita del Medio.
2. Loida _______ comida cubana típica en el restaurante.
3. Cuando Loida, Jeff y Lynne _______ a la Bodeguita del Medio, se sentaron en el bar.
4. Loida le _______ un e-mail a su familia sobre la experiencia.

So far in *Experience Spanish* you've only been talking about actions in the present tense. In this section you will start to learn how to talk about the past. Spanish has two simple tenses to refer to past actions: *preterite* and *imperfect*. For now, we'll focus on the preterite.

FORMING THE PRETERITE

PRETERITE OF -ar VERBS	
llevé	llevamos
llevaste	llevasteis
llevó	llevaron

PRETERITE OF -er VERBS	
comí	comimos
comiste	comisteis
comió	comieron

PRETERITE OF -ir VERBS	
salí	salimos
saliste	salisteis
salió	salieron

A. The preterite is formed by removing the **-ar**, **-er**, or **-ir** from infinitives and adding the endings as shown in the preceding tables. Note the following points.

- The **yo** and **Ud., él/ella** forms have an accent on the last letter: **llevé**, **llevó**, **comí**, **comió**, **salí**, **salió**.
- The **-er** and **-ir** endings are the same: **-í**, **-iste**, **-ió**, **-imos**, **-isteis**, **-ieron**.
- There are no accents on the **vosotros/as** forms, as there are in present indicative.
- The **nosotros/as** forms of **-ar** and **-ir** verbs are the same as the corresponding forms in the present tense. Context will determine the correct interpretation.

Cenamos con nuestros padres **todos los domingos.**	*We eat dinner with our parents every Sunday.*
Cenamos con nuestros padres **el domingo pasado.**	*We ate dinner with our parents last Sunday.*

B. The **yo** and **Ud., él/ella** forms of the verb **ver** do not have accents.

vi	vimos
viste	visteis
vio	vieron

C. **-ar** and **-er** verbs that have stem changes in the present tense do not have stem changes in the preterite.

INFINITIVE	PRESENT TENSE	PRETERITE
pensar (ie)	**pienso, piensas, piensa,...**	**pensé, pensaste, pensó,...**
volver (ue)	**vuelvo, vuelves, vuelve,...**	**volví, volviste, volvió,...**

D. The verbs **creer**, **leer**, and **oír** have a spelling change from **-i-** to **-y-** in the **Ud., él/ella** and **Uds., ellos/ellas** forms. Note also that the **tú**, **nosotros/as**, and **vosotros/as** forms have an accented **-í-**.

PRETERITE OF creer, leer, AND oír					
creer (y)		**leer (y)**		**oír** (*irreg.*)	
creí	**creímos**	**leí**	**leímos**	**oí**	**oímos**
creíste	**creísteis**	**leíste**	**leísteis**	**oíste**	**oísteis**
creyó	**creyeron**	**leyó**	**leyeron**	**oyó**	**oyeron**

E. The preterite **yo** forms of verbs that end in **-car**, **-gar**, and **-zar** undergo a spelling change in the **yo** form in the preterite.

buscar	c → qu	busqué
llegar	g → gu	llegué
empezar (ie)	z → c	empecé

USING THE PRETERITE

A. The preterite is used to talk about specific actions that were completed over a limited time period, explicit or implied, in the past.

Ayer tomé un café con Julia.	*Yesterday I had a cup of coffee with Julia.* (completed past action that took place within the limited confines of *yesterday*)
David viajó a la República Dominicana, estudió español **(por) un mes,** salió a bailar muchas veces y lo pasó muy bien.	*David traveled to the Dominican Republic, studied Spanish for one month, went out dancing many times, and had a great time.* (completed actions that took place within the limited confines of *one month*)

B. Due to the fact that actions expressed in the preterite are viewed as having been completed within the confines of a limited period of time, you will often see it used in conjunction with words and phrases that help establish that limited period of time.

COMMON WORDS AND PHRASES USED WITH THE PRETERITE

anoche	**la semana pasada**
anteayer	**la última vez que**
ayer	**a las** + *specific time*
el lunes (martes, miércoles,...) pasado	**(por)** + *specific time period*
el mes/año pasado	

Almorcé con Esteban y Marcos **anteayer.**	*I ate lunch with Esteban and Marcos the day before yesterday.*
La última vez que **desayunamos** aquí, **comí** huevos revueltos con jamón.	*The last time we ate breakfast here, I ate scrambled eggs and ham.*
Ayer mamá me **llamó** a las 7:00. **Hablamos** (por) tres horas.	*Mom called me at 7:00 yesterday. We spoke for three hours.*

ACTIVIDADES

A. Turismo culinario. Victoria y Andrés visitaron Puerto Rico el verano pasado. Mandaron postales (*postcards*) a la familia en los Estados Unidos. Completa las oraciones con las formas correctas del pretérito de los verbos entre paréntesis.

¡Hola, mamá!

¡Anoche por fin (*nosotros:* **llegar**)[1] a Puerto Rico! (*Yo:* **Hablar**[2]) con un empleado del hotel y me (**recomendar**[3]) un restaurante excelente en el viejo San Juan, y Andrés y yo (**salir**[4]) caminando inmediatamente. El mesero nos (**explicar**[5]) muy claramente el menú y nosotros finalmente (**ordenar**[6]) dos platos típicos: mofongo y lechón. ¡Andrés (**comer**[7]) todo! Yo no (**comer**[8]) todo, pero me encantó. Después de la cena (**buscar**[9]) un bar cerca de la playa donde (**tomar**[10]) una piña colada. ¡Lo (**pasar**[11]) muy bien!

Muchos abrazos desde San Juan,

Victoria y Andrés

B. El fin de semana pasado

PASO 1. Indica las oraciones que describen lo que hiciste (*what you did*) el fin de semana pasado. Escribe tres actividades adicionales.

☐ Desayuné en casa.
☐ Comí fruta.
☐ Almorcé en la cafetería.
☐ Miré la televisión.
☐ Llamé por teléfono a mis padres.
☐ Jugué a los videojuegos.
☐ Estudié para un examen.
☐ Limpié mi cuarto.
☐ Lavé la ropa.

PASO 2. En parejas, inventen una versión fantástica del fin de semana pasado. No deben hablar de la realidad. Todos los eventos deben ocurrir en esta ciudad. ¡Sean creativos! ¡Tienen dinero ilimitado! Escriban un mínimo de tres oraciones.

MODELO Mis amigos y yo compramos un coche viejo y lo pintamos con los colores de la universidad. Luego, pasamos por el campus en el coche y les ofrecimos sándwiches gratis a todo el mundo (*everyone*). Por la noche,...

PASO 3. Presenten su fin de semana imaginario a la clase. La clase va a decidir qué grupo escribió sobre el fin de semana más creativo y divertido.

C. ¿Dónde cenaste?

PASO 1. Piensa en la última vez que comiste en un restaurante elegante y contesta las siguientes preguntas con oraciones completas.

1. ¿Quién te acompañó?
2. ¿Qué pidieron para comer?
3. ¿Qué bebidas tomaron?
4. ¿Les dieron buen servicio?
5. ¿Comieron postre?
6. ¿Cuánto les costó la comida?

PASO 2. Entrevista a tu compañero/a sobre la última vez que cenó en un restaurante elegante. Pídele más detalles sobre su experiencia.

MODELO E1: ¿Quién te acompañó la última vez que comiste en un restaurante elegante?
E2: Mi novia me acompañó.

EXPERIENCIA INTEGRAL

Colombia y el Caribe

ANTES DE LEER. En 1492, Cristóbal Colón salió de España y descubrió un «Nuevo Mundo». En los próximos años regresó a la región tres veces más. Usa el mapa de México, Centroamérica y el Caribe (al final del libro) y escribe el nombre de los países que Colón visitó.

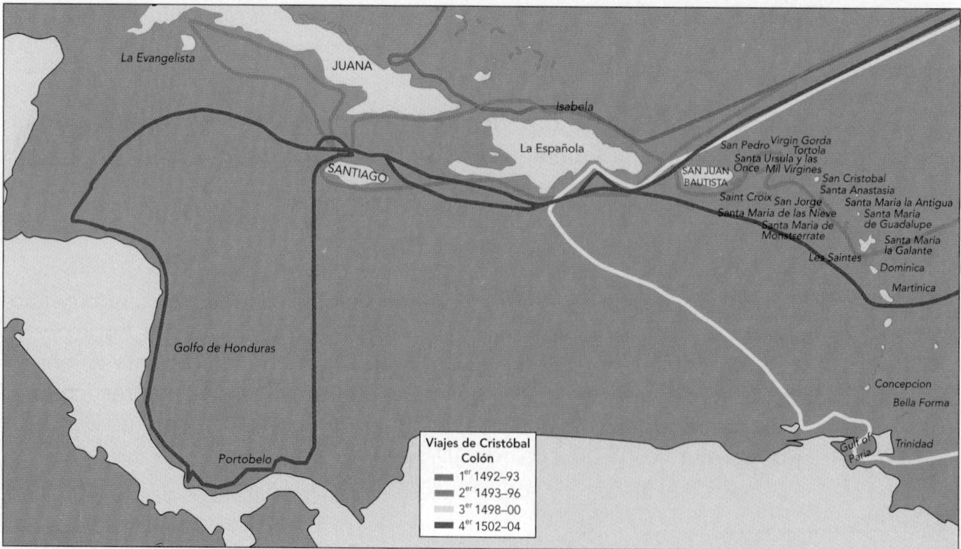

Los viajes de Cristóbal Colón

PASO 1. Brenden le escribe una carta a su tía sobre su visita a Colombia con un grupo turístico. Completa la descripción de la región caribeña de Colombia con la forma correcta de las palabras entre paréntesis. Si un verbo aparece con la pista (*hint*) *pret.*, usa la forma correcta del pretérito. En otros casos, usa el presente. Cuando aparecen **ser** y **estar** juntos, escoge el verbo correcto y escribe la forma correcta.

Querida tía Lucía:

¿Sabes que Colombia también se considera un país caribeño? Es verdad que Colombia (**tener**[1]) una región andina[a] (en las montañas), una costa en el Pacífico, una región de llanos[b] y una zona amazónica. Pero la región que (**ser/estar**[2]) en el noreste,[c] tiene una costa,[d] una gente y un espíritu indudablemente[e] caribeños.

Si (*tú:* **querer**[3]) saber en qué aspectos es caribeña esta parte de Colombia, debes visitar la costa y probar la comida. Yo (*pret.:* **viajar**[4]) a Colombia el mes pasado con la idea de visitar un bosque[f] tropical y ver pájaros[g] exóticos. Pues, sí, (*yo, pret.:* **observar**[5]) todo eso en la zona amazónica, pero la segunda semana, nosotros (*pret.:* **viajar**[6]) al norte para conocer Cartagena. (*Ellos:* **Decir**[7]) que Cartagena es la ciudad colonial más preciosa de América. ¡Es verdad! (*pret.:* **Caminar**[8]) por la Ciudad Amurallada,[h] el centro histórico de Cartagena, y (*pret.:* **disfrutar**[9]) de la arquitectura colonial. El cocinero del hotel nos (*pret.:* **preparar**[10]) muchos platos deliciosos de pescado y mariscos. (*Nosotros, pret.:* **Tomar**[11]) el sol en la playa durante el día y los jóvenes (*pret.:* **salir**[12]) a bailar (**todo**[13]) las noches. ¡Qué divertido! El aire, la gente, la comida, todo muy caribeño.

La Torre (Tower) *del Reloj, Cartagena*

Colombia también (**tener**[14]) dos islas en el Caribe: San Andrés y Providencia. Algunos historiadores creen que Cristóbal Colón (*pret.:* **descubrir**[15]) San Andrés durante su cuarto viaje a América en 1502. Las islas se convirtieron en[i] una ruta de esclavos y contrabando. Los piratas también (*pret.:* **establecerse**[16])[j] en estas islas. Dicen que el pirata, Henry Morgan, (*pret.:* **planear**[17]) su ataque a Panamá en la isla de Providencia. La leyenda dice que Morgan (*pret.:* **salir**[18]) de la isla, pero que su tesoro[k] está en la isla todavía. En 2011 unos arqueólogos de *Texas State University* (*pret.:* **encontrar**[19]) un barco[l] y cañones en las aguas cerca de Panamá y creen que es de Morgan.

---

[a]*Andean* [b]*plains* [c]*northeast* [d]*coast* [e]*indisputably* [f]*forest* [g]*birds* [h]*Walled* [i]*se... became* [j]*to settle* [k]*treasure* [l]*ship*

PASO 2. Empareja las frases de las dos columnas para formar oraciones lógicas, según el **Paso 1.**

1. Henry Morgan atacó ____	a. las islas para transportar contrabando.
2. Cartagena está en ____	b. varias regiones geográficas.
3. Colón posiblemente visitó ____	c. el noreste de Colombia.
4. Colombia tiene ____	d. el centro histórico de Cartagena.
5. Los piratas usaron ____	e. Panamá.
6. La Ciudad Amurallada es ____	f. la isla de San Andrés.

PASO 3. El texto describe la Ciudad Amurallada como «el centro histórico» de Cartagena. En parejas, determinen cuál es el centro histórico de la ciudad de Uds. ¿Por qué? ¿Qué pasó allí? ¿Cuál es, en su opinión, el centro histórico del país? Describan los eventos o lugares que lo hacen importante. Comparen sus ideas con las del resto de la clase. ¿Mencionaron todos los mismos lugares que Uds.?

Lectura cultural

Vas a leer una receta (*recipe*) de un postre delicioso: el flan de coco. Esta receta viene de la revista *Siempre mujer* y es parte de una serie de recetas en un artículo escrito por Doreen Colondres.

ANTES DE LEER

PASO 1. En parejas, contesten las preguntas. Después, compartan sus respuestas con la clase.

1. ¿Cocinan Uds.? ¿En qué ocasiones? ¿Buscan recetas en las revistas o en Internet, o prefieren crear sus propios platos? Expliquen.
2. ¿Qué pariente o amigo/a tienen que prepara un plato especial? ¿En qué ocasiones lo prepara? ¿Cuáles son los ingredientes?
3. Observen la imagen del flan y revisen los encabezados (*headings*). ¿Qué información esperan encontrar en la receta?

PASO 2. Repasa el **Vocabulario práctico** y luego lee la receta del flan de coco. **¡OJO!** Trata de adivinar por el contexto las palabras que no sabes, sin usar el diccionario.

Vocabulario práctico

último pedazo	last piece	**quemado**	burnt
lata	can	**verter (ie)**	to pour
gotas	drops	**nevera**	refrigerator
hojuelas	flakes	**cubrir**	to cover
olla	sauce pan	**tapar**	to cover
dorado	golden	**boca abajo**	upside down

Flan de coco

Esta receta es un éxito cuando tengo invitados en casa. Es fácil, todo el mundo quedará peleándose[a] por el último pedazo.

1 lata de leche condensada
1 lata de agua de coco
5 huevos
1 taza de azúcar
4-5 gotas de jugo de lima
4-5 gotas de agua
Hojuelas de coco para decorar

Preparación

1. Primero... para disfrutar de esta receta ¡no puede estar a dieta!
2. Mezcle bien los huevos, luego les añade la leche condensada y el agua de coco. (Prefiero batir a mano que con batidora eléctrica.)
3. Una vez que todo esté mezclado,[b] proceda a hacer el caramelo, ¡que no muerde![c] Hacer caramelo no es dificil. En una olla pequeña caliente a fuego mediano[d] el azúcar, el jugo de lima y el agua y revuelva hasta que el azúcar

[a]quedará... *will end up fighting* [b]Una... *Once everything is mixed* [c]que... *it's not that hard!* (*Lit.: It doesn't bite!*) [d]caliente... *heat over medium heat*

se disuelva totalmente y adquiera un color dorado oscuro (pero no quemado) Así el sabor del caramelo no será[e] más fuerte que el del flan.

4. Vierta el caramelo en el molde y cubra bien todo el fondo. Una vez que el azúcar se haya secado[f] en el molde, añada la mezcla del flan.
5. Y ya está listo para ir al horno, pero lo va a poner en «Baño de María» (o sea, dentro de otro molde más grande con agua suficiente para cubrir al menos ¾ partes de la altura del flan).
   Hornee a 350° F por unos 45 minutos o hasta que le introduzca un cuchillo y este salga limpio.[g]
6. Cuando se enfríe[h] por completo, póngalo en la nevera. Antes de sacarlo del molde, pásele un cuchillo por el borde. Después, tápelo con un plato grande boca abajo e inviértalo. Espere que salga todo el caramelo y decórelo a su gusto con las hojuelas de coco.

Consejo

Si lo prepara con ingredientes orgánicos, le quedará supercremoso y menos dulce. ¡Buen provecho!

---

[e]no... *won't be* [f]haya... *has dried* [g]hasta... *until you can stick a knife in it and it comes out clean* [h]se... *it has cooled down*

DESPUÉS DE LEER

A. Comprensión

PASO 1. Contesta las preguntas.

1. ¿Qué ingredientes contiene el flan de coco?
2. ¿Por qué dice la autora de la receta que no se puede estar a dieta y comer este flan?
3. ¿Cómo debe uno sacar el flan del molde al final del proceso?
4. ¿Qué crees que significa la última frase de la lectura: «¡Buen provecho!»?

PASO 2. En parejas, compartan sus respuestas del **Paso 1.**

B. Temas de discusión. En grupos de tres, comenten estos temas. Si necesitan más información, búsquenla en el Internet. Después, compartan sus ideas con la clase.

1. ¿Conocen Uds. el flan? ¿Dónde lo comieron? ¿Cuándo lo comieron? ¿Les gustó? Si no conocen el flan, ¿creen que les gustaría el flan de coco de la lectura? Expliquen.
2. ¿Cómo se compara el flan de coco con su postre favorito? Compárenlos en cuanto (*with regard*) al sabor, la cantidad de calorías, los ingredientes, el precio de sus ingredientes, la dificultad o facilidad (*ease*) de prepararlo, etcétera.
3. ¿Qué otros postres son comunes en la región donde Uds. viven? ¿Hay algún postre típico de su región? ¿Cuál es? ¿Cómo es? ¿En qué ocasiones lo comen? ¿Con qué frecuencia lo comen?

Concurso de videoblogs

Merfry habla de Santo Domingo y sus atracciones históricas como la catedral, la Plaza de Colón y la Calle Las Damas (Ladies). Después, busca un restaurante para almorzar comida criolla. En el restaurante, pide dos platos regionales: la bandera (flag) dominicana y el sancocho.

República Dominicana: Merfry

Santo Domingo y la comida dominicana

ANTES DE VER

A. Capítulo y vídeo

1. ¿Qué sabes de la arquitectura de las ciudades coloniales? ¿Puedes identificar características típicas?
2. ¿Qué sabes de la comida caribeña? ¿Hay restaurantes caribeños o hispanos en tu comunidad? ¿Qué platos sirven?

B. Anticipación. En parejas, contesten las preguntas.

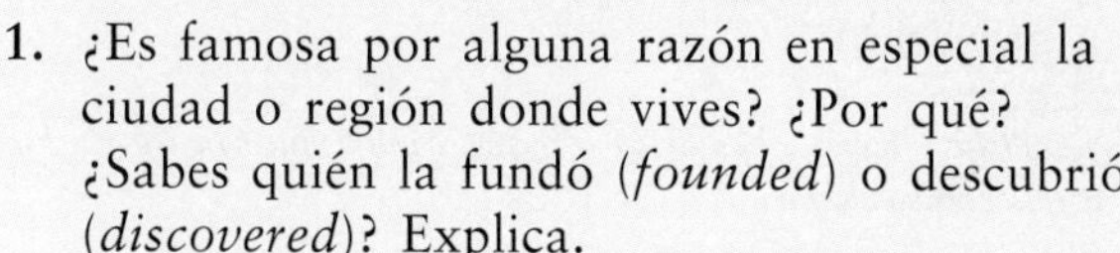

1. ¿Es famosa por alguna razón en especial la ciudad o región donde vives? ¿Por qué? ¿Sabes quién la fundó (*founded*) o descubrió (*discovered*)? Explica.
2. ¿Hay algún plato típico de la región donde vives? ¿Cómo se llama? ¿Qué ingredientes tiene? ¿En qué lugar/restaurante recomiendas comerlo?

Vocabulario práctico

arena blanca	white sand
fortaleza	fortress
recuerdos	memories
¡Qué rico huele!	It smells so good!
¡Buen provecho!	*Bon appétit!*

DESPUÉS DE VER

A. Comprensión. Vuelve a ver el segmento y completa las oraciones.

1. La República Dominicana tiene aproximadamente ______ de habitantes.
2. Algunos recuerdos de la historia de la República Dominicana se ven (*are seen*) en ______.
3. La República Dominicana es un destino importante para ______.
4. La Calle Las Damas es famosa porque ______.
5. Para buscar un lugar donde almorzar, Merfry ______.
6. Las personas locales dicen que Merfry tiene que ir a ______.

B. Opinión. En parejas, contesten las preguntas.

1. ¿Creen Uds. que la Ciudad Colonial de Santo Domingo es típica de las zonas coloniales de las ciudades hispanas? ¿Por qué? ¿En qué ciudades de este país se conservan secciones o zonas históricas?
2. ¿Qué les recomienda a Merfy y a Amy el mesero? ¿Por qué les recomienda esos platos? ¿Les interesa a Uds. probarlos (*to taste them*)? ¿Cuál de ellos les interesa más? ¿Cuál es mejor para una dieta saludable (*healthy*)? ¿Por qué?

C. Temas de discusión. En parejas, contesten las preguntas. Si es necesario, busquen información en la biblioteca o en el Internet. Después, compartan sus ideas con la clase.

1. Escojan uno de los lugares que Merfy muestra en el vídeo —la Plaza de Colón, la Calle Las Damas o San Pedro de Macoris— y preparen una presentación sobre detalles de ese lugar para compartir con la clase. Pueden enfocarse en una descripción del lugar (las estatuas, los negocios y restaurantes, la arquitectura) o en la historia del lugar.
2. ¿En qué son semejantes y diferentes la comida caribeña, la comida hispana que Uds. ya conocen (o mencionada en este capítulo) y la comida regional de donde Uds. viven? ¿Cuál prefieren? ¿Por qué?

Vocabulario

Carnes, pescados y mariscos	Meats, fish, and shellfish
el atún	tuna
el bistec	(beef) steak
los camarones	shrimp
la carne	
de cerdo	pork
de res	beef
la chuleta (de cerdo)	(pork) chop
la langosta	lobster
el pavo	turkey
el pollo (asado)	(roast) chicken
los huevos (fritos)	(fried) eggs
el jamón	ham
el tocino	bacon

Cognado: la hamburguesa

Frutas y verduras	Fruits and vegetables
el aguacate	avocado
el ajo	garlic
la cebolla	onion
los champiñones	mushrooms
las espinacas	spinach
la fresa	strawberry
los frijoles	beans
los guisantes	peas
las habichuelas	green beans
la lechuga	lettuce
el maíz	corn
la manzana	apple
la naranja	orange
las papas	potatoes (*L.A.*)
las papas fritas	French fries
el puré de papas	mashed potatoes
la piña	pineapple
la toronja	grapefruit
las uvas	grapes
la zanahoria	carrot

Cognados: la banana, el kiwi, el mango, el melón, la papaya, la pera, el tomate

Los granos	Grains
el arroz	rice
la galleta	cookie; cracker
el pan (integral)	(whole wheat) bread
el pan tostado	toast

Cognados: el cereal, la pasta

Los productos lácteos	Dairy products
la leche	milk
la mantequilla	butter
el queso	cheese

Cognado: el yogur

Los postres	Desserts
los dulces	candies, sweets
el flan	caramel custard
el helado	ice cream
el pastel	pie; cake

Cognados: el chocolate, la vainilla

Las bebidas	Drinks
el agua	water
la cerveza	beer
el jugo	juice
el refresco	soft drink
el vino (blanco/tinto)	(white/red) wine

Cognados: el champaña, el té
Repaso: el café

La comida y las comidas	Food and meals
merendar (ie)	to snack
probar (ue)	to taste, try
el alimento	food; nourishment
el almuerzo	lunch
la cena	dinner
el comestible	food item; *pl.* groceries
el desayuno	breakfast

Cognados: los ingredientes; internacional, local, natural, orgánico/a, tradicional, tropical
Repaso: almorzar (ue) (c), cenar, desayunar

Los utensilios	
la copa	(wine) glass
la cuchara	spoon
el cuchillo	knife
el plato	plate; dish
la servilleta	napkin
la sopa	soup
la taza	cup
el tenedor	fork
el vaso	(water) glass

En el restaurante	
la cuenta	bill, check
el/la mesero/a	waiter/waitress
la propina	tip
la tarjeta de crédito	credit card
en efectivo	cash

Cognados: el/la chef, el menú, la reservación; variado/a
Repaso: pedir (i, i), servir (i, i)

Los pronombres de objeto indirecto	Indirect object pronouns
me, te, le (se), nos, os, les (se)	

Otros verbos como *gustar*

aburrir	to bore
encantar	to love (*lit.* to enchant)
importar	to matter
molestar	to bother, to annoy
preocupar	to worry

Cognados: interesar

Otros verbos

contar (ue)	to count; to tell
dar (*irreg.*)	to give
deber	to owe
decir (*irreg.*)	to say; to tell
entregar (gu)	to deliver; to hand in
explicar (qu)	to explain
mandar	to send
ofrecer (zc)	to offer
preguntar	to ask (a question)
prestar	to loan
prometer	to promise
regalar	to give (*as a gift*)
sugerir (ie, i)	to suggest

Cognado: preparar, recomendar (ie)
Repaso: escribir, hablar, mostrar (ue)

Otras palabras y expresiones

el aceite (de oliva)	(olive) oil
el azúcar	sugar
la ensalada	salad
el mercado	market
la pimienta	pepper
el supermercado	supermarket
la tienda (de comestibles)	(grocery) store
el/la vendedor(a)	vendor
lo que	what, that which

Cognados: el/la cliente/a, la sal, el sándwich, el vinagre

CAPÍTULO 7

¡Vamos de compras!

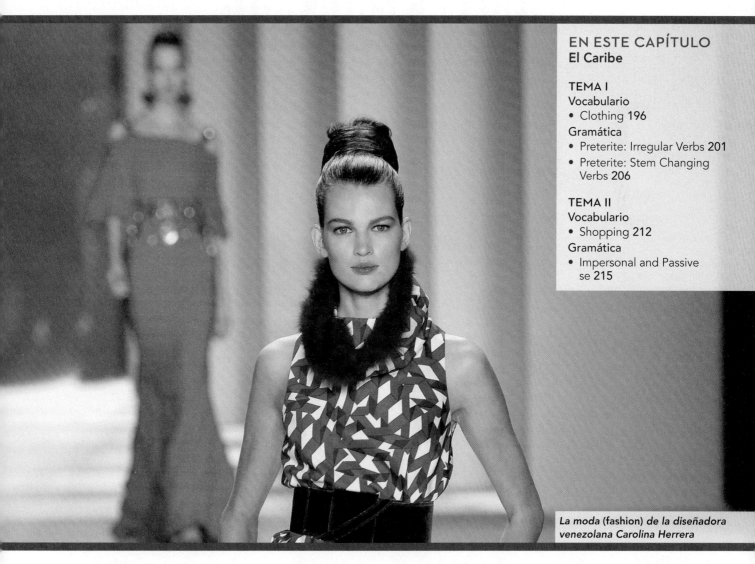

EN ESTE CAPÍTULO
El Caribe

La moda* (fashion) *de la diseñadora venezolana Carolina Herrera

1. **¿Te gusta ir de compras? ¿En dónde te gusta comprar ropa, en tiendas especializadas, en *boutiques* o prefieres ir a un centro comercial (*mall*)?**
2. **¿Qué otros artículos (*items*), por ejemplo, artesanías, objetos para regalos (*gifts*), etcétera, te gusta comprar? ¿Cuáles son tus tiendas preferidas para comprar estos artículos?**

www.connectspanish.com

TEMA I: ¿Está de moda?

Vocabulario en acción

La ropa°

La... *Clothing*

Otra ropa y complementos	Other clothing and accessories
el abrigo	overcoat
los guantes	gloves
el traje (de baño)	(bathing) suit

Cognados: los jeans, el pijama, las sandalias, el suéter

Las tallas	Sizes
chico/a	small
mediano/a	medium
(extra) grande	(extra) large

Las telas y los materiales	Fabrics and materials
de algodón	cotton
de cuero/piel	leather
de lana	wool
de seda	silk

Los diseños y los colores	Designs and colors
claro/a	light
oscuro/a	dark
de cuadros	plaid
de lunares	polka-dotted
de manga corta/larga	with short/long sleeves
de marca	name-brand
de rayas	striped
de última moda	fashionable

Cognados: el beige; pastel

Otras palabras y expresiones	
ir (*irreg.*) de compras	to go shopping
el descuento	discount
el estilo	style
la prenda de ropa	piece/article of clothing
la rebaja	price reduction
la venta	sale
cómodo/a	comfortable

Cognados: moderno/a

Observa

Words that refer to clothing vary greatly across the Spanish-speaking countries. For example, in Spain **cazadora** is used for jacket, whereas in Colombia a jacket is called **chaqueta** and, in Argentina, **campera.** In Spain, **vaqueros** is used for *jeans* while in Mexico, *jeans* are often called **pantalones de mezclilla**. In Argentina, **pollera** is used for **falda**, and a short-sleeve T-shirt is called **remera,** not **camiseta**. In some countries people use **a rayas** and **a cuadros** instead of **de rayas** and **de cuadros.**

ACTIVIDADES

A. Definiciones.

PASO 1. Empareja cada prenda de ropa o complemento con su definición correspondiente.

1. _____ los zapatos de tenis
2. _____ el suéter
3. _____ la corbata
4. _____ el bolso
5. _____ los calcetines
6. _____ los guantes
7. _____ el pijama
8. _____ la chaqueta
9. _____ el traje de baño
10. _____ la camiseta

a. Es un complemento que usan generalmente las mujeres, para guardar cosas, como el celular o el dinero. Puede ser de piel.
b. Nos ponemos esta prenda por la noche antes de acostarnos.
c. Es una prenda de ropa popular que se lleva con pantalones cortos o jeans. Típicamente hay una mensaje o imagen en esta prenda de ropa.
d. Usamos estos para caminar o correr o practicar algún deporte.
e. Llevamos esta prenda encima de la camiseta o la camisa cuando hace fresco.
f. Es una prenda de ropa que se pone para nadar o tomar sol.
g. Esta prenda, generalmente de lana, se usa en el invierno debajo de una chaqueta o un abrigo.
h. Se ponen en las manos (*hands*) cuando hace frío.
i. Es una prenda típicamente masculina para ocasiones formales.
j. Nos ponemos esta prenda antes de ponernos los zapatos.

COMMUNICATION

PASO 2. Ahora, escribe dos definiciones para palabras del **Vocabulario en acción**. Luego, en parejas, túrnense para leer sus definiciones. Tu compañero/a debe adivinar la palabra definida.

MODELO E1: Es una prenda de ropa que usamos mucho cuando hace frío.
E2: Es una chaqueta.
E1: No, es más grande que una chaqueta.
E2: Es un abrigo.

B. ¿Formal o informal?

Indica si crees que estas prendas de ropa son para ocasiones formales (F) o informales (I). **¡OJO!** Puede haber más de una respuesta. Explica tu opinión.

MODELO pantalones cortos → I: Los pantalones cortos son una prenda informal que llevamos en casa, a clase, al parque, o para hacer ejercicio. No llevamos pantalones cortos a la oficina.

	F	I
1. una corbata	☐	☐
2. un traje de baño	☐	☐
3. calcetines	☐	☐
4. unos zapatos de tacón alto	☐	☐
5. una camiseta	☐	☐
6. unos zapatos de tenis	☐	☐
7. un sombrero	☐	☐
8. un traje	☐	☐

C. Llevo… para…

PASO 1. En parejas, indiquen cuándo llevan Uds. estas prendas de ropa: para estar en casa, para ir a clase o en una cena formal. Si hay algo que nunca (*never*) llevan, digan: «Nunca me pongo… » y expliquen por qué. **¡OJO!** Puede haber más de una respuesta correcta.

MODELO E1: Llevo jeans negros en casa y para ir a clase.
E2: Nunca me pongo jeans negros porque no me gusta el color negro.

1. sandalias
2. una chaqueta de rayas
3. botas de piel
4. zapatos de tacón bajo
5. pantalones de cuadros
6. un suéter de lana
7. una camisa de algodón
8. ¿ ?

PASO 2. Ahora comparte con la clase una semejanza y una diferencia entre lo que usas tú y lo que usa tu compañero/a.

MODELO Bill y yo llevamos camiseta para estar en casa y para ir a clases, pero Bill nunca se pone falda y yo sí, en ocasiones formales.

Nota cultural

LA GUAYABERA: MODA DEL CARIBE

Una guayabera cubana

La guayabera es una prenda de ropa típica del Caribe. Es un tipo de camisa que se lleva por encima de los pantalones, tiene varios bolsillos[a] y es de tela ligera.[b] Según la historia y la tradición oral, los orígenes de la guayabera se remontan[c] al siglo XVIII, fecha de la llegada de los españoles a la ciudad cubana de Sancti Spiritus. El clima caribeño y la necesidad de usar una camisa larga, de bolsillos amplios para cargar diversos objetos, inspiraron a los nuevos habitantes de Cuba a crear la guayabera. Originalmente fue confeccionada[d] de algodón porque se adaptaba bien a las altas temperaturas de la isla. Esta prenda, tradicionalmente masculina, es famosa desde entonces en todo el Caribe y en las zonas cálidas[e] de Latinoamérica.

[a]*pockets* [b]*light* [c]*se… date back* [d]*fue… was made* [e]*hot*

PREGUNTAS

1. ¿Quiénes crearon las primeras guayaberas? ¿Por qué crearon esta prenda de ropa?
2. Indiquen tres características de la guayabera. No se olviden de mirar la foto.
3. ¿Hay una prenda de ropa especial de la región donde Uds. viven? ¿Se la ponen las personas con frecuencia o solo en ocasiones especiales, por ejemplo, para una celebración especial o para hacer alguna actividad específica? Expliquen.

D. ¿Quién es?

PASO 1. Apunta lo que llevan tres o cuatro personas en la clase. Puedes incluir a tu profesor(a). Da detalles del color y de la tela, si puedes.

PASO 2. Describe lo que lleva una persona de la clase sin nombrarla. La clase va a adivinar quién es. Sigue el modelo.

MODELO E1: Lleva zapatos de tenis, una camiseta verde y pantalones cortos negros.
E2: Es Greg.
E1: No, Greg lleva jeans.
E2: Es Lisa.
E1: Sí, es Lisa.

E. Mi armario

PASO 1. Combina frases de cada columna para formar oraciones. Escribe por lo menos seis oraciones. **¡OJO!** Añade las palabras y haz los cambios necesarios.

MODELO En mi armario tengo una falda negra y tres pares de botas.

en mi armario tengo a clase llevo necesito comprar quiero comprar ¿ ?	+	abrigo blusa calcetines camisa camiseta chaqueta corbata falda gorra par(es) de jeans (zapatos, guantes...) pantalones (cortos) pijama sandalias suéter traje (de baño) vestido zapatos de tenis (de tacón alto/bajo) ¿ ?	+	amarillo (anaranjado, azul, blanco,...) de algodón de cuadros de cuero/piel de lana de lunares de rayas de seda de manga corta/larga ¿ ?

PASO 2. En parejas, entrevístense con estas preguntas. Apunten las respuestas de su compañero/a. Luego, preparen un resumen de lo que Uds. tienen en común y algunas diferencias entre Uds. para compartir con la clase.

1. ¿Qué ropa tienes en tu armario? ¿Cuáles son tus prendas favoritas?
2. ¿Qué llevas normalmente a clase?
3. ¿Qué necesitas comprar muy pronto? ¿Por qué?
4. ¿Qué ropa quieres comprar? ¿Dónde piensas comprarla?

Gramática

7.1 Preterite: Irregular Verbs

Talking About Completed Past Actions (Part 2)

GRAMÁTICA EN ACCIÓN

La fiesta de cumpleaños

Carlos **dio** una fiesta de cumpleaños el fin de semana pasado. Muchos de sus amigos **fueron,** pero Santiago no **pudo** ir porque **estuvo** en Puerto Plata todo el fin de semana. Elena **trajo** la música. Patricio **puso** un CD de música bailable. Muchos bailaron, pero Jorge y Sofía no **quisieron** bailar. En general **fue** una fiesta divertida.

Comprensión. Indica la conjugación correcta para completar cada oración.

1. Los amigos de Carlos _____ a su fiesta de cumpleaños.
2. Patricio y Elena _____ la música para la fiesta.
3. La fiesta _____ muy divertida.
4. Santiago no _____ en la fiesta. No pudo asistir.

a. pusieron
b. fueron
c. fue
d. estuvo
e. estuve

There is a set of verbs that have irregular stems and endings in the preterite. Note that there are no accents on the **yo** and **Ud., él/ella** forms.

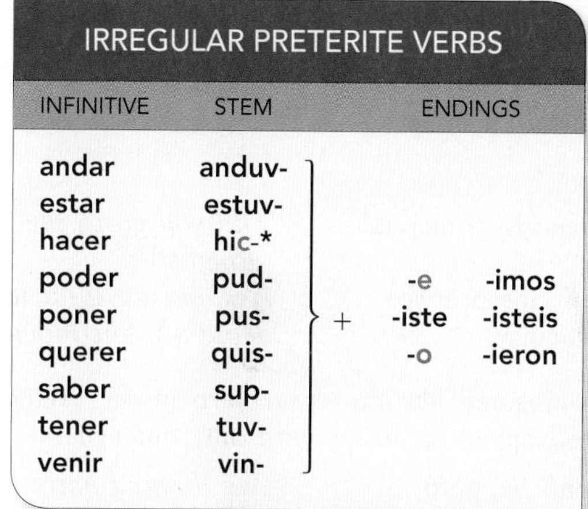

IRREGULAR PRETERITE VERBS			
INFINITIVE	STEM	ENDINGS	
andar	anduv-		
estar	estuv-		
hacer	hic-*		
poder	pud-	-e	-imos
poner	pus-	+ -iste	-isteis
querer	quis-	-o	-ieron
saber	sup-		
tener	tuv-		
venir	vin-		

Anduve en bicicleta por tres horas ayer. — *I went bike riding for three hours yesterday.*

Ay, Pablito, ¿por qué no te **pusiste** un suéter? — *Oh, Pablito, why didn't you put on a sweater?*

The **él/ella** form of **hacer** in the preterite has a spelling change (-c- → -z-) to maintain the soft sound of the -c- in the infinitive and other preterite forms.

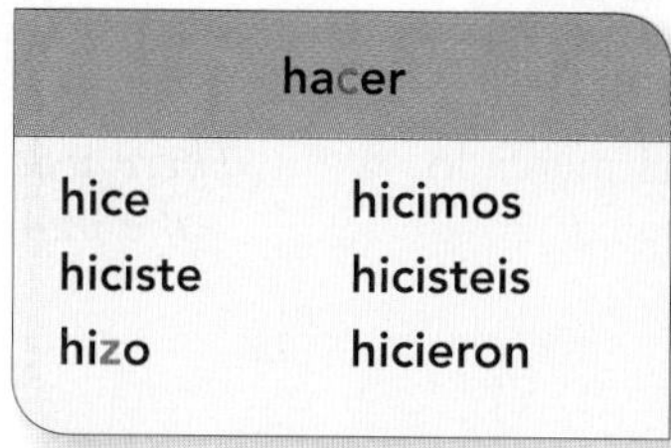

hacer	
hice	hicimos
hiciste	hicisteis
hizo	hicieron

*The **él/ella** form of **hacer** in the preterite has a spelling change (-c- → -z-) to maintain the soft sound of the **-c-** in the infinitive and other preterite forms: **hacer** → **hice, hiciste, hizo, hicimos, hicisteis, hicieron.**

A. The verbs **decir** and **traer** follow a pattern similar to that of the irregular verbs presented above with one difference: the **-i-** in the **Uds., ellos/as** ending is dropped.

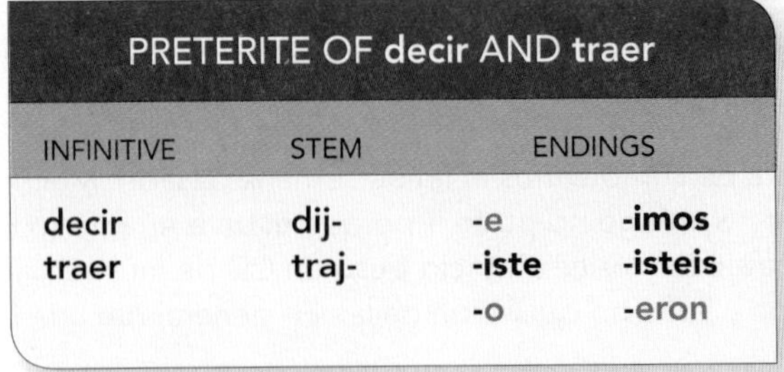

PRETERITE OF decir AND traer			
INFINITIVE	STEM	ENDINGS	
decir	**dij-**	-e	**-imos**
traer	**traj-**	**-iste**	**-isteis**
		-o	-eron

Me **dijeron** que va a haber rebajas. — *They told me there are going to be price reductions.*

¿**Trajiste** tu abrigo? Va a hacer frío. — *Did you bring your overcoat? It's going to get cold.*

B. The verbs **ir** and **ser** have identical preterite forms. Context will determine meaning. Note that there are no accents on any of the forms and that there is no **-i-** in the **Uds., ellos/as** ending.

PRETERITE OF ir AND ser	
fui	**fuimos**
fuiste	**fuisteis**
fue	**fueron**

—¿**Fueron** Uds. al centro comercial anoche? — *Did you go to the mall last night?*

—Sí, pero **fuimos** al cine primero. — *Yes, but we went to the movies first.*

—¿Cómo **fue** la película? — *How was the movie?*

C. The verb **dar** is conjugated like an **-er/-ir** verb in the preterite. Note that the written accents are dropped on forms with only one syllable.

Dimos una fiesta anoche, pero no **vino** nadie — *We threw a party last night, but nobody came.*

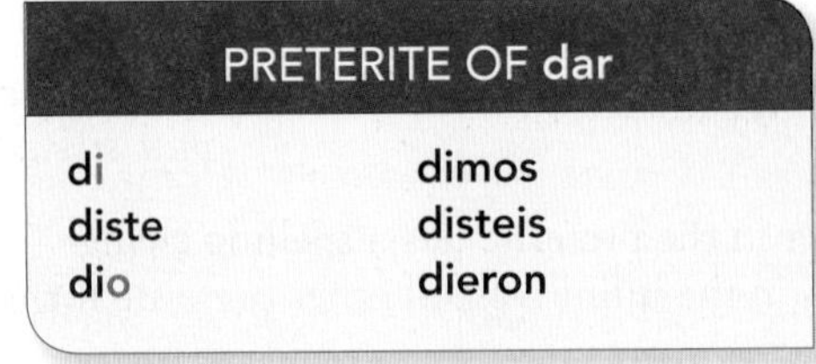

PRETERITE OF dar	
di	**dimos**
diste	**disteis**
dio	**dieron**

D. The preterite of **hay** is **hubo.**

Hubo un robo ayer en el mercado. — *There was a robbery yesterday in the market.*

Nota comunicativa

PRETERITE MEANING OF **conocer, poder, querer,** AND **saber**

The preterite can signal the beginning as well as the end of an action or situation. For that reason, certain verbs take on special meaning when expressed in the preterite. Compare the meaning of the following verbs in the present tense with their meaning expressed in the preterite.

	PRESENT	PRETERITE
conocer	to know, to be familiar with —¿**Conoces** a Paula? *Do you know Paula?*	to meet (for the first time) —Sí, la **conocí** el año pasado. *Yes, I met her last year.*
poder	to be able ¿**Puedes** ir al mercado? *Can you go to the market?*	to succeed (*in doing something*) **Pude** encontrar una camisa bonita. *I succeeded in finding a pretty shirt.*
no poder	not to be able **No puede** vender nada. *He can't sell anything.*	to fail (*to do something*) **No pudo** vender nada. *He failed to sell anything.*
querer	to want **Quiero** ir de compras esta tarde. *I want to go shopping this afternoon.*	to try **Quise** ir de compras ayer. *I tried to go shopping yesterday.*
no querer	not to want **No quiero** ir de compras esta tarde. *I don't want to go shopping this afternoon.*	to refuse **No quise** ir de compras ayer. *I refused to go shopping yesterday.*
saber	to know —¿**Sabes** que hay rebajas? *Do you know there are price reductions?*	to find out —Sí, lo **supe** ayer. *Yes, I found out (all about it) yesterday.*

ACTIVIDADES

A. De compras. Indica los verbos correctos para completar la narración.

Ayer Andrea y yo _____[1] que nuestro hermano Enrique se va a casar en junio. Mamá nos llamó y nos _____[2] por teléfono todos sus planes. Enrique _____[3] a su novia, Paula, en el restaurante donde los dos trabajan. Andrea y yo _____[4] planes para ir de compras inmediatamente. Necesitamos vestidos nuevos para todas las celebraciones y regalos para Enrique y Paula. Esta mañana Andrea y yo _____[5] al centro comercial. Anoche yo _____[6] una lista de posibles regalos pero Andrea me _____[7] otras ideas cuando llegamos al centro comercial esta mañana. ¡Nos encanta ir de compras!

a. fuimos
b. supimos
c. dijo
d. hice
e. conoció
f. hicimos
g. dio

B. Entrevista

PASO 1. En parejas, contesten las siguientes preguntas. **¡OJO!** Presten atención a las conjugaciones irregulares en el pretérito.

1. ¿Cuándo fue la última vez que fuiste de compras? ¿Con quién fuiste?
2. ¿Hiciste una lista antes de ir de compras? ¿Por qué?
3. ¿Qué ropa te pusiste para ir de compras? ¿Por qué?
4. ¿Pudiste encontrar tu talla de ropa fácilmente? ¿Qué compraste?
5. ¿Hubo algo que no te gustó o que fue divertido?

PASO 2. Prepara un breve resumen comparando tus respuestas con las de tu compañero/a.

MODELO Sam y yo fuimos de compras el sábado pasado. Sam fue con su novia, pero yo fui solo/a.

C. La última fiesta

PASO 1. En grupos de cuatro, su profesor(a) les va a asignar un tipo de fiesta. Imagínense que Uds. organizaron una fiesta la semana pasada y tienen que escribir una descripción de esa fiesta. Incluyan la siguiente información: el número de invitados que asistieron, el tipo de invitación (formal o informal), dónde la hicieron, el tipo de comida o bebida que ofrecieron, el tipo de música que pusieron, si hubo una banda de música, si los invitados llevaron regalos, etcétera. Deben usar el pretérito de los verbos.

PASO 2. Ahora intercambien su descripción con la de otro grupo. Lean la descripción e indiquen cuál de los siguientes tipos de fiesta se describe.

- ☐ una despedida de soltero/a
- ☐ una fiesta de graduación
- ☐ un cumpleaños
- ☐ una fiesta de aniversario
- ☐ una boda
- ☐ una fiesta universitaria

EXPERIENCIA INTEGRAL

El bolero

ANTES DE LEER. Una buena estrategia para leer mejor es reconocer familias de palabras. Fíjate en la raíz (*Pay attention to the root*) de la palabra. El uso de un prefijo o sufijo puede cambiar un verbo en un adjetivo, un adverbio o un sustantivo. Mira estas «familias» de palabras (verbo / sustantivo / adjetivo). ¿Qué significan las diferentes palabras de cada familia?

cambiar / un cambio / cambiante
bailar / un baile / bailable
mezclar (*to mix*) / una mezcla / mezclado
reflejar / un reflejo / reflexivo
interesar / un interés / interesante
variar / una variación / variable
grabar (*to record*) / una grabación / grabado

PASO 1. Completa la narración con la forma correcta del verbo entre paréntesis en el pretérito. Cuando hay dos palabras entre paréntesis, escoge la palabra correcta, luego úsala en su forma correcta.

Un trío bolero

La cultura cubana es (**un/una**[1]) mezcla de elementos (**africano**[2]) y (**europeo**[3]). Una forma musical, el bolero, (**tener**[4]) sus orígenes en Cuba y refleja esta mezcla. El bolero nació[a] en Cuba en el siglo XIX, y desde ese país caribeño (**pasar**[5]) a México; de allí, su influencia (**llegar**[6]) a extenderse por toda Latinoamérica, y más tarde, por el mundo.

Desde el principio, el tema principal de los boleros (**estar/ser**[7]) el amor, y por eso, los boleros (**cruzar**[8]) fácilmente las fronteras.[b] Además de su letra[c] universal, el ritmo bailable del bolero (**contribuir**[9]) a su popularidad.

El bolero (**llegar**[10]) a varias culturas y en todos los países le (**hacer**[11]) cambios al bolero para incluir sus ritmos individuales. (**Mucho**[12]) películas también (**incluir**[13]) boleros, aumentando[d] así su popularidad aún más. En los Estados Unidos, artistas populares como Bing Crosby grabaron versiones en inglés de los boleros más populares en los años 40.

El bolero (**estar/ser**[14]) muy popular durante varias décadas[e] hasta que[f] el rock y la música disco (**empezar**[15]) a tener más influencia. En los años 90, (**haber**[16]) un nuevo interés en el bolero entre los jóvenes gracias a las nuevas grabaciones del joven y popular cantante, mexicano Luis Miguel.

---

[a]*was born* [b]*borders* [c]*lyrics* [d]*increasing* [e]durante... *for several decades* [f]hasta... *until*

PASO 2. Contesta las preguntas, según el **Paso 1.**

1. ¿Qué mezcla de culturas refleja el bolero?
2. ¿Cuál es el tema principal del bolero?
3. ¿Dónde nació el bolero? ¿Adónde pasó desde ese país?
4. ¿Qué le pasó al bolero en los otros países?
5. ¿Durante cuánto tiempo fue popular el bolero? ¿Por qué dejó de ser tan popular?
6. ¿Por qué hubo un nuevo interés en el bolero en los años 90?

PASO 3. Contesta las preguntas y apunta tus respuestas. Luego, compara tus respuestas con las de un compañero / una compañera. ¿Qué tienen en común? ¿Cuáles son las diferencias entre Uds.?

1. ¿Qué canciones o cantantes de otros países conoces? ¿Te gustan? Explica.
2. En tu opinión, ¿qué forma musical representa mejor la región donde vives?
3. ¿Qué tipo de música te gusta escuchar? ¿Quién es tu cantante favorito/a?
4. ¿Son semejantes tus intereses musicales a los de tus padres, o son diferentes? Si son diferentes, explica qué tipo de música prefieren tus padres.

Talking About Completed Past Actions (Part 3)

7.2 Preterite: Stem Changing Verbs

GRAMÁTICA EN ACCIÓN

En la Avenida Duarte

Avenida Duarte, una de las calles más animadas (lively) *de Santo Domingo*

BEGOÑA: ¿**Te divertiste** ayer, Paula?

PAULA: Sí, **me divertí** mucho. Diana y yo decidimos ir de compras a la Avenida Duarte en la Zona Colonial. Llegamos por la tarde, porque, como todos los sábados, Diana **durmió** hasta las 11:00. Cuando llegué a su casa a mediodía, Diana **se vistió** rápidamente y salimos para la Zona Colonial. Llegamos a la hora del almuerzo, cuando hay mucha gente, pero **conseguimos** sentarnos en un café cerca de la plaza. **Pedimos** una ensalada, comimos rápido y después paseamos por la Avenida.

BEGOÑA: ¿Compraste algo interesante?

PAULA: Yo no compré nada, pero toda la tarde **seguí** a Diana en busca del vestido perfecto para la boda de su sobrina. Visitamos diez o doce tiendas, y, por fin, Diana **consiguió** un vestido morado elegante.

Comprensión. Indica el verbo correcto para completar cada una de las oraciones.

1. Paula y Diana _____ mucho ayer en la Avenida Duarte.
2. Ellas _____ una mesa en un café y comieron rápidamente.
3. Diana _____ el vestido perfecto para la boda de su sobrina.
4. Paula _____ no comprar nada.

a. consiguieron
b. se divirtieron
c. prefirió
d. consiguió

There are some verbs in Spanish that have stem changes in the preterite.

preferir (ie, i)*		servir (i, i)*		dormir (ue, u)*	
preferí	preferimos	serví	servimos	dormí	dormimos
preferiste	preferisteis	serviste	servisteis	dormiste	dormisteis
prefirió	prefirieron	sirvió	sirvieron	durmió	durmieron

Nora **prefirió** quedarse en casa. — *Nora preferred to stay at home.*

Nos **sirvieron** la cena en el patio. — *They served us the dinner on the patio.*

Eugenio **durmió** doce horas anoche. — *Eugenio slept for twelve hours last night.*

*Throughout Experience Spanish, whenever you see multiple stem changes in parentheses following an infinitive, the first stem change refers to the present tense and the second one to the preterite. You started seeing the second stem change in **Capítulo 2** for verbs with a stem change in the gerund: **sirviendo, durmiendo.** These same verbs have stem changes in the preterite.

There are two types of stem change in the preterite, **e → i** and **o → u**, and they only occur in **-ir** verbs that have a stem change in the present tense as well. Note that these preterite stem changes only affect third person forms. Here is a list of common stem changing verbs in the preterite.

COMMON STEM CHANGING VERBS IN THE PRETERITE					
e → i (ie, i)		**e → i (i, i)**		**o → u (ue, u)**	
INFINITIVE	THIRD PERSON FORMS	INFINITIVE	THIRD PERSON FORMS	INFINITIVE	THIRD PERSON FORMS
divertirse	**se divirtió, se divirtieron**	**conseguir**	**consiguió, consiguieron**	**morir(se)** (*to die*)	**(se) murió, (se) murieron**
sentir(se)	**(se) sintió, (se) sintieron**	**pedir**	**pidió, pidieron**		
		seguir	**siguió, siguieron**		
		vestir(se)	**(se) vistió, (se) vistieron**		

Susana y Alberto **pidieron** ayuda en la tienda, pero nadie los atendió. — *Susana and Alberto asked for help in the store, but no one waited on them.*

Ana María **se divirtió** mucho en el mercado. — *Ana María had a great time in the market.*

ACTIVIDADES

A. La boda de mi mejor amiga

PASO 1. Completa las oraciones con las formas correctas de los verbos en el pretérito.

La boda de mi mejor amiga, Susana, (**ser**[1]) la semana pasada. Todos nosotros (**divertirse**[2]) muchísimo. Ella y su esposo (**conseguir**[3]) un lugar ideal en la playa para celebrar la ceremonia. La recepción que (**seguir**[4]) a la ceremonia fue en un restaurante muy elegante donde los meseros nos (**servir**[5]) arroz con gandules y otras comidas típicas. Susana (**vestirse**[6]) con un estilo muy elegante. Usó dos vestidos blancos diferentes. Yo le (**pedir**[7]) un baile al nuevo esposo de Susana y bailamos juntos. ¡Fue muy divertido! Al final de la noche, todos (**sentirse**[8]) muy cansados, pero contentos. ¡Todos (**dormirse**[9]) a las 3:00 de la mañana!

PASO 2. En parejas, contesten las siguientes preguntas.

1. ¿Fuiste a una boda alguna vez? ¿Cómo te vestiste?
2. ¿Qué comidas sirvieron en la boda? ¿Te divertiste mucho?
3. ¿A qué hora te dormiste después de la boda?

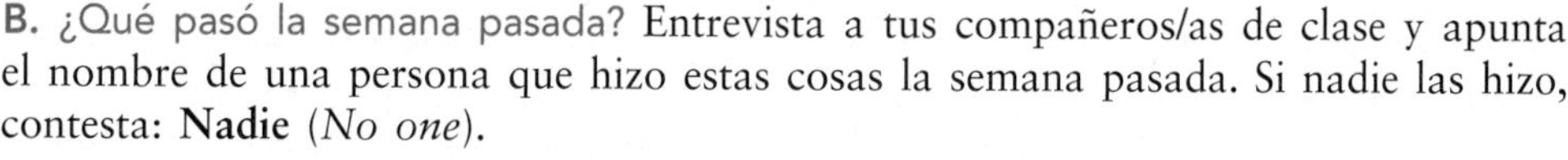

B. ¿Qué pasó la semana pasada? Entrevista a tus compañeros/as de clase y apunta el nombre de una persona que hizo estas cosas la semana pasada. Si nadie las hizo, contesta: **Nadie** (*No one*).

1. _____ se divirtió mucho en clase.
2. _____ se durmió mirando la tele.
3. _____ prefirió quedarse en casa y no salir.
4. _____ no pidió café antes de ir a clase.
5. _____ se vistió con ropa muy cómoda para ir a clase.
6. _____ siguió trabajando después de las 5:00.
7. _____ consiguió entradas (*tickets*) para un evento especial.

C. ¿Qué hicieron Uds.? En parejas, contesten las siguientes preguntas. **¡OJO!** Deben cambiar las preguntas usando la forma **tú** de los verbos.

1. ¿A qué hora se durmieron Uds. anoche? ¿Por qué?
2. ¿Cómo se vistieron hoy para ir a clase? ¿Prefirieron llevar ropa cómoda o ropa formal?
3. ¿Cuándo fue la última vez que se divirtieron mucho con sus amigos? ¿Qué hicieron esa vez?
4. ¿Qué pidieron la última vez que comieron en un restaurante? ¿Les sirvieron rápidamente?
5. ¿Cómo se sintieron la última vez que tomaron un examen? ¿Estuvieron nerviosos?

EXPERIENCIA INTEGRAL

El Carnaval de La Vega, República Dominicana

ANTES DE LEER. ¿Conoces la celebración del Mardi Gras en Nueva Orleáns o del carnaval en otra ciudad? ¿Fuiste alguna vez? ¿Cuándo se celebra? Marca las actividades que asocias con el Mardi Gras o con otro carnaval.

☐ máscaras
☐ vampiros
☐ eventos deportivos
☐ carrozas (*floats*)
☐ desfiles (*parades*)
☐ bailes
☐ bromas (*pranks*)
☐ flores y plantas

Escribe tres cosas más que asocias con el festival: ________, ________, ________

PASO 1. Completa la descripción de Alejandro con la forma correcta de cada uno de los verbos entre paréntesis en el pretérito. Cuando hay dos palabras entre paréntesis, escoge la palabra correcta, luego úsala en su forma correcta.

El año pasado, mis amigos y yo (**ir**[1]) a La Vega, República Dominicana, para celebrar el Carnaval. (*Nosotros:* **Hacer**[2]) las reservaciones y (**conseguir**[3]) los boletos de avión[a] muy temprano, cuando (**conocer/saber**[4]) que siempre va mucha gente a La Vega para el Carnaval.

El primer día, desayunamos temprano en el restaurante del hotel. Nos (*ellos:* **servir**[5]) un desayuno dominicano típico: mangú[b] con un huevo frito, queso frito y café con leche. El desayuno (**estar**[6]) muy rico y yo (**pedir**[7]) otro café para llevar antes de salir a la calle.

Yo oí la música y los gritos[c] del desfile y (**empezar**[8]) a caminar hacia el ruido.[d] Mis amigos me (**seguir**[9]). Pronto vimos el desfile con todo su movimiento, sus colores y sus sonidos[e] alegres.

---

[a]boletos... *airplane tickets* [b]*boiled, mashed, and seasoned plantains* [c]*shouts* [d]hacia... *toward the noise* [e]*sounds*

*Un diablo cojuelo con una vejiga**

De repente,[f] yo (**sentir**[10]) un golpe fuerte.[g] Di la vuelta[h] y vi al personaje principal del Carnaval, el diablo cojuelo, con una vejiga en la mano. El diablo (**querer**[11]) golpearme otra vez, pero no (*él:* **poder**[12]) porque yo (**irse**[13]) corriendo. Más tarde, (**conocer/saber**[14]) que los vejigazos[i] son una tradición del Carnaval vegano.

Esa noche mis amigos (**dormir**[15]) bien, pero yo no. Yo no (**poder**[16]) dormir, pensando en la manera de sobrevivir los vejigazos.

Al día siguiente, mis amigos y yo (**vestirse**[17]) de diablos cojuelos y ¡(**defenderse**[18]) de los vejigazos con nuestras propias[j] vejigas!

[f]De... *Suddenly* [g]un... *a hard blow* [h]Di... *I turned around* [i]*blows with the vejiga* [j]*own*

PASO 2. Contesta las preguntas, según el **Paso 1.**

1. ¿Adónde fueron Alejandro y sus amigos para celebrar el Carnaval?
2. ¿Qué hicieron antes? ¿Por qué?
3. ¿Qué desayunaron? ¿Qué tal estuvo?
4. ¿Qué oyeron y vieron Alejandro y sus amigos cuando salieron del hotel?
5. ¿Qué le pasó a Alejandro? ¿Cómo respondió él?
6. ¿Qué hicieron Alejandro y sus amigos al día siguiente?

PASO 3. En parejas, contesten las preguntas.

1. ¿Hay algún desfile o celebración especial en la región donde Uds. viven? ¿Cómo se llama? ¿Cómo celebran ese evento?
2. ¿En qué se parece o se diferencia el Carnaval de La Vega de las celebraciones que Uds. conocen en este país? Expliquen.
3. Cuando Uds. celebran un día festivo, ¿prefieren quedarse en casa o salir a la calle? Expliquen.

PASO 4. Busca más información y fotografías sobre las celebraciones del Carnaval en otros lugares y compáralas con el Carnaval de La Vega. Comparte tus resultados con la clase.

*The **diablo cojuelo**, a mischievous, playful devil, is a typical figure of **Carnaval de La Vega.** A **vejiga** is the dried-out bladder of an animal that is normally used as a musical instrument.

Palabra escrita

A comenzar

Identifying the Purpose and Audience of Your Composition. A writing task should have a purpose that is closely related to its function. For example, narrating a story is a very different task than trying to persuade the reader of the validity of something. The task should also address a likely need of your audience. The written format you choose and the audience you address will determine the content, style, tone, and level of formality of your composition. For example, if your task were to describe to your classmates what you did last weekend, what do you think your classmates would like to know? What tone and level of formality would you use in your composition? How would your composition be different if your parents, professor, priest, reverend, rabbi, and so on were the audience? How would things change if your purpose were not to describe what you did last weekend, but rather to convince your audience that what you did was a good use of your time?

You are going to start the process of writing a brief composition that you will finalize in the **Palabra escrita: A finalizar** section of your *Workbook/Laboratory Manual.* The topic of this composition is **Un viaje imaginario en el Caribe.** The purpose of your composition will be to tell your audience your experiences while you were there.

A. Lluvia de ideas. Haz una lluvia de ideas sobre estas preguntas. Usa la información que aprendiste en los **Capítulos 6** y **7** en tus respuestas.

1. ¿Cuándo hiciste el viaje? ¿En las vacaciones de verano, en las vacaciones de primavera o en otra fecha? ¿Qué fecha?
2. ¿Con quién(es) hiciste el viaje? ¿Con amigos, con tu familia o con otras personas?
3. ¿Qué lugar del Caribe visitaste? ¿Fuiste a la playa o a visitar ciudades de interés histórico?
4. ¿Qué hiciste allí? ¿Fuiste a buenos restaurantes? ¿Qué tipos de restaurantes? ¿Qué tipo de comida caribeña comiste? ¿Fuiste de compras? ¿Qué tipo de tiendas visitaste? ¿Compraste ropa, objetos de regalo, artesanías o un poco de todo?

B. Identificando al lector. Escoge al «lector» de tu composición y recuerda que el lector determina el tono en que escribes y la información que vas a incluir.

☐ entrada en un blog
☐ carta al profesor / a la profesora de español
☐ ¿otro?

C. A organizar tus ideas. Repasa tus ideas y organízalas en categorías, escogiendo solo aquellas que, en tu opinión, le van a interesar a tu «lector». Comparte tu información con la clase y apunte otras ideas interesantes para tu «lector» que se te ocurran durante el proceso.

D. A escribir. Ahora, haz el borrador de tu composición con las ideas y la información que recopilaste en las **Actividades A, B** y **C. ¡OJO!** Guarda bien tu trabajo. Vas a necesitarlo otra vez para la sección de **Palabra escrita: A finalizar** en el *Workbook/Laboratory Manual.*

Dionisio Blanco

Pintura de la serie El Sembrador (Sower), *1986*

Las pinturas del pintor dominicano Dionisio Blanco (1953–) reflejan los brillantes colores del Caribe. Casi todos sus cuadros se centran en el personaje del Sembrador, representado sin rostro[a] y en mundos idílicos y fantásticos. Los personajes, sencillos y escondidos bajo[b] enormes sombreros sugieren una identidad colectiva: el campesino[c] universal. En este cuadro, una singular figura femenina siembra[d] nubes en un mundo celestial, con una luna[e] en el fondo.[f] Los colores cálidos[g] de la figura contrastan con los colores frescos del cielo.

[a]sin... *faceless* [b]personajes... *simple characters, hidden under* [c]*farm worker* [d]*is seeding* [e]*moon* [f]en... *in the background* [g]*warm*

REFLEXIÓN

1. ¿Qué elementos humanos, naturales o celestiales hay en el cuadro? ¿Cómo se relacionan estos elementos con el tema de la identidad y la vida cotidiana? ¿Por qué creen que los personajes de Dionisio Blanco no tienen rostro y llevan sombreros muy grandes? Expliquen.
2. Busquen otros cuadros de Dionisio Blanco y de otros pintores dominicanos. Hagan una lista comparando los elementos que tienen en común y las diferencias entre las pinturas. ¿Por qué piensan que Blanco representa las figuras en mundos fantásticos? ¿Cuáles son algunos efectos de esa representación? Compartan sus ideas con la clase.

TEMA II: Los mercados y los almacenes

Vocabulario en acción

De compras°

De... *Shopping*

Otros artículos y tiendas	More goods and stores
las artesanías	arts and crafts
el centro comercial	mall
la cerámica	pottery
la floristería	flower shop
la joyería	jewelry; jewelry store
la juguetería	toy store
el puesto	stall (in a market)
la zapatería	shoe store
de arcilla	clay
de madera	wooden
de oro	gold
de plata	silver

Cognados: la *boutique,* los cosméticos, la hamaca, el perfume

Para regatear	Haggling
rebajar	to reduce (the price)
el precio (alto, bajo, fijo)	(high, low, fixed) price
barato/a	cheap, inexpensive
caro/a	expensive
demasiado	too much
¿Cuánto cuesta(n)?	How much does it (do they) cost?
¿Cuánto vale(n)?	How much is it (are they) worth?

Observa

Recognizing prefixes and suffixes is a valuable tool in language learning. Can you identify the root words and the suffix in the following words from the **Vocabulario en acción: floristería, joyería, juguetería, zapatería**? If you identified the suffix **-ería,** you are correct. This suffix commonly denotes the place where an item is sold and/or repaired. Based on that, what items are sold and/or repaired in the following?

carnicería
dulcería
mueblería
papelería
perfumería
relojería
sombrerería
tabaquería

ACTIVIDADES

A. Asociaciones

PASO 1. Empareja los materiales con los artículos. **¡OJO!** Puede haber más de una respuesta correcta.

1. ______ unos tejidos
2. ______ un collar
3. ______ un reloj
4. ______ unos aretes
5. ______ una cerámica
6. ______ una escultura

a. de arcilla
b. de oro
c. de algodón
d. de perlas
e. de plata
f. de madera

PASO 2. Escucha cada una de las persona y luego, indica a qué tienda debe ir.

1. ______
2. ______
3. ______
4. ______
5. ______
6. ______
7. ______
8. ______
9. ______
10. ______

a. la floristería
b. la joyería
c. la juguetería
d. la perfumería
e. el mercado de artesanías

B. ¿Adónde fuiste?

PASO 1. Haz una lista de cinco artículos que compraste durante las últimas dos semanas.

PASO 2. En parejas, túrnense para decir qué compraron recientemente mientras tu compañero/a adivina a qué lugar fuiste a comprarlo. Sigan el modelo.

MODELO E1: La semana pasada compré unos guantes de piel para mi hermana.
E2: ¿Fuiste a Macy's?
E1: No, los compré en una tienda pequeña, en la Boutique Alejandra.

C. El regateo. En parejas, imagínense que están en un mercado en Venezuela y representen el papel de vendedor(a) y cliente. El/La cliente desea comprar un objeto de arte u otro artículo. En su diálogo, deben regatear el precio del artículo. El dólar estadounidense equivale aproximadamente a seis bolívares venezolanos.* Usen las siguientes expresiones como guía.

CLIENTE	VENDEDOR(A)
¿Cuánto cuesta ___?	Déme ___ bolívares.
Es muy caro/a. / Es...	No, no le puedo rebajar tanto el precio.
Le doy ___ bolívares.	El/La ___ es de buena calidad (*quality*).
¿Puede bajar el precio a ___?	Me da ___ bolívares y es para Ud.

Un artista-vendedor en Santo Domingo, la República Dominicana

D. Sus tiendas favoritas

PASO 1. Escoge tus tiendas y centros comerciales favoritos. Descríbelos y di por qué te gustan. Sigue el modelo.

MODELO la floristería → Mi floristería favorita es Flores Annabelle. Es una tienda pequeña pero tienen mucha variedad de flores y son frescas. También está cerca de mi casa y los precios son muy buenos.

1. la floristería
2. el centro comercial
3. la perfumería
4. la zapatería
5. la joyería
6. la *boutique*
7. el mercado
8. ¿ ?

PASO 2. En parejas, digan cuándo fueron a sus tiendas y centros comerciales favoritos recientemente. ¿Qué compraron? ¿Para quién(es) lo compraron? Sigan el modelo.

MODELO Fui a Flores Annabelle la semana pasada. Compré flores para mi mamá el día de su cumpleaños. / No compré nada.

---

*This is the exchange rate at the time of publication.

Gramática

7.3 Impersonal and Passive se

Speaking in General Terms

GRAMÁTICA EN ACCIÓN

De compras en la República Dominicana

Cuando **se visita** la República Dominicana, **se debe** ir de compras. En las tiendas, mercados y hasta en las calles **se ofrecen** productos típicos y artesanías bonitas. Por ejemplo, **se venden** cuadros de colores brillantes y máscaras de Carnaval. **Se puede** comprar café dominicano o joyería de ámbar o de larimar.* También, en muchos lugares **se ven** las famosas muñecas sin rostro. Estas muñecas **se hacen** de arcilla. Por todo el país la muñeca sin rostro **se considera** un símbolo de la identidad dominicana porque representa una mezcla de culturas y tradiciones.

Comprensión. Indica el verbo correcto para completar cada una de las oraciones.

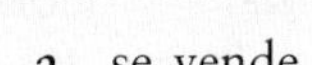

1. ____ artesanías en las tiendas, mercados y calles.
2. En la República Dominicana ____ comprar muchas cosas típicas del país.
3. Las muñecas sin rostro ____ de arcilla.
4. En la República Dominicana ____ mucha joyería de larimar.

a. se vende
b. se puede
c. se hacen
d. se venden

Una muñeca sin rostro

You have already studied several uses of the pronoun **se** in Spanish. Another use of **se** is to express actions without identifying a specific subject responsible for the action. This structure communicates that the action happens in general, affecting everyone equally. You may have seen the phrase **se habla español** in your community, or asked the question **¿Cómo se dice...?** in your Spanish class. These are examples of the impersonal and passive **se**.† These structures communicate that the action happens in general, as when describing customs or rules, and is also used frequently when giving instructions (as in cooking recipes), or when the focus is on what happened *to* something, not who is responsible for the action.

In order to form impersonal or passive sentences, use the following formula: **se** + *third person verb*.

En esa tienda se **vende** ropa usada.	*Second-hand clothing is sold in that store.*
No se **puede** fumar en el centro comercial.	*One cannot smoke in the mall.*

When the verb has a direct object, the verb form will be singular or plural, depending on the object. Note the objects in the following sentences (**un pastel** and **cuadros**) are preceded by singular and plural verbs, respectively.

En la panadería de mi vecindario se **prepara un pastel** delicioso.	*A delicious cake is made at the bakery in my neighborhood.*
En Santo Domingo se **venden cuadros** de muchos colores.	*In Santo Domingo, colorful paintings are sold.*

*a rare blue stone (a variety of pectolite) found only in the Dominican Republic

†Although the impersonal **se** and passive **se** are two different structures, they are very similar. The focus of these guidelines is not to distinguish the two, but rather to help you use both structures correctly.

Nota comunicativa

Se for Unplanned Occurrences

Another use of the pronoun **se** is in a special construction that expresses accidental or unplanned events, casting the person or persons affected by the event as victims, not responsible for the occurrence. Note the difference between the following sentences:

Rompí un arete esta mañana.	*I broke an earring this morning.*
Se me rompió un arete esta mañana.	*An earring broke on me this morning.*

Here is the basic formula for this construction:

se FOR UNPLANNED OCCURRENCES				
a + *indir. obj. noun* (person affected, optional)	**se**	*indir. obj. pron.* **me, te, le, nos, os, les** (innocent victim)	*third person verb* (agrees with thing affected)	*subject* (thing affected)

In this construction, the subject of the sentence is actually the thing affected by the occurrence. The reflexive verb is conjugated in third person singular or plural, in agreement with that subject. In the following examples, the subjects **el carro** and **los guantes** determine the conjugations.

Anoche **se** nos descompus**o** **el carro**.	*Our car broke down on us last night.*
Siempre **se** me olvid**an** **los guantes** en casa.	*I always forget my gloves at home.*

The indirect object pronoun corresponds to the person or persons to whom the action happens, the victim(s) of what is portrayed as an accident (but may not necessarily be). Optionally, a prepositional phrase with **a** + *indirect object noun* can be included in order to clarify to whom the indirect object pronouns **le** or **les** refer.

A los estudiantes se **les** perdió la tarea.	*The students lost their homework.*

The following verbs are often used with this construction:

acabar	to run out of	**olvidar**	to forget
caer (*irreg.*)	to drop	**perder (ie)**	to lose
descomponer (*like* **poner**)	to break down	**romper**	to break

ACTIVIDADES

A. Cuando se va de compras en la ciudad...

PASO 1. Escucha las oraciones. Para cada una, indica la oración correspondiente. **¡OJO!** Fíjate en (*Pay attention to*) la concordancia del verbo.

1. ___	**a.** Se camina mucho allí.
2. ___	**b.** Se venden allí.
3. ___	**c.** Se me perdieron.
4. ___	**d.** Se le cayó.
5. ___	**e.** Se ve allí.
6. ___	**f.** Se come bien allí.

PASO 2. En parejas, completen cada una de las oraciones con la forma correcta del verbo entre paréntesis y el nombre del lugar. **¡OJO!** No se olviden del pronombre se. ¿Están de acuerdo en cuanto a los lugares?

1. En el café _____ (preparar) cafés y tés exquisitos.
2. _____ (Poner) las películas más recientes en el cine.
3. (Vender) ropa de última moda en _____.
4. En el mercado _____ (poder) regatear.
5. Los mejores precios (encontrar) en _____.

B. De compras en la ciudad

PASO 1. Completa cada oración con la forma correcta de uno de los verbos de la lista y el nombre de una tienda u otro lugar en tu ciudad.

MODELO Se reparan relojes en la Joyería Miguel Ángel.

hablar comer preparar vender encontrar

1. Se _____ español en _____.
2. Se _____ café excelente en _____.
3. Se _____ ropa de última moda en _____.
4. Se _____ tacos auténticos en _____.
5. Se _____ muy buenos precios en _____.

PASO 2. En parejas, usen la información del **Paso 1** para hacerse preguntas.

MODELO E1: ¿Dónde se habla español?
E2: En nuestra clase.
E1: Sí, pero también se habla español en mi restaurante mexicano favorito.

PASO 3. Comparen sus respuestas con las del resto de la clase. ¿Cuáles son los mejores lugares de la ciudad?

C. Entrevista. En parejas, contesten las siguientes preguntas.

1. ¿Qué se hace los fines de semana en el campus?
2. ¿En qué restaurante se come un almuerzo muy económico?
3. ¿Dónde se puede pasear o correr en tu ciudad?
4. ¿Para qué clases se estudia mucho?
5. ¿Qué se hace durante la semana de los exámenes finales?
6. ¿Se te perdió algo recientemente? ¿Qué se te perdió? ¿Lo encontraste?
7. ¿Qué haces cuando se te olvida hacer una tarea importante? ¿Qué dicen tus profesores?

Nota interdisciplinaria

ARTE: LA ARTESANÍA EN EL CARIBE

Unas máscaras de diablos

Las artesanías en el Caribe, como todos los aspectos de su cultura, son una mezcla de elementos indígenas, africanos y españoles. Entre la gran variedad de productos artesanales de las islas, destacan los objetos tallados[a] en madera típicos de Puerto Rico y de la República Dominicana. Las máscaras de diablos de la República Dominicana son muy famosas y responden a una tradición que viene de los tiempos de los taínos, indígenas originarios de las islas. Desde la llegada de los españoles al Caribe en el siglo XVI, estas máscaras empezaron a usarse en la época de carnaval y su uso aún continúa hasta hoy.

[a]*carved*

PREGUNTAS

1. ¿Cuáles son los objetos tallados en madera más representativos de las islas caribeñas? ¿De dónde viene la tradición?
2. Las máscaras han sido (*have been*) también un elemento importante en la cultura de las tribus indígenas de Norteamérica desde tiempos remotos. Busquen información sobre una tribu indígena de la región donde viven o de este país. ¿Qué material usan para sus máscaras? ¿En qué ocasiones se usan esas máscaras? ¿Qué semejanzas hay entre los objetos tallados en madera del Caribe y las máscaras de los grupos indígenas norteamericanos?

EXPERIENCIA INTEGRAL

El coquí

ANTES DE LEER. Uno de los sufijos que vas a ver mucho es **-mente**. Combinado con la forma femenina singular de un adjetivo, es un adverbio y significa *-ly* en inglés. Por ejemplo: **rápido** → **rápidamente**. Vas a estudiar más adverbios en el **Capítulo 8**. ¿Entiendes estas oraciones?

> No te oí **claramente**, ¿puedes repetirlo?
> Cuando oímos la alarma, todos salimos del edificio **inmediatamente**.
> Mi perro duerme **profundamente** y no se despierta para nada.

Un coquí

PASO 1. Completa el texto con el **se** pasivo del verbo entre paréntesis.

Es de noche en Puerto Rico y (escuchar[1]) claramente un sonido mágico. Este sonido misterioso (reconocer[2]) inmediatamente en la Isla del Encanto:[a] es el canto[b] del coquí.

Esta pequeña rana[c] de color café —con su nombre onomatopéyico[d] que imita su canto— (considerar[3]) un símbolo importante de la Isla. Todas las noches las notas melódicas (oír[4]), prestándole un toque romántico[e] a la noche. Los árboles (llenar[5])[f] de estas ranas diminutas y sus cantos llenan el aire después del atardecer.[g]

Según una leyenda[h] puertorriqueña, el coquí tuvo un papel importante en la creación de la Isla de Puerto Rico. (Decir[6]) que durante la creación del universo, Dios[i] se siente cansado y crea Puerto Rico como una almohada[j] para descansar antes de terminar. Dios duerme profundamente cuando de repente oye un canto insistente, pero bonito. Dios se despierta y termina su creación. Como agradecimiento por su ayuda, Dios le permite al coquí vivir en Puerto Rico para siempre.

(Identificar[7]) setecientas especies de coquí por todo el mundo, aunque la mayoría de las especies que cantan vive en Puerto Rico. Por eso, (creer[8]) en Puerto Rico que el coquí se muere de tristeza[k] fuera de la Isla, y (oír[9]) dichos como «Soy más puertorriqueño que el coquí» para expresar el nacionalismo. Por su fuerte conexión con ese sentido de nacionalismo, el coquí sigue siendo un símbolo importante de Borinquén.[l]

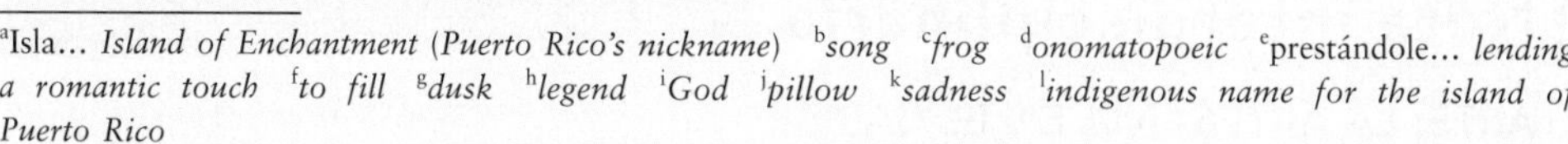

[a]Isla... *Island of Enchantment* (*Puerto Rico's nickname*) [b]*song* [c]*frog* [d]*onomatopoeic* [e]prestándole... *lending a romantic touch* [f]*to fill* [g]*dusk* [h]*legend* [i]*God* [j]*pillow* [k]*sadness* [l]*indigenous name for the island of Puerto Rico*

PASO 2. Contesta las preguntas, según el **Paso 1**.

1. ¿Cuándo se oye el canto del coquí en Puerto Rico? ¿Cómo es su canto? Descríbelo.
2. ¿Cómo es el coquí? Descríbelo.
3. ¿Cuál es la importancia del coquí?
4. Según la leyenda, ¿qué papel tuvo el coquí en la creación del universo?
5. ¿Por qué se considera el coquí un símbolo importante de la identidad puertorriqueña?

PASO 3. En parejas, contesten las preguntas.

1. ¿Qué sonidos asocian Uds. con el lugar en donde viven? ¿Cómo los/las hacen sentir?
2. ¿Qué elemento o fenómeno de la naturaleza mejor representa la región donde viven Uds.? Expliquen.
3. ¿Con qué símbolo de su región, estado/provincia o país se identifican más Uds.? Expliquen.

Lectura cultural

Vas a leer un artículo del periódico en línea *El País* sobre la diseñadora cubana Isabel Toledo y su participación en el desfile de moda **080 Barcelona Fashion 2014** celebrado en el Born, uno de los barrios más antiguos y carismáticos de la ciudad.

ANTES DE LEER

A. A primera vista. En parejas, miren la foto y lean el título del artículo. Luego, hagan una lista de los temas que esperan encontrar en él.

B. A verificar. Lee rápidamente el artículo e indica qué información se incluye en el texto. ¿Fueron correctas las predicciones que tú y tu compañero/a hicieron en la **Actividad A**?

- ☐ La vida de Isabel Toledo en Cuba
- ☐ La asociación de Isabel Toledo con la Casa Blanca
- ☐ Las competiciones y retos (*challenges*) tempranos de Isabel Toledo
- ☐ La importancia de esta diseñadora en la moda de hoy
- ☐ El estilo y los tejidos de las creaciones de Isabel Toledo
- ☐ La familia y la vida personal de Isabel Toledo

De la Casa Blanca a la 080: La diseñadora cubana Isabel Toledo, que vistió a Michelle Obama, clausura la pasarela[a] catalana

JESSICA MOUZO QUINTÁNS – BARCELONA – 31 ENE 2014

Isabel Toledo durante una entrevista sobre una de sus colecciones

Con una tímida sonrisa y el mismo sosiego[b] con el que se enfrentó a la vertiginosa popularidad que supuso vestir, allá por 2009, a Michelle Obama en la toma de posesión[c] de su marido, Barack Obama, como presidente de los Estados Unidos, la diseñadora cubana Isabel Toledo se abrió paso[d] entre las ruinas del Born para cerrar el último desfile de grandes diseñadores que acogió[e] ayer la 080 Barcelona Fashion. La modista[f] se considera una de las 100 personas más influyentes del mundo de la moda.

[a]clausura... *wraps up the catwalk show* [b]*calm* [c]toma... *inauguration* [d]se... *made way* [e]*welcomed* [f]*fashion designer*

Ni siquiera[g] ser catalogada como «una figura de culto» por *The New York Times* o que la llamen «la modista de Michelle Obama», la despistan de su camino.[h] «Yo estoy al servicio de las mujeres. Quiero que ellas sientan que he pensado en ellas al diseñarlo y que estén cómodas con el vestido», medita tranquila, enfundada[i] en un mono[j] azul asimétrico de cremalleras[k] infinitas. La modista, que se formó profesionalmente a la sombra[l] de Diana Vreeland en el Metropolitan Museum of Art de Nueva York, pronto demostró su personalidad alejándose[m] de los tempos que marcaba la industria de la moda. En 1998, rompió con los dictados clásicos y dejó de[n] diseñar dos colecciones anuales para «optar por el silencio y empezar a enseñar en museos».

La artífice[ñ] del vestido de encaje[o] en color *lemongrass* con el que Michelle Obama entró por primera vez en la Casa Blanca reconoce que la elección de la Primera Dama le regaló «muchas oportunidades buenas y un tsunami de prensa» y popularidad: «Pudimos hacer una colección de zapatos que no costaban más de 35 dólares», recuerda la modista, señalando a las sandalias oscuras de tacón imposible que encumbran[p] su mono azul.

Toledo cerró la pasarela catalana con un desfile retrospectivo de alta costura[q] donde coloridos vestidos de fiesta elaborados con tules,[r] sedas, encajes y grandes volúmenes y superposiciones impregnaron un sofisticado desfile ajeno al paso del tiempo.[s]

[g]Ni... *Not even* [h]despistan... *distract her from her path* [i]*wrapped* [j]*overall* [k]*zippers* [l]a... *under the wings/tutelage* [m]*moving away* [n]dejó... *stopped* [ñ]*creator* [o]*lace* [p]*glamorize* [q]alta... *high fashion* [r]*tulle* [s]ajeno... *timeless*

DESPUÉS DE LEER

A. Comprensión. Indica si las oraciones son ciertas (C) o falsas (F), según el artículo. Corrige las oraciones falsas.

	C	F
1. Isabel Toledo es una persona muy importante en el mundo de la moda.	☐	☐
2. Isabel estudió diseño y moda en el Museo Nacional de Bellas Artes de La Habana, Cuba.	☐	☐
3. Isabel Toledo fue la creadora de un vestido de fiesta para Michelle Obama.	☐	☐
4. En sus diseños, Isabel Toledo sigue los parámetros que marca la industria de la moda.	☐	☐
5. En los vestidos creados para el desfile de Barcelona, Isabel usa tejidos clásicos de colores vivos.	☐	☐
6. Isabel Toledo ha tenido (*has had*) mucho éxito en su carrera, pero es humilde (*humble*) y realista.	☐	☐

B. Temas de discusión. En parejas, contesten las preguntas. Después, compartan sus ideas con la clase.

1. ¿Qué beneficios tuvo para Isabel Toledo ser la modista de Michelle Obama? ¿Para qué ocasión fue creado el vestido?
2. ¿Cuáles son otras manifestaciones del éxito de Isabel Toledo como diseñadora de modas?
3. ¿Cuál es el objetivo principal de Isabel Toledo en el diseño de sus vestidos? ¿En quién piensa durante el proceso de creación?
4. Cuando Uds. compran ropa, zapatos o complementos, ¿se fijan en las marcas de moda o prefieren comprar prendas más económicas e ir a las tiendas cuando hay rebajas? Expliquen.

Concurso de videoblogs

República Dominicana: Merfry

De compras en San Pedro de Macorís

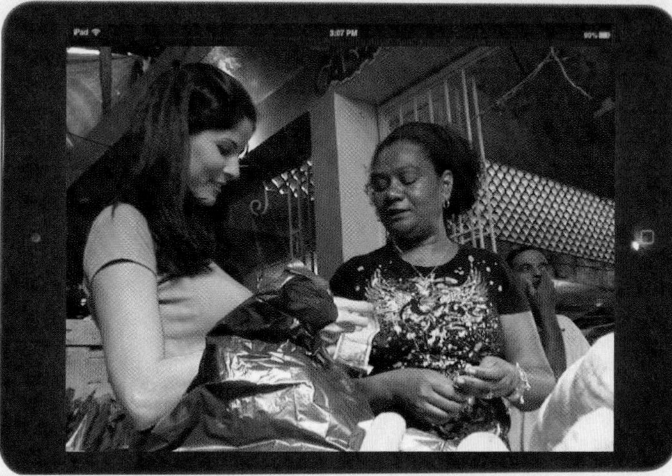

Merfry va de compras en un mercado cerca del Parque Central en San Pedro de Macorís, en la costa. Después de comprar un cuadro, va a la playa de Juan Dolio y habla de la vida marítima de este maravilloso país caribeño.

ANTES DE VER

A. Capítulo y vídeo. En parejas, contesten la pregunta.

¿Qué suponen Uds. que Merfry va a presentar en su segundo videoblog de la República Dominicana, según el contenido de este capítulo?

B. Anticipación. Contesta la pregunta y revisa el **Vocabulario práctico.**

Cuando piensas en la posibilidad de viajar al Caribe, ¿cuáles de las siguientes ideas o imágenes se te ocurren? Explica.

a. playas hermosas
b. centros comerciales
c. música alegre
d. mercados típicos
e. ciudades grandes
f. restaurantes originales
g. oportunidad de ir de compras
h. ¿ ?

Vocabulario práctico	
libra	pound
edificio de los bomberos	fire station
güira, tambora, maraca	musical instruments
ballenas	whales
buscar pareja	look for a mate
dan saltos al aire	they jump into the air

DESPUÉS DE VER

A. Comprensión. Contesta las preguntas, según el videoblog de Merfry.

1. ¿Cómo es San Pedro de Macorís y por qué es importante?
2. ¿Qué productos hay en el mercado? Menciona algunos de los productos que se muestran.
3. ¿Por qué entra Merfry en una pequeña tienda de arte?
4. ¿Qué aspectos de la vida local se mencionan en la tienda de arte?
5. ¿Cuándo y por qué se juntan las ballenas en la Península de Samará?

B. Opinión. En parejas, contesten las preguntas. Luego, comparen sus opiniones con las de otros estudiantes de la clase.

1. ¿Qué escena del blog de Merfry les pareció más interesante y por qué?
   - ☐ la presentación de la ciudad de San Pedro.
   - ☐ las compras de frutas y verduras en el mercado
   - ☐ la tienda local de pintura
2. Comparen las tiendas y los mercados de la República Dominicana con los de su comunidad. ¿En qué son diferentes? ¿Qué tienen en común? ¿Prefieren Uds. ir de compras a los grandes centros comerciales o a las tiendas pequeñas? ¿Por qué?
3. ¿Qué opinan de las ballenas? ¿Les gustó la anécdota? ¿Por qué? Para Uds., ¿son importantes las atracciones naturales cuando viajan? Expliquen.

C. Temas de discusión. En parejas comenten los temas y preparen un breve informe para intercambiarlo con otras parejas. Después, compartan sus ideas con la clase.

1. El Caribe no es solamente un lugar turístico.
2. El regateo es importante en los mercados del Caribe.
3. Las ballenas son más que una atracción turística; son parte de la vida natural de esta región.

Vocabulario

La ropa	Clothing
el abrigo	coat
la blusa	blouse
las botas	boots
los calcetines	socks
la camisa	shirt
la camiseta	T-shirt
la chaqueta	jacket
la corbata	tie
la falda	skirt
los pantalones	pants
los pantalones cortos	shorts
la prenda de ropa	piece/article of clothing
el sombrero	hat
el traje (de baño)	(bathing) suit
el vestido	dress
los zapatos	shoes
de tacón alto/bajo	high-heeled shoes / flats
de tenis	tennis shoes

Cognados: los jeans, el pijama, las sandalias, el suéter

Los complementos	Accessories
el bolso	handbag
la cartera	wallet
el cinturón	belt
la gorra	cap
los guantes	gloves

Cognado: los cosméticos, el perfume

Las telas y los materiales	Fabrics and materials
de algodón	cotton
de arcilla	clay
de cuero/piel	leather
de diamantes	diamond
de lana	wool
de madera	wooden
de oro	gold
de perlas	pearl
de plata	silver
de seda	silk

Los diseños y los colores	Designs and colors
claro/a	light
oscuro/a	dark
de cuadros	plaid
de lunares	polka-dotted
de manga corta/larga	with short/long-sleeves
de marca	name-brand
de rayas	striped
de última moda	fashionable

Cognados: el beige, el color fucsia; pastel
Repaso: el amarillo, el anaranjado, el azul, el blanco, el color café, el gris, el morado, el negro, el rojo, el rosado, el verde

Las tallas	Sizes
chico/a	small
mediano/a	medium
(extra) grande	(extra) large

Las tiendas	
el centro comercial	mall
la floristería	flower shop
la joyería	jewelry; jewelry store
la juguetería	toy store
el puesto	stall (in a market)
la zapatería	shoe store

Cognados: la *boutique*
Repaso: el almacén, el mercado

La joyería	Jewelry
el anillo	ring
los aretes	earrings
el brazalete	bracelet
el collar	necklace

Las artesanías	Arts and crafts
la cerámica	pottery
la escultura	sculpture
los tejidos	woven goods

Cognado: la hamaca

Para regatear	Haggling
el precio (alto/bajo/fijo)	(high/low/fixed) price
barato/a	cheap, inexpensive
caro/a	expensive
demasiado	too much
¿Cuánto cuesta(n)?	How much does it (do they) cost?
¿Cuánto vale(n)?	How much is it (are they) worth?

Los verbos

acabar*	to run out of
caer* (*irreg.*)	to drop
descomponer (*like* **poner**)	to break down
morir(se) (ue, u)	to die
olvidar	to forget
rebajar	to reduce (the price)
regatear	to haggle
romper	to break
conseguir (*like* **seguir**) + *inf.*	to manage to (*do something*)
hubo (*pret. of* **hay**)	there was/were
ir (*irreg.*) **de compras**	to go shopping

Repaso: perder (ie)

Otras palabras y expresiones

el descuento	discount
la rebaja	price reduction
la venta	sale
cómodo/a	comfortable

Cognados: el estilo; moderno/a, unisex, vital

*The translations shown here for **acabar** and **caer** only apply when used with the **se** for unplanned occurrences construction presented in the **Nota comunicativa, Gramática 7.3.** They have alternate meanings when used in different contexts.

La comida

ANTES DE VER

A. Anticipación. La comida mexicana es muy popular en este país. ¿Pero sabías (*did you know*) que hay mucha variedad gastronómica (*food*) en los países hispanos? ¿Cuánto sabes de la cocina (*cuisine*) hispana? Indica si estás de acuerdo o no con estas oraciones. Corrije las oraciones que piensas que no son verdaderas.

1. Toda la comida hispana es picante (*spicy*).
2. No hay frutas tropicales como bananas y piñas en los países hispanos.
3. La paella es un plato típico en muchos países hispanos.
4. La cocina hispana tiene influencias de otros países y de otras culturas.
5. Las tortillas de maíz son típicas de todos los países hispanos.
6. Los hispanos no suelen tomar café y chocolate caliente (*hot*).

B. La foto. ¿En qué países hispanos crees que puedes encontrar el plato típico de la foto? Explica.

Vocabulario práctico

sabrosa	tasty	**el aceite verde**	olive oil
tica	**costarricense**	**se destaca**	is known
el ají	*type of chili pepper*	**los bocadillos**	sandwiches
un toquecito	just a pinch	**la madrugada**	early morning, pre-dawn

DESPUÉS DE VER

A. Comprensión. Indica a qué país se refieren estas frases, según el vídeo: a Costa Rica (**CR**), a la República Dominicana (**RD**) o a España (**E**).

1. ______ la dieta mediterránea
2. ______ las tortillas de maíz
3. ______ un productor importante de café
4. ______ los churros y chocolate
5. ______ las influencias indígenas y africanas
6. ______ las frutas tropicales exóticas

B. Identificación. En parejas, contesten las preguntas.

1. ¿Cuáles son tres de las características de la cocina costarricense y española, según el vídeo?
2. ¿Qué plato prepara la señora dominicana para el almuerzo? ¿Qué ingredientes lleva este plato? ¿Qué otros productos o ingredientes se usan con frecuencia en la cocina de este país?

C. Conexión final. En parejas, contesten las preguntas.

1. El video menciona que España destaca por la variedad de alimentos de la dieta mediterránea. Busquen información sobre la dieta mediterránea para presentar a la clase. ¿Es similar a las dietas típicas de su región o país? Comparen las dietas y apunten dos o tres conclusiones sobre las diferencias y semejanzas (*similarities*) entre la gastronomía mediterránea y la de este país.
2. Preparen el guion (*script*) de una receta típica de uno de los tres países del segmento. Busquen la información que van a presentar a la clase. La clase va a votar para identificar la presentación más original.

El arroz

El arroz es un alimento fundamental en la gastronomía mundial. Hay muchos tipos de arroz y se usa de varias maneras: en platos principales, en postres y ¡hasta en bebidas! Es rico en almidón[a] y calorías, pero bajo en proteínas. Los árabes lo introdujeron en España durante la Edad Media[b] y hoy día es esencial en la cocina hispana.

[a]*starch* [b]Edad... *Middle Ages*

◀ LA PAELLA

Hay muchas variedades de paella, un plato popular de España. La esencia de una sabrosa paella está en controlar los ingredientes fundamentales: agua, aceite de oliva, arroz, sal y verduras frescas. A veces también lleva carne y mariscos. El color amarillo del arroz viene de las especias: pimentón dulce[a] y azafrán,[b] la especia[c] más cara del mundo.

[a]pimentón... *sweet paprika* [b]*saffron* [c]*spice*

MOROS Y CRISTIANOS ▶

¡Es difícil encontrar un plato sin arroz en Cuba! Moros y cristianos es un plato delicioso que combina frijoles negros con arroz blanco. Otros ingredientes son agua, sal, aceite de oliva y varias verduras y especias. Su nombre hace referencia a los moros[a] y los cristianos de la España medieval.

[a]*Moors (name given to refer to various ethnic and cultural groups of Northern Africa)*

◀ LA HORCHATA

La horchata es una bebida que se puede hacer con arroz u otro tipo de grano. Al arroz se le añaden[a] leche, azúcar y vainilla. Se puede pedir una horchata en muchos restaurantes mexicanos de los Estados Unidos. También se puede comprar en tiendas y mercados locales en los barrios hispanos de este país.

[a]se... *are added*

ASÍ SE DICE: MÁS SOBRE LA COMIDA

la banana = **el plátano, el guineo** (*Carib.*)
los camarones (*L.A.*) = **las gambas** (*Sp.*)
el durazno (*L.A.*) = **el melocotón** (*Sp.*)
los guisantes = **los chícharos**
las habichuelas (*L.A.*) = **las judías verdes** (*Sp.*)
el jugo (*L.A.*) = **el zumo** (*Sp.*)
el menú = **la carta**
el/la mesero/a = **el/la camarero/a**
la papa (*L.A.*) = **la patata** (*Sp.*)
la toronja = **el pomelo**
la tortilla (egg omelet [*Sp.*]) ≠ **la tortilla** (thin wheat or corn flat bread [*LA.*])

ACTIVIDADES

A. Comprensión. Indica el plato descrito. Si sabes el país de dónde viene, indica cuál es. **¡OJO!** A veces hay más de una respuesta.

1. Lleva arroz blanco y frijoles negros. Su nombre se relaciona con la historia medieval.
2. Sus ingredientes son arroz, sal, aceite de oliva y verduras.
3. Es una bebida popular en los restaurantes mexicanos de los Estados Unidos.
4. Es amarilla por las especias que lleva: pimentón dulce y azafrán.

B. Conexiones. En parejas, contesten las preguntas.

1. ¿Han probado Uds. (*Have you tried*) otros ejemplos de platos hispanos con arroz? ¿Cuáles? ¿Les gustaron?
2. ¿Hay platos de arroz típicos en este país? ¿Cuáles son? ¿Son originalmente de los Estados Unidos o de otras culturas?
3. El arroz es un alimento básico en los países hispanos. ¿Qué alimentos son básicos en este país?

C. Temas de discusión. En grupos pequeños, comenten *uno* de estos temas y escriban algunas conclusiones breves en español. Luego, compartan sus conclusiones con la clase.

1. los aportes (*contributions*) importantes de la gastronomía hispana a la cultura de este país
2. un plato típico hispano con arroz como ingrediente principal comparado con un plato con arroz de este país

En las ruinas mayas de Tikal, Guatemala

Entrada cultural

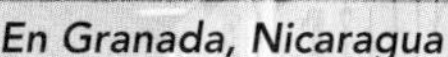

En Granada, Nicaragua

En una plantación de bananas

Centroamérica

Óscar Arias Sánchez

Centroamérica comprende[a] Guatemala, Honduras, El Salvador, Nicaragua, Costa Rica, Panamá y Belice (donde la lengua oficial es el inglés). Son países pequeños cuya población[b] se distribuye entre zonas urbanas muy habitadas y zonas rurales generalmente despobladas.[c] La población actual está formada por una mayoría mestiza[d] (58.2%), población indígena y blanca (14.9% y 22.2%, respectivamente) y una minoría de origen africano (4.6%).

Cuando Cristóbal Colón llegó a estas tierras en 1502, Centroamérica gozaba de[e] la importante presencia del pueblo maya, con una rica historia de unos 3.000 años. Millones de sus descendientes aún[f] viven en la región y muchos de ellos aún hablan alguna de las variantes de este idioma. Hoy llegan turistas internacionales a esta región para experimentar sus playas hermosas, selvas[g] exuberantes, montañas, volcanes, lagos apacibles,[h] flora y fauna ricas y ruinas de antiguas civilizaciones.

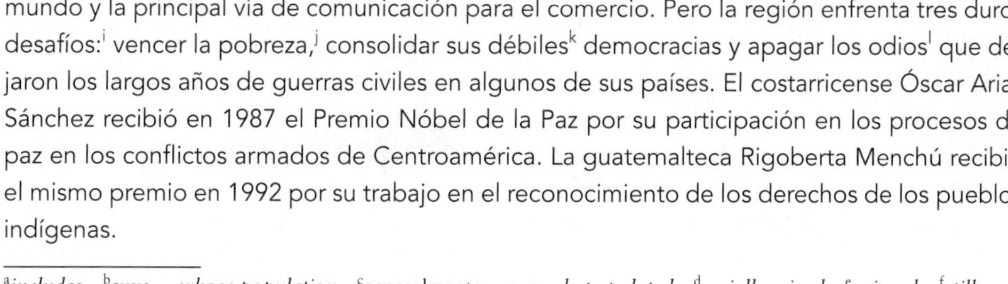

La economía de Centroamérica se basa principalmente en la agricultura y exportación (café, bananas, caña de azúcar y algodón), en el turismo y en algunas industrias tecnológicas y farmacéuticas. El canal de Panamá es la principal conexión de Centroamérica con el resto del mundo y la principal vía de comunicación para el comercio. Pero la región enfrenta tres duros desafíos:[i] vencer la pobreza,[j] consolidar sus débiles[k] democracias y apagar los odios[l] que dejaron los largos años de guerras civiles en algunos de sus países. El costarricense Óscar Arias Sánchez recibió en 1987 el Premio Nóbel de la Paz por su participación en los procesos de paz en los conflictos armados de Centroamérica. La guatemalteca Rigoberta Menchú recibió el mismo premio en 1992 por su trabajo en el reconocimiento de los derechos de los pueblos indígenas.

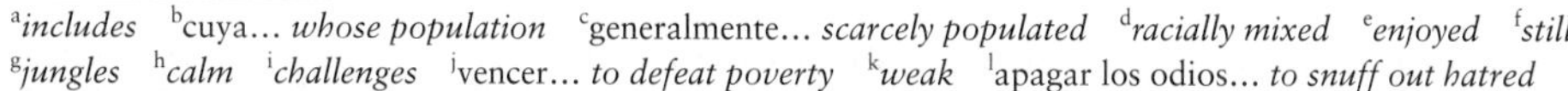

[a]*includes* [b]cuya... *whose population* [c]generalmente... *scarcely populated* [d]*racially mixed* [e]*enjoyed* [f]*still* [g]*jungles* [h]*calm* [i]*challenges* [j]vencer... *to defeat poverty* [k]*weak* [l]apagar los odios... *to snuff out hatred*

PREGUNTAS

1. ¿Cómo es la composición racial de la población en Centroamérica? ¿Dónde vive la mayoría de la población?
2. ¿Cuál es la base de la economía en estos países? ¿Qué importancia tiene el Canal de Panamá en la región?
3. ¿Por qué recibieron Óscar Arias y Rigoberta Menchú el Premio Nóbel de la Paz?

CAPÍTULO 8

En la comunidad

EN ESTE CAPÍTULO
Centroamérica

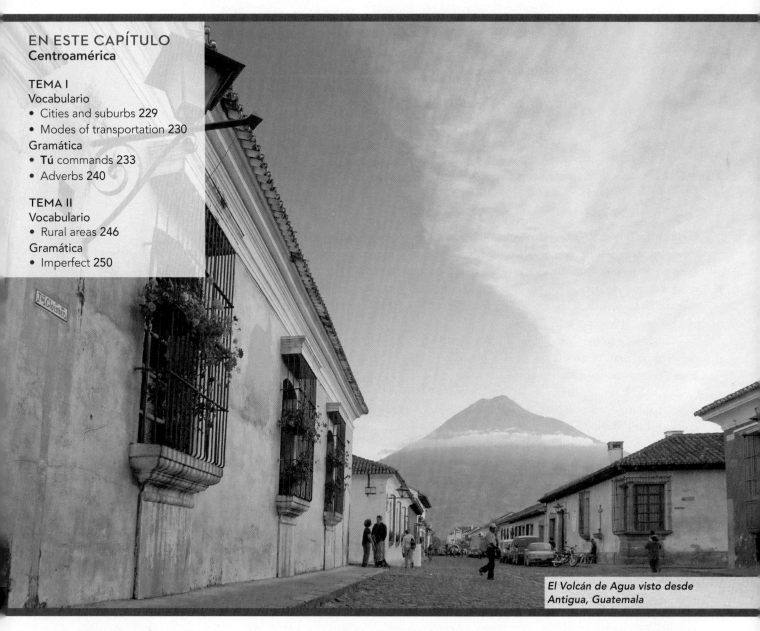

El Volcán de Agua visto desde Antigua, Guatemala

1. **Describe la foto. ¿Es una escena rural o urbana? ¿Cómo es la geografía?**
2. **¿Prefieres vivir en una comunidad pequeña o en una ciudad grande? Explica.**

www.connectspanish.com

TEMA I: La ciudad y la vida urbana

Vocabulario en acción

La comunidad urbana y las afueras

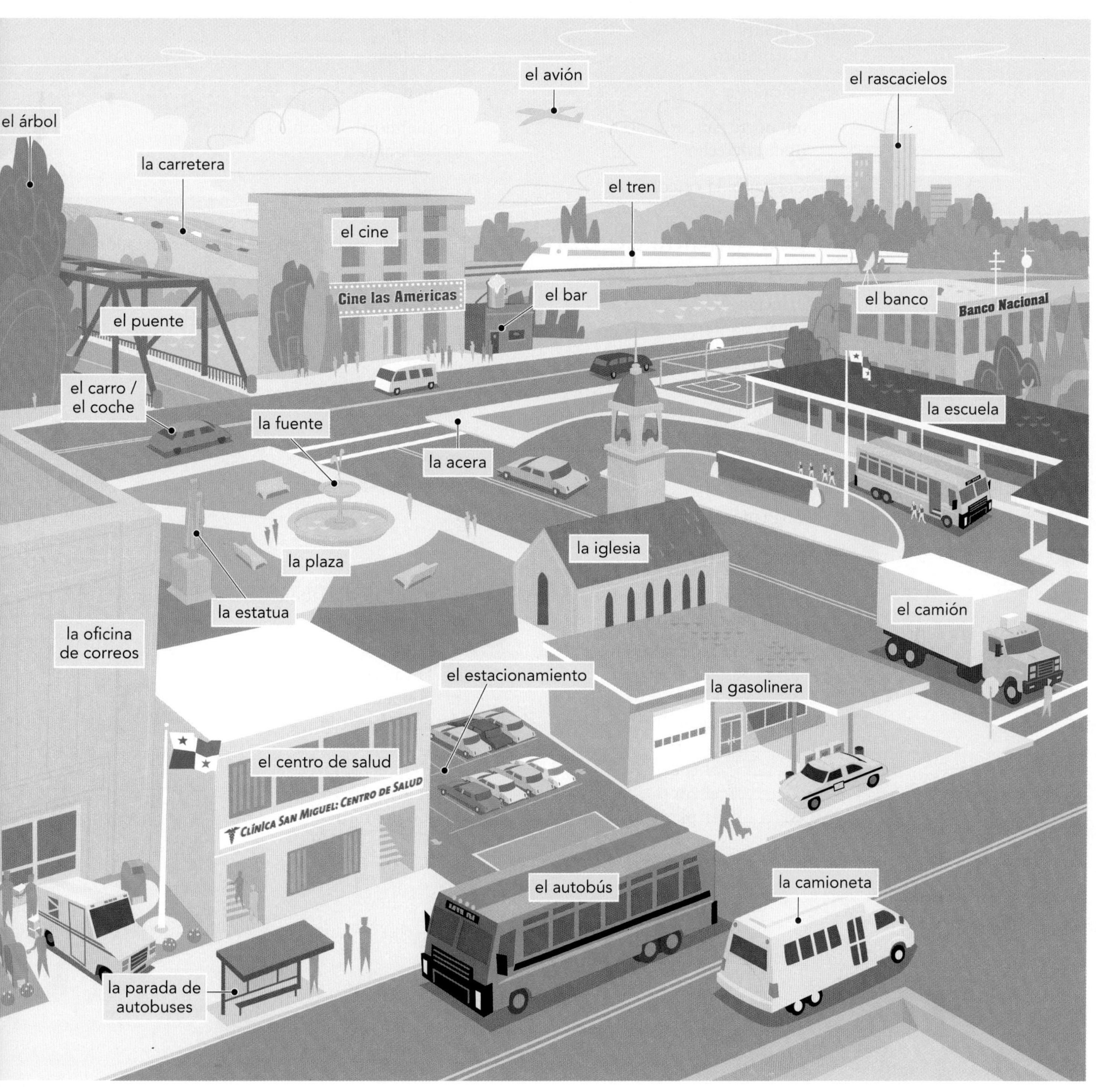

Otro lugares y las direcciones

cruzar (c)	to cross
doblar	to turn
estacionar	to park
parar	to stop
seguir (*irreg.*)	to go; to keep going
la cuadra	block
el plano	city map
el semáforo	traffic light
ubicado/a	located
(**al**) **norte** (**sur, este, oeste**)	(to the) north (south, east, west)
(**todo**) **derecho**	straight ahead

Cognado: la catedral

Los medios de transporte°

Los... *Modes of transportation*

conducir (*irreg.*)	to drive (*Sp.*)
manejar	to drive (*L.A.*)
viajar	to travel
el aeropuerto	airport
el barco	boat
el carnet de conducir	driver's license
la estación de autobuses	bus station
el metro	subway
la parada	(bus/subway) stop

Cognados: la motocicleta, el taxi, el tráfico

ACTIVIDADES

A. Asociaciones. Empareja las palabras y frases de la izquierda con las palabras correspondientes de la derecha.

1. _____ doblar	a. la fuente
2. _____ el avión	b. la carretera
3. _____ el árbol	c. el puente
4. _____ seguir	d. a la izquierda
5. _____ parar	e. el parque
6. _____ el coche	f. todo derecho
7. _____ el río	g. el aeropuerto
8. _____ la plaza	h. el semáforo

B. Identificaciones. Indica con qué asocias estas cosas: ¿con un negocio particular (*private business*), una institución social (gubernamental o académica), una ruta, un medio de transporte o un lugar público? Luego, nombra dónde está una de las cosas que conoces. Sigue el modelo.

MODELOS un bar → Un bar es un negocio particular. El bar George's está cerca de la universidad.
una plaza → Una plaza es un lugar público. Mi plaza favorita está en el centro.

1. una escuela
2. un avión
3. una fuente
4. un puente
5. una estatua
6. un semáforo
7. un camión
8. un centro de salud
9. un tren
10. una oficina de correos
11. una acera
12. una gasolinera

C. Definiciones

PASO 1. Da la palabra definida.

1. Es un camino (*road*) grande entre ciudades, estados y provincias. No tiene semáforos.
2. Es un documento que necesitamos para manejar un vehículo legalmente.
3. Es una ruta para los peatones (*pedestrians*).
4. Es un medio de transporte marítimo.
5. Es cambiar de dirección mientras se camina o se maneja un vehículo.

PASO 2. Define las palabras y frases.

1. una parada de autobuses
2. un puente
3. un rascacielos
4. un centro de salud
5. cruzar
6. un plano

D. Direcciones. En parejas, túrnense para explicar cómo llegar a algún lugar del campus o del centro de la ciudad desde el edificio donde Uds. están. Tu compañero/a va a adivinar el lugar. Sigan el modelo.

MODELO E1: Cuando sales de aquí tienes que doblar a la izquierda. Luego, debes seguir todo derecho por tres cuadras y cruzar la calle. Allí está el lugar.
E2: Es la Oficina de Correos.

E. Ventajas y desventajas

PASO 1. ¿Les gusta dónde está ubicada esta universidad? En grupos pequeños, comenten las ventajas y desventajas que tiene estudiar en una ciudad grande comparadas con las de una ciudad pequeña. Piensen en los medios de transporte, lugares para salir con los amigos, entretenimiento, seguridad, tráfico, etcétera.

PASO 2. Ahora, un(a) estudiante en cada grupo debe compartir las ideas de su grupo con la clase. Comparen las preferencias. ¿Qué ciudad prefiere la mayoría? ¿Por qué?

Nota cultural

EL TEATRO NACIONAL DE SAN JOSÉ DE COSTA RICA

El Teatro Nacional de noche

El Teatro Nacional de San José, Costa Rica, es uno de los edificios más emblemáticos del país. Su construcción se inició a finales del siglo XIX como respuesta al interés cultural de sus ciudadanos.

Los espectáculos[a] son seleccionados en base al prestigio de las compañías de ópera y teatro. También hay funciones de la Orquesta Sinfónica Nacional de Costa Rica y de compositores extranjeros de renombre.[b]

El Teatro Nacional, además de su valor cultural, es un edificio de gran belleza. El frente del teatro es formidable, con estatuas que representan la Música, la Fama y la Danza. El interior del teatro es impresionante también. Las columnas, el mobiliario[c] lujosamente decorado, las pinturas en paredes y techos[d] y las enormes lámparas de araña[e] son de estilo neoclásico y contribuyen a que la experiencia cultural sea[f] inolvidable.

[a]*performances* [b]de... *renowned* [c]*furniture* [d]*ceilings* [e]lámparas... *chandeliers* [f]*(will) be*

PREGUNTAS

1. ¿Cómo es el Teatro Nacional de San José?
2. ¿Quiénes pueden actuar en el Teatro Nacional? ¿Por qué? ¿Qué significado tiene esto para la ciudad de San José?
3. ¿Qué presentaciones culturales se ofrecen en la ciudad de Uds.? ¿Qué tipos de espectáculos les gustan? ¿Con qué frecuencia asisten Uds. a estos espectáculos? Expliquen.

Gramática

8.1 Tú Commands

Giving Commands to Familiar People

GRAMÁTICA EN ACCIÓN

¿Cómo llego al Mercado Central? (CULTURES C)

[*Mark está en la Ciudad de Guatemala por un mes y hoy quiere hacer unas compras en el Mercado Central.*]

Un autobús en «Guate»

MARK: Ramón, **hazme** un favor. No entiendo este plano.

RAMÓN: Cómo no. **Dime** qué necesitas.

MARK: **Explícame** cómo llegar al Mercado Central. Quiero caminar.

RAMÓN: Pues, queda un poco lejos, en la Zona 1. Pero, bueno, **sal** de aquí y **dobla** a la izquierda. **Sigue** todo derecho por unas veinte cuadras.

MARK: ¡Veinte cuadras! ¡**No me digas**!

RAMÓN: Pues sí, te dije, queda lejos. **Toma** el autobús si no quieres caminar, porque hay unas veinte cuadras más.

MARK: ¡Dios mío! **Dime**, entonces, qué autobús debo tomar.

RAMÓN: Bueno, **no te enojes**, pero tienes que tomar tres autobuses desde aquí. ¿Te hago un plano?

MARK: Ay... sí, **hazme** uno, por favor.

Comprensión. Indica el verbo correcto para completar cada una de las oraciones.

1. Ramón, ___ a la calle y mira a la derecha.
2. Mark, ___ el autobús para llegar al centro de salud.
3. Ramón, no ___ caminado hasta la oficina de correos. Está muy lejos.
4. Mark, ___ mis instrucciones exactamente.
5. Ramón, no ___ por la plaza de noche.

a. toma
b. sigue
c. vayas
d. sal
e. pases

The informal commands are used to tell people with whom you have a familiar relationship what to do. Use these whenever you would use the **tú** form of the verb with the person in question. You will learn about formal commands (**Ud.** and **Uds.**) in a later chapter. The informal commands have two different forms, one for affirmative commands and one for negative commands.

AFFIRMATIVE tú COMMANDS

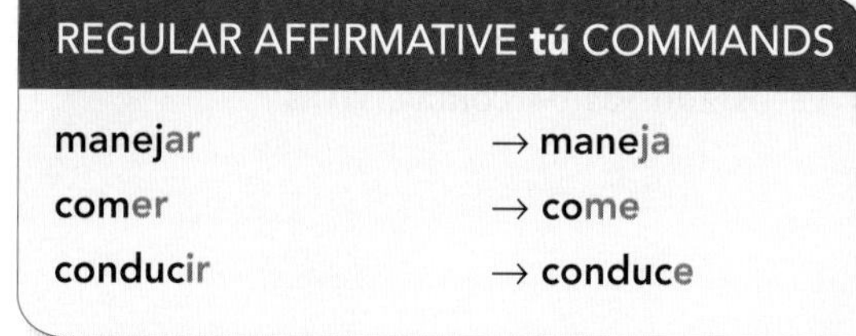

REGULAR AFFIRMATIVE **tú** COMMANDS	
manejar	→ **maneja**
comer	→ **come**
conducir	→ **conduce**

A. To form regular affirmative **tú** commands, simply use the **Ud., él/ella** form of the present tense.

Toma la camioneta número 2.	*Take the number 2 minibus.*
Conduce con precaución.	*Drive safely.*

B. Any stem changes or other irregularities in the **Ud., él/ella** present tense forms are carried over into the **tú** command.

Duerme bien.	*Sleep well.*

C. Reflexive, indirect object, and direct object pronouns must be attached to the end of affirmative commands. When a pronoun is attached, remember to add an accent to the second-to-last syllable of the command itself in order to preserve the original stress pattern when the command is pronounced.

¡**Diviértete** mucho!	*Have a great time!*
Pregúntale al taxista cuánto nos va a cobrar.	*Ask the taxi driver how much he's going to charge us.*
Llámalo después. Necesitamos tomar el metro.	*Call him later. We need to take the subway.*

D. There are eight verbs that have irregular affirmative **tú** commands.

IRREGULAR AFFIRMATIVE **tú** COMMANDS			
decir	→ **di**	**salir**	→ **sal**
hacer	→ **haz**	**ser**	→ **sé**
ir	→ **ve**	**tener**	→ **ten**
poner	→ **pon**	**venir**	→ **ven**

Pon esto dentro del carro. Salimos en un momento.	*Put this in the car. We're leaving in a moment*
Ven con nosotros. Vamos al centro.	*Come with us. We're going downtown.*

When using just one pronoun with these irregular affirmative commands, no accent is needed because the stress naturally falls on the second-to-last syllable, even with the addition of the pronoun. However, if you use two pronouns, an accent is needed in order to maintain the original stress pattern.

Dime a qué hora llega el autobús.	*Tell me what time the bus arrives.*
Vete. No te quiero hablar.	*Go away. I don't want to talk to you.*
Díselo.	*Tell it to him.*

NEGATIVE tú COMMANDS

A. Follow these steps to form negative commands.

1. Take the **yo** form of the present tense of the verb: **hablar** → **hablo**
2. Drop the **-o** ending from the **yo** form: **hablo** → **habl-**
3. Add the "opposite vowel" ending:
   - For **-ar** verbs add **-es** → **hables**
   - For **-er/-ir** verbs add **-as** → **comas, vivas**

The spelling and stem changes that occur in the **yo** form will be used in the negative command forms.

NEGATIVE tú COMMANDS			
doblar	**→ no dobles**	**salir** (*irreg.*)	**→ no salgas**
comer	**→ no comas**	**servir (i, i)**	**→ no sirvas**
conducer (zc)	**→ no conduzcas**	**venir** (*irreg.*)	**→ no vengas**
decir (*irreg.*)	**→ no digas**	**volver (ue)**	**→ no vuelvas**

Note that when using pronouns with a negative **tú** command, the pronouns always go between the **no** and verb form.

No dobles a la izquierda. Sigue derecho. — *Don't turn left. Keep going straight.*
¡No me digas! — *No way!* (lit. *Don't tell me!*)

B. Infinitives that end in -car, -gar, and -zar have a spelling change in their negative **tú** commands. This is the same spelling change required for the **yo** preterite form. Note that any **yo**-form stem changes apply as well.

NEGATIVE tú COMMANDS OF **-car, -gar,** AND **-zar** VERBS	
buscar (c → qu)	**→ no busques**
pagar (g → gu)	**→ no pagues**
almorzar (z → c)	**→ no almuerces**

No pagues esa multa. No hiciste nada mal. — *Don't pay that fine. You didn't do anything wrong.*

C. The following verbs have irregular negative **tú** commands.

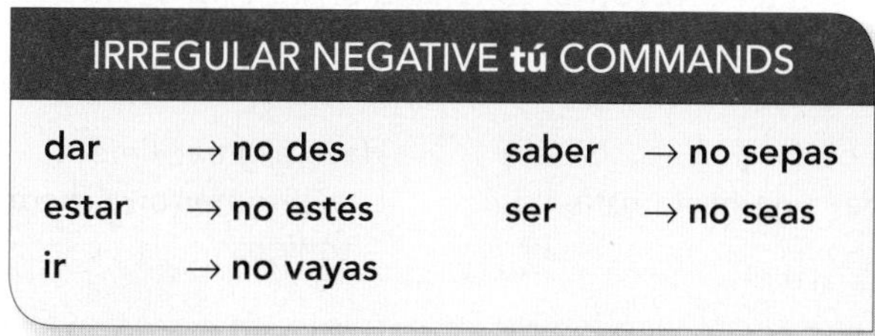

IRREGULAR NEGATIVE **tú** COMMANDS			
dar	**→ no des**	**saber**	**→ no sepas**
estar	**→ no estés**	**ser**	**→ no seas**
ir	**→ no vayas**		

No vayas por esa calle. Tiene muchos topes. — *Don't go down that street. It has a lot of speed bumps.*
No le des esto a nadie. Guárdalo bien. — *Don't give this to anyone. Keep it in a safe place.*

Nota comunicativa

Vosotros COMMANDS

If you plan to travel in Spain, it is worthwhile to learn the **vosotros** commands, at least for recognition purposes. To form affirmative **vosotros** commands, the **-r** at the end of the infinitive is replaced by a **-d.** To form negative **vosotros** commands, add **-éis** to the stem of the negative **tú** command for **-ar** verbs and **-áis** for **-er/-ir** verbs, and place the word **no** before the conjugated verb.

INFINITIVE	AFFIRMATIVE **VOSOTROS** COMMAND	NEGATIVE **VOSOTROS** COMMAND
hablar	**hablad**	**no habléis**
comer	**comed**	**no comáis**
abrir	**abrid**	**no abráis**
volver	**volved**	**no volváis**
pedir	**pedid**	**no pidáis**
ir	**id**	**no vayáis**

As with other command forms, pronouns are placed at the end of affirmative commands or between the **no** and the verb of negative commands.

Preguntadle a qué hora nos vamos. — *Ask him what time we're leaving.*
Y ese tren, **no lo toméis** por la mañana porque siempre está muy lleno y hace muchas paradas. — *And that train, don't take it in the morning, because it's always packed and it makes a lot of stops.*

The exception to this rule is with reflexive verbs. When the reflexive pronoun **os** is attached to the end of an affirmative **vosotros** command, the final **-d** of command form is dropped. Additionally, for **-ir** verbs, an accent must be added to the final **-i** of the command stem to maintain the original stress pattern. (Exception: When **os** is attached to the affirmative **vosotros** command of the verb **ir,** the **-d** is not dropped.)

No os vayáis todavía. **Quedaos** un rato más. — *Don't leave yet. Stay a while longer.*
¡Divertíos mucho! — *Have a great time!*
Idos mañana. Hay una fiesta esta noche. — *Leave tomorrow. There's a party tonight.*

ACTIVIDADES

A. Una fiesta. Completa el diálogo usando la forma correcta del mandato informal de los verbos entre paréntesis.

ROBERTO: Sara, ¿qué haces esta noche?
SARA: Pues no sé, Roberto. No tengo planes.
ROBERTO: Pues (venir[1]) a mi casa. Vamos a hacer una fiesta.
SARA: ¿De veras?[a]
ROBERTO: Sí. A las 8:00. (Traer[2]) a tu amiga Lisa.
SARA: ¿Cómo llego a tu casa?

ROBERTO: (**Tomar**[3]) el autobús número 433 y (**bajar**[4]) en la calle Girasol. Nuestro edificio es el número 212. (**Subir**[5]) al quinto piso, apartamento 504. Pero no (**tomar**[6]) el ascensor porque no funciona. (Usar[7]) las escaleras.[b]

SARA: ¡Uf! Mucho ejercicio, pero está bien. (Oír[8]), creo que prefiero conducir. (Decirme[9]) cómo llegar desde la universidad.

ROBERTO: Saliendo de la universidad, (seguir[10]) todo derecho en la calle León por cuatro cuadras. (Doblar[11]) a la derecha en la avenida Remedios. Después de seis cuadras, (doblar[12]) a la izquierda en la calle Girasol y (seguir[13]) derecho dos cuadras. Nuestro edificio está a la izquierda, es el número 212. ¡Ah! Y no (**estacionar**[14]) en la calle. El estacionamiento en el garaje del edificio es gratis.

SARA: ¿Necesitan algo para la fiesta?

ROBERTO: No (traer[15]) comida. Ya tenemos mucha. Pero tu música, (traerla[16]) si quieres. Tu colección es impresionante.

SARA: Está bien. A las 8:00, ¿verdad?

ROBERTO: Sí. Y ¡no (olvidar[17]) a tu amiga Lisa!

SARA: ¡Ay! Estás obsesionado con Lisa. ¡No (ser[18]) pesado[c] con ella! Lisa no es muy paciente.

ROBERTO: No (**preocuparse**[19]). Voy a ser todo un caballero.[d]

---

[a]*Really?* [b]*stairs* [c]*annoying* [d]todo... *a complete gentleman*

B. Dilemas de la vida urbana

PASO 1. Usando las siguientes opciones, da el mandato apropiado para cada situación.

mirar el plano	tener cuidado	no ir al centro comercial
ir a la oficina de correos	no salir a esa hora	tomar el autobús

1. Necesitas enviarle una carta a tu abuela.
2. Hay muchísimo tráfico a las 5:00 de la tarde.
3. Tienes que ir al centro de salud, pero está muy lejos de donde vives.
4. Tienes que conducir por la noche en la lluvia.
5. Una persona te pide direcciones a la iglesia, pero no conoces bien la ciudad.
6. No tienes dinero para ir de compras.

PASO 2. En parejas, piensen en mandatos informales para las siguientes situaciones. Inventen por lo menos dos mandatos para cada ejemplo.

MODELO Esperas a tu amigo en un café del centro y te llama para decirte que está perdido. Para llegar al café, ve a la esquina de la calle Guadalupe y...

1. Tu amigo llega al aeropuerto hoy y tú no tienes coche para ir a buscarlo.
2. Vas conduciendo en la carretera y se te descompone el carro.
3. Tomas el autobús equivocado y ahora estás perdido en un barrio desconocido.
4. Estás cansado/a de la ciudad y quieres disfrutar del aire libre.

COMMUNICATION

C. Para llegar a... En parejas, túrnense para dar direcciones para llegar a diferentes lugares en la universidad o en la ciudad, usando mandatos informales. No digan el lugar. Tu compañero/a debe adivinarlo.

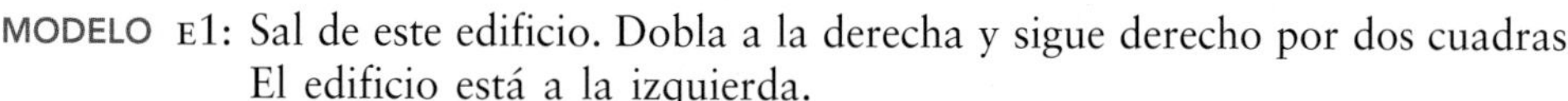

MODELO E1: Sal de este edificio. Dobla a la derecha y sigue derecho por dos cuadras. El edificio está a la izquierda.

E2: Es la Facultad de Ciencias.

EXPERIENCIA INTEGRAL

La Ciudad de Guatemala

ANTES DE LEER. A veces el uso de los números en un texto señala información importante. Lee rápidamente los dos primeros párrafos e identifica los números. ¿A qué se refiere cada uno?

MODELO 1776 La Ciudad de Guatemala es la capital

PASO 1. Completa el texto con la forma correcta de las palabras entre paréntesis. Cuando aparece *MI* con un verbo, escribe el mandato informal. Da el presente de los otros verbos. Si aparecen dos palabras, escoge la palabra correcta. Cuando los verbos son **ser** y **estar**, escoge el verbo correcto y luego da la forma apropiada.

La Ciudad de Guatemala, o «Guate», es la capital de Guatemala desde 1776. Esta capital —cosmopolita y antigua a la vez— (**ser/estar**[1]) la ciudad más grande no solo de Guatemala, sino también[a] de Centroamérica. Aunque Guate es una ciudad muy grande, es fácil orientarse[b] porque (**ser/estar**[2]) organizada en veintiuna zonas, en forma espiral. Si quieres ver la parte histórica de la ciudad, (*tú, MI:* **ir**[3]) a la Zona 1, el Centro Histórico y el mero[c] centro de la capital. En esta zona, (*tú, MI:* **visitar**[4]) el Palacio Nacional de Cultura y la Catedral Metropolitana. Dentro del Palacio (**ser/estar**[5]) el Kilómetro Cero, el punto de donde salen (**todo**[6]) las carreteras principales del país. Detrás de la Catedral (**ser/estar**[7]) el Mercado Central. (*Tú, MI:* **Hacer**[8]) tus compras allí. Venden artesanías típicas de todo el país, flores y comida.

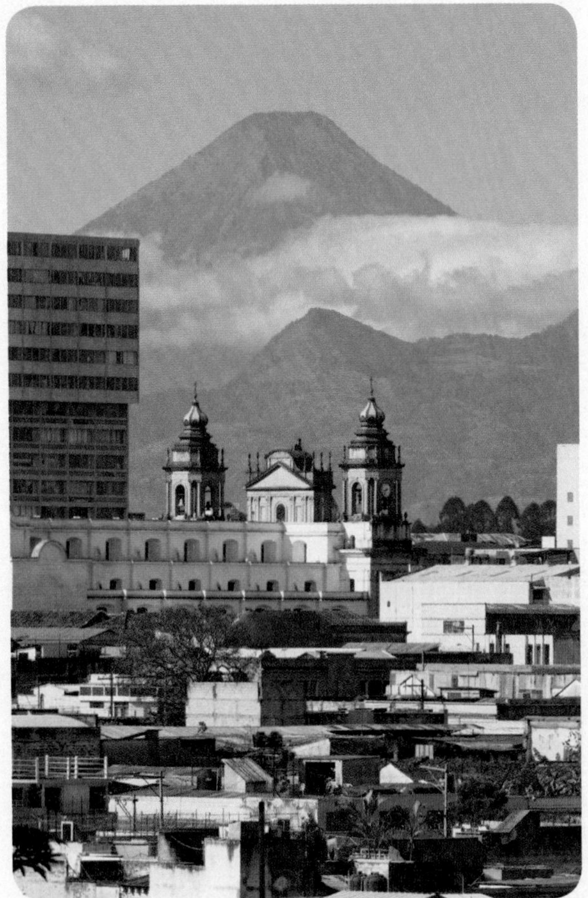

Guate, la capital de Guatemala

No (*tú, MI:* **olvidarse**[9]) de visitar la antigua ciudad Kaminal Juyú en la Zona 7. Los edificios modernos de la capital cubren cientos de ruinas arqueológicas de la civilización maya. (*Tú: MI* **Explorar**[10]) las excavaciones de las plataformas de las pirámides, los montículos[d] ceremoniales y la acrópolis central. Descubrieron algunas de estas ruinas en 1935 cuando un equipo de fútbol hizo excavaciones para mejorar su campo de práctica.

Para ir a (**otro**[11]) partes de la ciudad sin pagar mucho, (*tú, MI:* **tomar**[12]) los autobuses. ¡Pero no (*tú, MI:* **subir**[13]) a los autobuses pintados de muchos colores! (**Ese**[14]) van a los pueblos y lugares rurales, fuera de la ciudad y siempre van llenos de gente.

Si no te gusta el caos de los autobuses, (*tú,* MI: **tomar**[15]) un taxi. Antes de subir al[e] taxi, (*tú, MI:* **decirle**[16]) al taxista adónde quieres ir y (*tú, MI:* **preguntarle**[17]) cuánto te va a cobrar[f] porque algunos taxistas te cobran más que otros. En el taxi, vas a ver el ritmo del tráfico en Guate y vas a saber por qué te decimos: «¡No (*tú, MI:* **conducir**[18]) en Guate!» Tienes que tener mucho talento, paciencia y nervios de acero[g] para conducir en esta ciudad grande.

[a]sino... *but also* [b]*to find your way around* [c]*very* [d]*earthen mounds* [e]antes... *before getting into the* [f]*charge* [g]nervios... *nerves of steel*

PASO 2. Indica las cosas que se pueden hacer en Guate, según el **Paso 1.**

1. ☐ Ir al Centro Histórico o Zona 1.
2. ☐ Visitar el Kilómetro Cero, donde empiezan todas las carreteras del país.
3. ☐ Tomar los autobuses pintados para ir a las zonas modernas.
4. ☐ Hablar del precio con el taxista antes de subir al taxi.
5. ☐ Hacer compras en la Catedral Metropolitana.
6. ☐ Jugar al fútbol entre ruinas arqueológicas de la civilización azteca.
7. ☐ Ver excavaciones de muchos lugares antiguos.
8. ☐ Al llegar al aeropuerto de Guate, alquilar (*rent*) un coche.

PASO 3. Estudia las calles y zonas de la Ciudad de Guatemala en el plano. En parejas, túrnense para describir rutas. Selecciona un lugar secreto (una atracción o simplemente un área) y, usando la información del plano, descríbele a tu compañero/a una ruta para llegar al lugar. Usa mandatos informales. Tu compañero/a tiene que decirte el nombre o zona del lugar de destino.

MODELOS E1: Estás en el Trébol Junction. Dobla al norte en la Avenida Bolívar. Sigue derecho hasta la Avenida 11. Continúa hasta la Calle 8. ¿Dónde estás?

E2: ¡En la zona 1!

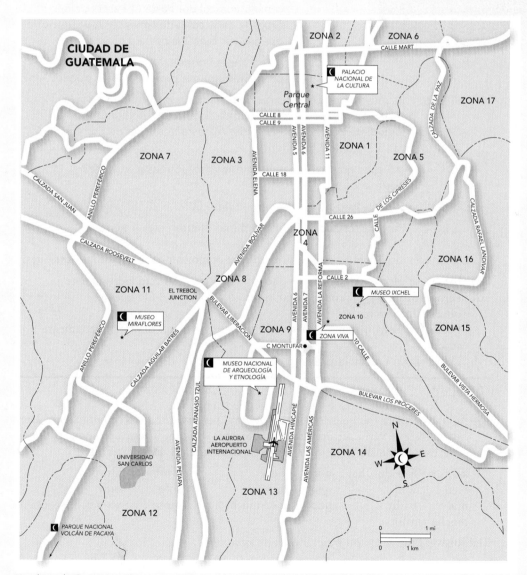

Un plano de Guate

Modifying Verbs and Adjectives

8.2 Adverbs

GRAMÁTICA EN ACCIÓN

¡Necesito direcciones!

[Leticia está en el Parque de La Sabana en San José y necesita llegar a la oficina de correos para enviarle una carta a su mamá en Estados Unidos. Ella le pide direcciones a Fernán.]

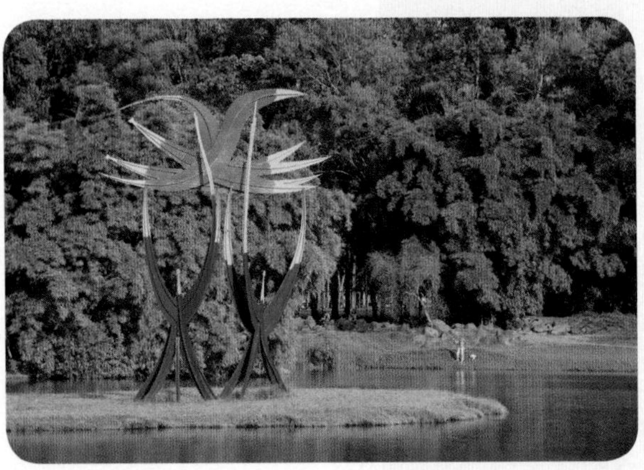

En el Parque de La Sabana

LETICIA: Perdóname. ¿Puedes ayudarme **rápidamente**? Necesito direcciones para ir a la oficina de correos. Tengo que enviar esta carta **urgentemente**.

FERNÁN: ¡Por supuesto! Desde aquí, camina **directamente** a la salida del parque en la Calle 42. ¿Sabes dónde está?

LETICIA: Creo que sí.

FERNÁN: Perfecto. Entonces dobla a la izquierda y camina una cuadra hasta el Paseo Colón. Cruza la calle **cuidadosamente**. A veces no puedes ver **bien** los coches.

LETICIA: ¿Y entonces adónde voy? No me oriento **bien**. **Siempre** me pierdo en esta ciudad.

FERNÁN: Es **muy** fácil. Camina otras dos cuadras y cuando llegues a la Calle José María Celedón, crúzala. Dobla a la izquierda y mira **inmediatamente** a la izquierda. Allí está la oficina de correos. La vas a encontrar **fácilmente**.

LETICIA: ¡Muchas gracias! Me ayudaste **mucho**. ¿Sabes a qué hora cierra la oficina?

FERNÁN: **Desafortunadamente**, cierra a las 4:00.

LETICIA: Pero ya son las 4:30.¡Qué lástima! **Nunca** llego a tiempo.

Comprensión. Indica el adverbio correcto para completar cada una de las oraciones.

1. Leticia se pierde ____ en la ciudad.	**a.** cuidadosamente
2. Fernán explica ____ cómo llegar a la oficina de correos.	**b.** fácilmente
3. Leticia no llega a tiempo para enviar su carta, ____.	**c.** desafortunadamente
4. Es necesario cruzar la calle ____.	**d.** muy bien

A. Adverbs answer the questions *how?*, *when?*, *how much?*, or *to what extent?* They can modify a verb, an adjective, or another adverb. These are some common adverbs in Spanish, some of which you have already heard and used:

así	like this/that	**muy**	very	**siempre**	always
bien	well	**nunca**	never	**solo**	only
mal	badly	**poco**	not much, little	**tanto**	so much; so often
mucho	a lot				

Mal answers the question *how is the car running?*

El coche funciona **mal.** — *The car is running badly.*

Bien tells how well Antonio drives, and **muy** answers the question *to what extent?*

Antonio conduce **muy bien.** — *Antonio drives very well.*

You have used **mucho** and **poco** as adjectives. When used as adverbs, the form does not change.

Viajo **mucho** en autobús, pero viajo **poco** en tren.	I travel a lot by bus, but I travel little by train.

B. Other adverbs can be formed by adding the suffix **-mente** to the end of the feminine singular form of adjectives.

rápida → rápida**mente**	triste → triste**mente**
sola → sola**mente**	total → total**mente**
inmediata → inmediata**mente**	

C. Here are some additional adverbs that you should learn.

actualmente	currently
(des)afortunadamente	(un)fortunately
desgraciadamente	unfortunately

ACTIVIDADES

A. Simplemente. Completa lógicamente las oraciones con un adverbio. Usa adverbios de la primera lista o forma adverbios usando los adjetivos de la segunda lista. **¡OJO!** Hay más de una respuesta posible en algunos casos.

ADVERBIOS		ADJETIVOS	
bien	nunca	absoluto/a	total
mal	poco	difícil	triste
mucho	siempre	terrible	

1. _____, nuestro perro murió la semana pasada.
2. No uso _____ el transporte público.
3. Estamos _____ encantados con nuestro coche nuevo.
4. Mi abuelo camina _____, y _____ tiene que usar bastón (*cane*).
5. No sé dónde estamos. Estamos _____ perdidos.
6. Ese libro es _____ largo. ¡_____ lo voy a terminar!
7. Ese muchacho no se lleva _____ con nadie.

B. ¿Cómo lo haces?

PASO 1. Escucha las preguntas contéstalas con oraciones completas usando un adverbio.

MODELOS (*Escuchas*): ¿Es fácil para ti estudiar con la televisión puesta?
(*Escribes*): Sí, estudio fácilmente con la televisión puesta.

1. ... 2. ... 3. ... 4. ... 5. ... 6. ... 7. ... 8. ...

PASO 2. Compara tus respuestas con las de tus compañeros de clase. ¿Todos lo hacen así?

C. Entrevista. Entrevista a un compañero / una compañera de clase con estas preguntas. Luego, cambien de papel. **¡OJO!** Usen adverbios apropiados.

1. ¿Cuándo y cuánto manejas?
2. ¿Cómo conduces en el campus? ¿en el centro? ¿en las carreteras?
3. ¿Con qué frecuencia usas el transporte público?
4. ¿Cómo estudias cuando tienes un examen difícil?
5. ¿Cuándo hablas con tus padres y por cuánto tiempo?
6. ¿Cómo te llevas con tu familia? Explica.

EXPERIENCIA INTEGRAL

La Ciudad de Panamá

ANTES DE LEER. En otros capítulos aprendiste un poco sobre los sufijos. En **Paso 1** hay varios adjetivos con formas del sufijo **-ado/-ido** (*-ed* en inglés). Lee el texto rápidamente e identifica palabras con este sufijo y también el sustantivo que el adjetivo modifica.

MODELO La **economía** de Centroamérica está **basada** principalmente en la agricultura.

PASO 1. Completa el texto sobre la Ciudad de Panamá con la forma correcta de las palabras entre paréntesis. Cuando aparecen dos palabras, escoge la palabra correcta; si son verbos, da la forma apropiada. Si ves la pista *pret.*, escribe la forma correcta del pretérito del verbo. Da el presente de los otros verbos. Cuando aparece la pista *adv.* con un adjetivo, da el adverbio correspondiente.

La Ciudad de Panamá

La capital de Panamá es la Ciudad de Panamá. Aunque es más pequeña (**que/como**[1]) la Ciudad de Guatemala, es (**mucho/muy**[2]) más difícil orientarse en la Ciudad de Panamá. (*Adv.:* **Frecuente**[3]) dicen que la Ciudad de Panamá es tres ciudades en una: Panamá la Vieja, el Casco Viejo y la Ciudad de Panamá.

Panamá la Vieja es la Ciudad de Panamá original. Establecida en 1519, (*pret.:* **ser/estar**[4]) la primera ciudad europea en la costa[a] del Océano Pacífico. Este activo punto de tránsito fue (*adv.:* **enorme**[5]) importante para los españoles. (**Por/Para**[6]) aquí pasaban[b] los tesoros,[c] como el oro y la plata, de las colonias de América antes de ser mandados para España. La ciudad también sirvió como base para la exploración y conquista[d] de partes de Centro y Sudamérica.

[a]*coast* [b]*would pass* [c]*treasures* [d]*conquest*

En 1671, el pirata Henry Morgan atacó y saqueó[e] este centro (*adv.:* **violento**[7]). La ciudad quedó[f] (*adv.:* **práctico**[8]) destruida por un incendio[g] misterioso. Los residentes que sobrevivieron al ataque reconstruyeron la ciudad en una península al oeste. Hoy, las ruinas de la ciudad original (**ser/estar**[9]) conservadas,[h] y el lugar fue declarado por la UNESCO Patrimonio de la Humanidad.[i]

La nueva Ciudad de Panamá que construyeron en 1673 hoy se llama el Casco Viejo. La arquitectura de los 800 edificios de esta parte de la ciudad es (*adv.:* **tremendo**[10]) variada y refleja las diferentes influencias en la región. Esta península se considera el centro histórico o colonial de la capital.

La parte más grande y cosmopolita de la capital (**ser/estar**[11]) al otro lado de la bahía,[j] entre el Casco Viejo y Panamá la Vieja. Los rascacielos y edificios modernos reflejan (*adv.:* **visual**[12]) la importancia de esta ciudad como un centro financiero y empresarial internacional.

La población de la Ciudad de Panamá está (*adv.:* **excesivo**[13]) concentrada. Para resolver el problema de la circulación hay un (**bueno**[14]) sistema de transporte público. Los autobuses de este sistema (**ser/estar**[15]) pintados de colores brillantes, algunos con imágenes religiosas, otros, (*adv.:* **cómico**[16]), con figuras políticas. Algunos de estos «diablos rojos», como los llaman, también llevan luces centelleantes[k] de colores. Es una experiencia (*adv.:* **definitivo**[17]) divertida.

[e]*looted* [f]*was left* [g]*fire* [h]*maintained* [i]Patrimonio... *World Heritage Site* [j]*bay* [k]*blinking*

PASO 2. Indica a qué o a quién se refieren estas oraciones. **¡OJO!** Algunas respuestas se usan más de una vez.

1. ___ Es el centro histórico.
2. ___ Es la capital original.
3. ___ Destruyó la Ciudad de Panamá
4. ___ Tienen colores brillantes y luces centelleantes.
5. ___ Es un pirata famoso.
6. ___ Fue centro de exploración y conquista.
7. ___ Es tres ciudades en una.
8. ___ Tiene arquitectura variada e interesante.
9. ___ Hay muchos rascacielos y bancos.
10. ___ Son parte del transporte público.

a. Henry Morgan
b. la Ciudad de Panamá
c. el Casco Viejo
d. Panamá la Vieja
e. los diablos rojos

PASO 3. En parejas, preparen cinco preguntas sobre la información del **Paso 1.** Apunten las respuestas también. Después, con otra pareja, túrnense para hacerse las preguntas. ¿Pueden contestar todas sus preguntas? Reciben dos puntos si pueden contestar correctamente sin mirar el libro. Si contestan correctamente, pero necesitan consultar el libro, solo reciben un punto.

MODELO ¿Cuántos edificios hay en el Casco Viejo? (*800*)

PASO 4. En grupos pequeños, busquen información sobre uno de estos temas y hagan una presentación breve para la clase.

1. Henry Morgan y el saqueo de Panamá
2. la Ciudad de Panamá y los residentes internacionales
3. el Casco Viejo y las atracciones turísticas
4. los diablos rojos

Palabra escrita

A comenzar

Developing Your Ideas: Collecting Information (Part 2). As you may recall from **Capítulo 3,** collecting information is a pre-writing strategy that you need to use when you don't know enough about the subject of your composition. The resources you use to collect information may vary (Internet, library, questionnaires, interviews, and so on), depending on the topic of your composition. For this composition, you'll need to search reliable Internet sources or consult print materials at a library.

You are going to start the process of writing a brief composition that you will finalize in the **Palabra escrita: A finalizar** section of your *Workbook/Laboratory Manual.* The topic of this composition is **Guía práctica para conocer X** (X = city name) in a large city that you live in or are familiar with. The purpose of your composition will be to tell the reader about the things he/she should know when moving to or visiting that city.

A. Lluvia de ideas. Haz una lluvia de ideas sobre algunos de estos temas relacionados con la vida urbana en la ciudad que has elegido (*you have chosen*) para escribir tu composición.

1. los barrios
2. los centros comerciales
3. las escuelas y universidades
4. el tráfico y el transporte público
5. los lugares de interés y diversión (parques, zoológicos,...)
6. los centros culturales (museos, teatros,...)
7. los restaurantes y los clubes
8. ¿ ?

B. A organizar tus ideas. Repasa tus ideas y organízalas en categorías y en un orden lógico. Comparte tu información con la clase. ¿Hay otras ideas de tus compañeros apropiadas para tu composición? En caso afirmativo, apúntalas. Usa el siguiente bosquejo como guía para escribir tu borrador:

1. **Introducción:** ¿Cómo es la ciudad que has elegido? ¿Dónde está ubicada? ¿Qué ofrece al visitante? ¿Por qué es interesante visitarla? Recuerda que la introducción, como sugiere su nombre, introduce la idea principal del ensayo, o tesis.
2. **Cuerpo del ensayo:** Desarrolla (*Develop*) las ideas de la introducción en tres o cuatro párrafos. Trata de buscar oportunidades para usar los mandatos informales para explicarle a tu lector(a) lo que puede ver, hacer o evitar en la ciudad que describes.
3. **Conclusión:** Escribe un resumen breve de las ideas principales de tu ensayo.

C. A escribir. Ahora, haz el borrador de tu composición con las ideas y la información que recopilaste en las **Actividades A** y **B.** Identifica las categorías en las que falta información y busca información antes de realizar **Palabra escrita: A finalizar. ¡OJO!** Guarda bien tu trabajo. Vas a necesitarlo otra vez para la sección de **Palabra escrita: A finalizar** en el *Workbook/Laboratory Manual.*

La mola

Una mujer kuna con su hija y unas molas

La mola es una prenda de ropa identificatoria[a] de los kunas, un grupo indígena de Panamá. La palabra «mola» significa «persona» en la lengua kuna. Tradicionalmente, los kunas pintaban sus cuerpos con dibujos geométricos. Durante la colonización española los dibujos empezaron a hacerse sobre telas. Creadas a mano por mujeres kunas, estas obras de arte únicas consisten en varias capas[b] de tela de diferentes colores, con diseños geométricos y dibujos de animales y flores. Generalmente se venden en pares que sirven como la parte posterior y anterior[c] de una blusa. Algunas personas las usan para decorar cojines[d] o las cuelgan[e] en la pared. La ropa de esta madre e hija son típicas de esta comunidad centroamericana donde la expresión artística es parte de la vida diaria.

[a]*identifying* [b]consisten... *are made up of several layers* [c]posterior... *back and front* [d]*throw pillows* [e]*they hang*

REFLEXIÓN

1. Describan la ropa y el maquillaje de la madre y su hija en la foto. ¿Cuáles son algunas semejanzas entre ellas? ¿Y cuáles son las diferencias?
2. Hablen de la ropa, el tatuaje, el maquillaje, el color y corte (*cut*) del pelo, etcétera. ¿Conocen a personas que los usan como expresiones individuales? ¿Conocen a personas que los usan para identificarse con un grupo, región o comunidad? Expliquen.

TEMA II: La vida de los pueblos y el campo

Vocabulario en acción

La comunidad rural

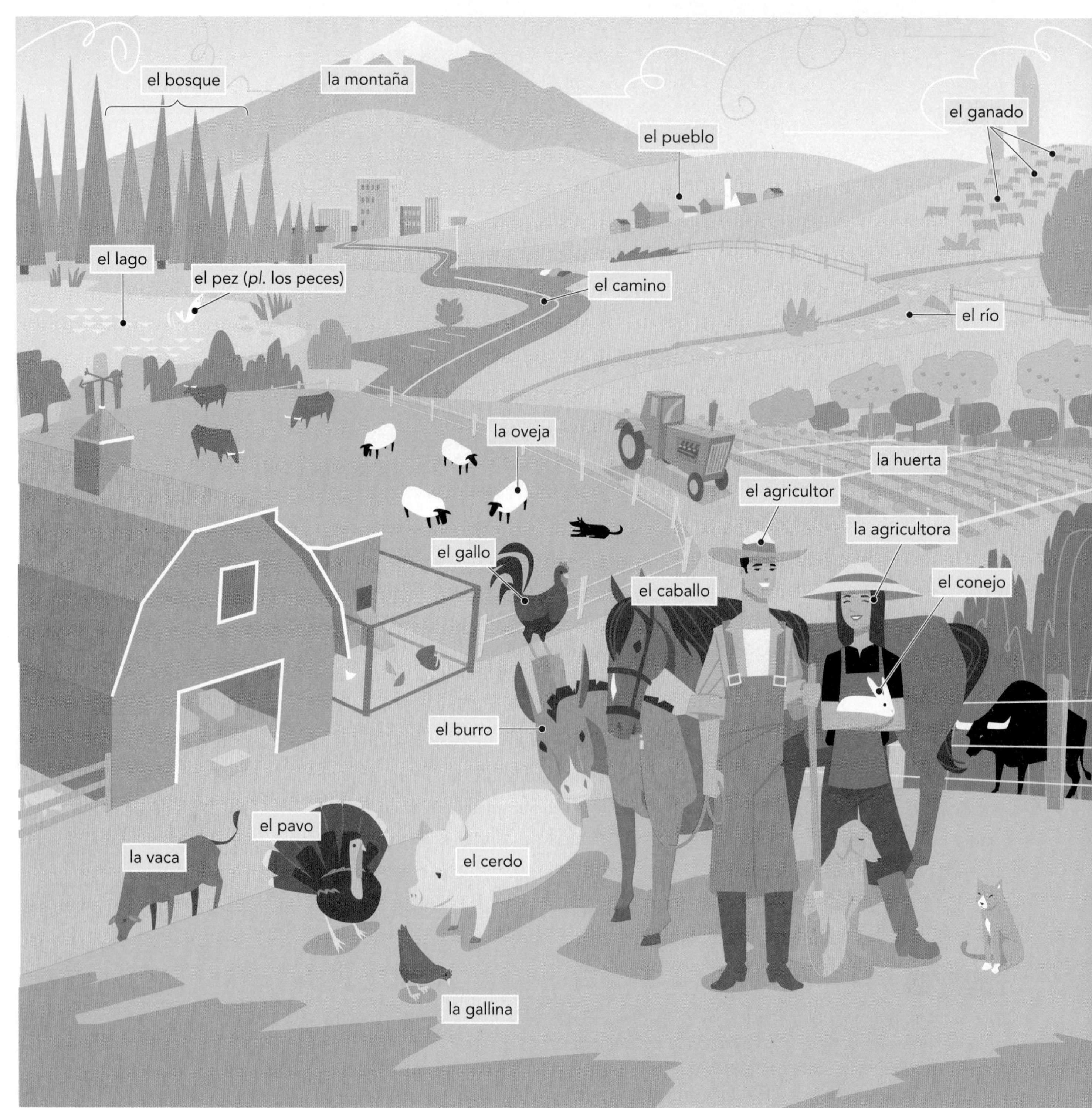

la finca	farm
la propiedad	property
la tierra	land; soil
el valle	valley
agrícola (*m., f.*)	agricultural

Cognado: los animales domésticos; rural

Otras palabras y expresiones

la población	population

Cognados: la agricultura

ACTIVIDADES

A. Definiciones. Escucha cada una de las definiciones y escoge la palabra definida.

1. a. el bosque b. el agricultor c. la vaca
2. a. la gallina b. el conejo c. la vaca
3. a. el camino b. el valle c. la finca
4. a. los peces b. los pavos c. los burros
5. a. el río b. el pueblo c. la huerta
6. a. la montaña b. la propiedad c. el ganado

Nota cultural

CULTURES

EL ÉXODO RURAL

En Solola, Guatemala

Actualmente, la mayoría de la población de Latinoamérica vive en centros urbanos. El «éxodo» del campo a la ciudad comenzó en la segunda mitad[a] del siglo XX y se mantiene hoy como tendencia estable. La industrialización de las ciudades atrajo[b] a adolescentes y adultos jóvenes, quienes decidieron emigrar del campo a la ciudad en busca de mayores oportunidades de empleo y de una mayor diversidad de servicios, como asistencia sanitaria,[c] servicios educativos y culturales, transporte y comunicaciones, servicios informativos, entretenimientos, etcétera.

La emigración a centros urbanos está teniendo consecuencias negativas en las comunidades rurales. Algunas de estas consecuencias son que los pueblos se están quedando sin habitantes y los cultivos[d] se reducen. Además, los gobiernos invierten[e] cada vez menos en asistencia sanitaria, educación y transporte en estas áreas, para concentrarse en las necesidades de las ciudades.

La emigración también afecta a los jóvenes en sus aspiraciones y en sus actitudes hacia[f] el trabajo del campo. Tienen cada vez menos[g] interés en los trabajos agrícolas y desean continuar sus estudios en núcleos urbanos para poder tener la opción de un mejor medio de vida.

[a]*half* [b]*attracted* [c]asistencia... *health (medical) insurance* [d]*crops* [e]*invest* [f]*toward* [g]cada... *less and less*

PREGUNTAS

1. ¿Dónde vive la mayoría de la población en Latinoamérica? ¿Por qué emigran los jóvenes del campo a la ciudad? ¿Qué atractivos presenta la ciudad?
2. ¿Qué problemas causa en los pueblos y en las ciudades la despoblación de las zonas rurales?
3. Si Uds. viven en una comunidad rural o pequeña, ¿les gustaría vivir en una ciudad grande? Expliquen.
4. Si viven en un núcleo urbano, ¿les gustaría vivir en una comunidad rural? Expliquen.

B. Asociaciones

PASO 1. Indica con qué se corresponde cada una de estas cosas: el agua, la tierra o los animales.

	AGUA	TIERRA	ANIMALES
1. el río	☐	☐	☐
2. el valle	☐	☐	☐
3. el bosque	☐	☐	☐
4. la oveja	☐	☐	☐
5. la huerta	☐	☐	☐
6. el cerdo	☐	☐	☐
7. el ganado	☐	☐	☐
8. el pez	☐	☐	☐
9. la montaña	☐	☐	☐
10. el lago	☐	☐	☐

PASO 2. En parejas, túrnense para definir palabras del **Paso 1.** Tu compañero/a debe adivinar la palabra definida.

MODELO E1: Es un grupo de vacas en una finca.
E2: Es el ganado.

C. Los animales

PASO 1. Empareja cada animal con la palabra o frase correspondiente.

1. ____ el conejo
2. ____ la vaca
3. ____ el pez
4. ____ el pavo
5. ____ el caballo
6. ____ la oveja
7. ____ la gallina
8. ____ el cerdo

a. el ganado
b. el lago
c. el pollo
d. las Pascuas (*Easter*)
e. el Día de Acción de Gracias (*Thanksgiving*)
f. el tocino
g. árabe, mustang, palomino, andaluz, albino
h. la lana

PASO 2. Haz una lista de los animales que pueden servir de mascotas. Luego, en parejas, comparen sus listas y hablen de las mascotas que tienen. ¿Quién tiene la mascota más rara (*unusual*)?

D. La utilidad. En parejas, expliquen los usos o ventajas de estos animales, lugares y cosas. Después, compartan sus ideas con la clase.

MODELO la oveja → La oveja es un animal doméstico que nos da leche, lana, cuero y carne.

1. una vaca
2. una huerta
3. una finca
4. un camino
5. un burro
6. una gallina
7. un río
8. un cerdo

E. ¿La ciudad o el campo?

PASO 1. Lee las explicaciones e indica si las personas que las dan viven en la ciudad o en el campo. Explica.

MODELO Tenemos una casa adosada con un pequeño jardín. → Vive en la ciudad, porque en la ciudad hay muchos barrios de casas adosadas.

1. Hay mucho tráfico a la hora en que voy al trabajo.
2. Tengo que levantarme temprano para darles de comer (*feed*) al ganado y a las gallinas.
3. Los viernes llevamos las verduras de nuestra huerta al mercado.
4. Tomo el metro para ir a la universidad.
5. Al fondo (*At the far end*) de la propiedad hay un lago con muchos peces.
6. En el valle, entre las montañas, hay un pueblo muy pequeño.

PASO 2. Escribe tres descripciones de personas que viven en la ciudad o en el campo. Usa las oraciones del **Paso 1** como modelo.

PASO 3. Comparte con la clase las oraciones que escribiste para el **Paso 2.** Tus compañeros/as deben adivinar si las personas descritas viven en la ciudad o en el campo.

Nota interdisciplinaria

COMMUNICATIONS / CONNECTIONS

AGRICULTURA: LA AGRICULTURA EN CENTROAMÉRICA

En una plantación de café nicaragüense

La agricultura es la actividad económica más importante de Centroamérica, sobre todo en Nicaragua, Guatemala y Honduras. Esta zona geográfica tiene el suelo[a] y el clima ideales para el cultivo de productos tropicales.

El maíz, el arroz, los frijoles y otros productos se destinan al consumo interno de la población y se cultivan en pequeñas propiedades agrícolas, normalmente familiares. Sin embargo, hay otro tipo de agricultura, denominada agricultura de plantación, que se destina a la exportación. Estos productos se cultivan en grandes extensiones de tierra. Los cultivos más importantes de este tipo son el café, la banana, el cacao y la piña.

El café es el cultivo principal en El Salvador, Guatemala, Costa Rica, Honduras y Nicaragua, donde las cenizas[b] de los volcanes enriquecen[c] el suelo de cultivo. El cacao es el segundo producto en importancia en Costa Rica. La banana es la principal riqueza de Panamá, cuyo mercado más importante son los Estados Unidos.

[a]*soil* [b]*ashes* [c]*enrich*

PREGUNTAS

1. ¿Qué tipos de agricultura existen en Centroamérica? ¿Cuáles son los productos más importantes para cada tipo de agricultura?
2. ¿Qué diferencias hay entre la agricultura para consumo interno y para la exportación?
3. En el lugar donde Uds. viven, ¿es importante la agricultura? ¿Cuáles son los cultivos principales?
4. ¿Saben Uds. de dónde vienen las bananas, la piña, el cacao y el café que consumen? ¿De dónde vienen otros productos agrícolas que compran en el supermercado? (La próxima vez que visiten su supermercado, fíjense en el origen y compartan la información con la clase.)

Gramática

Describing Things That Used to Happen

8.3 Imperfect

GRAMÁTICA EN ACCIÓN

Cuando mi papá era niño

En esta foto, mi papá **tenía** 8 años. **Eran** las 7:00 de la mañana y él y sus hermanos **esperaban** el autobús. Mi papá **tenía** un hermano mayor y un hermano menor. Todos **tenían** el pelo moreno y **llevaban** su uniforme escolar.

Mi papá y su familia **vivían** en el campo en una finca. Todos los días, mi papá y sus hermanos **se levantaban** temprano para ayudar con los animales. Después, **iban** a la escuela. Papá siempre **llevaba** su almuerzo y **comía** con sus amigos. Después de clase, papá **trabajaba** en la finca. **Cenaba** con su familia a las 6:00, **hacía** la tarea y **se acostaba** temprano. La vida no **era** fácil, pero mi papá **era** feliz.

Comprensión. Escribe la forma correcta de cada verbo en el imperfecto. Debes consultar la narración.

1. La familia de mi papá (ser) feliz.
2. Papá y sus amigos (comer) el almuerzo en la escuela.
3. Mi papá (esperar) el autobús con sus hermanos.
4. Papá y sus hermanos (cenar) a las 6:00 de la tarde cada día.
5. Yo no (trabajar) en la finca cuando era niña.

A. To form the imperfect, drop **-ar** infinitive endings and replace them with **-aba, -abas, -aba, -ábamos, -abais, -aban.** For **-er/-ir** verbs, drop the infinitive endings and replace them with **-ía, -ías, -ía, íamos, íais, -ían.** Note the written accent marks on all **-er/-ir** forms. With **-ar** verbs only the **nosotros** form carries a written accent.

IMPERFECT: REGULAR VERBS					
estudiar		comer		asistir	
estudiaba	estudiábamos	comía	comíamos	asistía	asistíamos
estudiabas	estudiabais	comías	comíais	asistías	asistíais
estudiaba	estudiaban	comía	comían	asistía	asistían

Only three verbs are irregular in the imperfect: **ir, ser,** and **ver.**

IMPERFECT: IRREGULAR VERBS					
ir		ser		ver	
iba	íbamos	era	éramos	veía	veíamos
ibas	ibais	eras	erais	veías	veíais
iba	iban	era	eran	veía	veían

B. In general, the imperfect is used to describe actions or states in the past that do not have a clear beginning or ending.

1. The imperfect describes actions that were habitual or that were ongoing but without limiting the time being referred to.

Cuando yo **vivía** en la ciudad, **paseaba** por el centro todos los días.	*When I was living* (ongoing action) *in the city, I used to take* (habitual action) *a walk through downtown every day*. (no limiting time period mentioned)

2. Imperfect describes characteristics of people and things in the past.

Miguel **era** alto y **tenía** el pelo moreno y corto.	*Miguel was tall and had short dark hair.*
Siempre **estaba** alegre.	*He was happy all the time.*
Tenía 11 años cuando vino a vivir aquí.	*He was 11 when he came to live here.*

3. Imperfect is used for dates, times, seasons, and weather conditions in the past.

Hacía frío, **estaba** nublado y **llovía** mucho cuando llegamos.	*It was cold, it was cloudy, and it was raining a lot when we arrived.*
Eran las 3:00 de la tarde, pero **parecía** de noche.	*It was 3:00 in the afternoon, but it felt like nighttime.*
Era invierno, pero no **hacía** mucho frío.	*It was winter, but it wasn't very cold.*

4. Imperfect describes two or more actions that were happening at the same time in the past.

Mientras Marcos les **daba** de comer a los cerdos, María **preparaba** la cena.	*While Marcos was feeding the pigs, María was preparing supper.*

5. Imperfect describes background information of a situation.

Era un día bonito en Tegucigalpa. **Estaba** soleado, pero no **hacía** demasiado calor. No **había** nubes en el cielo...	*It was a beautiful day in Tegucigalpa. It was sunny, but it wasn't too hot. There were no clouds in the sky . . .*
Anoche a las 11:30 yo **dormía**, Óscar **estudiaba** para un examen y María y Jaime **bailaban** en un club de salsa.	*Last night at 11:30 I was sleeping, Óscar was studying for a test, and María and Jaime were dancing in a salsa club.*

ACTIVIDADES

A. La casa de mi tío abuelo (*great uncle*). Completa la descripción con el imperfecto de los verbos entre paréntesis.

Mi tío abuelo, tío Mario, era el hermano menor de mi abuela materna. (*Él:* **Ser**[1]) un hombre excéntrico que, después de pasar cuarenta años viajando y conociendo el mundo, se compró una finca en el campo y ¡se casó a los 60 años con su amiga y compañera, Gabriela! El tío Mario siempre nos (**contar**[2]) cosas interesantes de sus viajes y aventuras y nos (**enseñar**[3]) fotos y vídeos de otros países. La tía Gabriela (**ser**[4]) muy divertida también y, como (**ser**[5]) antropóloga, (**saber**[6]) muchas cosas de otras culturas.

Me (**gustar**[7]) visitar a mi tío abuelo y a su esposa porque (**tener**[8]) muchos animales en su finca, algunos exóticos, como los cinco pavos reales.[a] (**Ser**[9]) hermosos ¡pero (**hacer**[10]) mucho ruido[b]! Mi pavo real favorito (**ser**[11]) blanco y me (**fascinar**[12]). Cerca de la finca, (**haber**[13]) un bosque y un lago. A veces (*nosotros:* **ir**[14]) a pescar[c] allí y casi siempre (*nosotros:* **ver**[15]) animales salvajes.[d]

[a]pavos... *peacocks* [b]*noise* [c]a... *fishing* [d]*wild*

B. Cuando tenía 10 años... Contesta las preguntas con información personal sobre tu vida a los 10 años de edad. Escribe oraciones completas y usa el imperfecto.

1. ¿En qué ciudad vivías?
2. ¿Cómo se llamaba tu mejor amigo/a?
3. ¿Cuál era tu programa de televisión favorito?
4. ¿Adónde ibas de vacaciones con tu familia?
5. ¿Cuál era tu clase favorita en la escuela?
6. ¿Qué hacías cada día después de la escuela?
7. ¿Qué ropa te gustaba llevar a la escuela?

C. Entrevista. En parejas, entrevístense con las preguntas de la **Actividad B**. Deben pedir información adicional usando las preguntas: **¿Cómo era...?** o **¿Por qué...?**

MODELO E1: ¿En qué ciudad vivías? ¿Cómo era tu casa?
E2: Vivía en Greenville y mi casa era grande y antigua. Estaba en las afueras.

EXPERIENCIA INTEGRAL

Las ciudades perdidas

ANTES DE LEER. En el **Paso 1**, vas a leer sobre unas ciudades perdidas y ruinas arqueológicas, especialmente de Centroamérica. Casi todas las regiones de este país también tienen su historia y la influencia de la gente indígena que vivía allí. Escribe los nombres de algunos grupos o tribus que habitaban en tu estado o provincia. Escribe también el nombre y localización de algunos de los sitios arqueológicos, museos, monumentos, etcétera, que se asocian con estos grupos.

PASO 1. Completa el diálogo con la forma correcta de las palabras entre paréntesis. Si aparece la pista *MI* con un verbo, usa el mandato informal. Si la pista es *PP*, usa el participio presente. Conjuga los otros verbos en el imperfecto. Si aparece la pista *adv.* con un adjetivo, usa el adverbio correspondiente.

ÓSCAR: Hola, Susana. ¿Qué tal?

SUSANA: ¡Ay! ¡Qué susto![a] (*Yo:* **Estar**[1]) (*adv.:* **completo**[2]) metida en[b] esta lectura.

ÓSCAR: ¡Debe ser muy interesante!

SUSANA: Sí, es para mi clase de arqueología. Estamos (*PP:* **estudiar**[3]) las ciudades perdidas. ¿Sabías que la arqueología, como ciencia, surgió[c] del interés por encontrar ciudades perdidas?

ÓSCAR: ¿Cómo?

SUSANA: Sí, (*PP:* **empezar**[4]) en el siglo XVI, los exploradores y aventureros (**buscar**[5]) ciudades perdidas, míticas, legendarias, en Asia, África y el Nuevo Mundo. Estas búsquedas dieron como resultado[d] la creación de esta ciencia social, la arqueología. Algunos de los exploradores (**querer**[6]) encontrar ciertas ciudades aunque todo el mundo las llamaba puras leyendas; pero en algunos casos llegaron a descubrir esas ciudades míticas. Por ejemplo, muchos (*ellos:* **creer**[7]) que Troya (**ser**[8]) una ciudad inventada. Pero excavaciones del siglo XIX probaron[e] su existencia.

[a]¡Qué... *You startled me!* [b]metida... *absorbed by* [c]*emerged* [d]Estas... *These searches resulted in* [e]*proved*

ÓSCAR: Estás (*adv.:* **total**[9]) fascinada, ¿verdad?

SUSANA: Pues sí. Me parece increíble cómo una ciudad tan enorme, un centro económico y político, puede desaparecer. Tikal, la ciudad maya en Guatemala, tiene una historia de unos 14.000 años. ¿Te imaginas? Durante parte de su larga historia fue una de las ciudades mayas más grandes. Pero en el siglo X fue abandonada y quedó oculta[f] debajo de la selva por otros 800 años.

ÓSCAR: Muchas de las ciudades mayas (**estar**[10]) escondidas así, casi olvidadas, por muchos años.

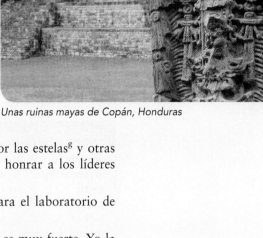

Unas ruinas mayas de Copán, Honduras

SUSANA: Es verdad. Copán, que (**florecer**[11]) al este de Tikal, en Honduras, también (**ser**[12]) un centro grande e importante. Esa ciudad (**tener**[13]) fama por las estelas[g] y otras esculturas en piedra.[h] Las estelas (**crearse**[14]) para honrar a los líderes de la ciudad.

ÓSCAR: ¡Ay! ¡Ya son las 3:00! Cuando te vi, (*yo:* **ir**[15]) para el laboratorio de lenguas para ver la película *Apocalypto.*

SUSANA: ¡No (*MI:* **decirme**[16])! ¡Increíble! Pero esa película es muy fuerte. Yo la vi, y durante muchas escenas, (**tener**[17]) que cerrar los ojos. Pues, ¡(*MI:* **irte**[18]), Óscar! ¡No (*MI:* **llegar**[19]) tarde!

---

[f]quedó... *remained hidden* [g]*carved stone columns* [h]*stone*

PASO 2. Indica la respuesta correcta para completar cada oración, según el **Paso 1.**

1. La arqueología se originó por ____.
   a. Centroamérica **b.** la ciudad de Troya **c.** las búsquedas de ciudades perdidas
2. La ciudad de Troya ____.
   a. era un lugar legendario **b.** nunca existió **c.** está en Guatemala
3. Los exploradores que buscaban ciudades perdidas siempre tenían que ____ su expedición.
   a. creer lo que todos decían de **b.** tener mucha fe (*faith*) en **c.** tener pruebas antes de
4. Tikal era una ciudad maya ____.
   a. conocida por sus estelas **b.** y un centro político importante **c.** en Honduras
5. Las estelas representaban ____.
   a. a líderes mayas **b.** períodos históricos **c.** planos de ciudades mayas
6. Tikal fue ____ en el siglo X.
   a. construida **b.** descubierta **c.** abandonada
7. *Apocalypto* es ____.
   a. una ciudad maya **b.** una ciudad perdida **c.** una película

PASO 3. ¿Tienes una buena imaginación? Imagina que hacían excavaciones en tu ciudad para construir un edificio nuevo y encontraron ruinas de una ciudad perdida. Tú y tu compañero/a son parte del grupo de arqueólogos que investigan el sitio. Describan las cosas que Uds. encontraron y sus hipótesis sobre la civilización antigua. Luego, todos van a leer sus descripciones y la clase va a decidir cuál es el descubrimiento más interesante.

Lectura cultural

ANTES DE LEER

PASO 1. Revisa el título y la primera oración del artículo e indica cuál de estas opciones resume mejor la idea general.

1. ☐ El artículo da consejos a los conductores para evitar (*avoid*) accidentes de tráfico en las carreteras.
2. ☐ El artículo resume diez recomendaciones para evitar el uso innecesario de la gasolina y proteger el medio ambiente (*protect the environment*)

PASO 2. Revisa el **Vocabulario práctico** y haz una lista de consejos para ahorrar gasolina. Puedes usar el **Vocabulario práctico** para escribir los consejos. Después, comparte tus ideas con la clase.

Vocabulario práctico

ahorrar	to save, conserve	**los acelerones**	sudden accelerations
arrancar (qu)	to start, crank (*a car*)	**el combustible**	fuel
evitar	to avoid	**los frenazos**	sudden stops
parar	to stop; to turn off	**el maletero**	trunk
retirar	to remove	**el mantenimiento**	maintenance
revisar	to check	**la marcha**	gear; driving, movement
verificar (qu)	to check	**los neumáticos**	tires
		el nivel de aceite	oil level
		la revisión	check, service

Los operadores petrolíferos recomiendan medidas[a] para ahorrar combustible

Madrid. (EUROPA PRESS). — La Asociación Española de Operadores de Productos Petrolíferos (AOP) publicó hoy un decálogo[b] con consejos para ahorrar combustible en tiempos de crisis y contribuir a un estilo de vida «más limpio, seguro y eficiente».

Entre los diez consejos de la asociación, figura el de considerar la posibilidad de compartir el coche para ir a trabajar o durante el tiempo libre, lo que contribuirá[c] no solo a reducir el consumo de combustible, sino también a aligerar[d] el tráfico. Otras de las medidas de conducción eficiente son las de observar las instrucciones de mantenimiento del coche, incluidas las referidas a la revisión periódica del nivel de aceite, o retirar peso[e] innecesario del maletero y de los asientos traseros.[f]

Se debe verificar la presión de los neumáticos con frecuencia.

Junto a esto, recomienda revisar mensualmente la presión de los neumáticos, cerrar la ventanilla especialmente cuando se conduce a gran velocidad, utilizar el aire acondicionado solo cuando sea necesario o iniciar la marcha nada más[g] arrancar, así como parar el motor cuando el vehículo lleve más de un minuto retenido.[h]

[a]*measures* [b]*top ten list* [c]*will contribute* [d]sino... *but also to lightening* [e]*weight* [f]asientos... *back seats* [g]iniciar... *start moving immediately, upon* [h]lleve... *has been motionless for more than a minute*

AOP aconseja también conducir con suavidad[i] y a velocidades razonables, así como subir de marcha lo antes[j] posible, ya que[k] las marchas largas como la cuarta, quinta o sexta son las que menos combustible consumen. Por último, considera conveniente anticiparse al tráfico, y como parte de esta medida insiste en la importancia de mantener la distancia de seguridad y buscar el campo visual[l] lo más amplio posible con el objetivo de evitar frenazos y acelerones innecesarios.

[i]con... *smoothly, gently* [j]subir... *get up to the higher gears as soon as* [k]*since* [l]campo... *field of vision*

DESPUÉS DE LEER

A. Comprensión. Indica si estas oraciones son ciertas (C) o falsas (F), según el artículo. Corrige cada una de las afirmaciones falsas.

Para ahorrar gasolina y proteger el medio ambiente se debe...

	C	F
1. viajar con otras personas para ir al trabajo o a cualquier otro lugar.	☐	☐
2. dar frenazos y acelerones.	☐	☐
3. controlar el nivel de aceite del coche.	☐	☐
4. poner muchas maletas y paquetes en el maletero del coche.	☐	☐
5. verificar la presión de los neumáticos periódicamente.	☐	☐
6. esperar unos minutos después de arrancar el coche.	☐	☐
7. usar el aire acondicionado solo cuando es necesario.	☐	☐
8. arrancar el coche mientras se espera a alguien.	☐	☐
9. correr mucho en la segunda o la tercera marcha.	☐	☐
10. mantener una distancia razonable del coche que está delante de ti.	☐	☐

B. Temas de discusión. En parejas, contesten las preguntas. Después, compartan sus ideas con la clase.

1. ¿Qué grupo publicó el decálogo? ¿Por qué? ¿Cuáles fueron sus objetivos fundamentales?
2. ¿Cómo es el tráfico en el lugar donde Uds. viven? ¿Qué impactos tiene en el lugar?
3. Indiquen los consejos de la lectura que Uds. practican y expliquen por qué los practican. Si no siguen un consejo, expliquen por qué.
4. Den recomendaciones sobre cómo ahorrar gasolina y controlar la contaminación en una ciudad. Usen las recomendaciones de la lectura y mandatos informales en sus respuestas. Deben dar dos recomendaciones más, que no se incluyen en el texto.

Juan Carlos y sus amigos Catarina y Pedro visitan Sarchí, famosa por ser un centro del arte tradicional de Costa Rica: las carretas.[a]

[a]Oxcarts

Costa Rica: Juan Carlos

Una excursión a Sarchí

ANTES DE VER

A. Capítulo y vídeo

1. Prepara una lista de las diferencias entre vivir en el campo y vivir en una ciudad grande en este país. Usa las listas del **Vocabulario en acción** de este capítulo para hacer una lista de las ventajas (*advantages*) y desventajas de vivir en esos lugares.
2. Imagínate que un amigo / una amiga va a hacer una excursión en coche al campo (o a las montañas, la playa, etcétera) este fin de semana. Escribe cuatro o cinco mandatos para darle buenos consejos antes de su excursión.

   MODELO Llena el tanque de gasolina antes del viaje.

Vocabulario práctico

fábrica	factory
¡Pura vida!*	Great!
Pascua	Easter
cultivos	agricultural products
un pedido	an order
de cualquier modo	in any case

B. Anticipación. Contesta las preguntas. Después, comparte tus respuestas con la clase.

1. ¿Hay tradiciones propias (*unique*), como artesanías, costumbres, etcétera, de tu región o país? Explica.
2. ¿Cuáles son tus lugares favoritos para comer cuando vas de excursión? ¿Prefieres comer en un restaurante local especial con comida típica o en un restaurante de una cadena (*chain*) nacional? Explica.

DESPUÉS DE VER

A. ¿Cierto o falso? Indica si las oraciones son ciertas (**C**) o falsas (**F**), según el videoblog de Juan Carlos. Corrige las oraciones falsas.

	C	F
1. Catarina es de Guatemala.	☐	☐
2. Juan Carlos y sus amigos van a una fábrica de cerámica.	☐	☐
3. El gallo pinto es una comida típica de Costa Rica.	☐	☐
4. El casado tiene ese nombre porque se come en las bodas.	☐	☐
5. Don Carlos pinta (*has been painting*) carretas desde hace veinte años (*for 20 years*).	☐	☐
6. En el siglo XIX las carretas eran un medio de transporte común.	☐	☐
7. En los concursos de carretas se selecciona al artista más creativo.	☐	☐

B. Opinión. En parejas, contesten las preguntas.

1. Identifiquen las diferentes partes de este segmento y digan cuál les gustó más. ¿Por qué?
2. ¿Qué plato les parece más delicioso o interesante? Compárenlo con otros platos presentados en capítulos anteriores y con platos de la región de Uds.
3. ¿Por qué creen Uds. que es famoso don Carlos?

C. Temas de discusión. En parejas, analicen *uno* de los temas y preparen una breve presentación. Después, compartan sus ideas con la clase.

1. Según el vídeo, el café es un cultivo muy importante que se transportaba en carretas. Identifiquen productos típicos de su región y busquen información sobre las tradiciones relacionadas con esos productos y la manera de transportarlos.
2. Busquen información sobre la vida diaria de las regiones rurales y las zonas urbanas de Costa Rica: el tipo de trabajo, la vivienda, productos y platos regionales, etcétera.

*¡**Pura vida!** is also used to greet and say good-bye to someone in a familiar setting.

Vocabulario

La comunidad urbana

la acera	sidewalk
el centro de salud	health center
la escuela	school
el estacionamiento	parking lot/place
la estatua	statue
la fuente	fountain
la gasolinera	gas station
la oficina de correos	post office
el rascacielos	skyscraper

Cognados: el banco, el bar, la catedral
Repaso: las afueras, el barrio, el cine, el edificio, la iglesia, el parque, la plaza

Las direcciones

la cuadra	block
el plano	city map
el semáforo	traffic light
ubicado/a	located
(al) norte (sur, este, oeste)	(to the) north (south, east, west)
(todo) derecho	straight ahead

Repaso: el lugar, el mapa; a la derecha, a la izquierda

Los medios de transporte — Modes of transportation

el aeropuerto	airport
el autobús	bus
el avión	airplane
el barco	boat
el camino	road
el camión	truck
la camioneta	minibus; minivan
el carnet de conducir	driver's license
la carretera	highway
el carro	car
la estación de autobuses	bus station
el metro	subway
la parada	(bus/subway) stop
el puente	bridge
el tren	train

Cognados: la motocicleta, el taxi, el tráfico
Repaso: la avenida, el bulevar, la calle, el coche

La comunidad rural

el/la agricultor(a)	farmer
el bosque	forest
la finca	farm
la huerta	farmer's field; orchard
el lago	lake
la montaña	mountain
la propiedad	property
el pueblo	town
el río	river
la tierra	land; soil
el valle	valley

Los animales domésticos

el burro	donkey
el caballo	horse
el cerdo	pig
el conejo	rabbit
la gallina	hen chicken
el gallo	rooster
el ganado	cattle
la oveja	sheep
el pez (*pl.* **los peces**)	fish
la vaca	cow

Repaso: el gato, la mascota, el perro

Los verbos

conducir (*irreg.*)	to drive (*Sp.*)
cruzar (c)	to cross
doblar	to turn
estacionar	to park
manejar	to drive (*L.A.*)
parar	to stop
seguir (i, i)	to go; to keep going
viajar	to travel

Repaso: tomar

Los adverbios

actualmente	currently
así	like this/that
(des)afortunadamente	(un)fortunately
desgraciadamente	unfortunately
nunca	never
poco	not much, little
tanto	so much; so often

Repaso: bien, mal, mucho, muy, siempre, solo

Otras palabras y expresiones

el árbol	tree
la población	population
agrícola (*m., f.*)	agricultural

Cognados: la agricultura; rural, urbano/a

CAPÍTULO 9

Recuerdos del pasado*

EN ESTE CAPÍTULO
Centroamérica

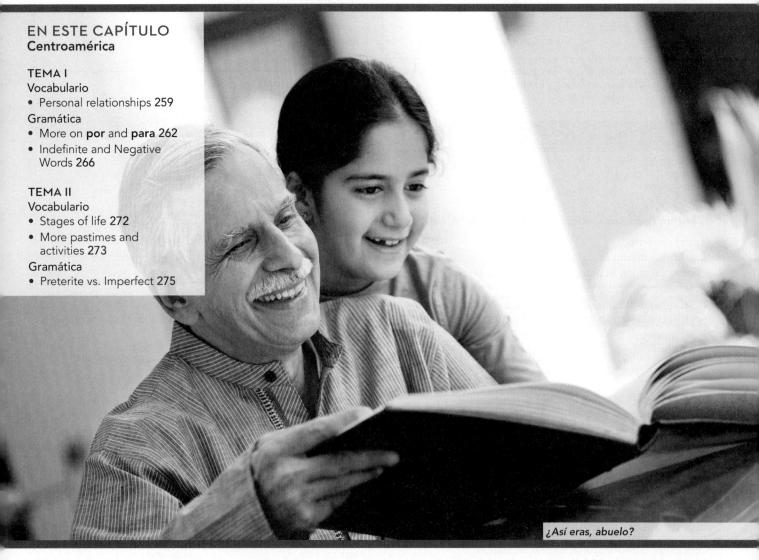

¿Así eras, abuelo?

1. **¿Qué recuerdos tienes de la niñez? ¿Dónde vivías? ¿Qué hacías con tus amigos?**
2. **¿Adónde viajabas con tu familia durante las vacaciones?**

www.connectspanish.com

*Recuerdos... *Memories of the past**

TEMA I: La vida social

Vocabulario en acción

Las relaciones sentimentales

Observa

The word **novio/a** can have different meanings. It can mean *boyfriend/girlfriend, fiancé(e)*, or *groom/bride*, depending on the context.

gritar	to yell
llorar	to cry
quejarse	to complain
quererse (*irreg.*)	to love each other
romper con	to break up with
tenerle (*irreg.*) **cariño a**	to be fond of
la amistad	friendship
el amor	love
el cariño	affection
la cita	date
el compromiso	engagement
la luna de miel	honeymoon
la pareja	partner; couple
la pareja de hecho	common-law couple; domestic partner
amable	friendly
celoso/a	jealous
enamorado/a (de)	in love (with)

Repaso: besarse, sentirse; el divorcio, el estado civil; casado/a, divorciado/a, separado/a

ACTIVIDADES

A. Las etapas de las relaciones. Escucha cada una de las oraciones. Luego, indica a qué tipo de pareja corresponde la acción: una pareja en su primera cita (**C**), novios comprometidos (**N**) o un matrimonio establecido (**M**). **¡OJO!** En algunos casos, hay más de una respuesta posible.

Vocabulario práctico

a primera vista at first sight

	C	N	M
1.	☐	☐	☐
2.	☐	☐	☐
3.	☐	☐	☐
4.	☐	☐	☐
5.	☐	☐	☐
6.	☐	☐	☐
7.	☐	☐	☐
8.	☐	☐	☐
9.	☐	☐	☐
10.	☐	☐	☐

B. En mi familia

PASO 1. Indica si crees que estas acciones y emociones son positivas o negativas y explica por qué.

MODELO sentirse celoso/a → Es una emoción negativa, porque está basada en la inseguridad.

1. besarse
2. casarse
3. romper con alguien
4. abrazarse
5. pelearse
6. divorciarse
7. discutir
8. amarse
9. reírse
10. llorar

PASO 2. En parejas, hablen de los miembros de su familia y digan quiénes han hecho o experimentado (*have done or experienced*) las acciones y emociones de la lista del **Paso 1.**

MODELOS Mis hermanos y yo peleábamos mucho cuando éramos pequeños.
Mi madre le tiene mucho cariño a mi padre.

C. Las relaciones buenas y malas

PASO 1. Completa las oraciones con palabras de la lista.

avergonzada	cita	me siento	pareja de hecho
casarse	enamorada	novio	discuten
celosa	luna de miel	novios	enamorados

1. La boda está planeada pero no van a ____ porque ____ y se gritan todo el tiempo.
2. Tengo una ____ con el amigo de Javier esta noche y ____ muy nerviosa porque no lo conozco.
3. Marta se siente ____ porque vio a su ____ con otra muchacha en el centro comercial.
4. Después de casarse, los ____ van a pasar la ____ en un crucero que sale de La Ceiba, Honduras.
5. Mariana se siente ____ porque está ____ del hermano de su novio.
6. Lourdes y Rolando viven juntos, pero no están casados. Son una ____, y después de quince años, todavía están ____.

PASO 2. Di si las relaciones que se describen en el **Paso 1** son buenas o malas. **¡OJO!** Si no hay suficiente información para calificar las relaciones, di que es imposible saberlo y explica por qué.

D. El fin de una relación

PASO 1. Lee las situaciones e indica si son razones para romper con tu pareja (**sí**) o no (**no**).

	SÍ	NO
1. Quieres casarte con tu novio/a, pero él/ella dice que no está preparado/a.	☐	☐
2. Le tienes mucho cariño a tu pareja, pero discutes todos los días con él/ella.	☐	☐
3. Tu novio/a visita a su ex pareja con mucha frecuencia.	☐	☐
4. A veces, tu novio/a te grita sin ninguna razón aparente.	☐	☐
5. Le tienes mucho cariño a tu novio/a pero no estás enamorado de él/ella.	☐	☐
6. Cuando sales con tus amigos, tu novio/a se siente celoso/a y te llama continuamente para saber dónde estás.	☐	☐
7. Tu pareja se lleva mal con tus padres.	☐	☐
8. Quieres a tu novio/a, pero Uds. no comparten los mismos intereses.	☐	☐

PASO 2. Formen grupos con personas de su mismo sexo. Vuelvan a leer las situaciones del **Paso 1** y decidan cuáles son las razones más importantes para romper con su pareja. Ordénenlas de más importante a menos importante.

PASO 3. Los grupos deben compartir sus listas con la clase. ¿Qué diferencias y semejanzas hay entre las listas de las mujeres y las de los hombres?

E. ¿Qué forma una buena relación?

PASO 1. Haz una lista de por lo menos seis cualidades que, en tu opinión, debe tener una buena relación entre amigos y entre parejas. **¡OJO!** Debes hacer una lista para la amistad y otra para el amor.

PASO 2. En grupos de tres o cuatro, comparen sus listas y escojan las tres mejores cualidades para la amistad y las tres mejores para el amor.

PASO 3. Todos deben comparar sus ideas. Apunten las cualidades en un cuadro en el pizarrón. Luego, voten por las mejores para la amistad y las mejores para el amor.

Gramática

More Meanings of **por** and **para**

9.1 More on **por** and **para**

GRAMÁTICA EN ACCIÓN

Mis antepasados

[*Julián habla de sus antepasados.*]

Algunos de mis antepasados españoles salieron **para** el Nuevo Mundo en los siglos XVI y XVII. Tengo un tátara-tátara-tatarabuelo que primero llegó a Santo Domingo **para** buscar fortuna. Era muy joven y viajó **por** todo el Caribe y Centroamérica trabajando como marinero **para** diferentes tripulaciones. Hizo varios viajes **por** barco entre España y el Nuevo Mundo antes de establecerse en lo que hoy es Panamá. Otro de mis tátara-tátara-tatarabuelos españoles se estableció en el área de Honduras. Ese lado de la familia vivió allí **por** doscientos años, antes de mudarse a Panamá. En Panamá, había gente de muchas otras partes, **por** eso tengo antepasados españoles, franceses, africanos e indígenas. Es **por** mi madre que puedo contarles la historia de mi familia, porque **por** tres años ella hizo investigaciones **para** documentar nuestro árbol genealógico.

Comprensión. Empareja las frases para completar oraciones verdaderas sobre la familia de Julián.

1. Sus antepasados españoles probablemente llegaron al Nuevo Mundo _____.
2. En los siglos XVI y XVII, sus antepasados españoles salieron _____.
3. Algunos de sus antepasados vivieron en lo que hoy es Honduras _____.
4. Uno de sus antepasados trabajó _____.
5. Su madre trabajó mucho _____.

a. para documentar la historia de la familia
b. para el Nuevo Mundo
c. por 200 años
d. por barco
e. para tripulaciones que viajaban entre España y el Nuevo Mundo

The most common uses of **por** and **para** were presented in **Gramática 4.3.** This section reviews those uses and presents some new ones.

A. Por

1. **Por** expresses *in* the morning, *in* the afternoon, and *in* the evening.

   por la mañana — por la tarde — por la noche

2. **Por** means *by* or *by means of* when used with modes of transportation or communication.

   por avión — por barco — por teléfono

3. **Por** expresses movement *through* or *along*.

   por la calle — por la puerta

4. **Por** means *because of* or *due to*.

   Estoy preocupada por la amistad de Miguel y Jaime. Ya no se hablan. — *I'm worried about Miguel and Jaime's friendship. They don't talk anymore.*

5. **Por** expresses *in exchange for*.

   Pagamos mucho dinero por las fotos de nuestra boda. — *We paid a lot of money for the photos of our wedding.*

6. **Por** means *for the sake of* or *on behalf of.*

Patricio es un buen novio. Él hace todo por la felicidad de Anita.	*Patricio is a good boyfriend. He does everything for the sake of Anita's happiness.*

7. **Por** expresses duration of time, but is often omitted.

Rosita y Teresa fueron amigas por muchos años.	*Rosita and Teresa were friends for many years.*

8. **Por** is used in many fixed expressions. Here are several new ones.

¡Por Dios!	*For heaven's sake!*
por primera/última vez	*for the first/last time*
por si acaso	*just in case*
por supuesto	*of course*
por todas partes	*everywhere*

B. Para

1. **Para** + *inf.* means *in order to (do something).* Note that in English we often mean *in order to* but only say *to.*

Felipe fue a la joyería para comprar un anillo de compromiso.	*Felipe went to the jewelry story (in order) to buy an engagement ring.*

2. **Para** indicates who or what something is destined for or to be given to.

Quería comprar algo para mi mamá.	*I wanted to buy something for my mom.*

3. **Para** is used to express *toward* or *in the direction of.*

Salimos para la casa de mis padres ayer.	*We left for my parents' house yesterday.*

4. **Para** is used to express deadlines.

Tenemos que entregar el informe para el viernes.	*We have to turn in the report by Friday.*

5. **Para** means *to be used for* when explaining what something does.

Este álbum de fotos es para recordar nuestras primeras vacaciones juntos.	*This photo album is for remembering our first vacation together.*

6. **Para** is used to compare with others.

Para una relación tan nueva, ellos pasan mucho tiempo juntos.	*For such a new relationship, they spend a lot of time together.*

7. **Para** expresses *in the employ of.*

Trabajamos para la universidad.	*We work for the university.*

ACTIVIDADES

A. Situaciones. Empareja la primera parte de las oraciones con la segunda parte más lógica.

1. _____ Estoy en la biblioteca
2. _____ Ayer trabajé
3. _____ La composición
4. _____ Juan está enfermo y yo
5. _____ El viernes
6. _____ Ayer vimos a Margarita
7. _____ Anoche llamaron
8. _____ Pagaste demasiado

a. salimos para la playa a las 4:00.
b. es para mañana.
c. y por fin conversamos sobre los planes para la boda.
d. por ese coche.
e. tengo que trabajar por él.
f. para estudiar.
g. por diez horas.
h. caminando por el parque.

Nota cultural

LA CUMBIA PANAMEÑA: BAILE DE CORTEJO[a]

Parejas que bailan la cumbia en ropa tradicional

La cumbia es uno de los símbolos nacionales y folclóricos más importantes de Panamá. La cumbia tiene múltiples variantes folclóricas, como la cumbia santeña, el danzón-cumbia y la cumbia «atravesá». La cumbia data[b] de la época colonial y las distintas variantes regionales poseen una coreografía y una música principalmente de ascendencia africana, mezcladas con elementos españoles e indígenas. Los complejos desplazamientos[c] y vueltas entre las parejas que bailan la cumbia y sus movimientos sensuales de las caderas[d] representan el cortejo entre el hombre y la mujer.

La forma tradicional de la cumbia panameña es cantada, pero con el tiempo se han incluido[e] instrumentos musicales que varían en cantidad dependiendo de las regiones del país. Los instrumentos más representativos son el violín, el acordeón, la armónica, la flauta común, las maracas, la guitarra y el tambor,[f] siendo este último el instrumento común de todas las cumbias de la región.

---

[a]*courtship* [b]*dates* [c]*displacements* [d]*hips* [e]han... *have included, added* [f]*drum*

PREGUNTAS

1. ¿Cuáles son los orígenes de la cumbia? ¿De cuándo data este baile folclórico?
2. ¿Cómo es el baile de la cumbia? ¿Qué representa?

3. ¿Cuáles son algunas de las variaciones de la cumbia y en qué se diferencian?

4. ¿Hay algún tipo de música o danza folclórica típica de su comunidad o país? ¿Cuál es? ¿De qué trata la letra (*lyrics*) de sus canciones? ¿En qué sentido representa la identidad y la cultura de la comunidad?

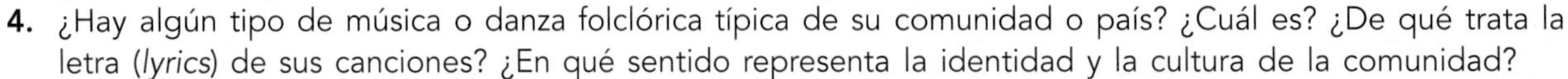

B. La fiesta. Completa las oraciones con **por** o **para.**

1. Mis amigos y yo hacemos ejercicio ______ la mañana.
2. ¿______ qué quieres estudiar otras lenguas?
3. Necesito escribir la tarea ______ mañana.
4. León tiene una computadora nueva. No sé cuánto pagó ______ ella.
5. Trabajas ______ una compañía panameña.
6. Tenía 17 años cuando fui a Costa Rica ______ primera vez.
7. ¿Te vas ______ las montañas durante las vacaciones?

C. Entrevista. Entrevista a un compañero / una compañera de clase con las preguntas. Luego, cambien de papel.

1. ¿Por cuántas horas estudias/trabajas cada semana? ¿Te preocupas mucho por tus estudios / tu trabajo?
2. ¿Para qué clase estudias más? ¿Por qué?
3. ¿Cuánto pagaste por tus libros este semestre? ¿Pagaste tú o te ayudaron tus padres?
4. ¿Cómo te comunicas más con tu familia, por teléfono o por e-mail? ¿Por qué prefieren comunicarse por ese medio?
5. ¿Cuándo y cómo conociste a tu mejor amigo/a por primera vez?
6. ¿Para quién trabajas? ¿Para qué compañía quieres trabajar en el futuro?
7. ¿Prefieres ir a clase por la mañana o por la tarde? ¿Por qué?

EXPERIENCIA INTEGRAL

La carrera (*race*) de caballos de Todos Santos Cuchumatán

ANTES DE LEER. Revisa el título y la foto de esta actividad y las palabras a continuación. Basándote en esto, escribe una predicción de lo que vas a leer.

cementerio	ganar	prohibir	suerte (*luck*)
conquista	indígena	ropa	típica
fiesta	participantes	salvaje (*wild*)	tomar

PASO 1. Completa el texto con **por** o **para** o con la forma correcta de las palabras entre paréntesis. Usa el presente de los verbos, y cuando hay dos palabras entre paréntesis, escoge la palabra correcta.

En una carrera de Todos Santos

En el pueblo guatemalteco de Todos Santos Cuchumatán, en las montañas del noroeste de Guatemala, se celebra una fiesta (**único**[1]). La fiesta (**tener**[2]) lugar[a] a finales de octubre y continúa (**por/para**[3]) varios días. La celebración conmemora el día festivo cuyo[b] nombre lleva la ciudad y el Día de los Santos.

Para los habitantes mames[c] de Todos Santos de Cuchumatán, su legado[d] es todavía importante y la cultura actual refleja esto. Es uno de los últimos lugares en Guatemala en donde casi todos (**llevar**[4]) la ropa típica. Para las mujeres indígenas es una blusa bordada[e] y una falda, ambas de color violeta. Los hombres también llevan su ropa tradicional: una camisa de rayas moradas, pantalones de rayas rojas y blancas y un sobrepantalón[f] negro. Esta ropa (**estar/ser**[5]) importante (**por/para**[6]) los mames porque sus colores se relacionan con la cosmovisión[g] del calendario maya.

La celebración de Todos Santos Cuchumatán (**comenzar**[7]) la noche antes de la carrera con bailes y otros eventos. El evento principal de las festividades es el *skach koyl,* la carrera de caballos salvajes,[h] un rito antiguo[i] en Todos Santos. Después de la conquista, los españoles prohibieron que los mames montaran[j] a caballo. Hoy, la carrera es una protesta contra el colonialismo y sirve también (**por/para**[8]) honrar a los muertos y como rito para la purificación de la tierra. Los mames se abstienen de beber alcohol el resto del año, pero la noche antes de la carrera, los hombres participantes (**tomar**[9]) mucho, y no (**dormir**[10]).

(**Por/Para**[11]) la mañana, todos (**ir**[12]) al cementerio donde la carrera (**empezar**[13]). Suben a sus caballos y (*ellos:* **correr**[14]) de un extremo al otro de una ruta de unos 100 metros, dan la vuelta[j] y (**volver**[15]). Así continúa la carrera (**por/para**[16]) horas. (**Por/Para**[17]) entonces, los jinetes[k] (**estar/ser**[18]) cansados y embriagados[l] y muchos se tambalean[m] mientras otros se caen. Ganan los que (**poder**[19]) quedarse en su caballo. Si un jinete muere, según la tradición, significa que el próximo año va a ser un año de mucha suerte.

---

[a]tener... *to take place* [b]*whose* [c]*Mayan indigenous people (pl. adj.)* [d]*legacy* [e]*embroidered* [f]*overpants* [g]*understanding of the universe* [h]*wild* [i]rito... *ancient ritual* [j]que... *Mames from riding* [j]dan... *they turn around* [k]*horsemen* [l]*intoxicated* [m]se... *wobble*

PASO 2. Contesta las preguntas, según el **Paso 1.**

1. ¿Dónde está la ciudad de Todos Santos Cuchumatán?
2. ¿Cómo es la ropa tradicional de los indígenas mames de Todos Santos?
3. ¿Cuándo se celebra la fiesta de la ciudad? ¿Cómo se celebra?
4. ¿Qué hacen los jinetes la noche antes de la carrera de caballos?
5. ¿Cómo es la carrera de caballos? ¿Quién gana?

PASO 3. En parejas, contesten las preguntas.

1. ¿Hicieron una predicción correcta en **Antes de leer**? ¿Les sorprendió el final? ¿Qué versión es más interesante, la suya o la del texto? Expliquen por qué.
2. ¿Cómo son las carreras de caballos en este país? ¿Hay ritos especiales que se observan en estos eventos? ¿Hay ropa, comida o bebidas que se asocian con estas carreras?
3. ¿Hay alguna fiesta o celebración única en la región donde Uds. viven? ¿Qué se conmemora o festeja (*celebrate*)? ¿Cuándo y cómo se celebra? ¿Se usa ropa especial? ¿Qué se come o se bebe?

Expressing Negation

9.2 Indefinite and Negative Words

GRAMÁTICA EN ACCIÓN

¡Una fiesta sorpresa!

Es el cumpleaños de Valeria, pero cuando ella llega a su apartamento después de trabajar, no hay **nadie**. Es extraño, porque sus amigos **nunca** olvidan su cumpleaños y su novio **siempre** piensa en **alguna** manera de celebrarlo. Un poco triste, Valeria abre la puerta de su cuarto y ve **algo** en su cama. Es una nota de **alguien**, pero ¡no sabe de quién! La nota dice que Valeria debe salir al patio de su edificio. Ella baja la escalera y oye **algo**: ¡música de cumbia! Ve a su novio y a **algunos** de sus amigos charlando, bailando cumbia, riéndose y pasándolo bien. ¡Es una fiesta sorpresa! Valeria y sus amigos se abrazan. Fue una noche especial que Valeria no va a olvidar **jamás**.

Comprensión. Indica la palabra correcta para completar cada una de las oraciones.

1. Había ___ en la cama de Valeria.
2. Valeria y su novio ___ celebran su cumpleaños.
3. ___ escribió la nota que estaba en la cama de Valeria.
4. ___ años, el novio de Valeria le prepara una sorpresa.
5. ___ olvidó el cumpleaños de Valeria este año.

a. algo
b. alguien
c. siempre
d. nadie
e. algunos

The use of negative expressions in Spanish works somewhat differently than in English.

A. In Spanish, there are two basic structures for forming negative sentences: **No** + *verb* + *negative word* or *Negative word* + verb. Note that in Spanish it is very common to use two negative words in the same sentence, whereas in English this is not correct.

Felipe y María tienen un matrimonio feliz, **no** discuten **nunca**.	*Felipe and María have a happy marriage, they never argue.*
Juan y Sara **nunca se pelean** porque son muy buenos amigos.	*Juan and Sara never fight because they are very good friends.*

B. Most affirmative expressions in Spanish have a negative counterpart. Here are the most common of these expressions.

INDEFINITE AND NEGATIVE WORDS			
algo	something	**nada**	nothing
alguien	someone	**nadie**	no one
algún, alguna/os/as	some	**ningún, ninguna**	none, not any
siempre	always	**nunca, jamás**	never
también	also	**tampoco**	neither; nor

As an adjective, **algún** has four forms that agree in number and gender with the nouns they modify. **Ningún** is also an adjective and agrees in gender with the noun it modifies. However, **ningún** is almost never used in the plural since there is no plural of *none*.

—¿Necesitas **algo** del supermercado, mi amor?	*Do you need something from the store, my love?*
—No, **no** necesito **nada**.	*No, I don't need anything.*
—¿Quieres **algunos** ingredientes para la cena?	*Do you want some ingredients for dinner?*
—No, no necesito **ningún** ingrediente especial.	*No, I don't need any special ingredient.*

ACTIVIDADES

A. Relaciones personales. Indica cuál de las palabras negativas e indefinidas completa cada oración.

1. ____ amigos se hablan por teléfono todos los días.
2. Todos necesitamos tener a ____ con quien hablar de nuestros problemas.
3. No hay ____ con quien yo prefiera pasar el tiempo más que con mi esposo.
4. Mi mejor amiga ____ sabe hacerme reír cuando estoy triste.
5. No hay ____ más importante que la honestidad en una relación romántica.
6. Siempre puedo llamar a mis amigos si necesito ____.

a. nada
b. algo
c. alguien
d. nadie
e. algunos
f. siempre

B. Relaciones sentimentales

PASO 1. Cambia las oraciones de positivas a negativas y viceversa.

1. Los buenos amigos siempre se llevan mal.
2. Los novios siempre se abrazan cuando se ven.
3. Las mejores amigas nunca se dicen cosas negativas.
4. Algunas bodas cuestan mucho dinero.
5. Nunca hay secretos en los matrimonios.
6. Siempre es bueno hablar con alguien de tus emociones.

PASO 2. En parejas, decidan cuál de las opciones tiene más sentido, la oración positiva o la negativa. Comparen sus opiniones con las de otras parejas.

COMMUNICATION

C. Entrevista

PASO 1. Lee cada una de las oraciones y responde si es cierto (C) o falso (F) para ti.

	C	F
1. No tengo ningún amigo de otro país.	☐	☐
2. Algunas veces voy a restaurantes de comida rápida para una cita romántica.	☐	☐
3. A veces discuto con mi mejor amigo/a.	☐	☐
4. Siempre pago yo cuando invito a mi novio/a a cenar.	☐	☐
5. Les compro algo a mis amigos para su cumpleaños.	☐	☐
6. Mis amigos y yo miramos alguna serie de televisión todas las semanas.	☐	☐
7. No tengo ninguna mascota.	☐	☐

PASO 2. Forma cuatro preguntas basadas en las oraciones del **Paso 1**. En parejas, túrnense para hacerse las preguntas. ¿Son las respuestas de tu compañero/a iguales a tus respuestas?

COMMUNICATION

MODELO E1: ¿Miras alguna serie de televisión con tus amigos?
E2: Sí.
E1: ¿Qué serie?
E2: Miro *Walking Dead.*
E1: ¡Yo también!

EXPERIENCIA INTEGRAL

El Paseo del Jaguar

ANTES DE LEER. Ojea (*Scan*) el texto del **Paso 1**. Luego, lee las oraciones a continuación que expresan las ideas principales de cada uno de los párrafos. Pon las oraciones en el orden correcto de 1 a 5.

____ El número de jaguares está disminuyendo porque no tienen suficiente espacio o comida.
____ El proyecto crea un paseo con protección continua, reservas con comida y espacio para descansar y reproducirse.
____ El jaguar es un símbolo importante en Centroamérica.
____ Costa Rica tiene fama por sus métodos para conservar el medio ambiente (*environment*).
____ El Paseo del Jaguar es un corredor natural y largo que se extiende desde México hasta Sudamérica.

PASO 1. Completa la narración con la forma correcta de las palabras entre paréntesis. Si hay dos palabras, escoge la palabra correcta y luego da la forma correcta. Si la pista es *adv.*, escribe el adverbio correspondiente. Si ves *pret.*, da la forma correcta del pretérito del verbo; si es *imp.*, da el imperfecto. Usa la forma correcta del presente de los verbos sin pistas.

Un jaguar en Costa Rica

Costa Rica es uno de los países más estables y progresistas de Latinoamérica. Se conoce (*adv.:* **particular**[1]) por sus ambiciosos programas de preservación ambiental. Aunque Costa Rica tiene solo una minúscula porción de la tierra del mundo, tiene el 5 por ciento de su biodiversidad. Los científicos ya (*pret.:* **identificar**[2]) más de 840 especies de pájaros. Casi una cuarta parte de su territorio está dedicada a parques nacionales y reservas protegidas, el porcentaje más grande del mundo. En 2012, Costa Rica (*pret.:* **ser**[3])[a] el primer país en las Américas en prohibir la caza[b] recreativa. Si (**alguien/nadie**[4]) mata[c] un animal, las autoridades le pueden imponer multas[d] altas.

Uno de los animales más importantes y en mayor peligro de extinción[e] es el jaguar. Es el tercer felino salvaje más grande, después del tigre y el león. (*Pret.:* **Ser**[5]) una figura dominante en todas las tribus indígenas, desde Arizona hasta la región amazónica. Las civilizaciones mayas y aztecas (**siempre/nunca**[6]) lo (*imp.:* **considerar**[7]) un enlace[f] entre el mundo humano y el mundo espiritual.

[a]*to become* [b]*hunting* [c]*kills* [d]*fines* [e]en... *most endangered* [f]*link*

El hábitat natural del jaguar (**extenderse**[8]) desde México (y antes, desde los Estados Unidos) hasta Argentina. Más que por la caza ilegal y venta de su pelaje,[g] los números de jaguares salvajes disminuyen por la pérdida de su hábitat y la degeneración endogámica.[h] Pero no hay (**alguno/ninguno**[9]) factor que los afecte más que el conflicto con los rancheros.

Para combatir el problema, *Panthera Foundation*, un grupo conservacionista visionario, comenzó un programa (**ambicioso**[10]) para hacer (**algo/nada**[11]) para ayudar a los felinos. Trabajan para crear una gran red[i] de corredores y refugios interconectados desde la frontera entre los Estados Unidos y México hasta Sudamérica. Se llama «El Paseo del Jaguar». El primer objetivo es en México y Centroamérica donde el gobierno de cada país ya aprobó el proyecto. Costa Rica ya (*imp.:* **incluir**[12]) la protección del Paseo en sus leyes sobre el desarrollo.[j]

El propósito del Paseo es proveer[k] un camino sin trabas[l] para el jaguar en su territorio histórico. Los corredores (**también/tampoco**[13]) ofrecen protección por su vegetación natural y continua. Un aspecto importante del Paseo es la creación de (**pequeño**[14]) refugios intermitentes donde los jaguares (**poder**[15]) descansar y cazar por uno o dos días. Así, durante una travesía,[m] (*adv.:* **final**[16]) llegan a (**alguno/ninguno**[17]) parque nacional o reserva con un hábitat que ofrece mucho espacio, presas[n] y hembras[ñ] que necesitan pareja.

---

[g]*fur/pelt* [h]*inbreeding* [i]*network* [j]leyes... *laws concerning development* [k]*provide* [l]sin... *uninterrupted* [m]*long journey* [n]*prey* [ñ]*females*

PASO 2. Indica si cada una de las oraciones es cierta (**C**) o falsa (**F**), según la información del **Paso 1**. Si es falsa, corrígela.

	C	F
1. El jaguar es el felino más grande del mundo.	☐	☐
2. Un gran porcentaje del territorio de Costa Rica está conservado.	☐	☐
3. Todos los gobiernos de Centroamérica están participando en el programa Paseo del Jaguar.	☐	☐
4. El gobierno de Costa Rica tuvo la idea de crear el Paseo del Jaguar.	☐	☐
5. La amenaza (*threat*) más grande para los jaguares es la de los rancheros.	☐	☐
6. Los refugios son importantes porque los felinos necesitan espacio para cazar y descansar.	☐	☐
7. La creación del Paseo es problemática en Costa Rica.	☐	☐
8. Los jaguares necesitan viajar porque necesitan hembras de otras regiones para su reproducción.	☐	☐

PASO 3. En parejas, preparen respuestas para las siguientes preguntas. Luego, compartan sus ideas con la clase.

1. La conservación del ambiente, flora y fauna es importante en Costa Rica. Preparen una lista con evidencia de esto, según el **Paso 1**.
2. ¿Cuáles son algunos de los animales y plantas originarios de su región o estado? ¿Qué se hace para protegerlos?
3. Muchas tierras en Centroamérica y Sudamérica sufren hoy de deforestación por la industrialización, la construcción y la modernización. A menudo esto ocurre porque la gente gana más dinero cultivando café, bananas y otros productos, y criando ganado. ¿Es justo deforestar por razones económicas? ¿Es la protección de la flora y la fauna más importante que el bienestar de la gente de la región? Formen oraciones para expresar ambas posiciones, por ejemplo, la de los rancheros contra el jaguar o la de los conservacionistas que lo protegen. Compartan sus ideas con la clase.

Palabra escrita

A comenzar

Developing Your Ideas: Questions and Answers. One way to generate ideas is to ask the six journalist questions: *Who?*, *What?*, *Where?*, *When?*, *Why?*, and *How?* Your answers to these questions may help you think of additional questions about the themes and thus help you to explore your topic in greater depth. As a result, your composition may present richer and more substantial content.

You are going to start the process of writing a brief composition that you will finalize in the **Palabra escrita: A finalizar** section of your *Workbook/Laboratory Manual*. For this composition you are going to write a short story (**un cuento**). The purpose of your composition will be to offer the reader a pleasant and entertaining moment.

A. A escoger el tema. En este capítulo, como en el **Capítulo 4,** tú vas a escoger el tema de tu cuento. Aquí tienes algunas opciones.

1. un cuento de hadas (*fairy tale*)
2. un cuento con una moraleja (*moral of the story*)
3. un cuento romántico
4. ¿ ?

B. Lluvia de ideas. Usa las preguntas periodísticas (**¿quién? ¿qué? ¿dónde? ¿cuándo? ¿por qué?** y **¿cómo?**) para empezar a generar ideas. Usa las siguientes preguntas como guía.

1. ¿Quiénes son los personajes? ¿Cuáles son sus rasgos físicos? ¿y su personalidad? ¿Cuándo y dónde ocurrió el cuento?, etcétera.
2. ¿Qué problemas ocurrieron? ¿Cómo se resolvieron?
3. ¿Tiene el cuento un final satisfactorio? ¿Se resolvió el conflicto central? ¿Cómo?

C. A organizar tus ideas. Repasa tus ideas y organízalas lógicamente, teniendo en cuenta los siguientes puntos:

- tu cuento debe consistir en una introducción, incidentes y consecuencias de tales incidentes, clímax y resolución
- los personajes pueden describirse según van apareciendo en el cuento
- si tu cuento tiene varios incidentes o episodios, el más decisivo debe presentarse al final

D. A escribir. Ahora, haz el borrador de tu composición con las ideas y la información que recopilaste en las **Actividades A, B** y **C. ¡OJO!** Escribe un título para tu cuento y guarda bien tu trabajo. Vas a necesitarlo otra vez para la sección de **Palabra escrita: A finalizar** en el *Workbook/Laboratory Manual.*

Los mayas: Pacal el Grande

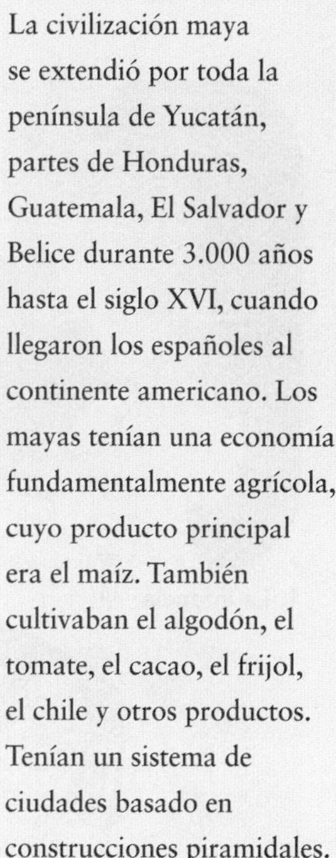

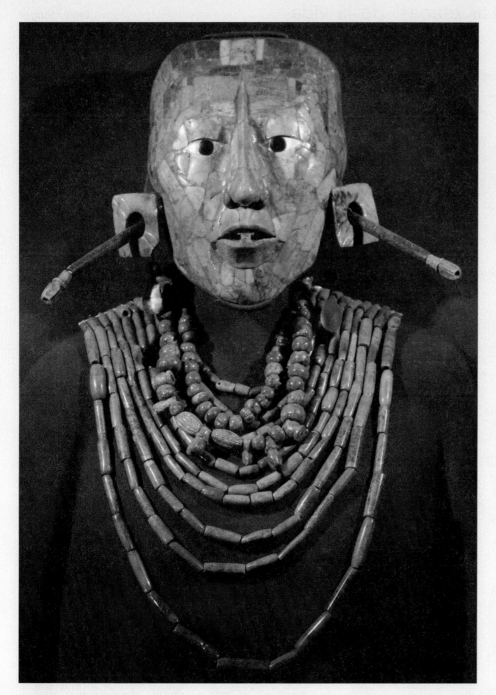

La máscara del rey Pacal el Grande, cultura maya

La civilización maya se extendió por toda la península de Yucatán, partes de Honduras, Guatemala, El Salvador y Belice durante 3.000 años hasta el siglo XVI, cuando llegaron los españoles al continente americano. Los mayas tenían una economía fundamentalmente agrícola, cuyo producto principal era el maíz. También cultivaban el algodón, el tomate, el cacao, el frijol, el chile y otros productos. Tenían un sistema de ciudades basado en construcciones piramidales.

En una de las pirámides de Palenque, el Templo de las Inscripciones, se encuentra la tumba del rey Pacal, o Pacal el Grande. Su ajuar[a] funerario muestra la riqueza de la civilización maya. Su máscara está hecha de 340 piezas de jade que recuerdan[b] el ciclo anual agrícola. Según la leyenda, el rey Pacal se transformaría[c] así en un joven Dios del Maíz que regresaba a la naturaleza y que volvería[d] durante el ciclo anual agrícola.

[a]*furnishings* [b]*recall* [c]*se... would be transformed* [d]*would return*

REFLEXIÓN

1. ¿En qué aspectos está conectado este ajuar funerario (máscara, collar, ropa, etcétera) a la comunidad y vida diaria de los mayas? ¿Qué otras culturas enterraban sus reyes y reinas con ajuares lujosos?
2. En grupos pequeños, busquen información sobre un tema específico de la cultura maya (la agricultura, la geografía, etcétera) y preparen una presentación.

TEMA II: Me acuerdo muy bien.

Vocabulario en acción

Las etapas° de la vida

°Las... *Stages*

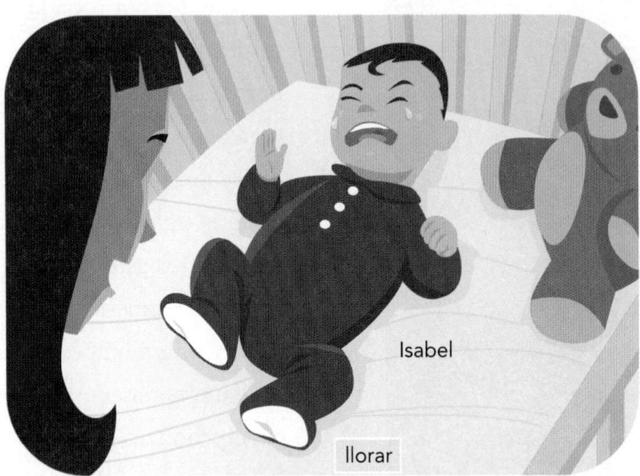

1. La infancia

2. La niñez

3. La adolescencia

4. La juventud

5. La madurez

6. La vejez

Otros pasatiempos y diversiones

acampar	to camp; to go camping
ayudar	to help
dibujar	to draw
escribir poesía	to write poetry
leer (y) cuentos/novelas	to read stories/novels
ir (*irreg.*) **de vacaciones**	to go on vacation
pasear en barco	to go boating
pescar (qu)	to fish
pintar	to paint
ver (*irreg.*) **dibujos animados**	to watch cartoons
el alpinismo	mountain climbing
la caminata	hike
el ciclismo	cycling
el juguete	toy
el parque zoológico	zoo

Repaso: andar (*irreg.*) **en bicicleta, bailar, hacer** (*irreg.*) **ejercicio, jugar (ue) (gu), manejar, nadar, navegar (gu) en Internet, pasear, practicar (qu), sacar (qu) fotos, tomar el sol, ver** (*irreg.*) **películas, viajar; el cine, los deportes, el helado, la playa**

ACTIVIDADES

A. Las etapas de la vida y las actividades

PASO 1. Escucha cada una de las oraciones. Luego, indica con qué etapa de la vida asocias la actividad.

Vocabulario práctico

los pañales	diapers

1. _____ a. la infancia
2. _____ b. la niñez
3. _____ c. la adolescencia
4. _____ d. la juventud
5. _____ e. la madurez
6. _____ f. la vejez

PASO 2. Haz una lista de cosas o actividades que asocias con diferentes etapas de la vida. Luego, comparte tu lista con tu compañero/a de clase para ver si él/ella asocia la actividad con la misma etapa de la vida.

B. ¿Solo/a, con los amigos o con la familia?

PASO 1. Indica si hacías estas cosas solo/a (**S**), con tus amigos (**A**) o con tu familia (**F**). Si nunca las hacías, indica nunca (**N**).

1. _____ Iba al parque zoológico.
2. _____ Dibujaba y pintaba.
3. _____ Hacía ciclismo.
4. _____ Jugaba con las muñecas.
5. _____ Daba caminatas.
6. _____ Jugaba a los videojuegos.
7. _____ Leía cuentos.
8. _____ Pescaba.
9. _____ Tomaba helado.
10. _____ Veía dibujos animados.
11. _____ Acampaba.
12. _____ Escribía poesía.

PASO 2. En grupos de cuatro, comparen sus respuestas y escriban qué tienen en común.

C. ¿Qué hacían?

PASO 1. Forma oraciones lógicas usando las palabras y frases de las columnas. Usa el imperfecto de los verbos y haz los otros cambios necesarios. Debes formar algunas oraciones que son ciertas para ti y otras que son falsas.

MODELO Pescaba en el lago con mis amigos.

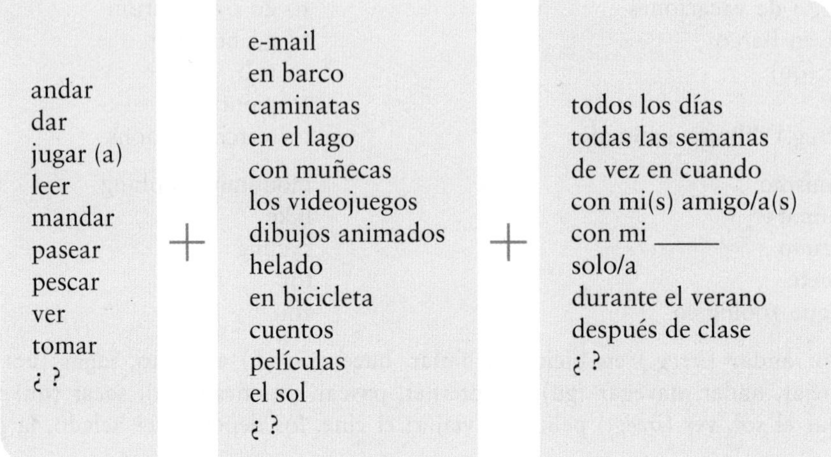

PASO 2. En parejas, compartan sus oraciones y adivinen si las oraciones son ciertas o falsas para la persona que las dice.

MODELO E1: Pescaba en el lago con mis amigos.
E2: No, no es cierto.
E1: Tienes razón. No es cierto. Pescaba en el lago con mi abuelo, no con mis amigos.

D. Pasatiempos favoritos

PASO 1. Haz un cuadro con tres etapas de tu vida (niñez, adolescencia, juventud) y apunta dos de tus pasatiempos favoritos bajo cada una de las etapas.

EN MI NIÑEZ	EN MI ADOLESCENCIA	EN MI JUVENTUD (AHORA)

PASO 2. Formen grupos de tres o cuatro personas, todos chicos o todas chicas, y comparen sus respuestas. ¿Tienen algunos pasatiempos favoritos en común? ¿Son sus pasatiempos de ahora muy diferentes de sus pasatiempos de antes? ¿Son Uds. más activos ahora o eran más activos antes? Escriban dos o tres oraciones resumiendo (*summarizing*) las semejanzas y diferencias en su grupo.

MODELO Nuestro pasatiempo de la niñez era jugar con las muñecas, pero en la adolescencia todas teníamos pasatiempos favoritos diferentes. Ahora, a todas nos gusta jugar a los videojuegos. Éramos más activas durante la niñez.

PASO 3. Todos van a comparar sus resúmenes. ¿Hay diferencias obvias entre las actividades de los chicos y las de las chicas? Traten de explicar las diferencias y semejanzas.

Gramática

9.3 Preterite vs. Imperfect

Narrating Events in Past

GRAMÁTICA EN ACCIÓN

Una excursión a la Isla de Roatán

CULTURES C

[*Cecilia habla de su viaje a Honduras.*]

Cuando **fuimos** a Honduras, yo **quería** visitar las islas del país, porque tienen historias interesantes. **Leí** que Roatán, la isla más grande de la Bahía de Honduras, **fue** un refugio preferido para los piratas ingleses, franceses y holandeses. Casi nadie **vivía** en las islas y los piratas las **usaban** como un centro de ataque. Desde sus escondites en las islas, **saqueaban** los grandes barcos españoles que **llevaban** los tesoros del Nuevo Mundo a España y a veces **atacaban** poblados del continente. Cuando le **dije** a mi esposo que **quería** ir a Roatán, él **buscó** una excursión de dos días. **Visitamos** toda la isla. Aunque, por su manera de vivir, los piratas no **dejaron** ningún monumento ni edificio histórico que ver, **fue** una excursión interesante y **resultó** divertido imaginar a los piratas en la isla.

La Isla de Roatán

Comprensión. Indica si se debe usar el pretérito (**P**) o el imperfecto (**I**) en las siguientes oraciones.

	P	I
1. Cecilia y su familia (ir) a la isla de Roatán en Honduras.	☐	☐
2. Cecilia (querer) aprender algo sobre la historia del país.	☐	☐
3. Cecilia y su familia (divertirse) mucho visitando la isla.	☐	☐
4. La isla Roatán (ser) importante para los piratas en el pasado.	☐	☐
5. El esposo de Cecilia (encontrar) la excursión perfecta para ellos.	☐	☐

In this section you'll learn how the preterite and imperfect tenses are interwoven when narrating, telling stories, or sharing personal anecdotes about the past. However, let's first review what you've learned about the preterite and imperfect.

These are the preterite and imperfect endings for regular verbs.

PRETERITE				IMPERFECT			
-ar		-er/-ir		-ar		-er/-ir	
-é	-amos	-í	-imos	-aba	-ábamos	-ía	-íamos
-aste	-asteis	-iste	-isteis	-abas	-abais	-ías	-íais
-ó	-aron	-ió	-ieron	-aba	-aban	-ía	-ían

To review the irregular verbs, see **Gramática 7.1** (irregular preterite), **7.2** (stem-changing preterite), and **8.3** (the imperfect).

REVIEW: USES OF THE PRETERITE AND IMPERFECT

PRETERITE	IMPERFECT
• Preterite expresses actions completed in the past within an implied or stated specific time period. El año pasado mis amigos y yo **acampamos** (por) una semana en las montañas. *Last year my friends and I went camping for a week in the mountains.*	• Imperfect describes background information in the past, including time, weather, age, mental and physical conditions. **Era** verano y **hacía** calor. **Teníamos** 20 años y **estábamos** listos para una aventura. *It was summer and it was hot. We were 20 years old and we were ready for an adventure.*
	• Imperfect describes habitual actions that used to take place in the past. Cuando era niño, mi familia y yo **dábamos** una caminata cada fin de semana. *When I was a child, my family and I used to go for a hike every weekend.*
• Preterite can express a series of sequential completed actions. La primera mañana **nos levantamos, desayunamos, bajamos** la tienda y **salimos** caminando hacia una montaña lejana. *That first morning, we got up, ate breakfast, took down the tent, and took off walking toward a distant mountain.*	• Imperfect can express actions that were taking place simultaneously (usually in the background). Mientras yo **sacaba** fotos, mi amigo Raúl **admiraba** la vista. *While I was taking photos, my friend Raúl was admiring the view.*
• Preterite expresses an action that interrupted another action that was already in progress. **Caminábamos** tranquilamente cuando un oso **cruzó** el sendero. *We were walking along peacefully when a bear crossed the trail.*	• Imperfect describes an action that was in progress when another action interrupted. **Poníamos** la tienda cuando de repente **empezó** a llover. *We were putting up the tent when all of a sudden it started to rain.*
• The preterite of certain verbs has a different base meaning than the present tense meaning. **conocer** to meet (for the first time) **poder** to succeed **no poder** to fail **querer** to try **no querer** to refuse **saber** to find out **tener** to get, obtain, receive	• The imperfect of all verbs has the same base meaning as the present tense meaning. **conocer** to know, be familiar with **poder** to be able **querer** to want **saber** to know (a fact) **tener** to have

USING THE PRETERITE AND IMPERFECT TO NARRATE

A. When telling a story or relating a past event, use the imperfect to set the stage and provide background details. This includes information about the time of day, weather conditions, and other descriptive elements that help to establish the scene.

Eran las 2:00 de la tarde, **llovía** y no **había** nada que ver en la televisión. **Estábamos** aburridos y no **sabíamos** qué hacer...	*It was 2:00 p.m., it was raining and there wasn't anything to watch on the television. We were bored and we didn't know what to do . . .*

B. In a narration, the preterite expresses concrete events and actions that move the storyline forward in time. Here we see some specific actions taking place on the stage set up by the imperfect earlier.

...De repente, **sonó** el timbre. Mi hermana y yo **corrimos** a la puerta, la **abrimos** y...	*. . . All of a sudden, the doorbell rang. Mi sister and I ran to the door, opened it, and . . .*

C. When telling stories in the past, you will find it necessary to interweave preterite and imperfect, alternating between the two often in the same sentence. Just remember that the preterite expresses specific actions that move the story along, while the imperfect provides additional background details and describes feelings and emotions. Notice how in the remainder of our story the preterite verbs (in blue text) do indeed move the storyline along and how imperfect verbs (in boldface) fill in the background details.

...vimos a nuestro tío Federico. Federico **era** el hermano de nuestra mamá y siempre nos **llevábamos** bien con él. Federico nos dijo que **iba** a llevarnos al cine porque **estaba** lloviendo y **sabía** que no **había** nada que hacer dentro de la casa. Le dijimos a nuestra mamá adonde **íbamos** y salimos.	*. . . we saw our uncle Federico. Federico was our mother's brother and we always got along well with him. Federico told us that he was going to take us to the movies because it was raining and he knew that there wasn't anything to do in the house. We told our mother where we were going and we left.*
Cuando llegamos al cine, **había** una larga cola de gente esperando comprar entradas. Mi hermana gritó: «Ay, por favor... ». Pero nuestro tío sonrió y le dijo a mi hermana: «tranquila, compré las entradas antes de recogerlos». Mi hermana sonrió, y así pasamos directo por la entrada. Luego, Federico nos compró palomitas, fuimos al baño y vimos la película.	*When we arrived at the movie theater, there was a long line of people waiting to buy tickets. My sister yelled, "Oh, please . . . ." But our uncle smiled and said to my sister, "Relax, I bought the tickets before picking you up." My sister smiled, and thus we went straight through to the entrance. Then Federico bought us popcorn, we went to the bathroom, and we saw the movie.*

ACTIVIDADES

A. Un día en la feria (*fair*). Lee la narración y escribe la letra de la opción que mejor explica el uso del pretérito o del imperfecto en cada contexto. **¡OJO!** Algunas opciones se usan más de una vez.

PRETÉRITO - ACCIONES	IMPERFECTO – PROCESOS Y DESCRIPCIONES
a. acciones completas en el pasado	**e.** descripciones, información de fondo
b. serie o secuencia de acciones	**f.** acciones simultáneas
c. acción que interrumpe otra acción	**g.** acciones habituales o repetidas en el pasado
d. verbo que cambia de significado en el pretérito	**h.** acción en progreso interrumpida

Cuando mi abuela **era** ______[1] joven, ella **vivía** ______[2] con sus padres y sus dos hermanos cerca de Comayagua en Honduras. Todos los miembros de la familia **trabajaban** ______[3] mucho para mantener la casa y la finca, pero al final de cada día tenían tiempo libre. Normalmente, mi abuela **tomaba** ______[4] el sol mientras sus hermanos **paseaban** ______[5] en barco y **pescaban** ______[6] en el pequeño lago cerca de la casa.

Un día, cuando mi abuela tenía 19 años, su papá **dijo** ______[7] que empezaba la Feria Patronal. ¡Mi abuela y sus hermanos **estaban** ______[8] muy emocionados! Toda la familia **se puso** ______[9] su ropa más elegante para ir a la feria. Mi abuela **llevaba** ______[10] un vestido azul y unos aretes de oro muy pequeños. En la feria **se encontraron** ______[11] con sus amigos de la escuela y todos **pasaron** ______[12] muchas horas jugando y bailando. Mi abuela **hablaba** ______[13] con su mejor amiga cuando **vio** ______[14] a un chico muy guapo de pelo castaño y ojos azules. El chico sonrió a mi abuela y la invitó a bailar. ¡Así fue como mi abuela **conoció** ______[15] a mi abuelo!

B. Isabel y sus amigos

PASO 1. Lee la narración y escoge *P* o *I* para indicar la mejor opción, eligiendo entre el pretérito (P) y el imperfecto (I), según el contexto.

Cuando Isabel (□ P / □ I: **ser**[1]) adolescente, (□ P / □ I: **tener**[2]) muchos amigos en la escuela secundaria. Cada fin de semana, ellos (□ P / □ I: **ir**[3]) al parque nacional donde (□ P / □ I: **nadar**[4]) en el río y (□ P / □ I: **divertirse**[5]) mucho.

Un fin de semana, mientras Isabel y sus amigos (□ P / □ I: **dar**[6]) una caminata, (□ P / □ I: **encontrar**[7]) un perro perdido en el parque. Ellos le (□ P / □ I: **dar**[8]) agua al perro y lo (□ P / □ I: **llevar**[9]) a la casa de Isabel. Isabel le (□ P / □ I: **sacar**[10]) muchas fotos al perro para ponerlas en Facebook. Al día siguiente, el dueño[a] del perro (□ P / □ I: **ver**[11]) las fotos y (□ P / □ I: **llamar**[12]) por teléfono. Cuando él (□ P / □ I: **llegar**[13]) para recoger[b] al perro, (□ P / □ I: **estar**[14]) muy contento y les ofreció $200. ¡Qué suerte!

PASO 2. De acuerdo con tus respuestas en el **Paso 1,** da las conjugaciones correctas de los verbos entre paréntesis.

---

[a]*owner* [b]*pick up*

C. ¿Quién es?

PASO 1. Completa el cuadro escribiendo oraciones completas con información sobre una persona muy famosa (artista, actor/actriz, escritor[a], político/a, etcétera) durante diferentes etapas de su vida. **¡OJO!** No uses el nombre de la persona en tus ejemplos.

ETAPAS DE LA VIDA	¿CÓMO ERA SU VIDA? ¿DÓNDE VIVÍA? ¿A QUÉ DEDICABA SU TIEMPO? ¿CÓMO ERA FÍSICAMENTE?	¿QUÉ HIZO? ¿QUÉ EVENTOS IMPORTANTES OCURRIERON?
En su infancia…		
En su juventud…		
En su madurez…		

PASO 2. Combinando ejemplos de las dos columnas del cuadro del **Paso 1,** escribe una mini-biografía de cinco a seis oraciones usando el pretérito y el imperfecto. **¡OJO!** No uses el nombre de la persona.

PASO 3. En parejas, compartan sus biografías, sin mencionar el nombre de la persona. Deben adivinar (*guess*) quién es la persona descrita.

Nota interdisciplinaria

LITERATURA: RUBÉN DARÍO

Rubén Darío

Rubén Darío (Nicaragua, 1867–1916) fue el máximo representante del modernismo literario en la lengua española y, posiblemente, uno de los poetas con mayor influencia en la poesía hispana del siglo XX. Darío tuvo una infancia marcada por turbulentos conflictos familiares que obligaron a su madre a abandonar a su esposo y su hogar. Después de la separación del matrimonio, Darío fue criado[a] por unos tíos abuelos y, desde muy joven, mostró un increíble talento para la poesía, publicando su primer poema a los 13 años.

Durante su juventud y madurez, el poeta vivió en varios países latinoamericanos y europeos donde conoció a poetas e intelectuales de renombre.[b] A los 21 años, obtuvo su propio[c] reconocimiento como artista con su obra *Azul* (1888), iniciando entonces el período de publicación de sus libros más estimados.[d] Con la letra[e] bella, culta y musical de su poesía, Darío inició una revolución en el lenguaje poético de las letras hispánicas.

La madurez de Darío fue marcada por excesos semejantes a los de su padre (el alcohol) y tumultuosas relaciones sentimentales. Murió poco tiempo después de regresar a Nicaragua en 1916. La noticia de su muerte llenó de tristeza a todos los intelectuales del mundo hispano.

[a]fue… *wasbrought up* [b]de… *famous* [c]*own* [d]*valued; respected* [e]*lyrics*

PREGUNTAS

1. ¿Por qué fue Rubén Darío un poeta tan importante en la literatura hispanoamericana?
2. ¿Cómo es la poesía de Darío? ¿Cuál fue su primer libro importante de poesía?
3. ¿Cómo fue la vida personal de Rubén Darío? Hablen de las diferentes etapas.

D. Entrevista. En parejas, conversen sobre su niñez. Usen las preguntas como guía y presten atención al uso del pretérito y del imperfecto.

1. ¿Vivías en una casa o en un apartamento? ¿Cómo era? ¿Jugabas con tus vecinos?
2. ¿Quién era tu mejor amigo? ¿Qué hacían juntos (*together*) normalmente?
3. ¿Cuál era tu programa de televisión favorito? ¿Por qué?
4. ¿Te mudaste con tu familia de una ciudad a otra? ¿Fue fácil o difícil para ti adaptarte?
5. ¿Fuiste alguna vez de vacaciones a un lugar especial con tu familia? ¿Adónde fueron? ¿Qué hicieron?
6. ¿Cuál fue el mejor regalo que recibiste en tu niñez? ¿Qué era? ¿Quién te lo dio? ¿Cómo te sentiste cuando lo recibiste?

EXPERIENCIA INTEGRAL

Los garífunas de Centroamérica

ANTES DE LEER. Una manera de entender mejor una narración es entender la cronología de los eventos. Busca expresiones temporales para seguir la secuencia de los eventos. Las expresiones temporales de la lista a continuación aparecen en el **Paso 1.** Identifica y subraya las expresiones en el pasaje antes de completarlo.

a través de los años	en 1797	hace mucho tiempo	poco después
al final	en 1978	hoy día	por fin
en 1635	en el siglo XVIII	mientras	siempre

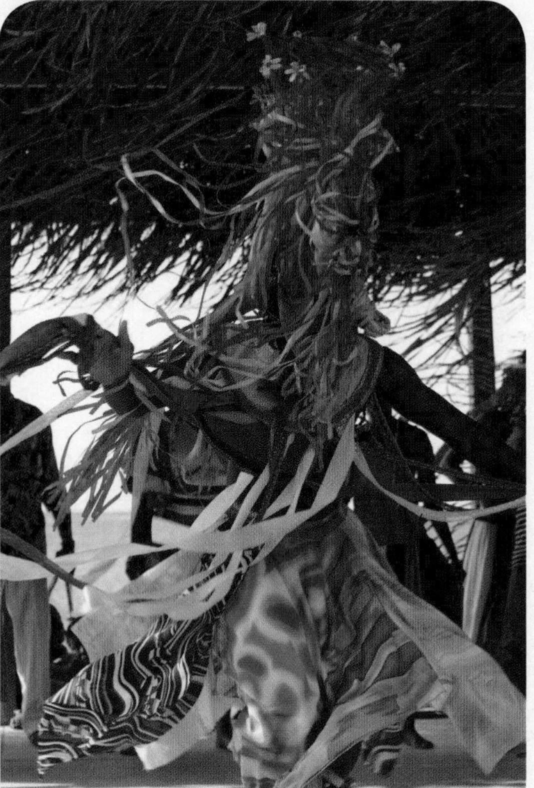

Una bailarina garífuna

PASO 1. Completa la narración con la forma correcta de los verbos entre paréntesis en el pretérito o el imperfecto, según el contexto.

La cultura garífuna de Centroamérica tiene una larga y rica historia que muchos no conocen. Hace mucho tiempo, los indígenas arawacos (**vivir**[1]) en la isla de San Vicente en el Caribe. Pero, la tribu kalipuna los (**invadir**[2]) y los kalipunas (**ocupar**[3]) la isla. La fusión de las dos tribus ocurrió poco después.

En 1635, un barco de esclavos de Nigeria naufragó[a] en el Caribe. Los nigerianos (**sobrevivir**[4]), pero (**tener**[5]) conflictos constantes con los kalipunas. Por fin, los dos grupos (**empezar**[6]) a vivir en paz y a casarse entre sí.[b] Los habitantes de la isla (**llamarse**[7]) «garífunas», nombre que significa «gente que come yuca».

[a]*shipwrecked* [b]casarse... *to intermarry*

La isla (**ser**[8]) colonia británica y en el siglo XVIII los garífunas (**querer**[9]) establecer una colonia independiente. Con el apoyo[c] de los franceses, los garífunas lucharon contra las fuerzas británicas, pero al final no (**poder**[10]) alcanzar su meta[d] de libertad. Como los europeos en San Vicente (**tener**[11]) esclavos africanos y los garífunas (**ser**[12]) negros libres, los gobernantes decidieron trasladarlos[e] a otros lugares. En 1797, (**enviar**[13]) a los garífunas sobrevivientes a la isla de Roatán, en Honduras. Mientras los barcos (**cruzar**[14]) el mar, los españoles (**capturar**[15]) uno y lo llevaron a Trujillo en la costa de Honduras. Más tarde, los españoles (**conquistar**[16]) Roatán y (**traer**[17]) a los garífunas de Roatán a Trujillo también.

A través de los años, las comunidades garífunas (**extenderse**[18]) por toda la costa caribeña desde Belice hasta Nicaragua. Los garífunas siempre han mantenido[f] su lengua y su cultura. Su música, una mezcla de ritmos africanos y bailes en forma de círculos que se llama «punta», se considera un elemento fundamental de su cultura. En 1978, una nueva variación de punta (**darse**[19]) a conocer,[g] la punta rock. Esta forma (**florecer**[20]) inmediatamente y hoy día, aún sigue siendo muy popular y representativa de una cultura única y rica de Centroamérica.

[c]*support* [d]*goal* [e]*move them* [f]han... *have maintained* [g]darse... *came out*

PASO 2. Selecciona la opción que *no* es una descripción correcta según el **Paso 1.**

1. los garífunas
   a. habitantes de la costa caribeña
   b. gente indígena de Nigeria
   c. gente que come yuca
2. San Vicente
   a. isla en el Caribe
   b. una tribu rica del Caribe
   c. origen de los garífunas
3. un esclavo
   a. persona sin libertad
   b. habitante actual de Belice
   c. persona bajo el dominio de otra persona
4. una colonia
   a. territorio bajo el dominio de otro país
   b. grupo que emigra de una región a otra
   c. un grupo de españoles del Caribe
5. la punta
   a. música con influencia mexicana
   b. música con influencia africana
   c. baile en forma de espirales

PASO 3. En parejas, preparen una lista cronológica de los grupos de personas que se mencionan en el **Paso 1.** Luego, escriban una definición o descripción del papel (*role*) de esos grupos en la historia de los garífunas. Después, comparen su lista con la de otra pareja.

MODELO los arawacos: *gente indígena*

Lectura cultural

Vas a leer un artículo sobre la muerte del escritor costarricense Samuel Rovinski. Algunos de los temas de su producción literaria son los miedos de la infancia, las relaciones familiares y la resistencia a los cambios producidos por los avances tecnológicos y el crecimiento demográfico.

ANTES DE LEER

PASO 1. Lee el subtítulo y las primeras líneas del artículo. ¿Crees que Rovinski tenía mucho prestigio entre sus colegas? ¿Cómo crees que era entre sus colegas, amigos y familia? ¿Una persona difícil y superficial? ¿Una persona generosa y amable?

PASO 2. Considera (1) tus respuestas en el **Paso 1** y (2) que el artículo es una reflexión escrita después de la muerte de un escritor. ¿Qué información esperas encontrar en él? Marca las opciones, según tu opinión.

- ☐ detalles sobre su vida personal
- ☐ relación entre el escritor y el autor del artículo
- ☐ obras importantes del escritor
- ☐ descripción de Costa Rica
- ☐ la personalidad de Rovinski
- ☐ información sobre la muerte del escritor

PASO 3. Revisa el artículo rápidamente, sin preocuparte de las palabras que no conoces. ¿Son ciertas tus respuestas en **Paso 2**?

Samuel Rovinski

El fallecimiento de Rovinski deja un gran vacío en el mundo del arte.

SORAYA NUÑEZ – 3 SEPTIEMBRE, 2013

«Ingeniero de la palabra»
«Amigo de primera fila[a]»
«Co-fundador del teatro contemporáneo costarricense»
«Hombre de cultura»
«Notable dramaturgo»
«Co-iniciador del Teatro Arlequín»

El Teatro Nacional en San José, Costa Rica

Estos son solo algunos de los elogios[b] que escaparon de los labios[c] cuando se conoció la triste noticia el 31 de agosto: «Samuel Rovinski, escritor y dramaturgo costarricense, falleció[d] a causa de complicaciones de salud provocadas por un cáncer».

El vacío repentino[e] que se sentía era palpable ese día en San José, adonde habían acudido[f] escritores, dramaturgos e intelectuales —algunos de ellos amigos del difunto[g]— para la 14 Feria Internacional del Libro. Un vacío seguido inmediatamente por el ajetreo[h] de organizar un homenaje para el gran señor antes del cierre[i] de la Feria.

Samuel Rovinski fue un intelectual sereno e instruido; un escritor prolífico de obras lúcidas que abarcaban[j] varios géneros; profesor en la universidad y funcionario público[k] al servicio de la diplomacia y la cultura. También se desempeñó[l] como subgerente[m] del Sistema Nacional de Radio y Televisión de Costa

[a]primera... *first class* [b]*praises* [c]*lips* [d]murió [e]vacío... *sudden emptiness* [f]habían... *had gathered* [g]*the deceased* [h]*rush* [i]*closing* [j]*spanned* [k]funcionario... *civil servant* [l]se... *worked/served* [m]*assistant director*

Rica y como director del Instituto Centroamericano de Educación Audiovisual. Muchos van a lamentar y sentir su ausencia en esos ámbitos.[n]

Pero la tristeza —el vacío— más grande que se siente es por la pérdida del hombre, ese gran hombre de inmensa energía y con un aura reconfortante[o] que abrigaba a todos los que lo rodeaban.[p]

Nacido en San José, Costa Rica, en 1932, Rovinski asistió al Conservatorio Nacional, donde estudió música. Para sus estudios universitarios, se trasladó[q] a México y dirigió su carrera hacia las ciencias para obtener el título en Ingeniería Civil en la UNAM. Volvió a Costa Rica y ejerció[r] su profesión de ingeniero con éxito, trabajando entre doce y dieciséis horas diarias, pero escribiendo en sus horas libres, hasta que de nuevo dio un giro[s] a su carrera para dedicarse a las letras.

Con la nueva dirección profesional, el intelecto, la energía, el espíritu y la curiosidad de este gran hombre se abre camino a una nueva era en las letras costarricenses. Su prolífica producción literaria incluye algunas de las obras de teatro más importantes de Costa Rica, entre ellas la obra icónica *Las fisgonas de Paso Ancho* (1971). El ingeniero de la palabra también nos legó[t] novelas, ensayos, cuentos breves y largos y guiones para películas, documentales y televisión. Muchas de sus obras fueron galardonadas[u] y la gran mayoría publicadas también en el extranjero. Algunos de sus obras de teatro se estrenaron en otros países. Uno de los éxitos más importantes no solo para Rovinski, sino también para las letras de Costa Rica, fue la puesta en escena[v] de su obra *El martirio de pastor* en Nueva York en 1983.

La pérdida de Rovinski se siente tanto a nivel personal como a nivel nacional y cultural. Manuel Obregón, Ministro de Cultura de la Feria, dijo durante el homenaje improvisado: «Me uno al pesar que embarga a la familia[w] de don Samuel Rovinski. Su partida es una pérdida irreparable y sumamente triste, no solo para sus familiares y amigos, sino también para la cultura de nuestro país.»

---

[n]*circles* [ñ]*comforting* [o]*supported/sheltered* [p]*surrounded* [q]se... *he moved* [r]*practiced* [s]*turn* [t]dio [u]*award-winning* [v]puesta... *stage production* [w]pesar... *sorrow that the family feels*

DESPUÉS DE LEER

A. Comprensión. Indica si las siguientes oraciones son ciertas (C) o falsas (F). Corrige las oraciones falsas.

	C	F
1. La muerte de Samuel Rovinski coincidió con un evento literario importante.	☐	☐
2. La obra de Rovinski no tuvo mucho éxito en Costa Rica.	☐	☐
3. Según el artículo, Rovinski fue un verdadero intelectual.	☐	☐
4. La obra literaria de Rovinski incluye varios géneros literarios.	☐	☐
5. Una obra de teatro de Rovinski tuvo mucho éxito en los Estados Unidos.	☐	☐
6. Rovinski enseñaba en la universidad y participaba en varias organizaciones culturales.	☐	☐
7. Rovinski estudió ingeniería en una universidad costarricense.	☐	☐
8. Para muchos, la noticia de la muerte de Rovinski fue muy difícil porque murió muy joven.	☐	☐

B. Temas de discusión. En parejas, contesten las preguntas. Después, compartan sus respuestas con la clase.

1. Según el autor del artículo, ¿cómo era Samuel Rovinski como persona? ¿Y como escritor?
2. ¿Por qué creen que llamaban a Rovinski «el ingeniero de la palabra»?
3. Piensen en su mejor amigo/a y expliquen cómo y cuándo se conocieron, por qué esa persona es importante en su vida y cuáles son los sentimientos que les provoca la persona.

Concurso de videoblogs

Juan Carlos, su amiga Catarina y su tía Leticia nos muestran el Parque Morazán, el Paseo Colón, el Teatro Nacional y otras atracciones de San José, la capital de Costa Rica.

Costa Rica: Juan Carlos

San José

ANTES DE VER

A. Capítulo y vídeo. Describe tu experiencia sobre la última vez que fuiste de vacaciones a una ciudad. ¿Qué cosas hiciste durante el viaje? ¿Cómo era la gente de la ciudad?

B. Anticipación. En parejas, contesten las preguntas. Después, compartan sus ideas con la clase.

1. ¿Cómo es la ciudad donde viven Uds.?
2. ¿Qué edificios o lugares de interés hay para los turistas que visitan su ciudad?
3. ¿Adónde va la gente de su ciudad a descansar o a pasar el tiempo libre? ¿Qué se puede hacer allí?

Vocabulario práctico

lindo	pretty
ubicados	located
platican	they talk
incómodo	uncomfortable

DESPUÉS DE VER

A. Comprensión. Contesta las preguntas.

1. ¿Qué hay en el Parque Morazán en estos días?
2. ¿Qué fue antiguamente el Museo Nacional?
3. ¿Por qué le gusta el museo a Juan Carlos?
4. ¿Qué dice Juan Carlos que se puede comprar en el Mercado Central?
5. ¿Se puede comer en el mercado? Explica.

B. Opinión. En parejas, contesten las preguntas.

1. ¿Qué parte de San José les pareció más interesante y por qué?
2. ¿Qué actividades hay en San José para la gente joven y los adolescentes? ¿Cuáles son las actividades favoritas de las personas en la madurez y la vejez? Comenten.
3. ¿Creen que es importante la observación de tía Leticia sobre el mercado como uno de los elementos más importantes del mundo hispano? Expliquen.

C. Temas de discusión. En parejas, busquen información y preparen un breve informe sobre *uno* de los siguientes temas. Después, compartan sus ideas con la clase.

1. Inventen un itinerario para las siguientes personas que solo van a estar un día en San José. Prepárense para explicar sus itinerarios a otra pareja.
   - **a.** una pareja de 28 años que está en su luna de miel
   - **b.** dos amigas norteamericanas de 18 años que estudian por un semestre en San José
   - **c.** una pareja de 65 años, disfrutando de su jubilación (*retirement*)
2. El transporte en autobús es fundamental en la vida de Centroamérica.

Vocabulario

Las relaciones sentimentales

amarse	to love each other
casarse (con)	to get married (to)
discutir	to argue
enamorarse (de)	to fall in love (with)
gritar	to yell
llorar	to cry
pelear(se)	to fight
quejarse	to complain
quererse (*irreg.*)	to love each other
reírse (i, i) (me río)	to laugh
romper con	to break up with
sonreír (i, i) (sonrío)	to smile
tenerle (*irreg.*) **cariño a**	to be fond of (*someone*)
la amistad	friendship
el amor	love
el cariño	affection
la cita	date
el compromiso	engagement
la luna de miel	honeymoon
la novia	girlfriend; fiancée; bride
el noviazgo	courtship; engagement
el novio	boyfriend; fiancé; groom
la pareja (de hecho)	(common-law) couple; (domestic) partner
amable	friendly
celoso/a	jealous
enamorado/a (de)	in love (with)

Cognados: divorciarse (de), separarse (de), la separación
Repaso: abrazarse, besarse, llevarse bien/mal (con), sentirse; la boda, el divorcio, el/la esposo/a, el estado civil, el matrimonio; casado/a, divorciado/a, separado/a

Las etapas de la vida — Stages of life

la adolescencia	adolescence
la infancia	infancy
la juventud	youth
la madurez	maturity
la niñez	childhood
la vejez	old age

Los pasatiempos y diversiones

acampar	to camp; to go camping
ayudar	to help
dibujar	to draw
escribir poesía	to write poetry
ir (*irreg.*) **de vacaciones**	to go on vacation
pasear en barco	to go boating
pescar (qu)	to fish
pintar	to paint
el alpinismo	mountain climbing
la caminata	hike
el ciclismo	cycling
el cuento	story
los dibujos animados	cartoons
la discoteca	disco, dance club
el juguete	toy
la muñeca	doll
el parque zoológico	zoo

Cognado: la novela
Repaso: andar (*irreg.*) **en bicicleta, asistir a clase, bailar, hablar por teléfono, hacer** (*irreg.*) **ejercicio, jugar (ue) (gu), leer, manejar, nadar, navegar en Internet, pasar tiempo, pasear, practicar (qu), sacar (qu) fotos, tomar el sol, ver** (*irreg.*)**, viajar; el cine, los deportes, el helado, la película, la playa**

Expresiones con *por*

¡Por Dios!	For heaven's sake!
por primera/última vez	for the first/last time
por si acaso	just in case
por supuesto	of course
por todas partes	everywhere

Palabras indefinidas y negativas

alguien	someone
algo	something
algún, alguno/a	some
jamás	never
nada	nothing
nadie	no one
ningún, ninguno/a	none, not any
tampoco	neither; nor

Repaso: nunca, siempre, también

Otras palabras y expresiones

acordarse (ue)	to remember
el pasado	past
el recuerdo	memory

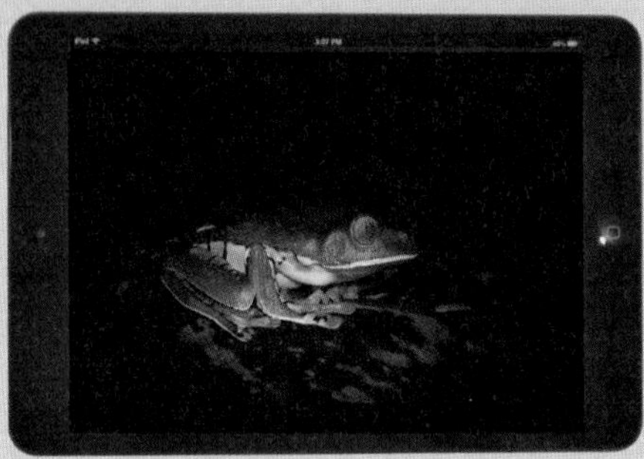

Una rana (*frog*) de Costa Rica

La naturaleza

Vocabulario práctico

la belleza	beauty
los tamaños	sizes
los amantes	lovers
las maravillas	marvels, wonders
se destaca una	one stands out
magníficos arcoíris	magnificent rainbows
goza de	enjoys

ANTES DE VER

A. Anticipación. ¿Cuánto sabes de la geografía de la región donde vives? ¿Tiene tu región algunos de estos elementos geográficos? ¿Cómo se llaman?

1. una cascada (*waterfall*) pintoresca (*picturesque*)
2. un volcán famoso
3. un parque nacional
4. un bosque tropical (*tropical rainforest*)
5. un desierto grande
6. una cordillera (*mountain range*) impresionante
7. un río largo
8. una playa hermosa

B. La foto. ¿Qué hay de particular en la foto de este segmento sobre la naturaleza? ¿Hay algún animal peculiar donde tú vives? ¿Conoces una mascota que represente una institución universitaria?

DESPUÉS DE VER

A. Comprensión

PASO 1. Indica en qué país se mencionan estos lugares o elementos geográficos, según el vídeo: Costa Rica (**CR**), Argentina (**A**) o España (**E**).

	CR	A	E
1. las Cataratas del Iguazú	☐	☐	☐
2. el Volcán Arenal	☐	☐	☐
3. los Pueblos Blancos	☐	☐	☐
4. los arcoíris	☐	☐	☐
5. La Alpujarra	☐	☐	☐
6. las montañas, costas y selvas	☐	☐	☐

PASO 2. Describe brevemente dos detalles de cada uno de los lugares del segmento. ¿Qué lugar te gustó más y por qué? Pregúntales a dos compañeros cuál fue su lugar favorito y por qué. ¿Coinciden sus preferencias? Finalmente, en parejas o grupos pequeños, hagan una breve lista de por lo menos tres detalles especiales que distinguen a cada uno de los tres países y compárenla con la clase para ver en qué aspectos coinciden.

B. Identificación. Contesta las preguntas según el vídeo.

1. ¿En qué coinciden los tres países según el segmento?
2. ¿Qué características hacen del Parque Natural del Iguazú un lugar especial de la naturaleza y para el turismo?

C. Conexión final. En parejas o grupos pequeños, preparen un breve informe sobre *uno* de los temas para presentar en clase.

1. Busquen información y preparen un itinerario de una semana para hacer un viaje por los parques naturales de Andalucía. Seleccionen por lo menos tres de los parques que quieren visitar. ¿Por qué seleccionaron esos lugares? Comparen sus itinerarios y hagan una lista de los parques naturales que recomiendan visitar en invierno y en verano.
2. Busquen información sobre el Volcán Arenal y sobre otros tres volcanes centroamericanos. Deben ser famosos, pero pueden ser activos o inactivos. ¿Qué impacto tienen estos volcanes en la naturaleza y en la vida cotidiana de los habitantes de esos países?

Los parques nacionales

Hay muchos ejemplos de parques nacionales en el mundo hispano. En ellos se preservan especies de plantas, animales y lugares de interés geológico, histórico y visual. También permiten al público disfrutar de[a] estas maravillas naturales. La idea de este tipo de reserva es muy antigua. De hecho,[b] antes de la llegada de los españoles a América, el emperador azteca Moctezuma II había creado[c] reservas botánicas y zoológicas.

[a]disfrutar... *to enjoy* [b]De... *In fact* [c]había... *had created*

◀ LAS TORRES[a] DEL PAINE

El Parque Nacional Torres del Paine es un lugar famoso y pintoresco en el sur de Chile. En este parque hay montañas altas, glaciares, ríos y lagos. Sus senderos[b] y montañas hacen de él un lugar especial para el alpinismo y el turismo. En este parque son famosos los Cuernos[c] del Paine, unas torres inmensas de granito.

[a]*Towers* [b]*paths* [c]*Horns*

LA SIERRA NEVADA ▶

La Reserva de la Biosfera Sierra Nevada es una cordillera en el sureste de España y forma parte del Parque Nacional Sierra Nevada. Este lugar es popular por los deportes de invierno y verano que se puede practicar allí y por la biodiversidad de su ecosistema. En América hay cordilleras del mismo nombre en Argentina y los Estados Unidos y un parque nacional en Venezuela que se llama también Sierra Nevada.

◀ LAS ISLAS GALÁPAGOS

Las Islas Galápagos, un archipiélago[a] y provincia de Ecuador, son un parque nacional y reserva marina. Las islas son muy conocidas por las tortugas terrestres[b] gigantes —o galápagos— y por su variedad de animales y aves únicos. Las islas también influyeron mucho en la obra *El origen de las especies* de Charles Darwin.

[a] *archipelago, chain of islands* [b] *land*

ASÍ SE DICE

el bosque = la alameda, la arboleda, la jungla, la selva
el campo = el llano, la llanura, la pampa, el prado, la pradera
la cascada = la catarata, el chorro, el salto, el torrente
la cordillera = la cadena, la serranía, la sierra
el lago = la balsa, el embalse, el estanque, la laguna, el pantano
la montaña = el macizo, la mesa, el monte, el pico
el río = el afluente, el arroyo, el riachuelo, el tributario

ACTIVIDADES

A. Comprensión. Indica si estas oraciones son ciertas (C) o falsas(F), según las páginas anteriores.

	C	F
1. La preservación de lugares, animales y plantas es un fenómeno del siglo XX.	☐	☐
2. El nombre de las Islas Galápagos viene de las tortugas gigantes que viven allí.	☐	☐
3. La protección de las Torres del Paine prohíbe el turismo.	☐	☐
4. En la Sierra Nevada española, es posible esquiar y hacer *snowboarding*.	☐	☐

B. Conexiones. En parejas, contesten las preguntas.

1. ¿A Uds. les gusta visitar los parques nacionales? ¿Cuáles son sus favoritos y por qué?
2. Escojan un lugar presentado en esta sección y compárenlo con un lugar de su país. ¿Cuáles son algunas semejanzas entre los dos lugares? ¿Cuáles son algunas diferencias?

C. Temas de discusión. En grupos pequeños, comenten *uno* de estos temas y escriban algunas conclusiones breves en español. Luego, compartan sus conclusiones con la clase.

1. la importancia de los parques naturales en las relaciones sociales y familiares (incluyan alguna excursión que hicieron o quieren hacer en la escuela, con los amigos o en familia)
2. la importancia de la preservación de las maravillas naturales del mundo en programas académicos o gubernamentales

Machu Picchu: Un tesoro (treasure) de los Andes

Entrada cultural

El Rodadero, Santa Marta, Colombia

La cosecha (harvest) de algodón, en Perú

Los países andinos: Bolivia, Colombia, Ecuador y Perú

Los países andinos son aquellos en contacto directo con la cordillera de los Andes, el sistema montañoso más largo del mundo. Los Andes se extienden desde Venezuela hasta el sur del continente, y sirven de frontera natural entre Chile y Argentina hasta llegar al Océano Antártico. Los países de la Comunidad Andina tienen en común muchos aspectos culturales, aunque conservan características individuales. Por ejemplo, Venezuela y Colombia también comparten mucho con el Caribe. Por su parte, Argentina y Chile también poseen gran riqueza cultural y natural en sus zonas andinas. En resumen, las fronteras políticas no reflejan necesariamente las fronteras geográficas o culturales. Por eso algunos países pertenecen a más de una región.

En los países andinos hay un marcado contraste entre la vida de la costa y la vida de las montañas. La cordillera es como una gran pared que complica las comunicaciones dentro de los países y es por eso que la manera de vivir y las costumbres dependen de la zona del país. Este tipo de geografía crea climas variados, con gran diversidad en la flora y la fauna y en la producción agrícola.

Cada país tiene productos representativos: Colombia es famosa por su exquisito café; Perú produce caña de azúcar y algodón; Bolivia es muy rica en gas natural, estaño y cobre;[a] Ecuador exporta bananas y petróleo junto con Venezuela, que es uno de los países productores de petróleo más importantes del mundo.

Los países andinos poseen también una enorme riqueza cultural debido a su variedad étnica. Los indígenas de cada región, especialmente los quechuas y los descendientes de europeos y africanos componen la diversa población del mundo andino. Esta variedad se observa en diferentes modos de vivir, en la música y numerosos instrumentos musicales nativos, en la ropa y productos textiles y en las celebraciones y festividades.

Una boliviana con su sombrero hongo (bowler hat)

[a]estaño... *tin and copper*

PREGUNTAS

1. Además de Bolivia, Colombia, Ecuador y Perú, ¿qué otros países tienen una región andina en su territorio? ¿Qué países tienen una región caribeña en su territorio?
2. ¿Cómo es diferente la manera de vivir en la costa de la de las montañas?
3. ¿Por qué los países andinos poseen tanta riqueza cultural? ¿En qué se manifiesta esta gran variedad?

CAPÍTULO 10

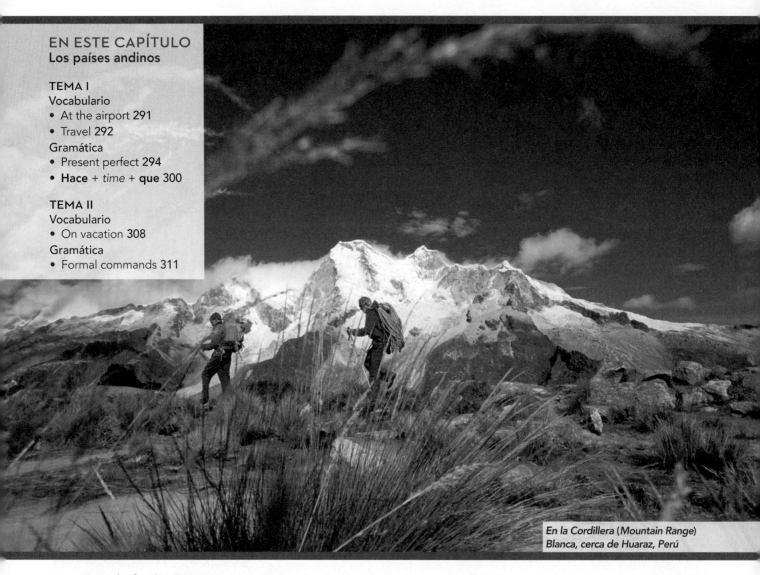

¡Salgamos a explorar!

EN ESTE CAPÍTULO
Los países andinos

En la Cordillera (Mountain Range) Blanca, cerca de Huaraz, Perú

1. **¿Cuándo fue la última vez que viajaste en avión, en tren o en autobús? ¿Adónde fuiste? ¿Qué hiciste allí? ¿Qué planes tienes para las próximas vacaciones?**
2. **Describe la foto de la Cordillera Blanca en Perú. En tu opinión, ¿a qué tipo de turista le va a interesar visitar este lugar? ¿Conoces otros lugares como este? ¿Qué tienen de especial estos lugares?**

www.connectspanish.com

TEMA I: De viaje

Vocabulario en acción

En el aeropuerto

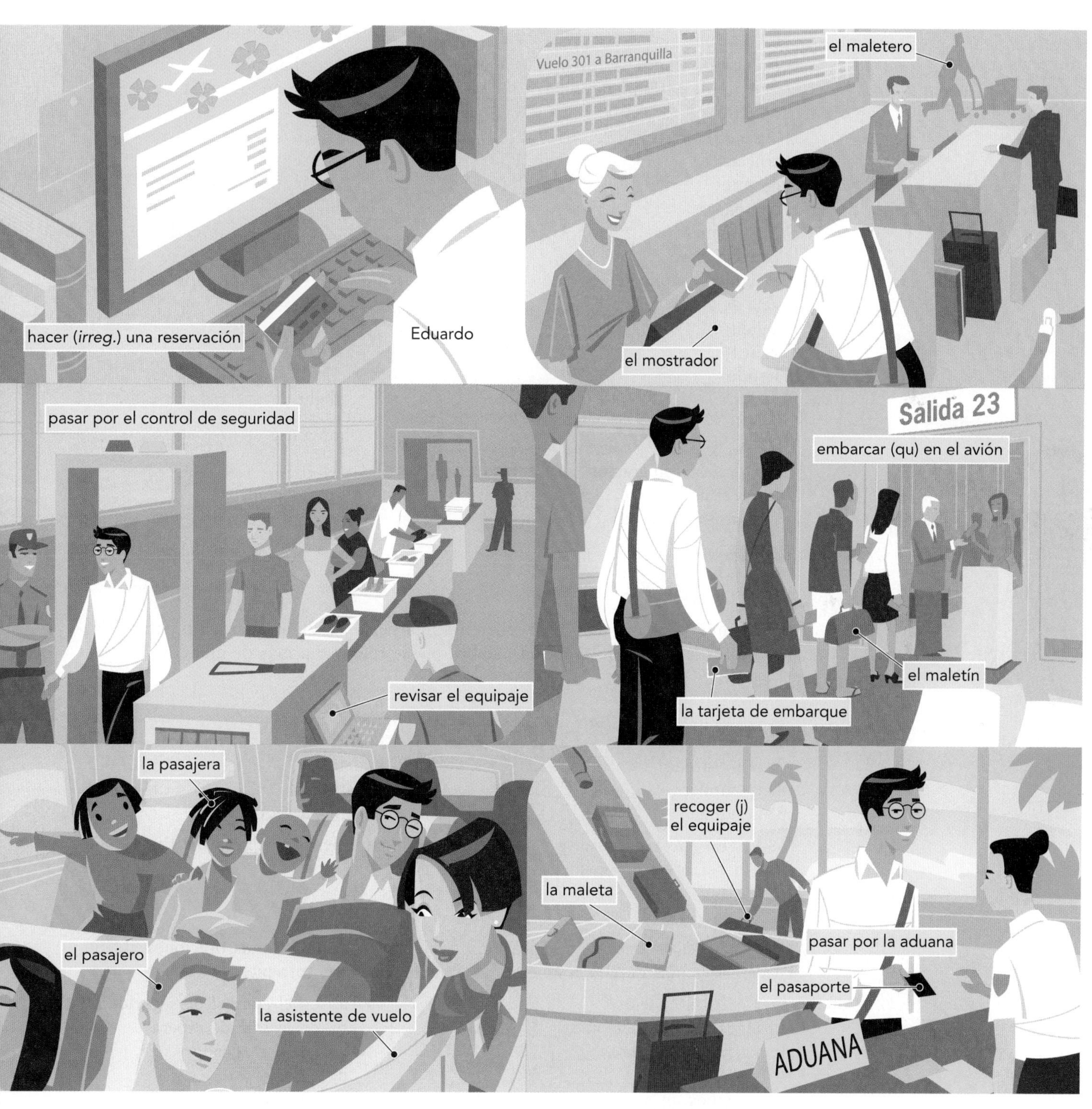

Los viajes

bajarse (de)	to get off (of) (*a vehicle*)
facturar el equipaje	to check luggage
hacer (*irreg.*) **cola**	to stand in line
hacer las maletas	to pack one's suitcase(s)
pasar por inmigración	to pass through immigration
perder (ie)	to miss (*a flight, train, bus*)
subir (a)	to get on/in (*a vehicle*)
la agencia de viajes	travel agency
el asiento (de pasillo/ventanilla)	(aisle/window) seat
el boleto	ticket
la clase económica	coach (class)
el crucero	cruise (ship)
el destino	destination
el equipaje	luggage
el/la extranjero/a	foreigner; *m.* abroad
la primera clase	first class
el reclamo de equipaje	baggage claim
la sala de espera	waiting room
la salida	departure; gate
el viaje	trip
el visado	visa
el vuelo	flight
de viaje	on a trip

Cognados: la inmigración, el/la turista
Repaso: el aeropuerto, el autobús, el avión, el barco, la reservación, el transporte, el tren

ACTIVIDADES

A. Identificaciones

PASO 1. Indica si las palabras se refieren a una persona (**P**), a un artículo para viajar (**A**) o a un lugar (**L**). **¡OJO!** Una palabra puede referirse a más de una cosa.

	P	A	L		P	A	L
1. el destino	☐	☐	☐	**6.** el visado	☐	☐	☐
2. el extranjero	☐	☐	☐	**7.** el boleto	☐	☐	☐
3. el mostrador	☐	☐	☐	**8.** la maletera	☐	☐	☐
4. la pasajera	☐	☐	☐	**9.** el maletín	☐	☐	☐
5. la aduana	☐	☐	☐	**10.** el reclamo de equipaje	☐	☐	☐

PASO 2. En parejas, túrnense para dar una definición de una palabra del **Paso 1**, sin decir la palabra, y adivinar la palabra definida.

B. Voy de viaje.

PASO 1. Indica la frase más lógica para completar cada una de las oraciones. **¡OJO!** Puede haber más de una respuesta, y algunas respuestas se repiten.

1. Hago las maletas ______.
2. Hago las reservaciones ______.
3. Facturo mi maleta ______.
4. Hacemos cola ______.
5. Tenemos un asiento de pasillo ____.
6. Muestro la tarjeta de embarque ______.
7. Revisan mi equipaje ______.
8. Esperamos a embarcar en el avión ______.

a. en el control de seguridad
b. en la sala de espera
c. en el mostrador
d. en el avión
e. en casa
f. en la aduana
g. con el agente de viajes
h. en la salida

PASO 2. En parejas, pongan las oraciones del **Paso 1** en orden cronológico.

C. Situaciones

PASO 1. Escoge cuatro de las siguientes situaciones y escribe una buena sugerencia para esas personas.

MODELO Quiero hacer una reservación para un vuelo a Miami, pero no tengo computadora. → Ud. debe ir a una agencia de viajes.

1. Mi prima se casa en España y quiero ir a la boda, pero tengo miedo de viajar en avión.
2. Quiero ir a Nueva York para visitar a mis amigas, pero no tengo coche y tengo poco dinero.
3. Acabo de bajar del avión y necesito recoger mis maletas.
4. Quiero hacer un viaje romántico con mi esposa, pero no quiero preocuparme por las comidas, ni por el transporte... ni nada.
5. Necesito facturar mi equipaje antes de embarcar en el avión.
6. Vamos a hacer un viaje a India y China con los hijos y no estamos seguros de qué documentos vamos a necesitar.
7. Estoy en el avión y tengo mucha sed. ¡Necesito una bebida!
8. ¿Adónde debo ir después de bajar del avión en Ecuador?

PASO 2. Lee tus sugerencias a un compañero / una compañera sin mencionar la situación. Tu compañero/a debe escuchar tu sugerencia y adivinar cuál es la situación.

D. ¿Cómo viajan mis compañeros/as?

PASO 1. Forma preguntas basándote en las siguientes oraciones. Luego, hazles las preguntas a tus compañeros de clase. Encuentra dos personas que contesten **sí** a cada una de las preguntas y apunta sus nombres.

MODELO Viaja generalmente en clase económica. →

E1: David, ¿viajas generalmente en clase económica?
E2: Sí, siempre viajo en clase económica.
E1: *Escribe «David» al lado de la oración.*

¿Quién lo hace?

______ ______ 1. Usa sitios como Kayak o Expedia en Internet para hacer las reservaciones.
______ ______ 2. No factura equipaje en el aeropuerto, solo viaja con un maletín.
______ ______ 3. Prefiere un asiento de pasillo.
______ ______ 4. Lleva una mochila grande en el vuelo y tiene que sacar muchas cosas para pasar por el control de seguridad.
______ ______ 5. Le pide al /a la asistente de vuelo agua para beber.
______ ______ 6. Ya tiene un pasaporte para poder viajar al extranjero y pasar por la aduana.

PASO 2. Comparte los resultados con la clase.

MODELO Bill y John generalmente viajan en clase económica.

Gramática

Talking About What Has Happened Recently

10.1 Present Perfect

GRAMÁTICA EN ACCIÓN

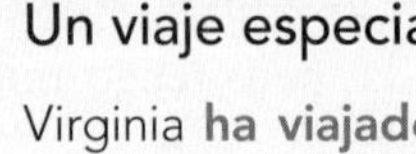

Un viaje especial

Virginia **ha viajado** mucho porque escribe guías turísticas. **Ha escrito** guías sobre más de cien lugares. **Ha planeado** un viaje a Ecuador y este viaje es especial por dos razones. Primero, nunca **ha estado** en el ecuador, o sea, la línea imaginaria que divide los hemisferios norte y sur de la Tierra. Segundo, nunca **ha hecho** un viaje tan largo con su hijo, Seve. En este momento, Seve está quejándose porque **se ha cansado** de hacer cola.

SEVE: ¡Otra cola! ¿Cuántas colas **hemos hecho** en este viaje, mamá?

VIRGINIA: Ay, no te quejes tanto, mi hijo. Esto es normal y en realidad no **hemos tenido** que esperar demasiado.

SEVE: ¡Huy, mamá! **Te has acostumbrado** porque **has viajado** mucho. Tienes mucha paciencia con las colas, el control de seguridad y la aduana.

VIRGINIA: Pero nunca **he hecho** un viaje a Ecuador. Por eso, es muy interesante para mí, especialmente porque lo estoy haciendo contigo, querido. Y mañana vamos a la Mitad del Mundo.

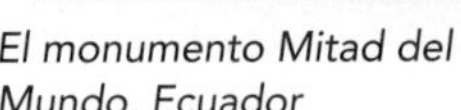

El monumento Mitad del Mundo, Ecuador

Comprensión. Indica la forma correcta para completar cada una de las oraciones.

SEVE: Mamá, nosotros ___ estado en la cola por mucho tiempo. ¿Cuándo va a ser nuestro turno?

VIRGINIA: Ahora mismo. Tienes que prepararte para pasar por el control de seguridad. ¿___ sacado la computadora de tu mochila?

SEVE: Sí. Y también me ___ quitado la chaqueta.

VIRGINIA: Esta revisión ___ tomado mucho tiempo, pero casi llegamos, hijo.

a. he
b. has
c. ha
d. hemos

A. The *present perfect* is a compound tense in both Spanish and English. Compound tenses include two parts: an *auxiliary verb* and a *past participle*. In Spanish, the verb **haber** serves as the auxiliary verb and is conjugated in the present tense to form the first element of the present perfect. The past participle of regular verbs is formed by removing the infinitive ending (**-ar, -er,** or **-ir**) and adding **-ado** for **-ar** verbs and **-ido** for **-er** and **-ir** verbs.

PRESENT PERFECT OF REGULAR VERBS		
he **has** **ha** **hemos** **habéis** **han**	+	**estudiado** **comido** **vivido**

B. Several verbs have irregular past participles.

IRREGULAR PAST PARTICIPLES			
abrir →	abierto	**imprimir** →	impreso
cubrir →	cubierto	**morir** →	muerto
decir →	dicho	**poner** →	puesto
describir →	descrito	**resolver** →	resuelto
descubrir →	descubierto	**romper** →	roto
devolver →	devuelto	**ver** →	visto
escribir →	escrito	**volver** →	vuelto
hacer →	hecho		

C. The present perfect is used to talk about actions that occurred or began in the past but that continue to affect the present. The words and phrases **alguna vez, nunca, ya, hasta ahora, recientemente, todavía,** and **últimamente** are frequently used in conjunction with the present perfect.

—¿Ya **has hecho** las reservaciones?	*Have you already made the reservations?*
—Todavía no, pero sí **he comprado** los billetes de avión.	*Not yet, but I have bought the airplane tickets.*
Últimamente **han ido** a muchas bodas.	*Lately they've gone to a lot of weddings.*

D. The **haber** and the *past participle* are never separated. If a sentence is negative or if a sentence contains pronouns, the negative word and the pronouns are placed before **haber**.

—¿Nunca **has visitado** Perú?	*You've never visited Peru?*
—Sí, lo **he visitado** varias veces.	*Yes, I've visited it several times.*
—¿**Han visto** Uds. los Andes alguna vez?	*Have you ever seen the Andes?*
—No, nunca los **hemos visto.**	*No, we've never seen them.*

ACTIVIDADES

A. Mi viaje. Completa las oraciones con el presente perfecto de los verbos entre paréntesis para describir lo que Ramón y Teresa han hecho (o no) hasta ahora durante su viaje por Sudamérica.

1. Ramón (**enfermarse**) de soroche (*altitude sickness*) dos veces.
2. Yo (**hablar**) mucho en español.
3. Ramón y yo (**visitar**) la Mitad del Mundo cerca de Quito.
4. Ramón (**comprar**) tres sombreros Panamá en Ecuador.
5. Ramón y yo (**viajar**) en tren a Machu Picchu.
6. Ramón y yo no (**ver**) el Lago Titicaca.
7. Nuestros amigos (**dar**) un paseo en balsa (*raft*) en el Lago Titicaca.
8. ¡Ramón! ¿No encuentras las tarjetas de embarque? ¿(*Tú:* **Perderlas**)?

B. Entrevista: ¿Adónde has viajado? Entrevista a un compañero / una compañera de clase con las preguntas. Luego, cambien de papel.

1. ¿Qué viajes has hecho durante el último año? ¿Qué lugares has visitado? ¿Con quién viajaste y cuándo hiciste los viajes?
2. ¿Cuántas veces has salido de este país? ¿Qué países has visitado en el extranjero?
3. ¿Cuántas veces has hecho un viaje largo en tren? ¿y en autobús? ¿Por qué viajaste en tren/autobús? ¿Adónde fuiste?
4. ¿Cuántas veces has perdido un vuelo? ¿Qué otros problemas has tenido durante un viaje? Por ejemplo, ¿has perdido tu pasaporte alguna vez?
5. ¿Qué excursiones has hecho en este estado / esta provincia?

C. Experiencias de vida

PASO 1. Escribe preguntas en la segunda columna del cuadro, usando los elementos de la primera columna. Las otras columnas son para el **Paso 2.**

ACTIVIDAD	PREGUNTA	NOMBRE DE UN(A) COMPAÑERO/A	NOMBRE DE UN(A) COMPAÑERO/A
comer insectos	**¿Has comido insectos?**		
nadar en diferentes océanos			
viajar en primera clase			
ir a Europa			
hacer un viaje en tren			

PASO 2. Pregúntales a tus compañeros si han hecho estas actividades en su vida. Si alguien dice **sí,** escribe su nombre. Encuentra el nombre de una persona diferente para cada actividad, si es posible.

PASO 3. Compartan sus resultados con la clase. ¿Cuál de las actividades han hecho todos? ¿Cuál de las actividades no ha hecho nadie? ¿Quién ha hecho todas o casi todas esas actividades?

Nota comunicativa

Acabar de + *inf.*

If you want to express *to have just (done something)*, use **acabar de** + *inf.* with **acabar** conjugated in the present tense.

Acabamos de asistir a un festival de música andina.	*We have just been to an Andean music festival.*
—¿Qué haces aquí? Yo pensaba que estabas de vacaciones. —**Acabo de regresar** hoy.	*What are you doing here? I thought you were on vacation.* *I just returned today.*

D. ¿Has viajado a…?

PASO 1. Usando las siguientes oraciones, forma preguntas para hacerle a otro/a estudiante.

MODELO viajar a los Andes (Colombia / Perú / España / ¿?)
¿Has viajado a los Andes?

1. viajar a los Andes (Colombia / Perú / España / ¿?)
2. hacer una reservación de viaje en el Internet / en una agencia de viajes
3. olvidar el maletín (la mochila) en la sala de espera
4. viajar en avión sin facturar las maletas
5. perder un vuelo (tren / autobús)
6. buscar a un amigo / una amiga en el aeropuerto
7. llegar al aeropuerto (a la estación sin tu equipaje)
8. viajar al extranjero
9. ¿?

PASO 2. En parejas, túrnense para hacer y contestar las preguntas. Deben contestar afirmativamente o con **acabar de** si lo han hecho recientemente, o con el pretérito. Si su respuesta es negativa, usen el presente perfecto. No deben decir la verdad en todos los casos. Después, adivinen cuántas de las respuestas que escucharon son falsas.

MODELO E1: ¿Has viajado a los Andes?
E2: Sí, acabo de viajar a los Andes. / Sí, viajé a los Andes el año pasado. / No, no he viajado a los Andes.

Nota cultural

VIAJAR A ECUADOR

Unos turistas en canoa en el Lago Zancudo

Los precios en Ecuador se encuentran entre los más bajos de Latinoamérica, lo que convierte a este país en un destino turístico muy atractivo para los bolsillos[a] más pequeños. Los visitantes de casi todo el mundo pueden permanecer en Ecuador por un máximo de noventa días por año sin necesidad de visado. Además, desde el año 2000, el dólar estadounidense es la moneda[b] oficial del país. Los viajeros que no disponen de mucho dinero pueden disfrutar del centro histórico de Quito, las playas de Guayaquil o la biodiversidad de las Islas Galápagos con solo unos veinte dólares al día.

Otra curiosidad es que Ecuador tiene un doble sistema de precios mediante el cual[c] los extranjeros pagan mucho más que los ecuatorianos por algunos servicios, principalmente el transporte y los hoteles más exclusivos. Esta regulación se conoce como el «impuesto gringo» y se puede evitar, alojándose[d] en hoteles económicos y tomando autobuses en lugar de trenes o aviones.

[a]*budgets* [b]*currency* [c]mediante… *through which* [d]se… *it can be avoided by staying*

PREGUNTAS

1. ¿Por qué es Ecuador un destino turístico atractivo? Mencione tres de las razones, según el texto.
2. ¿Qué es el «impuesto gringo»? ¿Qué servicios implementan este tipo de impuesto?
3. ¿Qué alternativas hay para evitar pagar el «impuesto gringo»?

CULTURES RECYCLE

EXPERIENCIA INTEGRAL

Los caminos y puentes incas

ANTES DE LEER. En casi todas las lecturas vas a encontrar palabras que no conoces. Clasificarlas en categorías puede ayudarte a recordar lo que significan. Busca las siguientes palabras en el texto del **Paso 1** e indica la categoría más apropiada: T (transporte), P (persona) o L (lugar).

1. ___ incas
2. ___ adoradores
3. ___ caminos
4. ___ puentes
5. ___ costa
6. ___ fuerzas militares
7. ___ vías
8. ___ alpacas
9. ___ mensajeros
10. ___ posadas
11. ___ almacenes
12. ___ precipicios
13. ___ cañones
14. ___ cestos con poleas
15. ___ arroyos
16. ___ balsa

PASO 1. Completa la conversación sobre la presentación de Julio. Cuando aparecen **por** y **para** entre paréntesis, escoge la preposición correcta. Da la forma correcta de los verbos entre paréntesis. Da el presente perfecto cuando un verbo aparece con *PP*. Cuando un verbo aparece con *P/I*, escoge entre el pretérito y el imperfecto y usa la forma correcta.

IRMA: ¿Qué tal, Julio? ¿Qué haces?

JULIO: Acabo de terminar el cartel[a] para mi presentación sobre los incas (**por/para**[1]) la clase de antropología.

IRMA: Ah, sí, los incas, la gran civilización de Sudamérica, adoradores[b] del sol. ¿Toda la clase tiene que hacer una presentación sobre los incas?

JULIO: Algunos. La profesora (*PP:* **darnos**[2]) opciones para los temas. Los estudiantes que (*P/I:* **escoger**[3]) un tema sobre los incas (*PP:* **hacer**[4]) sus presentaciones esta semana. Hoy por la tarde es mi presentación. Es la última.

IRMA: Pues, ¿sobre qué tema inca (*tú, PP:* **escribir**[5])?

JULIO: Sobre los caminos y puentes. ¿Sabes que, aunque los incas nunca (*P/I:* **inventar**[6]) la rueda,[c] (*P/I:* **tener**[7]) más de 23.000 kilómetros de caminos? Se extendían de Ecuador a Chile y a Argentina.

IRMA: 23.000 kilómetros en millas son…

JULIO: ¡Más de 15.000 millas! (*Yo, PP:* **Incluir**[8]) un mapa e imágenes de partes que todavía existen. Entonces, había dos caminos principales de orientación norte a sur: uno cerca de la costa y el otro (**por/para**[9]) los Andes. Por estos caminos, (*P/I:* **transportar**[10]) comida, fuerzas militares, todo. Pero no eran vías públicas. Solo podías usar los caminos si trabajabas para el gobierno o tenías permiso especial.

IRMA: ¡Pero sin ruedas!

JULIO: (**Por/Para**[11]) transportar comida, por ejemplo, (*ellos, P/I:* **usar**[12]) «trenes» de llamas y alpacas porque son muy ágiles. Tenían también un sistema elaborado de comunicación. (*Ellos, P/I:* **Mandar**[13]) mensajes por medio de un quipu, una colección de cuerdas y nudos[d] que principalmente representaba números. Los chasquis eran mensajeros que corrían en relevos[e] de una estación a otra (**por/para**[14]) unos diez a veinte kilómetros para llevar el mensaje al destinatario.

IRMA: ¡Qué complicado!

Un puente sobre el Río Apurimac en la provincia de Canas

[a]*poster* [b]*worshippers* [c]*wheel* [d]cuerdas… *ropes and knots* [e]*relays*

JULIO: ¡Y no (*yo, PP:* **decirte**[15]) ni la mitad[f]! En estos caminos (*P/I:* **haber**[16]) posadas donde los viajeros podían descansar, comer, dar de comer a sus animales y grandes almacenes[g] donde guardaban[h] provisiones (**por/para**[17]) 25.000 hombres. Los almacenes eran importantes (**por/para**[18]) los ejércitos que (*P/I:* **usar**[19]) estos caminos en la defensa del imperio.

IRMA: Pero no (*tú, PP:* **explicar**[20]) cómo pudieron hacer caminos por los Andes. Son montañas peligrosas[i] y difíciles, con muchos precipicios[j] y ríos.

JULIO: Los incas (*P/I:* **diseñar**[21]) varios tipos de puentes. Los puentes suspendidos, hechos de fibras naturales, cruzaban cañones y valles estrechos.[k] A veces, usaban cestos que se deslizaban a lo largo de cuerdas con poleas[l] en estas situaciones. Para cruzar ríos y arroyos,[m] tenían puentes flotantes, un tipo de balsa[n] hecha con plantas acuáticas.

IRMA: ¡En cinco minutos (*yo, PP:* **aprender**[22]) mucho hablando contigo!

JULIO: Y yo (*PP:* **practicar**[23]) para mi presentación. ¿Qué te parece mi cartel?

IRMA: ¡Perfecto! ¡Bien hecho, Julio!

---

[f]ni... *the half of it* [g]*storehouses* [h]*would store* [i]*dangerous* [j]*cliffs* [k]*narrow* [l]cestos... *baskets drawn with pullies* [m]*streams* [n]*raft*

PASO 2. Indica si las oraciones son ciertas (C) o falsas (F), según el **Paso 1.**

	C	F
1. Julio acaba de dar su presentación a la clase.	☐	☐
2. Todos los estudiantes han hecho presentaciones sobre los incas.	☐	☐
3. Julio ha terminado su cartel, pero todavía no ha hecho su presentación.	☐	☐
4. Los caminos incas eran públicos.	☐	☐
5. Los caminos se extendían por unas 23.000 millas.	☐	☐
6. Para cruzar ríos y arroyos, los incas tenían puentes pontón.	☐	☐
7. Los quipus eran un tipo de puente para cruzar precipicios peligrosos.	☐	☐

PASO 3. En parejas, corrijan las oraciones falsas del **Paso 2.** Luego, escriban tres oraciones más, algunas de ellas falsas. Uds. van a leer sus oraciones a la clase y los otros estudiantes van a decir si son ciertas o falsas.

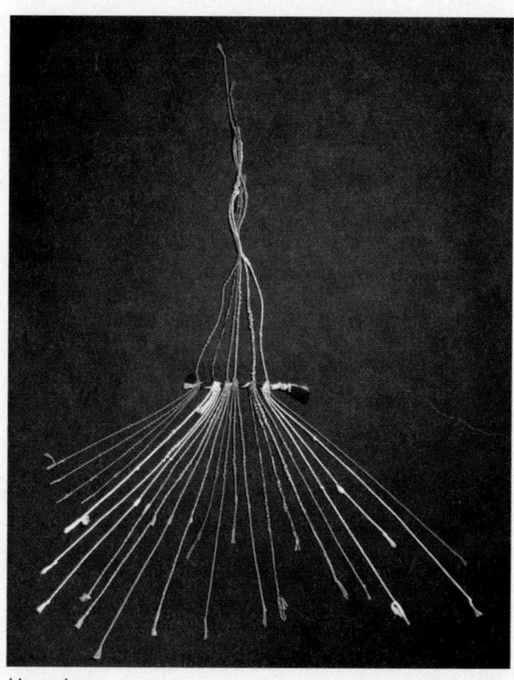

Un quipu

Expressing How Long Something Has Been Happening

10.2 Hace + *time* + que

GRAMÁTICA EN ACCIÓN

Un viaje a Perú

CULTURES C

Antonio y su esposa Nuria van a Perú de vacaciones. Antonio **hizo** un viaje a Perú **hace diez años**, cuando era estudiante, y quería volver con Nuria porque sabe que le van a encantar todas las atracciones culturales. Pero **hace muchas horas que salieron** de México, y Nuria está impaciente porque nunca ha hecho un viaje tan largo.

NURIA: ¿Qué pasa, amor? **Hace casi una hora que esperamos** aquí.

ANTONIO: Apenas **hace veinte minutos que llegamos** a la aduana. Pero esto tarda un poco porque revisan el equipaje de todos. Como **hace solo unas semanas que tuvieron** ese problema en otro aeropuerto internacional, todos los aeropuertos toman precauciones especiales.

NURIA: Parece que nunca vamos a llegar a Lima.

ANTONIO: Pero, querida,... ya estamos en Lima. Pronto vamos a estar en nuestro hotel cerca de la Plaza de Armas. Y en dos días visitamos Cusco y el Valle Sagrado de los Incas. ¡**Quiero** compartir estas maravillas contigo **desde hace tanto tiempo**!

La Plaza de Armas, en Lima

Comprensión. Indica la(s) palabra(s) correcta(s) para completar cada una de las oraciones.

1. Parece que _____ casi una hora que Nuria y Antonio hacen cola en la aduana.
2. Tuvieron un problema en otro aeropuerto internacional hace _____.
3. Hace diez años _____ Antonio visitó Perú como estudiante.
4. Antonio quiere compartir la experiencia de visitar Perú con Nuria _____ mucho tiempo.

a. desde hace
b. hace
c. que
d. unas semanas

English uses the present perfect to express that an action has been in progress for a specific length of time.

> ***We have been** in line for three hours.*
> ***He has wanted** to go to Bolivia for five years.*

However, to express similar ideas, standard Spanish requires a special construction with the verb **hacer.**

Hace tres horas **que hacemos** cola.	*We have been in line for three hours.*
Hace cinco años **que quiere** ir a Bolivia.	*He has wanted to go to Bolivia for five years.*

This construction is commonly referred to as the **hace** + *time* + **que** construction and it has a few variations, depending on the meaning you want to express.

A. Use the following structure with a present tense verb to express how long something has been in progress. (The action started in the past and is still going on.)

Hace + *length of time* + **que** + *verb in present tense*

Hace dos años **que** vivo en Quito.	*I have lived in Quito for two years.*
Hace mucho (tiempo) **que** esperamos el avión. Todavía no ha llegado.	*We've waited a long time for the plane. It still hasn't arrived.*

You can switch the order of the clauses by removing the **que** and inserting **desde.** This does not change the meaning in English.

verb in present tense + **desde hace** + *length of time*

Vivo en Quito desde **hace** dos años.	*I have lived in Quito for two years.*
Esperamos el avión desde **hace** mucho (tiempo). Todavía no ha llegado.	*We've waited a long time for the plane. It still hasn't arrived.*

To ask (for) how long someone has been doing something, use the following construction. Note that the verb is in the present tense.

¿Cuánto tiempo hace que quieren viajar a Bolivia?	*How long have you wanted to travel to Bolivia?*

B. To express how long it's been since something (has) happened, use the following construction. (The action is no longer in progress.) Note that the verb **hace** does not change.

Hace + *length of time* + **que** + *verb in preterite*

Hace seis meses **que** fui a Bogotá.	*I went to Bogotá six months ago. (It's been six months since I went to Bogotá.)*
Hace tres minutos **que** cancelaron el vuelo.	*They cancelled the flight three minutes ago. (It's been three minutes since they cancelled the flight.)*

You can switch the order of the clauses by dropping **que.**

verb in preterite + **hace** + *length of time*

Fui a Bogotá **hace** seis meses.	*I went to Bogotá six months ago.*
Cancelaron el vuelo **hace** tres minutos.	*They cancelled the flight three minutes ago.*

To ask how long it's been since (or how long ago) someone did something, use the following construction. Note that the verb is in the preterite and that the verb **hace** does not change.

¿Cuánto tiempo hace que fueron al Lago Titicaca?	*How long has it been since you went to Lake Titicaca? (How long ago did you go to Lake Titicaca?)*

ACTIVIDADES

A. Las vacaciones de Rebeca

PASO 1. Escucha las oraciones sobre los preparativos que Rebeca hizo para su viaje. Para cada una, indica la oración correspondiente.

1. ☐ Rebeca fue a la Isla de San Andrés hace cinco años.
   ☐ Hace cinco años que Rebeca espera visitar la Isla de San Andrés.
   ☐ Hace cinco años que Rebeca está en la Isla de San Andrés.
2. ☐ Rebeca compró sus boletos de viaje hace cuatro meses.
   ☐ Hace cuatro meses que Rebeca hace reservaciones para el viaje.
   ☐ Hace cuatro meses que Rebeca viajó a la Isla de San Andrés.
3. ☐ Rebeca hizo sus maletas hace tres días.
   ☐ Hace tres días que Rebeca hace sus maletas.
   ☐ Hace tres días que Rebeca hizo sus maletas.
4. ☐ Rebeca salió para el aeropuerto hace una hora.
   ☐ Hace una hora que Rebeca llama el taxi.
   ☐ Hace una hora que Rebeca espera el taxi.

PASO 2. Escribe oraciones completas sobre el viaje de Rebeca. **¡OJO!** Cuidado con el uso del pretérito y del presente.

MODELO Son las 3:00 de la tarde. Rebeca llegó al hotel a las 9:00 de la mañana.
Hace seis horas que Rebeca llegó al hotel.

1. Hoy es miércoles. Rebeca visitó el museo de arte el lunes.
2. Es junio. Rebeca compró su boleto en enero.
3. Son las 9:00 de la noche. Rebeca almorzó a la 1:00 de la tarde.
4. Rebeca está despierta desde las 6:00 de la mañana. Ahora es medianoche.
5. Son las 5:00 de la tarde. Rebeca está en la playa tomando el sol desde mediodía.
6. Rebeca visitó esta isla cuando tenía 8 años. Ahora tiene 25 años.

B. Hechos importantes

PASO 1. Escribe oraciones completas explicando cuánto tiempo hace que ocurrió lo siguiente en tu vida. Usa el pretérito.

MODELO yo / ir a la playa
Hace seis meses que fui a la playa.

1. mi familia y yo / ir de vacaciones juntos
2. yo / visitar un museo
3. yo / viajar en avión
4. mis amigos y yo / hacer un viaje
5. ¿? / morir

PASO 2. Escribe oraciones completas explicando cuánto tiempo hace que ocurre lo siguiente en tu vida. Usa el presente.

MODELO yo / vivir con mi compañero/a de cuarto/casa
Hace dos años que vivo con mi compañera de casa.

1. mi mejor amigo/a y yo / conocerse
2. mi familia / vivir en ¿?
3. yo / estudiar español
4. yo / usar esta mochila
5. nosotros / (no) tener mascota

C. Entrevista

PASO 1. Convierte en preguntas las oraciones de la **Actividad B** usando la frase: ¿Cuánto tiempo hace que…?

MODELO ¿Cuánto tiempo hace que fuiste a la playa?
¿Cuánto tiempo hace que vives con tu compañero/a de cuarto/casa?

PASO 2. En parejas, háganse y contesten las preguntas.

Nota interdisciplinaria

LENGUAS EXTRANJERAS: EL QUECHUA

Las Ventanillas de Otuzco, Cajamarca, Perú

En los países andinos, el español es el idioma de más extensión, pero no es el único. El quechua, lengua que tiene sus raíces en las culturas indígenas de los Andes, tiene hoy en día, en Bolivia y Perú, el estatus de lengua oficial, junto con el español. Además, lo hablan millones de habitantes de Ecuador y de la zona andina de Argentina, Chile y Colombia. De hecho, un gran número de personas son bilingües: hablan quechua y español, aunque el español es generalmente su segundo idioma. Y para muchos peruanos y bolivianos, el quechua es el único idioma que hablan.

En español hay muchas palabras que vienen del quechua, lo cual[a] refleja la fusión cultural y lingüística. Dos palabras quechuas que se usan en el español de la región son **chompa**[b] y **choclo**.[c] También se nota la influencia del quechua en el inglés. ¿Sabías que las palabras inglesas *condor, llama, puma* y *quinine* tienen raíces quechuas?

Lee esta lista de pueblos, ciudades y distritos de Perú. Los nombres vienen del quechua. Lee también la traducción al español. Observa que muchos de los nombres de lugares de la región andina son de origen quechua y hacen alusión a la naturaleza y la geografía.

Nombres de lugares en quechua

Acomayo	=	Llanura (*Plain*) de arena
Arequipa	=	Detrás del volcán
Cajamarca	=	Región de rocas
Cochamarca	=	Región de lagunas
Pariamarca	=	Región de flamencos
Piscobamba	=	Llanura de aves
Yurajmayo	=	Río blanco

[a]lo... *which* [b]*suéter* [c]*corn(cob)*

PREGUNTAS

1. ¿Cuál es la situación lingüística en los países andinos? ¿Cuál es la lengua que más se habla en la zona de los Andes? ¿Qué comunidades son bilingües? ¿En qué comunidades no se habla español?
2. ¿Cuáles son algunas palabras en inglés que vienen del quechua?
3. ¿Hay comunidades bilingües en este país? ¿Dónde están? ¿Qué idiomas hablan las personas que viven allí?

EXPERIENCIA INTEGRAL

Runa Tupari y el turismo comunitario

ANTES DE LEER. ¿Participas en organizaciones voluntarias? ¿Cuáles son? ¿Cuáles son las metas (*goals*) de esas organizaciones? ¿Cuál es el nombre de otras organizaciones voluntarias que hay en tu comunidad? Haz una lluvia de ideas sobre algunas de las metas típicas de las organizaciones que tratan de apoyar, promover (*promote*) y preservar una comunidad. Luego, mientras lees el **Paso 1**, identifica las metas de estas organizaciones y escríbelas aquí.

PASO 1. Completa la descripción. Cuando aparecen dos palabras, escoge la palabra correcta. Da el presente de los verbos.

La Catedral y el convento de Cotacachi, Ecuador

En 2001 se organizó una nueva operadora de turismo rural y comunitario en Ecuador. Se llama Runa Tupari y se basa en la convivencia o intercambio cultural entre los visitantes y las familias indígenas y campesinas. El programa se centra en cuatro comunidades cerca de Cotacachi, que (**es/está**[1]) a dos horas al norte de Quito.

Esta idea empezó (**hace/hacen**[2]) unos años con la Unión de Organizaciones Campesinas Indígenas de Cotacachi (UNORCAC), una organización intercultural que representa a cuarenta y cuatro comunidades indígenas, mestizas y afroecuatorianas. El propósito[a] de (**este/esta**[3]) organización es mejorar el nivel de vida[b] de las comunidades a través de[c] diferentes programas, como la reforestación, la conservación medioambiental, servicios y ayuda legales y de salud, educación bilingüe, renacimiento[d] cultural y turismo rural.

Para cumplir con la última meta, UNORCAC (**formó/formaba**[4]) la agencia Runa Tupari. Runa Tupari (**es/está**[5]) una frase que en quechua significa «encuentro con los indígenas». Esta agencia (**ofrecer**[6]) al turista una experiencia rural y comunitaria auténtica. Los alojamientos rurales (**son/están**[7]) construidos como las otras viviendas de la comunidad. Son cabañas con camas para tres personas, agua caliente y un baño, porque los turistas (**querer**[8]) alojamientos con las comodidades[e] básicas y un poco de privacidad. Están cerca de la vivienda de la familia anfitriona[f] y los huéspedes[g] ayudan a la familia en la huerta. Así, ellos (**aprender**[9]) los usos culinarios y medicinales de las plantas y vegetales de la región.

Con Runa Tupari, los turistas (**saben/conocen**[10]) la tranquilidad del campo y las costumbres de las familias indígenas. Los huéspedes participan en actividades agrícolas, artesanales y culinarias (de preparación y degustación[h]). Las comunidades visitadas también (**beneficiarse**[11]) directamente del turismo. Las familias anfitrionas comparten su cultura y vida diaria y ganan un poco de dinero por recibir a los huéspedes. Además, Runa Tupari (**entrenó/entrenaba**[12]) a veinticinco guías nativos profesionales que (**son/están**[13]) de Cotacachi y viven allí. Estos guías llevan a los huéspedes a dar caminatas, giras en bicicleta, ascensos a volcanes y a lugares como la Reserva Ecológica Cotacachi Cayapas, al Lago Cuicocha y al Volcán Cotacachi. Están

[a]*purpose* [b]nivel... *standard of living* [c]a... *through* [d]*revival* [e]*comforts* [f]*host* [g]*guests* [h]*tasting* [i]*assures*

muy (**orgullosos/orgullosa**[14]) de su herencia cultural y geográfica. Runa Tupari asegura[i] que los huéspedes (**divertirse**[15]) durante su visita. (**Por/Para**[16]) eso, sus excursiones son informativas, bien organizadas y divertidas. Otro beneficio es que también salen de Ecuador con un aprecio profundo por la belleza del país.

Las comunidades de Cotacachi, los guías nativos y UNORCAC son copropietarios[j] de Runa Tupari. En otras palabras, los ingresos[k] de (**este/esta**[17]) programa se distribuyen de una manera justa y proporcionada en la comunidad. Hace varios años ya que UNORCAC (**ayuda/ayudó**[18]) a las comunidades de Cotacachi a participar en la economía sin perder su identidad cultural.

---

[i]*assures* [j]*co-owners* [k]*income*

PASO 2. Empareja cada una de las descripciones con la palabra o frase correspondiente. **¡OJO!** Se puede usar las palabras y frases más de una vez.

1. _____ significa «encuentro con los indígenas»
2. _____ ofrecen excursiones informativas
3. _____ aprenden costumbres indígenas
4. _____ comparten su vida diaria
5. _____ apoya a cuarenta y cuatro grupos étnicos
6. _____ es una agencia con servicios de turismo rural
7. _____ mantienen huertas familiares
8. _____ se alojan en cabañas con agua caliente y un baño
9. _____ Es una organización con programas medioambientales, de salud, legales y turísticos.

a. UNORCAC
b. Runa Tupari
c. los guías nativos profesionales
d. las familias anfitrionas
e. los huéspedes de Runa Tupari

PASO 3. Primero, lee las siguientes preguntas y luego contéstalas con información personal. Después, en grupos pequeños, entrevístense usando estas preguntas. Apunta las respuestas de tus compañeros/as. Prepara una pequeña presentación para explicar quién ha tenido las experiencias más interesantes.

1. ¿Cuánto tiempo hace que hiciste un viaje fuera de tu estado? ¿Adónde fuiste?
2. ¿En qué tipo de alojamiento te quedaste? Describe la mejor característica de tu alojamiento y la peor.
3. ¿Cuál fue tu experiencia como voluntario/a más gratificante? ¿Has tenido una experiencia (como voluntario/a o no) en la que usaste tu español? ¿Cuánto tiempo hace que ocurrió?

PASO 4. En parejas, busquen información sobre los viajes que Runa Tupari ofrece. Imagínense que Uds. van a hacer el viaje. Escojan su viaje basándose en el lugar de destino o por su interés. Luego, creen una entrada en un diario de viaje, basándose en el viaje que escogieron. Usen el siguiente esquema para escribir su entrada. Van a comparar su entrada con las de otros estudiantes.

fecha ____________

Hoy es _____. Hace _____ días que estoy en _____. Me encanta este lugar. Ayer (*dos o tres actividades*).... Mañana, vamos a (*dos o tres actividades*).... Estoy muy contento/a con este viaje. Es un tipo de turismo sostenible porque durante el viaje, todos nosotros (los turistas) (*dos o tres actividades*).... Hace _____ que esta comunidad se beneficia de este turismo. Los beneficios para la comunidad incluyen (*uno o dos beneficios*)....

Palabra escrita

A comenzar

Organizing Your Ideas: Selecting Appropriate Content (Part 1). As you develop your composition, you should decide which ideas to include and which ones to disregard. Your decisions should be informed by your goals as a writer and the goals of your intended audience. Ask yourself the following questions.

1. Does all the information illustrate the point I want to make?
2. What information does the reader expect to find in my work?
3. Will the information that I'm offering help the audience achieve a goal?

You are going to start the process of writing a composition that you will finalize in the **Palabra escrita: A finalizar** section of your *Workbook/Laboratory Manual.* For this composition you will create a **Folleto turístico** (*travel brochure*) about a tourist destination that you are familiar with. The purpose of your composition will be to make a tempting travel brochure to persuade your readers to book your travel package.

A. Lluvia de ideas. Haz una lluvia de ideas sobre las siguientes preguntas.

1. ¿Qué lugar de vacaciones has escogido? ¿A qué público vas a dirigirte (*to address*)? ¿a los jóvenes aventureros? ¿a las familias? ¿?
2. ¿Cómo es el lugar escogido? ¿Existen datos históricos importantes del lugar? ¿Cuáles son sus atracciones? ¿Cómo es el clima? ¿Qué actividades se puede hacer en este lugar? ¿Qué tipo de restaurantes hay allí?
3. ¿Cuál es el mejor medio de transporte para llegar a tu lugar de vacaciones? ¿Cómo es el alojamiento que ofrece tu paquete vacacional?
4. Escribe una oración que haga irresistible el viaje a tus lectores.

B. A organizar tus ideas. Repasa tus ideas y organízalas en diferentes secciones. Esta guía te puede ayudar.

- introducción breve con datos históricos del lugar
- atracciones de más interés para tus lectores (haz tu descripción concisa y en forma de lista)
- información sobre el alojamiento
- medio de transporte incluido en tu paquete de viaje

C. A escribir. Ahora escribe el borrador de tu folleto con las ideas y la información que recopilaste en las **Actividades A** y **B.** Debes incluir también el precio del viaje, la dirección y el número de teléfono de tu agencia de viaje. **¡OJO!** Guarda bien tu trabajo. Vas a necesitarlo otra vez para la sección **Palabra escrita: A finalizar** en el *Workbook/Laboratory Manual.*

Fernando Botero

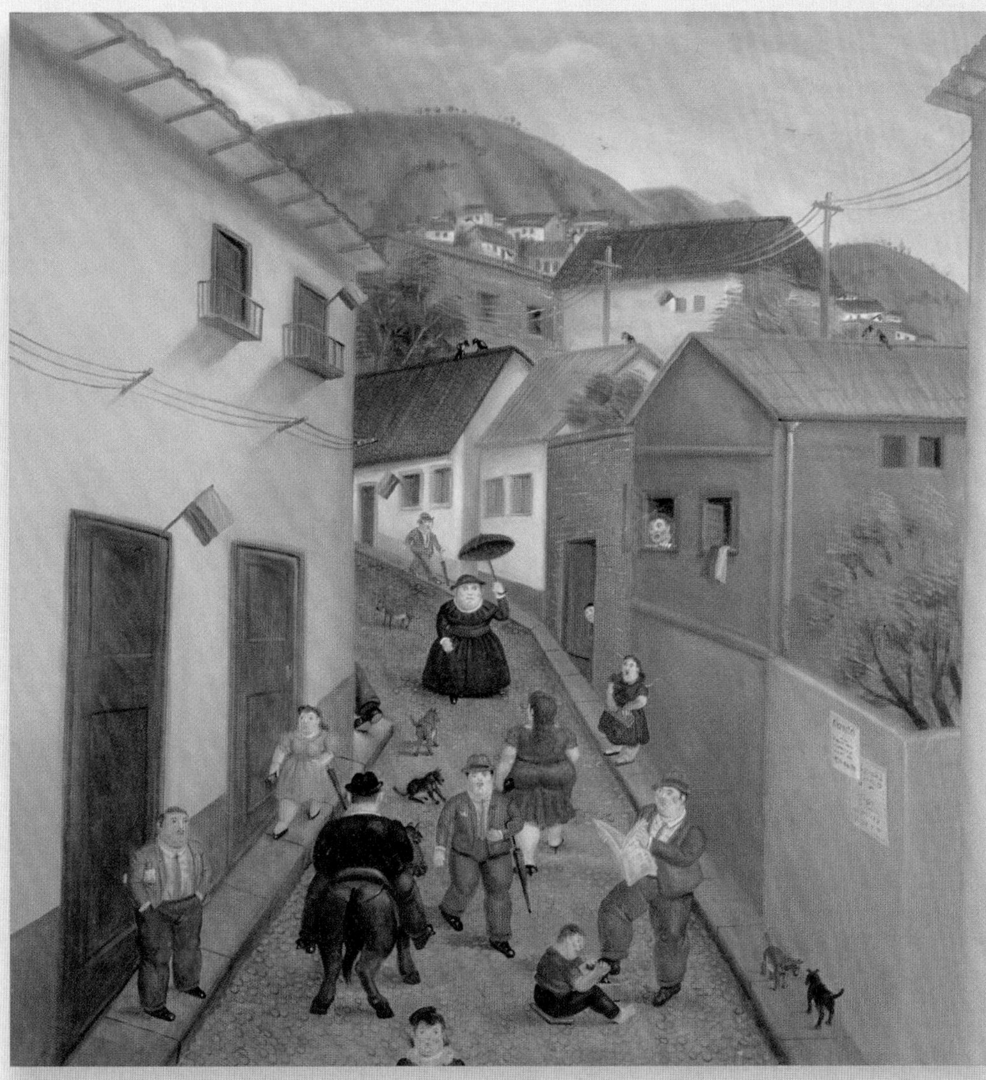

La calle, *1987*

Al pintor y escultor Fernando Botero (1932–) le gusta declarar que es el más colombiano de los artistas colombianos, y es uno de los artistas latinoamericanos más conocidos. Es famoso por sus figuras gruesas,[a] tanto en su pintura como en su escultura. Esta redondez[b] se extiende más allá de[c] la figura humana. Sus animales, plantas, frutas y objetos inanimados también son redondos.[d] Sus obras incluyen naturalezas muertas[e] y paisajes, pero la mayoría de su obra se enfoca en retratos[f] de la figura humana. Muchos de sus retratos también son comentarios culturales, políticos, históricos o sociales.

En *La calle,* Botero muestra la vida diaria en Colombia. También es una escena de cualquier pueblo hispano. Como en otras obras, las figuras están desproporcionadas: puertas enormes, balcones pequeños y mujeres y hombres con cuerpos gruesos. Esta característica de la desproporción distingue la obra de Botero.

[a]*thick* [b]*roundness* [c]más... *beyond* [d]*round* [e]naturalezas... *still lifes* [f]*portraits*

REFLEXIÓN

1. ¿Qué detalles o aspectos de este cuadro son abstractos? ¿Qué elementos del realismo hay en el cuadro?
2. Describan el tema o temas del cuadro. ¿Cómo es el pueblo? ¿Cómo son las personas? ¿Cómo es la vida cotidiana en ese pueblo?

TEMA II: Las vacaciones

Vocabulario en acción

De vacaciones°

De... *On vacation*

alojarse	to stay (*in a hotel*)
quedarse	to stay (*in a place*)
registrarse	to check in
el alojamiento	lodging
la estadía	stay
la habitación doble/sencilla	double/single room
la (tarjeta) postal	postcard
el recuerdo	souvenir

Cognado: el hotel
Repaso: viajar

Los tipos de turismo

el recorrido	tour; trip
las ruinas arqueológicas	archeological ruins
la ruta	route

Cognados: el agroturismo, el ecoturismo, la reserva biológica
Repaso: acampar, pasear, pasear en barco, pescar (qu)

Otras palabras y expresiones

disfrutar (de)	to enjoy
de lujo	luxury (*hotel*)

ACTIVIDADES

A. Definiciones

PASO 1. Escucha cada una de las definiciones e indique el término definido.

1. ____
2. ____
3. ____
4. ____
5. ____
6. ____

a. dar una caminata
b. pasear en canoa
c. registrarse
d. la reserva biológica
e. el botones
f. el hotel de lujo
g. la postal
h. la cabaña

PASO 2. En parejas, den definiciones de otras palabras del **Vocabulario en acción.** Una persona da la definición y otra adivina el significado. Luego, cambien de papel.

B. Un buen agente de viajes

PASO 1. En parejas, describan un plan de viaje para estas personas, de acuerdo con sus preferencias. Sus planes deben incluir el lugar, el alojamiento y las actividades que pueden hacer durante su viaje.

1. Héctor está jubilado y desea hacer un viaje especial de dos semanas con su esposa. Son muy activos para su edad, pero no practican deportes. A su esposa le encantan los museos y el teatro.
2. Carolina tiene 25 años y trabaja mucho. Aunque le gustan las actividades al aire libre, desea hacer un viaje cómodo, sin preocupaciones. Como sus amigas no pueden ir con ella, va a viajar sola.
3. Susana y Marcos tienen mucho interés en las civilizaciones precolombinas. Han ahorrado mucho dinero para hacer un viaje muy especial. No están en muy buenas condiciones físicas, pero les encanta ver sitios interesantes.
4. Carlos y Pedro piensan pasar sus vacaciones de primavera en un lugar exótico. Les gustan los deportes y les encantan las actividades físicas y nuevas.

PASO 2. Comparen sus planes con los de otros estudiantes y escojan los dos mejores agentes de viaje.

C. Una encuesta

PASO 1. Haz una encuesta entre tus compañeros de clase. Hazles las dos preguntas del modelo a por lo menos cinco estudiantes. Apunta sus respuestas en un cuadro como el siguiente. **¡OJO!** La cuarta columna del cuadro es para el **Paso 2.**

MODELO E1: ¿Cuál es tu actividad favorita durante las vacaciones?
E2: Mi actividad favorita es tomar el sol.
E1: ¿Qué actividad nunca te gusta hacer durante las vacaciones?
E2: Nunca me gusta dar caminatas.

ESTUDIANTE	FAVORITA	NUNCA	¿SEDENTARIO O ACTIVO?
Kay	*tomar el sol*	*dar caminatas*	

PASO 2. Indica en la cuarta columna de tu cuadro si cada estudiante es sedentario o activo, según sus respuestas. Si no está claro, escribe: «No sé».

PASO 3. Comparen los resultados con los de toda la clase. Por lo general, ¿son activos o sedentarios los estudiantes de la clase cuando están de vacaciones?

D. Entrevista

PASO 1. Entrevista a un compañero / una compañera de clase con estas preguntas. Luego, cambien de papel. Toma apuntes para hablar de las respuestas después.

1. ¿Qué tipo de turismo te interesa más? ¿Por qué? ¿Qué actividades te gusta hacer?
2. Cuando viajas, ¿compras recuerdos del lugar? ¿Para quién? ¿para ti o para tu familia y amigos? ¿Qué tipo de recuerdos te gusta comprar?
3. ¿Te gusta sacar fotos del lugar o prefieres comprar tarjetas postales? ¿Por qué?
4. ¿Qué viaje como el que describes has hecho últimamente? Explícate un poco.

PASO 2. Informen a la clase sobre sus preferencias indicando si tienen Uds. mucho en común o poco.

MODELO Kate y yo no tenemos mucho en común. A ella le gusta ir a la playa en vacaciones porque le gusta mucho tomar el sol y relajarse, pero yo prefiero visitar ciudades porque me interesan las actividades culturales...

Gramática

10.3 Formal Commands

Giving Commands to Socially Distant People

GRAMÁTICA EN ACCIÓN

Éxito en el aeropuerto

En el Aeropuerto Internacional Jorge Chávez en Callao, Perú

Siga estas instrucciones para tener una experiencia agradable y evitar complicaciones en el aeropuerto.

1. No **lleve** mucho equipaje. **Haga** las maletas de manera organizada.
2. **Llegue** con un mínimo de dos horas antes de su vuelo si este es internacional. **Trate** de llegar más temprano si va a facturar su equipaje.
3. **Tenga** paciencia con los empleados del aeropuerto y **espere** su turno.
4. Al pasar por el control de seguridad, **quítese** los zapatos y el abrigo y si lleva una computadora portátil, **sáquela** de la maleta y **preséntesela** al agente de seguridad. **Lleve** los líquidos en una bolsa de plástico.
5. **Siga** todas las instrucciones de los empleados en el control de seguridad y la aduana.
6. **Suba** al avión por la puerta de embarque cuando llegue su turno y **presente** su tarjeta de embarque al agente.
7. **Busque** su asiento, **guarde** su equipaje debajo del asiento y **apague** el teléfono celular.
8. ¡**Disfrute** de su vuelo!

Comprensión. Indica las formas correctas para completar las siguientes oraciones.

1. _____ mucha agua durante el vuelo para no deshidratarse.
2. Para no molestar a los otros pasajeros, _____ el asiento al máximo.
3. Cuando el avión llegue a su destino, _____ hasta recibir instrucciones de los asistentes de vuelo.
4. Si quiere mirar una película, _____ audífonos (*headphones*).

a. no incline
b. no se levante
c. use
d. beba

You've already been exposed to some commands in the activities of *Experience Spanish* and you've undoubtedly heard some from your professor in class.

In this section, you will learn formal commands: those used to address people as **Ud.** or **Uds.**

FORMAL COMMANDS

INFINITIVE	PRESENT TENSE **yo** FORM	REMOVE **-o**	ADD "OPPOSITE VOWEL" ENDING	FORMAL COMMAND: **Ud., Uds.**
hablar	**hablo**	**habl-**	**-e, -en**	**hable, hablen**
comer	**como**	**com-**	**-a, -an**	**coma, coman**
vivir	**vivo**	**viv-**	**-a, -an**	**viva, vivan**

A. Most formal commands are formed by following these steps.

1. Take the **yo** form of the present tense: **llamar** → **llamo**
2. Remove the **-o** ending of the **yo** form: **llamo** → **llam-**
3. Add the "opposite vowel" ending.
   a. For **-ar** verbs, add **-e** for **Ud.** commands or **-en** for **Uds.** commands: **llame, llamen**
   b. For **-er/-ir** verbs, add **-a** for **Ud.** commands or **-an** for **Uds.** commands: **coma, coman; viva, vivan**

Llamen a la agencia de viajes y **escriban** la información aquí.	*Call the travel agency and write the information here.*

B. If a verb has an irregular **yo** form in the present tense, whether it's due to a stem change (**duermo**) or some other irregularity (**tengo, conozco**), that same irregularity carries over to the formal command form.

¡**Tengan** unas lindas vacaciones!	*Have a great vacation!*
Ponga la ropa en la maleta.	*Put the clothes in the suitcase.*

C. There are five verbs whose formal command forms are not formed by following the preceding steps. Note the written accent on some of these forms.

IRREGULAR FORMAL COMMANDS

INFINITIVE	**Ud.** COMMAND	**Uds.** COMMAND
dar	**dé**	**den**
estar	**esté**	**estén**
ir	**vaya**	**vayan**
saber	**sepa**	**sepan**
ser	**sea**	**sean**

Dé algunos ejemplos de los destinos que le gustan.	*Give some examples of the destinations you like.*
Vayan a ese parque nuevo. Es muy bueno.	*Go to that new park. It's very good.*

D. To tell someone what *not* to do, put the word **no** in front of the affirmative formal command.

No tomen el tren a Lima.	*Don't take the train to Lima.*

E. When using reflexive, indirect object, or direct object pronouns with an affirmative command form, the pronouns are always attached to the end of the command. Note that a written accent may have to be added to maintain the original stress pattern of the command form.

Pruébenlo. Les va a gustar.	*Try it. You'll like it.*
Denles los boletos.	*Give them the tickets.* (No accent; stress on 2nd-to-last syllable)
Dénselos.	*Give them to them.* (With accent; stress now on 3rd-to-last syllable)

When using pronouns with a negative command, the pronouns always go between the **no** and command form.

No se levanten todavía. Otros pasajeros necesitan bajarse del avión primero.	*Don't get up yet. Other passengers need to get off the plane first.*
—¿Le pido ayuda a la asistente de vuelo?	*Shall I ask the flight attendant for help?*
—Ay, amor. **No** se la **pida** todavía. ¡Sea paciente!	*Oh, my dear. Don't ask her for it yet. Be patient!*

F. Formal commands of verbs that end in **-car, -gar,** or **-zar** require an additional spelling change to maintain the original pronunciation pattern of the letters **c, g,** and **z,** as they're pronounced in the infinitive and present tense **yo** form.

FORMAL COMMANDS OF -car, -gar, AND -zar VERBS			
INFINITIVE	PRESENT TENSE **yo** FORM	SPELLING CHANGE	FORMAL COMMAND
buscar	**busco**	c → qu	**busque(n)**
pagar	**pago**	g → gu	**pague(n)**
almorzar (ue)	**almuerzo**	z → c	**almuerce(n)**

Paguen en el mostrador, por favor.	*Pay at the counter, please.*
No almuercen en el aeropuerto, almuercen en el hotel.	*Don't eat lunch at the airport, eat lunch at the hotel.*

ACTIVIDADES

A. En el aeropuerto. Da los mandatos formales singulares que se dicen en el aeropuerto.

MODELO llegar dos horas antes de su vuelo. → Llegue dos horas antes de su vuelo.

1. buscarnos un asiento en primera clase
2. darnos la tarjeta de embarque
3. no llevar mucho dinero en efectivo
4. explicarme dónde está el control de seguridad
5. decirle a la asistente de vuelo que quiere más agua
6. facturar el equipaje si sus maletas son grandes
7. quitarse los zapatos antes de pasar por seguridad

B. Consejos. En parejas, denles por lo menos dos mandatos a estas personas.

MODELO una persona que tiene mucho estrés →
Haga ejercicio todos los días. Tome unas vacaciones relajantes.

1. una persona que ha perdido su equipaje
2. una persona en un país extranjero por primera vez
3. los pasajeros de la clase económica
4. una madre que viaja en avión con un bebé
5. los agentes de seguridad
6. los maleteros en el aeropuerto
7. los recepcionistas del hotel
8. ¿ ?

C. ¡Disfruten del viaje!

PASO 1. En parejas, escojan un lugar de destino en un país hispano y escriban instrucciones, sin revelar el nombre del país, para dos personas que lo van a visitar. Usen mandatos en plural e incluyan todos los pasos necesarios para organizar el viaje. Pueden incluir algunos nombres de ciudades o monumentos que deben visitar.

MODELO Compren boletos para Cusco. Hagan una excursión a Machu Picchu.

PASO 2. Compartan sus mandatos con otra pareja de la clase. ¿Pueden ellos identificar el país que van a visitar?

EXPERIENCIA INTEGRAL

Una visita a la cuenca del Amazonas

ANTES DE LEER. ¿Te gustaría visitar el río Amazonas, la selva (*jungle*) y el bosque tropical en la cuenca del Amazonas? Es una región tropical con muchos peligros. ¿Qué más sabes de estos lugares? En parejas, preparen dos listas: las cosas que uno debe hacer antes y durante el viaje y las cosas que no debe hacer. Al leer el **Paso 1**, ¿pueden encontrar algunas de las ideas que apuntaron?

PASO 1. Vas a leer una noticia con información y sugerencias sobre cómo hacer una excursión a la región amazónica. Completa la descripción: Cuando aparecen dos palabras, escoge la palabra correcta; cuando aparece un verbo, da el mandato formal singular.

Si Ud. quiere experimentar un fantástico espectro[a] de flora y fauna exótica, (ir[1]) a la Cuenca del Amazonas. Es la región al noreste de Sudamérica que incluye el Río Amazonas, sus tributarios y el bosque tropical, y que recientemente, fue designado como una de las siete maravillas naturales del mundo.

Un mono tamarindo

[a]*spectrum*

El bosque, el más extenso del mundo, atraviesa[b] ocho países. Su tamaño es comparable a dos tercios[c] de los Estados Unidos y tiene un enorme valor ecológico. Más (que/de[2]) un tercio de las especies del mundo habitan allí: unos 2,5 millones de especies de insectos, plantas, mamíferos[d] y aves. No hay ningún otro lugar con mayor diversidad de especies. Entre los mamíferos predominan los monos,[e] los jaguares, los tapires[f] y los ciervos.[g] Hay una multitud de anfibios y reptiles, incluso la inmensa serpiente anaconda. En (los/las[3]) aguas del Río se encuentra un delfín rosado, único.

Pero esta selva tropical también puede ser peligrosa[h] para los turistas. Hay reptiles venenosos, animales salvajes, e insectos que transmiten enfermedades.[i] Si Ud. visita esta región, es importante contratar[j] a un guía profesional, ni (pensar[4]) contratar a los que ofrecen sus servicios en los hoteles o en el aeropuerto. Hay muchas compañías respetables que ofrecen los ecotours y guías. (Verifica[5]) sus credenciales y (hacerle[6]) preguntas al representante sobre la región y las excursiones que ofrecen.

Ninguna estación es mejor que otra (por/para[7]) visitar la Cuenca del Amazonas, pero para máximas oportunidades de ver la fauna, (visitar[8]) este lugar durante la temporada seca de mayo a octubre. (Escoger[9]) una excursión por la selva, un crucero por el río y, si no le importa el precio, (quedarse[10]) en una eco-lodge. Si Ud. viaja con un presupuesto[k] limitado, y no le importa un alojamiento rústico, (dormir[11]) en una hamaca en una cabaña. Los precios son más baratos en Bolivia y Colombia y estos países tienen (tan/tanta[12]) biodiversidad (que/como[13]) Perú y Brasil.

No (dar[14]) caminatas por la selva sin el equipo apropiado. Hace muchísimo calor y es muy húmedo, pero no (vestirse[15]) con pantalones cortos, ni camisa sin mangas[l] y (llevar[16]) repelente de insectos. La mayoría de las especies son insectos y ¡los mosquitos son feroces! Un sombrero y unos binoculares son importantes. No (olvidarlos[17]).

Para aventureros y amantes de la naturaleza, (este/esta[18]) es el viaje perfecto. Si Ud. lo hace, (tener[19]) cuidado, pero más que nada, ¡(divertirse[20])!

---

[b]*spans* [c]*thirds* [d]*mammals* [e]*monkeys* [f]*dark-colored mammals resembling a very large pig with a longer snout that can grab leaves* [g]*deer* [h]*dangerous* [i]*illnesses* [j]*hire* [k]*budget* [l]sin... *sleeveless*

PASO 2. Indica las palabras correctas para completar cada una de las oraciones, según el **Paso 1**.

1. Según el pasaje, la Cuenca del Amazonas incluye estos países.
   ☐ Brasil ☐ Argentina ☐ Uruguay ☐ Ecuador ☐ Colombia
2. La Cuenca es _______.
   ☐ conocida por sus lagos y montañas ☐ el hábitat de 2,5 millones de insectos
   ☐ una maravilla del mundo ☐ más grande que California
3. Algunos de los peligros de la Cuenca incluyen _______.
   ☐ animales salvajes ☐ delfines ☐ reptiles venenosos ☐ hamacas
4. Un turista que visita la Cuenca del Amazonas puede alojarse en _______.
   ☐ un crucero ☐ una cabaña rústica ☐ un eco-lodge ☐ un hotel de lujo

PASO 3. Contesta las siguientes preguntas según el **Paso 1**.

1. ¿Dónde está la Cuenca del Amazonas?
2. ¿Cuál es la importancia de esa región?
3. ¿Cuáles son algunos de los animales que habitan allí?
4. ¿Qué preparativos debe hacer una persona para protegerse (*protect him/herself*)?
5. ¿Qué opciones económicas tiene el turista que quiere visitar la Cuenca?

PASO 4. Imagínate que una persona de la región andina viene a visitar tu ciudad o región. En parejas, preparen una lista de las cosas que esa persona debe hacer o no durante su viaje. Piensen en posibles actividades y atracciones, lo que debe traer y los preparativos que debe hacer para protegerse (*protect oneself*). Comparen su lista con la de otra pareja y escojan las cinco mejores sugerencias para presentar a la clase.

Nota cultural

El ECOTURISMO

El Parque Nacional Sama, Bolivia

El ecoturismo es una forma de turismo que se enfoca en conservar los recursos naturales[a] y la cultura local. Latinoamérica tiene muchas regiones naturales protegidas, en donde se practica el «turismo responsable», con un menor impacto en el ambiente.[b] La biodiversidad de los países andinos hace de esta región un lugar privilegiado para el turismo, pero también es un ambiente frágil. El ecoturismo es una alternativa ideal para disfrutar de las maravillas naturales de los Andes y contribuir a su preservación.

Bolivia está entre los ocho países con mayor biodiversidad del mundo y cuenta con[c] treinta y una áreas protegidas. Sus numerosas rutas ecoturísticas permiten apreciar toda su diversidad, como el altiplano,[d] marcado por la Cordillera de los Andes y el Lago Titicaca; la Amazonia,[e] caracterizada por los bosques tropicales[f] y las sabanas.[g]

Los Grandes Parques Naturales de Bolivia son áreas especialmente diseñadas para la protección de la biodiversidad, pero al mismo tiempo permiten el ejercicio de deportes de aventura, el senderismo, la apreciación de la riqueza de la fauna y flora, y el contacto con sus pobladores de origen aymará e inca, todo en equilibrio con el medioambiente.[h]

[a]recursos... *natural resources* [b]*environment* [c]cuenta... *it has* [d]*high plateau* [e]*Amazon region*
[f]bosques... *rain forests* [g]*plains* [h]*environment*

PREGUNTAS

1. ¿Qué es el ecoturismo? ¿Por qué están promocionando los países andinos el ecoturismo?
2. ¿Qué les ofrece Bolivia a los amantes del ecoturismo? ¿Qué actividades turísticas se pueden practicar allí?
3. ¿Han practicado el ecoturismo alguna vez? ¿cuándo? ¿dónde? ¿En qué actividades participaron Uds.?
4. ¿Existe el ecoturismo en la comunidad o en el país donde Uds. viven? ¿dónde? ¿Qué actividades se puede hacer allí?

Lectura cultural

Vas a leer un fragmento de un artículo escrito por Ana Cristina Reymundo y publicado por American Airlines en la revista *Nexos*. La escritora describe su visita, durante un fin de semana, a la ciudad colombiana de Bogotá.

ANTES DE LEER

A. A primera vista. Lee el título y las primeras líneas (*en letra cursiva*) del artículo. Después, contesta estas preguntas.

1. ¿Con qué compara la autora la ciudad de Bogotá? ¿Qué dice de la ciudad?
2. Teniendo en cuenta que se publicó en una revista turística, haz una lista de la información que esperas encontrar en el artículo.

B. A verificar. Lee rápidamente el texto sin preocuparte por las palabras que no conoces. ¿Acertaste en tus predicciones? ¿Qué otras ideas que no están en tu lista se incluyen en el artículo?

Fin de semana bogotano

Colombia es una delicia de país y su capital, Bogotá, es como la mujer perfecta: bonita, culta, sofisticada, divertida y sensual.

La aventura bogotana comenzó desde que el avión descendió hacia el aeropuerto internacional El Dorado, cuyo nombre hace hincapié[a] en la antigua leyenda.

La ciudad sensual

Le pedí a mi chofer y guía que hiciera[b] un recorrido por el centro para apreciar la ciudad a oscuras.[c] La noche es fresca y el aire muy húmedo, como si lloviznara.[d] Fue necesario mantener las ventanas del auto cerradas. Siendo la tercera capital más alta en América del Sur, después de La Paz y Quito, Bogotá suele ser[e] fría de noche. Además, le gusta mostrar su lado misterioso pues de los 365 días del año, se cubre con un manto de niebla[f] en más de 200 de ellos.

La Plaza Mayor, Bogotá

La ciudad culta

Había escuchado[g] a mis amigos bogotanos decir que a Bogotá se le ha denominado como la «Atenas Sudamericana». Con una oferta cultural tan grande que varía desde bibliotecas, museos, galerías y teatros, tuve que reducir mis selecciones cuidadosamente ya que un día y dos noches no me daban tiempo de apreciar más que una muy reducida selección.

Cabe[h] mencionar que la UNESCO considera a Bogotá parte de la Red[i] de Ciudades Creativas y que en 2007 le otorgó[j] el título de «Capital Mundial del Libro» y, en 2012, la designó como «Ciudad de la Música».

[a]*refers to* [b]*to make* [c]*in the dark* [d]como... *as if it were drizzling* [e]suele... *is usually* [f]manto... *layer of fog* [g]Había... *I had heard* [h]*It is worthy* [i]*Network* [j]*granted*

Después de un sabroso desayuno de arepas con queso y una taza del emblemático café colombiano en casa de mi amigo Mauricio, él y yo nos dirigimos hacia el sector histórico conocido como La Candelaria. La Plaza Mayor es un sitio de encuentro para muchas personas y un lugar ideal para las familias donde los chicos pueden correr libremente sin mayor peligro entre las abundantes palomas[k] mientras sus padres los vigilan[l] relajadamente algunos pasos atrás.

Dejamos la plaza para visitar el Museo Botero que también está situado en La Candelaria. Alberga[m] una numerosa colección de obras donadas por Fernando Botero, el renombrado escultor colombiano. De las 123 obras, ochenta y siete de ellas forman parte de su colección personal e incluyen obras de grandes maestros como Picasso, Dalí y Degas, entre otros. Las demás obras fueron realizadas por Botero mismo.

La ciudad divertida

Andrés Carne de Res es visita obligada para cualquiera. Es muy recomendable llegar temprano, como a las 7:00 de la noche, si es posible. El lugar es muy concurrido.[n] No solo se come muy bien allí sino también se «rumbea» de lo más sabroso.[ñ] Rumbear significa bailar, beber y gozar, algo que en este singular restaurante es de primer orden.[o]

Tras unas copitas de aguardiente,[p] la música, el baile y la gente llena de alegría contagiosa nos dio la madrugada.[q] Solo tuve tiempo de ducharme y correr hacia el aeropuerto para regresar a casa.

Esta visita a Bogotá solo es una de las muchas que han de venir en un futuro. Por ahora mis planes son de regresar para disfrutar del Carnaval de Bogotá que celebra con música y comparsas[r] su herencia[s] hispánica del 5 al 6 de agosto.

[k]*pigeons* [l]*watch* [m]*It hosts* [n]*crowded* [ñ]de... *a lot* [o]de... *very important* [p]*liquor* [q]nos... *dawn broke over us* [r]*group of people at carnival in costume and with masks* [s]*heritage*

DESPUÉS DE LEER

A. Comprensión. Indica si las siguientes oraciones son ciertas (C) o falsas (F) según el artículo. Corrige las oraciones falsas.

La autora...

		C	F
1.	llegó a Bogotá por la tarde y se quedó allí tres días.	☐	☐
2.	está impresionada por las muchas ofertas culturales de Bogotá.	☐	☐
3.	no tuvo tiempo de visitar el Museo Botero.	☐	☐
4.	visitó la Plaza Mayor del barrio de La Candelaria.	☐	☐
5.	fue a cenar a un restaurante tranquilo y regresó al hotel temprano.	☐	☐
6.	hizo todas sus visitas y actividades en Bogotá con un amigo.	☐	☐

B. Temas de discusión. En grupos pequeños, contesten las preguntas.

1. ¿Qué hizo la autora del artículo cuando llegó a Bogotá? ¿Por qué? ¿Qué tiempo hacía?
2. ¿Por qué describe la autora a Bogotá como una ciudad «culta»? ¿Qué distinciones ha recibido esta ciudad desde 2007?
3. ¿Cómo es la Plaza Mayor, según la autora?
4. ¿Creen que la autora se divirtió mucho en el restaurante Andrés Carne de Res? ¿Por qué creen eso?
5. ¿Qué piensa hacer la autora cuando vuelva a Bogotá en el futuro?
6. Imagínense que van a hacer un viaje a Bogotá. ¿Qué lugar(es) mencionado(s) en el artículo les gustaría visitar? ¿Por qué?

Perú: María Elena

Un viaje a Machu Picchu

María Elena nos muestra Machu Picchu, la famosa Ciudad Perdida de los Incas, la ciudad colonial de Cusco, el Valle Sagrado de los Incas, el pueblo de Ollantaytambo y el pueblo de Aguas Calientes.

ANTES DE VER

A. Capítulo y vídeo

1. ¿Qué apectos naturales y geográficos asocias con los países andinos?
2. ¿Qué tipo de problemas crees que ha causado el turismo en lugares naturales de delicado equilibrio (*delicate balance*)? ¿Sabes de programas que se han establecido para acomodar el turismo sin dañar (*harming*) la natualeza?
3. ¿Cuál crees que es el lugar ideal para pasar un fin de semana? ¿Por qué has seleccionado ese lugar?

B. Anticipación. Contesta las preguntas.

1. ¿Prefieres viajar en tren, en avión, en autobús o en auto? Explica.
2. ¿Cuáles son las ventajas y desventajas de viajar en grupo?
3. ¿Qué sabes de Machu Picchu y la cultura precolombina de los incas?

Vocabulario práctico

orgullosa	proud
nos llevará	will take us
a lo largo de	all around
de mucho movimiento	very crowded
no hay duda	there's no doubt

DESPUÉS DE VER

A. Comprensión. Empareja las descripciones con el lugar correspondiente.

1. _____ una región fértil con ruinas arqueológicas interesantísimas
2. _____ El nombre de este lugar significa «montaña vieja».
3. _____ un lugar pintoresco con restaurantes y tiendas de productos textiles
4. _____ Fue la capital del Imperio inca.
5. _____ un pueblo en el Valle Sagrado de los Incas

a. Aguas Calientes
b. Cusco
c. Machu Picchu
d. Ollantaytambo
e. Valle Sagrado de los Incas

B. Opinión. En parejas, contesten las preguntas.

1. ¿Qué lugar les pareció más interesante —Machu Picchu, Cusco o Ollantaytambo— y por qué?
2. ¿Qué lugar del segmento creen que les gusta más a los estudiantes norteamericanos? ¿Por qué?
3. ¿Cuáles son las diferencias y semejanzas entre los lugares del segmento? ¿Cuáles son las más importantes? Expliquen.

C. Temas de discusión. En grupos pequeños, comenten los temas.

1. **Lugares especiales:** Pensando en la información, las imágenes y la música del blog de María Elena, ¿creen que Cusco y Machu Picchu son lugares muy especiales? Expliquen.
2. Preparen una lista de recomendaciones para *uno* de los siguientes grupos que quiere hacer un viaje a Machu Picchu: (a) una pareja de profesores de antropología jubilados, (b) una familia: padre y madre de 30 años con un hijo de 6 años y otro de 9 meses, (c) dos amigas: estudiantes norteamericanas de la universidad, (d) ¿? Comparen su lista con las de otros grupos.
3. Preparen un breve informe sobre los aspectos de la región andina que más les han interesado. Pueden usar información del capítulo, del vídeo y de Internet.

Vocabulario

Los verbos	
alojarse	to stay (*in a hotel*)
bajarse (de)	to get off (of) (*a vehicle*)
disfrutar (de)	to enjoy
embarcar (qu) (en)	to board
facturar el equipaje	to check luggage
hacer (*irreg.*) **alpinismo**	to mountain climb
hacer cola	to stand in line
hacer una excursión	to take a tour/day trip
hacer las maletas	to pack one's suitcase(s)
pasar por...	to go through . . .
la aduana	customs
el control de la seguridad	security (check point)
la inmigración	immigration
pasear en canoa	to go canoeing
quedarse	to stay (*in a place*)
recoger (j) el equipaje	to pick up luggage
registrarse	to check in
revisar	to inspect
subir (a)	to get on/in (*a vehicle*)

Repaso: acampar, dar (*irreg.*) **una caminata, divertirse (ie, i), pasear, pasear en barco, pescar (qu), viajar**

El viaje	Trip
la aduana	customs
la agencia de viajes	travel agency
el asiento (de pasillo/ventanilla)	(aisle/window) seat
el/la asistente de vuelo	flight attendant
el boleto	ticket
la clase económica	coach (class)
el control de seguridad	security (check point)
el crucero	cruise (ship)
el destino	destination
el equipaje	luggage
el/la extranjero/a	foreigner; *m.* abroad
la llegada	arrival
la maleta	suitcase
el/la maletero/a	skycap
el maletín	carry-on (bag)
el mostrador	(check-in) counter
el/la pasajero/a	passenger
la primera clase	first class
el reclamo de equipaje	baggage claim
la sala de espera	waiting room
la salida	departure; gate
la tarjeta de embarque	boarding pass
el viaje	trip
el visado	visa
el vuelo	flight
de viaje	on a trip

Cognados: el pasaporte, el/la turista
Repaso: el aeropuerto, el autobús, el avión, el barco, la reservación, el transporte, el tren

De vacaciones	On vacation
el alojamiento	lodging
el botones *inv.*	bellhop
la cabaña (rústica)	(rustic) cabin
la estadía	stay
la excursión	tour, daytrip
la habitación doble/sencilla	double/single room
el/la huésped(a)	hotel guest
el recorrido	tour; trip
el recuerdo	souvenir
las ruinas arqueológicas	archeological ruins
la ruta	route
la (tarjeta) postal	postcard
de lujo	luxury (*hotel*)

Cognados: el agroturismo, la canoa, el ecoturismo, el hotel, la recepción, la reserva biológica, el turismo

CAPÍTULO 11

La música, el arte y las celebraciones

EN ESTE CAPÍTULO
Los países andinos

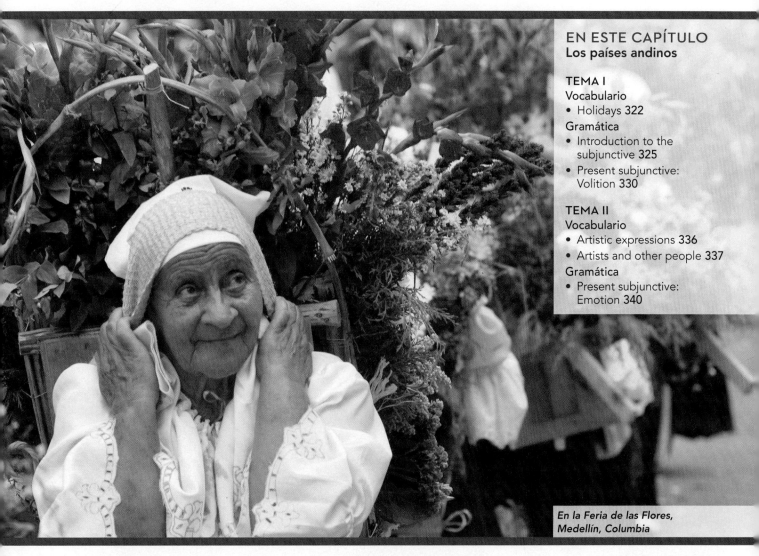

En la Feria de las Flores, Medellín, Columbia

1. En la Feria de las Flores de Medellín, hay grandes arreglos (*arrangements*) de flores. También hay desfiles (foto), conciertos y otros eventos culturales. ¿Has estado alguna vez en un festival como la Feria de las Flores de Medellín? ¿Cómo era?
2. ¿Hay algún otro festival parecido en tu país? ¿Cómo es esa celebración? ¿Qué tipo de actividades se realizan?
3. ¿Qué diversiones hay en el lugar donde vives?

www.connectspanish.com

TEMA I: Las celebraciones y fiestas tradicionales

Vocabulario en acción

Los días festivos°

Los... *Holidays*

Otros días festivos y celebraciones

el Día de Acción de Gracias	Thanksgiving Day
el Día de Canadá	Canada Day
el Día de la Madre	Mother's Day
el Día de la Raza	Columbus Day
el Día de los Muertos	Day of the Dead
el Día de los Reyes Magos	Feast of the Three Kings (Epiphany)
el Día del Padre	Father's Day
el día del santo	one's saint day
la Nochebuena	Christmas Eve
la Pascua	Easter
la Pascua judía	Passover
la Semana Santa	Holy Week
las vacaciones de primavera	spring break

Cognados: el Carnaval, el Cinco de Mayo, el festival; nacional, religioso/a, tradicional
Repaso: el cumpleaños

Para celebrar

disfrazarse (c)	to disguise oneself
la carroza	parade float
el conjunto musical	band, musical group
la festividad	festivity; feast

Cognados: celebrar; el santo patrón / la santa patrona; adornado/a
Repaso: la fiesta

ACTIVIDADES

A. Los meses de los días festivos

PASO 1. Indica en qué mes se celebran estos días festivos. Busca la respuesta en Internet si no estás seguro/a.

1. el Día de la Madre, en los Estados Unidos y Canadá
2. el Día del Padre, en los Estados Unidos y Canadá
3. la Navidad
4. el Día de Acción de Gracias, en los Estados Unidos
5. el Día de Acción de Gracias, en Canadá
6. el Día de los Muertos
7. el Día de la Independencia, en los Estados Unidos
8. el Año Nuevo
9. el Día de la Raza
10. el Día de Canadá

PASO 2. En parejas, nombren un día festivo para los meses no representados en el **Paso 1.** Pueden buscar días festivos en Internet si lo necesitan.

Vocabulario práctico

hicimos la cuenta atrás	we counted down
las canastas	baskets
los platos fuertes	heavy dishes/ meals

B. Asociaciones

PASO 1. Escucha cada una de las oraciones y luego indica el día festivo que asocias con las actividades.

a. el cumpleaños
b. el Día del Padre
c. el Día de la Independencia
d. las vacaciones de primavera
e. el Día de los Reyes Magos
f. la Navidad
g. el Día de Acción de Gracias
h. el Día de los Muertos
i. la Pascua
j. la Nochevieja

1. ____ 2. ____ 3. ____ 4. ____ 5. ____ 6. ____ 7. ____ 8. ____

PASO 2. En parejas, describan algo que hacen en un día festivo u otro día especial. Tu compañero/a debe adivinar qué día es.

MODELO E1: Paso el día con mi familia y le hago un regalo a mi mamá.
E2: Es el Día de la Madre.

C. Entrevista: Las vacaciones de primavera. Entrevista a un compañero / una compañera de clase con las preguntas. Luego, cambien de papel.

1. ¿Cuándo son las próximas vacaciones de primavera?
2. ¿Cuáles son los destinos más populares entre los estudiantes de esta universidad para pasar las vacaciones de primavera?
3. ¿Qué quieres hacer para las próximas vacaciones de primavera? ¿Quieres hacer un viaje con amigos o quieren tus padres que pases las vacaciones con tu familia?
4. ¿Qué hiciste en las últimas vacaciones de primavera?

D. Un nuevo día festivo

PASO 1. En parejas, inventen un día festivo nuevo para celebrarlo el día y mes que Uds. quieran. ¿Qué nombre tiene este nuevo día de fiesta? ¿Qué se celebra y con qué actividades se celebra este día? ¿Qué se vende en las tiendas en su nuevo día festivo? ¿Quién(es) lo va(n) a celebrar?

Nombre del día: Actividades:
Participantes: Otras ideas:

PASO 2. Compartan sus ideas con la clase. De todos los días festivos, ¿cuál prefiere celebrar la clase? ¿Por qué?

E. Los días festivos

PASO 1. Usa las preguntas para entrevistar a por lo menos tres compañeros/as de clase. En una hoja de papel aparte, apunta sus respuestas en un cuadro como el siguiente.

MÁS IMPORTANTE	DIVERTIRSE	DÍA FESTIVO FAVORITO	DISFRAZARSE	MÁS REGALOS

1. ¿Cuál es el día festivo o celebración más importante para tu familia?
2. ¿Cuál es el día festivo o celebración en que más te diviertes tú?
3. ¿Tienes algún día festivo favorito?
4. ¿Te disfrazas en algún día festivo o celebración?
5. ¿En qué día festivo o celebración recibes más regalos?

PASO 2. Compara tus respuestas del **Paso 1** con las de los otros estudiantes de la clase. ¿Qué días festivos se mencionan más? Por ejemplo, ¿hay un día festivo o celebración más importante para la familia? ¿un día festivo o celebración en que más se divierten? ¿un día festivo favorito?

Gramática

11.1 Introduction to the Subjunctive

Telling Other People What You Want Them to Do

GRAMÁTICA EN ACCIÓN

Nuestro viaje a Bolivia

[*Rogelio **quiere que** su amigo Fernando le **explique** algunos detalles del viaje que Marta y Fernando van a hacer a Bolivia.*]

ROGELIO: ¿Cuándo salen Marta y tú para Bolivia?

FERNANDO: Salimos a principios de febrero. Queremos llegar durante el verano y antes de los carnavales. Nuestros amigos allí **quieren que vayamos** al Carnaval de Oruro que es a finales de febrero.

ROGELIO: ¿Y se van a alojar con sus amigos durante todo el viaje?

FERNANDO: Ay, no. Aunque Justo y Clemencia **quieren que nos quedemos** con ellos el mes entero, queremos hacer varias excursiones arqueológicas y naturales. Durante las excursiones, queremos alojarnos en cabañas rústicas o alojamientos muy básicos.

ROGELIO: ¿Van a los parques nacionales?

FERNANDO: Por supuesto, vamos a Madidi y al Parque Nacional Noel Kempff Mercado. Mi amigo **quiere que visitemos** Ulla Ulla y el Lago Titicaca primero. Sabe que **quiero** conocer a un kallawaya, un curandero indígena.

ROGELIO: Bueno, **quiero que** me **manden** muchas tarjetas postales, **que saquen** muchas fotos y **que se diviertan** muchísimo. Un mes entero en Bolivia: ¡qué envidia les tengo!

Un perezoso, en el Parque Nacional Madidi

Comprensión. Indica la palabra correcta para completar cada una de las oraciones.

1. Rogelio ___ que Marta y Fernando le manden tarjetas postales del viaje.
2. Los amigos quieren que Marta y Fernando ___ al Carnaval de Oruro.
3. Justo y Clemencia quieren que Marta y Fernando ___ con ellos por un mes.
4. Rogelio quiere que Fernando le ___ de los detalles del viaje.

a. se queden
b. quiere
c. vayan
d. hable

One way to ask someone to do something, or to express a request or desire that another person do something, is to use the construction: **querer** + **que** + *present subjunctive.*

Quiero que me hagas un favor.	*I want you to do me a favor.*
Mi madre **quiere que** mi hermano la lleve al mercado.	*My mother wants my brother to take her to the market.*

You'll notice that the verbs in blue text are expressed in a form you may not have seen before. These verbs are conjugated in the present subjunctive. For now, all you need to remember is that when the first clause of a sentence contains the **querer que** structure, it will be followed by a clause with a verb or verbs in the present subjunctive.

A. You have already learned some present subjunctive forms as formal commands and negative informal commands. Remember that these forms are based on the **yo** form of the present indicative but with the "opposite" vowel ending. This means that **-ar** verbs will have an **-e** in the present subjunctive endings and **-er** and **-ir** verbs will have an **-a** in the present subjunctive endings.

-ar hablar → hablø	
hable	hablemos
hables	habléis
hable	hablen

-er comer → comø	
coma	comamos
comas	comáis
coma	coman

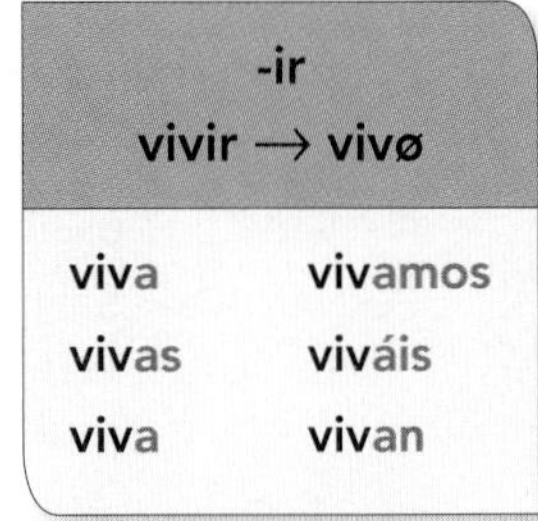

-ir vivir → vivø	
viva	vivamos
vivas	viváis
viva	vivan

Mi esposa **quiere que** nos hospedemos en un hotel de lujo. — *My wife wants us to stay in a luxury hotel.*

¿**Quieres que** te diga la verdad? — *Do you want me to tell you the truth?*

Luis, Sandra, **quiero que** piensen en sus planes para la Nochevieja. — *Luis, Sandra, I want you to think about your plans for New Year's Eve.*

B. The present subjunctive of stem changing verbs that end with **-ir** have an extra stem change in the **nosotros/as** and **vosotros/as** forms, in addition to the usual stem change in the other forms.

servir (i, i)	
sirva	sirvamos
sirvas	sirváis
sirva	sirvan

dormir (ue, u)	
duerma	durmamos
duermas	durmáis
duerma	duerman

Nuestros abuelos **quieren que** nos divirtamos mucho. — *Our grandparents want us to have a great time.*

Papá **quiere que** durmamos **bien** antes de hacer el viaje. — *Dad wants us to sleep well before making the trip.*

C. There are only six irregular verbs in the present subjunctive. Note that the first letter of each verb spells out the acronym DISHES.

dar → dé, des, dé, demos, deis, den
ir → vaya, vayas, vaya, vayamos, vayáis, vayan
saber → sepa, sepas, sepa, sepamos, sepáis, sepan
haber → haya, hayas, haya,* hayamos, hayáis, hayan
estar → esté, estés, esté, estemos, estéis, estén
ser → sea, seas, sea, seamos, seáis, sean

¿Quieres asistir al desfile? Bueno, **quiero que** vengas conmigo. — *You want to go to the parade? OK, I want you to come with me.*

No quiero que haya mucha gente en esa fiesta. — *I don't want there to be a lot of people at the party.*

---

*The present subjunctive of **hay** is **haya.** You'll learn more about the subjunctive forms of **haber** in later chapters.

ACTIVIDADES

A. Una celebración de Año Nuevo. David y Leti hacen planes para celebrar el Año Nuevo con sus amigos.

PASO 1. Completa las oraciones con las formas correctas del verbo **querer.**

1. Leti ___ que los invitados lleguen alrededor de las 8:00 de la noche.
2. David y Leti ___ que vengan sus mejores amigos a la fiesta.
3. David ___ que Leti compre una variedad de comida y dos botellas de champán.
4. Los amigos de David y Leti ___ que ellos hagan un *playlist* de las mejores canciones (*songs*) del año.
5. ¡Nosotros ___ que David y Leti nos inviten también!

PASO 2. Escucha la narración de lo que está pensando Leti antes de la fiesta. Escúchala y completa cada una de las oraciones con el verbo correcto, según la narración. Usa el subjuntivo.

1. Leti quiere que todo ___ bien.
2. Raúl y José no quieren que Leti le ___ pollo al arroz porque ellos son vegetarianos.
3. Los vecinos no quieren que David y Leti ___ la llegada del Año Nuevo con fuegos artificiales a medianoche.
4. David no quiere que Leti ___ tanto en los problemas.
5. Leti y David quieren que su fiesta ___ memorable.

B. ¿Qué quieren? En parejas, hablen de las celebraciones típicas entre familia o con amigos. Pueden inventar situaciones si quieren, pero deben completar las oraciones para describir lo que esas personas quieren que hagan otras durante las celebraciones.

MODELOS Mis padres (no) quieren que... →
Mis padres quieren que mis hermanos y yo durmamos bien la noche antes de la Navidad.
Mis padres no quieren que mis hermanos y yo peleemos por los regalos.

1. Yo (no) quiero que...
2. Mi hermano/a (no) quiere que...
3. Mi padre/madre/hijo/hija (no) quiere que...
4. Mis padres (no) quieren que...
5. Mis hermanos y yo (no) queremos que...
6. Los miembros del conjunto musical (no) quieren que...
7. Los abuelos (no) quieren que...
8. ¿ ? (no) quiere(n) que...

C. ¿Qué quieren los estudiantes?

PASO 1. En parejas, escriban cuatro peticiones para hacerle a su profesor(a). Usen verbos diferentes.

MODELO Queremos que no haya tarea los fines de semana.

PASO 2. Ahora en grupos de cuatro, seleccionen la petición más razonable y la petición menos razonable.

PASO 3. Compartan sus dos peticiones con la clase. Su profesor(a) va a decirles cuáles son posibles.

Nota cultural

LAS CORRALEJAS DE COLOMBIA

Una corraleja en Sincelejo, Colombia

Las corralejas son festividades populares de la costa caribeña de Colombia. Tienen su origen en la época colonial y consisten en desfiles ecuestres,[a] bailes populares y muchos otros eventos alegres y divertidos. El evento más importante es una versión local de una corrida de toros[b] de origen español.

La fiesta taurina[c] dura varios días y se realiza en varios puntos de la ciudad, pero termina en una plaza de toros temporal,[d] que se construye cada año especialmente para el evento. Durante esta fase, las gradas[e] se llenan de gente, y se sueltan[f] en la plaza toros jóvenes. Cualquier persona valiente y arriesgada[g] puede saltar a[h] la plaza e intentar torearlos.[i] Al final de su tiempo en la plaza, ningún toro muere, a diferencia de otros lugares, como en España, donde sí hay toreros[j] profesionales y todos los toros son sacrificados.

Las corralejas más famosas son las de la ciudad de Sincelejo, que se celebran la tercera semana de enero, pero se festejan corralejas en otros pueblos de la región caribeña también en enero.

[a]*equestrian* [b]corrida... *bullfight* [c]*related to bullfighting* [d]plaza... *temporary bullfighting ring* [e]*(stadium) stands* [f]se... *are let loose* [g]*daring* [h]saltar... *jump into* [i]intentar... *try to engage the bulls with a cape* [j]*bullfighters*

PREGUNTAS

1. ¿Qué son las corralejas? ¿Dónde se celebran? ¿Cuándo?
2. ¿Cuáles son las corralejas más famosas?
3. ¿Por qué son diferentes las corralejas de las corridas de toros de España?
4. ¿Hay fiestas populares en su país en las que un animal es parte de la fiesta? ¿En qué fiestas? ¿Dónde? ¿Qué piensan de este evento?

EXPERIENCIA INTEGRAL

Inti Raymi: El Festival del Sol

ANTES DE LEER. En **Capítulo 7** (**Gramática 7.1**), hiciste una actividad con «familias» de palabras, es decir, palabras relacionadas que vienen de la misma raíz. Busca palabras en el **Paso 1** que correspondan a las palabras de la lista. Usa el contexto para determinar la función gramatical de la palabra en el texto. (*sustantivo, adjetivo, verbo*)

MODELO interesante → *interés, sustantivo*

1. mostrar
2. sorpresa
3. gracias
4. alegre
5. bailar
6. regresar
7. fiesta

PASO 1. Completa el texto con la forma correcta del verbo entre paréntesis en el presente de indicativo cuando se indica con *P*, en el presente de subjuntivo cuando se indica con *S* o en el pretérito o imperfecto cuando se indica con *P/I*. Cuando hay dos palabras entre paréntesis, escoge la palabra correcta y usa su forma correcta.

Por su larga historia de convivencia,[a] no son sorprendentes las varias muestras[b] de la mezcla de tradiciones indígenas y europeas. Estas tradiciones (*P:* **seguir**[1]) practicándose hoy día, a pesar de las muchas influencias del exterior. El Festival del Sol, o el Inti Raymi en quechua, es un buen ejemplo de tal mezcla. Se celebra en toda la región andina, y en Ecuador, este festival se celebra principalmente en las provincias de Imbabura y Pichincha.

[a]*coexistence* [b]*examples*

Sus orígenes se encuentran en la importancia de la cosecha.[c] La gente quiere que la Madre Tierra y el Padre Sol (*S:* **saber**[2]) que todos están agradecidos[d] por la abundancia de la cosecha. Quieren que (*S:* **haber**[3]) buenas cosechas en el futuro y por eso, demuestran su agradecimiento.[e] Hay ceremonias para festejar el solsticio de invierno, que en Sudamérica ocurre en junio. Es el día cuando el Sol está más lejos de la Tierra y durante el siglo XIV, la gente (*P/I:* **creer**[4]) que (*P/I:* **ser**[5]) necesario adular[f] al sol para asegurar su regreso. Entonces, (*P/I:* **sacrificar**[6]) una llama a Inti, el dios del Sol, pero hoy día solo hay representaciones ficticias del ritual antiguo.

Un chamán baña a otro al comienzo del Festival del Sol

En la ciudad de Otavalo, todo comienza con un baño ritual. Según la tradición, es bueno que uno (*P:* **bañarse**[7]) en un río o en la catarata[g] de Peguche, que está cerca, para traer buena suerte. Los otavaleños[h] quieren que el baño les (*S:* **quitar**[8]) todo lo negativo. Se alegran del comienzo de un nuevo ciclo desde ese momento.

Después del baño la celebración continúa con mucha música y mucho baile. Los bailarines bailan en un círculo para representar los dos solsticios y los dos equinoccios. El personaje central de esta celebración (*P:* **estar/ser**[9]) un diablo: el Diablo Huma. Este personaje lleva una máscara[i] con dos caras que representan la noche y el día, y doce cuernos[j] que simbolizan los doces meses del año. La gente no tiene miedo de este diablo porque es el espíritu de la montaña y solamente viene a celebrar con los otavaleños. Por eso, quieren que el Diablo Huma (*S:* **estar/ser**[10]) allí. El Diablo Huma (*P:* **bailar**[11]) con todos como un invitado[k] más, y todos lo (*P:* **ver**[12]) como una presencia positiva.

El festival de Inti Raymi (*P:* **tener**[13]) lugar durante la misma época que la celebración del Día de San Juan, el 24 de junio. Los españoles introdujeron la fiesta de San Juan, la cual coincidía con el festival de Inti Raymi. Así, los indígenas (*P/I:* **poder**[14]) festejar a un santo europeo y no a dioses indígenas. No obstante, en los años 70, muchos (*P/I:* **volver**[15]) a llamar la fiesta por su nombre original, fortaleciendo así los lazos[l] con el pasado. Los otavaleños no quieren que las nuevas generaciones (*S:* **perder**[16]) el interés en este festival tan antiguo.

---

[c]*harvest* [d]*thankful* [e]*thanks* [f]*flatter* [g]*waterfall* [h]*people of Otavalo* [i]*mask* [j]*horns* [k]un... *just another guest* [l]fortaleciendo... *thus strengthening the ties*

PASO 2. Contesta las preguntas, según el **Paso 1.**

1. ¿Cuándo se celebra el festival de Inti Raymi? ¿En qué lugares de Ecuador se celebra principalmente?
2. ¿Qué significa «Inti Raymi»? ¿Qué celebra la gente en este festival? ¿Por qué lo celebran?
3. ¿Quién es el personaje principal del Inti Raymi? Descríbelo. ¿Cómo se relacionan los otavaleños con este personaje?
4. ¿Qué cambio hicieron los españoles en la época colonial? ¿Por qué? ¿Qué hicieron los indígenas para conectarse mejor con su pasado?

PASO 3. En parejas, completen por lo menos cinco de las oraciones para describir lo que las organizaciones y personas quieren que hagan los de la lista, según el **Paso 1. ¡OJO!** También pueden inventar otras oraciones probables.

MODELO Las personas andinas quieren que... → los turistas vengan a ver su ceremonia.

los turistas   los jóvenes   el Diablo Huma   el Padre Sol   ¿ ?

1. La gente de las provincias quiere que...
2. Los campesinos quieren que...
3. Los otavaleños quieren que...
4. El chamán quiere que...
5. Los bailarines quieren que...
6. El Diablo Huma quiere que...
7. Los padres quieren que...

Expressing Desire That Somebody Do Something

11.2 Present Subjunctive: Volition

GRAMÁTICA EN ACCIÓN

Un desfile del Carnaval de Oruro

El Carnaval de Oruro

CULTURES C

[Jane es una joven canadiense que está estudiando un año en Bolivia. Su «hermano» boliviano, Fernando, la invita al Carnaval de Oruro.]

FERNANDO: ¿Qué haces el sábado que viene?

JANE: Necesito estudiar un poco, pero no tengo planes.

FERNANDO: Pues, **insisto** en que **vengas** con nosotros a Oruro.

JANE: ¿A Oruro? Pero... Oruro es un pueblo minero. No me parece muy interesante. Prefiero quedarme aquí, en La Paz.

FERNANDO: Pero **es importante** que **vayas** porque esta semana empieza el Carnaval de Oruro. **Quiero** que **veas** cómo cambia un pueblo pequeño para estas celebraciones, las más espectaculares de Bolivia.

JANE: Está bien. Voy con Uds. ¿Qué **recomiendas** que **lleve** a Oruro?

FERNANDO: Te **sugiero** que **lleves** la cámara, un poquito de dinero para los asientos en las gradas y ropa cómoda para cuatro días.

JANE: ¡Cuatro días! Pero mi novio **quiere** que **salgamos** a cenar el domingo, y ¡hay clases el lunes y el martes!

FERNANDO: No hay clases esos días porque son días festivos. Yo le puedo **decir** a tu novio que **venga** a Oruro también. Las festividades en Oruro son maravillosas y siguen hasta el Miércoles de Ceniza.

Comprensión. Indica las opciones correctas para completar cada una de las oraciones.

1. Fernando dice que _____ Jane vaya a Oruro esta semana para ver el Carnaval.
2. Fernando quiere que Jane _____ la transformación de Oruro para la celebración.
3. Fernando _____ Jane lleve una cámara y un poquito de dinero.
4. Fernando insiste en que el novio de Jane _____ a Oruro también.

a. sugiere que
b. vea
c. es importante que
d. vaya

Earlier you learned to use the subjunctive in complex sentences, in which the first clause contains a form of the verb **querer,** and the second is introduced by the conjunction **que** and contains the present subjunctive. The subject of the first clause and that of the second clause are always different. These sentences communicate a wish on the part of one person for another person to do something. Other verbs and expressions are used in the same way. When they occur in the main clause, they trigger the present subjunctive in the dependent clause. See the following list and note that impersonal expressions that begin with **Es** have the implied subject *it.*

PRESENT SUBJUNCTIVE: VOLITION

aconsejar que	to advise that	**necesitar que**	
decir (*irreg.*) **que**	to tell	**pedir (i, i) que**	
desear que		**preferir (ie, i) que**	
es importante que		**prohibir (prohíbo) que**	
es necesario que		**querer** (*irreg.*) **que**	
es urgente que		**recomendar (ie) que**	
insistir en que		**sugerir (ie, i) que**	to suggest that

Mis padres me **prohíben** que salga con Sergio. — *My parents prohibit that I go out with (prohibit me from going out with) Sergio.*

Insisto en que vengas conmigo a ver los fuegos artificiales. — *I insist that you come with me* to *see the fireworks.*

Os **pido** que no habléis durante la película. — *I ask you not to talk during the movie.*

Es necesario que los niños hagan ejercicio todos los días. — *It is necessary that children exercise daily.*

Le **recomiendo/aconsejo** que busque libros sobre el festival si quiere saber más. — *I recommend/advise that you look for books on the festival if you want to learn more.*

ACTIVIDADES

A. Las celebraciones. Forma oraciones completas con las palabras indicadas. Añade palabras cuando sea necesario y da las conjugaciones correctas de los verbos.

1. los padres / insistir en que / sus hijos / tener cuidado durante el desfile
2. la esposa de Raúl / decir que / él / llegar temprano para la fiesta de su hija
3. yo / pedir / que / tú / pasar / por el supermercado / y que comprar refrescos para la fiesta
4. Juanita / aconsejar / que / nosotras / buscar un árbol de Navidad alto y bonito
5. ser necesario que / tus amigos traer música a la fiesta
6. (yo) / recomendar / que / los abuelos / no dar tantos regalos a sus nietos
7. ser importante que / Tomasa / estar en la fiesta de cumpleaños de Mariana
8. (nosotros) / querer que / ellos / estar aquí para Semana Santa

B. Planes para los días festivos

PASO 1. Indica la frase correcta para completar cada una las oraciones.

1. Mis padres insisten en que yo _____ a casa para pasar juntos el Día de Acción de Gracias.
2. Yo _____ tú leas toda la información antes de participar en el festival.
3. Las madres prefieren que sus hijos _____ mucho dinero en regalos para el Día de la Madre.
4. Los niños _____ los tres Reyes Magos les traigan regalos el 6 de enero.
5. Las chicas piensan que _____ toda la familia asista a su fiesta de cumpleaños.
6. Los profesores _____ los estudiantes estudien un poco durante las vacaciones de primavera.

a. no gasten
b. es importante que
c. quieren que
d. vuelva
e. te recomiendo que
f. aconsejan que

Continúa.

PASO 2. Piensa en tu día festivo favorito y escríbele cuatro recomendaciones a un amigo peruano que visita los Estados Unidos. ¡No menciones cuál es el día festivo que estás describiendo!

MODELO Te recomiendo que lleves pantalones cortos para esta celebración. Es importante que no te pongas ropa formal. Te sugiero que pases este día festivo en un lago o en la playa. Es necesario que disfrutes de los fuegos artificiales.

PASO 3. En parejas, compartan sus recomendaciones. ¿Puede identificar tu compañero/a el día festivo que describes?

C. Descripciones. En parejas, expresen lo que quieren que hagan otras personas. Para hacer las preguntas y respuestas, combinen un elemento de cada columna para formar oraciones completas. Sigan el modelo.

MODELO E1: ¿Qué quieres que hagan tus amigos?
E2: Quiero que me inviten a una fiesta.

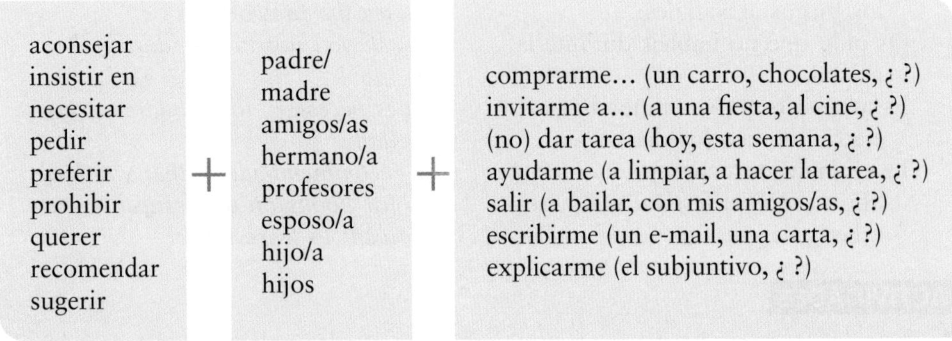

aconsejar	+	padre/madre	+	comprarme... (un carro, chocolates, ¿ ?)
insistir en		amigos/as		invitarme a... (a una fiesta, al cine, ¿ ?)
necesitar		hermano/a		(no) dar tarea (hoy, esta semana, ¿ ?)
pedir		profesores		ayudarme (a limpiar, a hacer la tarea, ¿ ?)
preferir		esposo/a		salir (a bailar, con mis amigos/as, ¿ ?)
prohibir		hijo/a		escribirme (un e-mail, una carta, ¿ ?)
querer		hijos		explicarme (el subjuntivo, ¿ ?)
recomendar				
sugerir				

EXPERIENCIA INTEGRAL

La Feria de Alasitas

ANTES DE LEER. ¿Tienes alguna cosa especial o haces algo que crees que te trae buena suerte? Por ejemplo, ¿tienes una camisa de la buena suerte que llevas el día del examen? En parejas, describan los objetos o acciones que les traen buena suerte a Uds. Luego, miren la siguiente lista y digan si lo que se describe se cree que trae buena suerte (**B**) o mala suerte (**M**).

	B	M
1. abrir un paraguas dentro de la casa	☐	☐
2. un arcoiris (*rainbow*)	☐	☐
3. el número siete	☐	☐
4. un gato negro	☐	☐
5. romper un espejo (*mirror*)	☐	☐
6. encontrar un centavo (*penny*)	☐	☐
7. encontrar un trébol (*clover*) de cuatro hojas	☐	☐
8. el número trece	☐	☐
9. una pata (*foot*) de conejo	☐	☐
10. pasar debajo de una escalera (*ladder*)	☐	☐

PASO 1. Llena los espacios en blanco con la forma correcta del verbo entre paréntesis en el presente de subjuntivo.

Un Ekeko

Si piensas visitar el altiplano de Bolivia, te recomiendo que (**ir**[1]) a finales de enero para celebrar la Feria de Alasitas. Cada 24 de enero, los habitantes del altiplano celebran este festival que tiene sus raíces en la cultura aymará[a].

En la celebración contemporánea es necesario que sus creyentes[b] le (**pedir**[2]) favores a Ekeko, una deidad[c] de la abundancia y la buena suerte. Es un muñeco sonriente[d] y gordo que lleva la ropa típica andina. Los bolivianos le piden a Ekeko que él (**hacer**[3]) realidad sus sueños y deseos.[e] Durante la feria muchas tiendas venden pequeñas reproducciones de muchísimos objetos —carros, dinero, casas y hasta títulos universitarios. ¿Pero cómo se hace? Le preguntamos a Javier Huayllani, vendedor de miniaturas, y así nos respondió:

—Si quieren participar en la feria, les sugiero que (**comprar**[4]) la figura de Ekeko y todas las miniaturas antes del 24 de enero. Es necesario que (*Uds.:* **poner**[5]) las miniaturas en su Ekeko, ya que[f] él tiene que llevarlas en su persona o sus cestas.

Bueno, ya que Javier nos recomienda que no (*nosotros:* **demorar**[g6]), vamos al mercado. Allí hay una variedad increíble de miniaturas de todo. Le pido a un vendedor que me (**ayudar**[7]) a seleccionar una figura de Ekeko. Insiste en que no (*yo:* **llevar**[8]) un Ekeko demasiado pequeño, ya que no va a poder cargar con[h] todos mis deseos. Prefiero que los vendedores me (**dejar**[9]) en paz,[i] y escojo rápidamente mis miniaturas: una motocicleta, una cámara y mucho dinero.

En cambio, mi compañero de viaje no sabe qué pedirle a Ekeko. Necesita que los vendedores le (**decir**[10]) cuáles son los deseos más comunes antes de decidir. Por fin, escoge un carro y dinero y llevamos nuestros objetos pequeñitos a casa, listos para el gran día.

El día 24, es urgente que le (*nosotros:* **poner**[11]) las miniaturas a Ekeko, y para hacerlo, nuestros amigos bolivianos nos recomiendan que se las (*nosotros:* **coser**[j12]). Pero antes, tenemos que rociarlas[k] con vino. También desean que (*nosotros:* **encender**[13]) velas[l] e incienso y que le (**echar**[14]) pétalos de flores a Ekeko. Aconsejan también que le (*nosotros:* **dar**[15]) un lugar cómodo en la casa. Así, nuestra ofrenda le va a ser agradable, y en un futuro que yo prefiero que (**llegar**[16]) pronto, Ekeko va a convertir mis deseos en realidad.

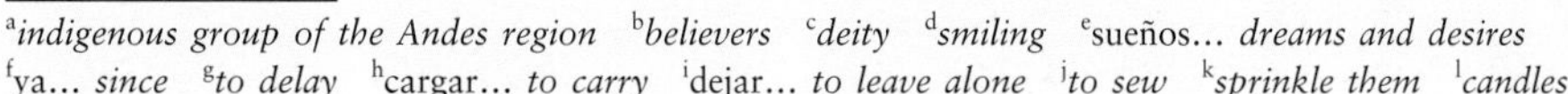

[a]*indigenous group of the Andes region* [b]*believers* [c]*deity* [d]*smiling* [e]sueños... *dreams and desires* [f]ya... *since* [g]*to delay* [h]cargar... *to carry* [i]dejar... *to leave alone* [j]*to sew* [k]*sprinkle them* [l]*candles*

PASO 2. Contesta las preguntas, según el **Paso 1.**

1. ¿Cuándo se celebra la Feria de Alasitas?
2. ¿Cuáles son las raíces de esta celebración?
3. ¿A quién es necesario que se le haga una ofrenda? ¿Cómo es este personaje?
4. ¿Cómo son las ofrendas? ¿Qué representan?
5. ¿Qué miniaturas selecciona el autor? ¿Y qué escoge su compañero de viaje?
6. Para hacer la ofrenda, ¿qué es necesario que hagan el autor y su compañero?

PASO 3. ¿Te gusta la idea de Ekeko y la Feria de Alasitas? En parejas, escríbanles una carta a las autoridades de su ciudad. Explíquenles cómo deben organizar una feria similar en su ciudad. Usen algunas de las siguientes expresiones con el subjuntivo. ¿Hay una figura que pueda representar su ciudad o región? ¿Qué ropa debe llevar esa figura? ¿Qué actividades pueden ser parte de la celebración? ¿Qué comida será (*will be*) propia de la celebración? ¿Qué pueden hacer para honrar la figura representativa? Después de escribir la carta, compárenla con las de otras parejas. ¿Cuál es más la interesante?

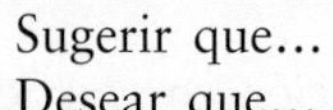

Sugerir que...	Es importante que...	Querer que...
Desear que...	Es urgente que...	Prohibir que...
Necesitar que...	Es necesario que...	Recomendar que...

Palabra escrita

A comenzar

Generating Ideas: Semantic Maps. During your brainstorming process, you can organize your ideas visually in the shape of a semantic map. You have probably used semantic maps before, but if not, a semantic map is a diagram that links an encircled key word or concept in the middle of the map to encircled related ideas or secondary concepts on the edges of the map by means of arrows or lines. By organizing your ideas visually in such diagrams you can see how they all fit together and decide whether you need to add anything or not.

You are going to start writing a brief composition that you will finalize in the **Palabra escrita: A finalizar** section of your *Workbook/Laboratory Manual.* The topic is **Un día especial.** The purpose of your composition will be to tell the reader about your plans, hopes, and expectations for a special holiday or celebration.

A. Lluvia de ideas

PASO 1. En parejas, escojan un día festivo que se celebra o se observa en la región donde Uds. viven. En una hoja de papel aparte, hagan un mapa semántico, como en la siguiente figura, con el nombre del día festivo en el óvalo central. En los otros óvalos, pongan ideas relacionadas con su día festivo, por ejemplo, origen del día festivo, actividades y tradiciones importantes, actividades en las que a Uds. les gusta participar, etcétera. **¡OJO!** Pueden crear tantos óvalos en su mapa como necesiten.

PASO 2. Comparen su mapa con el de otra pareja para ver si han hecho todas las conexiones semánticas posibles. ¿Son muy diferentes los mapas semánticos de los diferentes días festivos? Añadan otras ideas (otros óvalos) si quieren.

PASO 3. Imagínense que el día festivo que exploraron en los **Pasos 1** y **2** va a ser mañana. Usen su mapa semántico como referencia y estas frases como guía para hacer una lluvia de ideas sobre lo que Uds. piensan hacer incluyendo sugerencias para sus amigos para ese día especial.

1. Pienso (+ *infinitive*)...
2. Quiero (+ *infinitive*)...
3. Insisto en (que)...
4. Recomiendo/Aconsejo que...
5. ¿ ?

B. A organizar tus ideas. Repasa todas tus ideas generadas en los pasos anteriores y organízalas para describir tu día festivo ideal y tus planes para ese día. Comparte tu información con la clase y apunta otras ideas que se te ocurran durante el proceso.

C. A escribir. Ahora, empieza a escribir el borrador de tu composición con las ideas y la información que recopilaste en las **Actividades A** y **B** **¡OJO!** Guarda bien tu trabajo. Vas a necesitarlo otra vez para la sección de **Palabra escrita: A finalizar** en el *Workbook/Laboratory Manual.*

Expresiones artísticas

Rossmary Valverde

Serenata de madrugada, *2008*

La pintora peruana Rossmary Valverde (1969–) nació en Lima y es una artista autodidacta[a] del arte *naïf*. Sus cuadros representan recuerdos de su niñez en colores brillantes e imágenes simplificadas. Este cuadro de colores vivos representa una serenata nocturna. En esta tradición, el destinatario[b] es típicamente una mujer, y los cantantes y músicos llegan a su casa tocando baladas de amor. Las figuras en este cuadro parecen estar de fiesta, vestidos con ropa tradicional y formando un círculo.

[a]*self-taught* [b]*recipient*

REFLEXIÓN

1. ¿Son comunes las serenatas en el lugar donde Uds. viven? ¿Qué piensan de esta tradición hispana, frecuente en los pueblos e incluso entre los estudiantes universitarios?
2. Analicen el cuadro y comenten algunos de los elementos de este tipo de arte. ¿Qué les llama más la atención? ¿Les recuerda este cuadro algún tema, libro o película de su infancia? Comenten.
3. Busquen otros cuadros de la misma pintora y compárenlos. ¿Cómo son los colores, los elementos culturales, etcétera? ¿Cuáles corresponden a las tradiciones de las fiestas y las celebraciones hispanas?

TEMA II: Las bellas artes°

Las... *Fine arts*

Vocabulario en acción

Las artes

el baile	dance
la canción	song
el coro	choir, chorus
el escenario	stage
el espectáculo	show
la exposición	exhibition; art show
la obra de arte	work of art
la obra de teatro	play
la obra maestra	masterpiece
el teatro	theater

Cognados: crear; el ballet clásico, la comedia, el concierto, la danza, el drama, la fotografía, el jazz, el mural, la música clásica / pop / sinfónica, la novela, la ópera, la orquesta (sinfónica), el rock

Repaso: bailar, cantar, dibujar, escribir, pintar; la arquitectura, las artesanías, el cine, el cuadro, la escultura, el instrumento musical, la música, la película, la poesía, el teatro, los tejidos

Los artistas y otras personas

el/la aficionado/a	fan
el/la cantante	singer
el/la compositor(a)	composer
el/la danzante	dancer
el/la escritor(a)	writer
el escultor	sculptor
el/la fotógrafo/a	photographer
el/la músico/a	musician
la pintora	painter

Cognados: el/la arquitecto/a, el/la poeta

ACTIVIDADES

A. Obra, persona o evento

PASO 1. Escucha cada una de las oraciones e indica si se refiere a una obra (O), a una persona (P) o a un evento (E). **¡OJO!** Puede haber más de una respuesta.

MODELOS (*Escuchas*) Ese cantante es magnífico.
(*Escoges*) ☑ P
(*Escuchas*) Asistimos a la ópera.
(*Escoges*) ☑ O

	O	P	E		O	P	E
1.	☐	☐	☐	7.	☐	☐	☐
2.	☐	☐	☐	8.	☐	☐	☐
3.	☐	☐	☐	9.	☐	☐	☐
4.	☐	☐	☐	10.	☐	☐	☐
5.	☐	☐	☐	11.	☐	☐	☐
6.	☐	☐	☐	12.	☐	☐	☐

PASO 2. En parejas, preparen definiciones para las palabras del **Paso 1.** Sigan los modelos.

MODELOS El cantante es una persona que interpreta canciones.
La ópera es una obra de arte escénica cantada.

PASO 3. Ahora, lean sus definiciones a la clase sin mencionar las palabras y sus compañeros/as van a adivinar las palabras definidas.

Nota interdisciplinaria

LITERATURA: GABRIEL GARCÍA MÁRQUEZ Y EL REALISMO MÁGICO

Gabriel García Márquez

Gabriel García Márquez (1928–2014) creció[a] en un pequeño pueblo de Colombia en la casa de sus abuelos maternos, personas que inspiraron el mundo literario del futuro autor. Su abuelo le contaba la historia del siglo XIX, poniéndolo en contacto con la realidad histórica. Su abuela, por el contrario, le contaba leyendas del pueblo y organizaba la vida de la casa de acuerdo con las premoniciones que veía en sueños: ella le dio la visión mágica de la realidad. De este material histórico transformado por la magia y la ficción, el autor crea *Cien años de soledad*[b] (1967), novela del género literario del realismo mágico que coloca[c] a García Márquez como primera figura de la narrativa hispanoamericana contemporánea.

Cien años de soledad narra la vida de siete generaciones de la familia Buendía en el pueblo imaginario de Macondo, desde la fundación del pueblo hasta la desaparición completa de la saga familiar. A través de la historia de los Buendía, el autor cuenta la historia de Colombia, comenzando después del Libertador Simón Bolívar hasta los años 30, fusionada con eventos fantásticos y extraordinarios que para los personajes no son anormales. *Cien años de soledad* es la obra maestra de García Márquez y uno de los libros que más traducciones tiene y que mayores ventas ha logrado. En 1982 recibió el Premio Nóbel de Literatura por su contribución a las artes.

[a]*grew up* [b]*solitude* [c]*places*

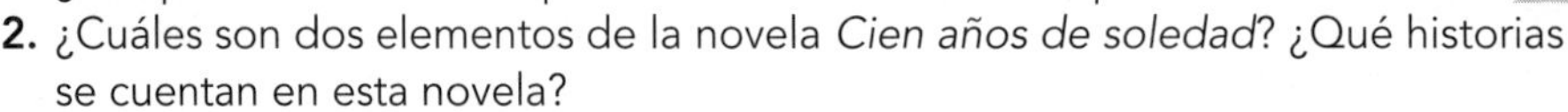

PREGUNTAS

1. ¿De quiénes recibió la inspiración literaria García Márquez?
2. ¿Cuáles son dos elementos de la novela *Cien años de soledad*? ¿Qué historias se cuentan en esta novela?
3. ¿Qué importancia tienen la novela *Cien años de soledad* y el novelista García Márquez en la literatura hispana?

B. ¿Qué hacen?

PASO 1. Explica qué hacen estas personas. Sigue el modelo.

MODELO la actriz → La actriz hace papeles en el cine o en el teatro.

1. el escultor
2. la pintora
3. el escritor
4. la arquitecta
5. el compositor
6. el músico
7. el fotógrafo
8. la poeta

PASO 2. En parejas, den el nombre de personas específicas a las que se les aplican las profesiones del **Paso 1.**

MODELO Penélope Cruz es una famosa actriz española.

C. Obras maestras

PASO 1. Indica a qué tipo de arte corresponden las obras maestras. **¡OJO!** Si no sabes qué es alguna de estas obras maestras, puedes consultar el Internet.

1. _____ *Las Meninas*	**a.** arquitectura
2. _____ «Annabel Lee»	**b.** ballet
3. _____ La Alhambra	**c.** cine
4. _____ *Las bodas de Fígaro*	**d.** escultura
5. _____ *Hamlet*	**e.** mural
6. _____ *Don Quijote de la Mancha*	**f.** novela
7. _____ *El lago de los cisnes* (*swans*)	**g.** obra de teatro
8. _____ *El Guernica*	**h.** ópera
9. _____ *El laberinto del fauno*	**i.** pintura
10. _____ *David*	**j.** poesía

PASO 2. Con toda la clase, den más información sobre las obras del **Paso 1.**

MODELO *Las Meninas* es una *obra* del pintor español Diego Velázquez. Es del año 1656.

D. El arte en tu vida

PASO 1. Entrevista a un compañero / una compañera y averigua si ha hecho estas actividades varias veces, solo una vez o nunca. Marca sus respuestas.

MODELO E1: ¿Has ido a un museo de arte?
E2: Sí, varias veces.

	Varias veces	Solo una vez	Nunca
1. Ha asistido a una ópera.	☐	☐	☐
2. Ha ido a ver una obra de teatro.	☐	☐	☐
3. Ha leído una novela.	☐	☐	☐
4. Ha asistido a una exposición de fotografía.	☐	☐	☐
5. Ha ido a un concierto de música rock.	☐	☐	☐
6. Ha escrito un poema.	☐	☐	☐
7. Ha sacado fotos de esculturas.	☐	☐	☐
8. Ha actuado en una obra de teatro.	☐	☐	☐
9. Ha cantado en un coro.	☐	☐	☐
10. Ha pintado un cuadro.	☐	☐	☐

PASO 2. Analiza las respuestas y determina qué tipo de arte predomina en la vida de tu compañero/a: el arte plástico, el arte escénico, el arte literario o ningún tipo de arte. Explica brevemente por qué.

Gramática

11.3 Present Subjunctive: Emotion

Expressing Emotions About a Situation

El cambio de guardia enfrente de la Basílica Catedral en la Plaza de Armas, en Lima

GRAMÁTICA EN ACCIÓN

El cambio de guardia

[Larry visita a su novia peruana, Gloria, a quien conoció mientras ella estudiaba en Detroit. Hoy visitan el Palacio de Gobierno en Lima.]

GLORIA: **Espero** que **te guste** la arquitectura de mi ciudad. Aquí estamos en la Plaza Mayor, enfrente del Palacio de Gobierno.

LARRY: **Me sorprende** que **haya** tantos edificios coloniales en Lima. Cuando pienso en Perú, siempre pienso en las estructuras incas y precolombinas.

GLORIA: Nuestras ciudades tienen mucha influencia española. **Ojalá** que **podamos** ver el cambio de guardia. **Es extraño** que aquí en Perú **tengamos** este toque tan europeo, pero es divertido. La guardia militar también participa en los desfiles del Día de la Independencia el 28 de julio.

LARRY: ¡Qué divertido! He visto el cambio de guardia en Londres. **Es una lástima** que yo no **esté** aquí en julio para celebrar el Día de la Independencia de Perú contigo.

GLORIA: ¡Mira! ¡Ahora empieza el cambio! **Me alegro** de que lo **veas**.

Comprensión. Da las formas correctas para completar las siguientes oraciones.

1. A Larry le sorprende que no _______ (haber) más ejemplos de estructuras incas en Lima.
2. Es una lástima que Larry no _______ (ver) la celebración del Día de la Independencia en julio.
3. Ojalá que Larry y Gloria _______ (poder) ver el cambio de guardia.
4. Es bueno que Larry _______ (estar) con Gloria en Lima.

The subjunctive is also used in Spanish after verbs of emotion in which speakers express their feelings about a subject. Remember that in a sentence that uses the subjunctive, the sentence will always have two clauses connected by **que,** and the two clauses will usually have different subjects. Here are some verbs and one expression of emotion that trigger the subjunctive. Note that **ojalá** is not a verb but a fixed expression, and that **que** is used with it optionally.

PRESENT SUBJUNCTIVE: EMOTION			
alegrarse de que	to be happy that	**gustar que**	
es absurdo que		**ojalá (que)**	hopefully
es bueno que		**preocupar que**	
es extraño que	it's strange that	**sentir (ie, i) que**	
es increíble que		**sorprender que**	
es malo que		**tener** (*irreg.*) **miedo de que**	
es una lástima que	it's a shame that		
esperar que	to hope that		

Esperamos que Uds. puedan ir a la exposición con nosotros.	*We hope that you all can go to the art show with us.*
Tengo miedo de que Jorge esté muy nervioso sobre el espectáculo este fin de semana.	*I'm afraid that Jorge is very very nervous about the show this weekend.*
Es una lástima que te sientas mal hoy.	*It's a shame you feel sick today.*
La familia **se alegra** de que la acompañes a la ópera.	*The family is happy that you are going with them to the opera.*
Me **gusta** que tengas más interés en el arte que antes.	*I'm pleased that you have more interest in art than before.*
Ojalá (que) duermas bien esta noche.	*Hopefully you'll sleep well tonight.*

A. La fiesta sorpresa. Completa cada una de las oraciones con la forma correcta del presente de subjuntivo del verbo entre paréntesis.

1. A mi mamá le sorprende que papá no _______ (**saber**) nada de su fiesta.
2. Le preocupa que mis hermanos y yo le _______ (**decir**) algo a papá.
3. Todos tenemos miedo de que la fiesta no _______ (**ser**) una sorpresa.
4. Me alegro de que mis hermanos _______ (**preparar**) la comida.
5. Pablito: a mamá le gusta que tú también _______ (**ayudar**) con los preparativos.
6. Siento mucho que mi tío _______ (**vivir**) demasiado lejos para venir a la fiesta.
7. Ojalá todos los otros invitados _______ (**venir**).
8. ¡Espero que papá _______ (**divertirse**) en su fiesta!

B. Ojalá puedas venir.

PASO 1. Uds. han invitado a su amigo boliviano, Javier, para celebrar el Día de Acción de Gracias con sus familias, pero él no puede asistir por una de las siguientes razones.

Su padre está enfermo.	No tiene dinero.
No tiene el visado para venir a los Estados Unidos.	Su hijo sale en una obra de teatro en su escuela.
Tiene una entrevista de trabajo importante esa semana.	Ya tiene planes para celebrar el cumpleaños de su esposa.

Su profesor(a) va a asignar en secreto a cada grupo una de las excusas de la lista. Escriban un e-mail a Javier expresando sus reacciones usando las expresiones de emoción de **Gramática 11.3.** También, escriban tres sugerencias para Javier, usando las expresiones de **Gramática 11.2.**

PASO 2. Compartan sus e-mails con otros compañeros de clase. Escuchen e indiquen cuál de las excusas describieron. ¿Ofrecieron buenas sugerencias?

C. Mis opiniones. En parejas, reaccionen ante las situaciones como en el modelo. **¡OJO!** Usen los verbos y expresiones de emoción que aprendieron en esta sección.

MODELO Muchas personas no pasan los días feriados en familia. →
Es una lástima que muchas personas no pasen los días feriados en familia.

1. Los niños reciben muchos regalos para su cumpleaños.
2. Muchas familias hispanas ponen altares para conmemorar el Día de los Muertos.
3. En el mundo hispano, los Reyes Magos les traen regalos a los niños.
4. En este país, muchas personas celebran el Cinco de Mayo.
5. Las familias pasan juntas la Pascua judía.
6. Los niños hispanos también celebran el día de su santo.
7. Las muchachas latinoamericanas tienen una gran fiesta cuando cumplen 15 años.
8. Muchos estudiantes norteamericanos viajan durante las vacaciones de primavera.

EXPERIENCIA INTEGRAL

La música andina

ANTES DE LEER. En el **Paso 1**, vas a leer un artículo sobre varios instrumentos musicales andinos. Ojea (*Scan*) el texto para saber los nombres de los instrumentos y de los materiales que se usan para construirlos. Apunta los nombres de los instrumentos en un cuadro como el siguiente. Completa el cuadro después de leer el **Paso 1**.

INSTRUMENTO	MATERIAL ORIGINAL	MATERIAL USADO HOY

PASO 1. Completa el texto con la forma correcta del verbo entre paréntesis en el presente de subjuntivo o indicativo, o en el pretérito o imperfecto cuando se indica con *P/I*. Cuando hay dos palabras entre paréntesis, escoge la palabra correcta y usa su forma apropiada.

«¿En qué consiste la música andina?»
Esta (*P/I:* **ser**[1]) la pregunta que le (*P/I: nosotros:* **hacer**[2]) al guía que nos acompañaba por la Galería de Instrumentos Musicales en el Museo Nacional de Antropología, Arqueología e Historia de Lima.

«Es increíble que (**haber**[3]) tantos instrumentos diferentes de la música folclórica andina. Algunos típicos son el charango,[a] la quena[b] y el sicu.[c] Les va a sorprender que la quena y el sicu (**estar/ser**[4]) instrumentos de viento[d] de origen precolombino», el guía nos (*P/I:* **responder**[5]).

Una quena

No es extraño que estas dos flautas diferentes (**formar**[6]) parte de la herencia[e] musical de los Andes, ya que se han encontrado ejemplos arqueológicos de ellas. En el pasado, los indígenas (*P/I:* **hacer**[7]) las quenas de huesos[f] de animales, pero después, (*P/I: ellos:* **empezar**[8]) a construirlas de madera y de bambú. Al principio (*P/I: ellos:* **fabricar**[9]) el

[a]*10-stringed instrument of the Andes* [b]*recorder-like Andean flute* [c]*type of Andean panpipe* [d]de... *wind* [e]*heritage* [f]*bones*

sicu de huesos y cerámica, y más tarde, de un material natural, la caña. Hoy día, es bueno que el interés en estos instrumentos (**continuir**[10]). Algunas personas innovadoras aún construyen los sicus de materiales tan modernos como los tubos de plástico. También hay diferentes sicus según su tamaño y esto afecta su sonido.[g]

En contraste con estas flautas, el charango tiene otra historia. Aunque es una lástima que los musicólogos no (**poder**[11]) identificar el origen exacto del charango, dicen que este instrumento de cuerda[h] (**tener**[12]) su comienzo antes de la colonización europea. Los indígenas de esta región no (*P/I:* **tocar**[13]) instrumentos de cuerda antes de la llegada de los europeos. Entonces, no es sorprendente que el charango (**compartir**[14]) características con otros instrumentos de cuerda europeos como la guitarra y la mandolina. Originalmente, la gente (*P/I:* **hacer**[15]) la caja[i] del charango de la concha[j] del armadillo, y solo más tarde, de madera. Sea cual sea su origen exacto,[k] nos alegramos de que el charango (**mantener**[16]) un papel importante en la música andina de hoy.

Juntos, estos instrumentos le prestan[l] un sonido único a la música andina. En el museo, esperan que te (**gustar**[17]) saber más de su historia. Ojalá que (*tú:* **venir**[18]) pronto a conocerla.

---

[g]*sound* [h]de... stringed [i]*box* [j]*shell* [k]Sea... *Whatever its exact origen may be* [l]*lend*

PASO 2. Empareja cada una de las descripciones con el instrumento correspondiente. **¡OJO!** Puede haber más de una respuesta.

1. ______ un tipo de flauta
2. ______ un instrumento de cuerda
3. ______ un instrumento de viento
4. ______ no se sabe exactamente su origen
5. ______ su origen es precolombino
6. ______ apareció por influencia europea
7. ______ su sonido varía con el tamaño

a. la quena
b. el sicu
c. el charango

PASO 3. En parejas, usen las siguientes expresiones para formar oraciones expresando su reacción ante un tipo de música o un artista específico. Luego, den tres respuestas posibles, según el modelo. Una de las respuestas debe representar su reacción. Las otras, no. Léanle sus oraciones a otra pareja o a la clase sin mencionar la respuesta correcta. ¿Pueden ellos adivinar su opinión?

Vocabulario práctico

los blues
el jazz
la música...
  clásica
  country
  folclórica
  hip hop
  metal
  pop
  religiosa/góspel
  tecno
la orquesta sinfónica
la ópera
el rock

MODELO Me sorprende que esta persona tenga tantos aficionados.
a. Shakira b. Justin Beiber c. Adam Levine
Es absurdo que a mis padres les guste este tipo de música.
a. la música tecno b. la música jazz c. la orquesta sinfónica

Es absurdo que...	Es extraño que...	Me sorprende que...
Es bueno/malo que...	Espero que...	Ojalá que...

PASO 4. Busca más información sobre la música andina. Si es posible, escucha un ejemplo de la música andina. Comparte tus impresiones y resultados con la clase.

Nota cultural

LAS TELENOVELAS

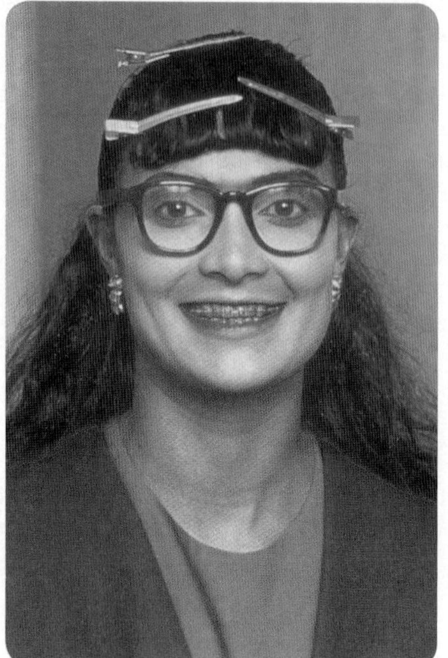

La telenovela —o novela, telerromance, teleserie o teleteatro— es un programa de televisión transmitido en episodios diarios que narra una historia ficticia de alto contenido melodramático. Las telenovelas gozan de gran popularidad en toda Latinoamérica. México, Colombia, Argentina, Venezuela, Perú, Chile y Brasil son los principales productores de telenovelas. La telenovela colombiana «Yo soy Betty, la fea», uno de los éxitos más grandes de la historia de la televisión, ha sido exportada a numerosos países, y ahora, millones de personas en Europa, los Estados Unidos y Asia son fanáticos de las telenovelas.

El argumento[a] más común de una telenovela es una protagonista pobre que se enamora de[b] un hombre rico y tiene que luchar por lograr su amor. Uno de los personajes esenciales es la villana o antagonista, que quiere impedir este amor.

Los actores y actrices de las telenovelas gozan de mucha fama en su país de origen y muchos de ellos utilizan la televisión como paso previo a su actuación en el cine.

[a]*plot* [b]se... *falls in love with*

PREGUNTAS

1. ¿Cuáles son las características generales de las telenovelas latinoamericanas? ¿De qué tratan, generalmente, las telenovelas?
2. ¿Existen programas parecidos en su país? ¿Cuáles son? ¿De qué tratan generalmente?
3. ¿Cuáles son otros programas de éxito en su país? ¿Por qué creen Uds. que tienen tanto éxito?
4. ¿Les gusta ver telenovelas o prefieren ver otros programas? ¿cuáles? Expliquen.

Lectura cultural

Vas a leer fragmentos de un artículo de la revista *Nexos,* escrito por Ángela Gonzáles y publicado por American Airlines, sobre la vuelta a los escenarios del famoso cantante colombiano Carlos Vives.

ANTES DE LEER

A. A primera vista

PASO 1. Lee el título y la primera oración *en letra cursiva* del artículo. ¿Qué te sugiere el título?

PASO 2. Ahora, lee todo el párrafo *en cursiva* y los encabezados de cada sección del artículo. Indica qué información esperas encontrar en el resto del texto. Añade otras ideas a la lista.

1. ☐ una entrevista a Carlos Vives por la periodista (*journalist*), Ángela González
2. ☐ los éxitos musicales del cantante en el pasado y en el presente
3. ☐ comentarios sobre la vida personal y familiar del cantante
4. ☐ los planes profesionales de Carlos Vives para su futuro
5. ☐ ¿ ?

B. A verificar. Lee el artículo rápidamente, sin preocuparte por las palabras que no conoces. ¿Acertaste en tus predicciones? Comparte tus ideas con la clase.

Carlos Vives vuelve a nacer

Carlos Vives en el Festival Internacional Viña del Mar (Chile)

Tras ocho años fuera del ambiente discográfico,[a] *el cantante colombiano irrumpe*[b] *con fuerza en las listas de éxitos en su país natal con su nuevo álbum* Corazón[c] Profundo. *Su estilo inconfundible que le lanzó al estrellato*[d] *desde los años 90, se conserva en esta producción, más pulida*[e] *y técnicamente avanzada que las anteriores, fruto*[f] *de la experiencia acumulada del artista y las nuevas tecnologías. Ahora, se prepara para la conquista de toda América, de norte a sur.*

No se sabe si por casualidad o a propósito, el caso es que el primer sencillo[g] incluido en el álbum es la canción «Volví a nacer», que de una manera u otra refleja la vuelta de Carlos Vives al mundo discográfico después de su último álbum *El Rock de Mi Pueblo* (2004) cuando se acabó su contrato a nivel internacional. Pero la mente de un artista nunca descansa, así que él ha dedicado[h] todos estos últimos ocho años a colaborar con otros artistas, a analizar retrospectivamente su vida musical y planear su futuro.

Comienzos

Realmente su fama comenzó, no como cantante sino como actor en telenovelas y series de televisión en Colombia y Puerto Rico.

[a]ambiente... *recording industry* [b]*bursts into* [c]*heart* [d]le... *launched him to stardom* [e]*polished* [f]*result* [g]*single* (*record*) [h]ha... *has devoted*

En 1991 le ofrecieron el rol de Rafael Escalona, de la serie de fantasía *Escalona*, representando la vida de ese gran compositor de vallenatos, y en la que también interpretaba canciones del autor. Este fue el momento crítico en el que empezó a rumiar[i] cómo modernizar la música tradicional y darle otra dimensión más amplia y universal. Cumbias y vallenatos tradicionales se mezclaban con rock, ritmos caribeños, guitarras eléctricas, batería y otros instrumentos nunca antes incorporados a la música tradicional colombiana. Era un sonido nuevo, tan innovador que la misma industria discográfica no le daba buenos augurios,[j] pero Carlos Vives demostró lo contrario con su exitoso álbum *Clásicos de la Provincia*, marcando así el comienzo de una nueva era musical para él. De ese álbum, quizás la canción más popular haya sido[k] «La gota fría», de la que podríamos decir que es un clásico, pues aun hoy en día no hay fiesta latina en la que todo el mundo no deje de salir a la pista a bailarla.

Charla

Tuve la ocasión de charlar con Carlos Vives durante un rato para saber, de su viva voz, sus impresiones sobre su último álbum *Corazón Profundo*. Vives me contestó así: «Seguimos el mismo camino que tomamos desde el principio, cómo renovar y encontrar un sonido *pop* dentro de nuestra tropicalidad, pero con la ventaja de unos añitos más de experiencia y nueva tecnología. Estos años de ausencia me han permitido mirar a distancia aquellos primeros años y comprender muchas cosas que habíamos hecho[l] y así poder afinarme[m] como productor y escritor. Entender cosas que la experiencia de los discos anteriores nos han hecho hacer un buen disco y que no se pierda aquello que le gustó a la gente, que tenía la naturaleza de nuestra música, la buena energía, los buenos mensajes y lo romántico de nuestra música tradicional».

Ahora queríamos saber cuál es el mensaje del álbum. «Con *Corazón Profundo* buscamos ese mensaje de valorar a la gente con corazón profundo, de poner acento en la gente con corazón grande, generoso, más allá[n] de la individualidad, que trabaja para que el mundo sea mejor para todos. Ese es el espíritu general, no solo de la canción "Corazón profundo". Hablamos un poco de ecología, del cariño hacia la mujer, hacia la naturaleza, de resaltar[ñ] cosas del costumbrismo», comentó con satisfacción.

Conciertos

Como es habitual en los grandes de la música, después del lanzamiento de un nuevo álbum, le sigue una gira[o] de conciertos de promoción este verano. El primero de ellos se celebrará en Puerto Rico, tierra donde Vives vivió algunos años como actor y a la que le tiene mucho cariño, y seguidamente por todo Estados Unidos y en algún momento, aun sin definir, por Latinoamérica.

---

[i]*to chew over* [j]no... *didn't think have great expectations* [k]*was* [l]habíamos... *we had done* [m]*to polish myself* [n]más... *beyond* [ñ]*to emphasize* [o]*tour*

DESPUÉS DE LEER

A. Comprensión. Indica si las siguientes oraciones son ciertas (C) o falsas (F). Corrige las oraciones falsas.

	C	F
1. Vives es particularmente famoso porque renovó la música tradicional colombiana.	☐	☐
2. El álbum que lo lanzó a la fama en los años 90 fue *Clásicos de la Provincia*.	☐	☐
3. Durante su ausencia del ambiente discográfico, Vives viajó por los Estados Unidos y Latinoamérica.	☐	☐
4. El nuevo álbum de Carlos Vives es *El Rock de Mi Pueblo*.	☐	☐
5. *Corazón Profundo* no sigue la línea renovadora de la etapa anterior de Vives.	☐	☐
6. *Corazón Profundo* ha tenido tanto éxito en Colombia, como sus álbumes anteriores.	☐	☐

B. Temas de discusión. En parejas, contesten las preguntas. Después, compartan sus respuestas con la clase.

1. ¿Cómo comenzó a ser famoso Carlos Vives? ¿Qué circunstancia fue decisiva en su carrera musical?
2. ¿Cómo modernizó el cantante géneros tradicionales como el vallenato y la cumbia? ¿Qué canción de la época de los años 90 se ha convertido en un clásico?
3. ¿Cuáles son los temas de su nuevo álbum *Corazón Profundo*? Indiquen una de las diferencias y una de las semejanzas entre las canciones de su primera época y *Corazón Profundo*.
4. ¿Cuál es el/la cantante o conjunto musical favorito de Uds.? ¿Cuál es el estilo musical de su cantante o conjunto favorito? ¿Han asistido a un concierto de este/a cantante o conjunto musical alguna vez? ¿Cuándo?

Concurso de videoblogs

María Elena y Graciela nos muestran Lima, su centro histórico, otros distritos y el Museo de Arte de Lima (MALI). Como es el «Mes Morado», María Elena nos explica esta tradición en Perú.

Perú: María Elena

Lima en el Mes Morado

ANTES DE VER

A. Capítulo y vídeo. Contesta las preguntas.

1. ¿Cuáles son algunas de las fiestas y celebraciones principales en los países hispanos? ¿Existen estas fiestas donde tú vives? Describe las actividades típicas de por lo menos una de estas celebraciones en el lugar donde tú vives.
2. Piensa en un lugar especial (museo, lugar turístico, parque o zona histórica, etcétera) de la región donde vives. Escribe tres consejos para los turistas que lo visiten. Usa frases como **Es necesario/importante que...** y el presente de subjuntivo: **Es necesario que llegues temprano al museo porque es un lugar muy visitado.**

Vocabulario práctico

un ratón se ha comido la lengua	the cat's got her tongue (*lit.* a mouse has eaten her tongue)
Huaca Pucllana	*ceremonial center of Lima*
vitrinas	window displays
Líneas Nazcas	Nazca lines (*ancient geoglyphs*)
he grabado	I filmed
mantillas blancas	white head scarves
motivos religiosos	religious symbols

B. Anticipación. Repasa el **Vocabulario práctico** y contesta las preguntas antes de ver el videoblog de María Elena.

1. ¿Qué partes o qué cosas del lugar donde vives debe conocer una persona que visita tu región? Explica por qué son algo esencial para los visitantes.
2. ¿Hay algunas celebraciones famosas o tradiciones importantes del lugar donde vives? ¿Cuáles son? ¿Cómo son?

DESPUÉS DE VER

A. Comprensión. Contesta las preguntas, según el videoblog de María Elena.

1. ¿Qué estudia Graciela y cuánto tiempo hace que vive en Lima?
2. ¿Qué importancia económica y cultural tiene Lima? Explica.
3. ¿Cómo son los distritos de San Isidro, Miraflores y Barranco? ¿Qué se puede hacer allí?
4. ¿Por qué es famosa la cerámica inca? ¿Cuál era su función principal?
5. ¿Qué hacen los limeños (gente de Lima) durante el Mes Morado?
6. ¿Por qué celebran los limeños al Señor de los Milagros?

B. Opinión. Contesta las siguientes preguntas.

1. ¿Qué fue lo que te pareció más original del vídeo sobre Lima? Explica.
   ☐ el centro histórico ☐ el MALI ☐ el Mes Morado
2. Identifica tres detalles del vídeo que muestran a Lima como una ciudad moderna.

C. Temas de discusión. En grupos pequeños, comenten estos temas.

1. Mencionen los aspectos del segmento que creen que identifican a Lima como una ciudad de contrastes.
2. Expliquen cómo se celebran las fiestas religiosas o seculares donde Uds. viven. ¿Hay alguna celebración como las fiestas de Lima en su región?
3. Busquen la página Web del Museo de Arte de Lima para ver su colección permanente de arte y escriban un breve informe para explicar por qué María Elena dice que MALI tiene una excelente colección de arte peruano.

Vocabulario

Los días festivos y las celebraciones	Holidays and celebrations
el Año Nuevo	New Year's Day
el Día de Acción de Gracias	Thanksgiving Day
el Día de Canadá	Canada Day
el Día de la Independencia	Independence Day
el Día de la Madre	Mother's Day
el Día de la Raza	Columbus Day
el Día de los Muertos	Day of the Dead
el Día de los Reyes Magos	Feast of the Three Kings (Epiphany)
el Día del Padre	Father's Day
el día del santo	one's saint day
la Navidad	Christmas
la Nochebuena	Christmas Eve
la Nochevieja	New Year's Eve
la Pascua	Easter
la Pascua judía	Passover
la Semana Santa	Holy Week
las vacaciones de primavera	spring break

Cognado: el Carnaval, el Cinco de Mayo, el festival; nacional, religioso(a), tradicional
Repaso: el cumpleaños

Para celebrar	
brindar (por)	to toast (to)
disfrazarse (c)	to disguise oneself
el árbol de Navidad	Christmas tree
la carroza	parade float
el conjunto musical	band, musical group
el desfile	parade
la festividad	festivity; feast
los fuegos artificiales	fireworks
el regalo	gift

Cognados: celebrar; el santo patrón / la santa patrona; adornado/a
Repaso: la fiesta

Las expresiones artísticas	Artistic expressions
las artes escénicas	performing arts
las artes plásticas	visual arts
el baile	dance
la batería	drums, drum set
la canción	song
el coro	choir, chorus
el dibujo	drawing
el escenario	stage
el espectáculo	show
la exposición	exhibition; art show
la obra de arte	work of art
la obra de teatro	play
la obra maestra	masterpiece
la pintura	painting

Cognados: crear; el ballet clásico, la comedia, el concierto, la danza, el drama, la fotografía, la guitarra (eléctrica), el jazz, el mural, la música clásica / hip-hop / pop /, la novela, la ópera, la orquesta (sinfónica), el rock
Repaso: bailar, cantar, dibujar, escribir, pintar; la arquitectura, las artesanías, el cine, el cuadro, la escultura, el instrumento musical, la música, la película, la poesía, el teatro, los tejidos

Los artistas y otras personas	
la actriz	actress
el/la aficionado/a	fan
el bailarín, la bailarina	(ballet) dancer
el/la cantante	singer
el/la compositor(a)	composer
el/la danzante	dancer
el/la director(a) (de orquesta)	director; (musical) conductor
el/la dramaturgo/a	playwright
el/la escritor(a)	writer
el/la escultor(a)	sculptor
el/la fotógrafo/a	photographer
el/la músico/a	musician
el/la pintor(a)	painter

Cognados: el actor, el/la arquitecto/a, el/la artista, el/la poeta

Verbos de voluntad y emoción	Verbs of volition and emotion
aconsejar	to advise
alegrarse (de)	to be happy (about)
esperar	to hope
sorprender	to surprise

Cognados: insistir (en), prohibir (prohíbo)
Repaso: decir (*irreg.*)**, desear, gustar, necesitar, pedir (i, i), preferir (ie, i), preocupar, querer** (*irreg.*)**, recomendar (ie), sentir (ie, i), sugerir (ie, i), tener** (*irreg.*) **miedo (de)**

Algunas expresiones impersonales	Some impersonal expressions
es bueno que	it's good that
es extraño que	it's strange that
es malo que	it's bad that
es una lástima que	it's a shame that
ojalá (que)	hopefully

Cognados: es absurdo que, es importante que, es increíble que, es necesario que, es urgente que

Un conjunto de música andina

La música y la danza

ANTES DE VER

A. Anticipación. ¿Cuánta experiencia tienes con la música y danza hispanas? Marca las oraciones que son ciertas para ti.

1. ☐ He escuchado la radio en español.
2. ☐ Conozco a una cantante famosa hispana.
3. ☐ Conozco un buen lugar para escuchar música hispana.
4. ☐ He visto un espectáculo de baile hispano.
5. ☐ He bailado salsa, merengue, flamenco o tango.

B. La foto. ¿Crees que el grupo de la foto toca música tradicional o moderna? Explica. ¿Puedes relacionar esta foto con la música típica de algún grupo étnico, regional, cultural o con alguna celebración de este país? Comenta.

Vocabulario práctico

los cantos	singing
de cuerda	stringed
la cantaora	flamenco singer
las palmadas	handclaps

DESPUÉS DE VER

A. Comprensión. Completa las oraciones con información verdadera, según el vídeo. Usa palabras de la lista. ¡OJO! Algunas palabras no se usan.

barrio	de percusión	palmadas
cara	de viento	público
cuevas	influencia	tango

1. En Perú, se observa mucho la ________ de las culturas precolombinas.
2. La zampoña y la quena son ejemplos de instrumentos ________.
3. Hablar de la música argentina es recordar la pasión y los movimientos sensuales del ________.
4. Los que bailan flamenco transmiten sus emociones a través de (*through*) las manos, el cuerpo y la ________.
5. El flamenco es un arte de pasión, comunicada por la voz, la guitarra, las ________ y los zapatos.

B. Identificación. En parejas, contesten las preguntas

1. ¿Qué semejanzas y diferencias aparecen entre la música y los bailes de los tres países del segmento?
2. ¿Qué instrumentos musicales se mencionan en el video? ¿Cuáles de los instrumentos que aparecen en las imágenes conocen Uds.? Apunten los nombres de los instrumentos y las características de cada tipo de música del segmento, indicando el país correspondiente.

C. Conexión final. En parejas o grupos de tres estudiantes, preparen un breve informe sobre *uno* de los siguientes temas para compartir con la clase. Usen imágenes y música en su presentación.

1. Escojan un lugar particular en la región andina y preparen una descripción de por lo menos dos instrumentos tradicionales y dos bailes típicos de esa región. ¿Pueden hacer conexiones entre los instrumentos y bailes y la identidad de la región andina?
2. Preparen una comparación entre el flamenco y el tango. Primero busquen información sobre la música (los intrumentos, las características, etcétera) y el baile (la ropa que se lleva y los pasos [*steps*]). Describan por lo menos tres de las semejanzas y tres de las diferencias entre la música y el baile de estos géneros.

La guitarra

La guitarra es un instrumento musical de cuerda muy importante en la música hispana. Hay guitarras de diferentes tipos, como la clásica, la acústica y la eléctrica. Se usa tanto en las actuaciones de música y baile tradicionales como en los conciertos de rock. Hoy en día es difícil imaginar la música sin los tonos irresistibles de una guitarra, tocada melódicamente o a todo volumen.

◄ EL FLAMENCO

El flamenco es un grupo de bailes y cantes[a] típicos del sur de España que se originó hace más de 200 años en Andalucía. Aunque se asocia con los gitanos,[b] tiene influencias de cantos judíos, melodías árabes y otros ritmos. El flamenco se destaca por[c] la pasión de los **tocaores**,[d] la sensualidad de los **bailaores**[e] y la emoción de los **cantaores**.

[a]canciones del flamenco [b]*gypsies* [c]se... *is distinguished by* [d]*flamenco guitarists* [e]*flamenco dancers*

LOS MARIACHIS ►

Los mariachis representan una rica tradición del folclor mexicano. Se dice que el nombre **mariachi** viene de la palabra francesa *mariage*. Los mariachis visten con trajes coloridos y sombreros enormes. Sus canciones, tocadas con guitarra, guitarrón,[a] violín y trompeta, son una parte integral de muchas celebraciones mexicanas.

[a]*large guitar used primarily in* **mariachi** *bands*

◀ CARLOS SANTANA

El guitarrista Carlos Santana es un icono de la música hispana. Nació en México, pero de adolescente se mudó a San Francisco, California. Ha vendido más de 100 millones de álbumes y ha ganado diez premios Grammy, ocho de ellos en el año 2000. En su música mezcla[a] diferentes géneros como el rock, los blues y el jazz.

[a]*he blends*

ASÍ SE DICE: LOS INSTRUMENTOS MUSICALES...

- **de cuerda: el arpa** (*harp*), **el bajo** (*bass guitar*), **el contrabajo** (*upright bass*), **la guitarra, el guitarrón, la mandolina, el violín, el violonchelo** (*cello*)
- **de percusión: la batería, el bongo, el címbalo, las maracas, la pandereta** (*tambourine*), **el tambor** (*drum, gen.*)
- **de teclado: el clavicordio, el órgano, el piano**
- **de viento: el clarinete, la flauta, el saxofón, el trombón, la trompeta, la tuba**

ACTIVIDADES

A. Comprensión. ¿Cierto o falso? Corrige las oraciones falsas.

		C	F
1.	Los mariachis son una parte de la rica tradición folclórica de Perú.	☐	☐
2.	El flamenco se relaciona con los gitanos y con las culturas árabe y judía.	☐	☐
3.	El tocaor es un músico de mariachi.	☐	☐
4.	La música de Carlos Santana tiene influencias de rock, reggaetón y *country-western*.	☐	☐
5.	Las maracas y los tambores son instrumentos de viento.	☐	☐

B. Conexiones. En parejas, contesten las preguntas.

1. ¿Qué tipo(s) de música son populares donde Uds. viven? ¿Qué influencias históricas tiene la música de esa región? ¿Les gusta(n) o no?
2. ¿Cuáles son algunas conexiones entre la música y la danza de diferentes regiones o países hispanos? ¿Qué tienen en común?

C. Temas de discusión. En grupos pequeños, comenten *uno* de estos temas y escriban algunas conclusiones breves en español. Luego, compartan sus conclusiones con la clase.

1. diferentes tipos de música o bailes regionales de este país
2. la música o baile más popular entre los estudiantes de hoy

El Cerro (Mt.) Fitz Roy, en la Patagonia

Entrada cultural

Punta del Este, Uruguay

El Cono Sur: Argentina, Chile, Paraguay y Uruguay

El Cono Sur comprende Argentina, Chile, Paraguay y Uruguay. Con excepción de Paraguay, la mayoría de la población de esos países es de origen europeo, debido a la fuerte ola de inmigración que llegó a estos países en los primeros años del siglo XX. La población de Paraguay es principalmente mestiza, y el guaraní es idioma cooficial junto con el español.

Argentina es montañosa al oeste, dominada por los Andes. Al este, Argentina es plana[a] y forma las famosas pampas, inmensas llanuras[b] dedicadas al pasto[c] de ganado y territorio por excelencia del gaucho.[d] La región de la Patagonia, al sur, combina la terminación de los Andes con hermosas playas y glaciares.

Chile es un país alargado y estrecho. Su suelo[e] es espléndido para los vinos y el subsuelo es rico en cobre,[f] plata y oro. Miles de kilómetros al oeste, en el Océano Pacífico está la misteriosa Isla de Pascua con sus gigantescas estatuas monolíticas construidas hace miles de años por los rapanuis, primitivos habitantes de la isla.

Uruguay se caracteriza por la ausencia de montañas en su geografía y por la mezcla de mar y bosque en partes de su territorio, como en Punta del Este, lugar reconocido internacionalmente como el principal balneario[g] de América.

Paraguay es el país más mestizo del Cono Sur y se enorgullece[h] de conservar su pasado guaraní. Este país no tiene acceso al mar y la agricultura y la ganadería son sus principales fuentes de riqueza.

Los habitantes del Cono Sur comparten su pasión por el fútbol, el mate y la parrillada, así como un interés elevado por la cultura.

[a]*flat* [b]*plains* [c]*grazing* [d]*kind of cowboy* [e]*soil* [f]*copper* [g]*resort* [h]se... *is proud*

En la Isla de Pascua, Chile

PREGUNTAS

1. ¿Cómo es la geografía de Argentina, Chile y Uruguay? ¿En qué se basa la economía de estos países?
2. Se dice que el Cono Sur es la región más europeizada del continente. ¿Por qué? ¿Qué país de la región es la excepción?
3. ¿De qué se enorgullecen los paraguayos? ¿Cuáles son los idiomas oficiales del país?
4. ¿Cuáles de los datos de la **Entrada cultural** te ha parecido más interesante? ¿Por qué?

El mate

CAPÍTULO 12

El bienestar*

EN ESTE CAPÍTULO
El Cono Sur†

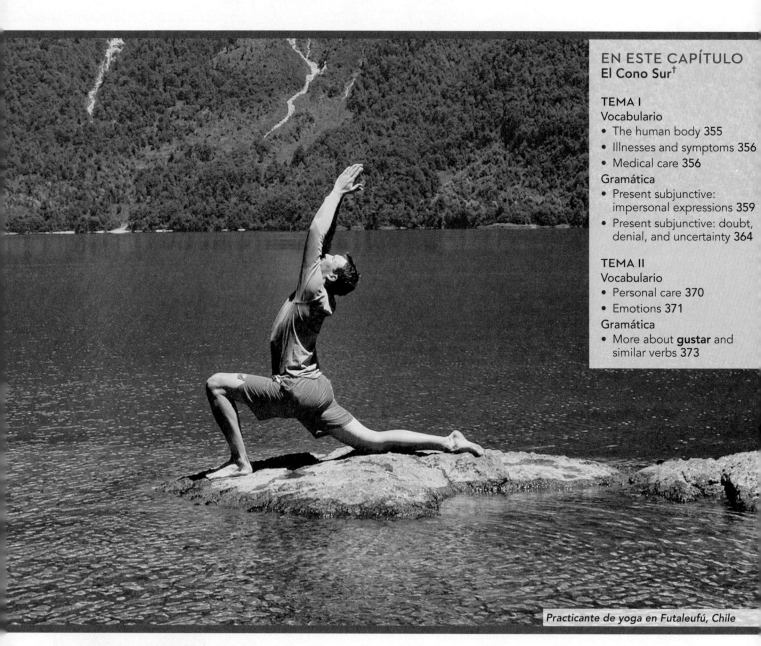

Practicante de yoga en Futaleufú, Chile

1. **¿Qué hace la persona de la foto? ¿Por qué crees que está en este lugar?**
2. **¿Te gusta hacer ejercicio? ¿Qué tipo prefieres hacer? ¿Cuándo y por qué lo haces? ¿Te importa la salud?**
3. **¿Qué otras actividades son importantes para el bienestar?**

www.connectspanish.com

*El... *Well-being*

†Cono... *Southern Cone (region of South America that includes Argentina, Chile, Paraguay, and Uruguay)*

TEMA I: La salud física

Vocabulario en acción

El cuerpo° humano

body

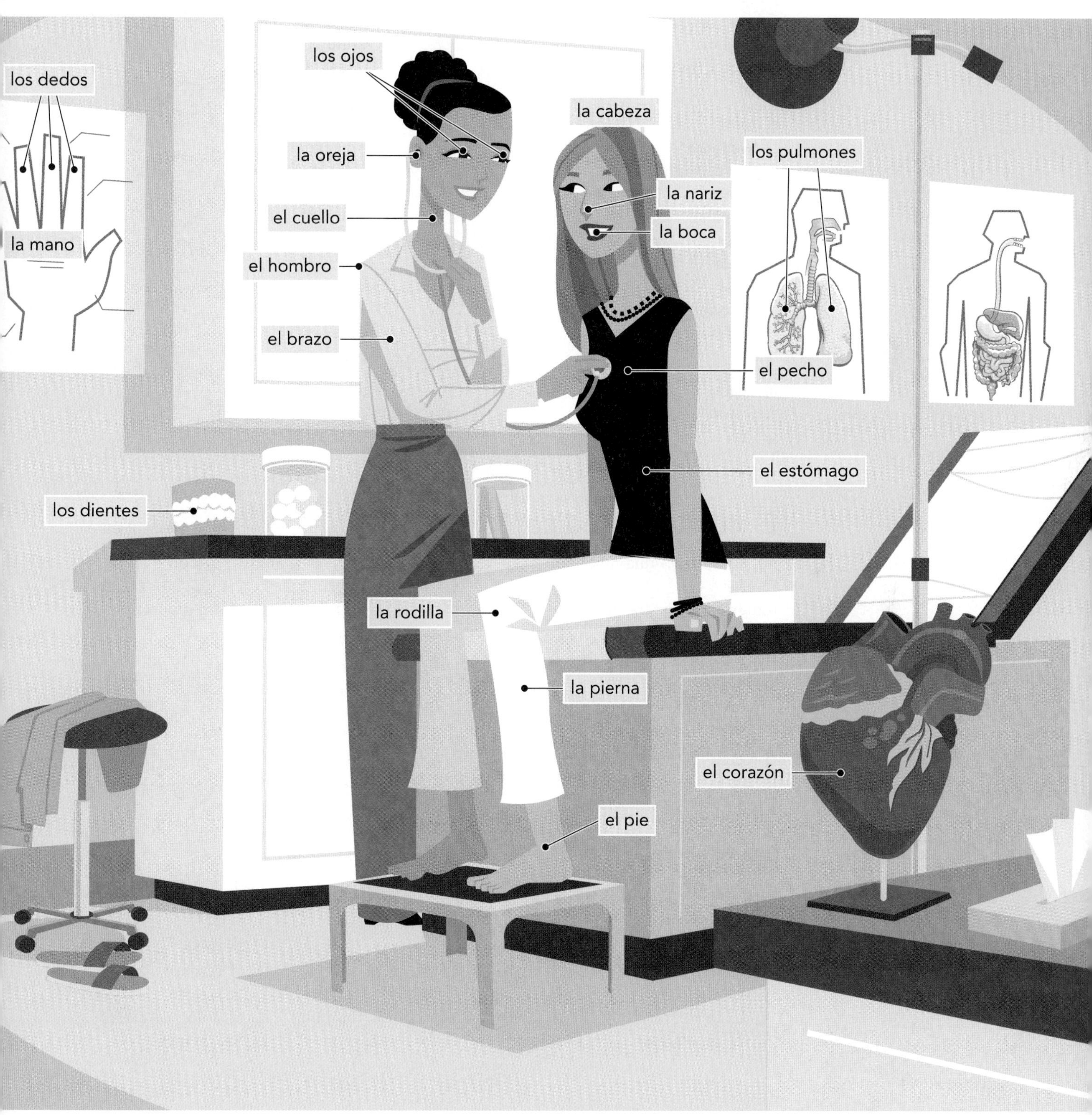

el cerebro	brain
el dedo del pie	toe
la espalda	back
la garganta	throat
el oído	inner ear
la sangre	blood

Las enfermedades y los síntomas° *Las... Illnesses and symptoms*

doler (ue)	to hurt, ache
resfriarse (me resfrío)	to catch a cold
toser	to cough
el dolor	pain, ache
de cabeza	headache
de estómago	stomachache
de muela	toothache
muscular	muscle ache
el estrés	stress
la fiebre	fever
la gripe	flu
la infección de oído	ear infection
el resfriado	cold
la tos	cough
mareado/a	dizzy; nauseated
resfriado/a	congested
sano/a	healthy

Repaso: quejarse; enfermo/a

El cuidado médico° *El... Medical care*

ponerle (*irreg.*) **una inyección**	to give (*someone*) a shot
recetar	to prescribe
tomarle la temperatura	to take (*someone's*) temperature
el chequeo	check-up
el/la enfermero/a	nurse
el jarabe	cough syrup
el/la médico/a	doctor
la pastilla	pill
la receta	prescription
la salud	health

Cognados: el antibiótico, el/la dentista

ACTIVIDADES

A. Busca al intruso. Indica la palabra que no pertenece a la serie. Luego, explica por qué no se relaciona con las otras tres palabras.

1. ☐ la nariz ☐ las piernas ☐ la boca ☐ la oreja
2. ☐ los pulmones ☐ el corazón ☐ los pies ☐ el cerebro
3. ☐ el estrés ☐ el resfriado ☐ la gripe ☐ la sangre
4. ☐ la fiebre ☐ las manos ☐ el dolor muscular ☐ el dolor de cuello
5. ☐ mareado/a ☐ los ojos ☐ la rodilla ☐ los dientes

B. Asociaciones

PASO 1. Indica la(s) parte(s) del cuerpo que asocias con estas actividades. **¡OJO!** Puede haber más de una respuesta correcta.

MODELO comer una manzana → la boca, los dientes, la garganta, el estómago

1. llevar una mochila
2. ponerse un anillo
3. escuchar música en el iPod
4. toser
5. leer una revista
6. jugar a los videojuegos
7. correr por el parque
8. fumar un cigarrillo
9. tocar el piano
10. cortarse un dedo de la mano
11. hablar por teléfono
12. tener miedo

PASO 2. Indica la(s) parte(s) del cuerpo que asocias con estas prendas de ropa. Luego, forma una oración usando la prenda de ropa y la parte del cuerpo. Sigue el modelo.

MODELO los zapatos → los pies
Me pongo los zapatos en los pies.

1. los guantes
2. el sombrero
3. las medias (*stockings*)
4. la corbata
5. los pantalones
6. los lentes
7. la camisa de manga larga
8. los calcetines

Nota comunicativa

THE VERB doler (ue)

To express the idea that something hurts or is painful to a person, Spanish uses the verb **doler.** It functions like the verb **gustar.*** Usually the subject of the sentence with **doler** is a part of the body that is causing the pain. Note that in Spanish, body parts are almost always referred to with the definite article **el/la/los/las** rather than the possessives.

Me caí y ahora **me duele la rodilla.**	*I fell down and now my knee hurts.*
A Ernesto **le dolía la cabeza** esta mañana y no asistió a clase.	*Ernesto had a headache (his head hurt) this morning and he didn't go to class.*

*You will review and learn more about **gustar** and similar verbs in **Gramática 12.3.**

C. Explicaciones. Completa las oraciones con palabras lógicas. **¡OJO!** Puede haber más de una respuesta correcta.

1. Tengo los _______ muy fuertes porque levanto pesas todos los días.
2. Tengo los _______ muy rojos porque he trabajado en la computadora por diez horas hoy.
3. Me duele la _______ porque me caí en la escalera.
4. Estoy _______ porque leía un libro en el autobús.
5. Tengo que tomar este _______ porque estoy tosiendo y me duele la _______.
6. La enfermera le toma la _______ al niño porque él tiene _______.
7. El médico me va a _______ una inyección y a _______ un antibiótico para la infección.
8. No quiero comer nada porque tengo dolor de _______.

D. Problemas de salud

PASO 1. Escucha los síntomas de ciertas enfermedades. Luego, indica el problema de salud que se describe en cada caso.

1. ___	a. el resfriado
2. ___	b. la gripe
3. ___	c. el estrés
4. ___	d. problemas relacionados con el corazón
5. ___	e. una infección de oído
6. ___	f. un problema relacionado con el estómago

PASO 2. Ahora da un consejo para cada una de las enfermedades o problemas del **Paso 1.** Usa las expresiones **recomiendo que**, **es importante que**, etcétera. Luego, comparte tus ideas con la clase. Con la ayuda de su profesor(a), Uds. van a decidir cuáles son los consejos más lógicos.

MODELO Para el resfriado, recomiendo que beba mucha agua y que...

E. Entrevistas

PASO 1. En parejas, túrnense para hacer y contestar las siguientes preguntas sobre sus hábitos y su salud.

1. ¿Cuántas veces al año vas al médico? ¿Te haces un chequeo médico todos los años? Explica por qué te lo haces, o no.
2. ¿Qué enfermedades no serias tienes generalmente? ¿Te refrías con frecuencia? ¿Tienes alergias? Explica.
3. Cuando te sientes mal, ¿qué haces? ¿Vas al médico para que te recete medicinas o prefieres usar medios más naturales? ¿Por qué?
4. ¿Qué haces para prevenir (*prevent*) las enfermedades y mantenerte sano/a? ¿Es tu dieta saludable y variada? ¿En qué consiste tu dieta? ¿Haces ejercicio? ¿Qué tipo de ejercicio haces? ¿Con qué frecuencia?

PASO 2. Basándote en las respuestas del **Paso 1,** ¿es tu compañero/a una persona sana o no? ¿Por qué? Comparte tus ideas con la clase.

Gramática

12.1 Present Subjunctive: Impersonal Expressions

Expressing Personal Opinions in an Impersonal Way

GRAMÁTICA EN ACCIÓN

Un futuro campeón

[*Andrés es un joven bonaerense que sueña con jugar fútbol profesionalmente en el futuro. La Dra. Blanco le explica cómo cuidarse bien durante sus intensos entrenamientos.*]

Miembros del club Sub 17 (U-17) *de Argentina*

ANDRÉS: Quiero jugar con los Albicelestes algún día, doctora. **Es importante que entrene** mucho y quiero hacerlo de la manera más sana posible. ¿Qué debo hacer?

DRA. BLANCO: Andrés, **es bueno que estés** pensando en tu salud. Primero, **es necesario que** me **expliques** un poco más sobre tus actividades y cualquier síntoma que tengas.

ANDRÉS: **Es cierto que practico** mucho, a veces **es necesario que levante** pesas y **haga** otros ejercicios por dos horas al día, antes de un partido importante con mi liga. No tengo muchos problemas, pero **es verdad que** a veces **me duele** mucho la espalda.

DRA. BLANCO: Eres muy joven, pero **es malo que tengas** tanto dolor de espalda. **Es mejor que** te **tomemos** una radiografía para ver si tienes alguna lesión. **Es posible que** no **sea** nada importante, pero **es importante que nos aseguremos**. ¿Tienes tiempo ahora para tomarte la radiografía?

ANDRÉS: Por supuesto que tengo tiempo. Aunque **es improbable que haya** un problema serio, quiero estar seguro. Gracias, doctora.

DRA. BLANCO: **Es mejor que** no **te preocupes,** Andrés. Creo que tienes muchas posibilidades de tener un gran futuro jugando con los Albicelestes. Espera aquí unos minutos…

Comprensión. Da la forma correcta del verbo, según el contexto.

1. Es necesario que Andrés (hacer) ejercicio todos los días si quiere ser jugador profesional.
2. Es cierto que Andrés (ser) joven y muy activo.
3. Es bueno que Andrés y la Dra. Blanco (asegurarse) de que su dolor de espalda no es nada serio (*serious*).
4. Es probable que algún día Andrés (jugar) con los Albicelestes.

Impersonal expressions in Spanish take the form of Es + *adjective* and translate as *It is* + *adjective* in English. These types of generalizations trigger the subjunctive unless they express certainty, facts, observations, etc. You will learn more about using indicative with expressions of certainty versus subjunctive with expressions of doubt in **Gramática 12.2.** You saw several impersonal expressions in **Capítulo 11.** Those are repeated here as a review. For comparison, a few impersonal expressions that do not trigger the subjunctive are included as well.

IMPERSONAL EXPRESSIONS		
USED WITH THE SUBJUNCTIVE		USED WITH THE INDICATIVE
es absurdo que	es una lástima que	es cierto que
es bueno que	es urgente que	es obvio que
es importante que	no es cierto que	es verdad que
es increíble que	(no) es imposible que	
es interesante que	(no) es improbable que	
es malo que	(no) es posible que	
es mejor que	(no) es probable que	
es necesario que	(no) es verdad que	

Es **mejor** que **evites** el estrés. — *It's best that you avoid stress*

Es **importante** que Antonio **haga** ejercicio para su espalda. — *It's important for Antonio to do exercise for his back.*

Es **interesante** que ella **tenga** dolor de cabeza cada día por la tarde. — *It's interesting that she has a head ache every day in the afternoon.*

Es **verdad** que Miguel **tiene** los dientes muy blancos. — *It's true that Miguel has very white teeth.*

Nota comunicativa

Es + *adj.* + *inf.*

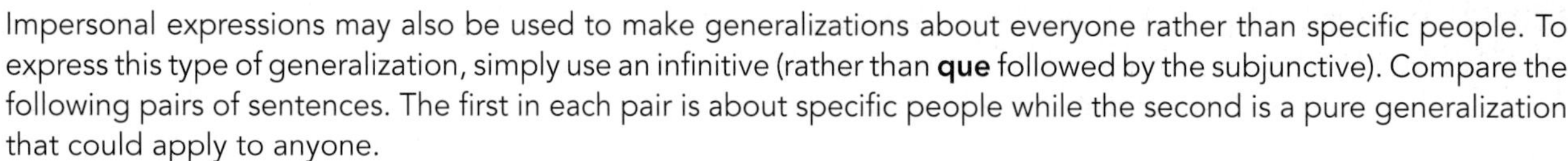

Impersonal expressions may also be used to make generalizations about everyone rather than specific people. To express this type of generalization, simply use an infinitive (rather than **que** followed by the subjunctive). Compare the following pairs of sentences. The first in each pair is about specific people while the second is a pure generalization that could apply to anyone.

Es importante que entiendas las responsabilidades del trabajo — *It's important that you understand the responsibilities of the job.*

Es importante entender las responsabilidades del trabajo. — *It's important to understand the responsibilities of the job.*

¿**Es posible que** ella **encuentre** información sobre los síntomas en Internet? — *Is it possible for her to find information about the symptoms on the Internet?*

¿**Es posible encontrar** información sobre los síntomas en Internet? — *Is it possible to find information about the symptoms on the Internet?*

ACTIVIDADES

A. Cuando tienes gripe...

PASO 1. Escucha la información sobre la gripe. Luego, indica la frase correcta para completar cada una de las oraciones, según la información que escuchas.

1. Si tienes gripe, ___ limites el contacto con otras personas.
2. Si tienes fiebre, es importante que ___.
3. Para el dolor de cabeza, ___ te ayude tomar aspirina.
4. Cuando te duele la garganta, es bueno que ___.
5. En general, ___ descanses mucho cuando tienes gripe.
6. Normalmente, ___ la mayoría de los casos de gripe no son serios.

a. tomes té con miel
b. es necesario que
c. es posible que
d. es cierto que
e. tomes bastante agua
f. es importante que

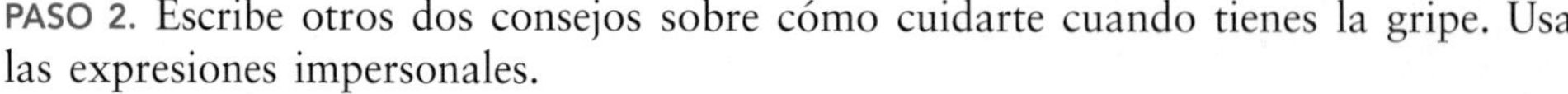

PASO 2. Escribe otros dos consejos sobre cómo cuidarte cuando tienes la gripe. Usa las expresiones impersonales.

PASO 3. Comparte tus ideas con la clase. ¿Cuál es el mejor remedio para la gripe?

B. Unas opiniones sobre la medicina. Completa las oraciones con la forma correcta de los verbos entre paréntesis.

1. Es imposible que (*nosotros*: **encontrar**) la causa de los síntomas.
2. Es absurdo que algunas personas no (**ir**) al médico cuando están enfermas.
3. Es malo que los pacientes (**tomar**) tantos antibióticos.
4. Es una lástima que la familia típica de hoy (**pagar**) tanto por el seguro de salud.
5. Es importante que los médicos (**escuchar**) a sus pacientes.
6. Es mejor que todo el mundo (**comer**) alimentos más sanos.
7. Es cierto que (*tú*: **tener**) dolor de estómago después de comer demasiado.
8. Es probable que (*yo*: **resfriarse**) este invierno.

Nota cultural

LAS YERBAS MEDICINALES

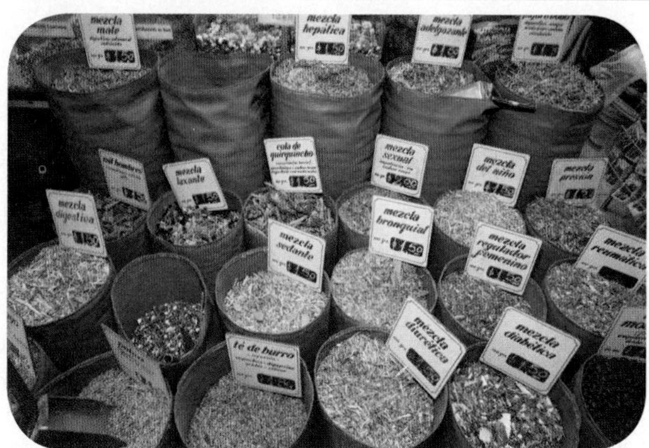

En un mercado de Mendoza, Argentina

Las plantas han sido usadas por el hombre desde los tiempos más remotos, tanto para alimentarse como para curarse. Las yerbas medicinales constituyen una fuente complementaria a la alimentación para mantener el buen funcionamiento del cuerpo y la buena salud. El uso de yerbas y otros remedios naturales tiene cada vez más aceptación en combinación con o en sustitución de la medicina occidental. La naturaleza ofrece medios para evitar y combatir enfermedades, siempre que se utilicen a tiempo y con sabiduría.

En Latinoamérica es muy típico el uso de las yerbas medicinales para aliviar malestares menores y estas plantas están disponibles en tiendas especializadas. Aquí tienes algunos remedios fáciles para malestares comunes.

Tomar infusiones de valeriana ayuda a dormir bien. La tila[a] y la melisa[b] son tranquilizantes naturales que pueden ayudar antes de un examen. Para los malestares del estómago o una digestión pesada: la manzanilla,[c] la menta[d] y el anís. El té de jengibre[e] alivia las náuseas. Si tienes dolor de cabeza, prueba unas gotas de aceite de lavanda o de mejorana[f] sobre las sienes.[g] Para la resaca[h] tras una noche de fiesta, lo mejor es hervir hojas de ortiga[i] en agua durante cinco minutos, colar[j] el agua, añadir el jugo de un limón y tomarla en ayunas.[k]

[a]*linden flower* [b]*lemon balm* [c]*chamomile* [d]*mint* [e]*ginger* [f]*sweet marjoram* [g]*temples* [h]*hangover* [i]*stinging nettle* [j]*strain off* [k]en... *on an empty stomach*

PREGUNTAS

1. ¿Para qué sirven las yerbas medicinales?
2. ¿Qué malestares y remedios se citan como ejemplos? ¿Conocen Uds. alguna otra yerba con propiedades curativas?
3. ¿Han utilizado Uds. alguna vez yerbas medicinales para combatir algún malestar? ¿Cuál? ¿Se sintieron mejor después de tomar la yerba?
4. ¿Cuál es su opinión personal sobre el uso de las yerbas medicinales y otra medicina alternativa como la acupuntura? ¿Creen que son eficaces?

C. Recomendaciones

PASO 1. Escribe recomendaciones para las siguientes personas y situaciones. Usa las expresiones impersonales.

MODELO una atleta que tiene dolor de garganta antes de un partido →
Es mejor que tomes un jarabe para la garganta y que no juegues hoy.

1. una mamá con tres hijos que tienen gripe al mismo tiempo
2. un estudiante universitario que vive en la residencia estudiantil y se resfría con mucha frecuencia
3. una estudiante de medicina que trabaja muchas horas y tiene mucho estrés
4. un profesor que tiene dolor de cabeza casi todos los días
5. un atleta que se entrena para los juegos olímpicos
6. los padres de un bebé que tiene infecciones frecuentes de oído

PASO 2. En parejas, túrnense para leer sus sugerencias sin mencionar para quién es. Su compañero/a debe adivinar para quién es y compararla con su recomendación para esa persona.

EXPERIENCIA INTEGRAL La Fundación Isabel Allende

ANTES DE LEER. Mira rápidamente la cronología de la vida de la escritora Isabel Allende. ¿Puedes formarte una idea sobre una posible relación entre su vida personal y sus obras literarias? Mientras lees el **Paso 1,** piensa en cuál puede ser la idea principal del texto.

PASO 1. Completa el texto de la cronología de la vida de Isabel Allende y la descripción del origen de la Fundación Isabel Allende con la forma correcta de las palabras entre paréntesis. Cuando se dan dos palabras, escoge la palabra correcta. Da la forma apropiada del pretérito de los verbos entre paréntesis.

1985	Isabel publicó *La casa de los espíritus,* una novela que empezó a escribir cuando (**supo/conoció**[1]) que su abuelo moría.
1987	Isabel y su primer esposo (**divorciarse**[2]). Allende publicó la novela *Eva Luna.*
1988	Isabel se casó con el norteamericano Willie Gordon.
1989	Isabel publicó una colección de cuentos, *Cuentos de Eva Luna.*
1991	Paula, la hija de Isabel, (**ponerse**[3]) muy enferma en España. Isabel empezó a escribir *El plan infinito.*
1992	Paula murió en la casa de Isabel y Willie en California.
1994	Isabel publicó la novela *Paula.*
1996	Isabel (**establecer**[4]) la Fundación Isabel Allende.

Isabel Allende, novelista y cuentista chilena, también (**es/está**[5]) hija, esposa y madre. Es cierto que (**ha/haya**[6]) alcanzado mucha fama como novelista, pero hay otros aspectos de su vida no tan felices. Como madre (**sufrir**[7]) lo peor cuando su hija Paula, de 28 años de edad, fue al hospital por dolores severos. Los médicos no entendían su problema médico, que resultó ser porfiria,[a] y le recetaron medicinas inadecuadas que dañaron severamente el cerebro. Después de pasar un año en estado comatoso, murió en casa, en brazos de su madre. Dos frutos[b] surgieron[c] directamente de esta tragedia: *Paula,* la novela de memorias que Isabel (**comenzar**[8]) a escribir cuando su hija (**era/estaba**[9]) en coma en el hospital, y la Fundación Isabel Allende.

Isabel (**crear**[10]) la Fundación Isabel Allende cuatro años después de la muerte de Paula. Según Isabel, Paula, una mujer muy dedicada al servicio comunitario, (**hacer**[11]) de voluntaria[d] en comunidades pobres de España y Venezuela. La Fundación es un homenaje al espíritu que Paula cultivó y una extensión de su trabajo.

[a]*Porphyria (a group of rare genetic disorders)* [b]*results* [c]*came out of* [d]hacer... *to volunteer*

La misión de la Fundación es capacitar[e] y proteger a las mujeres y a las niñas. Para realizar (**esto/esta**[12]), es necesario que la fundación (**da/dé**[13]) becas[f] y que apoye a otras organizaciones que proveen[g] educación, cuidado médico, capacitación[h] y protección contra la violencia, la explotación y la discriminación. Sin esta ayuda, es improbable que algunas mujeres (**salen/salgan**[14]) de sus circunstancias. Las becas y donaciones (**son/están**[15]) distribuidas en tres programas: Donaciones Esperanza (para las organizaciones sin fines de lucro[i]), Becas Paula (para la educación superior[j] de mujeres jóvenes) y Premios Espíritu (para honrar y reconocer logros[k] de servicio comunitario).

La misma escritora dice que los logros más importantes de su vida no (**son/están**[16]) sus libros, sino[l] el amor compartido con su familia y amigos. Es importante que uno (**ayuda/ayude**[17]) a los necesitados. Según el lema de la Fundación, «Solo tenemos lo que entregamos». La Fundación es un producto y reflejo de ese amor y espíritu magnánimo; es un reflejo del amor que Isabel y su hija (**sienten/sentían**[18]) la una por la otra.

Isabel Allende

[e]*to empower* [f]*grants, scholarships* [g]*provide* [h]*training* [i]sin... *nonprofit* [j]*advanced* [k]*achievements* [l]*but rather*

PASO 2. Indica la respuesta correcta. **¡OJO!** Puede haber más de una respuesta.

1. Isabel Allende es ______.
   a. chilena **b.** política **c.** viuda **d.** novelista
2. La hija de Allende murió ______.
   a. en España **c.** en una casa
   b. en los Estados Unidos **d.** de una enfermedad rara
3. Lo más importante para Isabel son ______.
   a. sus libros **c.** su familia y amigos
   b. sus logros literarios **d.** la fama
4. Paula trabajaba en comunidades marginales de ______.
   a. Chile **b.** California **c.** Venezuela **d.** España
5. La Fundación Isabel Allende se estableció ______.
   a. para honrar el trabajo de Paula
   b. para capacitar y apoyar a las mujeres y las niñas
   c. para ayudar a los hospitales de España
   d. para combatir la violencia contra las mujeres
6. La Fundación Isabel Allende distribuye becas a ______.
   a. individuos **b.** a otras organizaciones **c.** a empresas **d.** a novelistas
7. Premios Espíritu es un programa de la Fundación que ______.
   a. da becas a las mujeres **c.** reconoce el trabajo de otros
   b. ayuda a organizaciones sin fines de lucro **d.** honra a los que sirven a la comundidad
8. Las mujeres que necesitan ayuda para pagar la matrícula universitaria deben solicitar ______.
   a. Donaciones Esperanza **c.** Becas Paula
   b. una beca de la Fundación Isabel Allende **d.** Premios Espíritu

PASO 3. En parejas, comparen sus oraciones sobre la idea principal del texto que apuntaron para **Antes de leer.** ¿Tienen ideas semejantes? Después de leer el pasaje, ¿quieren cambiar sus oraciones?

COMMUNICATION

PASO 4. ¿Participas en actividades u organizaciones voluntarias o hay algunas que te parecen importantes? Apúntalas y explica por qué lo haces o por qué son importantes. Usa expresiones impersonales y un verbo subordinado en el subjuntivo cuando sea necesario (**es importante que..., es verdad que..., es necesario que...,** etcétera).

Categorías posibles

los deportes
los derechos civiles
el desarrollo de viviendas asequibles
la educación
la política
la recaudación de fondos (*fundraising*)
los servicios médicos
los servicios para niños
¿?

Expressing Doubt, Denial, or Uncertainty About a Situation

Una caminata por el Parque Nacional Torres del Paine

12.2 Present Subjunctive: Doubt, Denial, and Uncertainty

GRAMÁTICA EN ACCIÓN

¡No sé qué hacer!

[Beto y Marta son amigos íntimos que viven en Chile. Conversan sobre el bienestar de otro amigo que les preocupa porque últimamente lleva un ritmo de vida muy estresante.]

BETO: **Creo que necesitamos** hacer algo para ayudar a Raúl. Está muy estresado últimamente.

MARTA: Estoy de acuerdo, pero **no estoy segura de que sepamos** todo lo que le pasa. **Es posible que** él no **quiera** hablar, pero tenemos que tratar de conversar con él.

BETO: Tienes razón. **Es cierto que** Raúl **es** muy ambicioso y que este año tiene muchas presiones en su trabajo. ¿Por qué no lo invitamos a pasar un fin de semana especial con nosotros? **Estoy seguro de que** solo **necesita** relajarse.

MARTA: ¡Perfecto! **No dudo que va** a emocionarse. Y así podemos hablar con él más tranquilamente para ver si hay algo más aparte del estrés del trabajo.

BETO: Bueno, a él le gusta caminar y hacer ejercicio. **Creo que podemos** pasar un fin de semana divertido en el parque nacional Torres del Paine. Podemos hacer muchas excursiones y relajarnos.

MARTA: **Dudo que** él **tenga** tiempo libre para un viaje, pero tenemos que convencerlo.

BETO: No te preocupes. Voy a llamarlo ahora.

Comprensión. Da la forma correcta del verbo según el contexto. Fíjate en las palabras subrayadas y cómo se usaron en el diálogo.

1. Es posible que Beto y Marta no (poder) convencer a Raúl porque él tiene poco tiempo libre.
2. Marta y Beto están seguros de que Raúl (estar) bajo muchas presiones en su trabajo.
3. Es cierto que Marta y Beto (ser) buenos amigos de Raúl.
4. Marta no duda que Raúl (necesitar) tomarse un fin de semana relajante con sus amigos íntimos.

The subjunctive in Spanish is used after expressions in which speakers deny something, indicate they are uncertain about something, or don't believe that something is true. Remember that in sentences that use the subjunctive, the sentence will have two clauses connected by **que** and which will *usually* have different subjects, although this is not always the case with verbs and expressions of doubt, denial, and uncertainty. This category of verbs and expressions is also unique in that there will generally be a verb or expression with opposite meaning that does *not* take the subjunctive. The following charts show common verbs and expressions of doubt, denial, and uncertainty side-by-side with their opposites.

DOUBT, DENIAL, UNCERTAINTY	
no creer que **dudar que** **negar (ie) que** **no es cierto que** **no es verdad que** **no estar** (*irreg.*) **seguro/a (de) que** **(no) es (im)posible que** **(no) es (im)probable que**	+ *subjunctive*

BELIEF, AFFIRMATION, CERTAINTY	
creer que **no dudar que** **afirmar que** **es cierto que** **es verdad que** **estar seguro/a (de) que**	+ *indicative*

Dudo que mucha gente **tenga** el tiempo para hacer ejercicio todos los días. — *I doubt that many people have the time to exercise every day.*

No es posible que **eliminemos** el estrés completamente. — *It's not possible for us to eliminate stress completely.*

No creo que tú **necesites** ir al médico. Solo estás resfriado. — *I don't think that you need go to the doctor. You just have a cold.*

Creo que mis suegros **deben** tomar té con miel para aliviar su dolor de garganta. — *I think that my in-laws should drink tea with honey to relieve their sore throats.*

ACTIVIDADES

A. Realidades sobre la salud. Completa cada una de las oraciones con la forma correcta del verbo entre paréntesis.

1. Es verdad que la salud mental ________ (**ser**) tan importante como la salud física.
2. No creo que muchos estudiantes universitarios ________ (**preferir**) una rutina con mucho estrés, pero a veces es inevitable.
3. Es imposible que nosotros ________ (**poder**) resfriarnos frecuentamente en medio del verano.
4. El médico está seguro de que muchas personas ________ (**asistir**) a la feria de salud en el campus universitario este fin de semana.
5. Dudo que tú ________ (**ir**) a aliviar tu dolor de cabeza si no tomas suficiente agua.
6. Es verdad que yo ________ (**cantar**) bien, pero no es cierto que ________ (**ser**) fácil cuando tengo tos y congestión.
7. No dudamos que Uds. ________ (**saber**) mucho sobre la salud física. No obstante, no estamos seguros de que ________ (*Uds:* **saber**) tanto como un profesional de la medicina.
8. ¡Qué va! (*No way!*) No es verdad que tú ________ (**poder**) quitar la fiebre usando métodos naturales.

B. Reacciones

PASO 1. Escribe oraciones completas expresando dos posibles reacciones ante cada una de las siguientes situaciones. Usa expresiones de la lista.

1. Muchos médicos recetan demasiados antibióticos.
2. La obesidad causa muchos problemas de salud.
3. No es necesario hacerse un chequeo médico cada año.
4. Hacer ejercicio regularmente no es importante.
5. El estrés es bueno para la salud.

Vocabulario práctico
Creo que... Es cierto que... Es imposible que... Es posible que... Dudo que... No creo que... No dudo que... No es verdad que...

PASO 2. Compara tus oraciones con las de un compañero / una compañera. Tu compañero/a te debe preguntar por qué piensas así y debes justificar el porqué de tu reacción. ¿Están de acuerdo, o no?

C. ¿Verdad o mentira?

PASO 1. Escribe tres oraciones sencillas sobre ti mismo/a (*yourself*). Dos de las oraciones deben ser ciertas y una debe ser falsa. Usa el presente de indicativo.

MODELO Mi color favorito es el azul. Tengo cuatro perros. Mis padres viven en España.

PASO 2. En grupos pequeños, túrnense para compartir sus oraciones. Los otros miembros del grupo deben escuchar y reaccionar usando las expresiones de duda y el subjuntivo cuando sea necesario. Traten de descubrir la mentira.

MODELO E1: Dudo que tengas cuatro perros.
E2: Es cierto que tengo cuatro perros.
E3: No creo que tus padres vivan en España.
E2: ¡Tienes razón! No es verdad que mis padres vivan en España.

EXPERIENCIA INTEGRAL

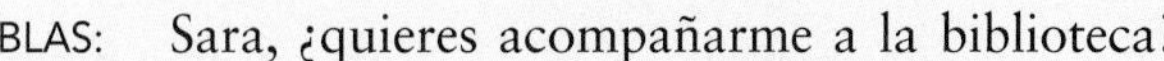

Nuestros ancianos (*elderly*) y el hogar

ANTES DE LEER. Hay varias maneras de referirse a la gente. Igual que en inglés, la selección de palabras que uno usa depende de la situación y los oyentes. No es siempre cortés decir que una persona es vieja. Echa un vistazo al texto y anota las varias palabras que se usan para hablar de la generación de «viejos». ¿Cuáles son algunas de las palabras que se usan para referirse a otras personas?

PASO 1. Completa la conversación entre dos muchachos chilenos que hablan de sus abuelos. Cuando se dan dos palabras, escoge la palabra correcta.

Sara y su abuelo

BLAS: Sara, ¿quieres acompañarme a la biblioteca?

SARA: No puedo. (**Tengo/Debo**[1]) que volver a casa dentro de media hora. Mis padres van a una cena y necesito cuidar a mi abuelo y a mis hermanitos.

BLAS: ¿Tu abuelo vive con Uds.?

SARA: Pues, ¡claro!

BLAS: Mi abuelo vive en un hogar para ancianos, en las afueras.

SARA: ¡Uf! Es imposible que mi madre (**permite/permita**[2]) eso. Hace quince años que mi abuelo (**ha vivido/vive**[3]) con nosotros y ayudaba mucho en casa hasta que se enfermó de los pulmones. No puede (**ser/estar**[4]) solo por mucho tiempo. Mis hermanos todavía son muy jóvenes y no (**saben/conocen**[5]) darle las atenciones que necesita.

BLAS: No creo que mi madre (**es/sea**[6]) tan tradicional como tu mamá.

SARA: A mi madre le daría mucha vergüenza instalar[a] a mi abuelo en un centro geriátrico porque él (**nos/les**[7]) cuidó a mí y a mis hermanos por tantos años. Mamá desea cuidar a su suegro como su madre y su abuela cuidaron a sus familiares mayores.

BLAS: Nuestro país todavía sigue las tradiciones. (**Es/Está**[8]) natural, pues creo que (**son/sean**[9]) costumbres muy nobles, pero cada día es más y más difícil conservarlas.

SARA: ¿Cómo decidieron Uds. instalar a su abuelo en un hogar para ancianos?

[a]le... *she would be very ashamed to place*

BLAS: Mi abuelo nunca vivió con nosotros. Después de que mi abuela se puso enferma, mi abuelo la cuidó por muchos años, vigilándola[b] con mucho cariño. Desafortunadamente, su salud declinó cuando mi abuela murió. Se dio cuenta de que[c] ya no podía vivir solo, y un día nos (**dijo/decía**[10]) que iba a mudarse al hogar para ancianos porque no quería ser un estorbo[d] para la familia.

SARA: ¿Y tu familia aceptó esa decisión?

BLAS: Mi abuelo (**tenía/estaba**[11]) razón. (**Ninguno/Ningún**[12]) de mis tíos vive aquí en Santiago y mi madre, como muchas mujeres hoy día, trabaja fuera de la casa. Es un problema típico ahora. Como mis padres trabajan largas horas y mi hermana y yo nunca (**somos/estamos**[13]) en casa durante el día, nadie podía cuidar a mi abuelo. Ahora mi abuelo tiene nuevos amigos de la tercera edad[e] y dudo que (**tiene/tenga**[14]) muchos días sin interacciones estimulantes.

SARA: ¿Ves cómo las presiones modernas cambian las tradiciones?

BLAS: Es un juego de tira y afloja,[f] porque muchas familias no aceptan estos cambios. Otras, enfrentadas con tantas dificultades, tienen que aceptarlos.

SARA: Es cierto que cada vez (**hay/haya**[15]) más hogares de ancianos en este país.

BLAS: Sí, pero parte del tira y afloja es que son caros. Muchas familias no pueden pagar los costos. Es más económico (**emplear/emplee**[16]) a una muchacha para ayudar con el anciano. Afortunadamente, mi abuelo tenía los fondos para pagar porque trabajó hasta los 65 años. En los años 80, Chile convirtió su sistema de pensiones y ahora es probable que mi abuelo (**disfruta/disfrute**[17]) de su vejez cómodamente.

[b]*looking after her* [c]Se... *He realized that* [d]*burden* [e]*senior* [f]juego... *tug of war*

PASO 2. Indica si las oraciones son probables (**P**) o improbables (**I**).

	P	I
1. En Chile, la mayoría de los ancianos pasa sus últimos años en un hogar para ancianos.	☐	☐
2. La familia de Sara es muy pequeña.	☐	☐
3. Sara conoce bien a su abuelo.	☐	☐
4. En Sudamérica, van a construir más hogares de ancianos en los próximos diez años.	☐	☐
5. Muchos hijos jóvenes de familias chilenas trabajan en el extranjero.	☐	☐
6. Hay presiones modernas en los países latinoamericanos.	☐	☐
7. En Sudamérica, los hogares de ancianos son subvencionados (*subsidized*) por el gobierno.	☐	☐
8. Los abuelos de Blas eran muy pobres.	☐	☐

PASO 3. ¿Dónde viven tus abuelos o bisabuelos? ¿Qué piensas de los hogares para ancianos? Escribe cuatro oraciones usando las siguientes frases para expresar tu opinión.

MODELO Es bueno que las familias tengan opciones.

Es bueno que...	Dudo que...	Creo que...
Es malo que...	Es probable que...	Es verdad que...

Luego, comparte tus oraciones con tres o cuatro estudiantes. En general, ¿tienen Uds. impresiones positivas o negativas de los hogares para ancianos? Escojan las tres opiniones mejor expresadas (todas positivas o todas negativas) para presentarlas a la clase. En general, ¿está la mayoría de la clase a favor de los hogares de ancianos?

Palabra escrita

A comenzar

Stating Your Thesis. The thesis statement is the central point of any composition or essay; everything else you write about supports this main idea. You should write your thesis statement in the first paragraph of your composition for three important reasons. First, it helps you select the information that best supports your thesis and disregard all other ideas that are not relevant. Second, it facilitates the overall organization of your composition. Finally, your thesis statement orients the reader, making it easier for him/her to follow your line of thought.

You are going to start the process of writing a brief composition that you will finalize in the **Palabra escrita: A finalizar** section of your *Workbook/Laboratory Manual*. The topic of this composition is **Para salir de la adicción a ______**. The purpose of your composition will be to convince the reader that the bad habit you choose is certainly an addiction and that it can have very negative consequences in people's lives.

A. Escogiendo el tema. En parejas, digan cuáles de los siguientes hábitos creen que pueden crear adicción. Marquen las opciones y expliquen por qué. Después, escojan un tema para su ensayo.

☐ el tabaco	☐ el ejercicio	☐ las dietas	☐ ¿?
☐ las drogas	☐ el alcohol	☐ mirar la televisión	

B. Lluvia de ideas. Contesta las siguientes preguntas de acuerdo a la adicción que has escogido. Después, comparte tus ideas con la clase y apunta otras ideas apropiadas para tu ensayo.

1. ¿Por qué crees que una persona llega a tener esa adicción? Piensa en la personalidad de la persona y en las posibles circunstancias de su vida.
2. ¿Cuáles son algunos de los síntomas de la adicción?
3. ¿Qué consecuencias tiene ese hábito en la vida de la persona adicta?
4. Escribe recomendaciones para ayudar a estas personas a superar (*to overcome*) la adicción. Usa las expresiones **es importante que, recomiendo que, es increíble que,** etcétera.

C. A organizar tus ideas. Repasa tus ideas y organízalas en un orden lógico. Usa el siguiente bosquejo como modelo.

I. Introducción: una definición del hábito y una descripción de las causas que crees que llevan a una persona a desarrollar esa adicción; información sobre la personalidad de las personas más vulnerables a esta adicción; tu tesis
II. Cuerpo del ensayo: dos párrafos sobre los síntomas de esa adicción y las consecuencias negativas que ese hábito puede tener en la vida de la persona afectada
III. Conclusión: recomendaciones para ayudar a las personas a superar la adicción

D. A escribir. Ahora, haz el borrador de tu composición con las ideas y la información de las **Actividades A** y **B,** y la organización del bosquejo de la **Actividad C. ¡OJO!** Guarda bien tu trabajo. Vas a necesitarlo otra vez para la sección de **Palabra escrita: A finalizar** en el *Workbook/Laboratory Manual.*

Marcela Donoso

La pintora chilena Marcela Donoso (1961–) estudió arte en la Universidad de Chile. Sus cuadros pertenecen al género artístico que se llama realismo mágico. Este género presenta mundos desde una perspectiva subjetiva en que lo real y lo mágico coexisten al mismo nivel.

En este cuadro, «Yuyito» está en pose para meditar, en un campo cerca de un poblado[a] y, aparentemente, rodeada[b] también de un segundo poblado celestial, mágico. Los tres pares de manos parecen representar tres fases de la meditación de esta joven.

[a]*populated área*

Yuyito, *2000*

REFLEXIÓN

1. ¿Qué partes del cuerpo de Yuyito aparecen en una forma real? ¿Cuáles representan el mundo mágico? Expliquen.
2. Describan por lo menos tres aspectos positivos de la meditación como una buena forma para ayudar a las personas con enfermedades físicas o mentales.

TEMA II: La salud mental

Vocabulario en acción

El cuidado personal

cuidarse	to take care of oneself
dañar	to damage; to cause pain
dejar de + *inf.*	to stop/quit (*doing something*)
drogarse (gu)	to get high; to take drugs
engordar	to gain weight
estirarse	to stretch
evitar	to avoid
recuperarse	to recover
los fármacos	medicine; pharmaceuticals
la presión	pressure
el tratamiento	treatment

Cognados: el alcohol, el/la alcohólico/a, la droga, la terapia (de grupo)
Repaso: hacer (*irreg.*) **ejercicio, hacer yoga, relajarse**

Las emociones

emocionarse	to display emotion
estar (*irreg.*) **deprimido/a**	to be depressed
ser (*irreg.*) **orgulloso/a**	to be arrogant
la autoestima	self-esteem
el egoísmo	selfishness
la envidia	envy
el odio	hate
el orgullo	pride; arrogance
el sentimiento	feeling
egoísta	selfish

Cognados: la ambición, la depresión, la pasión; ambicioso/a
Repaso: el miedo

ACTIVIDADES

A. Clasificaciones

PASO 1. Clasifica las actividades del **Vocabulario en acción** en categorías en un cuadro como el siguiente.

ACTIVIDADES FÍSICAS	ACTIVIDADES SEDENTARIAS	ACTIVIDADES ARTÍSTICAS

PASO 2. Explica qué actividades del **Paso 1** haces para cuidarte y llevar una vida sana. Sigue el modelo para informar a la clase. ¿Son Uds. parecidos o muy diferentes?

MODELO Para mi bienestar personal me gusta escribir poemas porque soy una persona sedentaria y tengo inclinaciones artísticas.

B. Definiciones. Empareja las palabras con las definiciones correspondientes. Después, comparte tus respuestas con la clase.

1. ___ valoración y aprecio de sí mismo	**a.** la depresión
2. ___ sentimiento fuerte de aversión	**b.** la terapia de grupo
3. ___ mover brazos y piernas para que no estén rígidos	**c.** la presión
4. ___ limpiar o dejar en blanco la mente	**d.** la autoestima
5. ___ una reunión para compartir problemas	**e.** el sentimiento
6. ___ tensión, coerción que se siente	**f.** meditar
7. ___ tristeza profunda	**g.** estirarse
8. ___ la emoción	**h.** el odio

C. ¿Bueno o malo?

PASO 1. En parejas, digan si estos conceptos son buenos o malos. **¡OJO!** Puede haber más de una respuesta, pero Uds. deben ponerse de acuerdo y explicar el porqué de su opinión.

MODELO el miedo → El miedo es malo porque es una emoción defensiva causada por un peligro que muchas veces es solo imaginario.

1. el orgullo
2. la ambición
3. la aromaterapia
4. la autoestima
5. la envidia
6. el odio
7. la pasión
8. la depresión
9. la presión
10. el egoísmo
11. emocionarse
12. estirarse
13. sufrir de estrés
14. meditar
15. pintar

PASO 2. Ahora, escojan uno de los conceptos que consideran malos y otro de los que consideran buenos y expliquen en qué situación, o desde qué perspectiva, pueden ser lo opuesto.

MODELO el miedo → El miedo puede ser bueno en situaciones en que hay que cuidarse de algún peligro real.

D. Recomendaciones

PASO 1. En parejas, preparen recomendaciones médicas para estas situaciones.

MODELO E1: No puedo dormir por las noches. →
E2: Es importante (Sugiero/Recomiendo) que practiques la aromaterapia, que hagas yoga o que escuches música de meditación para relajarte.

1. Quiero adelgazar.
2. Estoy un poco deprimido/a y no tengo energía.
3. Necesito dejar de fumar.
4. Sufro de mucho estrés en el trabajo y en mis estudios.
5. Temo que mi amigo sea drogadicto.
6. Les tengo envidia a los mejores amigos de mi novia.
7. Me gusta hacer ejercicio, pero me duelen las rodillas.

PASO 2. Compartan sus ideas con la clase y, entre todos, decidan cuáles son las mejores recomendaciones para cada situación. Expliquen por qué.

E. Malos hábitos

PASO 1. Explica por qué estas actividades no son sanas y cómo afectan al bienestar físico o mental.

MODELO Antes de tomar muchas bebidas alcohólicas con amigos, tomo aspirinas para evitar un dolor de cabeza. →
Es malo tomar aspirinas para el dolor de cabeza cuando se toma mucho alcohol porque eso puede dañar los órganos.

1. Hago ejercicio aeróbico tres o cuatro veces al día todos los días.
2. Solo tomo frutas, verduras y agua porque siempre estoy a dieta.
3. Paso toda la noche jugando videojuegos.
4. Fumo más o menos un paquete de cigarrillos al día.
5. Bebo más de diez tazas de café al día.
6. Con mi celular, puedo leer, responder y seguir a personas en Facebook y Twitter todo el día, aun en clase o en el trabajo.

PASO 2. En parejas, contesten estas preguntas. Después compartan sus ideas con la clase.

1. ¿Cuáles de los abusos mencionados en el **Paso 1** piensan que son resultado de una adicción? ¿Por qué?
2. ¿Cuáles de estos malos hábitos pueden dañar la salud física? la salud mental?
3. ¿Qué tipos de personas son más vulnerables a las adicciones? ¿Personas con baja autoestima? ¿personas orgullosas? ¿tensas?
4. ¿Qué debemos hacer para llevar una vida sana?

Gramática

12.3 More About *gustar* and Similar Verbs

Expressing Likes and Dislikes

GRAMÁTICA EN ACCIÓN

Buenos amigos

[*Rafael y César son dos buenos amigos argentinos que trabajan para la misma compañía.* ***A los dos les fascina*** *hablar de sus familias, así que este es el tema principal de conversación durante un viaje de negocios que hacen juntos.*]

RAFAEL: ¿Cómo ha estado tu esposo últimamente? ¿Todavía tiene problemas con las alergias?

CÉSAR: Andrés está muy bien. Las alergias **no le molestan** demasiado en otoño. Pero tenemos noticias importantes. Han procesado los papeles de adopción finalmente. ¡Vamos a adoptar a una niña!

RAFAEL: ¡Felicidades! **Me encanta que** Uds. **vayan** a ser padres. **A mí me gusta pasar** tiempo con mis hijos más que cualquier otra cosa. Vas a ver qué magnífico es ser padre. ¿Y cómo es la niña?

CÉSAR: Se llama Laura. Hemos pasado mucho tiempo con ella en los fines de semana. Tiene 3 años y es preciosa. Es muy inteligente y **le interesa** todo lo que ve. ¡No deja de hablar! Al principio **nos preocupaba** su salud porque hace unos meses tuvo meningitis y estuvo en el hospital. Menos mal que ahora se ha recuperado completamente. Ahora solo **nos importa** que nuestra futura hija **esté** sana y **sea** feliz.

RAFAEL: Por supuesto. La salud de los hijos es lo que más **les importa a los padres**. Sé que Andrés y tú le van a ofrecer una vida magnífica a esa niñita. Y ella, los va a hacer muy felices a Uds. también.

CÉSAR: Sí, estamos muy emocionados. Pero necesitamos mudarnos a un apartamento más grande antes de traerla a casa. Últimamente **nos interesa** mucho mirar los anuncios clasificados para encontrar el hogar perfecto para nuestra familia. Esperamos tenerla en casa dentro de un mes.

RAFAEL: ¡Qué emoción! Pues tengo muchas ganas de conocerla. ¿Podemos invitarla a la fiesta de cumpleaños de mi hija? Es en dos meses y ella va a cumplir 3 años también. Sé que **a mi hija y a mi esposa les va a encantar** conocer a Laura. Espero que nuestras hijas sean buenas amigas, como nosotros.

CÉSAR: Yo también. ¿Dónde va a ser la fiesta? ¿Qué podemos llevar?

Comprensión. Indica la opción correcta para completar cada oración, según el texto.

1. A César y Andrés, antes ___ la salud de su hija adoptiva, pero ahora no tienen ese problema.
2. Rafael dice que lo que más ___ a los padres es la salud de sus hijos.
3. A la familia de Rafael ___ conocer a la hija adoptiva de César y Andrés.
4. A la niña ___ todo lo que ve y le encanta hablar constantemente.
5. A Andrés ya no ___ las alergias.

a. le va a encantar
b. le interesa
c. les preocupaba
d. le molestan
e. les importa

In previous chapters, you learned about the use of the verb **gustar,** which has a unique pattern.

I.O. + **gusta/gustan** + *object(s)/activity liked*

Me gusta este jarabe.	*I like this cough syrup. (This cough syrup is pleasing to me.)*
No **les gustan** las inyecciones.	*They don't like shots. (Shots are not pleasing to them.)*

The verb is conjugated in the third person singular or plural to agree with the thing or things liked. The person or persons who like those things is expressed with the corresponding indirect object pronoun: **me, te, le, nos, os,** and **les.**

A. Here is a list of other verbs in Spanish that follow this same pattern, some of which you learned in **Capítulo 6.**

More verbs like **gustar**			
aburrir	to bore	**interesar**	to interest
doler (ue)	to be painful, to ache	**importar**	to matter, to be important
encantar	to really like, to love	**molestar**	to bother
fascinar	to fascinate	**preocupar**	to worry

A los niños **les encanta** practicar deportes.	*The kids love playing sports.*
¿**Te importa** la comida orgánica?	*Is organic food important to you?*
A nosotros **nos molestan** los fumadores.	*We are bothered by smokers.*
Me aburre ir al médico cada año, pero es necesario.	*Going to the doctor every year bores me, but it's necessary.*

B. In some cases with this structure, the person(s) referred to by the pronouns **me, te, le, nos, os,** and **les** must also be represented in a prepositional phrase with **a.** This is most frequently done with **le** and **les,** in order to clarify to whom these pronouns refer. The **a** phrase is used for emphasis with the other pronouns, which are never ambiguous. The preposition **a** is always necessary when the person who likes (loves, is fascinated, etc.) is expressed with a name or noun phrase: **a Roberto le gusta** or **a los estudiantes de español les interesa.**

A Isabel le encanta meditar en la playa.	*Isabel loves meditating on the beach.*
A los estudiantes de la clase de yoga **les importa** llevar una vida saludable.	*Having a healthy lifestyle is important to the students in the yoga class.*
A mis padres no les interesan los problemas de la tecnología.	*My parents are not interested in the problems of technology.*

C. **Gustar** and similar verbs can, as with verbs of volition and emotion, trigger the subjunctive. As you learned in previous sections on the subjunctive, the verb in the dependent clause (in this case, **gustar** or a similar verb) is conjugated in the present indicative and is connected to the dependent clause with **que.** The verb in the dependent clause has a different subject and is conjugated in the subjunctive.

Me gusta que mi médica me **explique** todo con mucho detalle.	*I like that my doctor explains everything to me in detail.*
Nos preocupa que nuestro amigo **tenga** mucho estrés.	*It worries us that our friend has lots of stress.*
¿Te molesta que tu hermana no **tenga** ambición?	*Does it bother you that your sister does not have ambition?*

Nota cultural

DIEGO ARMANDO MARADONA

Diego Armando Maradona

El argentino Diego Armando Maradona es considerado uno de los mejores jugadores de la historia del fútbol mundial. Sus logros deportivos con la selección de su país[a] y con los clubes europeos en los que[b] jugó, sobre todo con el Nápoles, todavía son aclamados por miles de *fans* de todo el mundo. Entre muchos e importantes galardones,[c] Maradona cuenta con la Copa Mundial en 1986, la Copa de la UEFA en 1989 y el subcampeonato de la Copa Mundial de 1990.

Sin embargo, la carrera profesional de este brillante jugador empezó a declinar en 1994 cuando lo expulsaron[d] de la Copa Mundial, celebrada en los Estados Unidos, por haber consumido drogas no reglamentarias. Su adicción a las drogas se hizo más severa, y, junto con la obesidad y graves problemas cardíacos, resultó en la prematura conclusión de su exitosa carrera deportiva. Maradona buscó ayuda profesional en reconocidas instituciones cubanas y europeas y hoy en día es un drogadicto recuperado, aunque él mismo declara que es una enfermedad sin cura.

Maradona se retiró oficialmente del fútbol en 1998, pero desde su recuperación se ha mantenido activo. Ha realizado programas de televisión en Argentina y en Italia, y ha sido protagonista de varios documentales y películas de ficción. También ha sido entrenador de equipos importantes y seleccionador de fútbol de su país. Por su origen humilde, Maradona es muy admirado en los sectores más populares de la sociedad y se ha convertido en el héroe deportivo de todo el mundo y en un icono de la cultura popular de Argentina.

[a]selección... *national team of his country* [b]en... *in which* [c]*accolades* [d]*they expelled*

PREGUNTAS

1. ¿Por qué es Maradona una gran figura del fútbol? Nombren por lo menos tres de sus logros (*accomplishments*) como futbolista.
2. ¿En qué año acabó la carrera de futbolista de Maradona y por qué?
3. ¿Existen problemas de adicción a las drogas entre los deportistas de su país? ¿Qué tipo de sustancias consumen? ¿Por qué creen Uds. que es tan común?

ACTIVIDADES

A. Gustos y preferencias

PASO 1. Da el pronombre correcto para completar cada una de las oraciones.

1. Mis amigos y yo hacemos ejercicio dos veces a la semana. _____ importa nuestra salud.
2. Tienes mucho talento artístico. Quizás _____ interese aprender a tocar un instrumento.
3. Ya que soy muy flexible, _____ encanta hacer yoga con mis amigas.
4. A algunos estudiantes _____ fascinan los proyectos altruistas.
5. Elena es muy sentimental. Por eso, _____ encantan las películas románticas.

PASO 2. Da la conjugación correcta de los verbos entre paréntesis.

1. A mis amigos les (**fascinar**) los mismos programas de televisión que me gustan a mí.
2. ¿Te (**interesar**) participar en un proyecto de arte?
3. No tenemos problemas de salud, pero nos (**encantar**) las vitaminas porque nos ayudan a sentirnos bien.
4. ¿Les (**preocupar**) a tus padres tu bienestar físico?
5. A Enrique le (**molestar**) que su esposa fume tabaco.

B. ¿Quién es?

PASO 1. Escoge dos de las siguientes personas o grupos de personas. Usa los verbos como **gustar** para expresar ideas sobre esas personas, sin revelar a quién describes. Escribe un mínimo de tres oraciones completas sobre cada persona.

una persona que necesita adelgazar/engordar
una persona que trata de dejar de fumar/tomar alcohol
un(a) voluntario/a de Hábitat para la Humanidad
tu profesor(a) de español/biología
un(a) adicto/a al trabajo/ejercicio
un(a) terapista físico/a / trabajador(a) social
un(a) atleta profesional
tú y tus amigos

MODELO una persona que necesita adelgazar → A esta persona no le gusta comer en restaurantes de comida rápida porque está cortando calorías. Le importan su figura y su salud. Le encanta comer, pero necesita comer menos.

PASO 2. En parejas, túrnense para leer sus oraciones sin decir a quién se refiere cada una. ¿Puede tu compañero/a identificar a quién describes?

C. Entrevista.
En parejas, contesten las preguntas en detalle.

1. ¿Te importa tu salud? ¿Qué haces para cuidarte?
2. ¿Conoces a alguien que tiene un vicio? ¿Te preocupa?
3. ¿Hay muchas cosas que te molestan? ¿Cuáles son? ¿Qué haces para evitar los pensamientos negativos?
4. ¿Les interesa a ti y a tus amigos hacer yoga o meditar? ¿Por qué?
5. ¿Qué situaciones o actividades te aburren? ¿Cuáles te fascinan? ¿Por qué?
6. ¿Te importa que tu familia y amigos tengan una manera de vivir saludable? ¿Qué puedes hacer para ayudarles?

Nota interdisciplinaria

EDUCACIÓN FÍSICA: EL EJERCICIO Y SUS BENEFICIOS

A nivel físico, los beneficios del ejercicio son muchos; ayuda a eliminar grasas y a prevenir la obesidad, aumenta la resistencia ante el agotamiento,[a] previene enfermedades cardiovasculares, mejora la capacidad respiratoria y estimula el sistema inmunológico, entre otros. Junto a esta dimensión biológica, existen además beneficios para la salud mental, pues el ejercicio físico tiene efectos antidepresivos, elimina el estrés, previene el insomnio y regula el sueño.

Llevar un estilo de vida más activo y hábitos alimenticios saludables tiene también amplias repercusiones socio-afectivas. El ejercicio mejora la imagen corporal y, por tanto, favorece la autoestima y la relación personal del individuo con su entorno.[b]

Para lograr un estado completo de bienestar es importante, pues, incorporar la actividad física. Por ejemplo, hacer caminatas, correr, practicar algún deporte o ir a un gimnasio. Y si el horario no siempre lo permite, se pueden realizar pequeños cambios como subir o bajar las escaleras, pasear el perro, bajarse del autobús unas paradas antes del lugar de destino, aparcar[c] el carro unas cuadras antes del lugar de trabajo o realizar alguna actividad física en casa.

---

[a]*exhaustion* [b]*environment* [c]*to park*

PREGUNTAS

1. ¿Qué recomendaciones menciona la lectura para favorecer la actividad física?
2. Enumeren algunos de los beneficios físicos, emocionales y sociales de la actividad física.
3. ¿Hacen Uds. ejercicio con regularidad? ¿Qué tipo de ejercicio hacen? ¿Tienen Uds. pequeñas estrategias para mantenerse activos/as cuando no pueden ir al gimnasio, practicar un deporte o hacer ejercicios más intensos? ¿Cuáles son?

EXPERIENCIA INTEGRAL

El tabaco en Latinoamérica

ANTES DE LEER. Cuando lees un texto por primera vez, una estrategia útil es tratar de deducir el motivo del autor. ¿Cuál era su propósito al escribir el texto? ¿Entretener? ¿persuadir? ¿explicar? ¿informar? ¿describir? La lectura del **Paso 1** trata del tabaco y del fumar. ¿Cuál de los siguientes motivos te parece más probable? Después de leer el **Paso 1,** verifica tu respuesta.

- ☐ entretener al lector con historias cómicas sobre sus experiencias personales con el tabaco
- ☐ persuadir al lector de no fumar
- ☐ explicar la trayectoria del uso del tabaco hasta el presente en Latinoamérica
- ☐ informar al lector sobre los peligros del tabaquismo
- ☐ describir los efectos del tabaco en el organismo (cuerpo)

PASO 1. Completa la lectura con las palabras correctas. Cuando aparece *I/S,* usa el presente de indicativo o el presente de subjuntivo del verbo entre paréntesis; usa el pretérito o el imperfecto del verbo cuando aparece con *P/I.* Cuando hay dos palabras entre paréntesis, escoge la palabra apropiada.

Un aviso antitabaco de Uruguay

El tabaco jugaba un papel[a] importante en la época precolombina en Latinoamérica. Los chamanes y curanderos usaban las hojas, el jugo y el humo para curar varias enfermedades y aliviar dolores. Es cierto que el tabaquismo (*P/I:* **tener**[1]) un papel sagrado también. El tabaco le permitía al chamán alcanzar una «iluminación espiritual» y alimentaba a los espíritus que poseían el cuerpo del chamán. Los curanderos (*P/I:* **mezclar**[2]) brebajes[b] complejos de tabaco que servían como protección contra la brujería[c] y la magia negra.

Cuando Cristóbal Colón llegó a Centroamérica en 1492, los indígenas le ofrecieron tabaco. Colón no sabía qué hacer con esas hojas secas y las tiró[d] al mar. Pero a sus soldados (**le/les**[3]) gustaron y las llevaron a España. A finales del siglo XVI, el uso del tabaco se extendió por toda Europa. En 1612 los colonos[e] de Jamestown, Virginia, empezaron a cultivarlo y pronto (*P/I:* **hacerse**[4]) la cosecha[f] predominante de las Américas.

Nadie entendía los poderes adictivos del tabaco hasta el siglo XVII y hasta el siglo XIX no se sabía de sus efectos peligrosos. En el siglo XX, empezaron a fabricar cigarrillos comercialmente y su uso aumentó mucho durante las guerras mundiales. Para el año 1965, el 42 por ciento de los estadounidenses fumaba, pero a mucha gente, le (*P/I:* **preocupar**[5]) la salud de la población y poco después Norteamérica y Europa trataron de controlar y limitar el tabaquismo.[g] Con el éxito de estas campañas antitabaco, las compañías de tabaco concentraron la publicidad de sus productos en Latinoamérica y Asia.

[a]*role* [b]*concoction, beverage* [c]*witchcraft* [d]*threw* [e]*colonists* [f]*crop* [g]*smoking*

Mientras solo el 19 por ciento de los estadounidenses fuma hoy en día, es una lástima que Latinoamérica (*I/S:* **seguir**[6]) adicta. Se estima que 145 millones de latinoamericanos fuman, con casi el 10 por ciento de ellos en Chile. Chile tiene la prevalencia más alta de la región, donde un 34 por ciento de la población fuma. Pero a los gobiernos latinoamericanos (**le/les**[7]) importa que la gente de su país (*I/S:* **dejar**[8]) de fumar. En 2006, Uruguay (*P/I:* **ser**[9]) el primer país en prohibir que se fumara[h] en lugares públicos y tiene las leyes antitabaco más fuertes del mundo. En 2006, el presidente del país era oncólogo[i] y le (*P/I:* **molestar**[10]) el efecto desastroso del uso del tabaco en la salud. Ahora los cigarrillos en Uruguay requieren avisos[j] muy gráficos que cubren el 80 por ciento del paquete. Los negocios se enfrentan con multas[k] de más de mil dólares si permiten que sus clientes (*I/S:* **fumar**[11]). Los resultados de un estudio en 2012 muestran una reducción significativa en el número de fumadores y en las enfermedades del corazón.

Desde 2006, más países sudamericanos han adoptado leyes semejantes. En todos los países, con la excepción de Paraguay, hay leyes nacionales que prohíben los fumadores (*I/S:* **encender**[12])[l] un cigarrillo en lugares públicos cerrados. Casi todas estas leyes limitan o prohíben la publicidad del tabaco y su venta a menores de edad. En 2010 Paraguay pasó una legislación sobre los avisos en los paquetes, pero todavía no se pone en vigor.[m] Las grandes compañías de tabaco de los Estados Unidos y de Paraguay (*P/I:* **poner**[13]) una demanda[n] contra el gobierno paraguayo para bloquear la ley. En 2013, el jefe de la compañía de tabaco más grande, Tabacalera del Este, fue elegido presidente de Paraguay. Por eso, es improbable que allí (*I/S:* **haber**[14]) cambios en la política[o] antitabaco muy pronto.

---

[h]que... *smoking* [i]*cancer doctor* [j]*warnings* [k]*fines* [l]*to light up* [m]*into effect, enforced* [n]*lawsuit* [o]*policies*

PASO 2. Contesta las siguientes preguntas.

1. ¿Para qué usaban el tabaco en el pasado?
2. ¿Qué factores contribuyeron al aumento de fumadores en Europa y los Estados Unidos?
3. ¿Por qué aumentó el uso del tabaco en Latinoamérica?
4. ¿Dónde implementaron las primeras leyes antitabaco en Latinoamérica? ¿Por qué? Describe algunas.
5. ¿Por qué no están en vigor las leyes antitabaco en Paraguay?

PASO 3. ¿Qué piensas de las varias políticas antitabaco? Usa las expresiones como **Es posible/probable/bueno que...** de los capítulos anteriores para formar cuatro declaraciones que expresen tu opinión. Luego, circula por la clase y léeles tus opiniones a cuatro personas. Ellos tienen que decirte si están de acuerdo o no con tu opinión. Marca las respuestas en un cuadro como el siguiente. Compara tus resultados con los de los otros estudiantes.

MODELO Es absurdo que el gobierno decida dónde se puede fumar.

	A FAVOR	EN CONTRA
Es absurdo que el gobierno decida dónde se puede fumar.	||	~~||||~~

Lectura cultural

Vas a leer un artículo de la revista *Nexos,* escrito por María del Mar Cerdas y publicado por American Airlines, sobre la meditación.

ANTES DE LEER

A. La meditación. En parejas, contesten las preguntas. Después, compartan sus ideas con la clase.

1. ¿Cuál(es) de las siguientes cosas o actividades asocian Uds. con la meditación?

   ☐ el canto (*chanting*)
   ☐ el incienso
   ☐ los movimientos específicos del cuerpo
   ☐ la música tranquila
   ☐ las piedras lisas (*smooth stones*)
   ☐ el silencio
   ☐ las velas (*candles*)
   ☐ el yoga
   ☐ ciertas posturas corporales
   ☐ ¿ ?

2. ¿Han meditado alguna vez? ¿Les gustó la experiencia? ¿Les fue útil (*useful*)? Expliquen. Si no la han hecho, ¿les parece interesante practicarla? Expliquen.

B. A primera vista. Lee el título y la introducción a la lectura *en letra cursiva.* ¿Cuál de estas oraciones crees que va a resumir mejor el contenido del artículo?

1. ☐ La meditación es una buena alternativa para mantenerse en forma cuando es imposible hacer ejercicio o practicar deportes.
2. ☐ Se ha demostrado científicamente que la meditación tiene efectos positivos en la salud mental y física.
3. ☐ La meditación no tiene base científica. Sirve solamente para relajarse y, además, está de moda.

C. Anticipación. Con la ayuda de tus respuestas a las **Actividades A** y **B** y la foto que acompaña el artículo, ¿qué información esperas encontrar en este artículo?

1. ☐ un resumen de algunos estudios sobre la relación entre la meditación y la salud
2. ☐ algunas técnicas para meditar
3. ☐ el papel de la meditación en las religiones orientales
4. ☐ una explicación de los problemas físicos o sicológicos que se pueden curar con la meditación
5. ☐ ¿ ?

Meditar es sanar

La meditación es una forma de mantener la mente en reposo,[a] *para inducir un estado de relajación, profunda armonía interna y despertar de la conciencia. La medicina occidental la veía como algo esotérico, más del lado de la fe*[b] *que de la ciencia, pero las nuevas tecnologías en salud han cambiado esa percepción.*

La meditación tiene base científica: El neurólogo Álvaro Pascual-Leone (Universidad de Harvard), desarrolló hace unos años la hipótesis pionera de que el entrenamiento mental tiene el poder para modificar nuestra materia gris. De allí surgió[c] el concepto de «neuroplasticidad», la impresionante capacidad del cerebro de cambiar su estructura y funcionamiento como respuesta a la experiencia, física y mental. Su colega Herbert Benson concluyó que la práctica de la meditación contrarresta[d] los mecanismos cerebrales asociados al estrés.

[a]en... *at rest* [b]*faith* [c]*arose* [d]*counteracts*

Nuevos hallazgos han comprobado[e] lo anterior y lo han superado. Richard Davidson (Universidad de Wisconsin) reveló que la meditación fortalece[f] el sistema inmunológico, baja los niveles de cortisol (hormona asociada con el estrés) y previene recaídas[g] en personas depresivas. Esto último lo comprobó también John Teasdale, de la Unidad de Ciencias Cognitivas y del Cerebro en Cambridge (Reino Unido), mediante[h] la combinación de meditación introspectiva con terapia cognitiva.

David Haaga (American University) sostiene que la meditación trascendental redujo la presión sanguínea y mejoró la salud mental de adultos jóvenes en peligro[i] de sufrir hipertensión.

Investigaciones de 2009 son positivas también. El Northwestern Memorial Hospital, de Illinois, advirtió[j] que la meditación puede ser un remedio efectivo contra el insomnio. Robert Schneider, de la Universidad de Administración de Empresas Maharishi (Iowa), presentó a la American Heart Association un estudio de nueve años de duración, con afroamericanos, que reportó disminución[k] de cerca del 50 por ciento en ataques del corazón y derrames[l] cerebrales entre practicantes de la meditación trascendental.

[e]hallazgos... *findings have confirmed* [f]*strengthens* [g]previene... *prevents relapses* [h]*through* [i]*danger* [j]*advised* [k]*decrease* [l]*strokes*

Si Ud. medita o hace yoga, como esta mujer, ¿dónde lo hace?

DESPUÉS DE LEER

A. Los beneficios de la meditación. En términos fisiológicos, ¿cómo se benefician las personas que meditan, según el artículo? Indica todas las respuestas correctas.

La meditación...

1. ☐ fortalece el sistema inmunológico.
2. ☐ elimina las jaquecas (*migraines*).
3. ☐ puede mejorar la salud mental.
4. ☐ puede prevenir el insomnio.
5. ☐ elimina la hipertensión.
6. ☐ disminuye (*reduces*) la posibilidad de sufrir un ataque del corazón.
7. ☐ baja niveles de cortisol.
8. ☐ previene por completo los derrames cerebrales.
9. ☐ disminuye los efectos de la gripe.
10. ☐ reduce la presión sanguínea.

B. Comprensión. Contesta las siguientes preguntas.

1. ¿Por qué tienen la meditación y el entrenamiento mental propiedades curativas? ¿Quién lo descubrió?
2. ¿Crees que la meditación y otras técnicas similares, como el yoga, pueden curar por sí solas (*by themselves*) enfermedades como el cáncer o los problemas cardíacos, o es necesario combinarlas con tratamientos médicos tradicionales? Explica.
3. ¿Qué enfermedades mencionadas en el artículo crees que estas técnicas pueden curar?
4. En tu opinión, ¿cuáles son los mayores beneficios de estas prácticas terapéuticas?

C. Temas de discusión. En parejas, contesten las preguntas. Después, compartan sus respuestas con la clase.

1. ¿Meditan o practican otras técnicas semejantes? Si su respuesta es, «sí», ¿cómo se sienten después? Si no lo hacen, ¿qué otras estrategias tienen Uds. para mantenerse sanos? ¿Cómo los ayudan estas estrategias? ¿Cómo se benefician Uds. al hacerlas (*by doing them*)?
2. Piensen en otras actividades que una persona puede hacer para mantenerse sana. Expliquen en qué consiste la actividad y los efectos que tiene en la salud mental y física. Busque información en el Internet o en la biblioteca si es necesario.
3. Creen que tiene sentido la expresión «meditar es sanar». Expliquen.

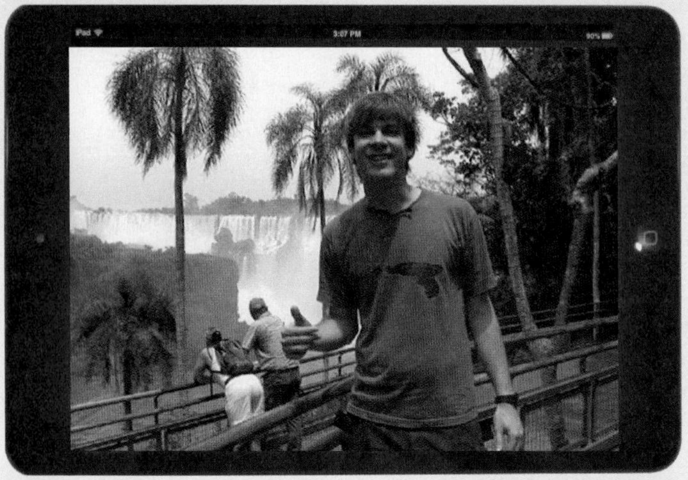

Federico y Sol viajan con un grupo de estudiantes internacionales de Buenos Aires a las Cataratas del Iguazú. Paran en Posadas para ver las ruinas de una misión jesuita y almuerzan en una estancia (ranch) en la que se cultiva mate.

Vocabulario práctico

a la vuelta	after they return
parrilla	grill
dueños	owners
empate	tie

Argentina: Federico

Un viaje a las Cataratas del Iguazú

ANTES DE VER

A. Capítulo y vídeo. Mira la siguiente lista de los problemas de salud más frecuentes entre los estudiantes que van al extranjero. Conecta cada uno con un posible remedio usando expresiones impersonales.

MODELO tener resfriado → Para el resfriado, es bueno que tomes muchos líquidos.

PROBLEMAS DE SALUD	REMEDIOS
tener dolor de cabeza	tomar mucha agua
estar mareado	no comer demasiado
tener tos	evitar viajar muchas horas en el autobús
tener infecciones de oído	ir al médico
tener dolor de estómago	descansar
sufrir del estrés	hablar con amigos o consejeros
¿?	¿?

B. Anticipación. En parejas, contesten las preguntas.

1. ¿Por qué creen Uds. que Federico viaja con un grupo de estudiantes internacionales?
2. De los lugares que se mencionan en la introducción, ¿cuál piensan Uds. que será el más interesante? Expliquen.

DESPUÉS DE VER

A. Comprensión. Contesta las preguntas, según el videoblog de Federico.

1. ¿Con cuál se relaciona La Chacra, con la misión de San Ignacio o con una plantación de mate? Explica.
2. ¿Qué importancia tiene el mate en la cultura argentina?
3. ¿Qué es la Garganta del Diablo?
4. ¿En qué zona del país está el parque donde están las cataratas?
5. ¿Dónde están Federico y Sol al final del segmento? ¿De qué hablan? ¿Qué foto gana el concurso al final? ¿Por qué gana?

B. Opinión. En parejas, contesten las preguntas.

1. ¿Creen que hacer un viaje como el que hace Federico puede ayudar a personas enfermas física y mentalmente? Expliquen.
2. Según las imágenes, ¿cómo creen que fue la experiencia de los estudiantes y de Federico? ¿Qué creen que les gustó más a los estudiantes?
3. ¿Cómo es la comida de la estancia? ¿Creen que es saludable? Expliquen.

C. Temas de discusión. En grupos pequeños, comenten los temas.

1. ¿Qué es lo que más les ha interesado del segmento? Expliquen.
2. ¿Qué piensan de la cultura del mate?

3. Comparen el Parque Natural del Iguazú con algún parque famoso que Uds. conocen. Describan las semejanzas y diferencias.

Vocabulario

Los verbos

adelgazar (c)	to lose weight
aliviar	to relieve
cuidarse	to take care of oneself
dañar	to damage; to cause pain
dejar de + *inf.*	to stop/quit (*doing something*)
doler (ue)	to hurt
drogarse (gu)	to get high; to take drugs
dudar	to doubt
emocionarse	to display emotion
engordar	to gain weight
estar (*irreg.*) **deprimido/a**	to be depressed
estar seguro/a	to be sure
estirarse	to stretch
evitar	to avoid
fumar	to smoke
hacer (*irreg.*) **ejercicio aeróbico**	to do aerobics
negar (ie)	to deny
ponerle (*irreg.*) **una inyección**	to give (*someone*) a shot
recetar	to prescribe
recuperarse	to recover
resfriarse (me resfrío)	to catch a cold
ser orgulloso/a	to be arrogant
tomarle la temperatura	to take (*someone's*) temperature
toser	to cough

Cognados: afirmar, fascinar, meditar, practicar (qu); la aromaterapia
Repaso: aburrir, creer (y), encantar, gustar, hacer ejercicio, hacer yoga, importar, interesar, molestar, preocupar, quejarse, relajarse

El cuerpo humano / The human body

la boca	mouth
el brazo	arm
la cabeza	head
el cerebro	brain
el corazón	heart
el cuello	neck
el dedo	finger
el dedo del pie	toe
el diente	tooth
la espalda	back
el estómago	stomach
la garganta	throat
el hombro	shoulder
la nariz	nose
el oído	inner ear
el ojo	eye
la oreja	ear
el pecho	chest
el pie	foot
la pierna	leg
los pulmones	lungs
la rodilla	knee
la sangre	blood

Las enfermedades y los síntomas / Illnesses and symptoms

el dolor	pain, ache
de cabeza	headache
de estómago	stomachache
de muela	toothache
muscular	muscle ache
el estrés	stress
la fiebre	fever
la gripe	flu
la infección del oído	ear infection
el resfriado	cold
la salud	health
la tos	cough
mareado/a	dizzy; nauseated
resfriado/a	congested
sano/a	healthy

Repaso: enfermo/a

El cuidado médico / Medical care

el chequeo	check-up
el/la enfermero/a	nurse
el jarabe	cough syrup
el/la médico/a	doctor
la pastilla	pill
la receta	prescription

Cognados: el antibiótico, el/la dentista

El cuidado personal

el bienestar	well-being
el/la drogadicto/a	drug addict
los fármacos	medicine; pharmaceuticals
la presión	pressure
el tratamiento	treatment
el vicio	vice, bad habit

Cognados: la adicción, el alcohol, el/la alcohólico/a, la droga, la terapia (de grupo)

Las emociones

la autoestima	self-esteem
el egoísmo	selfishness
la envidia	envy
el odio	hate
el orgullo	pride; arrogance
el sentimiento	feeling
egoísta	selfish

Cognado: la depresión

Más expresiones impersonales

es cierto que	it's certain that
es mejor que	it's better that
es verdad que	it's true that

Cognados: es obvio que, es (im)posible que, es (im)probable que
Repaso: es absurdo que, es bueno que, es importante que, es increíble que, es interesante que, es malo que, es necesario que, es una lástima que, es urgente que

CAPÍTULO 13

Nuestro futuro

EN ESTE CAPÍTULO
El Cono Sur

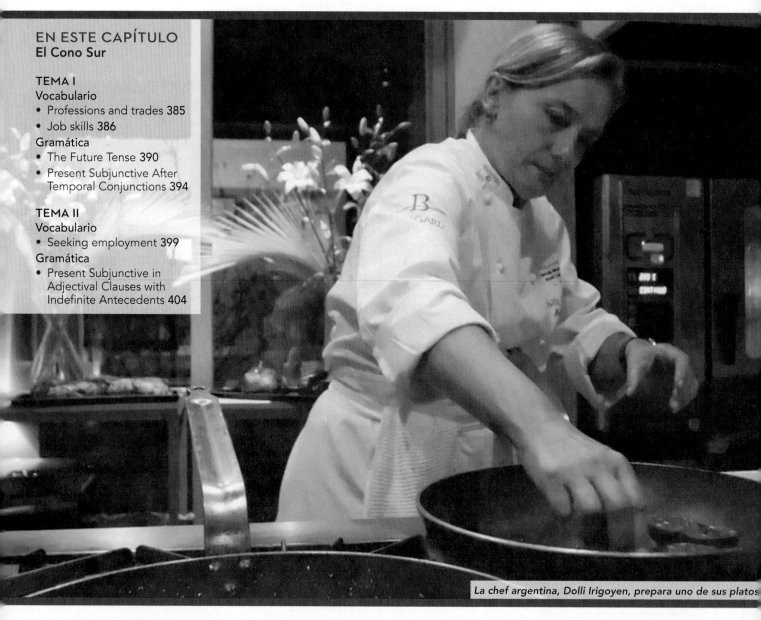

La chef argentina, Dolli Irigoyen, prepara uno de sus platos

1. **¿Tienes trabajo ahora, además de estudiar? ¿Qué tipo de trabajo? ¿Te gusta o no? ¿Por qué?**
2. **¿Cómo crees que va a ser tu futuro después de graduarte? ¿Piensas que vas a encontrar un buen trabajo fácilmente o que te va a ser difícil encontrar trabajo? Explica.**
3. **Describe la relación que hay entre los estudios de un(a) estudiante en la universidad, con el trabajo que piensa obtener. Puedes enfocarte en una carrera específica.**

www.connectspanish.com

TEMA I: ¿Qué haremos° en el futuro? ¿Qué… *What will we do*

Vocabulario en acción

Las profesiones y los oficios° *trades*

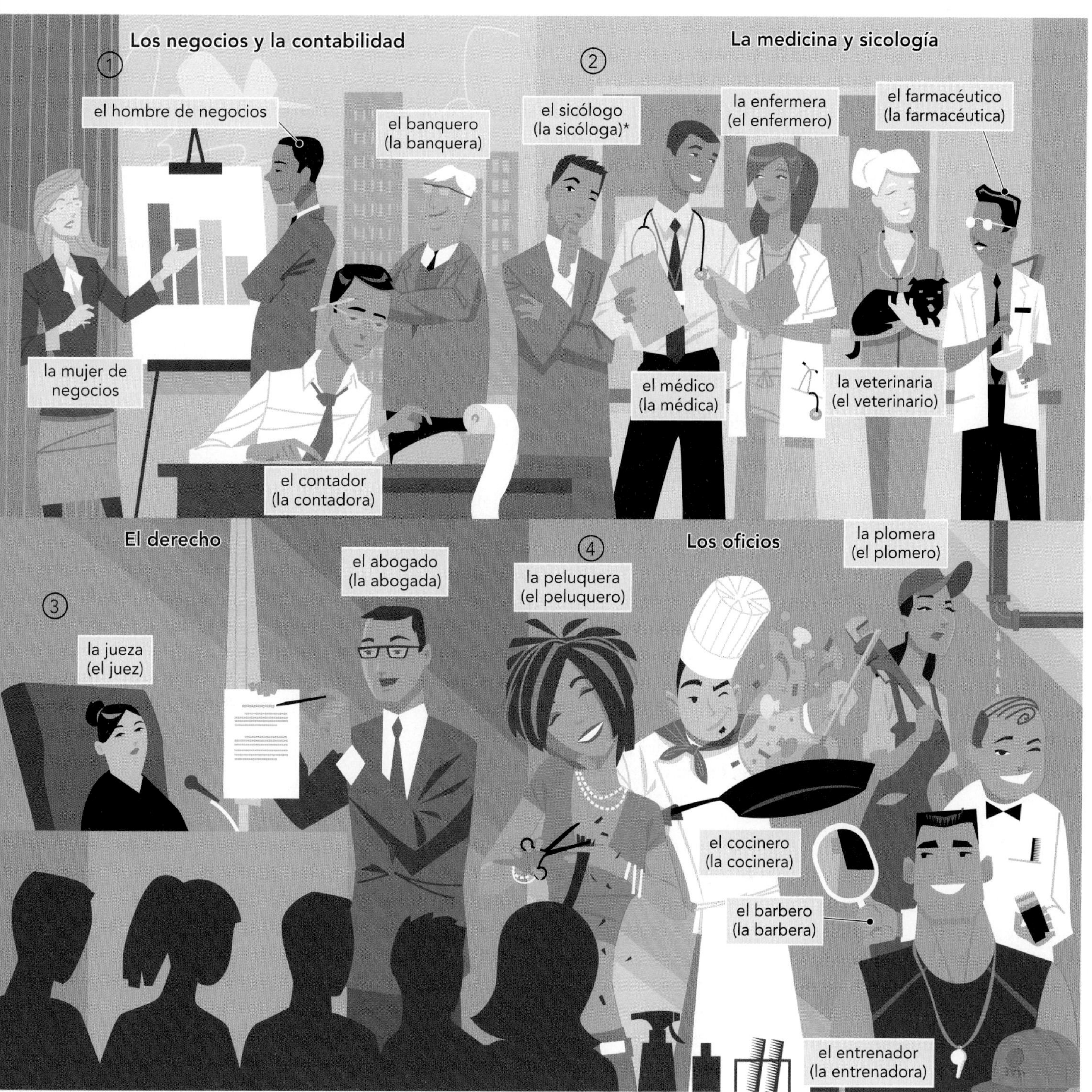

*__Sicólogo/a__ can be spelled with a __p__ as well: __el/la psicólogo/a.__

el/la albañil	bricklayer, construction worker
el/la biólogo/a	biologist
el/la científico/a	scientist
el/la consejero/a	advisor; counselor
el/la diseñador(a) (de modas)	(fashion) designer
el/la electricista	electrician
el/la ingeniero/a	engineer
el/la maestro/a	teacher
el/la periodista	journalist
el/la técnico/a	technician
el/la traductor(a)	translator

Cognados: el/la atleta, el/la modelo, el/la programador(a), el/la recepcionista, el/la secretario/a

Repaso: el/la arquitecto/a, el/la chef, la contabilidad, el/la dentista, el/la escultor(a), el/la músico/a, el periodismo, el/la pintor(a), el/la profesor(a)

Las habilidades y destrezas°

°Las... *Abilities and skills*

el conocimiento	knowledge
emprendedor(a)	enterprising
fuerte físicamente	physically strong
íntegro/a	honest; upright
valiente	brave

Cognados: la compasión; bilingüe, carismático/a, honesto/a, organizado/a, puntual

ACTIVIDADES

A. Asociaciones. Empareja cada definición con la profesión correspondiente.

1. _____ curar animales
2. _____ ayudar a las personas con problemas emocionales
3. _____ enseñar en la universidad
4. _____ escribir artículos y reportajes sobre eventos
5. _____ hacer planos (*blueprints*) de edificios
6. _____ ayudar a los médicos y atender a los pacientes
7. _____ defender a las personas acusadas de crímenes
8. _____ preparar medicinas recetadas

a. el/la enfermero/a
b. el/la arquitecto/a
c. el/la farmacéutico/a
d. el/la abogado/a
e. el/la veterinario/a
f. el/la sicólogo/a
g. el/la periodista
h. el/la profesor(a)

B. ¿Cuál es la respuesta correcta? Indica si las oraciones son lógicas (L) o ilógicas (I). Corrige las oraciones ilógicas.

	L	I
1. Un cocinero trabaja en la recepción de un hotel.	☐	☐
2. Un albañil construye o repara edificios.	☐	☐
3. Una peluquera pinta cuadros.	☐	☐
4. Un biólogo usa el microscopio en su trabajo.	☐	☐
5. Una diseñadora de modas diseña edificios, puentes y otras infraestructuras.	☐	☐
6. Una jueza diseña (*designs*) sistemas para la computadora.	☐	☐
7. Un contador trabaja en un banco.	☐	☐
8. Una secretaria resuelve asuntos (*affairs, business*) administrativos.	☐	☐

C. Definiciones

PASO 1. Escucha cada una de las oraciones e indica la profesión descrita.

1. _____ a. el/la diseñador de modas
2. _____ b. el/la contador(a)
3. _____ c. el hombre / la mujer de negocios
4. _____ d. el/la maestro/a
5. _____ e. el/la científico/a

PASO 2. Ahora escribe una definición para cuatro de las profesiones del **Vocabulario en acción.** Luego, en grupos de tres, lean sus definiciones sin nombrar las profesiones. Sus compañeros/as deben adivinar la profesión definida.

MODELO E1: Esta persona cura a los enfermos. Trabaja en hospitales.
E2: Es médico o médica.

D. ¿A quién debo llamar? Lee las situaciones e indica a quién(es) debes llamar y por qué.

MODELO Las luces de la cocina no funcionan. → Debes llamar a un electricista porque él sabe arreglar problemas con la electricidad.

1. Tengo muchas presiones en el trabajo y estoy deprimido.
2. El médico me recetó tres medicinas y ahora necesito comprarlas.
3. Tengo un negocio pequeño que ha crecido mucho y necesito consejos financieros.
4. Tenemos que emplear a dos o tres profesionales para que nos ayuden en los diseños de los puentes de esta carretera.
5. Quiero divorciarme de mi esposo, pero él se niega a (*refuses*) darme el divorcio.

E. Cualidades (*Qualities*) profesionales

PASO 1. Primero, indica las cualidades que crees que tienes tú mismo. Luego, indica qué profesiones requieren estas cualidades. **¡OJO!** Puede haber más de una respuesta.

1. ☐ llevarse bien con los demás
2. ☐ ser carismático/a
3. ☐ ser emprendedor(a)
4. ☐ tener habilidad manual
5. ☐ ser íntegro/a
6. ☐ tener compasión
7. ☐ ser valiente
8. ☐ hablar otro idioma

PASO 2. En parejas, comparen sus respuestas para el **Paso 1.** Luego, digan qué profesiones les interesan a Uds. y qué cualidades tienen para dedicarse a esas profesiones.

F. Ofertas (*Offers*) de empleo

PASO 1. Lee las ofertas de trabajo en Buenos Aires y luego contesta las preguntas.

Recepcionista

Importante laboratorio se encuentra en la búsqueda de una recepcionista, sexo femenino, hasta 45 años. Con experiencia en central telefónica. Es por un reemplazo de un mes. Trabajo temporal. [REF: SI77]
Flores (Capital Federal)

Secretarias

Importante empresa central nuclear selecciona Secretarias con conocimiento PC y experiencia en Administración. Idiomas: inglés – alemán. [REF: Z160adm]
Zárate (Buenos Aires)

Oficial y Ayudante de Albañil

Obra en Zona Sur busca Oficiales Albañiles y Ayudantes. Presentarse el jueves 25/15 en Carlos Morel 22, Quilmes. [REF: Q50Alb]
Burzaco (Buenos Aires)

Ingeniero Químico

Importante fábrica de pintura busca Ingeniero Químico con experiencia en laboratorio. Sexo masculino, entre 30 y 45 años. [REF: SI76]
Escobar (Buenos Aires)

Administrativo

Buscamos Administrativo con experiencia en tareas administrativas y trámites bancarios. Requisitos: Poseer título de secundaria completo y buen dominio de PC. Se valoran personas dinámicas con muy buena predisposición para trabajar. [REF: Q54adm]
Fcio. Varela (Buenos Aires)

Gerente Comercial

Importante empresa de ropa femenina busca una Gerente Comercial para la zona de Mendoza, capital. Sexo femenino, hasta 45 años. Con experiencia en el sector y disponibilidad horaria. [REF: SI62]
Mendoza (Mendoza)

Oficial Electricista

Importante empresa[a] de mantenimiento de hospitales busca Oficiales Electricistas para reemplazo de vacaciones. [REF: C687ofe]
Palermo / Caballito (Capital Federal)

Enfermeros/as

Se busca Enfermeros/as con sólida experiencia en enfermería laboral. Se requiere título profesional. Edad: 21 a 40 años. Amplia disponibilidad horaria. Residir en zonas cercanas a Lanús. [REF: Q51Enf]
Lanús (Buenos Aires)

Cocineros

Importante cadena de hipermercados busca cocineros con experiencia gastronómica. Se requiere secundaria completa. Amplia disponibilidad horaria. Zona de trabajo: Capital Federal y Zona Norte. [REF: Q42co]
Buenos Aires

[a] *compañía*

1. ¿Qué anuncios requieren experiencia para realizar el trabajo? Incluye el tipo de experiencia que se exige.
2. ¿Qué anuncios buscan mujeres para los puestos?
3. ¿Qué anuncios requieren explícitamente un título académico?
4. ¿Qué anuncios ofrecen puestos temporales?

PASO 2. En parejas, compartan sus respuestas del **Paso 1.**

COMMUNICATION

PASO 3. En grupos de tres, comenten los temas.

1. La mayoría de los anuncios requiere que los aspirantes tengan cierta edad. ¿Es común este requisito en las ofertas de trabajo de su país? ¿Creen Uds. que es aceptable indicar la edad? ¿O creen que este requisito puede ser discriminatorio? Expliquen.
2. En el número 2 del **Paso 1,** Uds. indicaron las profesiones que se les ofrecen a las mujeres. Compárenlas con las ocupaciones que se les ofrecen a los hombres. ¿Creen que estos anuncios reflejan una división tradicional entre el papel del hombre y la mujer en el mundo del trabajo? ¿o no creen que sea así? ¿Es semejante a lo que ocurre en su país? Si no están seguros/as de la respuesta, busquen ofertas de trabajo de su comunidad y compárenlas con las ofertas del **Paso 1.**

Nota cultural

LOS GAUCHOS

Un gaucho

El gaucho es un jinete[a] sudamericano que se dedica generalmente a cuidar el ganado. Tiene algunas semejanzas con el charro mexicano y el vaquero estadounidense.

La figura del gaucho surgió durante la época colonial en la pampa argentina, territorio que se extendía desde el Río de la Plata hasta los Andes, y desde la Patagonia hasta partes de Brasil. Solo, pero con su caballo en las llanuras,[b] el gaucho formó su carácter nómada e independiente.

La imagen del gaucho tradicionalmente se asocia con su cuchillo, su poncho y su mate. Consumido por los indios guaraníes, los gauchos lo adoptaron como un hábito casi religioso y, desde entonces, el mate es un símbolo del país, incorporado a las costumbres de la mayoría de los argentinos. Como es de esperar dado su trabajo con el ganado, la comida predominante del gaucho era la carne y el gaucho convirtió la técnica de asar[c] la carne en puro arte. Como el mate, el asado llegó a ser[d] una tradición argentina y el plato por excelencia del país.

La modernización de la cría de ganado a finales del siglo XIX puso fin al modo de vida de los gauchos. Muchos se convirtieron en trabajadores del campo a sueldo[e], y los ganaderos[f] de las zonas rurales en Argentina, Uruguay, Paraguay y algunas zonas de Bolivia, Chile y Brasil se consideran gauchos hoy día. A pesar de los cambios, el gaucho ha sido y sigue siendo una figura heroica en el folclor, la música y la literatura sudamericanas.

[a]*horseman* [b]*prairies* [c]*roasting; barbecuing* [d]llegó.. *became* [e]a... *for a salary* [f]*cattlemen*

PREGUNTAS

1. ¿Cuál es la profesión del gaucho sudamericano? ¿A qué territorios pertenece históricamente?
2. ¿Cómo es la personalidad del gaucho?
3. ¿Cómo era su estilo de vida hasta finales del siglo XIX? ¿Cómo vive el gaucho en estos tiempos?
4. ¿En qué aspectos de la cultura o historia de la Argentina actual ha influido el gaucho?
5. Expliquen las semejanzas entre el gaucho de hoy día y el vaquero norteamericano.

G. Mis metas (*goals*) profesionales

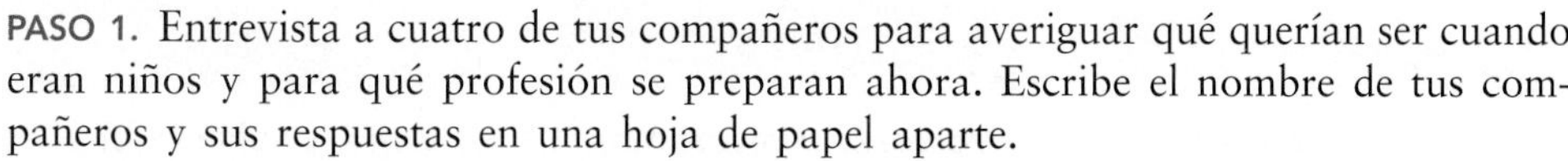

PASO 1. Entrevista a cuatro de tus compañeros para averiguar qué querían ser cuando eran niños y para qué profesión se preparan ahora. Escribe el nombre de tus compañeros y sus respuestas en una hoja de papel aparte.

MODELO E1: ¿Qué querías ser cuando eras niño?
E2: Quería ser entrenador de fútbol americano.
E1: ¿Y ahora quieres ser entrenador de fútbol americano?
E2: No, ahora estudio para ser maestro de escuela secundaria.

PASO 2. Escribe un breve resumen de lo que has averiguado: ¿Cuántos tienen ahora las mismas metas de cuando eran niños? ¿Cuántos tienen diferentes metas ahora? ¿Cuáles eran las profesiones más populares cuando eran niños y cuáles son las más populares ahora?

Gramática

13.1 The Future Tense

Another Way to Express Future Events

GRAMÁTICA EN ACCIÓN

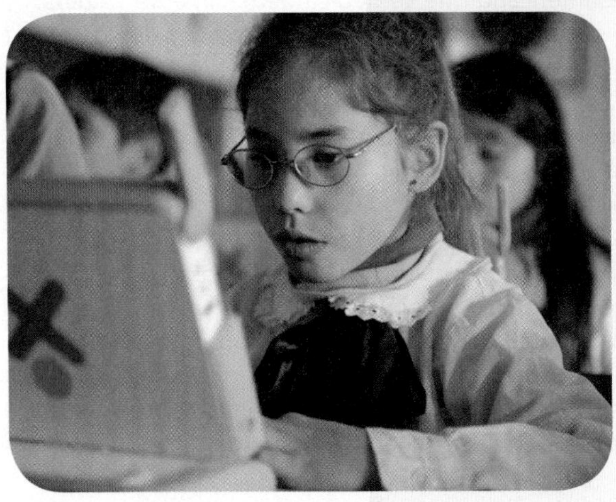

Una estudiante con su computadora del Plan Ceibal

Las computadoras y el Plan Ceibal

Los estudiantes de Rincón de Vignoli* han recibido sus computadoras portátiles como parte del Plan Ceibal. El Plan Ceibal **pondrá** computadoras en manos de todos los estudiantes de escuelas públicas de Uruguay. Todas las computadoras **tendrán** funciones para escribir documentos, grabar audio, sacar fotos y conectar al Internet, entre otras cosas. Uruguay es el primer país en implementar un plan como este.

Los estudiantes de Rincón de Vignoli se cuentan entre los primeros en recibir sus computadoras. ¿Qué **harán** estos estudiantes con sus computadoras? ¿Cómo las **usarán**? ¿Cómo **cambiarán** los maestros sus planes de clases?

Comprensión. Escribe la terminación (*ending*) correcta para los verbos.

1. Con el Plan Ceibal, en las escuelas de Uruguay todos los niños tendr___ computadoras.
2. Con estas computadoras, los estudiantes har___ actividades interactivas.
3. El plan tendr___ mucho éxito, seguramente.
4. Uruguay ser___ el primer país en implementar un plan de este tipo.

You have already learned two ways to express the future in Spanish: the present tense to talk about actions that will occur shortly, and **ir a** + *inf.* to talk about actions to occur in the more distant future. Now you'll learn the *future tense*.

A. The future tense is formed by adding the same future endings to the infinitive of **-ar, -er,** and **-ir** verbs.

hablar	
hablaré	hablaremos
hablarás	hablaréis
hablará	hablarán

volver	
volveré	volveremos
volverás	volveréis
volverá	volverán

vivir	
viviré	viviremos
vivirás	viviréis
vivirá	vivirán

Algún día Patricia **será** presidente de los Estados Unidos. — *Some day Patricia will be president of the United States.*

Me graduaré de la universidad en 2018. — *I will graduate from college in 2018.*

*Rincón de Vignoli is a community in Uruguay, about 50 miles north of Montevideo. The grade school there was one of the first to be part of the Plan Ceibal computer distribution program.

B. Some common verbs use an irregular future stem rather than the infinitive.

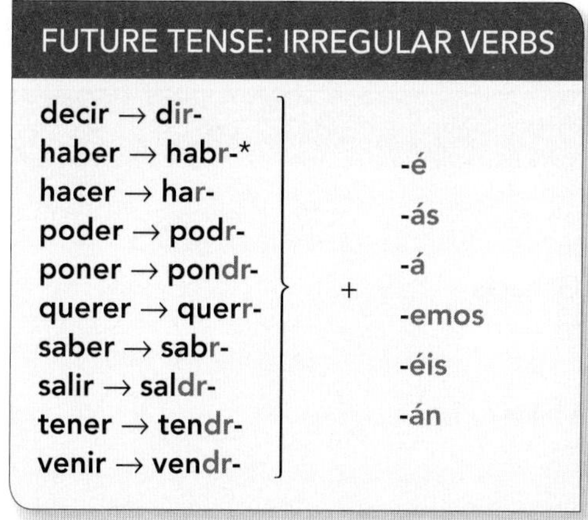

FUTURE TENSE: IRREGULAR VERBS		
decir → dir- **haber → habr-*** **hacer → har-** **poder → podr-** **poner → pondr-** **querer → querr-** **saber → sabr-** **salir → saldr-** **tener → tendr-** **venir → vendr-**	+	**-é** **-ás** **-á** **-emos** **-éis** **-án**

Un día te **diré** la verdad acerca de tu padre.	*Someday I will tell you the truth about your father.*
Habrá menos problemas económicos en el futuro.	*There will be fewer economic problems in the future.*

ACTIVIDADES

A. Un futuro brillante. Escucha la descripción que hace Ricardo del futuro que él se imagina para él y sus amigos. Después, indica a quién se refiere cada oración. **¡OJO!** Una oración puede referirse a más de una persona.

Carlos Marisela Raquel Ricardo

1. Será cocinero en un restaurante elegante.
2. Construirán edificios importantes.
3. Tendrá en su clase a los estudiantes más inteligentes.
4. Entrevistará al presidente de la república.
5. Se graduarán en dos años.
6. Invitará a sus amigos y les cocinará comidas deliciosas.
7. Ganará un premio.
8. Tendrán mucho éxito.

B. En diez años. Completa las oraciones con la forma correcta del verbo en el futuro.

1. Los científicos (**tener**) un remedio (*cure*) para el resfriado común.
2. Mis amigos y yo (**viajar**) por todo el mundo por motivos de trabajo.
3. Yo (**poder**) comprar un carro nuevo todos los años.
4. Tú (**trabajar**) para una compañía multinacional.
5. Los profesores ya no nos (**dar**) tarea por escrito porque los estudiantes (**hacer**) la tarea en computadora.
6. Los diseñadores (**volver**) a la moda de los años 70 para inspirarse.
7. Mi familia y yo (**vivir**) en una casa diseñada por el mejor arquitecto.
8. Un profesor (**ganar**) tanto dinero como un atleta.

---

*The future of **hay** is **habrá** (*there will be*).

C. Mi vida en diez años

PASO 1. ¿Cómo piensas que será tu vida en el futuro? Completa la columna **Yo** con información sobre cómo crees que será tu vida en diez años. Usa el tiempo futuro.

En 10 años...	yo	mi compañero/a
Trabajo ¿Cuál será tu profesión? ¿Dónde trabajarás? ¿Ganarás mucho dinero? ¿?		
Familia ¿Te casarás? ¿Tendrás hijos? ¿?		
Lugar de residencia ¿Dónde vivirás? ¿Cómo será tu casa? ¿?		
Tiempo libre ¿Qué harás en tu tiempo libre? ¿?		

PASO 2. ¿Cómo será la vida de tu compañero/a? En parejas, hablen sobre cómo cree él/ella que será su vida en diez años. Completa la columna **mi compañero/a** con su información.

MODELO E1: ¿Cuál será tu profesión?
E2: Seré ingeniero.

PASO 3. Escribe dos o tres oraciones para comparar el futuro de tu compañero/a con tu futuro.

MODELO Mi compañero tendrá un futuro aburrido porque trabajará mucho y no tendrá tiempo libre. Yo trabajaré también, pero viajaré mucho en mi tiempo libre.

EXPERIENCIA INTEGRAL El futuro de la ingeniería

ANTES DE LEER. Has aprendido y usado muchas preposiciones (**de, en, con, a, por, para,** etcétera). Las *frases* preposicionales se pueden usar como adjetivos (para describir objetos, lugares o personas) y como adverbios (para explicar cómo, cuándo, por qué o dónde se hace algo). Echa un vistazo a los primeros dos párrafos del **Paso 1** y subraya las frases preposicionales. **¡OJO!** A veces se usa el infinitivo en una frase preposicional ¿Cómo se usan? ¿Como adjetivos (1) o como adverbios (2)?

MODELOS Cuando se jubiló en 2014 (2), le dieron un reloj de oro (1).
Estudio biología para ser médico (2).

PASO 1. Completa lo que dice el Ingeniero Ordóñez con la forma correcta del verbo entre paréntesis, según el contexto. Cuando se indica con *P/I,* da la forma correcta del pretérito o del imperfecto. Da la forma correcta del futuro de los otros verbos. Cuando hay dos verbos, selecciona el verbo apropiado.

INGENIERO MIGUEL ORDÓÑEZ: Cuando yo (*P/I:* **estar/ser**[1]) estudiante universitario, mis compañeros de clase y yo solamente (*P/I:* **tomar**[2]) clases relacionadas con la ingeniería. No (*P/I:* **estar/ser**[3]) importante saber otras lenguas ni estudiar ecología. No (*nosotros*: *P/I:* **tener**[4]) que preocuparnos por esas materias. Ahora, las cosas están cambiando.

En el futuro, la ingeniería (**estar/ser**[5]) muy diferente. Los ingenieros (**tener**[6]) que estudiar y utilizar fuentes[a] alternativas de energía. (*Nosotros:* **Usar**[7]) más la energía solar para generar electricidad tanto en las casas como en los negocios. En los lugares con mucho viento, los ingenieros (**poner**[8]) aerogeneradores y molinos de viento[b] para generar energía eólica[c] y la (*ellos:* **distribuir**[9]) a muchas partes. También (*nosotros:* **hacer**[10]) uso de la energía hidroeléctrica y la energía undimotriz[d] para aprovechar el poder del agua y de las olas.[e]

Unos paneles solares en Andalucía

Además, un(a) estudiante de ingeniería (**estudiar**[11]) otras lenguas en la universidad porque (**querer**[12]) comunicarse directamente con sus clientes y colegas en otros países, ya que la cooperación internacional (**ser**[13]) imprescindible[f] para llegar a las mejores soluciones. Las computadoras y la tecnología van a ser aún más importantes. Los teléfonos celulares (**ser**[14]) tan poderosos que (*ellos:* **poder**[15]) cargar con[g] todos los programas necesarios para los ingenieros. No (*nosotros:* **necesitar**[16]) llevar una computadora portátil; (*nosotros:* **estar/ser**[17]) listos para todo con solo el celular.

Algunos aspectos de esta profesión no (**cambiar**[18]). Por ejemplo, los ingenieros siempre (**tener**[19]) que poner a prueba[h] sus innovaciones.[i] (*Nosotros:* **Seguir**[20]) trabajando en equipo para compartir ideas y así crear el mejor producto. Y sobre todo, siempre (*nosotros:* **buscar**[21]) la manera de mejorar todo lo que hacemos.

[a]*sources* [b]molinos... *windmills* [c]energía... *wind energy* [d]energía... *wave energy* [e]*waves* [f]*essential* [g]cargar... *take charge of* [h]poner... *test* [i]*the latter*

PASO 2. Contesta las preguntas, según el **Paso 1.**

1. ¿Qué materias estudiaban los estudiantes de ingeniería cuando el Ingeniero Ordóñez asistía a la universidad? ¿Qué materias no estudiaban?
2. ¿Qué tipo de ciencia tendrán que estudiar y utilizar los ingenieros?
3. ¿Qué elementos de la naturaleza aprovecharán los ingenieros al utilizar fuentes de energía alternativa?
4. ¿Por qué estudiarán otras lenguas los estudiantes de ingeniería?
5. ¿Cómo ayudarán los teléfonos celulares a los ingenieros?
6. ¿Qué aspectos de la ingeniería no cambiarán? ¿Por qué?

PASO 3. ¿Para qué profesión se preparan tus compañeros de clase? ¿Cuál es el papel de la tecnología en esas profesiones? Entrevista a por lo menos cuatro compañeros y apunta la información en un cuadro como el siguiente. En clase, compara tus resultados con los de los otros estudiantes. ¿Hay una profesión preferida por la mayoría en la clase? ¿En qué profesión se usa más la tecnología?

nombre	¿Para qué profesión te preparas?	¿Cómo se usa la tecnología en esa profesión?

Expressing Pending Future Situations

13.2 Present Subjunctive After Temporal Conjunctions

GRAMÁTICA EN ACCIÓN

En la refinería Chuquicamanta

Un obrero en Chuquicamanta

Rodrigo es un obrero cualificado en la refinería Chuquicamanta en Chile. Sus jornadas son largas y físicamente desafiantes. Normalmente vuelve directamente a casa **en cuanto termina** su trabajo, pero hoy, **cuando se acabe** su turno, saldrá con algunos amigos a tomar una cerveza. No cenará **hasta que vuelva** a casa, donde su familia lo espera. **Tan pronto como llegue** a casa, se duchará y se cambiará de ropa. Siempre se siente a gusto y alegre **después de que** sus hijos le **cuentan** las historias de su día durante la cena.

Comprensión. Indica la conjugación correcta —el subjuntivo (S) o el indicativo (I)— para cada una de las oraciones.

	S	I
1. Hoy, en cuanto Rodrigo (**llegar**) a su casa después de trabajar, se relajará con su familia.	☐	☐
2. Normalmente, tan pronto como (**terminar**) el trabajo, Rodrigo va directamente a casa.	☐	☐
3. Los hijos de Rodrigo siempre están contentos cuando (**pasar**) tiempo con su papá.	☐	☐
4. En cuanto ellos (**poder**), los amigos de Rodrigo saldrán a tomar una cerveza el viernes.	☐	☐

A. The present subjunctive is used after certain conjunctions of time when the clause that follows the conjunction refers to a future action. Here are some of the most common temporal conjunctions.

TEMPORAL CONJUNCTIONS			
cuando	when	**hasta que**	until
después de que	after	**tan pronto como**	as soon as
en cuanto	as soon as		

Mi hermano piensa hacerse maestro **cuando** termine los estudios.	*My brother plans to become a teacher when he finishes his studies.*
Va a mudarse **en cuanto** encuentre un buen trabajo.	*He's going to move as soon as he finds a good job.*

B. Unlike the other uses of the subjunctive that you have studied up to now, sentences with adverbial clauses may have a different order to the clauses. However, the important thing to remember is that the subjunctive will always follow the adverbial conjunction of time, no matter if it is in the first clause or second clause.

Nuestro jefe nos dará un aumento de sueldo **cuando** consigamos el nuevo contrato.	*Our boss will give us a raise when we get the new contract.*
Cuando consigamos el nuevo contrato, nuestro jefe nos dará un aumento de sueldo.	*When we get the new contract, our boss will give us a raise.*

C. In contexts where the action following the conjunction is not in the future, the present indicative is used if the statement refers to a habitual action, and a past tense is used if the statement refers to something that already happened.

Todos los viernes salgo con mis compañeros **cuando** recibimos nuestros cheques.	*Every Friday I go out with my friends when we receive our paychecks.*
El año pasado tuve que comprar un carro **cuando** cambié de trabajo.	*Last year I had to buy a car when I changed jobs.*

ACTIVIDADES

A. Prácticas profesionales. Lee las oraciones y determina si se trata de una acción habitual o de una acción que todavía no ha ocurrido. Luego, indica la palabra que mejor completa cada oración.

1. El contador siempre prepara un informe en cuanto sus clientes le (**dan/den**) toda su información financiera.
2. La veterinaria va a examinar al perro después de que su asistente le (**pone/ponga**) una inyección.
3. El público siempre tiene que levantarse tan pronto como la jueza (**entra/entre**).
4. La abogada va a utilizar un micrófono cuando (**habla/hable**).
5. El electricista va a trabajar hasta que las luces (**funcionan/funcionen**) de nuevo.
6. El barbero barre el piso en cuanto (**termina/termine**) con cada cliente.
7. La farmacéutica habla con los pacientes cuando ellos le (**hacen/hagan**) preguntas.

B. Un día. Completa cada una de las oraciones con la forma correcta del verbo entre paréntesis.

1. Mis compañeros de trabajo y yo vamos a estar muy contentos cuando _________ (**tener**) los resultados del estudio.
2. Soy periodista y siempre trabajo en un artículo hasta que lo _________ (**terminar**).
3. Los programadores empiezan a escribir programas tan pronto como _________ (**saber**) lo que quiere el cliente.
4. La diseñadora de modas va a empezar el nuevo vestido en cuanto _________ (**llegar**) la tela.
5. El traductor escribirá la traducción después de que el técnico le _________ (**arreglar**) la computadora.
6. La dentista habla con sus nuevos pacientes hasta que _________ (**sentirse**) cómodos.
7. La secretaria va a hablar con su jefe cuando él _________ (**salir**) de su reunión.

C. ¿Qué harás? Escucha las oraciones incompletas. Luego, date dos minutos para escribir la mayor cantidad de terminaciones posibles para cada una de las oraciones. **¡OJO!** Presta atención al uso del indicativo y del subjuntivo.

MODELO (*Escuchas*): Estudiaré cuando...
(*Escribes*): ...tenga tiempo
...no esté cansado
...no haya nada bueno en la tele

1. ... 2. ... 3. ... 4. ... 5. ...

EXPERIENCIA INTEGRAL Mi futura profesión

ANTES DE LEER. Busca y subraya, en el **Paso 1**, los conectores (**cuando, después de que, hasta que,** etcétera) que unen una cláusula independiente con una cláusula dependiente. ¿Se refiere la cláusula dependiente a un hecho experimentado o habitual (**E**) o a un hecho anticipado (**A**)?

MODELO Voy a comprarme un perro cuando tenga (**A**) mi propia casa.

PASO 1. Completa lo que dice Felicia con la forma correcta del verbo entre paréntesis, según el contexto. Cuando se indica con *P/I,* da la forma correcta del pretérito o del imperfecto. Da la forma correcta del subjuntivo o del indicativo de los otros verbos. Cuando hay dos verbos, selecciona el verbo apropiado.

Cuando yo (*P/I:* **estar/ser**[1]) niña, mi familia y yo (*P/I:* **vivir**[2]) en el campo. Siempre (*P/I: nosotros:* **tener**[3]) muchas mascotas y animales de todo tipo. Me (*P/I:* **encantar**[4]) los animales y (*P/I: yo:* **jugar**[5]) a ser veterinaria. Por eso, cuando (*yo: P/I:* **graduarme**[6]) de la secundaria, (*yo: P/I:* **decidir**[7]) estudiar para hacerme veterinaria.

Ahora, soy estudiante universitaria y tomo clases de veterinaria.[a] Mis compañeros de clase y yo siempre (**estudiar**[8]) hasta que cada uno (**entender**[9]) la lección. A veces (**estar/ser**[10]) difícil estudiar tanto, pero (*yo:* **conocer/saber**[11]) que vale la pena.[b] Cuando yo (**estar/ser**[12]) veterinaria, podré ayudar a muchas personas y a sus mascotas. Tan pronto como (*yo:* **graduarse**[13]), voy a buscar un puesto con un veterinario con experiencia y trabajar allí hasta que me (*él:* **enseñar**[14]) todo lo posible. En cuanto (*yo:* **sentirse**[15]) cómoda y preparada, abriré mi propia[c] clínica para atender a[d] toda clase de animales, desde los más pequeños hasta los más grandes.

Tan pronto como (*yo:* **tener**[16]) mi clínica, pienso colaborar con los sicólogos y médicos de la ciudad para ampliar[e] la terapia con mascotas. Según los estudios, los animales (**poder**[17]) mejorar la salud de personas con diversas condiciones, desde la depresión hasta la diabetes. Trabajaré con mis colegas en la medicina humana hasta que la terapia con mascotas (**hacerse**[18])[f] una estrategia normal para curarse.

Estoy segura de que mi vida como veterinaria (**ir**[19]) a ser muy activa, y dudo que (**haber**[20]) un solo día aburrido en mi futuro. Voy a estar muy contenta cuando (*yo:* **obtener**[21]) mi título y (**poder**[22]) empezar a trabajar como veterinaria.

[a]*veterinary medicine* [b]vale… *it's worth it* [c]*own* [d]atender… *care for* [e]*expand* [f]*to become*

PASO 2. Contesta las preguntas, según el **Paso 1.**

1. ¿Cómo era la vida de Felicia cuando era niña? Descríbela.
2. ¿Por qué decidió estudiar veterinaria después de graduarse de la secundaria?
3. ¿Hasta cuándo estudian Felicia y sus compañeros de clase?
4. ¿Qué piensa hacer primero Felicia después de terminar sus estudios veterinarios?
5. ¿En qué otro proyecto espera participar Felicia en su propia clínica?
6. ¿Cómo será la vida de Felicia como veterinaria, según ella? Explica.

PASO 3. En parejas, háganse y contesten las preguntas.

1. Cuando eras niño/a, ¿jugabas a alguna profesión? ¿Cuál era? ¿Con quién(es) jugabas? ¿Cómo jugabas? Explica.
2. ¿Es la misma profesión para la que estudias ahora? Si no, ¿por qué cambiaste?
3. En tu opinión, ¿les proporcionan (*provide*) las mascotas a sus dueños (*owners*) algún beneficio en su salud física o emocional? Explica.

Palabra escrita

A comenzar

COMMUNICATION

Selecting the Structure of Your Composition. The way you organize a composition depends on your topic. Although this will vary depending on the purpose of your composition, a linear structure is normally best because it is straightforward. Using this structure, first state your thesis in the introductory paragraph, thus preparing the reader to properly understand your point of view. Then, write a series of paragraphs supporting that thesis statement. Remember to include a topic sentence in each paragraph. Finally, write a conclusion in which you summarize the main points of your composition or reiterate your thesis statement.

You are going to start the process of writing a brief composition that you will finalize in the **Palabra escrita: A finalizar** section of your *Workbook/Laboratory Manual.* The topic of this composition is **Yo, y las profesiones del futuro.** The purpose of your composition will be to tell the reader about the professions in your field of study that will probably be in high demand when you graduate and what you will do to get a job in one of those professions.

A. Lluvia de ideas. En parejas, hagan una lluvia de ideas sobre estos temas relacionados con las profesiones y el futuro.

1. las posibles profesiones en su campo de estudio
2. las profesiones que tendrán demanda
3. lo que Uds. harán para conseguir trabajo en esos campos

B. A organizar tus ideas. Repasa tus ideas y apunta oraciones que requieran el subjuntivo después de las conjunciones temporales: **cuando, después de que, en cuanto, hasta que, tan pronto como.** Organiza las oraciones en categorías y, cuando tenga sentido (*it makes sense*), en orden cronológico. Busca más información sobre las profesiones del futuro en el Internet y escoge un enfoque y una estructura para tu composición. Comparte tu información con la clase y apunta otras ideas que se te ocurran durante el proceso.

C. A escribir. Ahora, haz el borrador de tu composición con las ideas y la información que recopilaste en las **Actividades A** y **B.** **¡OJO!** Guarda bien tu trabajo. Vas a necesitarlo otra vez para la sección de **Palabra escrita: A finalizar** en el *Workbook/Laboratory Manual.*

Mario Irarrázabal

La mano (*1982*)

Mario Irarrázabal Covarrubias, nacido en Santiago, Chile (1940), no siguió una trayectoria directa a su arte. Estudió en paralelo filosofía y arte en la Universidad de Notre Dame (Indiana, Estados Unidos). Fue durante estos estudios que conoció al escultor polaco Waldemar Otto. Tomó un taller[a] del joven profesor en visita. Después de graduarse con títulos en filosofía y bellas artes, se trasladó[b] a Roma, Italia, para estudiar teología en la Universidad Gregoriana de Roma. Antes de regresar a Chile, estudió de nuevo con Waldemar Otto, esta vez en su taller en Berlín. Como Otto, Irarrázabal principalmente crea esculturas basadas en la figura humana. Sus medios incluyen bronce, aluminio, piedra, madera y hormigón.[c] Sus obras tienden a temas humanísticos, como el sufrimiento y la vulnerabilidad, el amor y el odio, el sufrimiento y el desamparo.[d]

Irarrázabal creó *La mano* durante la Primera Reunión Internacional de Escultura Moderna al Aire Libre en Uruguay. Entre los diez artistas que participaron, Irarrázabal era el más joven y también fue el único escultor que no escogió un lugar en la ciudad para su instalación. Se sintió inspirado por la playa y los nadadores de Punta del Este. Completó su escultura en seis días. Después de la buena recepción y popularidad de la escultura, decidió crear otras manos esculpidas y enormes, la más notable localizada en el desierto de Atacama (Chile). La escultura en Punta del Este tiene varios apodos[e]: *Los dedos, Hombre emergiendo a la vida* y *Monumento al ahogado,* aunque al escultor no le gusta este último.

[a]*workshop* [b]*se... he moved* [c]*cement* [d]*helplessness* [e]*nicknames*

REFLEXIÓN

1. ¿Cómo reaccionan Uds. a esta escultura? ¿Les parece inquietante o les parece una elegante obra en la playa? ¿Cuál de los nombres (apodos) prefieren? Comenten.
2. En grupos pequeños, hablen de las esculturas en lugares públicos que Uds. conocen. ¿Cómo son y cuáles son los temas? ¿Son esculturas de figuras históricas o son esculturas abstractas? ¿Qué impacto tienen para Uds. cuando están cerca? ¿Qué tipo de escultural prefieren?

TEMA II: El empleo

Vocabulario en acción

La búsqueda° de trabajo

search

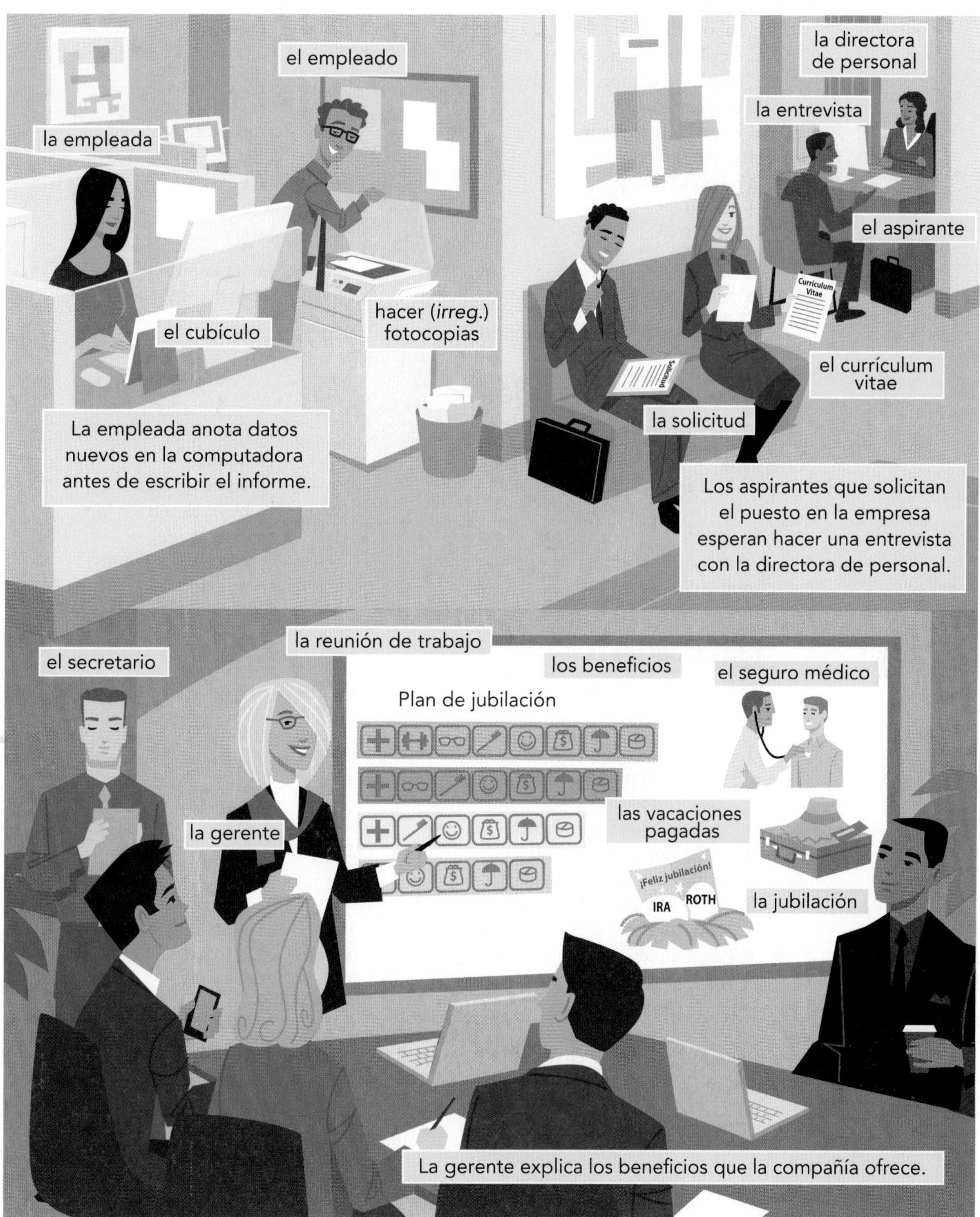

El lugar de trabajo

despedir (*like* **pedir**)	to fire
jubilarse	to retire
llenar	to fill out (*a form*)
renunciar (a)	to resign (from) (*a job*)
solicitar (trabajo)	to apply for (a job)
el aumento	raise
el currículum (vitae)	résumé, CV
el empleo a tiempo completo	full-time job
el empleo a tiempo parcial	part-time job
la empresa	business, company, firm
el horario de trabajo	work schedule
el/la jefe/a	boss
la página Web	web page
el puesto	job; position
el sueldo	salary
comprensivo/a	understanding
exigente	demanding

Cognados: la compañía; (in)flexible

Las responsabilidades

administrar	to manage; to administer
bajar	to download
escribir informes	to write reports
estar (*irreg.*) **a cargo de**	to be in charge of (*people*)
guardar	to save (*a file*)
manejar (las cuentas)	to manage (accounts)
subir	to upload
supervisar	to supervise; to oversee

ACTIVIDADES

A. Definiciones. Empareja cada una de las palabras o expresiones con su definición correspondiente.

1. ____ salón donde trabaja un empleado
2. ____ persona que maneja y supervisa a los empleados
3. ____ persona a cargo de una empresa
4. ____ una reunión entre el aspirante a un puesto y el director de personal
5. ____ tiempo que un empleado debe trabajar cada día
6. ____ dinero que una persona recibe como pago por su trabajo
7. ____ programa que le sigue pagando a una persona cuando deja de trabajar por su edad
8. ____ este beneficio es importante cuando alguien se enferma

a. jefe
b. sueldo
c. plan de jubilación
d. oficina
e. gerente
f. seguro médico
g. horario de trabajo
h. entrevista

B. Lo que hacemos en el trabajo

PASO 1. Completa las oraciones con el verbo correspondiente del **Vocabulario en acción.**

1. Horacio no se lleva bien con sus colegas y tampoco le gusta su trabajo. Va a _____.
2. El primer día en su trabajo nuevo, Leonor tiene que _____ y firmar (*sign*) varios documentos que describen sus responsabilidades y los beneficios.
3. Carlota cree que su hijo necesita _____ trabajo. Hace dos meses que se graduó y todavía vive en casa y no trabaja.
4. Necesito un software nuevo para la computadora y el jefe dice que lo puede _____ del Internet.
5. Mi disco duro (*hard disc*) falló (*failed*) y perdí algunos documentos que se me olvidó _____.

PASO 2. Primero, forma oraciones con los verbos de la lista. Debes describir lo que haces o has hecho (o no). Luego, en parejas, túrnense para leer cada una de sus oraciones mientras la otra persona adivina si es cierta o falsa.

MODELO supervisar →

E1: En mi trabajo, superviso el trabajo de diez personas.
E2: No es cierto. No creo que supervises a otros empleados.

despedir	escribir informes	hacer copias	llenar
estar a cargo de	guardar	jubilarse	manejar las cuentas

C. Un anuncio de trabajo

PASO 1. Lee la oferta de trabajo y contesta las preguntas.

Profesionales o estudiantes de tecnología de la producción

Supervisor del área de producción

EMPRESA: Comfar S.A.E.C.A

LOCALIDAD: Asunción, Paraguay

SECTOR: Farmacéutica

TIPO DE CONTRATO: Indefinido; jornada[a] completa

EXPERIENCIA MÍNIMA: 2 años

Envíe su currículum a la empresa anunciadora de esta oferta de trabajo.
Alberdi 343
1312 ASUNCIÓN
PARAGUAY

[a] *work day*

1. ¿En qué lugar se ofrece el trabajo?
2. ¿Qué título (*degree*) o nivel (*level*) de educación y experiencia exige esta oferta de trabajo?
3. ¿Qué tipo de empleo ofrece la empresa?

PASO 2. En parejas, modifiquen la oferta de trabajo para hacerla más atractiva a los posibles aspirantes. Incluyan detalles como el plan de jubilación, el ambiente laboral, el seguro médico, las vacaciones, el horario de trabajo o cualquier otra información que les parezca interesante.

PASO 3. Presenten su oferta a la clase. Comparen todas las ofertas y escojan la más atractiva.

D. En el trabajo

PASO 1. En parejas, escojan dos profesiones diferentes y describan las responsabilidades de las personas que las hacen y los recursos tecnológicos necesarios para su oficina o lugar de trabajo.

MODELO

PROFESIÓN: Profesor(a) de historia

RESPONSABILIDADES:
- enseñar tres cursos por semestre
- asistir a reuniones de profesores
- publicar artículos profesionales
- participar en congresos (*conferences*)

RECURSOS:
- computadora con acceso al Internet para hacer trabajos de investigación
- software que facilite subir información al Internet
- proyector para hacer presentaciones brillantes en PowerPoint
- cuenta de e-mail para tener comunicación rápida con los estudiantes
- reproductor (*player*) de DVD para mostrar documentales en clase

PASO 2. Compartan sus descripciones con la clase sin nombrar las profesiones. La clase debe adivinar la profesión que se describe.

Nota cultural

LA MUJER Y EL MERCADO LABORAL

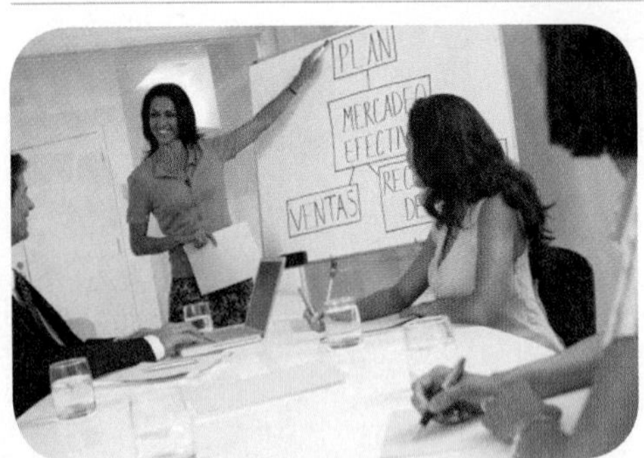

En Latinoamérica, la mujer siempre ha sido importante para el mantenimiento de la economía familiar. Además de cuidar de la casa y de los hijos, la mujer desarrolla otras actividades laborales informales que ayudan a la principal fuente de ingresos, normalmente el hombre. Pero ahora su participación es más «formal», con un rápido aumento de mujeres en el mercado laboral en los últimos años. En 1990, treinta y cuatro de cada cien mujeres trabajaban formalmente, mientras que en 2013, su tasa[a] de participación laboral era del 53 por ciento. Las cifras son aún mayores en los países del Cono Sur, especialmente en Argentina y Chile.

Aunque hay más trabajo para las mujeres y están mejor preparadas que antes, todavía continúan los problemas en la calidad de su inserción laboral.[b] Por ejemplo, una mujer debe tener más años de estudio que un hombre para recibir un sueldo similar. Las mujeres siguen dominando en los sectores peores pagados y su presencia es mayoritariamente superior en el área de servicios y en el servicio doméstico. Otro ejemplo de discriminación es que las posibilidades de promoción para la mujer en su lugar de trabajo son significativamente menores que las del hombre.

[a]*rate* [b]inserción… *job placement*

PREGUNTAS

1. Según la lectura, ¿qué es un trabajo formal y qué es un trabajo informal?
2. ¿Qué problemas enfrenta la mujer latinoamericana en el mundo laboral?
3. ¿Cuáles son los trabajos realizados principalmente por las mujeres?
4. ¿Existe una situación similar en este país? Expliquen.

E. Otras formas de trabajo

PASO 1. Lee el artículo.

NUEVAS FORMAS DE TRABAJO

Con las nuevas tecnologías, aparecen nuevas formas de trabajo.

- **El teletrabajo:** El empleado que hace teletrabajo puede trabajar y vivir en casa, lejos de la oficina central de la empresa o compañía. Algunas de las ventajas[a] para el empleador es que ahorra[b] algunos gastos (en locales, electricidad, limpieza, etcétera) para la empresa y reduce el absentismo. El empleado puede usar el tiempo más eficazmente, tiene mayor autonomía en su trabajo, mayor flexibilidad para adaptarse a las actividades familiares y de ocio.[c] Los inconvenientes incluyen: menos interacción social con los colegas, dificultades para coordinar actividades y lugares de trabajo (oficinas) con ambientes menos controlados y menos recursos tecnológicos.
- **Grupos de trabajo distribuidos:** Esta nueva forma de trabajo cooperativo se hace entre grupos geográficamente dispersos,[d] sin necesidad de mantener reuniones cara a cara. Las comunicaciones entre distintos lugares se hacen de varias maneras: por Internet, por teleconferencia, por videoconferencia, etcétera.

[a]*advantages* [b]*saves* [c]*leisure* [d]*separated*

PASO 2. Indica si las oraciones son ciertas (C) o falsas (F), según el **Paso 1.** Corrige las oraciones falsas.

	C	F
1. El teletrabajo consiste en trabajar para una empresa, pero desde otro lugar, generalmente desde la propia casa del empleado.	☐	☐
2. Los grupos de trabajo colaboran en un proyecto común, pero los integrantes viven en lugares diferentes.	☐	☐
3. Las computadoras y el Internet hacen posible la comunicación por teleconferencia y videoconferencia.	☐	☐
4. El teletrabajo no tiene ventajas para la empresa.	☐	☐

PASO 3. En parejas, hablen de las posibilidades de hacer teletrabajo o grupos de trabajo distribuidos. ¿Qué tipos de trabajos son los más fáciles de realizar por teletrabajo o en grupos de trabajo distribuidos? ¿Les gustaría trabajar en el futuro desde su casa o prefieren la idea de trabajar en una oficina? Justifiquen sus respuestas con detalles del texto y después compartan sus ideas con sus compañeros de clase. ¿Tiene la clase alguna tendencia en común?

Gramática

Describing Unknown or Non-existent Antecedents

13.3 Present Subjunctive in Adjectival Clauses with Indefinite Antecedents

GRAMÁTICA EN ACCIÓN

La oficina de la fábrica Liebig

La oficina de la fábrica Liebig

CULTURES C

Esta oficina de la fábrica Liebig, en Fray Bentos, Uruguay, se ha convertido en museo. ¿Por qué es museo ahora? Pues, probablemente **no hay** ninguna compañía moderna que **pueda** usarla. Esta oficina **no tiene** ningún cubículo que **separe** los escritorios. Un jefe moderno **va a querer** que todos sus empleados **tengan** computadoras con programas para escribir, documentar y conectarse al Internet, pero esta oficina solo tiene máquinas de escribir y calculadoras mecánicas.

Comprensión. Primero, escoge entre el indicativo (existe) y el subjuntivo (no existe) para cada uno de los verbos entre paréntesis. Luego, da la forma correcta.

1. No hay ningún escritorio que (**tener**) aparatos electrónicos.
2. En la oficina hay muchos escritorios que (**ser**) muy antiguos.
3. No hay nada que (**separar**) los escritorios.
4. No hay ningún gerente moderno que (**querer**) trabajar en una oficina sin tecnología.
5. Hay muchas personas que (**visitar**) el museo para ver cómo era la oficina del pasado.

You have already seen and used many examples of clauses in Spanish. One specific kind of clause is an adjective clause, which is a group of words that can take the place of an adjective and that describes a noun. Adjective clauses are introduced with the relative pronoun **que**.

Tengo un **amigo que trabaja en un banco.**	*I have a friend who works in a bank.*

The adjective clause **que trabaja en un banco** describes **amigo.**

Óscar encontró una **secretaria que hablaba español y japonés.**	*Óscar found a secretary who spoke Spanish and Japanese.*

Here, the adjective clause **que hablaba español y japonés** describes **secretaria.**

In the preceding examples, the verb in the adjective clause is in the indicative because the nouns described (**un amigo** and **una secretaria**) definitely exist.

However, if the noun or pronoun described by an adjective clause is either unknown (it may exist but the speaker doesn't know) or is definitely nonexistent, the verb in the adjective clause will be in the subjunctive.

Busco un trabajo que pague el doble de lo que gano ahora.	*I'm looking for a job that pays double what I earn now. (unknown job.)*
Quiero una computadora que cueste menos de mil dólares.	*I want a computer that costs less than a thousand dollars. (unknown computer.)*
No hay nadie aquí que hable francés.	*There is no one here who speaks French.* (*No such person exists.*)

ACTIVIDADES

A. El trabajo ideal

PASO 1. Piensa en el trabajo de un amigo o amiga, o el de un familiar. Completa las siguientes oraciones sobre su trabajo. Usa el indicativo.

Mi amigo/a (madre/padre/¿?)...

1. tiene un trabajo **que** (**tener**) un horario de trabajo...
2. trabaja en un lugar que (**ser**)...
3. trabaja con compañeros que (**saber**)...
4. trabaja para una compañía que (**ofrecer**)...

PASO 2. Piensa en el trabajo ideal para ti en el futuro. Como es un trabajo imaginario, usa el subjuntivo para completar las siguientes oraciones.

1. Algún día, quiero conseguir un trabajo que (**tener**) un horario de trabajo...
2. En el futuro, quiero trabajar en un lugar que (**ser**)...
3. En mi trabajo ideal, deseo trabajar con compañeros que (**saber**)...
4. Eventualmente, espero trabajar para una compañía que (**ofrecer**)...

B. Una jefa frustrada. Da la forma correcta del verbo entre paréntesis.

LICENCIADA DÁVILA: Hoy, mi asistente, Rolando, está enfermo. No hay otro empleado que (**saber**[1]) ayudarme en todo y estoy desesperada.[a] Hay una recepcionista que también (**estar**[2]) en la oficina de enfrente, pero ella tiene que atender a los clientes. Por eso, no hay nadie que (**contestar**[3]) los teléfonos. Además, tengo una computadora que siempre me (**causar**[4]) problemas y hoy tampoco funciona. ¡No sé qué hacer! Aparte de Rolando, no hay otro empleado que (**poder**[5]) arreglar[b] las computadoras. Sí, hay algunos técnicos que (**trabajar**[6]) para la empresa, pero ellos siempre tardan mucho.[c] Este día va a ser fatal. Pero he aprendido que necesito buscar otro asistente que (**colaborar**[7]) con Rolando en todos mis proyectos. También sé que hay alguien que (**ir**[8]) a recibir un aumento de sueldo: ¡Rolando!

[a]*desperate* [b]*fix* [c]tardan... *take a long time*

C. Entrevista

PASO 1. Completa las oraciones con información personal.

1. Tengo un profesor / una profesora que...
2. El semestre que viene quiero tomar una clase que...
3. Cuando me gradúe, quiero tener un trabajo que...
4. Conozco a alguien que...
5. Tengo un(a) pariente que...
6. En mi clase no hay nadie que...
7. Actualmente tengo un trabajo que...
8. Este fin de semana no quiero hacer nada que...

PASO 2. Ahora, en parejas, háganse y contesten preguntas basadas en sus oraciones del **Paso 1.**

EXPERIENCIA INTEGRAL Los anuncios clasificados

ANTES DE LEER. ¿Has tenido un trabajo en el pasado? Prepara una lista de por lo menos cuatro características positivas que debe tener un empleado en cualquier (*any*) tipo de trabajo.

MODELO Llegar al trabajo a tiempo.

PASO 1. Completa los anuncios con la forma correcta del verbo entre paréntesis, según el contexto.

Compañía internacional busca un vendedor[a] que (**hablar**[1]) chino y que (**tener**[2]) experiencia en ventas internacionales. Además de un buen sueldo, hay prestaciones[b] que (**incluir**[3]) seguro médico y dos semanas de vacaciones pagadas.

Pequeña empresa busca una recepcionista que (**saber**[4]) usar computadoras y (**poder**[5]) trabajar en múltiples proyectos a la vez. Hay una secretaria que (**guardar**[6]) los documentos y (**hacer**[7]) copias, pero necesitamos a alguien que (**contestar**[8]) el teléfono, que (**recibir**[9]) a los clientes y que (**organizar**[10]) reuniones.

Empresa nacional busca un supervisor de ventas. Ya tenemos una contadora que (**manejar**[11]) las cuentas y queremos encontrar a alguien que (**colaborar**[12]) con ella. Necesitamos a alguien que (**escribir**[13]) informes claros y concisos y que (**supervisar**[14]) a los otros empleados.

Empresa familiar busca un técnico que nos (**enseñar**[15]) a utilizar mejor la computadora. Queremos encontrar a alguien que (**diseñar**[16]) y (**manejar**[17]) una página Web para nuestra empresa, y que nos (**ayudar**[18]) a aprovechar todo el paquete de software que vino con la computadora portátil que (*nosotros:* **usar**[19]).

[a]*salesperson* [b]*benefits*

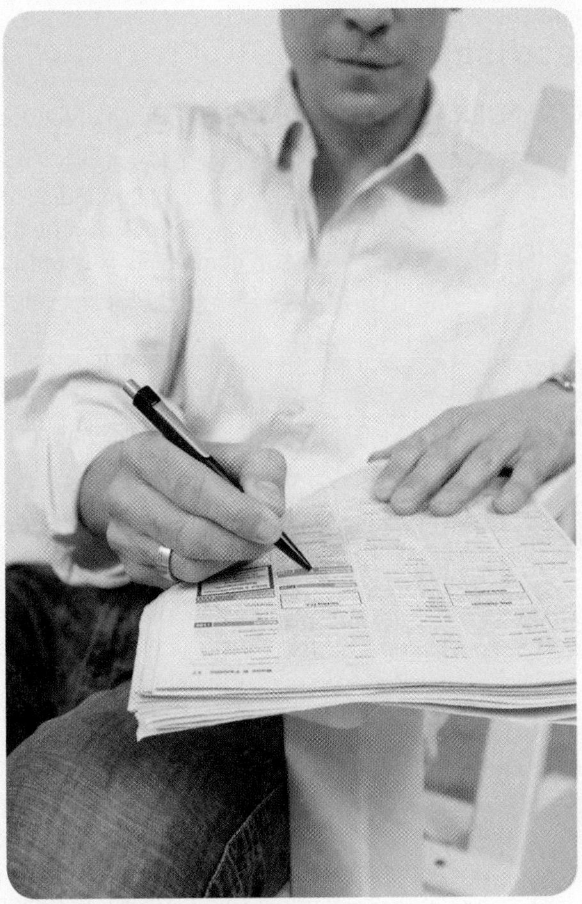

Los periódicos publican anuncios de trabajo.

PASO 2. Contesta las preguntas, según el **Paso 1.**

1. ¿Qué busca la pequeña empresa? ¿Qué empleado/a tiene ya? ¿Qué hace esta persona? Según el anuncio, ¿qué necesita la empresa que haga el nuevo empleado / la nueva empleada?
2. ¿Qué busca la empresa familiar? ¿Qué necesitan que haga esta persona? ¿Qué tienen ya? ¿Qué clase de ayuda necesitan del nuevo empleado / de la nueva empleada?
3. ¿Qué busca la compañía internacional? ¿Qué le ofrecen al nuevo empleado / a la nueva empleada?
4. ¿Qué busca la empresa nacional? ¿Qué empleado/a tiene ya y qué hace esta persona? ¿Qué quiere encontrar la empresa? ¿Qué necesita que haga el nuevo empleado / la nueva empleada?

PASO 3. En parejas, escriban anuncios para dos de las empresas de la lista. Escríbanlos como el **Paso 1,** con los verbos en infinitivo y entre paréntesis. Incluyan lo que ya tienen y lo que necesitan. Luego, pasen sus anuncios a otra pareja. Ellos tienen que leer el anuncio y conjugar los verbos correctamente.

1. un nuevo negocio local
2. una empresa multinacional
3. una compañía que acaba de abrir su primera sucursal (*branch*)
4. una tienda bien establecida que quiere modernizarse.

Nota interdisciplinaria

LENGUAS EXTRANJERAS: LOS IDIOMAS EN EL MUNDO LABORAL

«Hola, Frank. How are you this morning?»

Con la creciente globalización de la economía mundial, el conocimiento de idiomas es muy apreciado por las compañías y contribuye a la mejora de la propia carrera profesional. Puede ser la diferencia entre conseguir un puesto laboral o no conseguirlo u obtener una promoción dentro de la compañía o no ser considerado para ello.

El inglés es el idioma oficial en el mundo de los negocios y de la computación, y muchos de los estudios y textos científicos de importancia están escritos en este idioma, pero no es el único idioma importante. Ultimamente, hablar chino es muy útil en el mundo de los negocios, debido al poder económico de China.

En Latinoamérica, con la creación de MERCOSUR (acuerdo comercial entre Brasil, Argentina, Uruguay y Paraguay, que se está ampliando a otros países), la región del Cono Sur aspira a ser una única zona comercial y económica. La presencia de Brasil, una de las potencias económicas latinoamericanas, convierte al portugués en un idioma importantísimo para tener éxito en esa región.

El español y el portugués harán un papel de suma[a] importancia para cualquier persona o compañía que quiera tener acceso al mayor mercado de Sudamérica. Por ello, son cada vez más[b] las universidades y escuelas que ofrecen español y portugués en sus currículos, y hay cada vez más compañías que les exigen[c] a sus empleados el conocimiento de un segundo o tercer idioma para tener acceso incluso al mercado europeo o asiático.

[a]*tremendous* [b]cada... *more and more* [c]*demand*

PREGUNTAS

1. ¿Por qué es importante saber varios idiomas en el trabajo? ¿Qué beneficios aporta (*offer*) a la persona?
2. ¿Cuáles son los idiomas de mayor demanda? ¿Por qué?

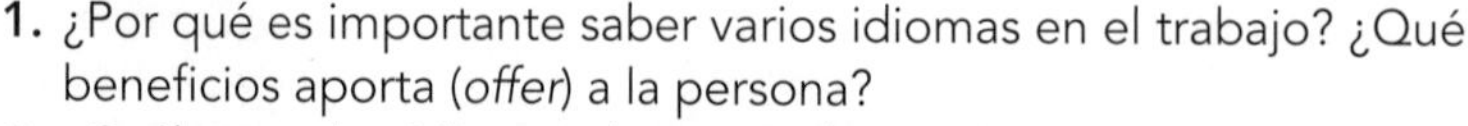

3. ¿Qué importancia tiene saber español y portugués en Latinoamérica?

4. ¿Creen Uds. que hablar un segundo o tercer idioma puede ayudarlos/las en su futuro profesionalmente? ¿Qué idioma(s) les parece(n) indispensable(s)? Expliquen.

Lectura cultural

Vas a leer un artículo de la revista argentina *Apertura,* escrito por Estefanía Giganti, sobre el teletrabajo en Argentina.

ANTES DE LEER

A. A primera vista. Lee el título y las líneas *en letra cursiva* al principio y en la página 410. Luego, indica qué información esperas encontrar en el resto del artículo.

1. ☐ datos (*data*) sobre un nuevo fenómeno laboral para las compañías grandes en Argentina
2. ☐ información sobre un nuevo sistema telefónico
3. ☐ información sobre las tareas domésticas de los argentinos
4. ☐ comentarios de algunas personas que trabajan desde la casa algunos días de la semana
5. ☐ comentarios de algunos jefes que manejan a empleados que trabajan desde la casa
6. ☐ información sobre las ventajas y desventajas del teletrabajo
7. ☐ comentarios sobre el viaje diario al trabajo en Argentina

B. Sinónimos. Las siguientes frases aparecen en el artículo. Empareja la palabra **en negrita** de cada una de las frases con su sinónimo.

1. ______ ...en lugar de **trasladarse** a los edificios corporativos.
2. ______ ...tal como lo reveló un reciente **sondeo** ...
3. ______ ...hay que **sumarle** un 64 por ciento de ahorro...
4. ______ ...las encuestas... **arrojaron** un alto nivel de satisfacción...
5. ______ ...el **trayecto** diario de ida y vuelta...

a. añadir
b. encuesta
c. indicaron
d. ir
e. viaje

El teletrabajo, el gran sueño de los argentinos

El 70 por ciento de los empleados en relación de dependencia[a] asegura que podría[b] realizar sus tareas desde el hogar, al menos tres veces a la semana. Radiografía[c] de un fenómeno que no para de crecer.

Si de utopías se trata, hay una que se multiplica en la mente de los trabajadores argentinos: trabajar desde su casa. Ya sea[d] en bata y pantuflas[e] o vestidos al mejor estilo oficina, una gran mayoría de los empleados preferiría[f] hacerlo desde su hogar, en lugar de trasladarse a los edificios corporativos.

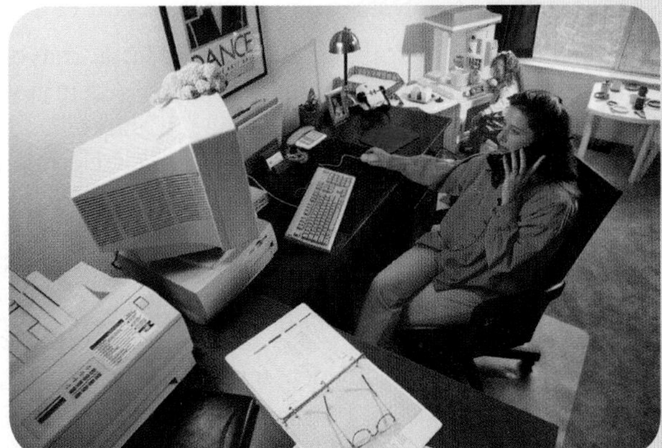

Una mujer trabaja desde la casa mientras su hija juega al fondo.

Aunque es evidente que no cualquier trabajo es trasladable al hogar, el 70 por ciento de los trabajadores en relación de dependencia encuestados considera que su trabajo es teletrabajable, por lo menos tres días a la semana, tal como lo reveló un reciente sondeo de la consultora Jobing, sobre un total de 200 trabajadores activos.

[a]en... *under contract* (*that work for a company*) [b](*they*) *could* [c]*A close look at* (lit. *x-ray*) [d]Ya... *Whether it be* [e]bata... *bathrobe and slippers* [f]*would prefer*

De hecho, numerosas empresas comparten esta creencia, ya que[g] el teletrabajo está en pleno ascenso[h] en nuestro país y en el mundo. Como resultado de estas experiencias, surgieron[i] beneficios mutuos. Los empleados lograron evitar algunas de sus peores pesadillas:[j] los problemas de tránsito, la incomodidad del transporte público y las a veces extenuantes jornadas[k] fuera del hogar.

Pero no solo los empleados resultaron satisfechos. Más bien se trató de un *win-win,* en el que las compañías también obtuvieron claras ventajas. «Hemos comprobado[l] que para las empresas que implementan el teletrabajo se genera un incremento[m] del 58 por ciento en la productividad de los empleados, a lo que hay que sumarle un 64 por ciento de ahorro[n] sobre el costo anual que un empleado implica para una compañía», explica Fabio Boggino, director de Jobing, consultora especializada en trabajo remoto.

«Los resultados de las encuestas en empresas que aplicaron teletrabajo arrojaron un alto nivel de satisfacción de los empleados y sus jefes con este proyecto, mayor compromiso con la organización y mejores niveles de productividad», añadió Boggino.

El 26 por ciento de los argentinos invierte[ñ] más de 90 minutos en el viaje a la oficina.

¿Lo desvela[o] el tiempo que pasa arriba del auto, el tren o el colectivo[p] para llegar al trabajo? No es el único. Según una encuesta de Regus, la operadora de espacios de trabajo, el 26 por ciento de los argentinos emplea más de 90 minutos en el trayecto diario de ida y vuelta al trabajo.

El auto es el medio más utilizado. En Argentina alcanza al 54 por ciento de la población, por debajo del 64 por ciento mundial. Los otros medios de transporte más usados para ir a trabajar a nivel local son el tren (11 por ciento de los encuestados), la caminata (11 por ciento) y el colectivo (9 por ciento). El subte[q] y el taxi concentran un 6 por ciento adicional cada uno.

[g]ya... *since* [h]está... *is clearly on the rise* [i]*became obvious* [j]*nightmares* [k]*work days* [l]*confirmed* [m]*increase* [n]de... *in savings* [ñ]*invest* [o]Lo... *Does (it) keep you up at night* [p]*minibus* [q]*metro*

DESPUÉS DE LEER

A. Comprensión. Contesta las preguntas, según el artículo.

1. ¿Quiénes quieren trabajar desde la casa, la mayoría de los argentinos o solo un grupo pequeño? ¿Les gustaría a los argentinos hacer el teletrabajo todos los días o solo unos días a la semana? ¿Cuántos?
2. ¿Por qué quieren los argentinos hacer el teletrabajo? ¿Qué ventajas tiene el teletrabajo para las empresas?
3. ¿Cuál es el promedio aproximado de minutos del viaje al trabajo que los argentinos hacen todos los días? ¿Cuál es el medio de transporte que más utilizan?
4. Según el artículo, ¿son todas las profesiones teletrabajables? En tu opinión, ¿qué profesiones no pueden serlo? Explica.

B. Temas de discusión. En grupos pequeños, comenten estos temas. Después, compartan sus ideas con la clase.

1. La lectura informa sobre algunas de las ventajas del teletrabajo para el empleado y para la empresa. En su opinión, ¿qué otras ventajas hay? ¿Y las desventajas?
2. Piensen en su futuro profesional y personal después de que se gradúen de la universidad. ¿Les gustaría trabajar desde la casa o les gustaría ir todos los días a su lugar de trabajo? Expliquen.

Concurso de videoblogs

Argentina: Federico

Buenos Aires

Federico nos enseña Buenos Aires con su amiga Sol. Comienzan en la Plaza de Mayo y después visitan algunos barrios y lugares pintorescos.

ANTES DE VER

A. Capítulo y vídeo. Contesta las siguientes preguntas.

1. ¿Qué tipos de profesiones creen que se mostrarán en el segmento de Buenos Aires?
2. ¿Cómo crees que será Buenos Aires según este segmento sobre la capital de Argentina? Escribe al menos tres oraciones sobre el tema usando el futuro.

B. Anticipación. En parejas, contesten las preguntas. Luego, compartan sus ideas con la clase.

1. ¿Cómo son las ciudades grandes? Piensen en ciudades como Nueva York, Chicago o Los Ángeles. ¿Qué tienen en común?
2. ¿Cuáles son las ventajas de vivir en una ciudad grande? ¿y las desventajas?
3. ¿Prefieren Uds. vivir en una ciudad grande o pequeña? Expliquen.

Vocabulario práctico

discursos	speeches
manifestaciones	demonstrations
paseadores de perros	dog walkers
milongas	traditional Argentinean dance
porteños	*residents of Buenos Aires*
La Boca	*district in Buenos Aires*

DESPUÉS DE VER

A. Comprensión. Resume brevemente la información presentada en el segmento sobre estos temas o lugares.

1. la Plaza de Mayo
2. el centro de la ciudad
3. San Telmo, Mataderos, El Tigre
4. los porteños y la tecnología
5. La Boca
6. El Café Tortoni

B. Opinión. En parejas, contesten las preguntas.

1. En su opinión, ¿cuáles fueron los momentos más interesantes del segmento? Comenten.
2. ¿Por qué creen que la Plaza de Mayo es tan importante en la historia de este país? ¿Conocen algún lugar tan emblemático en su país? ¿Creen que este lugar va a ser tan importante para las generaciones más jóvenes? Comenten.
3. Expliquen en qué aspectos Buenos Aires es ejemplo (o no) de una ciudad moderna que ofrece oportunidades de tener un buen trabajo.

C. Temas de discusión. En grupos pequeños, comenten los temas.

1. Después de ver el segmento, ¿por qué creen Uds. que algunas personas llaman a Buenos Aires «el París de Latinoamérica»?
2. Busquen información sobre el Café Tortoni. Escriban un breve informe para presentar a la clase sobre este lugar emblemático en la historia de Buenos Aires.
3. Comparen Buenos Aires con una ciudad grande y representativa de la cultura de su país. Busquen información y comparen la música y tradiciones, los lugares turísticos, los lugares emblemáticos o representativos, los lugares para la familia, la influencia del mundo moderno, la moda y los tipos de trabajos de cada ciudad.

Vocabulario

Los verbos	
administrar	to manage; to administer
anotar datos	to enter data
bajar	to download
despedir (*like* **pedir**)	to fire
estar (*irreg.*) **a cargo de**	to be in charge of (*people*)
guardar	to save (*a file*)
hacer (*irreg.*) **copias**	to make copies
jubilarse	to retire
llenar	to fill out (*a form*)
manejar (las cuentas)	to manage (accounts)
renunciar (a)	to resign (from) (*a job*)
solicitar (trabajo)	to apply for (a job)
subir	to upload
supervisar	to supervise; to oversee

Las profesiones y los oficios	Professions and trades
el/la abogado/a	lawyer
el/la albañil	bricklayer, construction worker
el/la banquero/a	banker
el/la barbero/a	barber
el/la biólogo/a	biologist
el/la científico/a	scientist
el/la cocinero/a	cook
el/la consejero/a	advisor; counselor
el/la contador(a)	accountant
el/la diseñador(a) (de modas)	(fashion) designer
el/la electricista	electrician
el/la entrenador(a)	trainer; coach
el/la farmacéutico/a	pharmacist
el hombre / la mujer de negocios	businessman/ businesswoman
el/la ingeniero/a	engineer
el/la juez(a)	judge
el/la maestro/a	teacher
los negocios	business
el/la peluquero/a	hairdresser
el/la periodista	journalist
el/la plomero/a	plumber
el/la sicólogo/a	psychologist
el/la técnico/a	technician
el/la traductor(a)	translator
el/la veterinario/a	veterinarian

Cognados: el/la atleta, el/la modelo, el/la programador(a), el/la recepcionista, el/la secretario/a
Repaso: el/la arquitecto/a, el/la chef, la contabilidad, el/la dentista, el derecho, el/la enfermero/a, el/la escultor(a), la medicina, el/la médico/a, el/la músico/a, el periodismo, el/la pintor(a), el/la profesor(a), la sicología

Las habilidades y destrezas	Abilities and skills
el conocimiento	knowledge
emprendedor(a)	enterprising
fuerte físicamente	physically strong
íntegro/a	honest; upright
valiente	brave

Cognados: la compasión; bilingüe, carismático/a, honesto/a, organizado/a, puntual

La búsqueda de trabajo	Job search
el/la aspirante	applicant
el currículum (vitae)	résumé, CV
la entrevista	interview
la solicitud	application

Cognado: el/la director(a) de personal

El empleo y el lugar de trabajo	Employment and the workplace
el aumento (de sueldo)	raise
el beneficio	benefit
el/la empleado/a	employee
el empleo a tiempo completo	full-time job
el empleo a tiempo parcial	part-time job
la empresa	business, company, firm
el/la gerente	manager
el horario de trabajo	work schedule
el informe	report
el/la jefe/a	boss
la página Web	web page
el plan de jubilación	retirement plan
el puesto	job; position
la reunión (de trabajo)	work meeting
el seguro médico	health insurance
el sueldo	salary
comprensivo/a	understanding
exigente	demanding

Cognados: la compañía, el cubículo; (in)flexible

Conjunciones temporales	
después de que	after
en cuanto	as soon as
hasta que	until
tan pronto como	as soon as

Repaso: cuando

La vida moderna 

Avenida 9 de Julio, Buenos Aires

ANTES DE VER

A. Anticipación. ¿Cómo te afecta la vida del siglo XXI? Indica las oraciones que son verdaderas para ti.

1. ☐ Vivo en una ciudad grande.
2. ☐ Donde yo vivo, hay rascacielos.
3. ☐ El tráfico es un problema para mí.
4. ☐ Navego en Internet más de dos horas al día.
5. ☐ Uso mi teléfono celular solo para hablar.
6. ☐ Aparte de mi teléfono celular, tengo una cámara digital.
7. ☐ Prefiero escuchar música en mi reproductor digital a usar un CD original.
8. ☐ Cuando viajo, saco muchas fotos con mi teléfono celular.

B. La foto. ¿Hay tanto tráfico en las ciudades de tu región como en la avenida de la foto? ¿Qué relación encuentras entre la foto y la vida moderna? Escribe por lo menos dos oraciones.

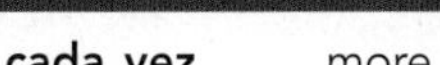

Vocabulario práctico

cada vez más	more and more
tardar	to take (*time*)
ancha	wide
los porteños	residents of Buenos Aires

DESPUÉS DE VER

A. Comprensión. Completa las oraciones con información verdadera, según el vídeo. Usa palabras de la lista. ¡OJO! Algunas palabras no se usan.

los adultos	los jóvenes	Puerto Madero
antigua	moderna	Santiago Calatrava
colonial	mundial	el tráfico

1. __________ es un gran problema en la ciudad de Buenos Aires.
2. __________ es el distrito más moderno de Buenos Aires.
3. Lima, la capital de Perú, es una ciudad __________ y __________.
4. Guanajuato es una ciudad __________ de México.
5. __________ mexicanos se visten como sus contemporáneos de otros países del mundo moderno.

B. Identificación. En parejas, hablen de los siguientes temas.

1. Hagan una lista de los elementos que distinguen a las tres ciudades del segmento como ciudades modernas.
2. ¿Qué tienen en común las tres ciudades del segmento? Hagan una lista de tres a cinco semejanzas representativas de estos lugares, respecto al tema de la globalización.

C. Conexión final. En parejas o grupos de tres, preparen un breve informe sobre *uno* de los siguientes temas para compartir con la clase. Usen imágenes y publicidad de los lugares que tratan.

1. Preparen un breve informe comparando Buenos Aires con Lima. ¿Cómo son los lugares históricos y los lugares modernos de estas dos ciudades? En su opinión, ¿cuál de las ciudades es más interesante para visitar con su familia durante las vacaciones o con un grupo de amigos?
2. Comparen una ciudad de un país del Cono Sur con una ciudad que Uds. conocen. Apunten por lo menos cinco diferencias y semejanzas entre las ciudades. ¿Cuál de las dos ciudades les recomiendan a sus amigos europeos que quieren estudiar en el extranjero? ¿Y a una pareja de jubilados bilingües que quiere mudarse a una ciudad? ¿Y a un joven emprendedor que quiere crear una empresa de tecnología?

Los medios de comunicación

En los países hispanos, como en este país, hay personas que adoran la nueva tecnología y otras que se sienten más cómodas con medios de comunicación más tradicionales. Mientras unos prefieren adquirir los celulares más recientes u otros aparatos como los iPads, otros se sienten más cómodos simplemente mirando la televisión o leyendo periódicos[a] o revistas.[b] La verdad es que, sea cual sea[c] la preferencia tecnológica, ¡hay gustos para todos!

[a]*newspapers* [b]*magazines* [c]*sea... no matter what*

◀ LOS MEDIOS SOCIALES Y LOS CELULARES

Los jóvenes hispanos son expertos en medios sociales como Facebook, Twitter, Instagram, Skype y otros que permiten la comunicación inmediata de noticias. Los teléfonos celulares de hoy son mini computadoras con todos los apps para los medios sociales. El celular ha tenido un impacto enorme en los países latinoamericanos, especialmente en lugares remotos, donde había acceso muy limitado al teléfono y al Internet. Los medios sociales, especialmente Skype, conectan a los hispanos con sus familiares y amigos en otros lugares.

EL INTERNET ▶

El Internet es un medio de comunicación usado por millones de hispanos. En muchas viviendas urbanas los hispanos usan el Internet, pero en las zonas rurales el acceso es más limitado. Además del uso privado del Internet en casa, los hispanos también lo usan en lugares públicos como las bibliotecas o los cibercafés.

◀ LA PRENSA[a]

La prensa es un medio de comunicación muy popular en los países hispanos. Para las personas a quienes les gusta tocar el papel de los periódicos y revistas, estos se venden en librerías o kioscos en la calle. Y para los que prefieren leer las noticias en línea, también hay ediciones digitales a las que se puede acceder desde la computadora o el celular.

[a]*press*

ASÍ SE DICE

el blog (*L.A.*) = **la bitácora** (*Sp.*)
el celular (*L.A.*) = **el móvil** (*Sp.*)
la computadora (*L.A.*) = **el ordenador** (*Sp.*)
el Internet = **el internet, la red**
el periódico = **el diario, la prensa**
la televisión = **la tele, el televisor**

Préstamos[a] del inglés

CD-ROM, chat, DVD, e-mail, módem, MP3, hardware, laptop, netbook, notebook, software, spam, USB, fishing

[a]*Borrowed words*

ACTIVIDADES

A. Comprensión. Indica el medio de comunicación o aparato que se describe. Usa palabras de la lista. **¡OJO!** Hay más de una respuesta posible en muchos casos.

el Internet	la prensa
los medios sociales	los teléfonos celulares

1. *The New York Times, People en español*
2. Facebook, Twitter
3. BlackBerry, iPhone
4. Se vende en kioscos en la calle.
5. Es muy útil para la comunicación interpersonal.
6. Un hispano en Chicago puede informarse sobre los eventos actuales en Argentina.

B. Conexiones. En parejas, contesten las preguntas.

1. Identifiquen por lo menos tres ventajas y desventajas de cada uno de los tres tipos de comunicación moderna: la prensa, el Internet y los medios sociales. ¿Cuáles son algunas conexiones entre estos medios?
2. ¿Usan Uds. los medios sociales para estar en contacto con amigos? ¿Con qué frecuencia se comunican con ellos?
3. ¿Por qué son importantes los medios sociales para su generación? ¿Qué les gusta o no les gusta de los medios sociales? ¿Cómo afectan los medios sociales la forma de pensar o de escribir de su generacion? Den ejemplos.

C. A investigar más. Haz una investigación para saber cuáles son los diez aparatos tecnológicos o medios sociales más populares entre los estudiantes. Luego, haz una encuesta a cinco de tus compañeros de clase, haciéndoles preguntas como las siguientes u otras, si quieres. ¿Cómo se comparan los resultados de tu encuesta con los resultados de tu investigación?

- ¿Tienes teléfono celular? ¿Qué marca tienes? ¿Cómo lo usas, por lo general?
- ¿Tienes una cuenta (*account*) de Facebook u otro medio social? ¿Cuántas horas al día accedes a tu cuenta?
- Otras preguntas

En el Dominican Day Parade, en Nueva York

Entrada cultural

La cultura hispana global

En una clase de salsa, en Canadá

Unos ecuatorianos durante una celebración en España

Un restaurante mexicano, en Hong Kong

La comunidad hispana ha gozado de una presencia importante en los Estados Unidos desde hace muchas décadas. En su vecino del norte, Canadá, hay inmigrantes recientes de México, El Salvador, Chile, Colombia, Venezuela y algunos otros países latinoamericanos también. La mayoría de los hispanos en Canadá es joven, vive en las ciudades y tiene cierto nivel educativo. Casi la mitad vive en Toronto, Montreal y Vancouver. Al igual que en los Estados Unidos, los hispanos en Canadá se integran en la nueva cultura sin perder sus propias tradiciones. Se celebran festivales, tienen emisoras[a] de radio, programas de televisión, periódicos y centros hispanos que ayudan a mantener la cultura y el idioma.

Pero la fuerte presencia de latinoamericanos no existe solo en Norteamérica. En Europa, es cada vez más común encontrar comercios o emisoras de radio gestionados[b] por hispanos. La mayoría de ellos llega a Europa a través de España. Después de España, Italia es el país con mayor presencia de hispanos en el continente europeo.

Y, en un mundo cada vez más globalizado, no es extraño que haya también presencia hispana en el continente asiático y el africano. La cultura hispana es muy atractiva para las culturas orientales y es común encontrar virtuosos de la guitarra española en Japón, restaurantes especializados en gastronomía caribeña en China o seminarios de literatura española y latinoamericana en Australia. Indudablemente, los hispanos contribuyen al cambio de la sociedad de los países receptores de inmigrantes, aportando una mayor diversidad étnica, lingüística, religiosa y cultural.

[a]*stations* [b]*managed*

PREGUNTAS

1. ¿Qué países receptores (*receivers*) de inmigrantes hispanos se mencionan en la lectura?
2. ¿Cómo mantienen los hispanos su identidad cultural en los países mencionados en la lectura?
3. Imagínense que Uds. viven en otro país. ¿Es importante para Uds. mantener su propio idioma y cultura? ¿Qué van a hacer para mantenerlos?

CAPÍTULO 14

Nosotros y el mundo natural

EN ESTE CAPÍTULO
La cultura hispana global

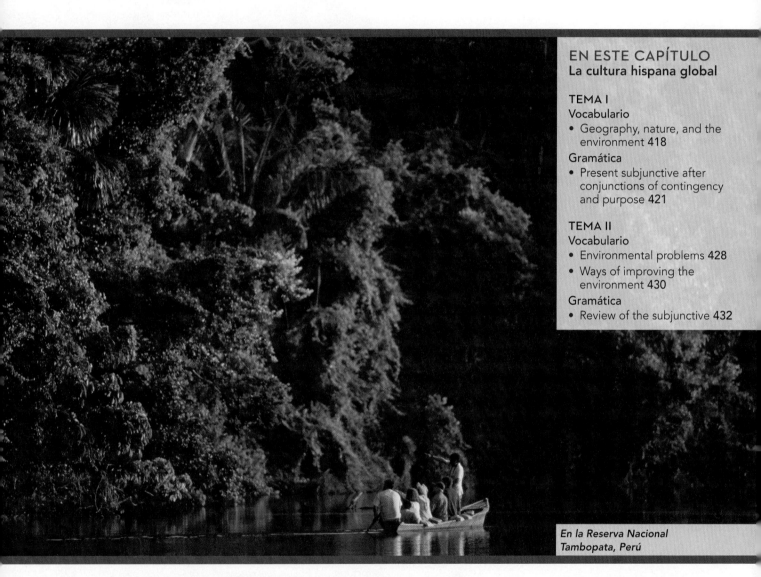

En la Reserva Nacional Tambopata, Perú

1. ¿Qué sabes de los problemas en los bosques de la Amazonia?
2. ¿Te preocupas por el medio ambiente? ¿Qué problema medioambiental crees que es el más grave en el mundo de hoy? ¿Por qué?
3. ¿Cuál crees que debe ser el papel de los gobiernos y de los ciudadanos en la conservación del medio ambiente?
4. ¿Qué haces para proteger el entorno natural?

www.connectspanish.com

TEMA I: El mundo natural

Vocabulario en acción

La geografía, la naturaleza y el medio ambiente

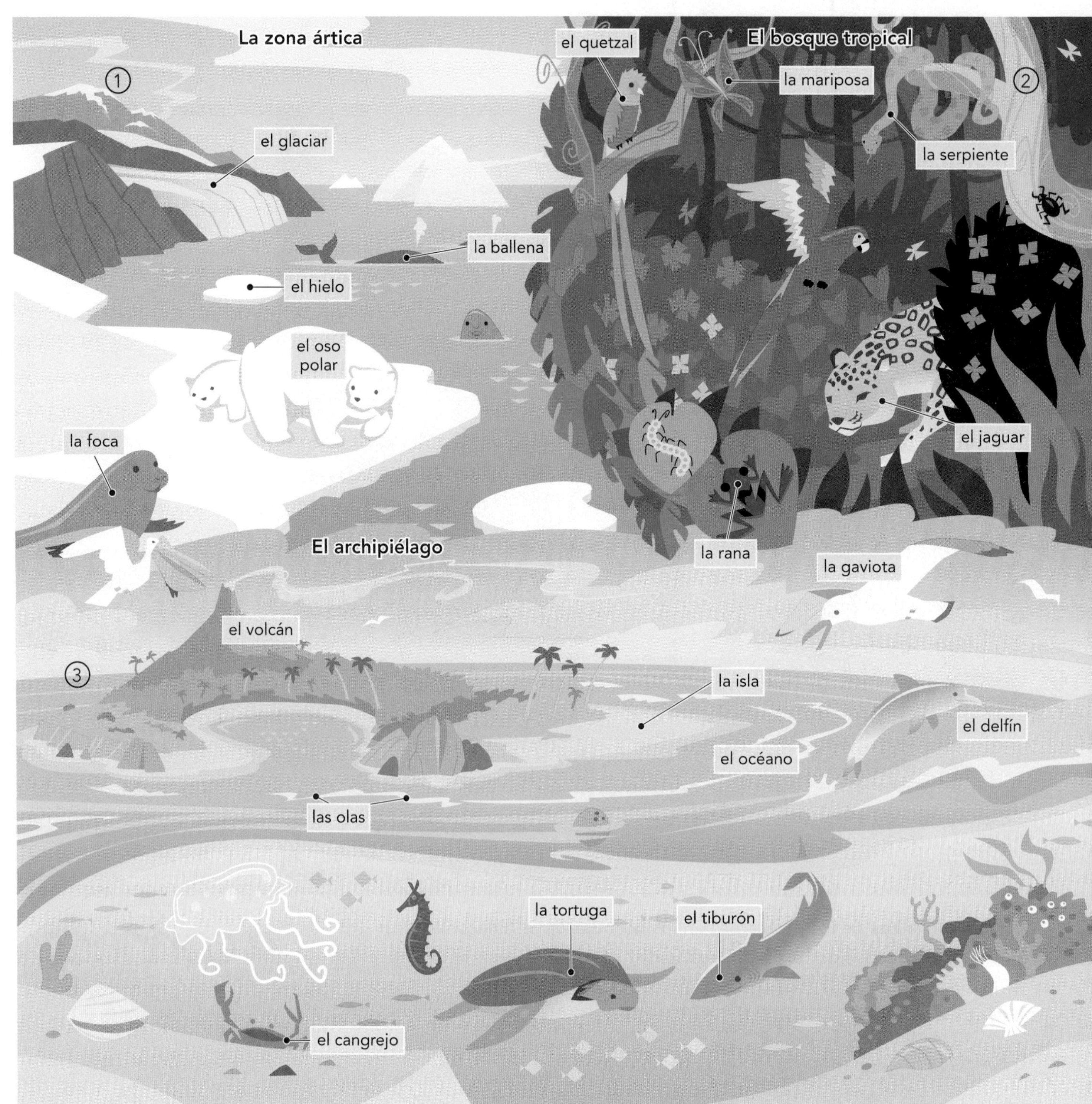

Otros términos geográficos

el altiplano	high plateau
la arena	sand
la bahía	bay
la llanura	plain
el mar	sea
la orilla	shore
la sierra	mountain range

Cognados: el desierto, la roca

La flora y fauna — Plant and animal life

el águila (*pl.* **las águilas**)	eagle
la araña	spider
el mono	monkey
salvaje	wild

Cognados: el cocodrilo, el elefante, el gorila, los insectos, el león, el mosquito, el panda, el pingüino, el puma, el reptil, el tigre

Los recursos naturales

el agua dulce/salada	fresh/salt water
la biodiversidad	biodiversity

Cognados: el gas natural, los metales, los minerales

ACTIVIDADES

A. ¡Busca al intruso!

PASO 1. Indica la palabra que no pertenece a la serie.

1. ☐ la rana ☐ el quetzal ☐ el águila ☐ la gaviota
2. ☐ el cangrejo ☐ la ballena ☐ el oso ☐ el tiburón
3. ☐ el tigre ☐ el delfín ☐ el león ☐ el glaciar
4. el mosquito ☐ la mariposa ☐ el mono ☐ la araña
5. ☐ el quetzal ☐ la llanura ☐ la orilla ☐ el mar
6. ☐ el cocotero ☐ la roca ☐ la palmera ☐ el arbusto
7. ☐ el glaciar ☐ el jaguar ☐ el hielo ☐ el oso polar
8. ☐ el oso ☐ el mono ☐ la foca ☐ el archipiélago

PASO 2. Indica la palabra que no pertenece a la categoría y di a qué categoría pertenece.

1. el agua:
   ☐ el mar ☐ las olas ☐ el océano ☐ la sierra
2. las montañas:
   ☐ la sierra ☐ la gaviota ☐ el volcán ☐ el altiplano
3. los mamíferos (*mammals*):
   ☐ el oso polar ☐ la ballena ☐ la serpiente ☐ el mono
4. las aves:
   ☐ el cocodrilo ☐ la gaviota ☐ el águila ☐ el quetzal
5. el ártico:
   ☐ el oso polar ☐ el hielo ☐ el glaciar ☐ la araña
6. los reptiles
   ☐ la serpiente ☐ el cocodrilo ☐ el tiburón ☐ la tortuga

B. Definiciones

PASO 1. Escucha cada una de las definiciones e indica la palabra definida. Luego, nombra un ejemplo que conoces. Comparte tus ideas con la clase. ¿Están todos de acuerdo?

MODELO (*Escuchas*): Es una masa grande de agua salada. →
(*Escoges*): h. el mar
(*Escribes*): El Mar Caribe está al este del Golfo de México.

1. ____
2. ____
3. ____
4. ____
5. ____
6. ____

a. la llanura
b. la bahía
c. el volcán
d. la olas
e. el bosque
f. el glaciar
g. la foca
h. el mar
i. el desierto

Vocabulario práctico	
seco/a	dry
llano/a	flat
el puerto	harbor

PASO 2. Escribe una definición para estas palabras.

1. la foca
2. la mariposa
3. la ola
4. la orilla
5. la tortuga
6. el delfín
7. el mono
8. la isla

C. Asociaciones. Di qué asocias con estas cosas y explica por qué.

MODELO la isla → las playas, la orilla, el mar u océano, las olas: Porque las islas están rodeadas de agua y siempre hay olas, orillas y playas.

1. el glaciar
2. el altiplano
3. la arena
4. el bosque tropical
5. la biodiversidad
6. el delfín
7. el águila
8. el volcán

D. ¿Cuál es la región?

PASO 1. En grupos de tres, diseñen un folleto (*brochure*) sobre una región de este país o de otro país del mundo que a Uds. les interese. Describan las características geográficas, la flora y la fauna, el clima y las estaciones de ese lugar. Incluyan imágenes en sus folletos.

MODELO En esta región, la característica geográfica predominante es la llanura. No hay ni una montaña ni colinas. El animal salvaje más común es el coyote. Los inviernos aquí son muy difíciles. Hace mucho viento…

PASO 2. Presenten su folleto a la clase. ¿Pueden adivinar qué región es? De todas las regiones, ¿cuál le gustaría visitar a la mayoría de la clase? ¿Por qué?

E. Mi lugar ideal

PASO 1. Entrevista a un compañero / una compañera con estas preguntas.

1. ¿Te gusta la naturaleza? ¿Prefieres la playa, la montaña o el campo?
2. ¿Qué características debe tener este lugar para que sea ideal para ti?
3. ¿En qué estación del año te gusta más este lugar? ¿Por qué?
4. ¿Qué actividades te gusta hacer allí?

PASO 2. Basándote en las respuestas de tu compañero/a, hazle una recomendación para que vaya de vacaciones. Después, comparte la información con la clase.

MODELO A Chris le gusta esquiar en las montañas. Prefiere montañas muy altas con mucha nieve. Le recomiendo que visite Colorado en el invierno.

Gramática

14.1 Present Subjunctive After Conjunctions of Contingency and Purpose

Expressing Contingent Situations

GRAMÁTICA EN ACCIÓN

El Programa de Protección de la Biodiversidad de la Isla de Bioko (BBPP)

El BBPP es parte de una asociación académica con la Universidad Nacional de Guinea Ecuatorial. Los participantes en el programa trabajan **para que** los animales y la naturaleza de la isla **se conserven**, ya que Bioko es uno de los lugares ecológicamente más diversos de África. En esta isla viven siete especies de primates raros y también es uno de los principales refugios de tortugas marinas. Pero estos animales están en peligro de extinción y **a menos que** los habitantes de la isla **cambien** algunas de sus prácticas, van a desaparecer. BBPP emplea a cincuenta personas locales que hacen guardia en los bosques tropicales **para que** los residentes no **cacen** o **maten** los animales.

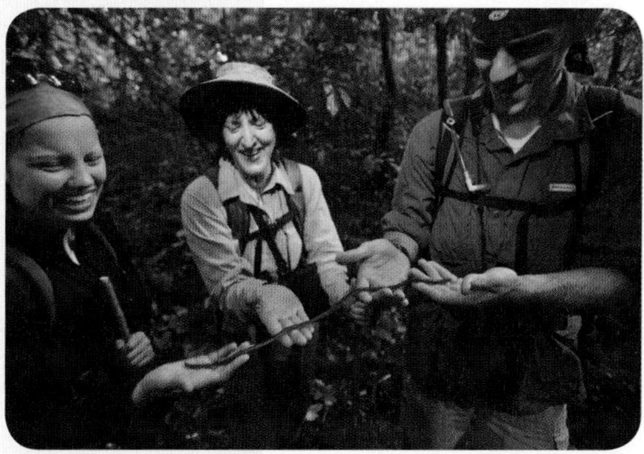

Unos miembros del BBPP observan una lombriz (earthworm).

Comprensión. Escribe la forma correcta de cada uno de los verbos entre paréntesis, según el contexto.

1. Los animales de la isla están en peligro, a menos que los habitantes (**hacer**) algo para protegerlos.
2. Los empleados de BBPP trabajan cada día para que la naturaleza de la isla (**conservarse**).
3. Existen programas como BBPP para que la biodiversidad de lugares como la Isla de Bioko no (**perderse**).

When one action or situation depends on another, there is a contingent relationship between the actions, which is expressed through adverbial conjunctions of contingency. Other adverbial conjunctions indicate the purpose of an action. The subjunctive is used in the clauses that follow these adverbial conjunctions. These are the most common.

CONJUNCTIONS OF CONTINGENCY AND PURPOSE			
a menos que	unless	**en caso de que**	in case
antes de que	before	**para que**	so that
con tal (de) que	provided that	**sin que**	without

Me encanta ir a la playa **a menos que** esté lloviendo. — *I love to go to the beach unless it's raining.*

Antes de que se cierre, quiero visitar ese parque nacional. — *Before it closes, I want to visit that national park.*

ACTIVIDADES

A. Nuestro planeta. Indica la conjunción que mejor completa cada oración. Usa cada opción solo una vez.

1. Usamos el transporte público ____ nuestros coches no contaminen el aire.
2. El futuro del planeta está en peligro, ____ los gobiernos y los ciudadanos cambien sus hábitos.
3. Los voluntarios llevan comida al hábitat ____ no haya suficiente.
4. Si no actuamos para proteger la biodiversidad ____ sea demasiado tarde, será muy triste.
5. Es importante que vivamos ____ nuestra presencia sea destructiva para los animales y las plantas.

a. en caso de que
b. antes de que
c. a menos que
d. para que
e. sin que

B. Sucesos. Empareja cada oración de la primera columna con la frase correspondiente de la segunda columna y da la forma correcta del verbo para completar la oración.

1. Nuestros padres se mudan a las montañas _____ una casa a precio razonable.
2. Voy a la reserva biológica con estos niños _____ algunos animales salvajes de cerca (*up close*).
3. El parque ecológico no va a abrir este verano _____ la construcción de los caminos y cabañas para mayo.
4. No pueden extraer más minerales de esta cordillera _____ algunas de las minas.
5. Van a sembrar más hierbas en este pantano (*marsh*) _____ suficientes hierbas después de esta sequía (*drought*).
6. _____ los osos polares, quiero ver uno en su hábitat natural.

a. para que / ver
b. en caso de que / no haber
c. con tal de / encontrar
d. a menos que / terminar
e. sin que / desplomarse (*to cave in*)
f. antes de que / desaparecer

C. ¿Qué podemos hacer? En parejas, hablen de lo que podemos hacer para crear más áreas protegidas y por qué las debemos crear.

1. Se consumirán todos los recursos naturales a menos que...
2. Todos debemos reciclar para que...
3. Los gobiernos deben crear más parques naturales antes de que...
4. El futuro del planeta puede estar seguro con tal de que todos nosotros...
5. El hielo en la zona ártica desaparecerá a menos que nosotros...
6. Es importante hacer donaciones a las organizaciones ambientales para que...

Nota cultural

LAS ISLAS GALÁPAGOS

Una tortuga gigante en las Islas Galápagos

Las Islas Galápagos, situadas a unos mil kilómetros de la costa de Ecuador, forman un archipiélago de trece grandes islas volcánicas, seis islas más pequeñas y 107 rocas e islotes.[a] Antes de la llegada de los colonizadores españoles en 1535, los incas vivían en las Islas Galápagos. También fueron utilizadas por los piratas ingleses como escondite[b] de sus robos a barcos españoles que, en su ruta desde las Indias hacia España, transportaban oro y plata. Los barcos balleneros que cazaban[c] ballenas, focas y tortugas las usaron como puerto.

Las Islas Galápagos son un tesoro de la historia natural por su biodiversidad, una región única por la flora y la fauna. Además de miles de especies de plantas, su hábitat se caracteriza por conservar especies endémicas, como tortugas gigantes, iguanas, focas y pingüinos que no se encuentran en otros lugares del planeta. En 1835, el barco británico *Beagle* desembarcó en las Galápagos con el propósito de realizar un estudio científico. Entre los investigadores estaba Charles Darwin, y los descubrimientos realizados en estas islas le sirvieron para formular su famosa teoría de la evolución.

Las Islas Galápagos son Patrimonio Natural de la Humanidad y Reserva de la Biosfera. Su hábitat, sin embargo, se encuentra actualmente en peligro debido a la acción humana.

[a]*small islands* [b]*hiding place* [c]*hunted*

PREGUNTAS

1. ¿Qué grupos de personas han habitado o usado las Islas Galápagos a lo largo de la historia?
2. ¿Qué animales específicos se pueden encontrar en estas islas?
3. ¿Por qué creen que las Islas Galápagos son Patrimonio Natural de la Humanidad y Reserva de la Biosfera?
4. ¿Por qué están en peligro las Islas Galápagos? ¿Conocen Uds. algún otro hábitat en peligro? ¿Qué deben hacer los gobiernos para preservar los hábitats naturales?

EXPERIENCIA INTEGRAL Maravillas geográficas

ANTES DE LEER. Consulta el mapa de Sudamérica que aparece al final del libro de texto y trata de localizar cada lugar de la lista al final del **Paso 1.** Algunos están marcados, pero otros no. ¿Crees que estas regiones están muy pobladas? Explica tu respuesta.

PASO 1. Completa la narración sobre la geografía latinoamericana con la forma correcta de los adjetivos y verbos entre paréntesis. Da el presente de indicativo o de subjuntivo de los verbos. Cuando aparecen dos palabras entre paréntesis, escoge la palabra correcta.

El Lago Pehoe, en la Patagonia

Probablemente ya sabes que la geografía de Latinoamérica es maravillosa. Pero para que (*tú.:* **entender**[1]) mejor esa grandeza, debes reflexionar sobre las primeras impresiones que esta naturaleza (**les/los**[2]) causó a los exploradores.

La naturaleza del Nuevo Mundo dejó pasmados[a] a los exploradores (**europeo**[3]). Se enfrentaron con una naturaleza más impresionante y abrumadora[b] que cualquier lugar en Europa. La naturaleza llegó a (**ser/estar**[4]) una entidad viva y un personaje en la vida de los colonizadores. (**Era/Estaba**[5]) presente en la literatura, en el arte y en la política de las colonias.

(**Es/Está**[6]) difícil comprender el sobrecogimiento[c] de los exploradores a menos que (*tú:* **tener**[7]) en cuenta el contraste de este mundo con Europa. En el Caribe, Colón y sus marineros, impresionados por la vegetación exuberante, documentaban todas las (**nuevo**[8]) especies de flora y fauna. También documentaron un huracán, el primer huracán occidental documentado, en 1502 durante la cuarta expedición. Era más imponente y violento que cualquier tormenta que habían presenciado.[d] En caso de que (*tú:* **ser**[9]) una persona aventurera y te (**interesar**[10]) la naturaleza, queremos enumerar unas cuantas características geográficas y acuáticas documentadas durante esas expediciones.

- Las Cataratas del Iguazú (**son/están**[11]) en la frontera de Argentina con Brasil y (**considerarse**[12]) una de las siete maravillas naturales del mundo. El conquistador Álvar Núñez Cabeza de Vaca fue el primer europeo en descubrir las cataratas. El explorador de hoy día puede admirar 275 saltos o cataratas que (**extenderse**[13]) por casi tres kilómetros.

[a]*dazzled* [b]*overwhelming* [c]*awe* [d]habían... *had witnessed*

- El Lago Titicaca en los altiplanos de Bolivia y Perú, el lago navegable más alto del mundo, (**es/está**[14]) como un océano. Los primeros europeos en ver este lago (**fueron/estuvieron**[15]) los soldados de Francisco Pizarro entre 1520 y 1530.
- La Patagonia es una región (**geológico**[16]) en el extremo sur de Argentina y Chile y tiene características geográficas extremas: glaciares, lagos y fiordos[e] prístinos y montañas con picos[f] drásticos. Fernando de Magallanes descubrió (**este/esta**[17]) región durante una de sus expediciones en 1520. Los españoles (**tenían/necesitaban**[18]) que pasar por el Estrecho de Magallanes en la Patagonia para llegar al oeste de Sudamérica hasta que se construyó el Canal de Panamá en el siglo XX.
- La Selva[g] Amazónica, el bosque tropical más grande del mundo, sobrepasó[h] la imaginación de los exploradores. Se extiende por más de 1,7 mil millones de[i] acres cuadrados y en un solo acre (**habitar**[19]) entre 300 y 400 especies de animales y plantas.
- Los Andes, la cordillera más larga del mundo, se extienden por 7.000 kilómetros desde Venezuela hasta el extremo sur de Chile y Argentina. Como (**formar**[20]) parte del Cinturón de Fuego del Pacífico,[j] entre sus picos (**haber**[21]) volcanes y por eso toda esta región es propensa[k] a la actividad sísmica.

[e]*fjords (narrow inlet between glacial cliffs)* [f]*peaks* [g]*Jungle* [h]*surpassed* [i]mil... *billion* [j]Cinturón... *Pacific Ring of Fire* [k]*prone*

PASO 2. Empareja cada uno de los lugares o eventos con la frase o el dato correspondiente, según el **Paso 1.**

a. los Andes
b. las Cataratas del Iguazú
c. el Lago Titicaca
d. la Patagonia
e. el primer huracán documentado
f. la Selva Amazónica

1. _____ 1502
2. _____ Fernando de Magallanes
3. _____ 1,7 mil millones de acres cuadrados
4. _____ las expediciones de Pizarro
5. _____ el Cinturón de Fuego del Pacífico
6. _____ 275 saltos
7. _____ mas de 300 especies por acre
8. _____ cuarta expedición de Colón
9. _____ en la frontera de Argentina con Brasil
10. _____ volcanes y actividad sísmica
11. _____ el océano de los altiplanos
12. _____ 1520

PASO 3. ¿Cuáles son algunas de las maravillas de la naturaleza y de la geografía de este país? En parejas, apunten tres lugares impresionantes. ¿Cuál es el lugar más extraordinario en su opinión? Luego, describan estos lugares sin mencionar el nombre. Traten de usar expresiones adverbiales en las descripciones. Luego, túrnense con otra pareja para leer sus descripciones y adivinar cuál es cada uno de los lugares descritos.

MODELO Es un lugar interesante y único con tal de que no le tengas miedo a la oscuridad. → La Caverna Mammoth

Palabra escrita

A comenzar

Organizing Your Ideas: Selecting Appropriate Content (Part II). As you may recall from **Capítulo 10,** when developing your composition, you need to decide which content to include and which content to disregard. Your decisions will depend on your thesis statement, your goals as a writer, and the goals of the reader. Make sure that all the information you choose illustrates the point you want to make, that this information is what the audience expects to find in your work, and that the information you offer helps the reader attain a goal.

You are going to start the process of writing a brief composition that you will finalize in the **Palabra escrita: A finalizar** section of your *Workbook/Laboratory Manual.* The topic of this composition is **Nuestros recursos naturales.** The purpose of your composition will be to tell the reader about the natural resources in your area and how they are being wasted or used responsibly. Include ideas about what will or will not happen to those resources, based on community habits, actions, or programs that affect them.

A. Lluvia de ideas. En parejas, hagan una lluvia de ideas sobre estos temas y la región donde Uds. viven. Pueden consultar el Internet.

1. los recursos naturales que hay (agua dulce/salada, animales, plantas, etc.)
2. las amenazas (*threats*) en contra de los recursos naturales
3. los programas para protegerlos
4. el futuro de los recursos naturales

B. A organizar tus ideas. Repasa tus ideas y escoge uno o dos de los recursos naturales. Organiza todo lo que afecta al recurso / a los recursos que escogiste: amenazas, esperanzas, programas posibles, etcétera. Busca más información en el Internet. Según la información que encuentres, escribe la tesis de tu ensayo y haz un bosquejo (*outline*) de sus párrafos. Apunta oraciones que requieran el subjuntivo después de las conjunciones de dependencia (*contingency*) y propósito (*purpose*) que aprendiste en el **Tema I: antes de que, sin que, para que, a menos que, con tal (de) que, en caso de que.** Comparte tu información con la clase y apunta otras ideas que se te ocurran durante el proceso.

C. A escribir. Ahora, haz el borrador de tu composición con las ideas y la información que recopilaste en las **Actividades A** y **B.** **¡OJO!** Guarda bien tu trabajo. Vas a necesitarlo otra vez para la sección de **Palabra escrita: A finalizar** en el *Workbook/Laboratory Manual.*

Expresiones artísticas

Cristina Rodríguez

The Polar Bear and Cub Visit London as a Cry for Help, (2009)

La artista colombiana Cristina Rodriguez (Bogotá, 1964–) es una pintora moderna de obras de singular belleza y expresividad. Para Rodríguez «pintar es contar algo a través de los colores y las formas». No es extraño, pues, su énfasis en el color y la forma en sus obras, en las que a menudo representa animales y la naturaleza y, a veces, figuras imaginarias. El estilo primitivo de sus cuadros transmite paz y tranquilidad. En ese mundo primitivo de sus cuadros expresa su experiencia personal, sus inquietudes sobre el mundo actual y su interés en la cultura popular.

En *The Polar Bear and Cub Visit London as a Cry for Help* transmite su preocupación por los problemas ambientales y la importancia del papel del ser humano en resolverlos. El oso polar viaja a la gran ciudad en busca de una solución.

REFLEXIÓN

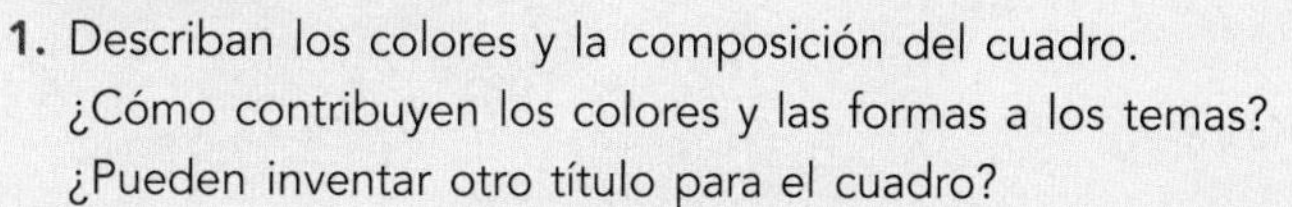

1. Describan los colores y la composición del cuadro. ¿Cómo contribuyen los colores y las formas a los temas? ¿Pueden inventar otro título para el cuadro?
2. Busquen otra obra de otro artista moderno hispano que trate el tema de la naturaleza y el medio ambiente y compárenla con esta u otra obra de Cristina Rodríguez. ¿Qué semejanzas y diferencias encuentran? Preparen una presentación para compartir con la clase.

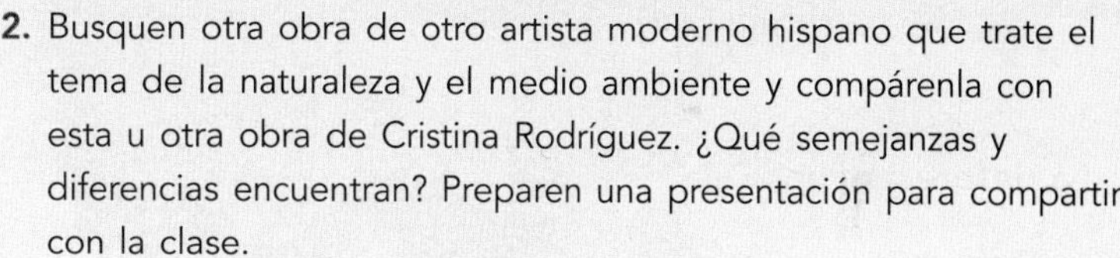

TEMA II: Lo que podemos hacer nosotros

Vocabulario en acción

Los problemas ambientales

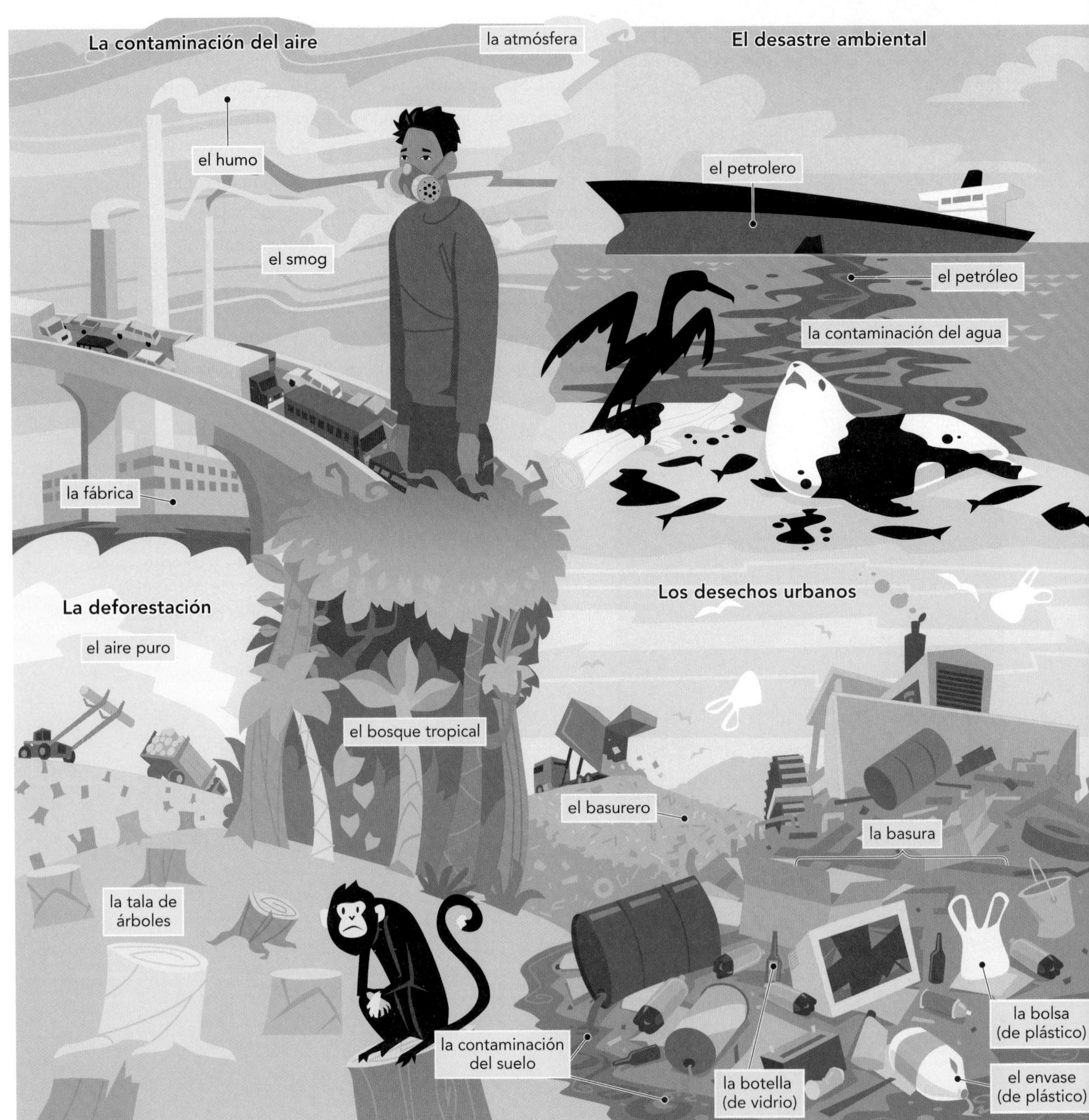

arrojar	to throw out, spew
contaminar	to pollute
desperdiciar	to waste
destruir (y)	to destroy
el calentamiento global	global warming
el cambio climático	climate change
el cartón	cardboard
la escasez	shortage
la especie en peligro de extinción	endangered species
los pesticidas	pesticides
los productos no reciclables	non-recyclable products
los residuos peligrosos	hazardous waste
la sobrepoblación	overpopulation
contaminado/a	polluted
peligroso/a	dangerous

Cognados: afectar, provocar (qu); la combustión, la destrucción

ACTIVIDADES

A. Asociaciones

PASO 1. Empareja las palabras/expresiones.

MODELO reciclar → los envases de vidrio

1. _____ arrojar
2. _____ el cambio climático
3. _____ la contaminación del agua
4. _____ la deforestación
5. _____ los pesticidas
6. _____ la contaminación del aire
7. _____ la contaminación del suelo
8. _____ la combustión

a. el smog
b. el calentamiento global
c. los desechos
d. el basurero
e. un accidente de petrolero
f. la tala de árboles
g. el humo
h. los residuos peligrosos

PASO 2. Indica qué tipo de problema ambiental es la causa de cada uno de los siguientes efectos negativos.

1. _____ la pérdida de la biodiversidad de los bosques
2. _____ el calentamiento global provocado por las sustancias tóxicas en la atmósfera
3. _____ la posible escasez de agua y enfermedades causadas por desechos industriales
4. _____ la destrucción del lugar donde se producen los alimentos necesarios para el hombre, las plantas y los animales

a. la contaminación del aire
b. la contaminación del agua
c. la contaminación del suelo
d. la deforestación

B. Oraciones. Completa cada una de las oraciones con palabras de **Vocabulario en acción.**

1. El _______ es una mezcla de gases que resultan de una mala combustión.
2. La _______ de árboles es una de las causas de la deforestación.
3. En muchos lugares, todavía hay basureros con envases de plástico y _______, y cajas (*boxes*) de _______.
4. La _______ es la insuficiencia de recursos como, por ejemplo, el agua.
5. Los _______ son sustancias químicas que se usan para matar los insectos que atacan los campos agrícolas.
6. Los _______ son sustancias que las fábricas arrojan a los ríos.
7. Los productos _______ se descomponen naturalmente de manera rápida.
8. Arrojar basura o _______ peligrosos al suelo afecta la flora y la fauna de todo el planeta.

Nota interdisciplinaria

CIENCIAS AMBIENTALES: LOS EFECTOS DEL CAMBIO CLIMÁTICO

El hielo en la Bahía Wilhelmina

Los efectos del cambio climático, o calentamiento global, son variados y devastadores. En Latinoamérica, el aumento de las temperaturas ha modificado gran parte de los ecosistemas de la región. Las consecuencias de estos cambios son significativas y varían según las zonas. Echemos un vistazo[a] al Caribe, los Andes, los trópicos y el Cono Sur.

En el Caribe ha habido una destrucción casi total de los ecosistemas de coral, con impactos negativos en el turismo de la región. En los Andes ocurren dos fenómenos opuestos: por un lado,[b] el derretimiento[c] de los glaciares causa graves inundaciones[d]; por otro,[e] la disminución del nivel de los lagos de montaña provoca escasez de agua en algunas ciudades. En los trópicos, la destrucción y desaparición de los bosques tropicales ocasionarán menos lluvias y temperaturas elevadas, cambiando los ecosistemas a regiones áridas y casi desérticas.[f] En países como Argentina y Uruguay, el cambio climático ha afectado las pampas, donde las largas sequías[g] arruinan los productos agrícolas y matan miles de animales. Estos problemas dejan a miles de personas sin trabajo y reducen las exportaciones.

Hasta ahora los gobiernos de estas zonas han hecho muy poco para contrarrestar[h] estos efectos, pero cada vez existen más fundaciones que se organizan para informar a la gente de la situación y para educarla en la prevención de estos males.

[a]Echemos... *Let's look at* [b]por... *on one hand* [c]*melting, thawing* [d]*floods* [e]por... *on the other hand* [f]*desert-like* [g]*droughts* [h]*counteract*

PREGUNTAS

1. ¿Cuáles son algunas de las consecuencias del calentamiento global para los países latinoamericanos? ¿Cuál les parece la más devastadora? ¿Por qué?
2. ¿Conocen otros efectos del cambio climático en el mundo? Expliquen cuáles y cómo estos afectan la vida.
3. ¿Qué medidas se pueden tomar para solucionar el calentamiento global? Den por lo menos tres recomendaciones.

Maneras de mejorar el medio ambiente

cerrar (ie) el grifo	to turn off the faucet
evitar	to avoid
mejorar	to improve
proteger (j)	to protect
resolver (ue)	to solve; to resolve
el reciclaje	recycling
anticontaminante	anti-pollution
(no) renovable	(non)renewable

Cognados: conservar, reciclar, la conservación; ecológico/a eléctrico/a, híbrido/a
Repaso: el carro, el coche, el transporte (público)

ACTIVIDADES

A. ¿Desperdicio (*Waste*) o conservación? Escucha cada una de las oraciones e indica si asocias los lugares o las cosas con el desperdicio (**D**) o la conservación (**C**). Explica tus respuestas.

1. ☐ D ☐ C 3. ☐ D ☐ C 5. ☐ D ☐ C 7. ☐ D ☐ C
2. ☐ D ☐ C 4. ☐ D ☐ C 6. ☐ D ☐ C 8. ☐ D ☐ C

B. Protección del medio ambiente

PASO 1. Indica el orden de importancia que tienen para ti las siguientes medidas de protección del medio ambiente. 1 = más importante; 8 = menos importante.

_____ Reciclar la basura siempre
_____ No arrojar residuos peligrosos al mar, ríos o lagos
_____ Usar el transporte público lo más que se pueda
_____ Utilizar coches híbridos
_____ Usar energía renovable
_____ Evitar la tala de árboles
_____ Comprar productos reciclados
_____ No arrojar productos como papel, vidrio, plástico o pesticidas al suelo

PASO 2. En grupos de cuatro, expliquen sus respuestas del **Paso 1.** ¿Pueden ponerse de acuerdo (*agree*) sobre la medida más urgente para proteger el medio ambiente? Comparen sus sugerencias con las de otros grupos y, luego, la clase entera debe escoger la más importante de todas.

C. Los hábitos de la clase

PASO 1. Haz una encuesta a cuatro estudiantes de la clase.

MODELO E1: ¿Qué productos reciclas?
E2: Reciclo papel y cartón.

1. ¿Qué productos reciclas?
2. ¿Qué transporte público usas?
3. ¿Qué haces para no contaminar el ambiente?
4. ¿Qué haces para conservar energía?
5. ¿Qué haces para conservar el agua?
6. ¿Qué cosas reutilizas?

Vocabulario práctico

apagar (la luz, la computadora)	*to turn off (the light, the computer)*
consumir	*to consume, to use*
desenchufar	*to unplug*
reutilizar	*to reuse*

PASO 2. Compara tus resultados con los de cuatro personas y entre todos indiquen quién hace más cosas para proteger el medio ambiente. Cada grupo debe compartir sus resultados con la clase y explicar por qué eligieron a ese/a estudiante. Entre todos los finalistas, ¿quién es la persona más «verde»?

Gramática

Expressing Uncertainty and Subjectivity

14.2 Review of the Subjunctive

GRAMÁTICA EN ACCIÓN

En el tren ligero de Manila

Las ciclovías de Marikina

COMMUNITIES CULTURES

Los oficiales de Manila, Filipinas, lamentan que los contaminantes del aire **estén** a niveles peligrosos. Para combatir la contaminación del aire, la Brigada de Luciérnagas quería que la ciudad de Marikina, parte de la metrópolis de Manila, **sirviera** como prototipo para un sistema de ciclovías. Es increíble que **haya** unos sesenta kilómetros de ciclovías en Marikina. Se espera que las ciclovías **animen** a los residentes a usar sus bicicletas para ir al trabajo. Para que **sea** más efectivo el programa, la Brigada llegó a un acuerdo con el sistema de trenes ligeros (LRT). Las líneas del LRT permiten que los ciclistas **suban** al tren. Hay un carro especial al final que se llama el «carro verde». Limitan el número de bicicletas en el carro y es preciso que las bicicletas **sean** plegables. En cualquier caso, esta cooperación hace posible que los ciclistas **lleguen** más rápido a la oficina.

Comprensión. Empareje las frases para formar oraciones sobre Marikina.

1. Es una lástima que _____
2. La Brigada de Luciérnagas quiere que _____
3. El LRT insiste en que _____
4. Es verdad que _____
5. Marikina es una ciudad que _____

a. los ciclistas tengan bicicletas plegables.
b. los marikeños usan más sus bicicletas ahora.
c. tiene unos sesenta kilómetros de ciclovías.
d. en Manila haya niveles peligrosos de contaminación del aire.
e. más gente llegue al trabajo en bicicleta.

You have now seen the subjunctive used in several different grammatical contexts. This section will review the main functions that you have seen so far.

SUBJUNCTIVE IN NOUN CLAUSES

A. In complex sentences of two clauses (or more), the subjunctive is required in the second, or subordinate clause, if all of the following conditions apply.

1. The verbal expression in the main clause expresses volition, emotion, doubt, or uncertainty.
2. The two clauses are separated by **que.**
3. The subject in the second clause is different from the subject in the main clause.*

Queremos que esta ciudad **aumente** los servicios de reciclaje.	*We want this city to increase recycling services.*
Es increíble que el petróleo **tenga** tanta influencia en la política del mundo.	*It's incredible that oil has so much influence on world politics.*

*Ocassionally, sentences expressing doubt will have the same subject in both clauses. **Dudo que yo pueda ir.** *I doubt that I can go.*

If all three conditions listed above are not met, the subjunctive is not used.
No change of subject → use infinitive.

No **quieren** participar en el programa de limpieza.	*They don't want to participate in the clean-up program.*

No "triggering" expression in the main clause → use indicative.

Creo que la contaminación está disminuyendo en muchas ciudades.	*I think that pollution is decreasing in many cities.*

SUBJUNCTIVE IN ADVERBIAL CLAUSES

The subjunctive is required in sentences with certain adverbial conjunctions.

A. Adverbial conjunctions of time trigger the subjunctive if the action of the main clause is in the future. To review, here are some of the conjunctions of time.

cuando	**hasta que**
después de que	**tan pronto como**
en cuanto	

No **habrá** grandes cambios **hasta que** haya soluciones prácticas al problema de la energía.	*There won't be big changes until there are practical energy solutions.*

If the action of the main clause is not in the future, the indicative (past or present) is used.

Yo **tenía** mucha curiosidad **cuando** los primeros productos «verdes» salieron al mercado.	*I was very curious when the first "green" products entered the market.*

B. Adverbial conjunctions of contingency and purpose are always followed by the subjunctive. Here are some examples.

a menos que	**en caso de que**
antes de que	**para que**
con tal (de) que	**sin que**

Cuidamos el medio ambiente **para que** nuestros hijos tengan un mundo en que se pueda vivir.	*We care for the environment so that our children have a world in which one can live.*

SUBJUNCTIVE IN ADJECTIVAL CLAUSES

As you have seen, adjective clauses function just like adjectives to describe nouns. In Spanish, any adjectival clause that describes a noun that is unknown to the speaker or nonexistent will require the subjunctive.

Buscamos un carro que no consuma mucha gasolina.	*We are looking for a car that doesn't use a lot of gas.*
¿Conoces un taller de reparaciones donde reciclen el aceite usado?	*You do know a repair shop where they recycle used oil?*

Nota comunicativa

PAST SUBJUNCTIVE

The past subjunctive is used in past contexts in Spanish for many of the same reasons that the present subjunctive is used in present and future contexts. To form the past subjunctive, begin with the third person plural form of the preterite. The **-ron** ending is eliminated and the past subjunctive endings **-ra, -ras, -ra, -ramos, -rais,** and **-ran** are added. All **nosotros/as** forms have an accent mark on the vowel preceding the ending **-ramos.** Any spelling changes in the third person preterite forms will also appear in the corresponding past subjunctive forms.

	hablar	comer	vivir
THIRD PERSON PLURAL PRETERITE FORM	**habla**ron	**comie**ron	**vivie**ron
PAST SUBJUNCTIVE ENDINGS	**habla**ra	**comie**ra	**vivie**ra
	hablaras	**comie**ras	**vivie**ras
	hablara	**comie**ra	**vivie**ra
	habláramos	**comié**ramos	**vivié**ramos
	hablarais	**comie**rais	**vivie**rais
	hablaran	**comie**ran	**vivie**ran

Here are three sample sentences that include the past subjunctive in a noun clause, an adverbial clause, and an adjectival clause, respectively.

Quería que la ciudad **aumentara** los servicios de reciclaje. — *I wanted the city to increase recycling services.*

Protegían el medio ambiente **para que** sus hijos **pudieran** vivir mejor. — *They protected the environment so that their children would live better.*

Buscábamos un carro que no **consumiera** mucha gasolina. — *We were looking for a car that wouldn't use a lot of gas.*

ACTIVIDADES

A. ¿Estás de acuerdo?

PASO 1. Indica si estás de acuerdo o no.

		SÍ	NO
1.	Es mejor que eliminemos el uso de combustibles fósiles por completo.	☐	☐
2.	Tenemos que desarrollar coches que usen tecnología de hidrógeno.	☐	☐
3.	El gobierno debe prohibir que las empresas e industrias desperdicien los recursos naturales.	☐	☐
4.	Deben ponerles multas a los hogares que consuman por día más de cincuenta galones de agua por persona.	☐	☐
5.	Creo que el reciclaje de productos plásticos debe ser obligatorio.	☐	☐
6.	Es urgente que el gobierno, no la industria privada, construya plantas de energía solar y eólica.	☐	☐
7.	Vamos a destruir el planeta dentro de cien años a menos que detengamos el calentamiento global.	☐	☐
8.	Muchas especies van a extinguirse antes de que resolvamos los problemas medioambientales que las ponen en peligro.	☐	☐

PASO 2. En parejas, identifiquen las razones para usar indicativo o subjuntivo en cada ejemplo.

Nota cultural

LA AGRICULTURA ORGÁNICA EN LATINOAMÉRICA

En un mercado orgánico, en San Cayetano, Costa Rica

Latinoamérica tiene una larga tradición de agricultura sostenible.[a] En el pasado, los agricultores no usaban pesticidas ni fertilizantes artificiales y utilizaban productos y técnicas naturales en los cultivos. Esta cultura agrícola ha resurgido[b] y muchos agricultores pequeños volvieron al uso de técnicas orgánicas, asegurando la conservación del suelo, del agua y la producción de alimentos saludables a un costo relativamente bajo.

Los países latinoamericanos que tienen los porcentajes más altos de su superficie agrícola dedicada al cultivo orgánico son Argentina, Costa Rica, El Salvador, Guatemala y Chile. Aunque a menor escala, Ecuador, Paraguay y Puerto Rico están adoptando también este tipo de labor agrícola. El café y las bananas son los productos de exportación más importantes en Centroamérica, el azúcar en Paraguay, el maíz en Puerto Rico, los cereales[c] en Argentina y las frutas, hierbas y vegetales en Chile.

El movimiento agroecológico latinoamericano ha crecido mucho, especialmente con los pequeños productores. Con ello se espera una agricultura socialmente justa, económicamente realizable y ecológicamente sostenible.

[a]*sustainable* [b]*reappeared* [c]*grains*

PREGUNTAS

1. ¿En qué consisten las técnicas orgánicas agrícolas?
2. ¿Qué beneficios aporta la agricultura orgánica? ¿Por qué están fomentando el cultivo agroecológico en Latinoamérica?
3. ¿Cuáles son los países principales en cultivos orgánicos? ¿Qué productos se cultiva en cada país o región?
4. ¿Consumen Uds. productos orgánicos? ¿Con qué frecuencia? ¿Por qué?

B. Temas medioambientales. Da la forma correcta de los verbos entre paréntesis.

1. Necesitamos un gobierno que (**establecer**) leyes para proteger las zonas naturales y los animales.
2. Es una lástima que (**haber**) tantas personas que no piensan en los efectos de sus acciones.
3. Las autoridades municipales deben requerir que todos (**reciclar**).
4. No van a limitar el uso del agua en esta región a menos que (**haber**) una escasez severa.
5. Los ríos se contaminarán más y más hasta que las fábricas (**dejar**) de llenarlos de residuos.
6. Para tener un campus más verde, sugiero que nuestra universidad (**prohibir**) la venta de bebidas en botellas de plástico.
7. Necesitamos científicos que (**saber**) comunicarse con el público sobre las investigaciones más recientes.

C. Problemas y soluciones

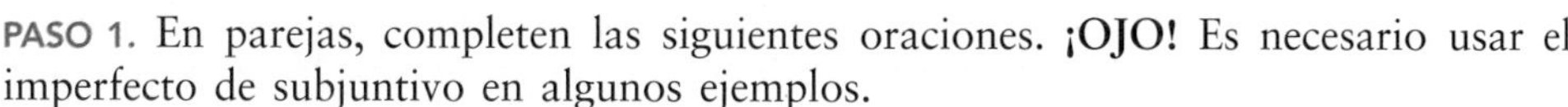

PASO 1. En parejas, completen las siguientes oraciones. **¡OJO!** Es necesario usar el imperfecto de subjuntivo en algunos ejemplos.

1. Para conservar el agua, es importante que...
2. Los gobiernos deben invertir en tipos de energías que...
3. Para que nuestro impacto en el planeta sea positivo, es necesario que...
4. En el pasado, la gente no creía que los cambios climáticos...
5. En el siglo XX, era muy malo que...

PASO 2. Con otra pareja de la clase, compartan las oraciones que crearon. Luego, escojan *una* de las ideas para presentar a la clase y expliquen sus ideas.

EXPERIENCIA INTEGRAL La moderación

ANTES DE LEER. Una buena estrategia para comprender una lectura es tratar de anticipar el contenido y el mensaje. El título de esta actividad es **La moderación.** Pensando en el tema del vocabulario de este capítulo, escribe tus predicciones sobre lo que significa este título en este contexto.

PASO 1. Completa la conversación con la forma correcta del presente de indicativo o de subjuntivo o con el infinitivo de los verbos entre paréntesis. Cuando aparecen dos palabras entre paréntesis, indica la palabra correcta.

HERNÁN: ¡Hola, chicas! ¿Qué tal?

SONIA: ¡Uf! Prefiero que no (**preguntar**[1]).

HERNÁN: Pero, ¿qué (**les/las**[2]) pasa?

SONIA: Acabamos de (**salir**[3]) de la clase del profesor Álvarez y...

NORA: ... y ¡ahora nos duele la cabeza!

HERNÁN: Pero, hombre, ¿qué pasó en clase?

SONIA: Estamos (**estudiar/estudiando**[4]) el medio ambiente y la ecología en los países hispanos. Hoy el tema fue sobre (**los/las**[5]) problemas ambientales. Me da muchísima pena que (**haber**[6]) tantos problemas, problemas que nosotros mismos causamos.

¿Crees que hay soluciones para los problemas de la sobrepoblación y contaminación del aire en ciudades como México, D.F.?

NORA: El profesor sabe que el tema del medio ambiente y la contaminación nos (**aburrir**[7]), por eso le gusta (**personalizar**[8]) los temas. Quiere que (*nosotros:* **saber**[9]) qué impacto tienen nuestras acciones.

SONIA: Sí, el profesor sugiere que (*nosotros:* **analizar**[10]) nuestros hábitos. Es cierto que yo ya (**hacer**[11]) bastante, pero creo que (**poder**[12]) hacer más.

HERNÁN: ¿De qué problemas hablaron en clase hoy?

NORA: [*en tono desanimado*] De la sobrepoblación en ciudades como México, D.F., y Sao Paolo, Brasil; de la contaminación (**del / de la**[13]) aire en estas grandes ciudades; del agua, como en el río Coatzacoalcos en Oaxaca, México, en el río Riachuela en Buenos Aires, Argentina, y en el lago artificial Cerrón Grande, en El Salvador.

(**También/Tampoco**[14]) hablamos del sobredesarrollo,[a] una práctica destructiva que contribuye a la deforestación y la destrucción de hábitats. Y en caso de que esos problemas no te (**deprimir**[15]), debemos mencionar la agricultura insostenible, un problema grande en varios países latinoamericanos. En países como Perú y Chile, la sobrepesca[b] ha causado problemas ecológicos y económicos. No hay ninguna rama[c] industrial o económica o ecológica que no (**sufrir**[16]) las consecuencias de nuestra... nuestra...

SONIA: ... de nuestra falta de moderación.

HERNÁN: Pero esos son problemas enormes y no personales.

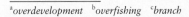

[a]*overdevelopment* [b]*overfishing* [c]*branch*

SONIA: El profesor empezó con problemas globales y grandes. Y nos preguntó: ¿Es posible que todos estos problemas (**tener**[17]) una cosa en común? ¿Puedes adivinarlo, Hernán?

NORA: [*hablándose a sí misma*] … y la contaminación del suelo, los pesticidas y fertilizantes, los desperdicios…

HERNÁN: La moderación, o mejor dicho,[d] la falta de moderación. Pero no ayuda nada deprimirse por estos problemas. Uds., o mejor dicho, nosotros, debemos ser más moderados.

SONIA: Ya es tarde, ¿no crees? Dudo que la moderación (**corregir**[18]) tantos años de excesos e indulgencias.

HERNÁN: Es mejor que (*nosotros:* **ser**[19]) optimistas, Sonia. En nuestro microcosmos, es importante que (*nosotros:* **hacer**[20]) cosas que mejoren nuestro ambiente inmediato. Así no solo mejoramos nuestro entorno,[e] sino también es posible que (*nosotros:* **servir**[21]) de ejemplo a otras personas.

SONIA: Posiblemente… Ay, mira, la pobre Nora. De verdad, esta clase la (**afectar**[22]) mucho. La voy a (**invitar**[23]) a un café aquí en la esquina. ¿Quieres acompañarnos? Sirven café orgánico de comercio libre.[f]

HERNÁN: Encantado. ¿Y ves? Así apoyamos una buena práctica tomando café orgánico de comercio libre.

---

[d]o… *or rather* [e]*surroundings* [f]comercio… *free trade*

PASO 2. Indica la palabra o frase correcta para completar cada oración. **¡OJO!** Puede haber más de una respuesta.

1. Sonia y Nora toman una clase _____ con el profesor Álvarez este semestre.
   a. de arqueología **b.** medioambiental **c.** sobre Latinoamérica
2. Al profesor Álvarez le gusta que sus estudiantes _____.
   a. piensen **b.** se aburran **c.** tomen apuntes
3. Los temas que menciona Nora *no* incluyen _____.
   a. los ríos contaminados **b.** la contaminación del aire **c.** el calentamiento global
4. Una ciudad sobrepoblada de Sudamérica es _____.
   a. México, D.F. **b.** Oaxaca **c.** Sao Paolo
5. Hay problemas con la sobrepesca en _____.
   a. Perú **b.** Chile **c.** Sudamérica
6. Una característica común entre los problemas que menciona Nora es _____.
   a. la contaminación **b.** la falta de moderación **c.** el agua
7. Hernán sugiere que tomen medidas (*take measures, do things*) dentro de _____.
   a. su microcosmos **b.** casa **c.** clase
8. Sonia quiere que Nora y Hernán _____.
   a. sean más «verdes» **b.** reciclen más **c.** tomen un café con ella

PASO 3. El profesor Álvarez quiere que sus estudiantes personalicen sus esfuerzos. ¿Qué te molesta del hecho de desperdiciar? En parejas, preparen una lista de algunas de las actividades que se hacen pero que no se deben hacer. **¡OJO!** Para recibir crédito, deben usar bien el verbo y usar la misma idea original. Es decir, piensen en ideas que no han usado en actividades anteriores.

MODELO Me molesta que algunas personas no usen una hoja de papel por los dos lados.

Lectura cultural

Vas a leer un artículo sobre la llegada de las orcas (*killer whales*) a la orilla del mar en Argentina.

ANTES DE LEER

A. A primera vista. Mira la foto, lee el título y el primer párrafo del artículo. Luego, indica qué temas esperas encontrar en el artículo. Después, comparte tus ideas con la clase.

- ☐ descripción geográfica de Península Valdés
- ☐ animales que habitan Península Valdés
- ☐ información sobre hoteles y medios de transporte en la zona
- ☐ beneficios económicos del turismo para la Provincia de Chubut
- ☐ iniciativas para mejorar el área y ofrecer más alternativas al turismo

B. A verificar. Lee el artículo rápidamente, sin preocuparte por las palabras que no conoces. ¿Qué temas se mencionan en el texto? Comparte tus ideas con la clase.

EL ATAQUE DE LA ORCA EN PENÍNSULA VALDÉS

Es una de las escenas más violentas de la naturaleza. Ocurre siempre entre febrero y abril en Punta Norte de la Península Valdés. Esta violencia natural atrae a fotógrafos, documentalistas,[a] biólogos y turistas de todo el mundo.

Una orca en la Península Valdés

Nos referimos a la bella violencia de las orcas que varan[b] en las costas de la Península Valdés, siendo este el único[c] lugar donde ocurre en el mundo.

Las orcas son enormes mamíferos marinos, reconocidas[d] por su inteligencia, sus destrezas comunicativas y su compleja estructura social. Su hábitat se extiende por todos los océanos y mares del mundo, un factor que contribuye a la diversidad de hábitos y dietas de diferentes poblaciones de estos súperdepredadores.[e] Curiosamente, algunas de las poblaciones de orcas se alimentan de[f] peces y calamares mientras que otras no consideran el pez un alimento. El mamífero es el alimento predilecto[g] de las orcas del Punto Norte.

En las áreas protegidas de Chubut, en la Península Valdés, se crían,[h] entre otros animales, lobos y elefantes marinos.[i] Entre los meses de febrero y abril, los cachorros[j] empiezan a jugar en las playas y a aproximarse[k] a las aguas. Durante la marea alta,[l] mientras estas jóvenes familias se dispersan entre[m] las olas, las orcas interrumpen su patrulla[n] por la costa y se dirigen directamente hacia la playa, varando en las arenas y alimentándose de los pequeños lobos.

[a]*documentary makers* [b]*beach (themselves)* [c]*only* [d]*known* [e]*apex predators* [f]se... *feed on* [g]*preferred* [h]se... *(they) are raised* [i]lobos... *sea lions and elephant seals* [j]*cubs* [k]*approach* [l]marea... *high tied* [m]se... *splash around in* [n]*patrol*

Las orcas adultas que llegan al «Canal de Ataque» —nombre del lugar donde varan— transmiten esta técnica de caza[ñ] no innata de generación en generación. Este comportamiento[o] es una atracción científica y turística innegable.[p] El interés por este evento estacional se incentivó aún más después de que unos documentales lo difundieran.[q]

Los funcionarios de la provincia[r] se enfrentaron con un reto.[s] Punta Norte es parte de un área protegida y era imprescindible conservarla. Por otro lado, el interés en las orcas podría[t] ayudar a difundir las otras atracciones naturales de la región. Otro desafío[u] al que se enfrentaron era el arduo viaje al Canal de Ataque. Era una cuestión de economía, equilibrio e infraestructura.

Para conservar la región y a la vez acomodar a los observadores del varamiento[v] de las orcas, los funcionarios han empezado a instalar senderos para llegar al Canal de Ataque y a construir un mirador.[w] Además, ya disponían[x] del veedor oficial, un guía experto que acompaña a los fotógrafos y científicos que cumplieron con los trámites[y] necesarios para poder hacer el viaje. El veedor, por un lado, provee[z] ayuda e información a los visitantes y, por otro, se asegura de que estos no hagan ningún daño al medio ambiente.

[ñ]técnica... *hunting technique* [o]*behavior* [p]*undeniable* [q]*broadcast, spread the word* [r]funcionarios... *public officials* [s]se... *faced a challenge* [t]*could* [u]*challenge* [v]*beaching* [w]*lookout* [x]se... *tenían* [y]cumplieron... *completed the procedures* [z]*da*

DESPUÉS DE LEER

A. Comprensión. Indica la frase correcta para completar cada una de las oraciones, según la lectura. **¡OJO!** Puede haber más de una respuesta.

1. Península Valdés atrae medios de comunicación internacionales ____.
   a. por la belleza natural de su paisaje
   b. para observar el varamiento de las orcas
2. La llegada de las orcas a la orilla del mar ____.
   a. es intencionada, con el objeto de atrapar animales marinos para alimentarse
   b. ocurre en varios lugares de Sudamérica
3. La observación del varamiento solo puede hacerse ____.
   a. desde un mirador de la zona
   b. desde un lugar concreto indicado por un veedor oficial
4. Las autoridades de Chubut van a hacer inversiones en el área para ____.
   a. mejorarla y atraer más turismo
   b. protegerla del posible impacto negativo del público
5. El lugar exacto donde varan las orcas se llama ____.
   a. Canal de Ataque **b.** Provincia de Chubut

B. Temas de discusión. En grupos pequeños, contesten las preguntas.

1. ¿Por qué el varamiento de las orcas atrae a profesionales de todo el mundo?
2. ¿Por qué la llegada de las orcas ocurre en Punta Norte entre los meses de marzo y abril? ¿En qué consiste el varamiento intencional?
3. ¿Cuál es el papel del veedor oficial en el área protegida?
4. ¿Están de acuerdo Uds. con la iniciativa de las autoridades de Chubut de promocionar la zona para atraer más el turismo? ¿Por qué sí o por qué no?

Héctor muestra algunos momentos especiales de los videoblogs y selecciona al ganador del concurso.

Los Ángeles: Héctor

Final del concurso

ANTES DE VER

A. Capítulo y vídeo. En parejas, comenten los siguientes temas.

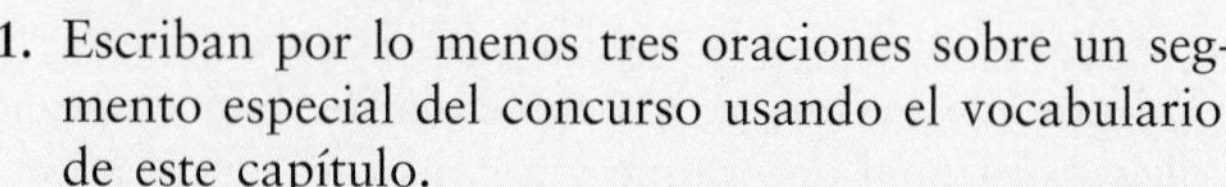

1. Escriban por lo menos tres oraciones sobre un segmento especial del concurso usando el vocabulario de este capítulo.
2. Hagan una selección del ganador del concurso usando el subjuntivo y las conjunciones adverbiales.

MODELO Ana (España) va a ganar el concurso *a menos que* Miguel (México) *gane* más votos de los estudiantes de Texas y California.

B. Anticipación. De todos los videoblogs que has visto desde el **Capítulo 1** hasta este **Capítulo 14**, ¿cuáles te gustaron más? Explica.

Vocabulario práctico

¿Sale?	OK? (Mex.)
alfajores	*type of pastry popular in Argentina*

DESPUÉS DE VER

A. Comprensión. Empareja los momentos especiales que resume Héctor con cada uno de los participantes en el concurso.

1. _____ En el Mercado Hidalgo puedes comprar fruta, tortas, licuadas y artesanías.
2. _____ Machu Picchu significa la montaña vieja. Las ruinas fueron descubiertas en los años 1900 por nativos peruanos cuando trabajaban en el campo.
3. _____ Vemos la famosa Alhambra, las casas típicas y barrios de la ciudad, y la Sierra Nevada.
4. _____ Estamos en el Parque Nacional Iguazú, ubicado al norte del país en la frontera con Brasil.
5. _____ Este país es realmente hermoso.[...] En las zonas rurales, la vida es muy tradicional.

a. Merfry, República Dominicana
b. Ana, España
c. Federico, Argentina
d. Juan Carlos, Costa Rica
e. María Elena, Perú

B. Opinión

PASO 1. En parejas, contesten las preguntas.

1. ¿Qué les parecieron los fragmentos que mostró Héctor en este segmento? ¿Creen que Héctor escogió bien al ganador del concurso? Expliquen.
2. ¿Cuáles de los lugares o países que vieron en los videoblogs quisieran visitar algún día? Expliquen.

PASO 2. Comparen sus ideas del **Paso 1.** Si alguien en la clase ya ha visitado uno de los lugares presentados en el concurso, ¿puede compartir sus impresiones de ese lugar con la clase? (La clase debe hacerle preguntas para saber más.)

C. Temas de discusión. En parejas, contesten las preguntas.

1. ¿Qué han aprendido de la cultura hispana que Uds. creen es muy relevante y peculiar? ¿En qué aspectos coinciden las culturas hispanas con la de su país o comunidad? ¿En qué aspectos se diferencian? Comenten.
2. ¿Creen Uds. que cada uno de los participantes del concurso representa bien la cultura de su país? Expliquen.

Vocabulario

Los verbos	
arrojar	to throw out, spew
cerrar (ie) el grifo	to turn off the faucet
contaminar	to pollute
desperdiciar	to waste
destruir (y)	to destroy
mejorar	to improve
proteger (j)	to protect
resolver (ue)	to solve; to resolve

Cognados: afectar, conservar, provocar (qu), reciclar
Repaso: evitar

La geografía y los recursos naturales	Geography and natural resources
el agua dulce/salada	fresh/salt water
el altiplano	high plateau
la arena	sand
la bahía	bay
el bosque tropical	tropical rain forest
el hielo	ice
la isla	island
el mar	sea
la llanura	plain
la orilla	shore
la sierra	mountain range
la zona ártica	arctic region

Cognados: el archipiélago, la biodiversidad, el desierto, el gas natural, el glaciar, los metales, los minerales, el océano, la roca, el volcán

La flora y fauna	Plant and animal life
el águila (*but* **las águilas**)	eagle
la araña	spider
la ballena	whale
el cangrejo	crab
el delfín	dolphin
la foca	seal
la gaviota	seagull
la mariposa	butterfly
el mono	monkey
el oso (polar)	(polar) bear
el quetzal	quetzal bird
la rana	frog
la serpiente	snake
el tiburón	shark
la tortuga	turtle
salvaje	wild

Cognados: el cocodrilo, el elefante, el gorila, el insecto, el jaguar, el león, el mosquito, el panda, el pingüino, el puma, el reptil, el tigre

Los problemas y soluciones ambientales	Environmental problems and solutions
el aire puro	clean air
el basurero	landfill
la bolsa	bag
la botella	bottle
el calentamiento global	global warming
el cambio climático	climate change
el cartón	cardboard
la contaminación	pollution
del agua	water pollution
del aire	air pollution
del suelo	soil pollution
el desastre ambiental	environmental disaster
los desechos urbanos	urban waste
la energía	power; energy
eólica	wind power
hidroeléctrica	hydroelectric power
nuclear	nuclear power
solar	solar power
el envase	container
la escasez	shortage
la especie en peligro de extinción	endangered species
la fábrica	factory
el humo	smoke
el petróleo	crude oil
el petrolero	oil tanker
los productos no reciclables	non-recyclable products
el reciclaje	recycling
los residuos peligrosos	hazardous waste
la sobrepoblación	overpopulation
la tala de árboles	tree felling
el vidrio	glass (*material*)
anticontaminante	anti-pollution
contaminado/a	polluted
(no) renovable	(non)renewable
peligroso/a	dangerous

Cognados: la atmósfera, la combustión, la conservación, la deforestación, la destrucción, los pesticidas, el plástico, el smog; ecológico/a, eléctrico/a, híbrido/a
Repaso: la basura, el carro, el coche, el transporte (público)

Las conjunciones de dependencia y propósito	
a menos que + *subj.*	unless
antes de que + *subj.*	before
con tal (de) que + *subj.*	provided that
en caso de que + *subj.*	in case
para que + *subj.*	so that
sin que + *subj.*	without

CAPÍTULO 15

La vida moderna

EN ESTE CAPÍTULO

La cultura hispana global

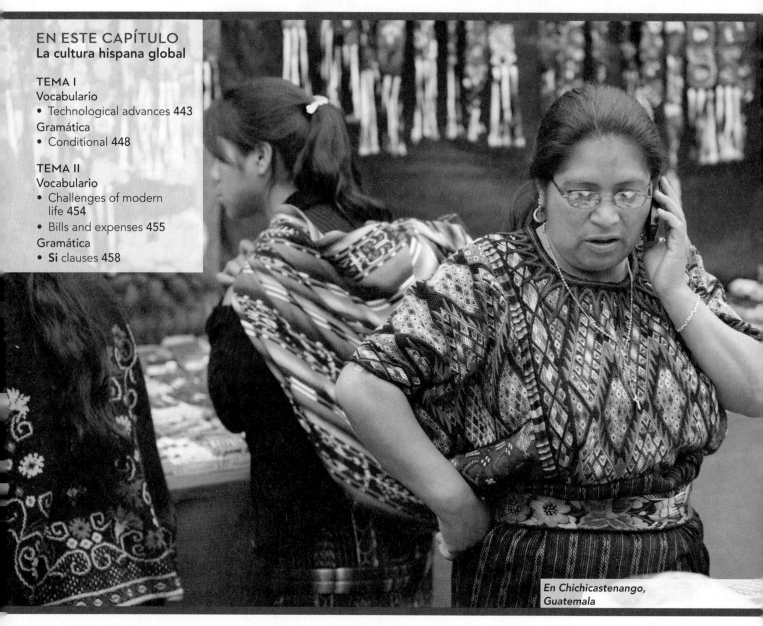

En Chichicastenango, Guatemala

1. ¿Qué impresiones te produce la imagen de la fotografía? ¿Cómo te imaginas la manera de vivir de esas personas?
2. En tu opinión, ¿cuáles son las mayores presiones de la vida moderna? ¿Estás estresado/a a veces? ¿En qué situaciones te sientes más estresado/a?
3. ¿Crees que los avances tecnológicos y las comunicaciones electrónicas añaden más o menos presión a la vida moderna? ¿Por qué?

www.connectspanish.com

TEMA I: La tecnología y la comunicación

Vocabulario en acción

Los avances tecnológicos

las noticias	news
la revista (en línea)	(online) magazine
borrar	to delete
escanear	to scan
fallar	to crash
imprimir	to print
el (documento) adjunto	attachment
el archivo	file
la conexión (WiFi)	(WiFi) connection
el lápiz de memoria	flash drive
inalámbrico/a	wireless

Cognados: la cámara, el CD-ROM, el DVD-ROM, el láser, el router, el teléfono inteligente
Repaso: abrir, bajar, cerrar (ie), guardar, mandar, recibir, subir; el carro/coche eléctrico/ híbrido, la computadora portátil, la página Web

ACTIVIDADES

A. Definiciones

PASO 1. Escucha cada una de las definiciones e indica la palabra definida.

1. _____	a. los alimentos transgénicos
2. _____	b. borrar
3. _____	c. el módem, el router
4. _____	d. la alta definición
5. _____	e. el láser
6. _____	f. el archivo
7. _____	g. el auricular bluetooth
8. _____	h. la página Web
9. _____	i. el carro híbrido

PASO 2. Escribe dos definiciones relacionadas a la tecnología. En parejas, túrnense para leer sus definiciones. La otra persona debe identificar la palabra definida.

B. ¿Qué usas?

PASO 1. Indica las cosas de la lista que tienes o usas.

☐ la impresora
☐ la conexión WiFi
☐ los altavoces
☐ el lápiz de memoria
☐ el celular
☐ la televisión de alta definición
☐ la tableta
☐ el auricular bluetooth
☐ el escáner
☐ la computadora portátil

PASO 2. Explica dónde tienes o cuándo usas las cosas que indicaste en el **Paso 1.**

MODELOS la impresora → Tengo una impresora en casa (en mi habitación) y la uso para imprimir tareas, informes y otros trabajos para mis clases.

No tengo impresora en casa, pero uso la impresora de la biblioteca de la universidad cuando necesito imprimir algún informe o tarea.

C. ¿Son buenos hábitos o no?

PASO 1. Di si estos hábitos son buenos para conservar el equipo (*equipment*) tecnológico que usamos o no.

MODELO Siempre llevo mi teléfono inteligente, mi tableta y la computadora portátil a todas partes. → No es buen hábito. / Es buen hábito.

1. Limpio la pantalla de mi televisión con agua.
2. Siempre apago mi computadora antes de acostarme.
3. Nunca borro ningún e-mail.
4. Solo guardo mis documentos en mi lápiz de memoria.
5. Bajo muchos programas, juegos, música y películas del Internet.
6. Limpio el teclado de mi computadora con la aspiradora.
7. Tengo el Internet gratis porque uso la conexión WiFi de algún vecino.
8. Imprimo todos mis e-mails porque es más fácil leerlos así.

PASO 2. En parejas, comparen sus respuestas del **Paso 1** y coméntenlas. Digan también si Uds. hacen esas cosas.

MODELOS No es buen hábito llevar la agenda, el celular y la tableta a todas partes porque a veces debemos separarnos de esos medios de comunicación.

Es buena práctica llevar la agenda, el celular y la tableta a todas partes para mantener contacto con la familia, los amigos y el trabajo a todas horas.

Nota interdisciplinaria

INFORMÁTICA: EL LENGUAJE DE LA INFORMÁTICA

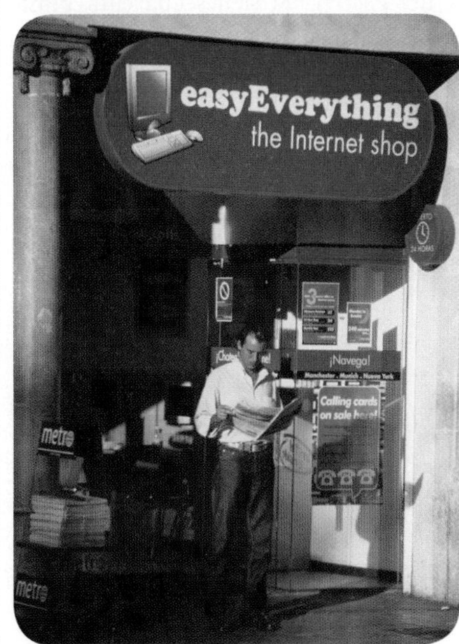

Fuera de un cibercafé, en Barcelona

El inglés es, indudablemente, el idioma de la computación, así se han ido adoptando en español (al igual que en todas las lenguas del mundo) muchos términos técnicos y científicos ingleses para cubrir las deficiencias del idioma en estas materias. Cuando en español no hay un equivalente exacto del concepto, se usan los términos en inglés, como por ejemplo, *software, hardware, multimedia, byte, chip* o *bit.* A veces, sin embargo, se adaptan los términos ingleses a las características particulares de la lengua española y hoy nuestro idioma cuenta con términos nuevos como *cursor, interfaz, disquete, formatear, computarizar, indexar, cederrón* y *devedé,* todos recogidos en el Diccionario de la Real Academia Española.* Cuando el español tiene un equivalente exacto al inglés para expresar un concepto, esta palabra se traduce directamente a la lengua española. Es el caso de los términos usados en procesadores de datos y computadoras, como por ejemplo, *guardar, cortar, copiar* o *pegar.*

PREGUNTAS

1. ¿Por qué a veces el español utiliza términos sacados directamente del inglés?
2. ¿Qué términos presentan una mezcla de las grafías (*spellings*) inglesas y españolas? ¿Reconocen Uds. su significado?
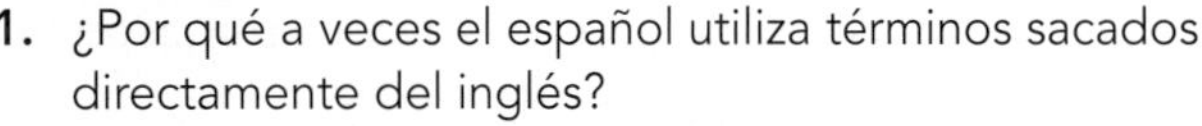
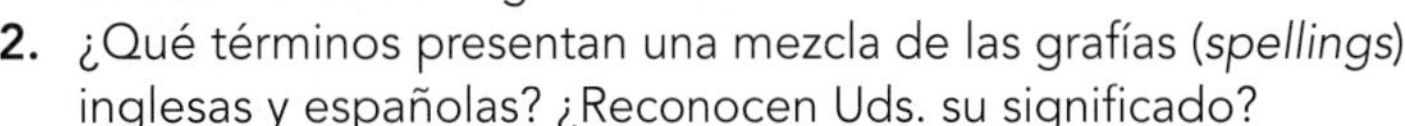
3. ¿Qué palabras de la informática se traducen directamente al español? ¿Pueden adivinar el significado de *cortar, copiar* y *pegar*?

*The *Real Academia Española* (Royal Spanish Academy) is the official governing body responsible for supervising the Spanish language and promoting linguistic unity between the various Spanish-speaking nations.

D. ¿Eres moderno/a o anticuado/a (*old-fashioned*)?

PASO 1. Indica con qué frecuencia haces estas cosas.

	MUCHO	TODAS LAS SEMANAS	UNA VEZ AL MES	DE VEZ EN CUANDO	NUNCA
PUNTOS	5	4	3	2	1
1. Hago compras por Internet.	☐	☐	☐	☐	☐
2. Uso un auricular bluetooth.	☐	☐	☐	☐	☐
3. Apunto mis citas y tareas en mi teléfono inteligente.	☐	☐	☐	☐	☐
4. Me encanta escuchar la radio por satélite.	☐	☐	☐	☐	☐
5. Pago mis cuentas por Internet.	☐	☐	☐	☐	☐
6. Compro entradas de cine y conciertos por Internet.	☐	☐	☐	☐	☐
7. Organizo mis fotos y documentos en archivos electrónicos.	☐	☐	☐	☐	☐
8. Leo el periódico y las revistas en línea en mi computadora.	☐	☐	☐	☐	☐

PASO 2. En parejas, comparen sus respuestas del **Paso 1.** Si tienes cuarenta puntos, eres muy moderno/a; si solo tienes ocho puntos, eres bastante anticuado/a. ¿Quién de los/las dos es más moderno/a? ¿Quién es más tradicional?

E. Mi vida tecnológica. Completa las oraciones con palabras y expresiones del **Vocabulario en acción.** Las oraciones deben ser lógicas y pueden relacionarse con tu vida o no. Tus compañeros/as van a adivinar si lo que dices es cierto o falso.

1. No puedo vivir sin...
2. Necesito comprar...
3. No aguanto (*I can't put up with*)...
4. Siempre veo/escucho...
5. Nunca uso...
6. Cuando estudio, prefiero...
7. Para comunicarme con amigos prefiero...
8. Uso el Internet para...

F. La tecnología

PASO 1. En parejas, apunten tres aspectos positivos y tres negativos que la tecnología ha traído a la vida moderna.

PASO 2. Compartan sus ideas con la clase y hagan una lista completa de los aspectos positivos y otra de los aspectos negativos. **¡OJO!** Todos los estudiantes de la clase deben estar de acuerdo con el contenido de las listas.

PASO 3. Según las listas del **Paso 2,** ¿cuál es la opinión general de la clase? ¿Consideran que la tecnología tiene más aspectos positivos o negativos? Expliquen.

Nota cultural

TE MANDO UN *TWEET*

Las tecnologías no solo cambian nuestra forma de trabajar o divertirnos, sino que también[a] cambian la forma en la que hablamos. Por ejemplo, expresiones que en un principio pertenecían al campo de la computación, han pasado a ser formas de expresión propias del lenguaje coloquial, y el uso del e-mail y el *chat* ha favorecido el nacimiento de nuevos verbos y palabras en español. Así, «cambiar el *chip*», es cambiar de tema o pensamiento, «estar formateado» significa quedarse en blanco, y cuando buscamos algo por el Internet, estamos «surfeando».

Los *chats* surgen como una alternativa de comunicación equivalente a una conversación informal y con frecuencia no se respetan las normas gramaticales y ortográficas. Su repercusión es mundial. El diccionario Collins ha introducido algunos de los términos SMS[b] más populares entre sus páginas.

Las redes[c] sociales como Facebook, YouTube y Twitter han creado también su propio idioma y forma de vida. Ya no es necesario llamar por teléfono a los amigos para saber de ellos, organizar una fiesta o esperar hasta verlos para compartir las fotos del fin de semana pasado. Basta con *login* en la cuenta, subir las fotos, chatear o mandar un *tweet.*

---

[a]sino... *but also* [b]*text messaging* (*SMS = Short Message Service*) [c]*networks*

PREGUNTAS

1. ¿Qué redes sociales y servicios de *chat* o mensajería (*messaging*) utilizan Uds.? ¿Cuáles están de moda? ¿Han cambiado su forma de relacionarse con otras personas? ¿Han modificado incluso su lenguaje?
2. ¿Creen que es posible prescindir de (*to do without*) estos servicios? ¿Cómo cambiaría su vida (*would your life change*) si no tuvieran (*you didn't have*) acceso al Internet?
3. Busquen una lista de las abreviaturas en español que se utilizan para enviar SMS e intenten usarlas y chatear con su compañero/a.

Gramática

Talking About What People Would Do

15.1 Conditional

GRAMÁTICA EN ACCIÓN

Un cibercafé en San Pedro de Atacama, Chile

Los cibercafés

No hay duda de que los avances tecnológicos han cambiado nuestro mundo, especialmente cómo nos comunicamos y cómo nos ponemos al día. Pero, ¿quién **se imaginaría** el impacto de estos avances en los países en desarrollo, especialmente en los lugares remotos? **Podríamos** citar muchos ejemplos de ese impacto, pero **nos gustaría** hablar de los cibercafés que ahora son popularísimos por toda Latinoamérica.

Muchas personas —tanto en las zonas urbanas como en las rurales— usan los cibercafés. Los jóvenes y adultos que nunca **se comprarían** una computadora ni **tendrían** acceso al Internet, entran en los cibercafés, abren cuentas de e-mail, usan Skype para llamar a los amigos y la familia y navegan en Internet. Un joven que entra en este café de San Pedro de Atacama, Chile, **pagaría** 1.200 pesos* por hora por usar el Internet. Es obvio que la tecnología está cambiando el mundo.

Comprensión. Indica la terminación (*ending*) correcta para completar cada uno de los verbos.

1. ___ Sin acceso a Internet, los jóvenes no podr___ comunicarse tan fácilmente con sus amigos.
2. ___ Nosotros usar___ los cibercafés para navegar en Internet y leer las noticias.
3. ___ Muchas personas que típicamente no comprar una___ computadora, dependen de los cibercafés.
4. ___ Una persona como mi abuela, que no usa el Internet todos los días, pagar___ un precio razonable por el uso de las computadoras en un cibercafé.

a. ía
b. íamos
c. ían

A. The conditional is used to talk about what a person *would* do, often in hypothetical situations. English forms the conditional tense with the auxiliary verb *would* followed by the main verb. In Spanish, the conditional is formed by adding the conditional endings **-ía, -ías, -ía, -íamos, -íais, -ían** to the infinitive of **-ar, -er,** and **-ir** verbs.

hablar	
hablaría	hablaríamos
hablarías	hablaríais
hablaría	hablarían

volver	
volvería	volveríamos
volverías	volveríais
volvería	volverían

vivir	
viviría	viviríamos
vivirías	viviríais
viviría	vivirían

Preferiría tomar la foto con una cámara digital. — *I would prefer to take the picture with a digital camera.*

Trabajaría más eficazmente con un teléfono inteligente — *I would work more efficiently with a smartphone.*

*1,200 Chilean pesos is less than $3.00 U.S.

B. Several of the most common verbs do not use the infinitive as the stem for the conditional. These verbs, with their stems, are the same as those that are irregular in the future tense.

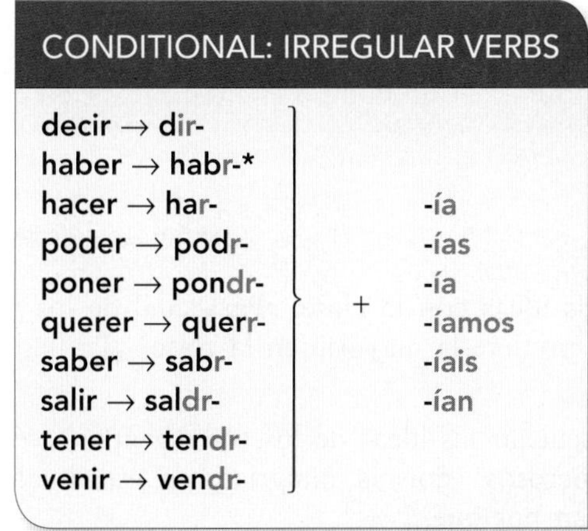

CONDITIONAL: IRREGULAR VERBS		
decir → dir-		
haber → habr-*		
hacer → har-		**-ía**
poder → podr-		**-ías**
poner → pondr-	+	**-ía**
querer → querr-		**-íamos**
saber → sabr-		**-íais**
salir → saldr-		**-ían**
tener → tendr-		
venir → vendr-		

¿**Tendrías** una videocámara para grabar el partido? — *Would you have a videocamera to record the game?*

No **podría** vivir sin mi teléfono inteligente. — *I would not be able to live without my smart phone.*

C. The verbs **poder** and **gustar** are frequently used in the conditional to soften requests and make suggestions politely.

¿**Podría** decirme cuánto cuesta esta impresora? — *Could you tell me how much this printer costs?*

Nos **gustaría** usar la computadora. — *We would like to use the computer.*

ACTIVIDADES

A. En un mundo perfecto. Completa el párrafo con la forma correcta de los verbos entre paréntesis en el condicional.

En un mundo perfecto, todos (*nosotros:* **llevarse**[1]) bien. Cada ciudadano (**respetar**[2]) las leyes y no (**haber**[3]) dictadores en ninguna parte. Los políticos nunca (**decir**[4]) nada más que la verdad. Los trabajadores no (**tener**[5]) que hacer huelgas porque siempre (**recibir**[6]) un trato justo. Sin duda, tú nunca (**perderse**[7]) las noticias porque las (**ver**[8]) por el Internet en tu celular. ¿Y yo? Pues, en el mundo de mis sueños, (**poder**[9]) hacer de voluntaria para ayudar a la gente… ¡pero nadie (**necesitar**[10]) mi ayuda!

B. Entrevista: ¿Qué harías? Entrevista a un compañero / una compañera de clase con estas preguntas. Luego, cambien de papel.

1. Con más tiempo, ¿qué harías todos los días que no haces ahora?
2. Con todo el dinero necesario, ¿qué clase de carro comprarías? ¿por qué?
3. ¿Cómo sería tu vivienda ideal? ¿Dónde estaría? ¿Cuántas habitaciones tendría?
4. ¿Buscarías novio/a por el Internet? ¿Por qué piensas que sería o no sería una buena idea?
5. ¿Comprarías o construirías una casa inteligente (*smart house*)? ¿Qué aplicaciones y atractivos tendría tu casa?
6. ¿Te gustaría ser famoso/a y salir en la televisión? ¿Cuáles serían algunas desventajas de la fama?

*The conditional of **hay** is **habría** (*there would be*).

C. ¿Qué harían?

PASO 1. Imagínense un mundo sin límites. ¿Qué harían si tuvieran (*if you had*) todo el dinero, el tiempo y el poder del mundo? En parejas, escriban en un cuadro como el siguiente lo que Uds. harían. Escriban por lo menos tres ideas para cada tema.

Con dinero ilimitado	Con tiempo ilimitado	Con poder ilimitado

PASO 2. Compartan sus ideas con la clase. ¿Para cuál de los temas escribieron más ideas? Entonces, ¿qué prefiere la mayoría en la clase? ¿Prefiere tener dinero, tiempo o poder?

PASO 3. Después de escuchar las ideas de los otros grupos, ¿cómo describirían a sus compañeros? ¿Son generosos, egoístas, materialistas, espirituales, generosos, tacaños (*stingy*), etcétera? Digan por qué.

MODELO Son egoístas porque usarían todo el dinero en ellos mismos (*themselves*) y no ayudarían a otros.

EXPERIENCIA INTEGRAL ¿Cómo comunicarse?

ANTES DE LEER. Antes de leer el pasaje, contesta las preguntas y piensa en tus propios hábitos. ¿Cómo te mantienes en contacto con tu familia? ¿Por qué utilizas esta manera de comunicación? ¿Cómo te comunicas con tus abuelos o bisabuelos? ¿Es diferente de la forma en que te comunicas con el resto de tu familia? ¿Por qué? ¿Cuándo fue la última vez que le escribiste a alguien una carta (en papel)?

PASO 1. Completa el diálogo con la forma correcta del verbo entre paréntesis en el presente de indicativo, el condicional, el pretérito o el imperfecto, según el contexto. **¡OJO!** Cuando hay dos verbos, escoge el verbo correcto y úsalo en su forma apropiada.

Esteban Romero (**estar/ser**[1]) de Paraguay, pero desde hace un año (**vivir**[2]) con su nieta que trabaja en Montreal. Ahora Esteban habla con Mario Baldomero, un amigo hondureño que (**conocer/saber**[3]) en el parque recientemente. Esteban le pregunta sobre cómo comunicarse con sus familiares y amigos en su país.

ESTEBAN: Mario, ¿cómo (*tú:* **comunicarse**[4]) típicamente con tu familia y tus amigos en tu país? Extraño mucho a mi hermano y me (**gustar**[5]) hablar con él más.

MARIO: Pues, les (*yo:* **escribir**[6]) mucho e-mail y también (**tener**[7]) una página en Facebook. Así es muy fácil compartir fotos y enviarnos mensajes.

ESTEBAN: ¿Facebook? Pero yo no (**conocer/saber**[8]) usarlo.

MARIO: Ay, Facebook te (**encantar**[9]). Con Facebook, tu familia y tú (**poder**[10]) enviar y dejar mensajes. También (*tú:* **poner**[11]) fotos de tus nietos, y todos tus parientes y amigos las (**ver**[12]). Es muy fácil comenzar, y yo te (**ayudar**[13]). Estoy seguro que no (*tú:* **tener**[14]) ningún problema.

ESTEBAN: ¿Y qué es una videollamada? Otro amigo me (*P/I:* **decir**[15]) recientemente que la utiliza para hablar con su familia en Puerto Rico.

MARIO: Claro que sí. Para hacer una videollamada, lo único que necesitas es una cámara Web en tu computadora y un micrófono. Uds. (**seleccionar**[16]) un paquete de software de videollamadas. Entonces, en un día y a una hora acordados,[a] (**hacer**[17]) su *chat*. Y ese *chat* no les (**costar**[18]) nada.

ESTEBAN: Así que mi familia y yo (**comprar**[19]) las cámaras y los micrófonos y (*nosotros:* **verse**[20]) y (*nosotros:* **hablarse**[21]) a través del Internet, ¿correcto?

MARIO: Correcto. Pero casi todas las computadoras ahora tienen cámara y micrófono. Probablemente no necesitarías comprar nada.

ESTEBAN: ¡Qué bueno! ¿Me (*tú:* **mostrar**[22]) cómo hacer todo esto?

MARIO: Claro que sí. ¿Te (**gustar**[23]) comenzar mañana a la misma hora?

ESTEBAN: Perfecto. Gracias por tu ayuda.

MARIO: De nada.

---

[a]*agreed upon*

PASO 2. Contesta las preguntas, según el **Paso 1.**

1. ¿De dónde es Esteban Romero? ¿y Mario Baldomero? ¿Dónde viven Esteban y Mario? ¿De qué hablan?
2. ¿Cómo se comunica Mario con su familia y sus amigos en su país? ¿Qué sabe Esteban de estos medios de comunicación?
3. Según Mario, ¿cómo podría utilizar Esteban Facebook para comunicarse con su familia en Paraguay? ¿Le sería fácil o difícil a Esteban empezar a usar Facebook? ¿Por qué?
4. Para hacer una videollamada, ¿qué necesitaría Esteban? ¿Qué harían Esteban y su familia en Paraguay para hablarse por medio de una videollamada?

PASO 3. En parejas, preparen pasos específicos para describir lo que haría Esteban para poder comunicarse con su familia en Paraguay según los consejos de Mario.

MODELO Primero, Esteban iría a una tienda para comprar una computadora. Entonces...

Palabra escrita

A comenzar

Developing a Persuasive Argument. A persuasive argument should express the writer's personal opinion about an issue and attempt to convince the reader to adopt his/her point of view. To make your argument more persuasive, you should anticipate the reader's opposing viewpoints on the matter and let the reader know that you are aware of them. One way of doing this is to try to include in your composition as many potential opposing arguments as possible that the reader may consider, and then explain why your point of view is more valid. A good way to practice this skill is to choose a viewpoint that opposes your own, and then develop a persuasive argument in support of that viewpoint.

You are going to start the process of writing a brief composition that you will finalize in the **Palabra escrita: A finalizar** section of your *Workbook/Laboratory Manual.* The topic of this composition is **¿Conectarse o no?** The purpose of your composition will be to tell the reader about Generation Z, the most "connected" generation in history, and then argue why it is, or why it could be, good or bad to have, expect, and maintain that level of connectedness to people, media, the Internet, music, news, entertainment, and so on.

A. Lluvia de ideas. En parejas, hagan una lluvia de ideas sobre estas preguntas.

1. ¿Quiénes pertenecen a la Generación Z? ¿Cómo son los jóvenes de esta generación?
2. ¿Qué significa «estar conectado/a»?
3. ¿Cuáles son o podrían ser las ventajas de estar conectado/a?
4. ¿Cuáles son o podrían ser los peligros y las desventajas de estar conectado/a?
5. ¿Cómo podría afectar al resto del mundo esa conectividad de la Generación Z? ¿Qué podría cambiar? (Piensen en la economía, las normas sociales, la salud y otros factores.)

B. A organizar tus ideas. Repasa tus ideas, busca más información sobre la Generación Z, escoge tu argumento y organiza todas tus ideas. Comparte tu información con la clase y apunta otras ideas que se te ocurran durante el proceso.

C. A escribir. Ahora, haz el borrador de tu composición con las ideas y la información que recopilaste en las **Actividades A** y **B.** **¡OJO!** Guarda bien tu trabajo. Vas a necesitarlo otra vez para la sección de **Palabra escrita: A finalizar** en el *Workbook/Laboratory Manual.*

Xavier Cortada

Job, *2003*

Xavier Cortada (Albany, NY, 1964–) es un artista cubanoamericano. Dos temas que resaltan en sus obras son la ecología y el desarrollo científico. Ha desarrollado varios proyectos eco-arte que llaman la atención a problemas ecológicos y que, en algunos casos, son interactivos. En el Polo Norte, por ejemplo, creó instalaciones artísticas para recalcar el tema del cambio climático y en Florida, donde estudió Administración Pública y donde ahora reside, creó varios proyectos eco-arte para involucrar a los residentes en programas ecológicos como la reforestación urbana y costal y la conservación de arrecifes de coral (*coral reefs*). La historia y naturaleza de Florida han servido como temas de sus cuadros y murales. Los temas incluyen los conquistadores españoles, el descubrimiento de Florida, los manglares de la región y los Cayos (*Florida Keys*).

Job es un cuadro cubista que recuerda temáticamente al *Libro de Job* del Antiguo Testamento (*Old Testament*), cuyo tema se centra en el sufrimiento del inocente. El espacio del cuadro es cerrado o aislado, y la figura semidesnuda muestra su agonía emocional y física. Su aspecto esquelético y mirada apagada y cansada contrasta con los colores y formas fuertes. Los grandes pies de la figura recuerdan la tradición cultural el arte del Caribe.

REFLEXIÓN

1. Describan en más detalle los colores y las líneas/formas del cuadro, y también la postura de la figura del cuadro. ¿Cuáles son algunos de los problemas que sufrió Job según la Biblia? ¿Cómo se reflejan (o no) esos en el cuadro? ¿Creen que este es un Job moderno o es el Job tradicional? ¿Cómo sería la historia de un Job moderno?
2. Busquen otra obra de Cortada relacionada con la ciencia y la tecnología y preparen un breve informe para compartir con la clase. Entre todos, hagan una lista de las ideas o mensajes de las obras de Xavier Cortada.

TEMA II: La calidad y las presiones de la vida

Vocabulario en acción

Los retos° de la vida moderna

°Challenges

ahorrar dinero	to save money
controlar los gastos	to manage the expenses
formarse	to get educated
manejar (bien/mal) el tiempo	to manage one's time (well/poorly)
quitarse el estrés	to remove stress, decompress
respirar profundo	to take a deep breath
el ritmo de vida	pace of life
exigente	demanding

Repaso: aliviar, casarse (con), cuidar(se), emocionarse, enamorarse (de), estar (*irreg.*) **deprimido/a, estirarse, hacer** (*irreg.*) **ejercicio, hacer yoga, meditar, relajarse; el amor, la casa, la depresión, el dinero, el empleo, el estrés, la familia, la meditación, el miedo, la presión, la salud, los hijos, el tiempo; estable**

Las cuentas y los gastos°

°Las... *Bills and expenses*

el alquiler	rent
la matrícula	tuition
el préstamo estudiantil	student loan
la deuda	debt

A. ¿Quién lo dice? Escucha lo que dicen estas personas sobre sus planes más inmediatos e indica quién es la persona que es más probable que lo diga: un(a) estudiante, un(a) profesional o ambos.

1. ☐ un(a) estudiante ☐ un(a) profesional ☐ ambos
2. ☐ un(a) estudiante ☐ un(a) profesional ☐ ambos
3. ☐ un(a) estudiante ☐ un(a) profesional ☐ ambos
4. ☐ un(a) estudiante ☐ un(a) profesional ☐ ambos
5. ☐ un(a) estudiante ☐ un(a) profesional ☐ ambos
6. ☐ un(a) estudiante ☐ un(a) profesional ☐ ambos
7. ☐ un(a) estudiante ☐ un(a) profesional ☐ ambos
8. ☐ un(a) estudiante ☐ un(a) profesional ☐ ambos

B. ¿Lógico o ilógico? Indica si las oraciones son lógicas (**L**) o ilógicas (**I**) y luego explica por qué.

	L	I
1. Es peligroso ahorrar dinero para la formación académica de los hijos.	☐	☐
2. Les recomiendo que formen una familia antes de graduarse.	☐	☐
3. Cuando mis padres se pongan viejos, mi esposo y yo vamos a cuidarlos.	☐	☐
4. Quiero encontrar empleo estable antes de tener hijos.	☐	☐
5. Es importante relajarse cuando se tiene un ritmo de vida acelerado.	☐	☐
6. No va a pagar las cuentas porque va a comprarse un nuevo teléfono inteligente.	☐	☐
7. Mi esposa y yo no tenemos hijos todavía porque nuestras carreras son muy exigentes.	☐	☐
8. No tengo tarjeta de crédito porque no sé controlar los gastos.	☐	☐
9. No es necesario asistir a la universidad para formarse.	☐	☐
10. Después de graduarme, tengo que empezar a pagar mis préstamos estudiantiles.	☐	☐

C. Asociaciones

PASO 1. Indica con qué asocias cada expresión: con la formación académica (**A**), la familia (**F**) o la carrera (**C**). **¡OJO!** Puede haber más de una respuesta.

	A	F	C
1. formarse	☐	☐	☐
2. el ritmo de vida	☐	☐	☐
3. la deuda	☐	☐	☐
4. limitar los gastos	☐	☐	☐
5. el empleo estable	☐	☐	☐
6. las relaciones personales	☐	☐	☐
7. ahorrar dinero	☐	☐	☐
8. encontrar una pareja	☐	☐	☐
9. la matrícula	☐	☐	☐
10. pagar el alquiler	☐	☐	☐

PASO 2. En grupos pequeños, comparen sus respuestas al **Paso 1** y explíquenlas. Después, compartan sus ideas con la clase. ¿Tienen todos los grupos opiniones semejantes o son muy diferentes?

Nota cultural

CULTURES

CÓMO COMBATIR EL ESTRÉS

Una clase de yoga

El trabajo, los estudios, las relaciones personales, las reuniones, las obligaciones, el ritmo de vida acelerado... todos son factores de la vida moderna que contribuyen al estrés. Sufrir de estrés por un tiempo extendido puede causar problemas emocionales, como depresión, irritabilidad, confusión y falta de concentración en el trabajo. También puede resultar en problemas físicos, como dolor de estómago, dolor de cabeza y dolores de pecho. La habilidad de quitarse el estrés y relajarse es indispensable para todo el mundo.

Muchos expertos recomiendan identificar la causa del estrés y tratar de aliviarlo mediante la ingestión[a] de plantas medicinales y una buena alimentación, el ejercicio físico y técnicas de relajación, como el yoga o la meditación. Dichas técnicas reducen el nivel de ansiedad, promueven la calma mental y liberan la mente de preocupaciones. La conexión con la familia y amigos, y el tiempo dedicado a los pasatiempos también son buenos calmantes para el estrés porque ofrecen entretenimiento y apoyo[b] para tolerar las presiones de la vida.

Llevar a cabo[c] tales estrategias requiere tiempo, así pues es importante establecer un orden de prioridad en las tareas, elegir y realizar las actividades indispensables y aprender a decir «no» a las menos importantes. Aunque a menudo no es fácil decir «no», es indispensable para el bienestar. Vale la pena[d] el esfuerzo porque se dispone de más tiempo para reducir el estrés y aumentar la capacidad para hacer frente a los retos de la vida moderna.

[a]*consumption* [b]*support* [c]llevar... *to carry out* [d]vale... *it's worthwhile*

PREGUNTAS

1. ¿Cuáles son algunas de las causas del estrés, según la lectura? En su opinión, ¿qué otras situaciones en la vida pueden causar estrés a las personas?
2. ¿Por qué es importante aprender a controlar el estrés? ¿Qué estrategias recomienda la lectura?
3. ¿Cuáles son los resultados positivos de poner en práctica las técnicas recomendadas por los expertos?
4. ¿Sufren Uds. de estrés a veces? ¿Qué situaciones les causan estrés? ¿Qué estrategias tienen para combatirlo?

D. ¿Qué te preocupa más?

PASO 1. Indica cuánto te preocupan estas situaciones. **Me preocupa mucho** = 3; **Me preocupa un poco** = 2; **No me preocupa nada** = 1. Las columnas E1 y E2 son para el **Paso 2.**

	YO	E1	E2
1. Pagar el préstamo estudiantil después de que me gradúe de la universidad.	__	__	__
2. Utilizar bien el tiempo para hacer todas mis actividades sin estrés.	__	__	__
3. Encontrar pareja para formar una familia en el futuro.	__	__	__
4. Pagar las cuentas.	__	__	__
5. Mantener buenas relaciones personales.	__	__	__
6. Tener una carrera exitosa después de mi graduación.	__	__	__

PASO 2. Entrevista a dos compañeros/as de clase siguiendo el modelo. Escribe sus respuestas en el lugar correspondiente en el **Paso 1.**

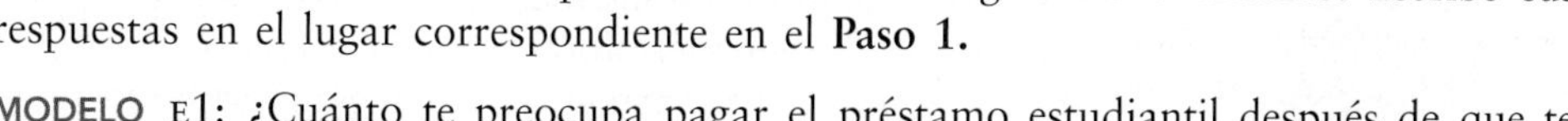

MODELO E1: ¿Cuánto te preocupa pagar el préstamo estudiantil después de que te gradúes de la universidad?
E2: Me preocupa mucho.

PASO 3. Comparen sus respuestas con las de sus compañeros de grupo. ¿Consideran Uds. que se preocupan mucho, solo un poco o nada por los retos de la vida? ¿Cuál es el reto que les causa más presión a Uds.? Compartan sus resultados con la clase. Entre todos deben decidir si los estudiantes tienen mucho en común o poco.

MODELOS Nos preocupan mucho / un poco (no nos preocupan nada) las presiones de la vida.
El reto más difícil para nosotros es ____________.
El reto más difícil para mis compañeros es ____________, pero para mí es ____________.

E. ¿Qué haces para relajarte?

PASO 1. Usa las siguientes oraciones para formar preguntas. Circula por la clase para saber qué hacen tus compañeros/as para relajarse. Cuando un compañero / una compañera responde afirmativamente, apunta su nombre en un cuadro como el siguiente. **¡OJO!** Debes hablar por lo menos con ocho compañeros.

MODELO hacer ejercicio →
¿Qué haces para relajarte? ¿Haces ejercicio regularmente?

actividades	nombres
hacer ejercicio regularmente	
dormir más de ocho horas todos los días	
hacer yoga una o dos veces por semana	
hablar con sus mejores amigos	
estirarse y respirar profundo varias veces al día	
escuchar música en su iPod	
practicar algún deporte	
asistir a partidos de basquetbol o de fútbol americano	
¿?	

PASO 2. Escribe un resumen de la información del **Paso 1.** ¿Cuáles son las actividades preferidas de tus compañeros para relajarse? ¿Cuáles no se hacen?

Gramática

15.2 Si Clauses

Expressing *If/Then* Situations

GRAMÁTICA EN ACCIÓN

Una empleada medita durante un descanso en el trabajo.

Los programas de bienestar

Los programas para el bienestar de los empleados son cada vez más populares en casi todo el mundo. Los empleadores se han dado cuenta de que **si** les **ofrecen** programas de bienestar a sus empleados, la empresa **se beneficia** también.

En la mayoría de los países, **si** una compañía **ofrece** un programa de bienestar, **es** para aliviar el estrés en el empleado. La estrategia es esta: **si** los empleados **tuvieran** menos estrés, **se enfermarían** menos, **faltarían** menos días al trabajo y **serían** más productivos. Pero en los Estados Unidos y en Latinoamérica, **si** una empresa **tiene** un programa de bienestar, **es** para reducir los costos del seguro médico.

Comprensión. Indica la opción correcta para completar cada oración.

1. Si los empleados están estresados, su productividad ___.
2. Si todas las compañías ofrecieran un programa de bienestar, los empleados ___ más productivos.
3. Las compañías se benefician si los empleados ___ con menos frecuencia.
4. Si mi compañía ___ un programa de bienestar, yo lo usaría.

a. ofreciera
b. sufre
c. se enferman
d. serían

There are four different types of situations with **si.**

A. Present Habitual Situations a Generalizations: What does this mean? **Si** + *present* + *present*
To express what happens habitually if something else happens, conjugate both verbs in the present tense.

Si un amigo me **deja** un mensaje, lo **llamo.**	*If a friend leaves me a message, I call him.*

B. Past Habitual Situations: **Si** + *imperfect* + *imperfect*
When expressing what used to happen habitually in the past if something else happened, both verbs are conjugated in the imperfect.

Si un amigo me **dejaba** un mensaje, lo **llamaba.**	*If a friend left me a message, I called him.*

C. Possible/Probable Situations: **Si** + *present* + *future*
To talk about possible or probable situations that may happen (in the future) if something else happens now, the verb in the **si** clause is conjugated in the present and the verb in the main clause is in some form of the future.

Si **tengo** tiempo, **voy a poner las fotos en Facebook.**	*If I have time, I'm going to post the pictures on Facebook.*

D. Present Hypothetical Situations: **Si** + *past subjunctive* + *conditional*
Present Hypothetical situations are expressed with the past subjunctive in the **si** clause and the conditional in the main clause. (See the **Nota comunicativa** on p. 434 to review the forms of the past subjunctive.)

Si tuviera tiempo, editaría mi página de Facebook.	*If I had time, I would edit my Facebook page.*

ACTIVIDADES

A. ¿Qué hacían? ¿Qué harán?

PASO 1. Completa las oraciones con la forma correcta del verbo entre paréntesis. Usa el imperfecto.

1. Cuando era niño, si yo no miraba mi programa favorito, (**ponerse**) triste.
2. Mi abuelo y yo (**ir**) a comer un helado si mis abuelos estaban de visita.
3. Si mis papás tenían que trabajar, mis hermanos me (**cuidar**).
4. Mi mamá me llevaba a la escuela si (**hacer**) mal tiempo.
5. Mi mamá no nos permitía mirar la televisión si mis hermanos y yo (**pelearse**).

PASO 2. Completa las oraciones con la forma correcta del verbo entre paréntesis. Usa el presente de indicativo o el futuro, según el contexto.

1. El fin de semana que viene tendré que estudiar si aún no (**entender**) la lección.
2. Si ellos quieren jugar videojuegos mañana, (**llamar**) a su amiga Mariana.
3. ¿Me invitarás a tomar un café si yo (**visitar**) tu ciudad esta primavera?
4. Si todo sale bien, nosotros (**pagar**) nuestra hipoteca este año.
5. Mis abuelos comprarán un televisor de pantalla ancha si en la tienda (**haber**) uno a buen precio.

B. Situaciones habituales. En parejas, contesten las preguntas.

1. Si tienen tiempo libre después de las clases o después del trabajo, ¿qué hacen Uds.?
2. Cuando Uds. eran niños/as, ¿qué hacían si tenían tiempo libre después de la escuela?
3. Si Uds. necesitaban ayuda con su tarea cuando eran niños/as, ¿a quién se la pedían?
4. Hoy día, si su computadora o teléfono celular no funciona, ¿a quién le piden ayuda?
5. Si Uds. están muy frustrados/as con alguien, ¿cómo se expresan? ¿Qué le dicen?
6. Cuando eran niños/as, ¿cómo se expresaban si estaban enojados/as con alguien?
7. Si Uds. tienen mucho estrés, ¿cómo se relajan?
8. Cuando eran jóvenes, ¿cómo se relajaban Uds. si se sentían estresados/as?

C. Situaciones hipotéticas. Completa las oraciones con la forma correcta del verbo entre paréntesis, según el contexto.

1. Yo pagaría toda la matrícula si (**ganar**) la lotería.
2. Si mi padre fuera más joven, (**formar**) una familia con su segunda esposa.
3. Martina haría de voluntaria si (**tener**) más tiempo.
4. Si tuviéramos un iPod, (**escuchar**) música todo el tiempo.
5. Si mi computadora (**fallar**) en este momento, estaría desesperado.

D. Preguntas hipotéticas y probables. En parejas, contesten las preguntas.

1. Si Uds. tienen tiempo, ¿qué van a hacer este fin de semana?
2. ¿Qué harían Uds. si tuvieran un millón de dólares?
3. ¿Qué harían Uds. si su computadora fallara mientras trabajaban en un proyecto importante?
4. Si Uds. no tienen que estudiar después de las clases hoy, ¿qué van a hacer?
5. Si un amigo / una amiga les mintiera (*lied*) sobre algo importante, ¿cómo reaccionarían? Expliquen.
6. ¿Qué van a hacer Uds. esta noche para relajarse si no tienen que hacer otra cosa?
7. Si Uds. compraran una computadora nueva, ¿qué características buscarían en ella? ¿Qué accesorios tendrían que tener?

EXPERIENCIA INTEGRAL Mis raíces

ANTES DE LEER. En el **Paso 1** el énfasis gramatical se pone en las cláusulas con **si**. Echa un vistazo al texto y pon un círculo alrededor de cada instancia de la palabra **si**. Luego, identifica el tiempo verbal de la cláusula independiente. Si debes conjugar el verbo de la cláusula independiente, indica el tiempo verbal que debes usar.

MODELO Ponía un disco si (escribir) la tarea. → imperfecto

PASO 1. Completa el texto con la forma correcta del verbo entre paréntesis, según el contexto. Cuando hay dos verbos, escoge el verbo correcto y úsalo en su forma apropiada.

JAIME: Cuando yo (*P/I:* estar/ser[1]) niño y (*yo:* vivir[2]) en un pueblo pequeño de Bolivia, siempre (*P/I:* escuchar[3]) la radio. Me (*P/I:* encantar[4]) toda clase de música: música andina, salsa, merengue, rock, boleros, y mucho más. Ponía un disco[a] si (*yo:* escribir[5]) la tarea y también si no (*yo:* hacer[6]) nada. Si de alguna manera (*yo:* tener[7]) un poco de dinero, siempre lo gastaba en discos. Para mí, la música (*P/I:* estar/ser[8]) una verdadera pasión.

[a]*record*

Ahora, ya no (**estar/ser**[9]) en mi país sino en Japón por razones de trabajo. Aquí no (**tener**[10]) muchos amigos hispanos y extraño mucho mi cultura y mi país. Afortunadamente, la tecnología me (**ayudar**[11]) a mantenerme en contacto con mis raíces. Siempre leo un periódico boliviano en línea, antes del desayuno si (*yo:* **tener**[12]) tiempo, o por la tarde si no tengo tiempo. También (*yo:* **ver**[13]) la tele de mi país por el Internet si hay algo que me interesa.

Pero en mi opinión, lo mejor de todo es la música. Si (*yo:* **querer**[14]), puedo escuchar una de varias emisoras de radio en el Internet. Un día, escucho música andina si me (**interesar**[15]) y rock en español otro día si (*yo:* **tener**[16]) ganas. Además, un aficionado siempre (**poder**[17]) bajar música del Internet si le gusta mucho. Esta tarde, voy a bajar unas canciones nuevas a mi teléfono celular si (*yo:* **terminar**[18]) temprano mi trabajo.

No sé qué haría si no (*yo:* **poder**[19]) leer o ver las noticias de mi país. Estoy seguro que (*yo:* **volverse**[20]) loco si no escuchara mi música todos los días. Además, me sentiría muy alejado de mis amigos que viven en Bolivia si no (*yo:* **saber**[21]) qué pasaba en mi país. Por eso, si cualquier inmigrante me (**preguntar**[22]) qué hacer para mantenerse en contacto con sus raíces, le diría que se aprovechara de la tecnología.

PASO 2. Contesta las preguntas, según el **Paso 1.**

1. ¿Dónde vivía Jaime cuando era niño? ¿Cómo pasaba el tiempo? ¿Qué era lo que más le gustaba?
2. ¿Dónde vive Jaime ahora y por qué? ¿Cómo se siente en ese lugar?
3. ¿Cómo ayuda a Jaime la tecnología a mantenerse en contacto con su cultura y su país?
4. ¿Cómo ayuda a Jaime la tecnología a seguir cultivando su gran pasión por la música?
5. ¿Qué le diría Jaime a otro inmigrante si este le preguntara cómo mantenerse en contacto con su cultura y su país?

PASO 3. Contesta las siguientes preguntas según tus opiniones. Después, hazle las preguntas a tres compañeros y apunta sus respuestas en un cuadro como el siguiente. En clase, van a comparar esa información. ¿Cuáles son las respuestas más comunes?

	yo	E1	E2	E3
1. ¿Qué pasatiempos o actividades son una pasión para ti?				
2. Si vivieras en un país que no es el tuyo, ¿qué harías para mantenerte en contacto con tu propio país y tu cultura?				
3. ¿Qué aspectos de tu cultura extrañarías más? Explica.				
4. Si una persona inmigrante te preguntara cómo se puede conocer mejor la cultura de este país, ¿qué le dirías? Explica.				

Lectura cultural

Vas a leer un artículo publicado en el periódico español *El País*, sobre el impacto que las nuevas tecnologías han tenido en la forma de viajar de los jóvenes de hoy.

ANTES DE LEER

A. A primera vista. Miren la foto, lean el título y los encabezados y, en parejas, hagan una lista de los temas que esperan encontrar en el artículo. Después, comparen su lista con las de sus compañeros de clase.

B. ¿Estás de acuerdo? Indica si estás de acuerdo, o no, con los siguientes enunciados.

	SÍ	NO
1. Tener coche privado es una carga (*burden*) y un gasto innecesario.	☐	☐
2. En la ciudad, es mejor moverse en bicicleta o en transporte público.	☐	☐
3. Buscar a alguien en Internet para compartir un coche es una buena alternativa para viajar.	☐	☐
4. A los jóvenes les gusta más la tecnología móvil que tener un coche.	☐	☐
5. A los jóvenes les interesa el transporte público porque pueden usar el teléfono.	☐	☐
6. La conexión con amigos por Facebook ha reducido la necesidad de utilizar el coche.	☐	☐

«Papá, prefiero tener una tableta a un coche.»

Las nuevas tecnologías han ganado terreno[a] y transformado su forma de viajar.

El automóvil ya no es símbolo de libertad y emancipación.

Isabel, madrileña[b] de 18 años que ahora estudia en Berlín, acaba de sacarse el carné de conducir.[c] «Pero solo por si en el futuro me hiciera falta»,[d] aclara. No tiene intención de comprarse un coche. «¿Para qué? Es una carga mantenerlo. Puedo moverme en transporte público, en bici, compartir o alquilar uno. Siempre hay alguna alternativa. Es un gasto innecesario, prefiero invertir[e] el dinero en otras cosas», opina. Aunque asegura que no solo es cuestión de dinero. «No me gusta vivir en ciudades atascadas[f] de coches. Contaminan y roban espacio a las personas», dice.

Los fabricantes de coches están preocupados. Según un estudio publicado hace unos días por la consultora KPMG, basado en una encuesta[g] realizada entre 200 altos cargos[h] del sector en todo el mundo, el 54% de los directivos[i] se manifiestan inquietos[j] porque los menores de 25 años no sienten necesidad de ser dueños[k] de un vehículo. «La llamada generación del milenio [los nacidos entre los años 1980 y 2000] parece menos interesada en adquirir bienes tradicionales como casas y coches. Prefiere comprar teléfonos móviles, dispositivos tecnológicos y ropa», explica el documento.

No es la primera vez que salta la alarma[l] en el sector. Ya lo advertía,[m] hace dos años, una detallada investigación realizada en Estados Unidos. «Tras la Segunda Guerra Mundial,[n] el coche se convirtió en un símbolo de madurez, prosperidad y libertad. Para los jóvenes americanos, adquirir un automóvil era considerado como

[a]*gain ground* [b]*person from Madrid, Spain* [c]acaba... *just got her driver's license* [d]por si... *if I needed it in the future* [e]*invest* [f]*jammed* [g]*survey* [h]*senior officials* [i]*executives* [j]*worried* [k]*owners* [l]salta... *the alarm raises* [m]*warned* [n]Tras... *After the Second World War*

un rito de entrada en la vida adulta. Y para las familias, un vehículo era símbolo de estatus y buena vida. Los tiempos han cambiado, sin embargo. El coche ya no es un símbolo de libertad», señala el informe.

El transporte compartido les permite viajar y relacionarse

Mientras[ñ] el automóvil se percibe cada vez más como una carga, la tecnología está ocupando su lugar como símbolo de libertad. Según el estudio *La sociedad de la información en España 2013*, el 86% de los jóvenes entre 18 y 24 años posee un teléfono inteligente. En esa misma franja de edad,[o] el 94,5% de los que utilizan Internet acceden a diario a redes sociales. «El uso de las redes sociales ha reducido la necesidad de los jóvenes de utilizar el coche. La conexión constante con amigos que permiten plataformas como Facebook, Twitter o Skype y las aplicaciones de mensajería instantánea hace que ya no sea tan imprescindible[p] salir de casa y conducir para estar con alguien», destaca el informe estadounidense. También subraya que el «nuevo estilo de vida derivado del uso de la tecnología móvil y las redes sociales es más compatible con el transporte público, que deja las manos libres para hablar por teléfono móvil o conectarse a Internet mientras se viaja».

Las nuevas tecnologías, por otra parte, han propiciado[q] el desarrollo de formas de transporte alternativas. En todos los países crecen las plataformas en Internet que ponen en contacto a personas que quieren compartir coche para repartir los gastos de viaje, y también aumentan los usuarios de servicios de automóviles, bicicletas o motos compartidas, especialmente en las ciudades. Para jóvenes como la madrileña Isabel, trasladarse[r] de esta manera es algo ya tan natural como coger el metro o el tren. «Cuando tengo que moverme miro todas las opciones posibles y elijo la que más me conviene. Por ejemplo, el verano pasado viajé por Alemania en un coche compartido sin ningún problema. Es muy fácil encontrar a alguien que vaya al mismo lugar que tú y en el mismo momento», dice.

[ñ]*While* [o]franja… *age-group* [p]hace… *makes it not that indispensable* [q]*have favored* [r]*moving*

DESPUÉS DE LEER

A. Comprensión. En parejas, contesten las preguntas. Después, compartan sus ideas con la clase.

1. El artículo está basado en cuatro fuentes de información. ¿Cuáles son?
2. ¿Por qué Isabel no quiere ser dueña de un coche? Den, al menos, tres razones.
3. ¿En qué prefiere invertir el dinero la generación del milenio, según uno de los estudios? ¿Cómo se sienten los directivos de la industria automovilística?
4. ¿Por qué prefieren los jóvenes usar el transporte público y no consideran necesario utilizar mucho el coche?
5. ¿Qué ventajas tiene viajar en transporte compartido con otras personas? ¿Qué ha propiciado esta nueva forma de viajar? ¿Qué dice Isabel sobre su experiencia de viajar en transporte compartido?

B. Temas de discusión. En grupos pequeños, discutan estas preguntas.

1. Según el estudio realizado en los Estados Unidos, ¿qué significaba poseer un coche en el pasado? ¿Cómo ha cambiado esta visión entre los jóvenes de hoy? ¿Están Uds. de acuerdo? ¿Por qué sí o por qué no?
2. ¿Creen Uds. que esta tendencia de la generación del milenio aumentará entre las futuras generaciones? Expliquen.
3. ¿Cómo ven Uds. el futuro de la industria del automóvil? ¿Qué puede hacer esta industria para adaptarse a las necesidades de los jóvenes de hoy?

Vocabulario

Los avances tecnológicos	
los alimentos transgénicos	genetically modified foods
el auricular bluetooth	Bluetooth earphone
la radio por satélite	satellite radio
la televisión de alta definición	HD TV
la televisión de pantalla ancha	wide-screen TV

Cognados: la cámara, el láser, el satélite, la tableta, el teléfono inteligente
Repaso: el carro/coche eléctrico/híbrido

La computadora	
borrar	to delete
escanear	to scan
fallar	to crash
imprimir	to print
los altavoces	speakers
el archivo	file
la conexión (WiFi)	(WiFi) connection
el (documento) adjunto	attachment
el escáner	scanner
la impresora	printer
el lápiz de memoria	flash drive
la pantalla	(monitor) screen
el ratón	mouse
el teclado	keyboard
inalámbrico/a	wireless

Cognados: el CD-ROM, el DVD-ROM, el módem, el router
Repaso: abrir, bajar, cerrar (ie), guardar, mandar, recibir, subir; la computadora portátil, la página Web

Los retos de la vida moderna	Challenges of modern life
ahorrar dinero	to save money
controlar los gastos	to manage expenses
formar una famila	to start a family
formarse	to get educated
manejar (bien/mal) el dinero/tiempo	to manage one's money/ time (well/poorly)
pagar (gu) las cuentas	to pay the bills
quitarse el estrés	to remove stress, decompress
respirar profundo	to take a deep breath
la formación académica	education
el ritmo de vida	pace of life
exigente	demanding

Cognado: la carrera
Repaso: aliviar, casarse (con), cuidar(se), emocionarse, enamorarse (de), estar (*irreg.*) **deprimido/a, estirarse, hacer** (*irreg.*) **ejercicio, hacer yoga, meditar, relajarse; el amor, la casa, la depresión, el dinero, el empleo, el estrés, la familia, la meditación, el miedo, la presión, la salud, los hijos, el tiempo; estable**

Las cuentas y los gastos	Bills and expenses
el alquiler	rent
la matrícula	tuition
el préstamo estudiantil	student loan
la deuda	debt

Appendix I

EL ABECEDARIO°

El... *The alphabet*

The Spanish alphabet (**el abecedario** or **el alfabeto**) consists of 27 letters. The letter **ñ** follows **n** in alphabetized lists, and the letters **k** and **w** only appear in words borrowed from another language, for example: **kilo, whisky.** The letter combinations **ch** and **ll** are no longer officially part of the alphabet, but are included here for pronunciation information and practice.

THE SPANISH ALPHABET

LETTER	NAME(S) OF LETTER	EXAMPLES	
a	a	**Argentina**	**Adiós.**
b	be, be grande, be larga, *or* be de burro	**Bolivia**	**Buenos días.**
c	ce	**Colombia**	**¿Cómo estás?**
ch	che	**Machu Picchu**	**Mucho gusto.**
d	de	**República Dominicana**	**despedida**
e	e	**España**	**Encantado.**
f	efe	**Francia**	**frase**
g	ge	**Guinea Ecuatorial**	**Gracias.**
h	hache	**Honduras**	**Hasta luego.**
i	i	**Islas Galápagos**	**Igualmente.**
j	jota	**San José**	**jueves**
k	ka	**Kenya**	**kilo**
l	ele	**Lima**	**libro**
ll	elle *or* doble ele	**Barranquilla**	**Me llamo...**
m	eme	**Maracaibo**	**Muy bien.**
n	ene	**Nicaragua**	**nacionalidad**
ñ	eñe	**Cataluña**	**mañana**
o	o	**Oviedo**	**otro**
p	pe	**Panamá**	**palabra**
q	cu	**Quito**	**¿Qué tal?**
r	ere	**Rosario**	**Regular.**

THE SPANISH ALPHABET			
LETTER	NAME(S) OF LETTER	EXAMPLES	
s	ese	**Sucre**	**saludo**
t	te	**Tierra del Fuego**	**Buenas tardes.**
u	u	**Uruguay**	**uno**
v	ve, uve, ve chica, ve corta, *or* ve de vaca	**Venezuela**	**Nos vemos.**
w	doble ve *or* ve doble	**Winnipeg**	**página Web**
x	equis	**México**	**extranjero**
y	ye, i griega	**Guayaquil**	**ya**
z	ceta *or* zeta	**Zaragoza**	**zanahoria**

Appendix II

GRAMÁTICA EN ACCIÓN TRANSLATIONS

1.1 A trip to the southwestern United States

- the car
- (the) Route 66
- the friends
- the views/sites
- a museum in the Grand Canyon
- a church in San Antonio
- some souvenirs
- some mountains in Colorado

1.2 A Facebook page

Hello. My name is Antonio.

- I'm intelligent, flexible, and liberal.
- I'm not a pessimist.
- I'm from Guadalajara, Mexico.

My friend's name is Ana.

- She's independent and responsible.
- She's not impatient.
- She's from La Paz, Bolivia.

1.3 The new semester

ROSA MARÍA: What are your classes like this semester?

JAVIER: All of my classes are interesting.

ROSA MARÍA: How cool! I have three boring classes this semester and only one interesting class.

JAVIER: And what are your professors like?

ROSA MARÍA: My history professor is very intelligent and nice, but my other professors aren't as good.

1.4 A Typical day for Raúl

Raúl is sending an e-mail to his friend Alberto about his classes this semester.

Hi, Alberto:

How's it going? Everything's fine here. I'm taking four classes this semester, and my favorite class is French at 10:00 A.M. The professor only speaks French! It's a little difficult, but the class is fun. Afterward, I work in the cafeteria until 2:00, and then I study in the library in the afternoon. At night, I spend time with my girlfriend: We watch television, eat out at a restaurant, or simply rest and spend some time together. If my girlfriend needs to study, I talk on the phone with my parents, or I read my e-mail.

And you, Alberto? How many classes are you taking? Do you speak French? When and where do you study? Are you working this semester?

Later, Raúl

2.1 New friends

Melissa is a student from the United States who is living in Mexico this semester. She talks with her new friend, Jaime, about her favorite activities in her free time.

JAIME: How are you, Melissa?

MELISSA: Great. Mexico is wonderful! There are many interesting activities and things.

JAIME: That's great! Do you live with a family?

MELISSA: Yes. I live with a very nice Mexican family and I go to classes at the university every day.

JAIME: And do you understand Spanish well?

MELISSA: Yes. Speaking is a little hard, but I read and write really well. I learn more every day. I like to practice.

JAIME: Who do you practice with?

MELISSA: With my new friends. They're really fun. We eat and drink in really good restaurants, Alejandra y Samuel. Alejandra and I go running in the park.

JAIME: Do you visit lots of places in the city?

MELISSA: Yes. There are many interesting places. My classmates live near the Zócalo. I like to look at the things they sell downtown.

2.2 A party

Elisa talks about her plans and her brother's plans.

This Saturday my roommates and I are going to organize a party. I'm going to invite our friends, and Elena is going to buy the food. Mariana and Lucía are going to decorate the apartment. On the night of the party, we're going to listen to music and everyone is going to dance. It's going to be a fun party!

As far as he's concerned, my brother Claudio is going to study all weekend with his classmates. They're going to spend hours in the library and they're not going to attend the party. Claudio is not going to have a fun weekend.

2.3 Between friends

Below is part of a conversation between three friends in a café.

SOFÍA: And you, Laura, how are you? And your husband?

LAURA: We're great. Enrique is in New York right now at a conference, and I'm glad because he's coming home tomorrow.

VERÓNICA: How nice! Where do you live now?

LAURA: Our new apartment is close to the hospital. I really like it. It's very convenient for work.

VERÓNICA: And your kids, Sofía? How are they?

SOFÍA: They're great. Right now they're in school, but they're excited about summer vacation.

2.4 The weekend

It's the weekend, but Mariana is studying for a difficult exam. She's reading her class notes and practicing a lot. Her classmates are writing many e-mails, and Mariana is answering their questions. She's also drinking a soda and eating a hamburger. A friend calls to invite Mariana to a party, but she answers: "I can't go because I'm memorizing the formulas for the chemistry exam." Poor Mariana!

3.1 Obligations

Jaime and his roommates have a lot to do this week. Jaime describes his responsibilities.

This week my roommates and I should clean our apartment. Manuel needs to vacuum, and I should wash the dishes. My roommates need to work every night, and I should study. And someone should go shopping!

3.2 The Mexican family

Mexico has a long history of the traditional and extended family, in which the wife or mother maintains the home and the husband or father has a job outside the house. But these days, in some Mexican families, both parents work, and in many cases, only the nuclear family lives in the house. With these situations come other changes. For example, the mother no longer has the help of her mother or mother-in-law at home, and she doesn't have time to do all of the chores. Sometimes, families employ a young woman to clean and cook, but otherwise if they want to save money, they prefer to share the chores.

3.3 What can we do after class?

Ignacio and Lourdes, students at the University of the Americas, plan to spend time with their new friend, Andrew. Andrew is a foreign student from Toronto.

IGNACIO: What do you prefer to do first?

LOURDES: I want to eat something, but not at the university because I have lunch here almost every day. Let's go to the Cholula Market where they serve some delicious quesadillas.

ANDREW: Afterwards, can we go to the pyramid?

LOURDES: Of course. You have to visit our pyramid!

IGNACIO: What time do you plan to return? I have another exam tomorrow.

LOURDES: I'm not sure. What time do they close the park and museum?

IGNACIO: We can ask at the market. At any rate, Andrew, you can't see everything in one day. It's very big, with the church, the museum, the tunnels . . .

ANDREW: Archeological tunnels? Do they lose many people in the tunnels?

IGNACIO: No, man! There are maps and if you ask for a guide, nothing will happen.

3.4 Weekends

Two friends chat in front of the library.

JULIO: Hey, Rodrigo, what do you do on the weekends?

RODRIGO: Well, that depends. Saturdays are for resting, but I always exercise or play tennis in the morning. Then, I go back home, turn on the television, and watch a soccer or baseball game, or I do something else to relax. But at night, I always go out with my buds.

JULIO: And on Sundays?

RODRIGO: Ha, ha . . . My friends and I are really responsible. We don't do many fun things on Sundays. We take care of our obligations. Usually I take my books to the library and I do my homework for my four clases. I come here because I need quiet. In the dormitory my roommates always listen to music or turn on the TV while they wash clothes and vacuum.

JULIO: Hmm . . . I understand. Oh, it's time to work! Well, see ya!

4.1 Family gossip

Paula and Nidia are relatives. They talk about the latest family gossip.

NIDIA: Paula? It's me, Nidia. How are you? Are you busy?

PAULA: No, no, I'm good. And you? What are you doing?

NIDIA: Not much. I've got some really good news. Federica has a boyfriend and now they're talking about marriage. His name is Franco, and he's from Madrid.

PAULA: Really? Federica? That's incredible! What is the guy like?

NIDIA: According to mom he's tall and handsome and he has a lot of money. The wedding will be in June in the Iglesia del Rosario.

PAULA: Federica must be so happy. I'm so happy! But her house is in Málaga? Are they going to live in Madrid?

NIDIA: No. They're going to live in a huge house. It's Franco's parents' house and it's on the beach.

PAULA: What news! Hey, what time is it? It's not very late. I need to talk to Marta right away. She is going to be very surprised. We'll talk later. Chau, Nidia.

NIDIA: Chau, Paula.

4.2 You're going to meet my parents!

Today Ángela is going to introduce her boyfriend, Eduardo, to her parents. They are all going to have dinner together at a very famous restaurant. Ángela and Eduardo talk as they walk to the restaurant.

ÁNGELA: Are you nervous? You're finally going to meet my parents!

EDUARDO: I'm really calm. I know that everything is going to be fine.

ÁNGELA: Do you know where Restaurante Casa Botín is?

EDUARDO: I know it's close to the Plaza Mayor. I don't know these streets very well, but I'm using GPS. Do your parents know how to get there?

ÁNGELA: Yes, they know exactly where it is. It's their favorite restaurant for special occasions. My parents know one of the chefs, Rubén. Rubén knows how to prepare delicious food!

EDUARDO: Great! I know it's going to be a fun dinner. I don't know your parents yet, but I know I'm going to make a good impression.

ÁNGELA: Yes. I know my parents well, and I know that we're going to have lots of fun.

4.3 Sunday meals

Ryan is going to study at Deusto University in Bilbao for a year and live with a Basque family in the Indautxu neighborhood. This is his first week with the family and his new Spanish "brother," Quique, explains the Sunday routine.

QUIQUE: On Sundays, all of the family eats at my grandparents' house. My mom and my aunts help my grandmother in the morning because they prepare a lot of food for the family. We should arrive at my grandparents' house by 1:30. Lunch is always at 2:00.

RYAN: Where do your grandparents live?

QUIQUE: They live on Cosme Echevarrieta Street. We can walk through the Casilda Iturrizar Park to get there faster.

RYAN: We're not going by bus?

QUIQUE: No, we only have to walk for six or seven blocks. It's close. You shouldn't make other plans for the afternoon. We eat a lot! And later we talk for one or two hours after lunch. It's very good for learning about sports and politics in the Basque Country and to practice Spanish!

4.4 This is my city

Terry visits the family of her friend Sabela in La Coruña, Galicia. This afternoon, Sabela and Terry stroll along the Paseo Marítimo and they talk about Sabela's family and city.

SABELA: Almost all my family is from the town of Beo, but now we all live in this city. In that town, well, in almost all of the towns of this province, there are not many opportunities to work.

TERRY: But this city is marvelous, isn't it? This promenade is great. It skirts the whole city and the beaches. What is the name of that beach downtown that we just passed?

SABELA: That is Orzán beach, and the other one is Riazor.

TERRY: And the tower . . .

SABELA: Yes, that tower over there is the symbol of this city. It's called the Tower of Hercules and it's from Roman times. You're right. This is a marvelous city. And this summer, you have to come back to celebrate the San Juan Bonfires! That is my family's favorite festival!

5.1 The new house

A family is putting furniture in their new house. The parents talk while the children help (them).

PAPÁ: Here is the new table. Who has the chairs?

MAMÁ: I have them, darling.

PAPÁ: And the couch?

MAMÁ: Federico and Barbara have it, but it's very heavy for them.!

PAPÁ: I'll help them.

MAMÁ: Hey, where's Liliana? I don't see her.

PAPÁ: She's in the living room.

MAMÁ: We need to take care of her because she's very young. Liliana!

PAPÁ: Call Federico and Barbara too. We're all going to take a break. I'm treating you all to some ice cream.

MAMÁ: Oh, thank you, darling. Federico, Bárbara, Liliana, . . . !

5.2 A crazy Monday

María, Camila y Paula are roommates in Granada. They share an apartment with three bedrooms and only one bathroom in the Realejo neighborhood in Granada. Today is Monday, and they're all in a hurry. They get ready to go to their classes.

CAMILA: María! What are you doing in the bathroom? You know I always shower first! It's my turn in the bathroom!

MARÍA: Chill out. I'm just washing my face and brushing my teeth. I just need 5 minutes. What is Paula doing?

CAMILA: You know her. She always wakes up late.

MARÍA: Well, she needs to get up and get dressed now. She has a test in her first class.

CAMILA: She always gets irritated when she wakes up in the morning. I don't want to talk to her.

PAULA: Oh please! I'm getting up now! How is it possible? You two always feel so good in the mornings. I don't feel good until at least noon. For me, it's hard to get up!

CAMILA: Well, we know each other well. I go to bed at 11 and sleep eight hours, but you never go to sleep before 2:00 in the morning. . . María is taking four hours in the bathroom. It's my turn! I want to shower and put on makeup before leaving for class. Paula, see you at 3:00 at the café?

PAULA: Yes. We'll see each other at 3:00. Elena and Carmen are coming too.

CAMILA: Oh no. We're not going to have fun with those two because they don't get along.

PAULA: But we have to meet with them to talk about our plans for the project.

MARÍA: You can shower now, Camila. But there's no hot water left.

5.3 Roommates

Rafael and Paco are looking for an apartment close to the Law School of the University of Granada. They must consider many factors before making a decision.

RAFAEL: Personally, I think that a downtown apartment is better than one in the outskirts of town.

PACO: But downtown apartments cost more than the ones in the outskirts, and have fewer bedrooms.

RAFAEL: But they're much closer to the school than the ones in the outskirts. I don't want to walk as much as I did last semester.

PACO: Yes, but the price is more important than the distance. I don't have as much money as you. My job doesn't pay as well as your job.

RAFAEL: Look at this flat! It's as full of light as our first apartment, it's as close to campus as the others that we're looking at, and it costs a little less too. What do you think?

PACO: It's perfect! It costs less than €500 per month.

RAFAEL: That's great! I want the biggest bedroom!

6.1 At the market

Paz talks about her favorite market in San Juan, Puerto Rico.

I really like this market! I always come here with my friend Adela. Mr. Olmos is our favorite vendor because he has the best fruit. Sometimes he gives us a discount and he's always nice, giving us advice about which are the sweetest and freshest fruits. At the market, I buy a lot of fruits and vegetables for my husband and children. This morning, I'm going to buy my husband a papaya because it's his favorite fruit. My children always ask me for fruit salad, so I'm going to buy apples, pears, and oranges.

6.2 At the table

MANUELA: Mom, would you please pass me the tortillas?

GRANDMA: I'll gladly pass them to you, my dear. Darling, would you please serve Manuela some wine?

GRANDPA: Yes, I'll serve her some in a moment. Manuela, could you please pass me the corn?

MANUELA: Yes, Dad. I'll pass it to you in a second.

GRANDPA: Thank you, my dear. Darling, when are you going to bring us dessert?

GRANDMA: Patience, my love. After dinner, I'll bring it out for everyone.

6.3 La Bodeguita del Medio

Loida visited Cuba for the first time last summer. She traveled with two friends for one month. After a week, she visited a cybercafé and wrote her first e-mail to her family.

Greetings to everyone! I love Cuba! Today, I ate at the famous Bodeguita del Medio in Havana. It's not like Miami's Bodeguita del Medio. This restaurant is very Bohemian and small; it's not at all elegant. They serve typical Cuban dishes and it has a long history of famous people who have eaten here. When we arrived, we sat at the bar for a while. Jeff and Lynne drank mojitos. Later, we ate on the patio. The three of us shared two orders of typical food and Jeff ate all of the rice. We had a very good time, watching hundreds of tourists enter to take photos and leave. The wall is full of names because everyone signs their name there! I looked for a small empty place and I wrote my name and date on the wall. I read several names but I didn't recognize anyone famous.

Well, that's all for now. We'll talk soon.

Love (*lit.* A kiss),

Loida

7.1 The birthday party

Carlos threw a birthday party last weekend. A lot of his friends went, but Santiago couldn't go because he was in Puerto Plata all weekend. Elena brought the music. Patricio put on a CD of dance music. A lot of people danced, but Jorge and Sofía refused to dance. All in all, it was a fun party.

7.2 On Duarte Avenue

BEGOÑA: Did you have fun yesterday, Paula?

PAULA: Yes, I had a lot of fun. Diana and I decided to go shopping on Duarte Avenue, in the Colonial District. We arrived in the afternoon, because, as always on Saturdays, Diana slept until eleven. When I arrived at her house at noon, Diana got dressed quickly and we left for the Colonial District. We arrived at lunchtime, when there are a lot of people, but we were able to sit at a café close to the plaza. We ordered salads, we ate quickly, and later we strolled along the Avenue.

BEGOÑA: Did you buy anything interesting?

PAULA: I didn't buy anything, but I followed Diana all afternoon in search of the perfect dress for her niece's wedding. We visited ten or twelve stores, and, at last, Diana got an elegant purple dress.

7.3 Shopping in the Dominican Republic

When one visits the Dominican Republic, one should go shopping. Typical products and beautiful handcrafts are offered in the stores, markets, and even on the streets. For example, brightly colored paintings and Carnival masks are sold. One can buy Dominican coffee, or jewelry made of amber or larimar. Also, in many places one sees the famous faceless dolls. These dolls are made of clay. Throughout the country the faceless doll is considered a symbol of Dominican identity because it represents a mixture of cultures and traditions.

8.1 How do I get to the Central Market?

Mark is in Guatemala City for a month and today he wants to do some shopping in the Central Market.

MARK: Ramón, do me a favor. I don't understand this map.

RAMÓN: Of course. Tell me what you need.

MARK: Explain to me how to get to the Central Market. I want to walk.

RAMÓN: Well, it's a little far, in Zone 1. But, okay, leave here and turn to the left. Go straight for about twenty blocks.

MARK: Twenty blocks! No way! (lit. Don't tell me!)

RAMÓN: Well, yes, I told you, it's far away. Take the bus if you don't want to walk, because there's another twenty blocks.

MARK: Goodness! Tell me, then, what bus I should take.

RAMÓN: Well, don't get angry, but you have to take three busses from here. Should I draw you a map?

MARK: Oh . . . yes, draw me one, please.

8.2 I need directions!

Leticia is in La Sabana Park in San José and needs to get to the post office to send a letter to her mom in the United States. She asks Fernán for directions.

LETICIA: Excuse me. Could you help me for a second? I need directions to the post office. I need to send this letter urgently.

FERNÁN: Of course! From here, walk directly to the exit from the park on 42nd Street. Do you know where it is?

LETICIA: I think so.

FERNÁN: Perfect. Then turn left and walk one block to the Paseo Colón. Cross the street carefully. Sometimes you can't see the cars well.

LETICIA: And then where do I go? I can't get my bearings. I always get lost in this city.

FERNÁN: It's very easy. Walk two more blocks and then when you get to José María Celedón Street, cross it. Turn left and look immediately to your left. There's the post office. You'll find it easily.

LETICIA: Thank you very much! You helped me a lot. Do you know what time the post office closes?

FERNÁN: Unfortunately, it closes at 4:00.

LETICIA: But it's 4:30 now. What a shame! I never arrive on time.

8.3 When my father was a boy

In this photo, my father was 8 years old. It was 7:00 A.M. and he and his brothers were waiting for the bus. My father had an older brother and a younger brother. They all had dark hair and were wearing their school uniforms. My father and his family lived in the country on a farm. Every day my father and his brothers got up early to help with the animals. Then, they went to school. Dad always took his lunch and ate with his friends. After class, Dad worked on the farm. He had dinner with his family at 6:00, did his homework, and went to bed early. Life wasn't easy, but my father was happy.

9.1 My ancestors

Julián talks about his ancestors.

Some of my Spanish ancestors left for the New World in the 16th and 17th centuries. I have a great-great-great-great-great-great-great-great-great-grandfather who first arrived in Santo Domingo to seek his fortune. He was very young and traveled throughout the Caribbean and Central America working as a sailor for different crews. He made several trips by boat between Spain and the New World before settling in what is today Panama. Another one of my Spanish great-great-great-great-great-great-great-great-great-grandfathers settled in the Honduras area. That side of the family lived there for two hundred years, before moving to Panama. In Panama, there were people from many places, therefore I have Spanish, French, African, and indigenous ancestors. It's because of my mother that I can tell you the story of my family, because for three years, she did research in order to document our family tree.

9.2 A surprise party!

It's Valeria's birthday, but when she arrives at her apartment after work, no one is there. It's strange because her friends never forget her birthday, and her boyfriend always thinks of some way to celebrate. A little sadly, Valeria opens the door to her room and sees something on the bed. It's a note from someone, but she doesn't know who! The note says that Valeria should come out on to the patio of her building. She goes down the stairs and hears something: cumbia music! She sees her boyfriend and some of her friends talking, dancing cumbia, laughing, and having a good time. It's a surprise party! Valeria and her friends hug each other. It was a special night that Valeria will never forget.

9.3 An excursion to Roatan Island

Cecilia talks about her trip to Honduras.

When we went to Honduras, I wanted to visit the islands of the country, because they have an interesting history. I read that Roatan, the largest island of the Bay of Honduras, was a preferred haven for English, French, and Dutch pirates. Almost no one lived on the islands and the pirates used them as a center of attack. From their hideaways on the islands, they could pillage the large Spanish vessels that carried treasures from the New World to Spain and sometimes they attacked settlements on the mainland. When I told my husband that I wanted to go to Roatan, he looked for a two-day excursion. We visited the whole island. Although, due to their way of life, the pirates didn't leave behind any monuments or historical buildings to see, it was an interesting tour and it ended up being fun to imagine the pirates on the island.

10.1 A special trip

Virginia has traveled a lot because she writes travel guides. She has written guides about more than a hundred places. She has planned a trip to Ecuador and this trip is special for two reasons. First, she has never been to the equator, that is, the imaginary line that divides the northern and southern hemispheres of the Earth. Second, she has never made such a long trip with her son, Seve. At this moment, Seve is complaining because he has gotten tired of standing in line.

SEVE: Another line! How many lines have we stood in on this trip, Mom?

VIRGINIA: Oh, don't complain so much, son. This is normal and we really haven't had to wait too much.

SEVE: Gosh, Mom! You've gotten used to it, because you've traveled a lot. You have a lot of patience for lines, security checks, and customs.

VIRGINIA: But I've never taken a trip to Ecuador. That's why it's very interesting for me, especially because I'm taking it with you, my dear. And tomorrow, we're going to the Middle of the World.

10.2 A trip to Peru

Antonio and his wife Nuria are going to Peru on vacation. Antonio took a trip to Peru ten years ago, when he was a student, and he wanted to return with Nuria because he knows she will love all the cultural attractions. But they left Mexico several hours ago, and Nuria is impatient because she has never taken such a long trip.

NURIA: What's happening, darling? We've been waiting here for an hour.

ANTONIO: It's barely been twenty minutes since we got to customs. But this takes a while because they inspect everyone's luggage. Since it's only been a few weeks since they had that problem at another international airport, all airports are taking special precautions.

NURIA: It seems like we're never going to get to Lima.

ANTONIO: But, my dear . . . We're already in Lima. Soon we'll be at our hotel close to the Plaza de Armas. And in two days, we're going to Cuzco and the Sacred Valley of the Incas. I have wanted to share these wonders with you for so long!

10.3 Success at the airport

Follow these instructions to have a pleasant experience and avoid complications at the airport.

1. Don't take too much luggage. Pack your suitcase in an organized manner.
2. Arrive at least two hours before your flight if it is international. Try to arrive earlier if you plan to check your baggage.
3. Have patience with airport employees and wait your turn.
4. When passing through the security checkpoint, take off your shoes and coat and, if you're carrying a laptop, remove it from your bag and present it to the security agent. Carry liquids in a plastic bag.
5. Follow all instructions given by the employees at the security checkpoint and at customs.
6. Board the plane when it is your turn, and present your boarding pass to the agent.
7. Locate your seat, stow your baggage under it, and turn off your cell phone.
8. Enjoy your flight!

11.1 Our trip to Bolivia

Rogelio wants his friend Fernando to explain to him some details about the trip that Marta and Fernando are taking to Bolivia.

ROGELIO: When do Marta and you leave for Bolivia?

FERNANDO: We leave at the beginning of February. We want to arrive during the summer and before the carnival celebrations. Our friends there want us to go to the Oruro Carnival that is at the end of February.

ROGELIO: And you're going to stay with your friends during the whole trip?

FERNANDO: Oh, no. Although Justo and Clemencia want us to stay with them the whole month, we want to make several archaeological and natural excursions. During the trips, we want to stay in rustic cabins or very basic lodgings.

ROGELIO: Are you going to the national parks?

FERNANDO: Of course, we're going to Madidi and the Noel Kempff Mercado National Park. My friend wants us to visit Ulla Ulla and Lake Titicaca first. He knows I want to meet a Kallawaya, an indigenous medicine man.

ROGELIO: Well, I want you to send me a lot of postcards, to take a lot of photos, and to have a great time. A whole month in Bolivia: I'm so jealous of you!

11.2 The Oruro Carnaval

Jane is a young Canadian woman who is studying for a year in Bolivia. Her Bolivian "brother," Fernando, invites her to the Oruro Carnaval.

FERNANDO: What are you doing this Saturday?

JANE: I have to study a little, but I don't have plans.

FERNANDO: Well, I insist that you come with us to Oruro.

JANE: To Oruro? But . . . Oruro is a mining town. That doesn't seem very interesting to me. I prefer to stay here in La Paz.

FERNANDO: But it's important for you to go because this week the Oruro Carnaval begins. I want you to see how a small town changes for these celebrations, the most spectacular in Bolivia.

JANE: OK. I'll go with you. What do you recommend that I take to Oruro?

FERNANDO: I suggest you take a camera, a little money for bleacher seats, and comfortable clothing for four days.

JANE: Four days! But my boyfriend wants us to go out to dinner on Sunday, and there are classes on Monday and Tuesday!

FERNANDO: There are no classes those days because it's a holiday. I can tell your boyfriend to come to Oruro too. The festivities in Oruro are marvelous and go on until Ash Wednesday.

11.3 Changing of the guard

Larry visits his Peruvian girlfriend, Gloria, whom he met while she studied in Detroit. Today they are visiting the Government Palace in Lima.

GLORIA: I hope you like the architecture of my city. Here we are in the Plaza Mayor, in front of the Government Palace.

LARRY: I'm surprised there are so many colonial buildings in Lima. When I think of Peru, I always think of Incan and pre-Columbian structures.

GLORIA: Our cities have a great deal of Spanish influence. Hopefully we can see the changing of the guard. It's strange that here in Peru we have this so very European touch, but it's fun. The military guard also participates in the Independence Day parades on July 28.

LARRY: What fun! I have seen the changing of the guard in London. It's a pity that I won't be here in July to celebrate Peru's Independence Day with you.

GLORIA: Look! The changing is starting! I'm happy that you are seeing this.

12.1 A future champion

Andrés is a young Buenos Aires native who dreams of playing soccer professionally in the future. Dr. Blanco explains how to take good care of himself during his intense training.

ANDRÉS: I want to play for the Albicelestes some day, Doctor. It's important that I train a lot and I want todo it in the healthiest way possible. What should I do?

DRA. BLANCO: Andrés, it's good that you are thinking of your health. First, it's necessary that you explain a little more about your activities and any symptoms that you have.

ANDRÉS: It's true that I practice a lot, sometimes it's necessary for me to lift weights and do other exercises for two hours a day before an important game with my league. I don't have many problems, but it is true that sometimes my back really hurts.

DRA. BLANCO: You're very young, but it is bad that you have back pain. It's best that we take an x-ray to see if you have any type of injury. It's possible that it's nothing, but it's important that we be sure. Do you have time now to have the x-ray?

ANDRÉS: Of course I have time. Even though it is improbable that there is anything serious, I want to be sure. Thank you, Doctor.

DRA. BLANCO: It's best that you not worry, Andrés. I think you have much potential for a great future playing for the Albicelestes. Wait here for a few minutes . . .

12.2 I don't know what to do!

Beto and Marta are close friends who live in Chile. They discuss the well-being of another friend who worries them because he had a very stressful pace of life recently.

BETO: I think we need to do something to help Raúl. He's really stressed lately.

MARTA: I agree, but I'm not sure we have all the information about his situation. It's possible that he doesn't want to talk, but we have to try to chat with him.

BETO: You're right. It's true that Raúl is very ambitious and that he is under a lot of pressure at work this year. Why don't we invite him for a special weekend? I'm sure he just needs to relax.

MARTA: Perfect! I have no doubt that he will be excited! And that way we can talk to him in peace and find out if there's more than just the stress of work.

BETO: Well, he likes to hike and exercise. I think we could spend a fun weekend at Torres del Paine National Park. We can go on lots of excursions and also relax.

MARTA: I doubt that he has lots of free time for a trip, but we have to convince him.

BETO: Don't worry. I'll call him right now.

12.3 Good friends

Rafael and César are good friends who work for the same company in Argentina. Both are fascinated with talking about their families, so that is the main topic of conversation during a business trip they take together.

RAFAEL: How is your husband lately? Is he still having problems with allergies?

CÉSAR: Andrés is doing great. His allergies don't bother him much in the fall. But we have big news. They've finally processed the papers. We're going to adopt a little girl!

RAFAEL: Congratulations! I love that you guys are going to be parents! I love spending time with my kids more than anything else. You're going to see that it's wonderful being a dad. And what is the little girl like?

CÉSAR: Her name is Laura. We've spent lots of time with her on the weekends. She's three years old and just precious. She's very intelligent and everything she sees interests her. She never stops talking! At first her health worried us because a few months ago she had meningitis and was in the hospital. Luckily, she has recovered completely now. Now all that is important to us is that our future daughter is healthy and happy.

RAFAEL: Of course. The most important thing to all parents is the health of their children. I know that you and Andrés are going to offer that little girl a wonderful life. And she is going to make the two of you very happy as well.

CÉSAR: Yes, we are very excited. But before we can bring her home we need to move to a bigger apartment. Lately we are fascinated with the classified ads and finding the perfect home for our family. We hope to have her home in a month.

RAFAEL: How exciting! Well I really want to meet her. Could we invite her to my daughter's birthday party? It's in two months, and she is going to be three as well. I know that my wife and daughter will love meeting Laura. I hope that our daughters will be great friends, just like us.

CÉSAR: Me too. What can we bring to the party? Where will it be?

13.1 Computers and the Ceibal Plan

The students of Rincón de Vignoli have received their laptop computers as part of the Ceibal Plan. The Ceibal Plan will put computers in the hands of all of the public school students of Uruguay. All of the computers will have functions for writing documents, recording audio, taking photos, and connecting to the Internet, among other things. Uruguay is the first country to implement a plan like this one.

The students of Rincón de Vignoli are among the first to receive their computers. What will these students do with their computers? How will they use them? How will the teachers change their class plans?

13.2 A Chuquicamanta Laborer

Rodrigo is a skilled worker at the Chuquicamanta refinery in Chile. His days are long and physically challenging. Normally he goes directly home when he finishes work, but today, when his shift is over, he will go out with friends to have a beer. He won't eat dinner until he returns home, where his family is waiting for him. As soon as he gets home, he will take a shower and change clothes. He always feels comfortable and happy after his children tell him the stories of their day during dinner.

13.3 The office of the Liebig factory

This office at the Liebig factory in Fray Bentos, Uruguay, has been turned into a museum. Why is it a museum now? Well, there probably is no modern company that could use it. This office has no cubicles that separate the desks. A modern boss will want all of his employees to have computers with programs for writing, documenting, and connecting to the Internet, but this office only has typewriters and mechanical calculators.

14.1 The Bioko Biodiversity Protection Program (BBPP)

BBPP is part of an academic alliance with the National University of Equatorial Guinea. Program participants work so that the animals and nature of the area are conserved, since Bioko is one of the most ecologically diverse places in Africa. Seven species of rare primates live on the island and the island is also one of the primary havens for sea turtles. But these animals are endangered and unless the inhabitants of the island change some of their practices, they will disappear. BBPP employs fifty locals who guard the tropical forests so that residents don't hunt and kill the animals.

14.2 The bikeways of Marikina

Officials of Manila, Philippines lament that the air pollution exists at dangerous levels. To fight air pollution, the Firefly Brigade wanted the city of Marikina, part of the Manila metropolitan area, to serve as a prototype for a system of bikeways. It's incredible that there are some sixty kilometers of bikeways in Marikina. It's hoped that the bikeways will encourage residents to use their bikes to go to work. So that the program might be more effective, the Brigade came to an agreement with the light rail system (LRT). The LRT lines allow cyclists to board the train. There is a special car at the end that is called the "green car." They limit the number of bicycles in the car and it's necessary that the bikes be foldable. Nevertheless, this cooperation makes it possible for cyclists to arrive more quickly at the office.

15.1 Cybercafés

There is no doubt that technological advances have changed our world, especially how we communicate and how we stay up to date. But, who would imagine the impact of those advances on developing countries, especially in remote regions? We could cite many examples of that impact, but we would like to talk about cybercafés that are now very popular throughout Latin America.

Many people, in urban as well as rural zones, also use of cybercafés. Young people and adults who would never buy a computer nor have Internet access, go into cybercafés, open e-mail accounts, use Skype to call friends and family, and explore the Internet. A young person who goes into this cybercafé in San Pedro de Atacama, Chile, would pay 1,200 pesos per hour to use the Internet. It's obvious that technology is changing the world.

15.2 Wellness programs

Wellness programs are increasingly popular throughout most of the world. Employers have realized that if they offer wellness programs to their employees, the company benefits, too.

In most countries, if a company offers a well-being program, it is to relieve employee stress. The strategy is this: if the employees were less stressed, they would get sick less, miss fewer days of work, and be more productive. But in the United States and Latin America, if a company provides a wellness program, it's to reduce health insurance costs.

Verb Charts

A. Regular Verbs: Simple Tenses

INFINITIVE PRESENT PARTICIPLE PAST PARTICIPLE	INDICATIVE					SUBJUNCTIVE		IMPERATIVE
	PRESENT	IMPERFECT	PRETERITE	FUTURE	CONDITIONAL	PRESENT	PAST	
hablar hablando hablado	hablo hablas habla hablamos habláis hablan	hablaba hablabas hablaba hablábamos hablabais hablaban	hablé hablaste habló hablamos hablasteis hablaron	hablaré hablarás hablará hablaremos hablaréis hablarán	hablaría hablarías hablaría hablaríamos hablaríais hablarían	hable hables hable hablemos habléis hablen	hablara hablaras hablara habláramos hablarais hablaran	habla / no hables hable hablemos hablad / no habléis hablen
comer comiendo comido	como comes come comemos coméis comen	comía comías comía comíamos comíais comían	comí comiste comió comimos comisteis comieron	comeré comerás comerá comeremos comeréis comerán	comería comerías comería comeríamos comeríais comerían	coma comas coma comamos comáis coman	comiera comieras comiera comiéramos comierais comieran	come / no comas coma comamos comed / no comáis coman
vivir viviendo vivido	vivo vives vive vivimos vivís viven	vivía vivías vivía vivíamos vivíais vivían	viví viviste vivió vivimos vivisteis vivieron	viviré vivirás vivirá viviremos viviréis vivirán	viviría vivirías viviría viviríamos viviríais vivirían	viva vivas viva vivamos viváis vivan	viviera vivieras viviera viviéramos vivierais vivieran	vive / no vivas viva vivamos vivid / no viváis vivan

B. Regular Verbs: Perfect Tenses

INDICATIVE										SUBJUNCTIVE			
PRESENT PERFECT		PLUPERFECT		PRETERITE PERFECT		FUTURE PERFECT		CONDITIONAL PERFECT		PRESENT PERFECT		PLUPERFECT	
he has ha hemos habéis han	hablado comido comido	había habías había habíamos habíais habían	hablado comido vivido	hube hubiste hubo hubimos hubisteis hubieron	hablado comido vivido	habré habrás habrá habremos habréis habrán	hablado comido vivido	habría habrías habría habríamos habríais habrían	hablado hablado vivido	haya hayas haya hayamos hayáis hayan	hablado comido vivido	hubiera hubieras hubiera hubiéramos hubierais hubieran	hablado comido vivido

C. Irregular Verbs

INFINITIVE PRESENT PARTICIPLE PAST PARTICIPLE	INDICATIVE					SUBJUNCTIVE		IMPERATIVE
	PRESENT	IMPERFECT	PRETERITE	FUTURE	CONDITIONAL	PRESENT	PAST	
andar andando andado	ando andas anda andamos andáis andan	andaba andabas andaba andábamos andabais andaban	anduve anduviste anduvo anduvimos anduvisteis anduvieron	andaré andarás andará andaremos andaréis andarán	andaría andarías andaría andaríamos andaríais andarían	ande andes ande andemos andéis anden	anduviera anduvieras anduviera anduviéramos anduvierais anduvieran	anda / no andes ande andemos andad / no andéis anden
caber cabiendo cabido	quepo cabes cabe cabemos cabéis caben	cabía cabías cabía cabíamos cabíais cabían	cupe cupiste cupo cupimos cupisteis cupieron	cabré cabrás cabrá cabremos cabréis cabrán	cabría cabrías cabría cabríamos cabríais cabrían	quepa quepas quepa quepamos quepáis quepan	cupiera cupieras cupiera cupiéramos cupierais cupieran	cabe / no quepas quepa quepamos cabed / no quepáis quepan
caer cayendo caído	caigo caes cae caemos caéis caen	caía caías caía caíamos caíais caían	caí caíste cayó caímos caísteis cayeron	caeré caerás caerá caeremos caeréis caerán	caería caerías caería caeríamos caeríais caerían	caiga caigas caiga caigamos caigáis caigan	cayera cayeras cayera cayéramos cayerais cayeran	cae / no caigas caiga caigamos caed / no caigáis caigan

C. Irregular Verbs (Continued)

INFINITIVE PRESENT PARTICIPLE PAST PARTICIPLE	INDICATIVE					SUBJUNCTIVE		IMPERATIVE
	PRESENT	IMPERFECT	PRETERITE	FUTURE	CONDITIONAL	PRESENT	PAST	
dar dando dado	doy das da damos dais dan	daba dabas daba dábamos dabais daban	di diste dio dimos disteis dieron	daré darás dará daremos daréis darán	daría darías daría daríamos daríais darían	dé des dé demos deis den	diera dieras diera diéramos dierais dieran	da / no des dé demos dad / no deis den
decir diciendo dicho	digo dices dice decimos decís dicen	decía decías decía decíamos decíais decían	dije dijiste dijo dijimos dijisteis dijeron	diré dirás dirá diremos diréis dirán	diría dirías diría diríamos diríais dirían	diga digas diga digamos digáis digan	dijera dijeras dijera dijéramos dijerais dijeran	di / no digas diga digamos decid / no digáis digan
estar estando estado	estoy estás está estamos estáis están	estaba estabas estaba estábamos estabais estaban	estuve estuviste estuvo estuvimos estuvisteis estuvieron	estaré estarás estará estaremos estaréis estarán	estaría estarías estaría estaríamos estaríais estarían	esté estés esté estemos estéis estén	estuviera estuvieras estuviera estuviéramos estuvierais estuviera	está / no estés esté estemos estad / no estéis estén
haber habiendo habido	he has ha hemos habéis han	había habías había habíamos habíais habían	hube hubiste hubo hubimos hubisteis hubieron	habré habrás habrá habremos habréis habrán	habría habrías habría habríamos habríais habrían	haya hayas haya hayamos hayáis hayan	hubiera hubieras hubiera hubiéramos hubierais hubieran	
hacer haciendo hecho	hago haces hace hacemos hacéis hacen	hacía hacías hacía hacíamos hacíais hacían	hice hiciste hizo hicimos hicisteis hicieron	haré harás hará haremos haréis harán	haría harías haría haríamos haríais harían	haga hagas haga hagamos hagáis hagan	hiciera hicieras hiciera hiciéramos hicierais hicieran	haz / no hagas haga hagamos haced / no hagáis hagan
ir yendo ido	voy vas va vamos vais van	iba ibas iba íbamos ibais iban	fui fuiste fue fuimos fuisteis fueron	iré irás irá iremos iréis irán	iría irías iría iríamos iríais irían	vaya vayas vaya vayamos vayáis vayan	fuera fueras fuera fuéramos fuerais fueran	ve / no vayas vaya vayamos id / no vayáis vayan
oír oyendo oído	oigo oyes oye oímos oís oyen	oía oías oía oíamos oíais oían	oí oíste oyó oímos oísteis oyeron	oiré oirás oirá oiremos oiréis oirán	oiría oirías oiría oiríamos oiríais oirían	oiga oigas oiga oigamos oigáis oigan	oyera oyeras oyera oyéramos oyerais oyeran	oye / no oigas oiga oigamos oíd / no oigáis oigan
poder pudiendo podido	puedo puedes puede podemos podéis pueden	podía podías podía podíamos podíais podían	pude pudiste pudo pudimos pudisteis pudieron	podré podrás podrá podremos podréis podrán	podría podrías podría podríamos podríais podrían	pueda puedas pueda podamos podáis puedan	pudiera pudieras pudiera pudiéramos pudierais pudieran	
poner poniendo puesto	pongo pones pone ponemos ponéis ponen	ponía ponías ponía poníamos poníais ponían	puse pusiste puso pusimos pusisteis pusieron	pondré pondrás pondrá pondremos pondréis pondrán	pondría pondrías pondría pondríamos pondríais pondrían	ponga pongas ponga pongamos pongáis pongan	pusiera pusieras pusiera pusiéramos pusierais pusieran	pon / no pongas ponga pongamos poned / no pongáis pongan
predecir prediciendo predicho	predigo predices predice predecimos predecís predicen	predecía predecías predecía predecíamos predecíais predecían	predije predijiste predijo predijimos predijisteis predijeron	predeciré predecirás predecirá predeciremos predeciréis predecirán	predeciría predecirías predeciría predeciríamos predeciríais predecirían	prediga predigas prediga predigamos predigáis predigan	predijera predijeras predijera predijéramos predijerais predijeran	predice / no predigas prediga predigamos predecid / no predigáis predigan
querer queriendo querido	quiero quieres quiere queremos queréis quieren	quería querías quería queríamos queríais querían	quise quisiste quiso quisimos quisisteis quisieron	querré querrás querrá querremos querréis querrán	querría querrías querría querríamos querríais querrían	quiera quieras quiera queramos queráis quieran	quisiera quisieras quisiera quisiéramos quisierais quisieran	quiere / no quieras quiera queramos quered / no queráis quieran

C. Irregular Verbs (Continued)

INFINITIVE PRESENT PARTICIPLE PAST PARTICIPLE	INDICATIVE					SUBJUNCTIVE		IMPERATIVE
	PRESENT	IMPERFECT	PRETERITE	FUTURE	CONDITIONAL	PRESENT	PAST	
saber sabiendo sabido	sé sabes sabe sabemos sabéis saben	sabía sabías sabía sabíamos sabíais sabían	supe supiste supo supimos supisteis supieron	sabré sabrás sabrá sabremos sabréis sabrán	sabría sabrías sabría sabríamos sabríais sabrían	sepa sepas sepa sepamos sepáis sepan	supiera supieras supiera supiéramos supierais supieran	sabe / no sepas sepa sepamos sabed / no sepáis sepan
salir saliendo salido	salgo sales sale salimos salís salen	salía salías salía salíamos salíais salían	salí saliste salió salimos salisteis salieron	saldré saldrás saldrá saldremos saldréis saldrán	saldría saldrías saldría saldríamos saldríais saldrían	salga salgas salga salgamos salgáis salgan	saliera salieras saliera saliéramos salierais salieran	sal / no salgas salga salgamos salid / no salgáis salgan
ser siendo sido	soy eres es somos sois son	era eras era éramos erais eran	fui fuiste fue fuimos fuisteis fueron	seré serás será seremos seréis serán	sería serías sería seríamos seríais serían	sea seas sea seamos seáis sean	fuera fueras fuera fuéramos fuerais fueran	sé / no seas sea seamos sed / no seáis sean
tener teniendo tenido	tengo tienes tiene tenemos tenéis tienen	tenía tenías tenía teníamos teníais tenían	tuve tuviste tuvo tuvimos tuvisteis tuvieron	tendré tendrás tendrá tendremos tendréis tendrán	tendría tendrías tendría tendríamos tendríais tendrían	tenga tengas tenga tengamos tengáis tengan	tuviera tuvieras tuviera tuviéramos tuvierais tuvieran	ten / no tengas tenga tengamos tened / no tengáis tengan
traer trayendo traído	traigo traes trae traemos traéis traen	traía traías traía traíamos traíais traían	traje trajiste trajo trajimos trajisteis trajeron	traeré traerás traerá traeremos traeréis traerán	traería traerías traería traeríamos traeríais traerían	traiga traigas traiga traigamos traigáis traigan	trajera trajeras trajera trajéramos trajerais trajeran	trae / no traigas traiga traigamos traed / no traigáis traigan
valer valiendo valido	valgo vales vale valemos valéis valen	valía valías valía valíamos valíais valían	valí valiste valió valimos valisteis valieron	valdré valdrás valdrá valdremos valdréis valdrán	valdría valdrías valdría valdríamos valdríais valdrían	valga valgas valga valgamos valgáis valgan	valiera valieras valiera valiéramos valierais valieran	vale / no valgas valga valgamos valed / no valgáis valgan
venir viniendo venido	vengo vienes viene venimos venís vienen	venía venías venía veníamos veníais venían	vine viniste vino vinimos vinisteis vinieron	vendré vendrás vendrá vendremos vendréis vendrán	vendría vendrías vendría vendríamos vendríais vendrían	venga vengas venga vengamos vengáis vengan	viniera vinieras viniera viniéramos vinierais vinieran	ven / no vengas venga vengamos venid / no vengáis vengan
ver viendo visto	veo ves ve vemos veis ven	veía veías veía veíamos veíais veían	vi viste vio vimos visteis vieron	veré verás verá veremos veréis verán	vería verías vería veríamos veríais verían	vea veas vea veamos veáis vean	viera vieras viera viéramos vierais vieran	ve / no veas vea veamos ved / no veáis vean

D. Stem Changing and Spelling Change Verbs

INFINITIVE PRESENT PARTICIPLE PAST PARTICIPLE	INDICATIVE					SUBJUNCTIVE		IMPERATIVE
	PRESENT	IMPERFECT	PRETERITE	FUTURE	CONDITIONAL	PRESENT	PAST	
construir (y) construyendo construido	construyo construyes construye construimos construís construyen	construía construías construía construíamos construíais construían	construí construiste construyó construimos construisteis construyeron	construiré construirás construirá construiremos construiréis construirán	construiría construirías construiría construiríamos construiríais construirían	construya construyas construya construyamos construyáis construyan	construyera construyeras construyera construyéramos construyerais construyeran	construye / no construyas construya construyamos construid / no construyáis construyan
creer (y [*3rd-pers. pret.*]) creyendo creído	creo crees cree creemos creéis creen	creía creías creía creíamos creíais creían	creí creíste creyó creímos creísteis creyeron	creeré creerás creerá creeremos creeréis creerán	creería creerías creería creeríamos creeríais creerían	crea creas crea creamos creáis crean	creyera creyeras creyera creyéramos creyerais creyeran	cree / no creas crea creamos creed / no creáis crean
dormir (ue, u) durmiendo dormido	duermo duermes duerme dormimos dormís duermen	dormía dormías dormía dormíamos dormíais dormían	dormí dormiste durmió dormimos dormisteis durmieron	dormiré dormirás dormirá dormiremos dormiréis dormirán	dormiría dormirías dormiría dormiríamos dormiríais dormirían	duerma duermas duerma durmamos durmáis duerman	durmiera durmieras durmiera durmiéramos durmierais durmieran	duerme / no duermas duerma durmamos dormid / no durmáis duerman
pedir (i, i) pidiendo pedido	pido pides pide pedimos pedís piden	pedía pedías pedía pedíamos pedíais pedían	pedí pediste pidió pedimos pedisteis pidieron	pediré pedirás pedirá pediremos pediréis pedirán	pediría pedirías pediría pediríamos pediríais pedirían	pida pidas pida pidamos pidáis pidan	pidiera pidieras pidiera pidiéramos pidierais pidieran	pide / no pidas pida pidamos pedid / no pidáis pidan
pensar (ie) pensando pensado	pienso piensas piensa pensamos pensáis piensan	pensaba pensabas pensaba pensábamos pensabais pensaban	pensé pensaste pensó pensamos pensasteis pensaron	pensaré pensarás pensará pensaremos pensaréis pensarán	pensaría pensarías pensaría pensaríamos pensaríais pensarían	piense pienses piense pensemos penséis piensen	pensara pensaras pensara pensáramos pensarais pensaran	piensa / no pienses piense pensemos pensad / no penséis piensen
producir (zc, j) produciendo producido	produzco produces produce producimos producís producen	producía producías producía producíamos producíais producían	produje produjiste produjo produjimos produjisteis produjeron	produciré producirás producirá produciremos produciréis producirán	produciría producirías produciría produciríamos produciríais producirían	produzca produzcas produzca produzcamos produzcáis produzcan	produjera produjeras produjera produjéramos produjerais produjeran	produce / no produzcas produzca produzcamos producid / no produzcáis produzcan
reír (i, i) riendo reído	río ríes ríe reímos reís ríen	reía reías reía reíamos reíais reían	reí reíste rio reímos reísteis rieron	reiré reirás reirá reiremos reiréis reirán	reiría reirías reiría reiríamos reiríais reirían	ría rías ría riamos riáis rían	riera rieras riera riéramos rierais rieran	ríe / no rías ría riamos reíd / no riáis rían
seguir (i, i) (g) siguiendo seguido	sigo sigues sigue seguimos seguís siguen	seguía seguías seguía seguíamos seguíais seguían	seguí seguiste siguió seguimos seguisteis siguieron	seguiré seguirás seguirá seguiremos seguiréis seguirán	seguiría seguirías seguiría seguiríamos seguiríais seguirían	siga sigas siga sigamos sigáis sigan	siguiera siguieras siguiera siguiéramos siguierais siguieran	sigue / no sigas siga sigamos seguid / no sigáis sigan
sentir (ie, i) sintiendo sentido	siento sientes siente sentimos sentís sienten	sentía sentías sentía sentíamos sentíais sentían	sentí sentiste sintió sentimos sentisteis sintieron	sentiré sentirás sentirá sentiremos sentiréis sentirán	sentiría sentirías sentiría sentiríamos sentiríais sentirían	sienta sientas sienta sintamos sintáis sientan	sintiera sintieras sintiera sintiéramos sintierais sintieran	siente / no sientas sienta sintamos sentid / no sintáis sientan
volver (ue) volviendo vuelto	vuelvo vuelves vuelve volvemos volvéis vuelven	volvía volvías volvía volvíamos volvíais volvían	volví volviste volvió volvimos volvisteis volvieron	volveré volverás volverá volveremos volveréis volverán	volvería volverías volvería volveríamos volveríais volverían	vuelva vuelvas vuelva volvamos volváis vuelvan	volviera volvieras volviera volviéramos volvierais volvieran	vuelve / no vuelvas vuelva volvamos volved / no volváis vuelvan

Vocabulario español-inglés

This Spanish-English Vocabulary contains all of the words that appear in the textbook, with the following exceptions: (1) most close or identical cognates that do not appear in the chapter vocabulary lists; (2) most conjugated verb forms; (3) most diminutives ending in **-ito/a;** (4) augmentatives ending in **-ísimo/a;** (5) most adverbs ending in **-mente.** Only meanings used in the text are given. Numbers following translations indicate the chapter in which that meaning of the word was first presented as active vocabulary. The English-Spanish Vocabulary (p. V-40) is based on the chapter lists of active vocabulary.

The letter **n** precedes **ñ** in alphabetical order.

The gender of nouns is indicated, except for masculine nouns ending in **-o** and feminine nouns ending in **-a.** Stem changes and spelling changes are indicated for verbs: **dormir (ue, u); llegar (gu); conocer (zc).**

The following abbreviations are used in this vocabulary.

adj.	adjective	*lit.*	Literally
adv.	adverb	*m.*	masculine
anat.	anatomy	*Mex.*	Mexico
Arg.	Argentina	*n.*	noun
coll.	colloquial	*obj.*	object
conj.	conjunction	*p.p.*	past participle
cont.	continued	*pl.*	plural
dir.	direct	*P.R.*	Puerto Rico
f.	feminine	*prep.*	preposition
fam.	familiar	*pres.*	present
form.	formal	*pret.*	preterite
gram.	grammatical term	*pron.*	pronoun
ind.	indicative	*rel.*	relative
indir.	indirect	*s.*	singular
inf.	infinitive	*Sp.*	Spain
interj.	interjection	*sub.*	subject
inv.	invariable	*subj.*	subjunctive
irreg.	irregular	*v.*	verb
L.A.	Latin America		

A

a at (1); to; **a cargo (de)** in charge (of) (13); **a causa de** because of; **a continuación** following; **a finales de** at the end of; below; **a gusto** comfortable, at ease; **a la(s)** + *time* at + *time* (1); **a la derecha (de)** to the right (of) (2); **a la izquierda (de)** to the left (of) (2); **a la parrilla** grilled; **a la sombra de** under the wings of (*someone*); **a la vez** at once; **a la vuelta** upon return(ing); **a mano** by hand; **a mediados de** halfway through; **a menos que** + *subj.* unless (14); **a menudo** often; **a partir de** beyond (4), as of; from (*point in time*) on; **a primera vista** at first sight; **a principios de** at the beginning of; **¿a qué hora?** at what time? (1); **a solas** alone; **a su vez** at the same time; **a tiempo** on time; **a tiempo completo** full-time (*job*); **a tiempo parcial** part-time; **a veces** sometimes (1), at times

abajo downstairs (5); down (5); **boca abajo** face-down

abandonar to abandon, leave

abecedario alphabet

abeja bee

abierto/a (*p.p. of* **abrir**) open

abogado/a lawyer (13)

abolición *f.* abolition

abolir to abolish

abrazar (c) to hug; **abrazarse** to hug each other (5)

abrazo *n.* hug

abreviado/a abridged, shortened

abreviatura abbreviation

abrigarse (gu) to cover up

abrigo coat (7); overcoat

abril April (2)

abrir (*p.p.* **abierto**) to open (2); **abrirse paso** to make way

absentismo absenteeism

absoluto/a absolute

absurdo/a: es absurdo que it's absurd that (11)

abuelo/a grandfather/grandmother (4); *m. pl.* grandparents (4); **tío abuelo** great uncle

abundancia *n.* abundance, prosperity

abundante abundant

aburrido/a bored (2); boring (1)

aburrir to bore (6); **aburrirse** to get/become bored

abusar to abuse; **abusar de** + *noun* to do/take (*something*) in excess

acabar to finish; to exhaust (*someone's patience*); to run out of (*in accidental* **se** *construction*) (7);

acabar (*cont.*)
acabar de + *inf.* to have just (*done something*) (10)
academia academy
académico/a academic; **formación** (*f.*) **académica** education (15)
acampar to camp; to go camping (9)
acaso: por si acaso just in case (9)
acceder (a) to access
acceso access, entry
accesorio accessory
accidente *m.* accident
acción *f.* action; **Día** (*m.*) **de Acción de Gracias** Thanksgiving Day (11)
aceite *m.* oil (6); **aceite de oliva** olive oil (6)
acelerar to accelerate
aceptable acceptable
aceptación *f.* acceptance
aceptar to accept (6)
acera sidewalk (8)
acerca de *prep.* about; concerning
acercar (qu) to approach
acero steel; **nervios de acero** nerves of steel
aclamado/a acclaimed
aclarar to clarify
acoger (j) to welcome
acogedor(a) cozy; welcoming
acomodar to accommodate
acompañar to go with; to accompany
acondicionado/a: aire (*m.*) **acondicionado** air conditioning
acondicionador *m.* (hair) conditioner
aconsejar to advise (11)
acontecer (zc) to happen, take place
acontecimiento event
acordado/a agreed upon
acordar (ue) to remember (9)
acostarse (ue) to lie down (5)
acostumbrado/a (a) accustomed (to) / used to
acre *m.* acre
acristalamiento: doble acristalamiento double-paned (*windows*)
actitud *f.* attitude
actividad *f.* activity (1)
activista *m., f.* activist
activo/a active
actor *m.* actor (11)
actriz *f.* (*pl.* **actrices**) actress (11)
actuación *f.* performance
actual current; present-day, modern
actualidad *f.* present-time; **en la actualidad** currently, right now
actualmente currently (8)
actuar (actúo) to act
acueducto aqueduct
acuerdo agreement; **de acuerdo** in agreement; **de acuerdo a** according to; **de acuerdo con** in accordance with; **estar** (*irreg.*) **de acuerdo** to agree
acumulado/a amassed, accumulated
acumulador (*m.*) **de calor** heating system
acupuntura acupuncture
acusado/a *adj.* accused
acústico/a acoustic
adaptar(se) to adapt; to adjust (*to something*)
adecuado/a adequate
adelgazar (c) to lose weight (12)
además moreover; **además de** *prep.* besides
adentro *adv.* inside (5); within
aderezar (c) to dress, season (*food*)
aderezo *s.* seasonings
adicción *f.* addiction (12)
adicionalmente additionally
adicto/a *n.* addict; **adicto/a a** addicted (to)
adiós. good-bye. (1)
adivinar to guess
adjetivo *gram.* adjective (1); **adjetivo posesivo** *gram.* possessive adjective (1)
adjuntar to attach (*a document*)
adjunto attachment (15); **documento adjunto** attachment (15)
administración *f.* administration; **administración empresarial** business administration (1)
administrar to manage (13); to administer (13)
administrativo/a *n.* file clerk (13); *adj.* administrative
admirar to admire
adobo sauce, marinade (*for cooking*)
adolescencia adolescence (9)
adolescente *n. m., f.* adolescent
¿adónde? (to) where? (2)
adoptar to adopt
adoptivo/a: hijo/a adoptivo/a adopted son/daughter (4)
adorador(a) *n.* worshipper
adorar to adore
adornado/a adorned (11), decorated
adosado/a: casa adosada townhouse (5)
adquirir (ie, i) to acquire; to purchase
aduana customs (10); **pasar por la aduana** to go through customs (10)
adulto/a *n., adj.* adult
adverbio *gram.* adverb (8)
advertir (ie, i) to warn, alert
aeróbico/a aerobic; **hacer** (*irreg.*) **ejercicio aeróbico** to do aerobics (12)
aerogenerador *m.* wind generator
aeropuerto airport (8)
afanarse por to strive for
afectar to affect (14)
afeitar(se) to shave (oneself) (5)
aferrar to seize, grab hold of
afición *f.* interest, liking; hobby
aficionado/a fan (11)
afinar to polish
afirmación *f.* statement
afirmar to affirm (12); to declare (12)
afloja: tira y afloja *m.* give and take
afortunadamente fortunately (8)
africano/a *n., adj.* African
afroargentino/a *adj.* Afro-Argentinean
afrocubano/a *adj.* Afro-Cuban
afroecuatoriano/a *adj.* Afro-Ecuadorian
afuera *adv.* outside (5)
afueras *n. pl.* outskirts (5); suburbs (5)
agencia agency; **agencia de viajes** travel agency (10)
agente *m., f.* agent; **agente de viajes** travel agent
agosto August (2)
agotado/a used up; dying
agotamiento exhaustion
agradable pleasant
agradecer (zc) to thank
agradecido/a grateful
agradecimiento gratitude
agravar to make worse
agrícola *m., f.* agricultural (8)
agricultor(a) farmer (8)
agricultura agriculture (8), farming
agroturismo agricultural tourism (10)
agua *f.* (*but* **el agua**) water (6); **agua dulce/salada** fresh/salt water (14); **aguas termales** hot springs; **contaminación** (*f.*) **del agua** water pollution (14)
aguacate *m.* avocado (6)
aguantar to endure
aguardiente *m.* liquor
águila *f.* (*but* **el águila**) eagle (14)
ahí there
ahijado/a godson/goddaughter (4)
ahora now (2)
ahorita right now
ahorrar to save; **ahorrar dinero** to save money (15)
aire *m.* air (14); **aire acondicionado** air conditioning; **aire puro** clean air (14); **al aire libre** outdoors; **contaminación** (*f.*) **del aire** air pollution (14)
aislado/a isolated
ajeno/a alien; unaware
ají *m.* (bell) pepper

ajo garlic (6)
ajuar *n. m. s.* furnishings
al (*contraction of* **a** + **el**) to the; **al aire libre** outdoors; **al contrario** on the contrary; **al día** up to date; **al este** to the east (7); **al final** in the end; **al gusto** to one's liking; **al horno** baked; **al lado de** next to (5); **al norte** to the north (8); **al oeste** to the west (8); **al principio** in the beginning, at first; **al principio de** at the beginning of; **al sur** to the south (8); **al vapor** steamed; **de al lado** next-door (5); **ponerse** (*irreg.*) **al corriente** to catch up
ala (*f. but* **el ala**) **delta** hang gliding; **practicar (qu) el ala delta** to hang glide
alacena cupboard
alargado/a long
albañil *m.* bricklayer (13); construction worker
albergar (gu) to host, house (*a collection*)
albergue *m.* hostel
álbum *m.* record (music); **álbum de fotos** photo album
alcance *m.* scope; reach
alcanzar (c) to achieve; to reach; **alcanzar a** + *inf.* to manage to (*do something*)
alcatraz *m.* (*pl.* **alcatraces**) calla lily
alcoba bedroom
alcohol *m.* alcohol (12)
alcohólico/a *n.* alcoholic (12); **bebida alcohólica** alcoholic drink (6)
aldea village
alegrarse (de) to be happy (about) (11)
alegre happy (2)
alegría happiness, joy
alejado/a (de) distant, far away from
alejarse (de) to move away from
alemán *m.* German (*language*)
alergia allergy
alfabetización *f.* literacy
alfombra rug (5)
algo something (9)
algodón *m.* cotton (7)
alguien someone (9), somebody
algún, alguno/a(s) some (9); any; **algún día** someday; **alguna vez** once; ever
aliado/a ally
alimentación *f.* diet
alimentarse to feed/nourish (oneself)
alimenticio/a nutritious
alimento food (6); nourishment (6); **alimentos transgénicos** genetically modified foods (15)
aliviar to relieve (12); to lessen
allá over there; **más allá** further, farther; **más allá de** beyond
allí there
alma *f.* (*but* **el alma**) soul
almacén *m.* market; grocery store
almacenar to backup
almeja clam
almidón *m.* starch (*food*)
almohada pillow
almorzar (ue) (c) to eat lunch (3)
almuerzo lunch (6)
¿aló? hello? (*when answering telephone*)
alojamiento lodging (10)
alojarse to stay (*in a hotel*) (10)
alpinismo mountain climbing (9)
alquilar to rent
alquiler *m.* rent (15)
alrededor: alrededor de *prep.* around; **alrededores** *n. m. pl.* surroundings
altar *m.* altar
altavoz *m.* (*pl.* **altavoces**) loudspeaker; *pl.* speakers (15)
alternativa alternative, option
altiplano high plateau (14)
alto/a tall (1); high; **alta costura** high fashion; **en voz alta** aloud; **precio alto** high price (7); **televisión** (*f.*) **de alta definición** HD TV (15); **zapatos de tacón alto** high-heeled shoes (7)
altoparlante *m.* loudspeaker
altruismo unselfishness
altruista *m., f.* unselfish
altura: de altura in height
alusión *f.* reference
ama (*f. but* **el ama**) **de casa** housewife
amabilidad *f.* kindness
amable friendly (9)
amante *m., f.* lover
amar(se) to love (each other) (9)
amarillo *n.* yellow (2)
amarillo/a *adj.* yellow
amarse to love each other (9)
amazónico/a *adj.* Amazon
ambición *f.* ambition
ambicioso/a ambitious
ambiental environmental; **desastre** (*m.*) **ambiental** environmental disaster (14); **problema** (*m.*) **ambiental** environmental problem (14); **solución** (*f.*) **ambiental** environmental solution (14)
ambiente *m.* atmosphere, environment; industry; world; **medio ambiente** environment (14)
ambos/as *pl.* both
amenaza threat
americano/a American; **fútbol** (*m.*) **americano** football (1); **jugar (ue) (gu) al fútbol americano** to play football (1)
amigo/a friend (1); **mejor amigo/a** best friend (1)
amistad *f.* friendship (9)
amor *m.* love (9)
ampliar (amplío) to extend; to increase
amplio/a ample
amueblado/a furnished (5)
amueblar to furnish; **sin amueblar** unfurnished (5)
amurallado/a walled
añadir to add
analizar (c) to analyze
anaranjado *n.* orange (*color*) (2)
anaranjado/a *adj.* orange
anatomía anatomy (1)
ancho/a wide; **televisión** (*f.*) **de pantalla ancha** wide-screen TV (15)
anciano/a elderly person
andaluz(a) *adj.* Andalusian (*of or from Andalucía, region in southern Spain*)
andante: caballero andante knight-errant
andar *irreg.* to walk; **andar en bicicleta** to ride a bicycle (1)
andino/a Andean
anémico/a anemic
anfitrión *m.* host
anfitriona hostess
anillo ring (7)
animado/a cheerful; **dibujos animados** cartoons (9)
animal *m.* animal; **animal doméstico** domesticated (farm) animal (8)
ánimo spirit; **estado de ánimo** state of mind
anís *m.* anise
aniversario anniversary
año year (3); **Año Nuevo** New Year's Day (11); **¿cuántos años tiene usted (Ud.)?** how old are you (*s. form.*)? (4); **¿cuántos años tienes?** how old are you (*s. fam.*)? (4); **cumplir años** to have a birthday; **el año pasado** last year (6); **los años setenta** the seventies; **por año** yearly; per year; **tener** (*irreg.*)**... años** to be . . . years old (3); **todo el año** all year; **todos los años** every year
anoche last night (6)
anotar to make a note of; **anotar datos** to enter data (13)
antártico/a: Mar Antártico Antarctic Sea
ante before; **ante todo** above all
anteayer the day before yesterday (6)

antecedente *m. gram.* antecedent
antepasado/a ancestor
anterior previous
antes before; **antes (de)** before (1); **antes de que** + *subj.* before (14)
antibiótico antibiotic (12)
anticipación *f.*: **con anticipación** ahead of time
anticontaminante anti-pollution (14)
anticuado/a outdated
antidepresivo antidepressant
antigüedad *n. f.* antique
antiguo/a ancient, old
antipático/a mean (1), disagreeable
antropología anthropology
anual annual
anuncio advertisement
apacible gentle; mild
apagar (gu) to turn off; to soften
aparato device; **aparato doméstico** appliance (3)
aparcamiento parking
aparcar (qu) to park
aparecer (zc) to appear
aparentemente *adv.* apparently
apariencia appearance
apartamento apartment (5); **edificio de apartamentos** apartment building (5)
aparte *adv.* separate; **aparte de** *prep.* apart from; as well as
apasionado/a passionate
apellido last name
apenas hardly; barely
aperitivo appetizer
apetito appetite
apio celery
aplastar to mash, squash
aplicar (qu) to apply
aportar to provide
aporte *m.* contribution
apóstol *m.* apostle
apoyar to support
apoyo *n.* support
apreciación *f.* appreciation; evaluation, assessment
apreciar to appreciate
aprecio *n.* esteem; value
aprender to learn (2); **aprender a** + *inf.* to learn to (*do something*) (2)
apretado/a tight
aprobar (ue) to approve
apropiado/a appropriate; fitting
aprovechar to take advantage of
aproximadamente approximately
apuntar to note; to jot down
apunte *m.* note; **tomar apuntes** to take notes (1)
apurar to hurry
aquel, aquella *adj.* that (way over there); *pron.* that one (way over there) (4)
aquello that (*concept, unknown thing*) (4)
aquellos/as *adj.* those (way over there); *pron.* those ones (way over there) (4)
aquí here (1)
árabe *n. m.* Arabic (*language*); *n. m., f.* Arab; *adj.* Arabic
araña spider (14)
arawaco/a *adj. of or from the Arawak tribes from the West Indies*
árbol *m.* tree (8); **árbol de Navidad** Christmas tree (11); **tala de árboles** tree felling (14), deforestation
arboleda grove; woodland
arbusto bush
archipiélago archipelago (14), chain of islands
archivar to file
archivo file (15)
arcilla: de arcilla clay (7)
arco arch
arcoíris *m.* rainbow
área *f.* (*but* **el área**) area; **área protegida** protected area
arena sand (14); arena, stadium
arepa *corn or yucca based tortilla common in Venezuela and Colombia*
aretes *m.* earrings (7)
argentino/a Argentine (1)
argot *m.* slang, jargon
argumento argument; plot (*story*)
árido/a dry; **clima** (*m.*) **árido** dry climate
arma *f.* (*but* **el arma**) arm, weapon
armado/a *adj.* armed; **conflicto armado** armed conflict
armario closet (5)
aro ring; **aro de piedra** stone ring
aromaterapia aromatherapy; **practicar (qu) la aromaterapia** to do aromatherapy (12)
arpa *f.* (*but* **el arpa**) harp; lyre
arqueología archeology
arqueológico/a archeological; **ruinas arqueológicas** archeological ruins (10)
arqueólogo/a archeologist
arquero archer; goalkeeper
arquetipo archetype
arquitecto/a architect (11)
arquitectura architecture (1)
arrecife *m.* reef; **arrecife de coral** coral reef
arreglar to arrange; to tidy, clean up; **arreglar el cuarto** to tidy/clean up the room (3)
arriba upstairs (5); up (5)
arriesgado/a daring; dangerous
arrogante arrogant; **ser** (*irreg.*) **arrogante** to be arrogant
arrojar to throw out, spew (14)
arroyo stream
arroz *m.* rice (6)
arte *f.* (*but* **el arte**) art (1); **artes escénicas** performing arts (11); **artes marciales** martial arts; **artes plásticas** visual arts (11); **bellas artes** fine arts (1); **Facultad** (*f.*) **de Bellas Artes** School of Fine Arts (1); **obra de arte** work of art (11)
artesanal handmade
artesanías arts and crafts (7)
artesano/a *adj.* artisan, handmade
ártico/a arctic; **zona ártica** Arctic region (14)
articulación *f.* joint (*anat.*)
artículo article (7); good (*merchandise*) (7)
artífice *m., f.* creator, maker, author
artificial artificial; **fuegos artificiales** fireworks (11)
artista *m., f.* artist (11)
artístico/a artistic
arzobispal: Palacio Arzobispal archbishop's residence
asado/a roasted (6); **pollo asado** roasted chicken (6)
asar to roast
ascendencia ancestry, lineage
ascensor *m.* elevator (5)
asegurar to assure; **asegurarse** to make sure
asentamiento settlement (*of a population*)
aseo toilet
asesinar to murder, assassinate
asesor(a) adviser, counselor
así thus; so; like this/that (8); **así como** as well as; **así pues** so; **así que** therefore, consequently, so; **aun así** even so, still
asiático/a *adj.* Asian
asiento seat (10); **asiento de pasillo** aisle seat (10); **asiento de ventanilla** window seat (10)
asilo asylum
asimismo also, additionally
asistencia assistance
asistir (a) to attend, go to (*a class, event*) (2)
asociación *f.* association; relationship
asociar to associate
asomar to jut out
aspecto aspect; look, appearance
aspiradora vacuum cleaner (3); **pasar la aspiradora** to vacuum (3)

aspirante *m., f.* applicant (13)
aspirar to aspire (*to be something*)
aspirina aspirin
astronomía astronomy (1)
asumir to assume (*responsibility*)
asunto matter; subject; theme
asustado/a scared (2)
atacar (qu) to attack
ataque *m.* attack
atar to tie
atardecer *m.* dusk
atascado/a jammed, crowded
Atenas Athens
atención *f.* attention; **llamar la atención** to sound interesting (*lit.* to call out for one's attention) (6); **prestar atención** to pay attention
atender (ie) (a) to attend (to)
atleta *m., f.* athlete (13)
atmósfera atmosphere (14)
atómico/a atomic
atracción *f.* attraction
atractivo/a attractive
atraer (*like* **traer**) (*p.p.* **atraído**) to attract; to appeal
atrapar to catch; to trap
atrás *adv.* back; **hacer** (*irreg.*) **la cuenta atrás** to count down (*to midnight*)
atravesar (ie) to go through; to cross
atrevido/a cheeky; daring
atún *m.* tuna (6)
auditivo/a *adj.* auditory
augurio prediction
aumentar to increase, to rise
aumento *n.* raise (13); increase, rise; **aumento de sueldo** raise (13)
aun *adv.* even
aún *adv.* still, yet
aunque *adv., conj.* although
auricular *m.* receiver; **auricular bluetooth** Bluetooth earphone (15)
ausencia absence
auténtico/a authentic
auto car
autobús *m.* bus (8); **estación** (*f.*) **de autobuses** bus station (8)
autodidacto/a *adj.* self-taught
autoestima self esteem (12)
automático/a automatic; **cajero automático** ATM, cash machine
automóvil *m.* car; automobile
autonomía autonomy; independence
autónomo/a autonomous
autopista freeway; (four-lane) highway
autor(a) author
autoridad *f.* authority
autorretrato self-portrait
autosuficiente *adj.* self-sufficient
avance *m.* advance; **avance** (*m.*) **tecnológico** technological advance (15)
avanzado/a advanced
ave *f.* (*but* **el ave**) bird; **ave de corral** farm bird
avenida avenue (5)
aventura adventure
aventurero/a *n.* adventurer; *adj.* adventurous
avergonzado/a ashamed; embarrassed
averiguar (ü) to find out
aversión *f.* aversion
avido/a avid, eager
avión *m.* airplane (8)
avisar to warn
¡ay! *interj.* oh no!; ouch!
ayer yesterday (6)
ayuda *n.* help
ayudante *n. m., f.* assistant
ayudar to help (9)
ayuna: en ayunas before breakfast; fasting
ayuntamiento town council
azafata *m., f.* flight attendant (10)
azafrán *m.* saffron
azteca *n., adj. m., f.* Aztec
azúcar *m.* sugar (6); **caña de azúcar** (sugar) cane
azul blue (2)

B

bahía bay (14)
bailador(a) dancer
bailar to dance (1)
bailarín, bailarina (ballet) dancer (11)
baile *m.* dance (11)
bajar to download (13); to get down; to lower; **bajarse (de)** to get off (of) (*a vehicle*) (10)
bajo/a short (1); **planta baja** first (ground) floor (5); **precio bajo** low price (7); **zapatos de tacón bajo** flats (7)
balcón *m.* balcony (5)
ballena whale (14)
ballenero *adj.* whaling; **barco ballenero** whaling ship
ballet (*m.*) **clásico** classical ballet (11)
balneario bathing resort; spa; water park
balompié *m.* soccer
balón *m.* ball
baloncesto basketball
balsa raft
bambú *m.* bamboo
banana banana (6)
bañar to bathe; **bañarse** to bathe (oneself); to swim (5)
bancario/a *adj.* banking
banco bank (8)
banda band (*musical*)
bandera flag
bandoneón *m.* large concertina (*type of accordion used for Tango music*)
bañera bathtub
baño bathroom (5); **baño termal** hot bath; **traje** (*m.*) **de baño** bathing suit (7)
banquero/a banker (13)
bar *m.* bar (*drinking establishment*) (8)
barato/a cheap (7); inexpensive (7)
barbacoa barbecue
barbero/a barber (13)
barco boat (8); **barco ballenero** whaling ship; **pasear en barco** to go boating (9)
barrer (el piso) to sweep (the floor) (3)
barrio neighborhood (5)
barro mud
barroco/a Baroque
basado/a (en) (*p.p. of* **basar**) based (on)
base *f.* base, foundation
básico/a basic
basquetbol *m.* basketball (1); **jugar (ue) (gu) al basquetbol** to play basketball (1)
basta enough
bastante *adj.* enough; sufficient
bastón *m.* walking stick
basura trash, garbage (3); **sacar (qu) la basura** to take out the trash/garbage (3)
basurero landfill (14); garbage can
batalla battle
bate *m.* bat (*sports*)
batería drums (11)
batidora mixer; **batidora eléctrica** electric mixer
batir to beat
baula: tortuga baula leatherback sea turtle
bautismo baptism
bautizo baptism (*ceremony*) (4)
beber to drink (2)
bebida drink (6); **bebida alcohólica** alcoholic drink (6)
beca grant; scholarship
beige beige (7)
béisbol *m.* baseball (1); **jugar (ue) (gu) al béisbol** to play baseball (1)
beisbolista *m., f.* baseball player
belleza beauty
bello/a *adj.* beautiful; **bellas artes** fine arts (1); **Facultad** (*f.*) **de Bellas Artes** School of Fine Arts (1)

beneficiarse (de) to benefit (from)
beneficio benefit (13)
besar to kiss; **besarse** to kiss each other (5)
beso kiss
biblioteca library (1)
bibliotecario/a librarian
bicicleta bicycle, bike; **andar en bicicleta** to ride a bicycle (1)
bien *n. m.* property, belongings
bien *adv.* fine, well (2); **bien.** fine. (*response to greeting*) (1); **estar** (*irreg.*) **bien** to be well; **llevarse bien** to get along well (with each other) (5); **manejar bien el dinero/tiempo** to manage one's money/time well (15); **muy bien.** very well. (1); **pasarlo bien** to have a good time (3); **salir** (*irreg.*) **bien** to turn out well
bienestar *m.* well-being (12)
bienvenido/a welcome
bilingüe bilingual (13)
billar *m.* pool, billiards (3)
billete *m.* ticket (*Sp.*)
biodiversidad *f.* biodiversity (14)
biografía biography
biología biology (1)
biológico/a biological; **reserva biológica** biological reserve (10)
biólogo/a biologist (13)
biométrico/a biometric
bioquímica biochemistry
biosfera biosphere
biotecnológico/a biotechnological
bisabuelo/a great-grandfather/great-grandmother
bistec *m.* steak (6)
bitácora blog
blanco *n.* white (2); **espacio en blanco** blank (space); **quedarse en blanco** to go blank (*mind*)
blanco/a *adj.* white; **pizarrón** (*m.*) **blanco** whiteboard; **vino blanco** white wine (6)
bloque *m.* block; **bloque de pisos** block apartment building
bluetooth: auricular (*m.*) **bluetooth** Bluetooth earphone (15)
blusa blouse (7)
boca mouth (12); **boca abajo** face-down
boda wedding (4)
bogotano/a of/from Bogotá (Colombia)
bohemio/a bohemian
bola ball
bolero love song; *a dance and musical rhythm typical of Cuba*
boleto ticket (*L.A.*) (10)
bolígrafo pen (1)
boliviano/a Bolivian (1)
bolsa bag (14); stock market (15); **invertir (ie, i) en la bolsa** to invest in the stock market
bolsillo pocket
bolso handbag (7)
bomba bomb
bombero/a firefighter
bongo bongo drum
bonito/a pretty (1)
bordado/a embroidered
borde *m.* edge, border
bordear to border
boricua *adj. m., f.* Puerto Rican
borrador *m.* eraser (*for whiteboard*); (writing) draft
borrar to delete (15)
bosque *m.* forest (8); **bosque tropical** tropical rainforest (14)
botánico/a botanic, botanical
botas boots (7)
botella bottle (14)
botones *m. inv.* bellhop (10)
boutique *f.* boutique, specialty store (7)
Brasil Brazil
brasileño/a Brazilian
brazalete *m.* bracelet (7)
brazo arm (12)
breve brief; short
brillante brilliant; shining
brindar (por) to toast (to) (11)
británico/a British
broma joke
bruja witch
buceo underwater diving
buen, bueno/a good (1); **buen provecho** bon appétit; **buenas noches.** good evening. (*after evening meal*) (1); **buenas tardes.** good afternoon. (*until evening meal*) (1); **bueno...** well . . .; **buenos días.** good morning. (*until midday meal*) (1); **es bueno que** it's good that (11); **estar** (*irreg.*) **de buen humor** to be in a good mood; **hace (muy) buen tiempo.** it's (very) nice out. (2); **¡qué buena onda!** how cool!; **sacar (qu) buenas notas** to get good grades (1); **ser** (*irreg.*) **buena onda** to be (a) cool (person)
buey *m.* ox
bulevar *m.* boulevard (5)
burla mockery
burro donkey (8)
busca search
buscar (qu) (algo) to look for (something) (1)
búsqueda de trabajo job search (13)

C

caballeresco/a *adj.* chivalresque
caballería chivalry; **libro de caballería** book of chivalry
caballero gentleman; **caballero andante** knight-errant
caballo horse (8); **caballo marino** seahorse; **montar a caballo** to ride a horse
cabaña cabin; **cabaña rústica** rustic cabin (10)
caber *irreg.* to fit; to be possible
cabeza head (12); **dolor** (*m.*) **de cabeza** headache (12)
cable *m.* cable (*electric*)
cacao cacao bean
cada *inv.* each (4), every; **cada vez** every time; **cada vez más** more and more; **cada vez menos** less and less
cadena chain; channel (*television*)
caer *irreg.* to drop (*in accidental* **se** *construction*) (7); to fall; **caerse** to fall down
café *m.* coffee (3); cup of coffee (3) café; **color café** brown (2); **de color café** brown
cafecito espresso with sugar (*Cuba*)
cafeína caffeine
cafetera coffee maker (5); coffeepot
cafetería cafeteria (1)
cafetero/a coffee addict
caja box
cajero automático ATM, cash machine
calabaza pumpkin
calcetines *m.* socks (7)
calcio calcium
calculadora calculator
calcular to calculate
cálculo calculus
calefacción *f.* heating
calendario calendar (2)
calentamiento global global warming (14)
calentar (ie) to warm up
calidad *f.* quality
cálido/a warm (*climate*)
caliente warm (*temperature*)
calificar (qu) to assess; to qualify
callado/a quiet
calle *f.* street (2)
callejero/a *adj.* street; **puesto callejero** street shop/stall
calma calm
calor *m.* heat; **hace (mucho) calor.** it's (very) hot. (2); **tener** (*irreg.*) **(mucho) calor** to be (very) hot (3)
caloría calorie
cama bed (3); **hacer** (*irreg.*) **la cama** to make the bed (3)

cámara camera (15)
camarero/a waiter; chambermaid
camarones *m. pl.* shrimp (6)
cambiar to change
cambio change; **cambio climático** climate change (14)
caminar to walk (1)
caminata hike (9)
camino road (8)
camión *m.* truck (8)
camioneta minibus; minivan (8)
camisa shirt (7)
camiseta T-shirt (7)
campeonato championship
campesino/a farm worker
campo country(side) (5); playing field (*sports*)
campus *m.* campus (1)
caña (de azúcar) (sugar) cane
Canadá Canada; **Día** (*m.*) **de Canadá** Canada Day (11)
canadiense *n., adj. m., f.* Canadian
canal *m.* canal
canasta basket
cancelar to cancel
cancha court; **cancha de tenis** tennis court
canción *f.* song (11)
candidato/a candidate
canela cinnamon
cangrejo crab (14)
canoa canoe (10); **pasear en canoa** to go canoeing (10)
cansado/a tired (2)
cantante *m., f.* singer (11)
cantaora *female flamenco singer*
cantar to sing (1)
cantidad *f.* amount, quantity; abundance
canto song; singing
cañón *m.* canyon
caos *m. s.* chaos
capa cape; **capa de ozono** ozone layer
capacidad *f.* ability, capacity
capacitación *f.* training
capacitar to prepare
capital *f.* capital (*city*)
capitalino/a *n.* inhabitant of the capital
capitel *m.* capital (*architecture*)
capítulo chapter
capturar to capture
cara face; **lavarse la cara** to wash one's face (5)
carácter *m.* personality
característica *n.* characteristic
característico/a *adj.* characteristic
caracterizar(se) (c) to characterize; to portray
caramelo caramel
carbohidrato carbohydrate
carbono carbon; **dióxido de carbono** carbon dioxide; **emisiones** (*f.*) **de carbono** carbon emissions; **monóxido de carbono** carbon monoxide (CO)
cárcel *f.* prison, jail
cardíaco/a cardiac, involving the heart
cargado/a *adj.* full, loaded
cargar (gu) (con) to carry
cargo senior official; **a cargo (de)** in charge (of) (13)
Caribe *m.* Caribbean; **Mar** (*m.*) **Caribe** Caribbean Sea
caribeño/a *n., adj.* Caribbean
cariño affection (9); **tenerle** (*irreg.*) **cariño a** to be fond of (9)
cariñoso/a affectionate (4)
carismático/a charismatic (13); charming (13)
Carnaval *m.* Carnival (11); **máscara de carnaval** carnival mask
carne *f.* meat (6); **carne de cerdo** pork (6); **carne de res** beef (6); **carne de ternera** veal; **carne picada** ground beef (6)
carné *m.* identification card
carnet *m.* identification card; **carnet de conducir** driver's license (8)
carnicería butcher's shop
carnívoro/a carnivore
caro/a expensive (7)
carrera career (15); major (1); race
carreta (ox) cart
carretera highway (8); road
carro car (8)
carroza parade float (11)
carta menu; letter; card; *pl.* cards (*game*) (3)
cartel *m.* poster
cartera wallet (7)
cartón *m.* cardboard (14)
casa home; house (3); **ama** (*f. but* **el ama**) **de casa** housewife; **casa adosada** townhouse (5); **limpiar la casa** to clean the house (3)
casado/a married (4); **recién casado/a** newlywed
casarse (con) to marry, get married (to) (9)
cascada waterfall
cáscara peel
casco viejo old quarter (*part of town*)
casero/a home-made
casi *adv.* almost
caso case; situation; **en caso de que** + *subj.* in case (14)
castaño/a chestnut (*color*)
castellano Spanish (*language*) (*Sp.*)
castillo castle
casualidad *f.* chance, coincidence
casualmente casually
catalán *m.* Catalan (*language*)
catalán, catalana *n., adj.* Catalan
catalogar (gu) to classify; to list
catarata waterfall
catatónico/a catatonic
catedral *f.* cathedral (8)
categoría category
católico/a *n., adj.* Catholic
catorce fourteen (1)
causa cause; **a causa de** because of
causar to cause
cazador(a) hunter
cazar (c) to hunt
CD-ROM *m.* CD-ROM (15)
cebolla onion (6)
cederrón *m.* CD-ROM
celebración *f.* celebration (11)
celebrado/a celebrated
celebrar to celebrate (11)
celestial *n.* sky; *adj.* heavenly
celos *m. pl.* jealousy
celoso/a jealous (9)
celular *m.* cell (phone) (1); **teléfono celular** cell (phone) (1)
cementerio cemetery
cena dinner (6)
cenar to eat dinner (1)
ceniza ash
censo census
centelleante *adj.* twinkling
central *adj.* central
centrar(se) to focus (on)
céntrico/a central, centrally located (5)
centro downtown (5); **centro comercial** mall (7); **centro de salud** health center (8); **centro estudiantil** student union (1); **centro geriátrico** retirement home
Centroamérica Central America
cepillar(se) to brush; **cepillarse los dientes** to brush one's teeth
cerámica pottery (7)
cerca *n.* fence; *adv.* near; **cerca (de)** *prep.* close (to) (2)
cercano/a *adj.* near, close by
cerdo pig (8); **carne** (*f.*) **de cerdo** pork (6); **chuleta de cerdo** pork chop (6)
cereal *m.* cereal (6); grain
cerebro brain (12)
ceremonia ceremony; **ceremonia civil** civil ceremony (4)
cero zero (1)
cerrar (ie) to close (3); **cerrar (ie) el grifo** to turn off the faucet (14)

certero/a accurate; good
cerveza beer (6)
césped *m.* lawn, grass; **cortar el césped** to mow the lawn (cut the grass) (3)
cesto/a *n.* large basket
chalet *m.* chalet (5)
champán *m.* champagne
champaña *m.* champagne (6)
champiñones *m.* mushrooms (6)
champú *m.* shampoo
chaqueta jacket (7)
charango *ten-stringed instrument of the Andes*
charlar to chat (1)
charreada rodeo (*Mex.*)
charro cowboy (*Mex.*)
chatarra *adj. inv.*: **comida chatarra** junk food
chatear to chat (*online*)
chef *m., f.* chef (6)
cheque *m.* check; **cheque** (*m.*) **de viajero** traveler's check
chequeo check-up (12)
chévere cool; **¡qué chévere!** (how) cool!
chícharo pea
chico/a *n.* boy/girl; *adj.* small (7)
chileno/a Chilean (1)
chimenea fireplace (5)
chino *n.* Chinese (*language*)
chino/a *adj.* Chinese
chisme *m.* gossip
chivo goat
choclo corn
chocolate *m.* chocolate (6); hot chocolate
chofer *m.* chauffeur
chompa sweater
chuleta chop (6); **chuleta de cerdo** pork chop (6)
churro fritter
cibercafé *m.* cybercafé, Internet café
ciclismo cycling (9)
ciclista *m., f.* cyclist
ciclo cycle, series
ciclovía cycle lane; bike path
cielo sky
cien one hundred (2)
ciencia science (1); **ciencia social** social science; **ciencias políticas** political science (1); **Facultad** (*f.*) **de Ciencias** School of Science (1)
científico/a *n.* scientist (13); *adj.* science
ciento... one hundred . . .; **ciento dos** one hundred two (4); **ciento noventa y nueve** one hundred ninety-nine (4); **ciento tres** one hundred three (4); **ciento uno** one hundred one (4); **por ciento** percent
cierto/a true; certain; **es cierto que** it's certain that (12)
cifra number; figure
cigarrillo cigarette
címbalo cymbal
cimiento base, foundation (*of a building*)
cinco five (1)
cincuenta fifty (2)
cine *m.* movie theatre (3); **ir** (*irreg.*) **al cine** to go to the movies (3)
cineasta *m., f.* film director
cinturón *m.* belt (7)
circulación *f.* traffic
círculo circle
circuncisión *f.* circumcision
circundado/a *adj.* surrounded
cisne *m.* swan
cita date (9); appointment
ciudad *f.* city (2)
ciudadano/a citizen
civil civil (*of society*); **ceremonia civil** civil ceremony (4); **estado civil** marital status (4); **guerra civil** civil war
clarinete *m.* clarinet
claro/a light (*color*) (7); *adv.* clearly; **¡claro que sí!** of course!
clase *f.* class (1); **clase económica** coach (class) (10); **compañero/a de clase** classmate (1); **primera clase** first class (10); **salón** (*m.*) **de clase** classroom (1); **tomar una clase** to take a class (1)
clásico/a classical; **ballet** (*m.*) **clásico** classical ballet (11); **música clásica** classical music (11)
clasificado/a classified
clasificar (qu) to classify
claustro cloister
clausurar to wrap up, complete
clave *adj. inv.* key, fundamental
clavicordio clavichord
clemencia clemency, mercy
cliente/a client (6)
clima *m.* weather; climate; **clima árido** dry climate
climático/a *adj.* climatic; **cambio climático** climate change (14)
clínica clinic (1)
club *m.* club
cobrar charge
cobre *m.* copper
coche *m.* car (5)
cochera carport (5)
cocina kitchen (5)
cocinar to cook (3)
cocinero/a cook (13); chef (13)
coco coconut
cocodrilo crocodile (14)
coerción *f.* coercion
coexistir to coexist
cognado cognate (1)
cola line; **hacer** (*irreg.*) **cola** to stand in line (10)
colaborar to collaborate, to assist
colección *f.* collection
colectivo bus; taxi
colectivo/a *adj.* collective
colega *m., f.* coworker, colleague
colegio high school
colgar (ue) (gu) to hang
colina hill
collage *m.* collage
collar *m.* necklace (7)
colocar (qu) to place, put
colombiano/a Colombian (1)
colonial colonial; **época colonial** colonial era
colonización *f.* colonization
colonizador(a) colonist, colonizer
colonizar (c) to colonize
coloquial colloquial
color *m.* color (2); **color café** brown (2); **de color violeta** violet, purple
colorido/a colorful
colosal colossal
columna column (*of text*)
coma *m.* coma (*medicine*); *f.* comma (*grammar*)
comadre *f.* godmother; friend
comatoso/a comatose
combatir to fight
combinación *f.* combination
combinar to combine; to mix
combustible *n. m.* fuel; **combustible fósil** fossil fuel
combustión *f.* combustion (14)
comedia comedy (11)
comedor *m.* dining room (5)
comentar to comment on
comentario commentary; remark
comenzar (ie) (c) to begin, to start
comer to eat (2); **comerse** to eat (*something*) up; **dar** (*irreg.*) **de comer** to feed
comercial commercial; **centro comercial** mall (7); business center
comercio trade; **comercio libre** free trade
comestible *m.* food item (6); *pl.* groceries (6); **tienda de comestibles** grocery store (6)

cómico/a *n.* comedian; *adj.* funny; **tira cómica** comic, comic strip
comida food (6); meal (6); **comida chatarra** junk food
comienzo start, beginning
como like, as; **así como** as well as; **guardar como** to save as (15); **tal como** just as; **tan... como** as . . . as (5); **tan pronto como** as soon as (13); **tanto como** as much as (5); **tanto/a(s)... como** as much/many . . . as (5)
¿cómo? how? (1); what?; **¿cómo eres?** what are you (*s. fam.*) like? (1); **¿cómo es usted (Ud.)?** what are you (*s. form.*) like? (1); **¿cómo está usted (Ud.)?** how are you (*s. form.*)? (1); **¿cómo estás?** how are you (*s. fam.*)? (1); **¿cómo se llama usted (Ud.)?** what's your (*s. form.*) name? (1); **¿cómo te llamas?** what's your (*s. fam.*) name? (1)
cómoda chest of drawers (5)
comodidad *f.* comfort, convenience
cómodo/a comfortable (7)
compa *m., f.* buddy
compadrazgo coparenthood
compadre *m.* godfather; friend; *pl. what a child's parents and godparents call each other*
compañero/a companion; **compañero/a de clase** classmate (1); **compañero/a de cuarto** roommate (1)
compañía company (13); business; performing group
comparación *f.* comparison (4)
comparar to compare
comparsa group, troupe
compartir to share
compasión *f.* compassion (13)
complejo/a complex
complementario/a complimentary
complemento (clothing) accessory (7)
completar to complete; finish
completo/a complete; **empleo a tiempo completo** full-time job (13)
complicado/a complicated
complicar (qu) to complicate
componente *m.* component
componer (*like* **poner**) (*p.p.* **compuesto**) to compose
comportamiento behavior
composición *f.* essay; composition
compositor(a) composer (11)
compra purchase; **ir** (*irreg.*) **de compras** to go shopping (7)
comprar to buy (1)
comprender to understand (2)
comprensión *f.* understanding
comprensivo/a understanding (13)
comprometido/a engaged to be married
compromiso engagement (9)
computación *f.* computer science
computadora computer (1); **computadora portátil** laptop (1)
computarizar (c) to computerize
común *adj.* common; mutual
comunicación *f.* communication; **medios** (*pl.*) **de comunicación** mass media
comunicarse (qu) to communicate (with each other) (5)
comunicativo/a communicative
comunidad *f.* community (8)
comunitario/a *adj.* community; **servicio comunitario** community service
con with (1); **con cuidado** carefully; **con frecuencia** often; **¿con qué frecuencia?** how often? (3); **¿con quién(es)?** with whom?; **con tal (de) que** + *subj.* provided that (14)
concentrarse to concentrate; to focus on
concepto concept; idea
concha (sea)shell (14)
conciencia conscience; awareness
concienciar to make aware
concierto concert (11)
conciso/a concise
concluir (y) to conclude, come to an end
conclusión *f.* conclusion, end
concurrido/a crowded
concurso competition
condado county
condensado/a condensed
condición *f.* condition
condimento seasoning
cóndor *m.* condor
conducir *irreg.* to drive (*Sp.*) (8); **carnet** (*m.*) **de conducir** driver's license (8)
conectar to connect
conejo rabbit (8)
conexión *f.* connection (15); **conexión WiFi** WiFi connection (15)
confeccionar to make
confesar to confess
confirmación *f.* confirmation
conflicto conflict, clash; **conflicto armado** armed conflict
congelado/a *adj.* frozen
congregarse (gu) to assemble
congreso conference
conjunción *f.* conjunction; **conjunción de dependencia y propósito** *gram.* conjunction of contingency and purpose (14); **conjunción temporal** *gram.* temporal conjunction (13)
conjunto group; collection; **conjunto musical** band, musical group (11)
conjunto/a *adj.* joint
conmemoración *f.* commemoration
conmemorar to commemorate
conmigo with me (2)
cono cone
conocer (zc) to know, to be familiar with (4); **conocerse** to know (each other); to meet (each other) (*for the first time*)
conocido/a *n.* acquaintance; *adj.* well-known
conocimiento knowledge (13)
conquista conquest; winning over
conquistar to conquer
conseguir (*like* **seguir**) to get, obtain (3); **conseguir** + *inf.* to manage to (*do something*) (7)
consejero/a advisor, counselor (13)
consejo advice, council
conservación *f.* conservation (14)
conservador(a) conservative
conservar to conserve (14), save
consideración *f.* consideration
considerar to consider; to think (*about*)
consistir to consist
consolidar to consolidate
constante constant
constitución *f.* constitution
construcción *f.* construction
constructor(a) construction (*adj.*)
construir (y) to build
consultor(a) counselor, consultant
consultorio office
consumir to consume
contabilidad *f.* accounting (1)
contable *m., f.* accountant
contactar to contact
contacto contact; **mantenerse** (*like* **tener**) **en contacto (con)** to stay in touch (with); **ponerse** (*irreg.*) **en contacto con** to get in touch with
contador(a) accountant (13)
contagioso/a contagious; infectious
contaminación *f.* pollution (14); **contaminación del agua** water pollution (14); **contaminación del aire** air pollution (14); **contaminación del suelo** soil pollution (14)
contaminado/a polluted (14)
contaminante *n. m.* pollutant; *adj.* contaminating, polluting
contaminar to pollute (14)
contar (ue) to count (6); to tell (6)
contemporáneo/a contemporary
contener (*like* **tener**) to contain

contenido *n.* content
contento/a content, happy (2)
contestar to answer (1)
contexto context
contigo with you (*s. fam.*) (2)
continente *m.* continent
continuación *f.* continuation; **a continuación** following; below
continuar (continúo) to continue
contra against
contrabajo double-bass
contrabando contraband; a prohibited commodity
contrariamente contrarily
contrario/a opposite; **al contrario** on the contrary; **por el contrario** on the contrary
contraste *m.* contrast
contrato contract
contribución *f.* contribution
contribuir (y) to contribute
control *m.* control; **control de seguridad** security (10); **pasar por el control de seguridad** to go through security (10)
controlar to control; to check; **controlar los gastos** to manage expenses (15)
convención *f.* convention
convencional conventional
convenio contract; agreement
convenir (*like* **venir**) to be advisable
conventillo tenement
convento convent
conversación *f.* conversation
conversar to talk, to converse
convertir (ie, i) to convert; **convertirse en** to change, to become
convivencia living together
convivir to live together
convocar (qu) to call together; to convene
cooperación *f.* cooperation
cooperativo/a cooperative
coordinar to coordinate, arrange
copa (alcoholic) drink (3); (wine) glass (6)
copia: hacer (*irreg.*) **copias** to make copies (13)
copiar to copy
copropietario/a co-owner
coquí *m.* tree frog (*P.R.*)
coral *m.* coral; **arrecife** (*m.*) **de coral** coral reef
corazón *m.* heart (12)
corbata tie (7)
cordillera mountain range
coro choir (11); chorus (11)
corporal *adj.* body; physical
corral *m.* yard; barnyard; **ave** (*f. but* **el ave**) **de corral** farm bird
corrala *a type of community housing typical of Madrid*
corraleja *a type of bull-fighting festival in Colombia*
correcto/a correct
corredor *m.* corridor, passage
corregir (i, i) (j) to correct
correo post; **oficina de correos** post office (8)
correr to run (2); to jog (2)
corresponder to correspond; to be fitting
correspondiente *adj.* corresponding
corrida race; **corrida de toros** bullfight (11)
corriente: ponerse (*irreg.*) **al corriente** to catch up
corrupción *f.* corruption
corrupto/a corrupt (9)
cortar to cut; **cortar el césped** to mow the lawn (cut the grass) (3)
corte *n. m.* cut; **corte de pelo** haircut; *f.* court
corteza peel
cortijo farm
cortina curtain
corto/a short; **de manga corta** with short sleeves (7); **pantalones** (*m.*) **cortos** shorts (7)
cosa thing (3)
cosecha harvest
coser to sew
cosméticos *pl.* cosmetics (7)
cosmopolita *adj. m., f.* cosmopolitan
cosmovisión *f.* understanding of the universe
costa coast
costar (ue) to cost; **¿cuánto cuesta(n)?** how much does it (do they) cost? (7)
costarricense Costa Rican (1)
costo *n.* cost, price
costumbre *f.* custom
costumbrismo daily life, customs
costura: alta costura high fashion
cotidiano/a daily
coyote *m.* coyote
creación *f.* creation **crear** to create (11)
creatividad *f.* creativity
creativo/a *adj.* creative
crecer (zc) to grow
crédito: tarjeta de crédito credit card (6)
creencia belief
creer (y) (*p.p.* **creído**) to believe (2)
cremallera zipper
cría breeding (*of cattle*)
crianza raising
crimen *m.* crime
criollo/a *adj.* Creole
crisis *f.* crisis
cristianismo Christianity
cristiano/a Christian; **moros y cristianos** black beans and rice
Cristo Christ
critico/a *n.* critic; *adj.* critical
crónica chronicle; report
cronología chronology
cronológico/a chronological
crucero cruise (ship) (10)
crujiente crunchy
cruz *f.* (*pl.* **cruces**) cross
cruzar (c) to cross (8)
cuaderno notebook (1)
cuadra block (8)
cuadrado/a squared
cuadro painting (5); **de cuadros** plaid (7)
cual: el/la cual which; **lo cual** which; **sea cual sea** whatever
¿cuál(es)? what? (1); which? (1); **¿cuál es su nombre/apellido?** what's your (*form.*) first/last name? (1); **¿cuál es tu nombre/apellido?** what's your (*fam.*) first/last name? (1)
cualidad *f.* quality
cualificado/a *adj.* qualified
cualquier *adj.* any
cuando when (2); **de vez en cuando** from time to time
¿cuándo? when? (1)
cuanto: en cuanto *conj.* as soon as (13); **en cuanto a** regarding
¿cuánto? how much? (1); **¿cuánto cuesta(n)?** how much does it (do they) cost? (7); **¿cuánto tiempo hace que... ?** how long has it been since . . . ?; **¿cuánto vale(n)?** how much is it (are they) worth? (7)
¿cuántos/as? how many? (1); **¿cuántos años tiene usted (Ud.)?** how old are you (*s. form.*)? (4); **¿cuántos años tienes?** how old are you (*s. fam.*)? (4)
cuarenta forty (2)
cuarto room (3); **arreglar el cuarto** to tidy/clean up the room (3); **compañero/a de cuarto** roommate (1)
cuarto/a fourth (5), quarter (*hour*); **menos cuarto** quarter to (1); **y cuarto** quarter past (1)
cuate/a *coll.* friend
cuatro four (1); **son las cuatro** it's four o'clock (1)
cuatrocientos/as four hundred (4)
cubano/a Cuban (1)
cubículo (office) cube (13), cubicle
cubierto/a (*p.p. of* **cubrir**) covered

cubista *m., f.* cubist
cubrir (*p.p.* **cubierto**) to cover
cuchara spoon (6)
cucharada spoonful
cucharadita teaspoon
cucharón *m.* soup ladle
cuchillo knife (6)
cuello neck (12)
cuenco serving bowl
cuenta bill, check (6); **hacer** (*irreg.*) **la cuenta atrás** to count down (*to midnight*); **manejar las cuentas** to manage one's accounts (13); **pagar (gu) las cuentas** to pay the bills (15); **tener** (*irreg.*) **en cuenta** to take into account
cuentista *m., f.* story writer; author
cuento story (9)
cuerda rope; cord
cuerno horn
cuero leather; **de cuero** leather (*adj.*) (7)
cuerpo body; **cuerpo humano** human body (12)
cuestión *f.* question; issue
cueva cave
cuidado care; **con cuidado** carefully; **cuidado médico/personal** medical/personal care (12); **tener** (*irreg.*) **cuidado** to be careful (3)
cuidadosamente carefully
cuidar a to take care of (*someone*); **cuidarse** to take care of oneself (12)
culinario/a culinary
cultivar to cultivate; to grow, to develop
cultivo crop
culto/a cultured, highbrow
cultura culture
cumbia *dance native to Colombia*
cumpleaños *m. inv.* birthday (4); **pastel de cumpleaños** birthday cake
cumplir to carry out; **cumplir años** to have a birthday
cuñado/a brother-in-law/sister-in-law (4)
cura treatment; cure
curandero/a folk healer
curar to cure
curativo/a *adj.* healing
curiosidad *f.* curiosity
currículum *m.* résumé, CV (13)
cursivo/a: letra cursiva cursive, italics
curso course
cuyo/a whose

D

dama lady
daño harm, damage
danza dance (11)
danzante *m., f.* dancer (11)
dañar to damage (12); to cause pain (12)
dar *irreg.* to give (6); **dar de comer** to feed; **dar la vuelta** to turn around; **dar un paseo** to take a stroll; **dar una caminata** to go on a hike (9); **dar una fiesta** to throw a party; **darle pena** to make (*someone*) sad; **darle vergüenza** to embarrass (*someone*); **darse la mano** to shake hands with each other (5)
datar de + *time* to date from + *time*
dato fact; **anotar datos** to enter data (13)
de *prep.* from (1); of (1); **de acuerdo** in agreement; **de acuerdo a** according to; **de acuerdo con** in accordance with; **de al lado** next-door (5); **de algodón** cotton (*adj.*) (7); **de arcilla** clay (*adj.*) (7); **de compras** shopping; **de cuadros** plaid (*adj.*) (7); **de cuero/piel** leather (*adj.*) (7); **de diamantes** diamond (*adj.*) (7); **¿de dónde?** where from? (1); **¿de dónde eres?** where are you (*s. fam.*) from? (1); **¿de dónde es usted (Ud.)?** where are you (*s. form.*) from? (1); **de enfrente** *adj.* front; **de habla española** Spanish-speaking; **de ida** one-way (trip); **de ida y vuelta** round (trip); **de la mañana** in the morning (1); A.M.; **de la noche** in the evening, at night (1); P.M.; **de la tarde** in the afternoon (1); P.M.; **de lana** wool (*adj.*) (7); **de lujo** luxury (*hotel*) (10); **de lunares** polka-dotted (*adj.*) (7); **de madera** wood (*adj.*) (7); **de manga corta/larga** with short/long sleeves (7); **de marca** name-brand (7); **de nada** you're welcome (1); **de oro** gold (*adj.*) (7); **de perlas** pearl (*adj.*) (7); **de plata** silver (*adj.*) (7); **de primera fila** first class; **de rayas** striped (7); **de seda** silk (*adj.*) (7); **de todos modos** at any rate; **de última moda** fashionable (7); **de una vez** once and for all; **de vacaciones** on vacation; **¿de veras?** really?; **de vez en cuando** from time to time; **de viaje** on a trip; **de vuelta** again
debajo *adv.* below; **debajo de** *prep.* under (2)
debate *m.* debate
deber to owe (6); **deber** + *inf.* should, ought to (*do something*) (3)
débil *adj.* weak
decidir to decide
décimo/a tenth (5)
decir *irreg.* (*p.p.* **dicho**) to say (6); to tell (6)
decisión *f.* decision; **tomar una decisión** to make a decision
declaración *f.* statement, declaration
declarar to declare; to state
declinar to decline
decoración *f.* decoration
decorar to decorate
dedicar (qu) to dedicate; to devote
dedo finger (12); **dedo del pie** toe (12)
defender (ie) to defend, to protect
defensa *n.* defense; defender; *adj.* defense
defensivo/a defensive
deficiencia deficiency, lack
definición *f.* definition; **televisión** (*f.*) **de alta definición** HD TV (15)
definir to define
definitivo/a definitive
deforestación *f.* deforestation (14)
degustación *f.* tasting
deidad *f.* deity
dejar de + *inf.* to stop/quit (*doing something*) (12)
del (*contraction of* **de** + **el**) from the (1); of the
delante de in front of (5)
delantero forward (*sports*)
deletrear to spell out
delfín *m.* dolphin (14)
delgado/a thin (4)
delicadamente *adv.* delicately
delicia delight
delicioso/a delicious
delta: practicar (qu) el ala delta to hang glide (9)
demanda *n.* demand; request
demás: lo demás the rest; **los/las demás** the rest, others
demasiado *adv.* too much (7)
democracia democracy
democrático/a democratic
demorar to delay
demostrar (ue) to demonstrate, show
demostrativo *gram.* demonstrative (4)
denominado/a named, called
denso/a: población (*f.*) **densa** dense population (14)
dentista *m., f.* dentist (12)
dentro *adv.* inside; **dentro de** *prep.* inside (5); within; **dentro de poco** in a little while
departamento department; apartment (*Mex.*)
dependencia dependence; **conjunción** (*f.*) **de dependencia y propósito** *gram.* conjunction of contingency and purpose (14)
depender to depend
dependiente *adj.* dependent
deporte *m.* sport (2); **practicar (qu) un deporte** to participate in a sport (1)

deportivo/a *adj.* sports, sport-related
depresión *f.* depression (12)
deprimido/a depressed (12); **estar** (*irreg.*) **deprimido/a** to be depressed (12)
deprimirse to become depressed
depuradora filter
derecha *n.* right side; **a la derecha (de)** to the right (of) (2)
derecho law (*profession*) (1); right (*legal*); straight (ahead) (8); **seguir (i, i) derecho** to go straight; **todo derecho** straight ahead (8);
derivado/a derived
derretir (i, i) to melt
derrocar (qu) to overthrow; to topple
derrota *n.* defeat
derrumbarse to destroy, demolish
desafiante *adj.* challenging
desafío challenge
desafortunadamente unfortunately (8)
desánimo dejection, despondency
desaparecer (zc) to disappear
desaparición *f.* disappearance
desarrollar to develop
desarrollo *n.* development
desastre *m.* disaster; **desastre ambiental** environmental disaster (14)
desastroso/a disastrous
desatender (ie) to neglect
desayunar to eat breakfast (1)
desayuno breakfast (6)
descansar (un rato) to rest (a bit) (1)
descanso *n.* rest; break
descargar (gu) to download
descender (ie) to descend
descendiente *m., f.* descendent
descomponer (*like* **poner**) (*p.p.* **descompuesto**) to break down (*in accidental* **se** *construction*) (7)
descomposición *f.* breakdown, decomposition
desconocido/a *adj.* unknown
descontado/a *adj.* discounted
describir (*p.p.* **descrito**) to describe (2)
descripción *f.* description (1)
descriptivo/a descriptive
descubierto/a discovered
descubrir (*like* **cubrir**) (*p.p.* **descubierto**) to discover
descuento discount (7)
descuidar to neglect
desde *prep.* from; **desde entonces** since then; **desde hace... años** for . . . years; **desde la(s)... hasta la(s)...** from . . . until . . . (*time*)
desear to want; **desear** + *inf.* to desire/want to (*do something*) (1)
desecho waste; **desechos urbanos** urban waste (14)
desembarcar (qu) to disembark
desempleo unemployment
deseo desire, wish
desertificación *f. process by which an area becomes a desert*
desesperado/a desperate
desfile *m.* parade (11); exhibition, show
desgraciadamente unfortunately (8)
desierto desert (14)
designar to appoint
desigual erratic; inconsistent
desintegrar(se) to disintegrate, break up
desmilitarizado/a *adj.* demilitarized
desorientado/a lost
desove *m.* egg-laying
despacho (individual) office; study (5)
despedida good-bye, leave taking (1)
despedir (*like* **pedir**) to fire (13); **despedirse** to say good-bye to each other (5)
despensa pantry
desperdiciar to waste (14)
despertador *m.* alarm clock
despertar (ie) to wake; **despertarse** to wake up (5)
despistar to distract
despoblación *f.* depopulation
despoblado/a unpopulated, deserted
desproporción *f.* disproportion
desproporcionado/a mismatched
desprotegido/a *adj.* unprotected
después *adv.* after (1); later; then; **después de** *prep.* after (1); **después de que** *conj.* after (13)
destacar (qu) to emphasize
destinar to appoint
destino destination (10)
destreza skill (13)
destrucción *f.* destruction (14)
destructivo/a destructive
destruido/a *adj.* destroyed
destruir (y) to destroy (14)
desventaja disadvantage
desvestirse (*like* **vestir**) to get undressed (5)
detallado/a detailed
detalle *m.* detail
detener (*like* **tener**) to stop; to arrest
deteriorado/a *adj.* deteriorated; damaged
determinación *f.* determination
determinar to determine, to decide
detrás de *prep.* behind (2)
deuda debt
devolver (*like* **volver**) (*p.p.* **devuelto**) to return (*something*); to give back
día *m.* day (1); **algún día** someday; **buenos días.** good morning. (*until midday meal*) (1); **Día de Acción de Gracias** Thanksgiving Day (11); **Día de Canadá** Canada Day (11); **Día de la Independencia** Independence Day (11); **Día de la Madre** Mother's Day (11); **Día de la Raza** Columbus Day (11); **Día de los Muertos** Day of the Dead (11); **Día de los Reyes Magos** Feast of the Three Kings (Epiphany) (11); **Día de San Valentín** St. Valentine's Day; **Día de Todos los Santos** All Saints' Day; **Día del Padre** Father's Day (11); **día del santo** one's saint day (11); **Día del Trabajo** Labor Day; **día feriado** holiday; **día festivo** holiday (11); **días entre semana** weekdays (1); **estar** (*irreg.*) **al día** to be up to date; **todos los días** every day (1)
diabetes *f. s.* diabetes
diablito little devil
diablo devil
diagrama *m.* diagram
diálogo conversation, dialogue
diamante *m.* diamond; **de diamantes** diamond (*adj.*) (7)
diario/a daily (3)
dibujar to draw (9)
dibujo drawing (11); **dibujos animados** cartoons (9)
diccionario dictionary (1)
dicho/a (*p.p. of* **decir**) said; **mejor dicho** or rather, in other words
diciembre December (2)
dictado *n.* dictate, order
dictador(a) dictator
dictadura dictatorship
diecinueve nineteen (1)
dieciocho eighteen (1)
dieciséis sixteen (1)
diecisiete seventeen (1)
diente *m.* tooth (12); **cepillarse los dientes** to brush one's teeth; **lavarse los dientes** to brush one's teeth (5); **pasta de dientes** toothpaste
diéresis *f. s.* dieresis
dieta diet
diez ten (1)
diferencia difference
diferenciarse to distinguish; to differentiate
diferente different
difícil difficult (1)
dificilísimo/a very difficult
dificultad *f.* difficulty, problem
difundir to disseminate
difunto/a *adj.* deceased, dead

digestión *f.* digestion
dilatado/a long, extensive
dimensión *f.* dimension
diminuto/a little, tiny
dinámico/a *adj.* dynamic
dinero money; **ahorrar dinero** to save money (15); **manejar (bien/mal) el dinero** to manage one's money (well/poorly) (15)
dios *m. s.* god; **¡por Dios!** for heaven's sake! (9)
dióxido dioxide; **dióxido de carbono** carbon dioxide
dirección *f.* address; direction; *pl.* directions (8)
directivo/a executive
directo/a direct, straight; **objeto directo** *gram.* direct object; **pronombre** (*m.*) **de objeto directo** *gram.* direct object pronoun (5)
director(a) director (11); **director(a) de orquesta** (musical) conductor (11); **director(a) de personal** personnel director (13)
dirigir (j) to manage (*people*)
disco disc, disk; **disco duro** hard disk (13)
discografía recordings (*n.*), discography
discográfico/a recording (*adj.*)
discoteca dance club (9)
discriminación *f.* discrimination
discriminatorio/a discriminatory, discriminating
disculpar to excuse
discutir to argue (9)
diseñador(a) designer (13); **diseñador(a) de modas** fashion designer (13)
diseñar to design
diseño design (7)
disfrazarse (c) to disguise oneself (11)
disfrutar (de) to enjoy (10)
disminuir (y) to reduce, to decrease
disolver (ue) (*p.p.* **disuelto**) to dissolve
disperso/a scattered
disponer (*like* **poner**) (*p.p.* **dispuesto**) to arrange
disponibilidad *f.* availability; readiness to help
disponible available
dispositivo device
disquete *m.* floppy disk
distancia distance
distinguir (g) to distinguish, to differentiate
distinto/a different
distracción *f.* entertainment, hobby (3)
distribución *f.* distribution
distribuir (y) to distribute
distrito district
diversidad *f.* diversity, variety
diversión *f.* fun thing to do (9), amusement, entertainment
diverso/a different, diverse
divertido/a fun (1)
divertirse (ie, i) to have fun (5)
dividir to divide, split up
división *f.* division
divorciado/a divorced (4)
divorciarse (de) to get divorced (from) (9)
divorcio divorce (4); **divorcio exprés** *law in Spain that allows divorce without a separation period*
doblar to turn (8); **doblar la ropa** to fold clothes (3)
doble double; **doble acristalamiento** double-paned windows; **habitación** (*f.*) **doble** double room (10)
doce twelve (1)
doctor(a) doctor
documental *m.* documentary
documentar to document
documento document; **documento adjunto** attachment (15)
dólar *m.* dollar
doler (ue) to hurt (12)
dolor *m.* pain, ache (12); **dolor de cabeza** headache (12); **dolor de estómago** stomachache (12); **dolor de muela** toothache (12); **dolor muscular** muscle pain (12)
doméstico/a domestic; **animal** (*m.*) **doméstico** domesticated (farm) animal (8); **aparato doméstico** appliance (3); **quehacer** (*m.*) **doméstico** domestic chore (3)
dominar to control, dominate; to overlook
domingo Sunday (1); **el domingo** on Sunday (1); **el domingo pasado** last Sunday (6); **el domingo que viene** next Sunday (1); **los domingos** on Sundays (1)
dominicano/a Dominican (1)
dominio control; mastery
dominó dominos (2)
don *m. title of respect used with a man's first name*
doña *title of respect used with a woman's first name*
donación *f.* donation
donar to donate
donde where
¿dónde? where? (1); **¿de dónde eres?** where are you (*s. fam.*) from? (1); **¿de dónde es usted (Ud.)?** where are you (*s. form.*) from? (1)
doradito/a browned, golden (*cooking*)
dorado/a golden
dorar to brown (*cooking*)
dormir (ue, u) to sleep (3); **dormir la siesta** to nap; **dormirse** to fall asleep (5)
dormitorio bedroom (5); **dormitorio principal** master bedroom (5)
dos two (1); **ciento dos** one hundred two (4); **dos mil** two thousand (4); **dos millones (de)** two million (4); **son las dos** it's two o'clock (1)
doscientos/as two hundred (4)
drama theater (11)
dramaturgo/a playwright (11)
drástico/a drastic
droga drug
drogadicto/a drug addict (12)
drogarse (gu) to get high (12); to take drugs (12)
ducha shower (5)
ducharse to take a shower (5)
duda doubt; **verbo de duda** *gram.* verb of doubt (11)
dudar to doubt (12)
dueño/a landlord/landlady; master; owner
dulce *n. m.* candy; *adj.* sweet; **agua** (*f. but* **el agua**) **dulce** fresh water (14); *pl. m.* candies (6)
dulzura sweetness
duración *f.* length, duration
durante during
durazno peach
duro/a hard; **disco duro** hard disk
DVD *m.* DVD (3); **reproductor** (*m.*) **de DVD** DVD player
DVD-ROM *m.* DVD-ROM (15)

E

e and (*used instead of* **y** *before words beginning with stressed* **i-** *or* **hi-**, *except* **hie-**)
echar to throw, cast
eco echo
ecología ecology
ecológico/a ecological (14)
economía economics (1)
económico/a economic; **clase** (*f.*) **económica** coach (class) (10); **recurso económico** financial resources
ecosistema *m.* ecosystem
ecoturismo ecotourism (10)
ecoturístico/a ecotour
ecuador *m.* equator
ecuatoguineano/a Equatoguinean, from Equatorial Guinea (1)
ecuatorial equatorial
ecuatoriano/a Ecuadorian
ecuestre equestrian

edad *f.* age; period (*historical*)
edición *f.* edition; publication
edificio building (1); **edificio de apartamentos** apartment building (5)
editar to edit
educación *f.* education (1); **educación superior** higher education; **Facultad** (*f.*) **de Educación** School of Education (1)
educativo/a educational
efectivo/a effective; **en efectivo** cash (6)
efecto effect
eficaz (*pl.* **eficaces**) *adj.* effective
eficiente efficient
egoísmo selfishness (12)
egoísta selfish (12)
eje *m.* axis; focal point
ejecutar to carry out; to execute
ejecutivo/a *adj.* executive
ejemplo example; **por ejemplo** for example (4)
ejercer (z) to practice (*a profession*)
ejercicio exercise; **hacer** (*irreg.*) **ejercicio** to exercise (3); **hacer ejercicio aeróbico** to do aerobics (12)
ejército army
ekeko *an indigenous deity of abundance*
el *def. art. m. s.* the (1); **el más/menos... de** the most/least . . . of/in (5); **el lunes (martes, miércoles,...)** on Monday (Tuesday, Wednesday, . . .) (1); **el lunes (martes, miércoles,...) pasado** last Monday (Tuesday, Wednesday, . . .) (6); **el lunes (martes, miércoles,...) que viene** next Monday (Tuesday, Wednesday, . . .) (1)
él *sub. pron.* he (1); *obj.* (*of prep.*) him
elaborado/a (*p.p. of* **elaborar**) made
elección *f.* choice; election
electricidad *f.* electricity
electricista *m., f.* electrician (13)
eléctrico/a electric (14); **batidora eléctrica** electric mixer
electrodoméstico electrical (household) appliance
electrónico/a electronic
elefante *m.* elephant (14)
elegante elegant; graceful
elegido/a *adj.* chosen; elected
elegir (i, i) (j) to choose; to elect
elemento element, factor
elevado/a *adj.* elevated, high
eliminar to eliminate
elitista *m., f.* elitist
ella *sub. pron.* she (1); *obj.* (*of prep.*) her
ellos/as *sub. pron.* they (1); *obj.* (*of prep.*) them
elote *m.* corn cob
e-mail *m.* e-mail (1)
embalse *m.* reservoir
embarcar (qu) (en) to board (10)
embargo: sin embargo however; nevertheless
embarque (*m.*)**: tarjeta de embarque** boarding pass (10)
emblema *m.* emblem, symbol
emblemático/a emblematic, symbolic
embriagado/a drunk, intoxicated
emergencia emergency
emigración *f.* immigration
emigrante *m., f.* immigrant
emigrar to immigrate
emisión *f.* emission; **emisiones de carbono** carbon emissions
emisora de radio radio station
emoción *f.* emotion; **verbo de emoción** *gram.* verb of emotion (11)
emocionado/a excited (2)
emocional emotional (2)
emocionante *adj.* moving; exciting
emocionarse to display emotion (12)
empanada filled pastry, turnover
emparejar to match; to pair up
empate *m.* tie (*game score*)
emperador(a) emperor/empress
empetrés mp3; **reproductor** (*m.*) **de empetrés** mp3 player
empezar (ie) (c) to begin (3); **empezar + a +** *inf.* to begin to (*do something*) (3)
empiezo beginning
empleado/a employee (13)
empleador(a) employer
emplear to employ
empleo job (15); employment (13); **empleo a tiempo completo/parcial** full-/part-time job (13)
empobrecer (zc) to impoverish
empotrado/a built-in
emprendedor(a) enterprising (13)
empresa business, enterprise (13); company (13); firm (13)
empresarial pertaining to business; **administración** (*f.*) **empresarial** business administration (1)
empresario/a businessman/businesswoman
empujar to push, press
en in; on; at (2); **en ayunas** before breakfast; fasting; **en casa** at home; **en caso de que** + *subj.* in case (14); **en cuanto** *conj.* as soon as (13); **en cuanto a** regarding; **¿en cuánto sale(n)?** how much is it (are they)? (7); **en efectivo** cash (6); **en general** generally; **en la actualidad** currently, right now; **en línea** online, inline; **en ninguna parte** nowhere; **en parejas** in pairs (4); **en punto** sharp, exactly (*with time*) (1); **en seguida** right away; **en vivo** live; **en voz alta** aloud
enamorado/a (de) in love (with) (9)
enamorarse (de) to fall in love (with) (9)
encaje *m.* lace
encantado/a delighted; **encantado/a.** it's a pleasure (to meet you)
encantar to love (*lit.* to enchant) (6)
encargarse (gu) (de) to take charge (of)
encender (ie) to light
encendido/a *adj.* burning; switched on
enchufe *m.* connection
encierro running of the bulls
encima de on top of (2)
encontrar (ue) to find (3)
encuentro encounter, meeting
encuesta survey
encuestado/a *adj.* polled
encumbrar to exalt, glamorize
endémico/a endemic
endulzar (c) to sweeten
energético/a *adj.* energetic
energía power; energy (14); **energía eólica** wind power (14); **energía hidroeléctrica** hydroelectric power (14); **energía nuclear** nuclear power (14); **energía solar** solar power (14); **energía undimotriz** wave energy
enero January (2)
enfermarse to get sick
enfermedad *f.* illness (12)
enfermería hospital
enfermero/a nurse (12)
enfermo/a sick (2)
enfocar (qu) to focus
enfrentar (se) to confront; to bring face to face
enfrente *adv.* opposite; facing; **de enfrente** *adj.* front; **enfrente de** *prep.* in front of (2); across from (5)
enfriar (enfrío) to cool
enfudado/a wrapped, wearing
engordar to gain weight (12)
enlatado/a canned
enloquecido/a crazed, gone mad
enmascarado/a masked
enojado/a angry (2)
enojar to anger
enorgullecer (zc) (de) to be proud (of)
enorme huge
enormemente *adv.* enormously

enriquecer (zc) to enrich
ensalada salad (6)
enseñar to teach; to show
entender (ie) to understand (3)
entendido/a *adj.* understood
enterarse (de) to find out, learn (about)
entero/a whole
entidad *f.* entity
entonces *adv.* then; **desde entonces** since then
entorno environment
entrada ticket; admission; inning (*baseball*)
entrañable dear
entrar (a/en) to enter
entre *prep.* between (2); among; **días** (*m.*) **entre semana** weekdays (1); **entre semana** during the week (1)
entregar (gu) to deliver (6); to hand in (6)
entrenador(a) trainer (6); coach (13)
entrenamiento training
entrenar to train
entretener (*like* **tener**) to entertain
entretenimiento entertainment
entrevista interview (13)
entrevistador(a) interviewer (13)
entrevistar to interview (13)
enumerar to count; to list
enunciado statement
envase *m.* container (14)
enviar (envío) to send
envidia envy (12)
eólico/a *adj.* wind; **energía eólica** wind power (14); **turbina eólica** wind turbine
epidemia epidemic
episodio episode; event
época time period (9); season (9); **época colonial** colonial era (9)
equilibrio balance
equinoccio equinox
equipaje *m.* luggage (10); **facturar el equipaje** to check luggage (10); **reclamo de equipaje** baggage claim (10); **recoger (j) el equipaje** to pick up luggage (10)
equipo team
equitación *f.* horseback riding
equivalente *n. m.* equivalent
eres you (*s. fam.*) are (1)
es he/she is (1); you (*s. form.*) are (1)
escala stop (*layover*); scale; **hacer** (*irreg.*) **escalas** to make stops
escalera staircase, stair
escanear to scan (15)
escáner *m.* scanner (15)
escapar to escape
escaparate *m.* shop window
escape *m.* escape
escasez *f.* (*pl.* **escaseces**) shortage (14)
escaso/a scarce
escena scene
escenario stage (11)
escénico/a scenic; **artes** (*f. but* **el arte**) **escénicas** performing arts (11)
esclavitud *f.* slavery
esclavo/a slave
escoger (j) to choose
escolar *adj.* school
escondido/a *adj.* hidden
escondite *m.* hiding place; **jugar (ue) (g) al escondite** to play hide-and-seek
escribir (*p.p.* **escrito**) to write (2); **escribir poesía** to write poetry (9); **máquina de escribir** typewriter
escrito/a (*p.p. of* **escribir**) written
escritor(a) writer (11)
escritorio desk (1)
escuchar to listen to (1); **escuchar música** to listen to music (1)
escuela school (8); **escuela primaria** elementary school; **escuela secundaria** high school
esculpir to sculpt
escultor(a) sculptor (11)
escultura sculpture (7)
ese/a *adj.* that (4); *pron.* that one (4)
esencia essence
esencial essential
esfera sphere
esférico/a spherical
esfuerzo effort
esmalte *m.* enamel
eso that (*concept, unknown thing*) (4); **por eso** that's why (4)
esos/as *adj.* those (4); *pron.* those ones (4)
espacio space; **espacio en blanco** blank (space)
espalda back (12)
español *m.* Spanish (*language*) (1)
español(a) *adj.* Spanish (1)
especia spice
especial special
especializado/a specialized, skilled
especie *f. s.* species; bread; **especie en peligro de extinción** endangered species (14)
específico/a specific
espectacular spectacular
espectáculo show (11)
espectador(a) spectator
espejo mirror
espera: sala de espera waiting room (10)
esperanza hope, expectation
esperar to wait (11); to hope; to expect
espinacas *pl.* spinach (6)
espíritu *m.* spirit
espiritual spiritual
espléndido/a splendid
esposo/a husband/wife (4)
espuma foam
espumita espresso coffee with a sweet foam (*Cuba*)
esquí *m.* ski, skiing
esquiar (esquío) to ski
esquina corner
estabilidad *f.* stability
estable *adj.* stable (15)
establecer (zc) to establish; **establecerse** to settle
establecido/a *adj.* established, set
establecimiento establishment
estación *f.* season (2); station; **estación de autobuses** bus station (8)
estacionamiento parking lot/place (8)
estacionar to park (8)
estadía stay (10)
estadio stadium (1)
estadística statistics (1)
estado state; **estado de ánimo** state of mind; **estado civil** marital status (4); **estado físico** physical state (2); **Estados Unidos** United States
estadounidense *n., adj.* American, of the United States of America
estallo crashing noise
estancado/a *adj.* stagnant
estancia stay (*in a hotel*)
estándar *m.* standard
estaño tin
estanque *m.* pond
estantería shelves (5)
estar *irreg.* to be (2); **¿cómo está usted (Ud.)?** how are you (*s. form.*)? (1); **¿cómo estás?** how are you (*s. fam.*)? (1); **está lloviendo.** it's raining. (2); **está (muy) nublado.** it's (very) cloudy. (2); **está nevando.** it's snowing. (2); **estar** + *gerund* to be (*doing something*) (2); **estar a cargo (de)** to be in charge (of) (13); **estar al día** to be up to date; **estar bien** to be well; **estar de acuerdo** to agree; **estar de buen humor** to be in a good mood; **estar deprimido/a** to be depressed (12); **estar seguro/a (de)** to be sure (of) (12)
estatua statue (8)
estatus *m.* status; **estatus social** social status
este *m.* east (8); **al este** (to the) east (8)
este/a *adj.* this (1); *pron.* this (one) (4); **esta noche** tonight (3)
estilo style (7)
estimulante *m.* stimulant

estimular to encourage; to stimulate
estiramiento *n.* stretching
estirarse to stretch (12)
estirpe *f.* lineage
esto this (*concept, unknown thing*) (4)
estómago stomach (12); **dolor** (*m.*) **de estómago** stomachache (12)
estorbo nuisance
estos/as *adj.* these (4); *pron.* these ones (4)
estrategia strategy
estrecho *n.* strait; **Estrecho de Magallanes** Strait of Magellan
estrecho/a *adj.* narrow
estrellato stardom
estrenado/a premiered, performed for the first time
estreno premiere
estrés *m.* stress (12); **quitarse el estrés** to remove stress (15)
estresado/a *adj.* stressed
estresante *adj.* stressful
estricto/a strict
estructura structure
estudiante *m., f.* student (1)
estudiantil *adj.* student; **centro estudiantil** student union (1); **préstamo estudiantil** student loan (15); **residencia estudiantil** student dorm (1)
estudiar to study (1)
estudio studio apartment (5); study (*room*)
estudioso/a studious
estufa stove (3)
estupendo/a wonderful
etapa stage, period; **etapa de la vida** stage/period of life (9)
etcétera *adv.* et cetera
eterno/a eternal
etiqueta label
étnico/a ethnic
euro euro (*money*)
Europa Europe
europeo/a European
evacuar to evacuate
evaluación *f.* evaluation
evento event (4)
evidencia evidence
evidente evident, obvious
evitar to avoid (12)
evolución *f.* assessment; evaluation
exacto/a exact
examen *m.* exam, test
examinar to examine
excavar to dig; to excavate
excelencia excellence
excelente excellent
excéntrico/a eccentric
excepción *f.* exception
excesivo/a excessive
exceso excess
exclusivo/a exclusive
excursión *f.* tour, day trip (10); excursion, expedition, trip; **hacer** (*irreg.*) **una excursión** to take a tour/day trip (10)
excusa excuse
exhibir to exhibit
exigente demanding (13)
exigir (j) to demand, require
exilio exile
existencia existence
existir to exist
éxito success; **tener** (*irreg.*) **éxito** to be successful (3)
exitoso/a successful
éxodo exodus
exótico/a exotic
expansión *f.* expansion
expectación *f.* expectation, anticipation
expedición *f.* expedition
experiencia experience
experto/a expert, authority
explicación *f.* explanation
explicar (qu) to explain (6)
explícitamente *adv.* explicitly
exploración *f.* exploration
explorador(a) explorer
explorar to explore
explotación *f.* exploitation
explotar to exploit
exponerse (like **poner**) (*p.p.* **expuesto**) to expose oneself
exportación *f.* exportation
exportador(a) exporter
exportar to export
exposición *f.* exhibition (11); art show (11)
exprés: divorcio exprés *law in Spain that allows divorce without a separation period*
expresar to express; **expresarse** to express oneself
expresión *f.* expression (1); **expresión impersonal** *gram.* impersonal expression (11)
expreso *n.* espresso (coffee)
expropiación *f.* expropriation
expuesto/a (*p.p. of* **exponer**) exposed
expulsar to throw out
expulsión *f.* expulsion
exquisito/a exquisite
extender (ie) to extend
extensión *f.* extension
exterior *n. m., adj.* outside, exterior
extinción *f.* extinction; **especie** (*f.*) **en peligro de extinción** endangered species (14)
extinguirse (g) to die out, become extinct
extra extra; **extra grande** extra large (*clothing size*) (7)
extracto extract
extraer (*like* **traer**) (*p.p.* **extraído**) to extract
extraescolar *adj.* extracurricular
extrañar to miss
extranjero/a foreigner (10); *adj.* foreign; *m.* abroad (10); **lenguas extranjeras** foreign languages (1)
extraño/a strange; **es extraño que** it's strange that (11)
extravagante extravagant
extremo/a extreme
extrovertido/a outgoing (4)
exuberante exuberant

F

fábrica factory (14)
fabricante *m.* manufacturer
fabricar (qu) to make, manufacture
fachada facade
facial: tratamiento facial facial treatment
fácil easy (1)
facilidad *f.* ease
facilitar to facilitate, make easy
factor *m.* factor
facturar el equipaje to check luggage (10)
facultad *f.* school; **Facultad de Bellas Artes** School of Fine Arts (1); **Facultad de Ciencias** School of Science (1); **Facultad de Educación** School of Education (1); **Facultad de Letras** School of Humanities (1); **Facultad de Leyes** School of Law (1); **Facultad de Medicina** School of Medicine (1)
falda skirt (7)
fallar to crash (*computer*) (15)
falso/a false
falta *n.* lack, absence; **hacer** (*irreg.*) **falta** to need, lack
faltar to miss
fama fame
familia family (4); **familia política** in-laws (4)
familiar *adj.* family (4)
famoso/a famous
fanático/a *n.* fan
fantasía fantasy
fantástico/a fantastic
farmacéutico/a *n.* pharmacist (13); *adj.* pharmaceutical
fármaco medicine (12); *pl.* pharmaceuticals (12)
fascinar to fascinate (12)

fase *f.* phase
fatal bad; awful
fauna: flora y fauna plant and animal life (14)
fauno satyr
favor *m.* favor; **por favor** please (4)
favorecer (zc) to favor
favorito/a *n., adj.* favorite
fe *f.* faith
febrero February (2)
fecha date (*calendar*) (2)
fecundo/a productive; copious
feliz (*pl.* **felices**) happy
femenino/a feminine
fenicio/a Phoenician
fenomenal great; **pasarlo fenomenal** to have a great time
fenómeno phenomenon
feo/a ugly (1)
feria festival; fair
feriado/a: día (*m.*) **feriado** holiday
ferrocarril *m.* railway
ferroviario/a *adj.* railroad; pertaining to a railroad
fértil fertile
fertilidad *f.* fertility
fertilizante *m.* fertilizer
festejar to celebrate
festival *m.* festival (11)
festividad *f.* festivity (11); feast (11)
festivo/a festive; **día** (*m.*) **festivo** holiday (11)
ficción *f.* fiction
ficticio/a fictitious
fiebre *f.* fever (12)
fiesta party (2); **dar** (*irreg.*) **una fiesta** to throw a party; **fiesta de sorpresa** surprise party; **fiesta de quinceañera** young woman's fifteenth birthday party; **hacer** (*irreg.*) **una fiesta** to throw a party (2)
figura figure; shape; statue
figurativo/a figurative
fijarse (en) to pay attention (to)
fijo/a fixed (7); permanent; **precio fijo** fixed price (7); **teléfono fijo** landline
fila: de primera fila first class
Filipinas: Islas Filipinas Philippines
filmación filming (*n.*)
filosofía philosophy (1)
fin *m.* end; **el fin de semana pasado** last weekend; **fin de semana** weekend (1) **por fin** finally (4)
final *n. m.* end; *adj.* final; **a finales de** at the end of; **al final** in the end
finalización *f.* end
finalizar (c) to finish, complete
financiamiento financing
financiero/a *adj.* financial
finca farm (8)
fino/a fine; high-quality
fiordo fjord
firma signature
firmar to sign
física physics (1)
físicamente: fuerte físicamente physically strong (13)
físico/a *adj.* physical; **bienestar** (*m.*) **físico** physical well-being (15); **estado físico** physical state (2)
fisiología physiology
flamenco *music and dance of Andalusia*
flan *m.* caramel custard (6); (baked) custard
flauta flute
flexibilidad *f.* flexibility
flexible flexible (13)
flor *f.* flower
flora y fauna plant and animal life (14)
florecer (zc) to flourish; to thrive; to flower
floristería flower shop (7)
flotante *adj.* floating
fluido/a fluent
foca seal (14)
folclor *m.* folklore
folclórico/a folkloric; **baile** (*m.*) **folclórico** traditional/folkloric dance (11)
folleto brochure, pamphlet
fomentar to encourage, foster
fondo background; bottom; depth; fund; **a fondo** deeply
fontanero/a plumber
forestal *adj.* forest
forma form; manner, way
formación (*f.*) **académica** education (15)
formal formal; **mandato formal** *gram.* formal command; **salón formal** living room
formalmente *adv.* formally; seriously
formar to form; **formar una familia** to start a family (15); **formarse** to get educated (15)
formatear to format
formidable tremendous, fantastic
formular to formulate
foro forum
fortalecer (zc) to strengthen, fortify
fortaleza fort
fortuna fortune; fate
fósil *m.* fossil; **combustible** (*m.*) **fósil** fossil fuel
foto(grafía) photo(graph); **álbum** (*m.*) **de fotos** photo album; **sacar (qu) fotos** to take photos (2)
fotografía photography (11)
fotográfico/a photographic
fotógrafo/a photographer (11)
foyer *m.* sitting room
frágil fragile
fragmento fragment, piece; excerpt
francamente *adv.* frankly, openly
francés, francesa *n.* French person; *m.* French (*language*); *adj.* French
Francia France
franja group
frase *f.* phrase
fraterno/a fraternal
fraude *m.* fraud
frecuencia frequency; **con frecuencia** often; **¿con qué frecuencia?** how often? (3)
frecuente *adj.* common, frequent, often
fregadero kitchen sink
fregar (gu) to wash
frente *m.* front
fresa strawberry (6)
fresco/a fresh; cool; **hace fresco.** it's cool. (2)
frijoles *m.* beans (6)
frío/a cold; **hace (mucho) frío.** it's (very) cold. (2); **tener** (*irreg.*) **frío** to be cold (3)
frito/a fried; **huevos fritos** fried eggs (6); **papas fritas** French fries (6)
frontera border; frontier
frustrado/a frustrated
fruta fruit (6)
frutal *adj.* fruit
frutería fruit shop
fruto result
fucsia fuchsia; **de color** (*m.*) **fucsia** fuchsia (7); **de fucsia** fuchsia (7)
fuego fire; **fuegos artificiales** fireworks (11)
fuente *f.* fountain (8)
fuerte strong; **fuerte físicamente** physically strong (13)
fuerza force; power
fuga escape
fumar to smoke (12)
función *f.* function
funcionamiento operation, functioning
funcionar to work, to function; to run (*a machine*)
funcionario/a public official
fundación *f.* foundation
fundado/a (en) based (on)
fundamental *adj.* fundamental
fundar to found; to establish
funeral *m.* funeral

funerario/a funeral
furgoneta van
furioso/a furious
fusión *f.* fusion, merging
fusionar to fuse, to merge
futbito indoor soccer (*Sp.*)
fútbol *m.* soccer (1); **fútbol americano** football (1); **jugar (ue) (gu) al fútbol** to play soccer (1); **jugar al fútbol americano** to play football (1)
futbolista *m., f.* soccer player
futsal *m.* indoor soccer
futuro/a *n., adj.* future

G

gafas *f., pl.* glasses
Galápagos: Islas Galápagos Galapagos Islands
galardón *m.* award, prize
galería gallery
gallego Galician (*language*)
galleta cookie (6); cracker (6)
gallina hen (8)
gallo rooster
galón *m.* gallon
gamba prawn, shrimp (*Sp.*)
gamuza suede
ganadería livestock farming
ganadero/a livestock farmer
ganado *n.* cattle (8)
ganador(a) winner
ganar to win
ganas: tener (*irreg.*) **ganas de** + *inf.* to feel like (*doing something*) (3)
gandules *m.* pigeon peas
ganga bargain
garaje *m.* garage (5)
garganta throat (12)
garífuna *indigenous group of Central America*
gas *m.* gas; **gas natural** natural gas (14)
gasolina gasoline
gasolinera gas station (8)
gastar to spend
gasto expense (15); **controlar los gastos** to manage expenses (15)
gastronomía gastronomy
gastronómico/a gastronomic
gato cat (4)
gaucho Argentine cowboy
gaviota seagull (14)
gemelo/a twin (4)
genealógico/a genealogical
generación *f.* generation
general *adj.* general; **en general** generally; **por lo general** generally (4); in general
general(a) *n.* general (*military*)
generar to generate, to create
género genre
generoso/a generous
genética *n., s.* genetics
genéticamente genetically
gente *f. s.* people (4)
geografía geography (1)
geográfico/a geographical
geológico/a geological
geométrico/a geometric, geometrical
gerente *m., f.* manager (13)
geriátrico/a geriatric; **centro geriátrico** retirement home
gestión *f.* operation
gestionar to manage
gigante *n. m.* giant; *adj.* enormous
gigantesco/a huge, gigantic
gimnasio gymnasium (1)
gira tour
girasol *m.* sunflower
gitano/a *n., adj.* gypsy
glaciar *m.* glacier (14)
global global; **calentamiento global** global warming (14)
globalización *f.* globalization
globalizado/a *adj.* globalized
gobernador(a) governor
gobernante *n. m., f.* leader, ruler
gobernar (ie) to govern
gobierno government
gol *m.* goal
golero/a goalkeeper
golf *m.* golf (2); **palo de golf** golf club
golfo gulf
golpe *m.* blow, collision
goma eraser (*for pencil*)
gordo/a fat (4)
gorila *m.* gorilla (14)
gorra cap (7)
gota drop
gótico/a gothic
gozar (c) to enjoy oneself
grabación *f.* recording
grabado print; engraving
grabadora (tape) recorder/player
gracias thanks, thank you (1); **Día** (*m.*) **de Acción de Gracias** Thanksgiving Day (11); **gracias a** thanks to; **gracias por** thank you for; **muchas gracias** thank you very much
grada row; *pl.* stands (*of an sports arena*)
grado degree (*temperature*)
graduación *f.* graduation
graduado/a *adj.* graduated
graduarse (me gradúo) to graduate
graffiti graffiti
grafía *n.* spelling
gramática grammar
gramatical grammatical
gramo gram
gran, grande large (1), big; great; **extra grande** extra large (*clothing size*) (7); **gran velocidad** high speed; **grande** large (*clothing size*) (7)
grandeza grandeur, magnificence
granito granite
granja farmhouse
grano grain (6)
grasa grease
gratis *inv.* free (*of charge*)
gratuita free (*of charge*)
grave serious
gres *m.* stone (*flooring*)
gresite *m.* ceramic tile
grifo faucet (14); **cerrar (ie) el grifo** to turn off the faucet (14)
gringo/a *coll.*: **impuesto gringo** *a tax in Ecuador that only North Americans must pay*
gripe *f.* flu (12)
gris gray (2)
gritar to yell (9)
grito *n.* shout; **Grito (de la Independencia)** Mexican Independence Day
grosor *m.* thickness
grotesco/a grotesque
grueso/a thick
grupo group; **terapia de grupo** group therapy (12)
guantes *m.* gloves (7)
guapo/a handsome (1); pretty (1)
guaraní *m.* Guaraní (*indigenous language of Paraguay*); *m., f. Guaraní person*
guardameta *m., f.* goalkeeper
guardar to save; to save (*a file*) (13)
guardia guard
Guate *coll.* Guatemala City
guatemalteco/a Guatemalan (1)
¡guau! *interj.* wow!
guayaba guava
guayabera *typical style of shirt in the Caribbean*
gubernamental *adj.* government
guerra war; **guerra civil** civil war
guerrero/a warrior
guía *f.* guidebook; *m., f.* guide (*person*)
guineo banana
guion *m.* script
güira *a percussion instrument commonly used for merengue, bachata, and cumbia music*
guisantes *m.* peas (6)

guitarra guitar; **(eléctrica)** (electric) guitar (11)
guitarrista *m., f.* guitar player
guitarrón *m. large guitar used in Mexico*
gustar "to like" (*lit.* to be pleasing) (2); **me gustaría** I would like (6)
gusto *n.* taste, preference, liking; **a gusto** comfortable, at ease; **al gusto** to one's liking; **mucho gusto** it's a pleasure (to meet you) (1)
gustosamente *adv.* gladly

H

haber *irreg.* to have (*auxiliary*); *infinitive form of* **hay**; **había** there was/were; **habrá** there will be; **hay** there is/are; **hay que** + *inf.* one has to (*do something*); **hubo** there was/were (*pret. of* **hay**) (7); **no hay paso** no entrance
habichuelas green beans (6)
habilidad *f.* ability (13)
habilitar to deputize
habitación *f.* room; **habitación doble/sencilla** double/single room (10)
habitado/a inhabited
habitante *m., f.* inhabitant; resident
habitar to live in, to inhabit
hábitat *m.* (*pl.* **hábitats**) habitat
hábito habit
habitual usual, habitual
habla *f.* (*but* **el habla**) speech; **de habla española** Spanish-speaking
hablar to speak (1); to talk; **hablar por teléfono** to speak on the phone (1)
hacer *irreg.* (*p.p.* **hecho**) to do (3); to make (3); **desde hace... años** for . . . years; **hace** + *period of time* + **que** + *present tense* to have been (*doing something*) for (*a period of time*); **hace** + *time* ago; **hace fresco.** it's cool. (2); **hace (mucho) calor.** it's (very) hot. (2); **hace (mucho) frío.** it's (very) cold. (2); **hace (mucho) sol.** it's (very) sunny. (2); **hace (mucho) viento.** it's (very) windy. (2); **hace (muy) buen/mal tiempo.** it's (very) nice/bad out. (2); **hacer cola** to stand in line (10); **hacer copias** to make copies (13); **hacer ejercicio** to exercise (3); **hacer ejercicio aeróbico** to do aerobics (12); **hacer escalas** to make stops; **hacer falta** to need, lack; **hacer hincapié** to emphasize, stress; to highlight; **hacer la cama** to make the bed (3); **hacer la cuenta atrás** to count down (*to midnight*); **hacer la(s) maleta(s)** to pack one's suitcase(s) (10); **hacer negocios** to do business; **hacer paradas** to make stops; **hacer preguntas** to ask questions; **hacer snowboarding** to snowboard; **hacer surfing** to surf; **hacer un pedido** to place an order; **hacer una excursión** to take a tour/day trip (10); **hacer una fiesta** to throw a party (2); **hacer yoga** to do yoga (3); **hacerse** + *noun* to become (*a profession*); **¿qué tiempo hace?** what's the weather like? (2)
hacienda country house, property
haikú *m.* haiku
hamaca hammock (7)
hambre *f.* (*but* **el hambre**) hunger
hamburguesa hamburger (6)
hasta until; **desde la(s)... hasta la(s)...** from . . . until . . . (*time*); **hasta luego** see you later (1); **hasta mañana** see you tomorrow (1); **hasta pronto** see you soon; **hasta que** *conj.* until (13)
hay there is/are (1); **hay (muchas) nubes.** it's (very) cloudy. (2); **hay que** + *inf.* it's necessary to (*do something*); **no hay de qué** don't mention it
hecho *n.* fact; event; **pareja de hecho** common-law couple (9); domestic partner (9)
hecho/a (*p.p.* of **hacer**) done; made
heladería ice-cream shop/stand
helado ice cream (6)
hemisferio hemisphere
herencia inheritance; legacy
herido/a *n.* wounded person
herir (ie, i) to wound
hermanastro/a stepbrother/ stepsister (4)
hermanito/a little brother/sister
hermano/a brother/sister (4); *pl.* siblings (4); **medio/a hermano/a** half brother/sister (4)
hermoso/a pretty (4)
héroe *m.* hero
heroico/a *adj.* heroic
hervir (ie, i) to boil
híbrido/a hybrid (14)
hidalgo nobleman
hidrato de carbono carbohydrate
hidráulico/a hydraulic
hidroeléctrico/a: energía hidroeléctrica hydroelectric power (14)
hidrógeno hydrogen
hielo ice (14); **pista de hielo** ice-skating rink
hierba herb
hierro iron
hijastro/a stepson/stepdaughter (4)
hijo/a son/daughter (4); *pl.* children (4); **hijo/a adoptivo/a** adopted son/daughter (4); **hijo/a único/a** only child (4)
hincapié *m.* emphasis, stress; **hacer** (*irreg.*) **hincapié** to emphasize, stress; to highlight
hip-hop: música hip-hop hip hop music (11)
hipermercado supermarket
hipertensión *f.* high blood pressure
hipnótico/a hypnotic
hipoteca mortgage
hispánico/a *adj.* Hispanic
hispano/a *n., adj.* Hispanic
hispanoamericano/a Spanish American; Latin American
hispanohablante *m., f.* Spanish speaker
historia history (1)
historiador(a) historian
histórico/a historic
hogar *m.* home; household
hoja sheet (of paper); leaf
hojuela flake
hola hello (1)
holandés, holandesa *adj.* Dutch
hombre *m.* man (1); **hombre de negocios** businessman (13)
hombro shoulder (12)
homenaje *m.* homage, tribute
hondureño/a Honduran (1)
honesto/a honest (13)
honor *m.* honor
honrar to honor
hora hour; **¿a qué hora?** at what time? (1); **¿qué hora es?** what time is it? (1); **ser hora de** + *inf.* to be time to (*do something*)
horario schedule; **horario de trabajo** work schedule (13)
horchata *cold drink made from ground rice, water and sugar*
hornear to bake
horno oven (3); **al horno** baked; **horno de microondas** microwave oven (3)
hospedarse to stay (*in a hotel*)
hospital *m.* hospital (1)
hospitalidad *f.* hospitality
hospitalizar (c) to hospitalize
hostil *adj.* hostile
hotel *m.* hotel (10)
hoy today (1); **hoy (en) día** nowadays
huayno *folkloric music and dance of Peru*
hubo there was/were (*pret. of* **hay**) (7)
huele he/she, it smells (*pres. ind. of* **oler**)
huelga strike
huerta farmer's field (8); orchard (8)
hueso bone
huésped(a) hotel guest (10)
huevo egg (6); **huevos fritos** fried eggs (6); **huevos revueltos** scrambled eggs

huir (y) to flee
humanidad *f.* humanity; **Patrimonio Natural de la Humanidad** World Heritage Site (UNESCO)
humano/a human; **cuerpo humano** human body (12); **ser** (*m.*) **humano** human being
húmedo/a humid
humilde humble
humillación *f.* humiliation
humo smoke (14)
humor *m.* mood; **estar** (*irreg.*) **de buen humor** to be in a good mood
¡huy! *interj.* gosh!; gee whiz!

I

ibérico/a Iberian; **Península Ibérica** Iberian Peninsula
iberoamericano/a Latin American
icono icon
ida: viaje (*m.*) **de ida** one-way trip; **viaje de ida y vuelta** round trip
idealismo idealism
idealista *m., f.* idealistic
idéntico/a identical
identidad *f.* identity
identificación *f.* identification
identificar (qu) to identify
idílico/a idyllic
idioma *m.* language
iglesia church (3)
igual equal
igualmente likewise (1)
ilegal illegal
ilógico/a illogical; unreasonable
ilusión *f.* illusion
imagen *f.* image
imaginación *f.* imagination
imaginar(se) to imagine
imitación *f.* imitation
imitar to imitate, to copy
impaciente impatient
impacto impact
impedir (*like* **pedir**) to prevent
imperfecto *gram.* imperfect
imperio empire
impersonal: expresión (*f.*) **impersonal** *gram.* impersonal expression (11)
implementar to implement
imponderable incalculable
imponente imposing; majestic
imponer (*like* **poner**) (*p.p.* **impuesto**) to impose
importancia importance
importante important; **es importante que** it's important that (11)
importar to matter (6)
imposible impossible; **es imposible que** it's impossible that (12)
impregnar to imbue, steep
imprescindible indispensable; essential
impresión *f.* impression
impresionado/a impressed
impresionante amazing; impressive
impresionar to impress
impreso/a (*p.p. of* **imprimir**) printed
impresora printer (15)
imprimir (*p.p.* **impreso**) to print (15)
improbable improbable, unlikely; **es improbable que** it's improbable that (12)
impuesto *n.* tax; **impuesto gringo** *a tax in Ecuador that only North Americans must pay*
inacabado/a unfinished
inaceptable unacceptable
inalámbrico/a wireless (15); cordless
inanimado/a inanimate
inauguración *f.* inauguration
inca *n. m., f.* Inca; *adj. m., f.* Incan
incaico/a Incan
incendio fire
incienso *n.* incense
incluir (y) to include
incluso including
incómodo/a uncomfortable
incompetencia incompetence
incompleto/a incomplete
inconfundible unmistakable
inconveniente *n. m.* difficulty; drawback
incorporación *f.* incorporation
incorporado/a built-in
incorporar to incorporate
increíble incredible; **es increíble que** it's incredible that (11)
indefinido/a indefinite; vague**; palabra indefinida** *gram.* indefinite word (5)
independencia independence; **Día** (*m.*) **de la Independencia** Independence Day (11); **Grito de la Independencia** Mexican Independence Day
independentista *adj. m., f.* pro-independence
independizarse (c) to gain independence; to become independent
indexar to index
indicación *f.* sign; instruction
indicar (qu) to indicate
indicativo/a *gram.* indicative
índice *m.* index
indígena *n. m., f.* native (*person*); *adj.* indigenous
indio/a *n., adj.* Indian
indirecto/a: objeto indirecto *gram.* indirect object; **pronombre** (*m.*) **de objeto indirecto** *gram.* indirect object pronoun (6)
indispensable indispensable; essential
individualidad *f.* individuality
individuo *n.* individual
indudablemente undoubtedly
indulgencia indulgence
industria industry
industrial *adj.* industrial
industrialización *f.* industrialization
inesperado/a unexpected
inestabilidad *f.* instability
infancia infancy (9)
infanta princess
infección *f.* infection; **infección del oído** ear infection (12)
inferior inferior; lower
inferir (ie, i) to infer; to deduce
infinitivo *n. gram.* infinitive
infinito/a infinite
inflexible inflexible (13); rigid
influencia influence
influir (y) to influence
influyente influential
información *f.* information
informal informal; **mandato informal** *gram.* informal command
informar to inform; to report
informática computer science (1)
informativo/a instructive
informe *m.* report (13)
infusión *f.* infusion
ingeniería engineering (1)
ingeniero/a engineer (13)
Inglaterra England
inglés, inglesa *n.* English person; *m.* English (*language*) (1); *adj.* English
ingrediente *m.* ingredient; *pl.* ingredients (6)
ingreso entry; entrance
iniciar to initiate; to start
iniciativa initiative; proposal
inicio *n.* start; beginning
injusticia injustice
injusto/a unjust
inmediato/a immediate; next
inmejorable incapable of improvement
inmensidad *f.* immensity
inmenso/a immense
inmigración *f.* immigration; **pasar por la inmigración** to go through immigration (10)
inmigrante *m., f.* immigrant
inmobiliaria real estate agency
inmortalizar (c) to immortalize
inmunológico/a *adj.* immune
innovación *f.* innovation
innovador(a) innovative
inocente innocent
inodoro toilet (5)

inolvidable unforgettable
inquieto/a restless; worried
inquilino/a tenant
inquisición *f.* investigation
inscripción *f.* inscription
insecto insect (14)
inseguridad *f.* insecurity; uncertainty
inseguro/a insecure; uncertain
inserción *f.* insertion
insignificante insignificant
insistente insistent
insistir (en) to insist (on) (11)
insomnio insomnia
insostenible unsustainable
inspiración *f.* inspiration
inspirar to inspire
instalación *f.* installation
instalar to install; to place
instantáneo/a instant (*adj.*)
institución *f.* institution
instituir (y) to establish; to appoint
instrucción *f.* instruction; education
instructor(a) instructor; teacher
instrumento instrument; **instrumento musical** musical instrument
intacto/a intact
integración *f.* integration
integral complete; integral; **pan** (*m.*) **integral** whole wheat bread (6)
integrante *m., f.* member
integrar to integrate
íntegro/a honest (13); upright (*righteous*) (13); whole, entire
inteligente intelligent; **teléfono inteligente** smart phone (15)
intención *f.* intention
intencionado/a intentional, deliberate
intensidad *f.* intensity
intenso/a intense
intentar to try
interacción *f.* interaction
interactuar (interactúo) to interact
intercambiar to exchange, swap
intercambio exchange
interdisciplinario/a interdisciplinary
interés *m.* interest
interesante interesting (1); **es interesante que** it's interesting that (12)
interesar to interest (6)
interfaz *f.* interface
interior *n.* interior; inside; *adj.* inner; inside; **ropa interior** lingerie, underwear
intermedio intermission
internacional international (6)
Internet *m.* Internet; **navegar (gu) en Internet** to surf the Internet (1)
interno/a internal
interpretar to interpret; to perform
intérprete *m., f.* interpreter
interrogativo/a *gram.* interrogative; **palabra interrogativa** *gram.* question word (1)
íntimo/a intimate, close
introducción *f.* introduction
introducir (*like* **conducir**) to introduce
intruso/a *n.* intruder
inundación *f.* flood
invadir to invade
invasor(a) *n.* invader
inventado/a made-up
inventar to invent; to make-up
inversión *f.* investment
invertir (ie, i) to invest; **invertir en la bolsa** to invest in the stock market
investigación *f.* investigation
investigador(a) investigator
investigar (gu) to investigate
invierno winter (2)
invitación *f.* invitation
invitado/a guest
invitar to invite
involucrar to involve
inyección *f.* injection; **ponerle** (*irreg.*) **una inyección** to give (*someone*) a shot (12)
ir *irreg.* to go (2); **ir + a +** *inf.* to be going to (*do something*) (2); **ir al cine** to go to the movies (3); **ir de compras** to go shopping (7); **ir de vacaciones** to go on vacation (9); **irse** to leave, go away
irresponsable irresponsible
irritado/a irritated (2)
irritarse to become irritated
irrumpir en to burst into
-ísimo *suffix, adv.* very, very
-ísimo/a *suffix, adj.* very, very
isla island (14); **Islas Galápagos** Galapagos Islands; **Islas Filipinas** Philippines
islote *m.* small island
Italia *n.* Italy
italiano *n.* Italian (*language*)
italiano/a *adj.* Italian
itinerario route; itinerary
izquierda left; **a la izquierda (de)** to the left (of) (2)

J

jabón *m.* soap
jade *m.* jade
jaguar *m.* jaguar (14)
jamaicano/a Jamaican
jamás *adv.* never (9); at no time
jamón *m.* ham (6)
Japón *m.* Japan
japonés *m.* Japanese (*language*)
japonés, japonesa *adj.* Japanese
jarabe *m.* cough syrup (12)
jardín *m.* garden (3); yard (3); **trabajar en el jardín** to work in the garden/yard (3)
jardinero/a gardener
jarra pitcher
jarro jug
jazz *m.* jazz (11)
jeans *m. pl.* (blue)jeans (7)
jefe/a boss (13)
jengibre *m.* ginger
jerga jargon
Jesucristo Jesus Christ
jesuita *adj.* Jesuit
jinete *m., f.* horseman, horsewoman
jornada workday
joven *m., f.* (*pl.* **jóvenes**) young person (2); *adj.* young
joya jewel; *pl.* jewelry
joyería jewelry (store) (7)
jubilación *f.* retirement; **plan** (*m.*) **de jubilación** retirement plan (13)
jubilado/a retired (4)
jubilarse to retire (13)
judía verde green bean
judío/a *n.* Jew, Jewish person; *adj.* Jewish; **Pascua judía** Passover (11)
juego game
jueves *m. inv.* Thursday (1); **el jueves** on Thursday (1); **el jueves pasado** last Thursday (6); **el jueves que viene** next Thursday (1); **los jueves** on Thursdays (1)
juez(a) judge (13)
jugador(a) player
jugar (ue) (gu) (a) to play (*a game, sport*) (1); **jugar al basquetbol** to play basketball (1); **jugar al béisbol** to play baseball (1); **jugar al escondite** to play hide-and-seek; **jugar al fútbol** to play soccer (1); **jugar al fútbol americano** to play football (1); **jugar al vólibol** to play volleyball (1)
jugo juice (6)
juguete *m.* toy (9)
juguetería toy store (7)
juguetón, juguetona *adj.* playful
juicio judgment
julio July (2)
jungla jungle
junio June (2)
juntar(se) to put, bring together
junto *adv.*: **junto a** next to; **junto con** together with
juntos/as together
juramento judgment

justamente exactly, precisely; fairly
justificar (qu) to justify
justo/a just; fair
juvenil juvenile; youthful
juventud *f.* youth (9)
juzgar (gu) to judge

K

kalipuna *tribe indigenous to Central America*
kilo kilo(gram)
kilómetro kilometer
kiosco kiosk, newspaper stand
kiwi *m.* kiwi (6)

L

la *def. art. f. s.* the (1); *dir. obj. pron. f. s.* her (5); you (*form.*) (5); it (5); **a la(s)** + *time* at + *time* (1); **la más/menos... de** the most/least . . . of/in (5)
laberinto labyrinth; maze
labial *adj.* lip
labio lip
laboral *adj.* labor; working
laboratorio laboratory (1)
lácteo/a: producto lácteo dairy product (6)
lado side; **al lado de** next to (5); **de al lado** next-door (5)
ladrillo brick
lago lake (8)
lamentar to regret
lámpara lamp (5)
lana wool; **de lana** wool (*adj.*) (7)
langosta lobster (6)
lanzamiento launch (*n.*)
lanzar (c) to launch
lápiz *m.* (*pl.* **lápices**) pencil (1); **lápiz de memoria** flash drive (15)
largo/a *adj.* long; **de manga larga** with long sleeves (7)
larimar *m. blue pectolite gemstone*
las *def. art. m. pl.* the (1); *dir. obj. pron. f. pl.* you (*form. Sp.; fam., form. elsewhere*) (5); them (5); **las más/menos... de** the most/least . . . of/in (5)
láser *m.* laser (15)
lástima pity; shame; **es una lástima que** it's a shame that (11)
lastimarse to hurt (oneself)
lata can
latín *m.* Latin (*language*)
latino/a *adj.* Latino
Latinoamérica Latin America
latinoamericano/a Latin American
lavabo sink (5)
lavadero laundry room
lavadora washer, washing machine (3)
lavanda lavender
lavaplatos *m. inv.* dishwasher (3)
lavar to wash; **lavar la ropa** to wash clothes (1); **lavar los platos** to wash the dishes (3); **lavarse la cara / las manos / el pelo** to wash one's face/hands/hair (5); **lavarse los dientes** to brush one's teeth (5)
lazo bond; tie
le *indir. obj. pron.* to/for him/her (6); to/for you (*s. form.*) (6); to/for it (6)
lección *f.* lesson
leche *f.* milk (6)
lechón *m.* suckling pig
lechuga lettuce (6)
lector(a) reader (*person*)
lectura reading
leer (y) (*p.p.* **leído**) to read (2)
legado legacy
legal *adj.* legal
legendario/a legendary
legítimo/a legitimate
legumbre *f.* vegetable
lejano/a distant
lejos (de) far (from) (2)
lema *m.* motto; slogan
lenguaje *m.* language
lenguas languages (1); **lenguas extranjeras** foreign languages (1)
lentejuela sequin
lentes *m.* glasses
lento/a slow
león *m.* lion (14)
les *indir. obj. pron.* to/for you (*pl. form. Sp.; pl. fam., form. elsewhere*) (6); to/for them (6)
letra letter; *pl.* humanities (1); **Facultad** (*f.*) **de Letras** School of Humanities (1); **letra cursiva** cursive, italics
levantar to lift; to rise; **levantar pesas** to lift weights (3); *refl.* to get up
ley *f.* law; *pl.* law (1); **Facultad** (*f.*) **de Leyes** School of Law (1)
leyenda legend
liberación *f.* liberation
libertad *f.* freedom; liberty
libertador(a) *n.* liberator
libra pound
libre free; **comercio libre** free trade; **ratos libres** free time; **tiempo libre** free time (2)
libremente freely; liberally
librería bookstore (1)
libro book; **libro de caballería** book of chivalry; **libro de texto** textbook (1)
licenciado/a graduate
licuada milkshake
licuadora blender; juicer
líder *m., f.* leader
liderado/a por led by
liga league
ligero/a *adj.* light; **tren** (*m.*) **ligero** light rail
limeño/a *person from Lima, Peru*
limitado/a *adj.* restricted
limitar to limit; to restrict
límite *m.* limit
limón *m.* lemon
limonada lemonade
limpiar to clean (3); **limpiar la casa** to clean the house (3)
limpieza cleaning
limpio/a clean (3)
lindo/a pretty, lovely
línea line; **patinar en línea** to inline skate (2)
lingüístico/a linguistic
lino linen
lirio iris
liso/a plain; smooth
lista *n.* list
listo/a smart (4); clever; ready
literario/a literary
literatura literature (1)
llamar to call (1); **¿cómo se llama usted (Ud.)?** what's your (*form.*) name? (1); **¿cómo te llamas?** what's your (*fam.*) name? (1); **llamar la atención** to sound interesting (*lit.* to call out for one's attention) (6); **llamar por teléfono** to call on the phone (1); **me llamo...** my name is . . . (1)
llanero/a *adj.* in / of / pertaining to the plains
llano plain (*geography*), prairie
llanura plain (*geography*) (14); prairie
llave *f.* key
llegada arrival (10)
llegar (gu) to arrive (1)
llenar to fill; to fill out (*a form*) (13)
lleno/a full; **lleno/a de luz** bright (5); well-lit (5)
llevar to carry (1); to wear; **llevarse bien/mal** to get along well/poorly (with each other) (5)
llorar to cry (9)
llover (ue) to rain; **está lloviendo. / llueve.** it's raining. (2)
lloviznar to drizzle
lluvia rain
lo *dir. obj. pron. m. s.* him (5); you (*s. form.*) (5); it (5); **lo cual** *rel. pron.* which; **lo demás** the rest; **lo que** *rel. pron.* what (6); that which (6);

lo siento I'm sorry; **por lo general** generally (4); **por lo menos** at least (4)
lobo wolf; **lobo marino** sea lion
local *adj.* local (6)
localidad *f.* place; town
loco/a crazy
lógico/a *adj.* logical
lograr to achieve; to obtain
logro achievement
Londres London
longitud *f.* length
los *def. art. m. pl.* the (1); *dir. obj. pron. m. pl.* you (*form. Sp.; fam., form. elsewhere*) (5); them (5); **los años setenta** the seventies; **los demás** the others, the rest; **los más/menos... de** the most/least . . . of/in (1)
lotería lottery
lucha fight
luchar to fight
luciérnaga glowworm; firefly; **brigada de luciérnaga** the firefly brigade, *an activist group that promotes clean-air initiatives*
lucrativo/a lucrative
lucro profit; **organizaciones** (*f.*) **sin lucro** non-profit organizations
luego then, afterward, next; **hasta luego** see you later (1)
lugar place (1); **lugar de trabajo** workplace (13); **ningún lugar** nowhere; **preposición** (*f.*) **de lugar** *gram.* preposition of location (2); **tener** (*irreg.*) **lugar** to take place
lujo luxury; **de lujo** *adj.* luxury (*hotel*) (10)
lujoso/a luxurious
luna moon; **luna de miel** honeymoon (9)
lunar *m.*: **de lunares** polka-dotted (7)
lunes *m. inv.* Monday (1); **el lunes** on Monday (1); **el lunes pasado** last Monday (6); **el lunes que viene** next Monday (1); **los lunes** on Mondays (1)
luz *f.* (*pl.* **luces**) light; **lleno/a de luz** bright (5); well-lit (5)

M

macizo massif (*mountain*)
madera wood; **de madera** wooden (*adj.*) (7); **tallado/a en madera** carved- wood
madrastra stepmother (4)
madre *f.* mother (4); **Día** (*m.*) **de la Madre** Mother's Day (11); **Madre Tierra** Mother Earth
madrileño/a of/from Madrid, Spain
madrina godmother (4)
madrugada dawn; daybreak
madurez *f.* maturity (9)
maestría Master's (degree)
maestro/a *n.* teacher (13); *adj.* master; **obra maestra** masterpiece (11)
Magallanes: Estrecho de Magallanes Strait of Magellan
magia magic
mágico/a magical
magnánimo/a magnanimous
magnífico/a magnificent
magnitud *f.* magnitude
mago magus, wise man; **Día** (*m.*) **de los Reyes Magos** Feast of the Three Kings (Epiphany) (11)
maíz *m.* (*pl.* **maíces**) corn (6)
mal *adv.* bad, not well (2); sick (2); **llevarse mal** to get along poorly (with each other) (5); **manejar mal el dinero/tiempo** to manage one's money/time poorly (15); **pasarlo mal** to have a bad time (3); **salir** (*irreg.*) **mal** to turn out poorly
mal, malo/a *adj.* bad (1); **es malo que** it's bad that (11); **hace (muy) mal tiempo.** it's (very) bad out. (2); **¡qué mala onda!** what a bummer; **sacar (qu) malas notas** to get bad grades (1); **ser** (*irreg.*) **mala onda** to be a jerk
malecón seafront walkway
malestar *m.* discomfort; unease
maleta suitcase (10); **hacer** (*irreg.*) **la(s) maleta(s)** to pack one's suitcase(s) (10)
maletero/a skycap (10)
maletín *m.* carry-on (bag) (10)
mamá mom
mamífero mammal
manantial *m.* spring (*water*)
mandar to send (6); to order (*someone to do something*)
mandarina tangerine
mandato (formal/informal) *gram.* (formal/informal) command
mandolina mandolin
manejar to drive (*L.A.*) (8); **manejar (bien/mal) el dinero/tiempo** to manage one's money/time (well/poorly) (15); **manejar las cuentas** to manage one's accounts (13)
manera way; manner
manga sleeve; **de manga corta/larga** with short/long sleeves (7)
mango mango (6)
manifestación *f.* demonstration; expression (*artistic*)
manifestar (ie) to express; to show
manito/a *coll.* friend; buddy
mano *f.* hand; **a mano** by hand; **darse** (*irreg.*) **la mano** to shake hands with each other (5); **de segunda mano** second-hand; **lavarse las manos** to wash one's hands (5)
mantel *m.* tablecloth
mantener (*like* **tener**) to maintain; to keep; **mantenerse en contacto (con)** to stay in touch (with)
mantenimiento maintenance
mantequilla butter (6)
mantilla lace veil
manual *n. m.* manual; workbook; *adj.* manual
manzana apple (6); (city) block
manzanilla chamomile tea
mañana *n.* morning; *adv.* tomorrow (1); **de la mañana** in the morning (1); A.M.; **hasta mañana** see you tomorrow (1); **pasado mañana** the day after tomorrow (1); **por la mañana** in the morning (1)
mapa *m.* map
maquillaje *m.* makeup
maquillarse to put on makeup (5)
máquina machine; **máquina de escribir** typewriter
mar *m.* sea (14); **Mar Antártico** Antarctic Sea; **Mar Caribe** Caribbean Sea
maraca maraca (*percussion instrument*)
maravilla *n.* marvel, wonder; **pasarlo de maravilla** to have a great time
maravilloso/a marvelous
marca brand (name); **de marca** name-brand (7)
marcador *m.* marker
marcar (qu) to mark
marcial: artes (*f. but* **el arte**) **marciales** martial arts
marco framework
marea tide
mareado/a dizzy (12); nauseated (12)
maremoto tsunami
marginal poor; peripheral
marido husband
marinero/a sailor
marino/a *adj.* sea, marine; **caballo marino** seahorse; **lobo marino** sea lion; **reserva marina** marine reserve; **tortuga marina** sea turtle
mariposa butterfly (14)
mariscos *pl.* shellfish (6)
marítimo/a *adj.* sea, maritime
mármol *m.* marble (*substance*)
martes *m. inv.* Tuesday (1); **el martes** on Tuesday (1); **el martes pasado** last Tuesday (6); **el martes que viene** next Tuesday (1); **los martes** on Tuesdays (1)
martirio martyrdom
marzo March (2)

más more; most; plus; **el/la/los/las más... de** the most . . . of/in (4); **más allá** further, farther; **más allá de** beyond; **más de** + *number* more than + *number* (4); **más... que** more . . . than (4)
masaje *m.* massage (3)
máscara mask; **máscara de carnaval** carnival mask
mascota pet (4)
masculino/a masculine
matar to kill
mate *m.* herbal tea
matemáticas *pl.* math (1)
materia class, subject (1)
material *m.* material (7)
materialista materialistic
materno/a maternal
matrícula tuition (15)
matrimonio marriage (4); married couple (4)
máximo *n.* maximum
máximo/a *adj.* utmost; most important
maya *n., adj. m., f.* Mayan
mayo May (2); **Cinco de Mayo** *commemorative celebration in Mexico and United States, also called Anniversary of the Battle of Puebla* (10)
mayor older; oldest; greater; greatest; **el/la mayor... de** the oldest . . . of/in; **mayor que** older than (5); **plaza mayor** main square
mayoría majority
mayoritariamente primarily
mayormente mainly
mayúscula capital (letter)
me *dir. obj. pron.* me (5); *indir. obj. pron.* to/for me (6); *refl. pron.* myself (5); **me gustaría** I would like (6); **me llamo...** my name is . . . (1)
mecánico/a *n.* mechanic; *adj.* mechanical
mediados: a mediados de halfway through
mediano/a medium (7)
medianoche *f.* midnight (1)
mediante *adv.* by means of; through
medias *pl.* stockings
medicamento medicine
medicina medicine (1); **Facultad** (*f.*) **de Medicina** School of Medicine (1)
medicinal medicinal; **yerba medicinal** medicinal herb
médico/a doctor (12); *adj.* medical; **cuidado médico** medical care (12); **seguro médico** health insurance (13)
medida measure
medieval *adj.* Medieval
medio *n.* medium; means; **medio ambiente** environment (14); **medio de transporte** mode of transportation (8); **medios de comunicación** mass media
medio/a *adj.* half; **medio/a hermano/a** half brother/sister (4); **y media** half past (1)
medioambiental environmental
mediodía *m.* noon (1)
medir (i, i) to measure
meditación *f.* meditation (3)
meditar to meditate (12)
mediterráneo/a Mediterranean
medusa jellyfish
mejilla cheek
mejor better; best; **es mejor que** it's better that (12); **mejor amigo/a** best friend (1); **mejor dicho** or rather, in other words; **el/la mejor... de** the best . . . of/in (5); **mejor que** better than (5)
mejoramiento improvement
mejorar to improve (14)
melancolía melancholy
melancólico/a melancholic, moody
melocotón *m.* peach
melodía melody
melódico/a
melodramático/a melodramatic
melón *m.* melon (6)
memoria memory; **lápiz** (*m.*) **de memoria** flash drive (15); **saber** (*irreg.*) **de memoria** to know by heart
mencionar to mention
menonita *m., f.* Mennonite
menor minor; younger; youngest; less; least; **el/la menor... de** the youngest . . . of/in (5); **menor de edad** minor, under-aged; **menor que** younger than (5)
menos less; least; minus; **a menos que** + *subj.* unless (14); **el/la/los/las menos... de** the least . . . of/in (5); **menos cuarto/quince** quarter to (1); **menos de** + *number* less than + *number* (4); **menos... que** less . . . than (5); **por lo menos** at least (4)
mensaje *m.* message
mensajería chat (messaging) service
mensual monthly
menta mint (6)
mental mental; **bienestar** (*m.*) **mental** mental well-being (15)
mente *f.* mind
mentira lie
menú *m.* menu (6)
menudo: a menudo often
mercado market (6)
mercurio courier
merendar (ie) to snack (6)
merengue *m.* merengue (*Dominican dance and music*)
meridional southern
mero/a mere
mes *m.* month (2); **el mes** (*m.*) **pasado** last month (6); **una vez al mes** once a month (3)
mesa table (1); **poner** (*irreg.*) **la mesa** to set the table (3); **quitar la mesa** to clear the table (3)
mesero/a waiter/waitress (6)
mesita coffee table (5); nightstand (5); **mesita de noche** nightstand (5)
mestizaje *m.* cross-breeding, mixed races
mestizo/a of mixed race
meta goal
metafórico/a metaphorical
metal *m.* metal (14)
metálico/a metallic
meterse (en) to meddle, get involved (in)
meticuloso/a meticulous
método method
metro subway (8)
metrópolis *f.* metropolis
metropolitano/a metropolitan
mexicano/a Mexican (1)
mezclar to mix
mezquindad *f.* pettiness
mezquita mosque (3)
mí *obj.* (*of prep.*) me
mi(s) *poss. adj.* my (1); **mi nombre es...** my name is . . . (1); **mi apellido es...** my last name is . . . (1)
microcosmos *m. s.* microcosm
micrófono microphone
microondas *m. inv.* microwave (3); **horno de microondas** microwave oven (3)
microscopio microscope
miedo fear; **tener** (*irreg.*) **miedo (de)** to be afraid (of) (3)
miel *f.* honey; **luna de miel** honeymoon (9)
miembro member
mientras while
miércoles *m. inv.* Wednesday (1); **el miércoles** on Wednesday (1); **el miércoles pasado** last Wednesday (6); **el miércoles que viene** next Wednesday (1); **los miércoles** on Wednesdays (1)
mil thousand (4); one thousand (4); **dos mil** two thousand (4)
milagro miracle
milagrosamente miraculously
milenio millennium
militar *n. m.* military person; *adj.* military
milla mile
millón *m.* million; **dos millones (de)** two million (4); **un millón (de)** one million (4)

mimo *m., f.* mime
mina mine
mineral *n. m.* mineral (14); *adj.* mineral
minero/a *adj.* mining
miniatura miniature
minibar *m.* mini-bar
mínimo/a minimum; **salario mínimo** minimum wage
minoría minority
minuto minute
mío/a *poss. adj.* my (12); *poss. pron.* mine (12)
mirador *m.* lookout; overlook
mirar to look at; to watch; **mirar la televisión** to watch TV (1)
misa mass (*religion*)
miseria poverty
misión *f.* mission
mismo *adv.* same
mismo/a *adj.* same; self
misterio mystery
misterioso/a mysterious
misticismo mysticism
mitad *f.* half
mítico/a mythical
mito myth
mobiliario furniture; furnishings
mochila backpack (1)
moda fashion; **de última moda** fashionable (7); **diseñador(a) de modas** (fashion) designer (13)
modelo *m., f.* model (13)
módem *m.* modem (15)
moderación *f.* moderation
modernidad *f.* modernity
modernismo modernism
modernización *f.* modernization
modernizar (c) to modernize
moderno/a modern (7)
modificar (qu) to modify
modista *m., f.* fashion designer
modo mode; means; **de todos modos** at any rate; **ni modo** no way
molde *m.* mold (*pattern*)
molestar to bother, annoy (6)
molesto/a annoyed
molino windmill
momento moment
momia mummy
monarca *m.* monarch
monasterio monastery
moneda coin; currency
monitor *m.* monitor
mono monkey (14); overalls
monolítico/a monolithic
monótono/a monotonous
monóxido de carbono carbon monoxide
montaña mountain (8)
montañoso/a mountainous
montar to ride; **montar a caballo** to ride a horse; **montar en** to ride; **montar en motocicleta** to ride a motorbike
monte *m.* mountain
monumento monument
morado *n.* purple (2)
morado/a *adj.* purple
moreno/a dark-haired (1); dark-skinned (1)
morir(se) (ue, u) (*p.p.* **muerto**) to die (7)
moro/a *n.* Moor; *adj.* Moorish; **moros y cristianos** black beans and rice
mosquito mosquito (14)
mostrador *m.* (*check-in*) counter (10)
mostrar (ue) to show (3)
motivo motive
moto *f.* motorcycle
motocicleta motorcycle (8); **montar en motocicleta** to ride a motorbike
mover (ue) to move
móvil *m.* cell phone; **teléfono móvil** cell phone
móvil *adj.* mobile, moving
movilidad *f.* mobility
movimiento movement
muchacho/a boy/girl
mucho *adv.* a lot; much
mucho/a *adj.* a lot; *pl.* many; **muchas gracias** thank you very much; **mucho gusto** it's a pleasure (to meet you) (1)
mudarse to move (*from one residence to another*) (5)
mueble *m.* piece of furniture; *pl.* furniture (3); **sacudir los muebles** to dust the furniture (3)
muela molar, back tooth; **dolor** (*m.*) **de muela** toothache (12)
muerde: que no muerde it's not hard (*lit.* it doesn't bite)
muerte *f.* death
muerto/a (*p.p. of* **morir**) *n.* dead person; *adj.* dead; **Día** (*m.*) **de los Muertos** Day of the Dead (11); **naturaleza muerta** still life (*painting*)
mujer *f.* woman (1); **mujer de negocios** businesswoman (13); **mujer soldado** female soldier
multa fine
multinacional multinational
múltiple many, numerous; multiple
multitud (*f.*) **de** numerous
mundial *adj.* world (9); **Copa Mundial** World Cup (*soccer*)
mundo world
muñeca doll (9)
municipal *adj.* local; municipal
mural *m.* mural (11)
musa muse
muscular: dolor (*m.*) **muscular** muscle pain (12) **museo** museum
música music (1); **escuchar música** to listen to music (1); **música clásica** classical music (11); **música hip-hop** hip hop music (11); **música pop** pop music (11); **música sinfónica** symphonic music (11)
musical musical; **conjunto musical** band, musical group (11); **instrumento musical** musical instrument
músico/a musician (11)
musicólogo/a musicologist
musulmán, musulmana *n., adj.* Muslim
muy *adv.* very; **muy bien** very well (1)

N

nacer (zc) to be born
nacimiento birth
nación *f.* nation; **Naciones Unidas** United Nations
nacional national (11); **parque** (*m.*) **nacional** national park (14)
nacionalidad *f.* nationality (1)
nada nothing (9), not anything; **de nada.** you're welcome. (1); **para nada** at all
nadar to swim (2); **nadar en la piscina** to swim in the swimming pool (2)
nadie no one (9), nobody, not anybody
naranja orange (*fruit*) (6)
naranjo orange tree
nariz *f.* (*pl.* **narices**) nose (12)
narración *f.* narration
narrar to narrate
narrativa narrative
natación *f.* swimming (2)
natalidad *f.* birthrate
nativo/a native
natural natural (6); **desastre** (*m.*) **natural** natural disaster (9); **gas** (*m.*) **natural** natural gas (14); **Patrimonio Natural de la Humanidad** World Heritage Site (UNESCO); **recurso natural** natural resource (14); **reserva natural** refuge; natural reserve (14)
naturaleza nature (10); **naturaleza muerta** still life (*painting*)
naufragar (gu) to sink; to be shipwrecked
náusea nausea; **tener** (*irreg.*) **náuseas** to be nauseous
navaja razor
navegar (gu) en Internet to surf the Internet (1)
Navidad *f.* Christmas (11); **árbol** (*m.*) **de Navidad** Christmas tree (11)

neblina mist

necesario/a necessary; **es necesario que** it's necessary that (11)

necesidad *f.* necessity

necesitar to need; **necesitar** + *inf.* to need to (*do something*) (1)

negar (ie) (gu) to deny (12); **negarse** to refuse

negativo/a negative; **palabra negativa** *gram.* negative word (5)

negociación *f.* negotiation

negociar to negotiate; to do business

negocio business (*establishment*); *pl.* business (*field*) (13); **hacer** (*irreg.*) **negocios** to do business; **hombre** (*m.*) **/ mujer** (*f.*) **de negocios** businessman/businesswoman (13); **negocio particular** private business

negro *n.* black (2)

negro/a *adj.* **pimienta negra** black pepper

neoclásico/a Neoclassical

nervio nerve; **nervios de acero** nerves of steel

nervioso/a nervous (2)

nevar (ie) to snow; **está nevando. / nieva.** it's snowing. (2)

nevera refrigerator

ni neither; nor; not even; **ni... ni...** neither . . . nor . . .; **ni modo** no way; **ni siquiera** not even

nicaragüense Nicaraguan (1)

niebla fog

nieto/a grandson/granddaughter (4); *pl.* grandchildren (4)

nieve *f.* snow

nilón *m.* nylon

niñez *f.* childhood (9)

ningún, ninguno/a none, not any (9), no; **en ninguna parte** nowhere; **ningún lugar** nowhere

niño/a boy/girl; small child

nivel *m.* level

no no (1); not (1); **¿no?** right?; **no hay** there is/are not; **no hay de qué** don't mention it; **no obstante** nevertheless; **no renovable** non-renewable (14); **no tener** (*irreg.*) **razón** to be wrong (3)

Nóbel: **Premio Nóbel** Nobel Prize

noble courteous, kind

noche *f.* night; **buenas noches** good evening (*after evening meal*) (1); **de la noche** in the evening, at night (1); P.M.; **de noche** at night; **esta noche** tonight (3); **mesita de noche** nightstand (5); **por la noche** in the evening, at night (1)

Nochebuena Christmas Eve (11)

Nochevieja New Year's Eve (11)

nocturno/a *adj.* night, nocturnal

nómada *n. m., f.* nomad; *adj.* nomadic

nombrar to name

nombre *m.* name; **¿cuál es su nombre?** what's your (*form.*) name? (1); **¿cuál es tu nombre?** what's your (*fam.*) name? (1); **mi nombre es...** my name is . . . (1)

noreste *m.* northeast

norma rule, regulation

noroeste *m.* northwest

norte *m.* north (8); **al norte** (to the) north (8)

Norteamérica North America

norteamericano/a North American; *from Canada or the United States;* American, *from the United States*

norteño/a northern

nos *dir. obj. pron.* us (5); *indir. obj. pron.* to/for us (6); *refl. pron.* ourselves (5); **nos vemos.** see you later. (*lit.* we'll see each other.)

nosotros/as *sub. pron.* we (1); *obj.* (*of prep.*) us

nostálgico/a nostalgic

nota note; grade; **sacar (qu) buenas/ malas notas** to get good/bad grades (1)

notablemente notably

notar to note, notice

noticias *pl.* news

noticiero news report; newscast

novecientos/as nine hundred (4)

novela novel (11)

novelista *m., f.* novelist

noveno/a ninth (5)

noventa ninety (2); **ciento noventa y nueve** one hundred ninety-nine (4)

noviazgo courtship (9); engagement (9)

noviembre November (2)

novio/a boyfriend/girlfriend (2); fiancé/ fiancée (9); bride/groom (9)

nube *f.* cloud; **hay (muchas) nubes.** it's (very) cloudy. (2)

nublado/a cloudy; **está (muy) nublado.** it's (very) cloudy. (2)

nuclear: energía nuclear nuclear power (14)

núcleo nucleus; **núcleo urbano** city center

nudo knot

nuera daughter-in-law (4)

nuestro/a(s) *poss. adj.* our (1); *poss. pron.* ours

nueve nine (1); **ciento noventa y nueve** one hundred ninety-nine (4)

nuevo/a new; **Año Nuevo** New Year's Day (11)

número number (1); **número ordinal** *gram.* ordinal number (5)

numeroso/a numerous, many

nunca never (8)

nupcial nuptial; **séquito nupcial** wedding party

nutrición *f.* nutrition

nutrir to nourish

nutritivo/a nutritional

O

o *conj.* or; **o... o...** either . . . or . . . (5)

obediente obedient (4)

obesidad *f.* obesity

objetivo *n.* objective

objeto object; **objeto directo** *gram.* direct object; **objeto indirecto** *gram.* indirect object; **pronombre** (*m.*) **de objeto directo** *gram.* direct object pronoun (5); **pronombre de objeto indirecto** *gram.* indirect object pronoun (6)

obligación *f.* obligation

obligado/a cumpulsory, mandatory

obligar (gu) to force (*someone to do something*)

obligatorio/a compulsory, obligatory

obra work; **obra de arte** work of art (11); **obra de teatro** play (11); **obra maestra** masterpiece (11)

observación *f.* observation; **observación de pájaros** bird watching (9)

observador(a) observer

observar to observe

obsesión *f.* obsession

obsesionado/a obsessed

obstante: no obstante nevertheless

obtener (*like* **tener**) to obtain

obvio/a obvious; **es obvio que** it's obvious that (12)

ocasión *f.* occasion

occidental western

océano ocean (14); **Océano Atlántico/ Pacífico** Atlantic/Pacific Ocean

ochenta eighty (2)

ocho eight (P)

ochocientos/as eight hundred (4)

ocio leisure time

octavo/a eighth (5)

octubre October (2)

ocupación *f.* occupation

ocupado/a busy (2)

ocupar to occupy; to live in; to take up (*space*); **ocuparse de** to take care of

ocurrir to occur, to take place

odio hate (12)

oeste *m.* west (8); **al oeste** (to the) west (8)

oferta offer
oficial official
oficina (main) office (1); **oficina de correos** post office (8)
oficio trade (13)
ofrecer (zc) to offer (6)
ofrenda *n.* offering
oído inner ear (12); **infección** (*f.*) **del oído** ear infection (12)
oír *irreg.* (*p.p.* **oído**) to hear (3)
ojalá (que) + *pres. subj.* hopefully (11)
ojo eye (12)
ola wave (14)
olímpico/a Olympic
oliva: aceite (*m.*) **de oliva** olive oil (6)
olvidado/a forgotten
olvidar to forget (*in accidental* **se** *construction*) (7); **olvidar(se) (de)** to forget (about)
once eleven (1)
onda wave; **qué buena onda** how cool; **ser** (*irreg.*) **buena onda** to be (a) cool (person); **ser mala onda** to be a jerk
onomatopéyico/a onomatopoeic
opción *f.* option
ópera opera (11)
operar to operate, run
opinar to express opinion
opinión *f.* opinion
oportunidad *f.* opportunity
optar to opt
optimista *m., f.* optimist
opuesto/a *adj.* opposite
oración *f.* sentence (4)
orca orca, killer whale
orden *m.* order
ordenador *m.* computer (*Sp.*)
ordenar to order (*in a restaurant*)
ordinal: número ordinal *gram.* ordinal number (5)
orégano oregano
oreja ear (12)
orgánico/a organic (6)
organismo organism
organización *f.* organization (9)
organizado/a organized (13)
organizar (c) to organize
órgano organ
orgullo pride (12); arrogance (12)
orgulloso/a proud (4); **ser** (*irreg.*) **orgulloso/a** to be arrogant (12)
orientación *f.* orientation
orientado/a pointed, oriented
oriental eastern
orientarse to get one's bearings
origen *m.* origin
originar(se) to originate
originario/a *adj.* originating; native
orilla shore (14)
ornamentación *f.* ornamentation
oro gold; **de oro** gold (*adj.*) (7)
orquesta orchestra (11); **orquesta sinfónica** symphonic orchestra (11)
ortiga nettle
ortográfico/a *adj.* spelling
os *dir. obj. pron.* you (*pl. fam. Sp.*) (5); *indir. obj. pron.* to/for you (*pl. fam. Sp.*) (6); *refl. pron.* yourselves (*pl. fam. Sp.*) (5)
oscuro/a dark (*color*) (7); dark; dim (5)
oso bear (14); **oso polar** polar bear (14)
otavaleño/a of or pertaining to Otavalo (Ecuador)
otoño fall (*season*) (2), autumn
otorgar (gu) to award, give
otro/a other (1); another; **otra vez** again
oveja sheep (8)
oxígeno oxygen
ozono ozone; **capa de ozono** ozone layer

P

paciencia patience
paciente *n. m., f.* patient; *adj.* patient
pacífico/a: (Océano) Pacífico Pacific Ocean
pacto pact
padecer (zc) to suffer from; to undergo
padrastro stepfather (4)
padre *m.* father (4); *pl.* parents (4); **Día** (*m.*) **del Padre** Father's Day (11)
padrino godfather (4); *pl.* godparents (4)
paella *Spanish dish with rice, shellfish, and often chicken and sausages, flavored with saffron*
pagado/a: vacaciones (*f.*) **pagadas** paid vacation (13)
pagano/a pagan
pagar (gu) (por) to pay (for) (1); **pagar las cuentas** to pay the bills (15)
página page; **página Web** webpage (13)
pago payment
país *m.* country (2); **País Vasco** Basque Country
paisaje *m.* landscape (14); scenery
paja straw
pájaro bird
palabra word (1); **palabra indefinida** *gram.* indefinite word (5); **palabra interrogativa** *gram.* question word (1); **palabra negativa** *gram.* negative word (5)
palacio palace; **Palacio Arzobispal** archbishop's residence
paladar *type of restaurant business, run out of the home*
palmada handclap
palo stick; **palo de golf** golf club
paloma pigeon; dove
palomitas *pl.* popcorn
pampa plain (*geography*)
pan *m.* bread (6); **pan integral** whole wheat bread (6); **pan tostado** toast (6)
panadería bakery
Panamá Panama; **sombrero Panamá** Panama hat
panameño/a Panamanian (1)
panda *m.* panda (14)
pandereta tambourine
pantalla (monitor) screen (15); **pantalla plana** flat screen; **televisión** (*f.*) **de pantalla ancha** wide-screen TV (15)
pantalones *m. pl.* pants (7); **pantalones cortos** shorts (7)
pantano wetlands; marsh; swamp
papá *m.* dad
papagayo parrot (macaw)
papas potatoes (*L.A.*) (6); **papas fritas** French fries (6); **puré** (*m.*) **de papas** mashed potatoes (6)
papaya papaya (6)
papel *m.* paper (1); role
papelería stationery store
paquete *m.* package
par *m.* pair
para for (2); toward (4); **para** + *inf.* in order to (*do something*) (4); **para que** + *subj.* so that (14)
parada (bus/subway) stop (8); **hacer paradas** to make stops
parador *m. Sp.* parador (*state-owned hotel in historical buildings*)
paraguas *m. inv.* umbrella
paraguayo/a Paraguayan (1)
parar to stop (8)
parcela piece of land; plot
parcial partial; **empleo a tiempo parcial** part-time job (13)
parecer (zc) to seem; **parecerse (a)** to look like (each other)
parecido/a similar
pared *f.* wall
pareja partner (9); couple (9); **en parejas** in pairs (4); **pareja de hecho** common-law couple (9); domestic partner (9)
paréntesis *m. s., pl.* parenthesis; parentheses
pariente *m., f.* relative (4)
parque *m.* park (2); **parque nacional** national park (14); **parque zoológico** zoo (9)
parrilla: a la parrilla grilled

parrillada barbecue (*event*) (*Arg.*)
parte *f.* part; **en ninguna parte** nowhere; **por todas partes** everywhere (9)
participación *f.* participation
participante *m., f.* participant
participar to participate
particular particular; private; **negocio particular** private business
partido game (*single occurrence*) (2); match (*sports*)
partir to break; **a partir de** as of; from (*point in time*) on; beyond (4)
pasa raisin
pasado *n.* past (9)
pasado/a *adj.* last; past; **el año pasado** last year (6); **el fin de semana pasado** last weekend; **el lunes (martes, miércoles,...) pasado** last Monday (Tuesday, Wednesday, . . .) (6); **el mes** (*m.*) **pasado** last month (6); **la semana pasada** last week (6); **pasado mañana** the day after tomorrow (1)
pasajero/a passenger (10)
pasaporte *m.* passport (10)
pasar to happen; to pass; to spend (*time*); **pasar la aspiradora** to vacuum (3); **pasar por el control de seguridad** to go through security (10); **pasar por la aduana** to go through customs (10); **pasar tiempo** to spend time (1); **pasar un rato** to spend some time (1); **pasarlo bien/mal** to have a good/bad time (3); **pasarlo de maravilla** to have a great time; **pasarlo fenomenal** to have a great time
pasarela runway (*fashion*), catwalk (show)
pasatiempo pastime (2)
Pascua Easter (11); **Pascua judía** Passover (11)
pasear to take a walk, stroll (2); **pasear con el perro** to take a walk/stroll with the dog (2); **pasear en barco** to go boating (9); **pasear en canoa** to go canoeing (10)
paseo walk, stroll; **dar** (*irreg.*) **un paseo** to take a stroll
pasillo hallway (5); **asiento de pasillo** aisle seat (10)
pasivo/a passive
pasmado/a stunned
paso step; **abrirse** (*p.p.* **abierto**) **paso** to make way
pasta pasta (6); **pasta de dientes** toothpaste
pastel *m.* cake (6); pie (6); *adj.* pastel (*colors*) (7); **pastel de cumpleaños** birthday cake
pastilla pill (12)
pasto pasture; fodder
pastor *m.* pastor; minister
patata potato
paterno/a paternal
patinaje *m.* skating
patinar to skate (2); **patinar en línea** to inline skate (2)
patio patio (5)
patria home country, homeland
patrimonio patrimony; **Patrimonio Natural de la Humanidad** World Heritage Site (UNESCO)
patriota *m., f.* patriot
patrón, patrona patron; boss; **santo patrón, santa patrona** patron saint (11)
pavimentado/a paved
pavo turkey (6); **pavo real** peacock
paz *f.* peace
peatón, peatona pedestrian
pecho chest (12)
pedazo piece
pedido *n.* order; **hacer** (*irreg.*) **un pedido** to place an order
pedir (i, i) to ask for (3); to order (3)
pegar (gu) to glue; to hit
pelar to peel
pelear(se) to fight (9)
pelícano pelican (14)
película movie (3)
peligro danger; **especie** (*f.*) **en peligro de extinción** endangered species (14)
peligroso/a dangerous (14); **residuos peligrosos** hazardous waste (14)
pelirrojo/a redheaded (1)
pelo hair; **corte** (*m.*) **de pelo** haircut; **lavarse el pelo** to wash one's hair (5); **secarse (qu) el pelo** to dry off one's hair (5)
pelota ball
peluquero/a hairdresser (13)
pena pain; *pl.* sorrows; **darle** (*irreg.*) **pena** to make (*someone*) sad; **valer** (*irreg.*) **la pena** to be worth it
pendiente *adj.* pending
península peninsula (14); **Península Ibérica** Iberian Peninsula
pensar (ie) (en) to think (about) (3); **pensar (ie)** + *inf.* to plan to (*do something*) (3)
peor worse; worst; **el/la peor... de** the worst . . . of/in (5); **peor que** worse than (5)
pepino cucumber
pequeño/a small (1)
pera pear (6)
percibir to sense, notice
percusión *f.* percussion
perder (ie) to lose (3); **perderse** to get lost; to miss (*a flight, train, bus*) (10); to miss (*a function, stop*)
perdurar to last, endure
peregrinación *f.* pilgrimage
peregrino/a pilgrim
perejil *m.* parsley
perezoso/a lazy (1)
perfecto/a perfect
perfume *m.* perfume (7)
perfumería perfume shop
periódico newspaper; **periódico en línea** online newspaper
periodismo journalism (1)
periodista *m., f.* journalist (13)
periodístico/a journalistic
período period (*of time*)
perla pearl; **de perlas** pearl (7)
permanecer (zc) to stay, remain
permanente permanent
permiso permission
permitir to permit, allow
pero *conj.* but (1)
perro dog (2); **pasear con el perro** to take a walk/stroll with the dog (2)
persona person (1)
personaje *m.* character; celebrity
personal *n.* personnel; *adj.* personal; **cuidado personal** personal care (12); **director(a) de personal** personnel director (13); **pronombre** (*m.*) **personal** *gram.* personal pronoun (1)
personalidad *f.* personality
personalizar (c) to personalize
perspectiva perspective
perspicaz (*pl.* **perspicaces**) insightful
pertenecer (zc) (a) to belong (to)
peruano/a Peruvian (1)
pesa: levantar pesas to lift weights (3)
pesado/a *adj.* heavy; boring
pesar to weigh
pesca fishing
pescado fish (*prepared as food*) (6)
pescar (qu) to fish (9)
poseedor(a) owner
peseta *former currency of Spain*
pesimista *n. m., f.* pessimist; *adj.* pessimistic
peso weight (*on a scale*); peso (*currency*)
pesticidas *m.* pesticides (14)
pétalo petal
petite petite (*size*)
petróleo petroleum (14); crude oil (14)
petrolero oil tanker (14)
petroquímico/a petrochemical

pez *m.* (*pl.* **peces**) fish (*alive*) (8)
picado/a chopped; **carne** (*f.*) **picada** ground beef (6)
picante spicy (hot)
picnic *m.* picnic
pico peak
pie *m.* foot (12); **dedo del pie** toe (12)
piedra rock, stone; **aro de piedra** stone ring
piel *f.* skin; leather; **de piel** leather (*adj.*) (7)
pierna leg (12)
pieza piece
pijama *m., f. s.* pajamas (7)
pila battery
pimentón dulce paprika
pimienta pepper (6); **pimienta negra/roja** black/red pepper
pimiento (bell) pepper
piña pineapple (6)
pingüino penguin (14)
pintar to paint (9)
pinto: gallo pinto *black beans and rice dish of Costa Rica*
pintor(a) painter (11)
pintoresco/a picturesque
pintura painting (11)
pionero/a pioneer
piramidal *adj.* pyramid
pirata *m., f.* pirate
piscina swimming pool (2); **nadar en la piscina** to swim in the swimming pool (2)
piso apartment (5); floor (*of a building*) (5); floor (*surface*); **barrer el piso** to sweep the floor (3); **bloque** (*m.*) **de pisos** block apartment building; **primer piso** second floor (5); **segundo piso** third floor (5); **trapear el piso** to mop the floor (3)
pista hint; rink; **pista de hielo** ice-skating rink
pizarra chalkboard
pizarrón *m.* whiteboard (1)
plan *m.* plan; **plan de jubilación** retirement plan (13)
planchar to iron (3); **planchar la ropa** to iron clothes (3)
planear to plan
planeta *m.* planet
plano city map (8); blueprint
plano/a flat; **pantalla plana** flat screen
planta plant (14); floor (*of a building*); **planta baja** first (ground) floor (5)
plantación *f.* plantation
plantar to plant
plasma: televisor (*m.*) **plasma** plasma television
plástico *n.* plastic (14)
plástico/a *adj.* plastic; **artes** (*f. but* **el arte**) **plásticas** visual arts (11)
plata silver; **de plata** silver (7)
plátano banana; plantain
platicar (qu) to chat
plato plate (6); dish; **lavar los platos** to wash the dishes (3)
playa beach (14)
plaza plaza (2); town square; **plaza mayor** main square (*Sp.*)
plegable *adj.* folding
plena *narrative musical form / dance from Puerto Rico*
pleno/a full
plomero/a plumber (13)
pluma (fountain) pen
población *f.* population (8)
poblado village
pobre poor
pobreza poverty
poco *adv.* not much (8); little (8); **dentro de poco** in a little while; **poco a poco** little by little, gradually; **un poco (de)** a little bit (of)
poco/a little; few
poder *n.* power
poder *irreg.* to be able (3); can
poderoso/a powerful
poema *m.* poem
poesía poetry; **escribir** (*pp.* **escrito**) **poesía** to write poetry (9)
poeta *m., f.* poet (11)
polar: oso polar polar bear (14)
polea pulley
policía *m., f.* police officer; *f.* police (*force*)
política *n.* politics
político/a *n.* politician; *adj.* political; **ciencias políticas** political science (1); **familia política** in-laws (4)
pollo chicken (6); **pollo asado** roasted chicken (6)
polo polo shirt
pomelo grapefruit
ponderar to praise
poner *irreg.* (*p.p.* **puesto**) to put (3); to place (3); to turn on (*light, appliance*) (3); **poner a pruebas** to test; **poner la mesa** to set the table (3); **ponerle una inyección** to give (*someone*) a shot (12); **ponerse** to put on (*clothing*); **ponerse** + *adj.* to get, become + *adj.*; **ponerse al corriente** to catch up; **ponerse en contacto con** to get in touch with
pontón: puente (*m.*) **pontón** floating bridge
pop: música pop pop music (11)
popularidad *f.* popularity
por along (4); by (2); by means of (4); for (2); in (2); on (4); through (4); **por año** yearly; per year; **por ciento** percent; **¡por Dios!** for heaven's sake! (9); **por ejemplo** for example (4); **por el contrario** on the contrary; **por eso** that's why (4); **por favor** please (4); **por fin** finally (4); **por la mañana** in the morning (1); **por la noche** in the evening, at night (1); **por la tarde** in the afternoon (1); **por lo general** generally (4); **por lo menos** at least (4); **por primera/última vez** for the first/last time (9); **¿por qué?** why? (3); **por si acaso** just in case (9); **por supuesto** of course (9); **por todas partes** everywhere (9)
porcentaje *m.* percentage
porche *m.* porch
porfiria Porphyria (*a group of rare genetic disorders*)
porqué *m.* reason why
porque *conj.* because (3)
portafolios *m. inv.* briefcase
portátil: computadora portátil laptop (1)
porteño/a *of/from Buenos Aires, Argentina*
portero goalkeeper
portugués, portuguesa Portuguese
posada inn
pose *f.* pose
poseer (y) to own
posesión *f.* possession, belonging; **toma de posesión** (presidential) inauguration
posesivo/a possessive; **adjetivo posesivo** *gram.* possessive adjective (1); **posesivo tónico** *gram.* stressed possessive (12)
posibilidad *f.* possibility
posible possible; **es posible que** it's possible that (12)
posición *f.* position
positivo/a positive
postal: tarjeta postal postcard (10)
posterior later, subsequent
postre *m.* dessert (6)
postular to nominate; **postularse** to run for (*a political position*)
potencia power (*political*)
practicar (qu) to practice (1); **practicar el ala delta** to hang glide; **practicar la aromaterapia** to do aromatherapy (12); **practicar un deporte** to participate in a sport (1)
práctico/a practical

pradera meadow
prado meadow; field
precaución *f.* precaution
preceder to precede
precio price (7); **precio alto/bajo/fijo** high/low/fixed price (7)
precioso/a lovely; beautiful; precious
precipicio precipice
preciso necessary
precocinado/a precooked
precolombino/a pre-Columbian
predisposición *f.* predisposition
predominante predominant
predominar to predominate
preescolar preschool
preferencia preference
preferible preferable
preferido/a favorite
preferir (ie, i) to prefer (3)
pregunta question; **hacer** (*irreg.*) **preguntas** to ask questions
preguntar to ask (*a question*) (6)
prehispano/a pre-Hispanic
preinstalación *f.* pre-installation
prematuramente prematurely
premio prize; award; **Premio Nóbel** Nobel Prize
prenda garment, article of clothing; **prenda de ropa** piece/article of clothing (7)
prender to turn on (*lights*)
prensa (the) press
preocupado/a worried (2)
preocupar to worry (6); **preocuparse por** to worry about
preparación *f.* preparation
preparar to prepare (6); **prepararse** to get (*oneself*) ready
preparativo preparation
preposición *f. gram.* preposition (2); **preposición de lugar** *gram.* preposition of location (2)
presa dam
prescindir de to do without (*something*)
presencia presence
presenciado/a witnessed
presentación *f.* introduction (1)
presentar to present
presente *n. m. gram.* present tense; *adj.* present
preservación *f.* preservation; conservation
preservar to preserve; to maintain
presidente/a president
presión *f.* pressure (12)
préstamo *n.* loan; **préstamo estudiantil** student loan (15)
prestar to loan (6); **prestar atención** to pay attention
prestigio prestige
pretérito *gram.* preterite (tense)
prevenir (*like* **venir**) to prevent
previo/a previous
primario/a primary; elementary; **escuela primaria** elementary school
primavera spring (2); **vacaciones** (*f.*) **de primavera** spring break (11)
primer, primero/a first (5); **a primera vista** at first sight; **de primera fila** first class; **por primera vez** for the first time (9); **primer piso** second floor (5); **primera clase** first class (10)
primitivo/a primitive
primo/a cousin (4)
primordial essential
principal *adj.* main; **dormitorio principal** master bedroom (5); **puerta principal** front door
principio beginning; **a principios de** at the beginning of; **al principio** in the beginning, at first; **al principio de** at the beginning of
prioridad *f.* priority
prisa hurry; **tener** (*irreg.*) **prisa** to be in a hurry (3)
prisión *f.* prison
privado/a private
privilegiado/a privileged
probable probable; **es probable que** it's probable that (12)
probar (ue) to taste, try (6); to prove
problema *m.* problem; **problema ambiental** environmental problem (14)
procedente coming from
proceder a + *inf.* to proceed to (*do something*); **proceder de** to originate from
procesado/a processed
procesador *m.* processor
proceso process
producción *f.* production
producir (*like* **conducir**) to produce
productividad *f.* productivity
producto product; **producto lácteo** dairy product (6); **productos no reciclables** non-recyclable products (14)
productor(a) producer
profesión *f.* profession (13)
profesional professional
profesor(a) professor (1); teacher (1)
profesorado faculty (*academic*)
profundo *adv.* deeply; **respirar profundo** to breathe deeply (15)
profundo/a *adj.* profound
programa *m.* program
programador(a) programmer (13)
progreso progress
prohibir (prohíbo) to prohibit (11)
prolongar (gu) to prolong
promedio average
promesa promise
prometer to promise (6)
promoción *f.* promotion
promover (ue) to promote
pronombre *m. gram.* pronoun; **pronombre de objeto directo** *gram.* direct object pronoun (5); **pronombre de objeto indirecto** *gram.* indirect object pronoun (6); **pronombre personal** *gram.* personal pronoun (1)
pronto *adv.* soon; **hasta pronto** see you soon; **tan pronto como** *conj.* as soon as (13)
propenso/a (a) prone (to)
propiciar to favor; to foster
propiedad *f.* property (8)
propietario/a owner
propina tip (6), gratuity
propio/a *adj.* own
proponer (*like* **poner**) (*p.p.* **propuesto**) to propose, suggest
proporcionado/a proportioned
proporcionar to provide
propósito proposal; **conjunción** (*f.*) **de dependencia y propósito** *gram.* conjunction of contingency and purpose (14)
protagonista *m., f.* protagonist
protección *f.* protection
proteger (j) to protect (14)
protegido/a protected; **área** (*f. but* **el área**) **protegida** protected area
proteína protein
prototipo prototype
provecho: buen provecho bon appétit
proveer (y) (*p.p.* **proveído**) to provide
provincia province
provisión *f.* provision
provocar (qu) to provoke (14)
próximo/a next
proyección *f.* projection
proyecto project
proyector *m.* projector
prueba test; quiz; proof; **poner** (*irreg.*) **a pruebas** to test; **tener** (*irreg.*) **pruebas** to have proof
publicar (qu) to publish
público *n.* public; people
público/a *adj.* public; **relaciones** (*f.*) **públicas** public relations

pueblo town (8)
puente *m.* bridge (8); **puente pontón** floating bridge
puerta door (1); **puerta principal** front door
puerto port
puertorriqueño/a Puerto Rican (1)
pues well
puesto job (13); position (13); stall (*in a* market) (7); **puesto callejero** street shop/stall
puesto/a (*p.p. of* **poner**) placed; (turned) on
pulga flea (*insect*)
pulido/a polished
pulmones *m.* lungs (12)
puma *m.* puma (14)
punta point; tip; punta (*dance of the Garífuna indigenous group*)
punto point; **en punto** sharp, exactly (*with time*) (1)
puntual punctual (13)
pupusa *pastry turnover from El Salvador* **puré** (*m.*) **de papas** mashed potatoes (6)
purificar (qu) to purify; to clean
puro/a pure; clean; **aire** (*m.*) **puro** clean air (14)

Q

que *rel. pron.* that, which, who; than; **así que** therefore, consequently; **hasta que** *conj.* until (13); **hay que** + *inf.* it's necessary to (*do something*); **lo que** what, that which; **ya que** *conj.* since
¿qué? what? (1); **¿a qué hora?** at what time? (1); **¿con qué frecuencia?** how often? (3); **no hay de qué** don't mention it; **¿por qué?** why? (3); **¿qué hora es?** what time is it? (1); **¿qué tal?** how's it going? (1); **¿qué tiempo hace?** what's the weather like? (2)
¡qué... ! *interj.* what . . . !; **¡qué** + *adj.*! how + *adj.*!; **¡qué buena onda!** how cool!; **¡qué chévere!** cool!; **¡qué mala onda!** what a bummer!
quechua *m.* Quechua (*language indigenous to the region of the Andes*)
quedar to be located (*buildings*) (2); to leave (behind) (*in accidental* **se** *construction*); to remain; **quedarse** to stay (*in a place*) (10); **quedarse en blanco** to go blank (*mind*)
quehacer *m.* chore (3); **quehacer doméstico** domestic chore (3)
queja complaint
quejarse to complain (9)
quemar to burn
quena Andean flute
querer *irreg.* to want (3); **quererse** to love each other (9); **quisiera** I would like (6)
querido/a dear
queso cheese (6)
quetzal *m.* quetzal bird (14)
¿quién(es)? who? (1), whom?; **¿con quién(es)?** with whom?
química chemistry (1)
químico/a chemist
quince fifteen (1); **menos quince** quarter to (1); **y quince** quarter past (1)
quinceañera: fiesta de quinceañera *young woman's fifteenth birthday party*
quinientos/as five hundred (4)
quinto/a fifth (5)
quipu *m.* khipu (*lit. "talking knots", communication devices used by the Incas*)
quisiera I would like (6)
quitar to remove; **quitar la mesa** to clear the table (3); **quitarse** to take off (*clothing*); **quitarse el estrés** to remove stress (15)
quizá(s) perhaps

R

radio *f.* radio (*medium*); **emisora de radio** radio station; **radio por satélite** satellite radio (15)
raíz (*pl.* **raíces**) root
rama branch
rana frog (14)
rap *m.* rap (*music*)
rapidez *f.* quickness
rápido *adv.* fast; quickly
rápido/a *adj.* fast; quick
raqueta racket
ráquetbol *m.* racquetball
raro/a strange
rascacielos *m. inv.* skyscraper (8)
rasgo trait
rato time; **descansar un rato** to rest a bit (1); **pasar un rato** to spend some time (1); **ratos libres** free time
ratón *m.* mouse (15)
raya stripe; **de rayas** striped (7)
raza: Día (*m.*) **de la Raza** Columbus Day (11)
razón *f.* reason; **no tener** (*irreg.*) **razón** to be wrong (3); **tener razón** to be right (3)
razonable reasonable
real royal; real; **pavo real** peacock
realidad *f.* reality
realismo realism
realista *m., f.* realist
realizado/a accomplished; performed; carried out
realizar (c) to carry out
rebaja price reduction (7)
rebajar to reduce (*the price*) (7)
rebelde *n. m., f.* rebel; *adj.* rebellious
recepción *f.* reception (*area in a hotel*) (10)
recepcionista *m., f.* receptionist (13)
receptor *m.* receiver
receta prescription (12); recipe
recetar to prescribe (12)
rechazo rejection
recibir to receive (2)
reciclable recyclable; **productos no reciclables** non-recyclable products (14)
reciclado/a recycled
reciclaje *m.* recycling (14)
reciclar to recycle (14)
recién *adv.* recently; freshly; newly; **recién casado/a** newlywed
reciente recent
recipiente *m., f.* recipient
recíproco/a reciprocal; **verbo recíproco** *gram.* reciprocal verb (9)
reclamo de equipaje baggage claim (10)
reclutamiento *n.* recruiting
recoger (j) to pick up; to collect; **recoger el equipaje** to pick up luggage (10)
recomendable advisable
recomendación *f.* recommendation
recomendar (ie) to recommend (6)
reconocer (zc) to recognize
reconocido/a (*p.p. of* **reconocer**) well-known
reconocimiento recognition
reconstruir (*like* **construir**) to rebuild; to reconstruct
recopilar to compile
recordar (ue) to remember
recorrer to travel around / go through (*a town/city*)
recorrido tour (10); trip (10)
recreación *f.* recreation
recuerdo souvenir (10); memory (9)
recuperación *f.* recovery
recuperar to recover (12)
recurso resource; **recurso económico** financial resource; **recurso natural** natural resource (14); **recurso tecnológico** technological resource

red *f.* network; Internet; **red social** social network
redondez *f.* roundness
redondo/a round
reducir (*like* **conducir**) to reduce
reemplazo replacement
referencia reference
referirse (ie, i) (a) to refer (to)
refinado/a refined
refinería refinery
reflejar to reflect
reflejo reflection
reflexionar (sobre) to reflect (on)
reflexivo/a reflexive; **verbo reflexivo** *gram.* reflexive verb (5)
reforestación *f.* reforestation
reforma *n.* reform
reformar to reform
reforzar (ue) (c) to strengthen
refresco soft drink (6)
refrigerador *m.* refrigerator (5)
refugio refuge
regalar to give (*as a gift*) (6)
regalo gift (11)
regatear to haggle (7)
regateo *n.* haggling
región *f.* region
registrar to document, record;
registrarse to check in (10); to register
regla rule
reglamentario/a controlled (*substances*)
regresar (a) to return, go back (*to a place*) (1)
regulación *f.* regulation
regular *v.* to regulate; *adj.* regular; OK; **regular** so-so (1)
reina queen
reiniciarse to restart
reino kingdom
reírse (i, i) (me río) to laugh (9)
relación *f.* relationship (4); connection; **relación sentimental** emotional relationship (9); **relaciones públicas** public relations
relacionarse con to be related to
relajado/a relaxed
relajante relaxing
relajarse to relax (5)
relámpago lightning bolt
relatar to relate, tell
relativamente relatively
relevante relevant
relevo relay
religión *f.* religion
religioso/a religious (11)
reloj *m.* clock (1); watch (1)
remedio remedy
remontar (a) to date back (to)
remoto/a remote
renacentista *adj.* Renaissance
renacimiento rebirth; revival
rencoroso/a resentful
rendimiento performance (*of a person's body*)
rendir (i, i) to pay (*homage*)
renombrado/a renowned, famous
renovable renewable (14); **no renovable** non-renewable (14)
renovar (ue) to renew
renta *n.* rent
renunciar (a) to resign (from) (*a job*) (13)
reparación *f.* repair; **taller** (*m.*) **de reparaciones** repair shop
reparar to repair
repartido/a spread out
repartir to distribute
repasar to review
repaso *n.* review
repente: de repente suddenly
repercusión *f.* repercussion
repetir (i, i) to repeat
repleto/a (de) replete (with)
réplica aftershock (*earthquake*)
reportero/a reporter
reposar to rest
representación *f.* representation
representante *n., adj. m., f.* representative
representar to represent
representativo/a representative
reproducción *f.* reproduction, breeding
reproducir (*like* **conducir**) to reproduce; to breed
reproductor *m.* player; **reproductor de DVD/empetrés** DVD/mp3 player
reptil *m.* reptile (14)
requerir (ie, i) to require
requisito requirement
res *f.*: **carne** (*f.*) **de res** beef (6)
resaca hangover
resaltar to stand out
rescatar to rescue
rescate *m.* rescue
reserva reserve; **reserva biológica** biological reserve (10); **reserva ecológica** ecological reserve; **reserva marina** marine reserve; **reserva zoológica** biological reserve
reservación *f.* reservation (6)
resfriado *n.* cold (12)
resfriado/a congested (12)
resfriarse (me resfrío) to catch a cold (12)
residencia dorm (1); residence; **residencia estudiantil** student dorm (1)
residencial residential
residente *m., f.* resident
residir to reside
residuo residue; **residuos peligrosos** hazardous waste (14)
resistencia resistance
resolución *f.* resolution
resolver (ue) (*p.p.* **resuelto**) to solve (14); to resolve (14)
respecto: (con) respecto a with regard to, with respect to
respetar to respect
respirar to breathe; **respirar profundo** to breathe deeply (15)
respiratorio/a respiratory
responder to respond
responsabilidad *f.* responsibility (13)
responsable responsible (4)
respuesta answer
restaurado/a restored
restaurante *m.* restaurant (6)
restaurar to restore
resto *n.* rest, remainder; *pl.* remains
resucitar to resuscitate
resultado result
resultar to result; to turn out
resumen *m.* summary (4)
resumir to summarize
retirar to remove; **retirarse** to retire
reto challenge (15)
retornar to return
retrato portrait
reunión *f.* meeting; reunion (13); **reunión de trabajo** work meeting (13)
reunirse (me reúno) (con) to get together (with) (5)
reutilizar (c) to reuse
revalorizar (c) to increase (*value*); to enhance
revisar to inspect (*luggage*) (10)
revista magazine
revolución *f.* revolution
revolucionario/a revolutionary (9)
revolver (*like* **volver**) (*p.p.* **revuelto**) to stir
revuelto/a (*p.p. of* **revolver**)**: huevos revueltos** scrambled eggs
rey *m.* king; **Día** (*m.*) **de los Reyes Magos** Feast of the Three Kings (Epiphany) (11)
riachuelo stream
rico/a rich; delicious
rigidez *f.* stiffness
rígido/a rigid

rimel *m.* mascara
río river (8)
riqueza wealth
ritmo rhythm; **ritmo de vida** pace of life (15)
rito rite, ritual
ritual *m.* ritual; *adj.* ritual
robo robbery
robar to steal
roca rock (14)
rock *m.* rock (music) (11)
rockero/a *n.* rock artist; *adj.* rock (*music*)
rodeado/a (de) surrounded (by)
rodilla knee (12)
rojo *n.* red (2)
rojo/a *adj.* red; **pimienta roja** red pepper
rol *m.* role
románico/a Romanesque
romano/a *n., adj.* Roman
romántico/a romantic (6)
romper (*p.p.* **roto**) to break (7); **romper con** to break up with (9)
ron *m.* rum
ropa clothes (1); clothing (7); **doblar la ropa** to fold clothes (3); **lavar la ropa** to wash clothes (1); **planchar la ropa** to iron clothes (3); **prenda de ropa** piece/article of clothing (7); **ropa interior** lingerie, underwear; **secar (qu) la ropa** to dry clothes (3); **tender (ie) la ropa** to hang clothes (3)
ropero wardrobe
rosa rose
rosado *n.* pink (2)
rosado/a *adj.* pink
rostro face
roto/a (*p.p. of* **romper)** broken
router *m.* router (15)
rubio/a blond(e) (1)
rueda wheel
ruido noise
ruinas arqueológicas archeological ruins (10)
rumbear to dance (rumba); to party
rumiar to ponder, chew over
rural rural (8); **turismo rural** rural tourism
rústico/a: cabaña rústica rustic cabin (10)
ruta route (10)
rutina routine

S

sábado Saturday (1); **el sábado** on Saturday (1); **el sábado pasado** last Saturday (6); **el sábado que viene** next Saturday (1); **los sábados** on Saturdays (1)
sabana savanna
sabelotodo know-it-all
saber *irreg.* to know (4); **saber** + *inf.* to know (*how to do something*) (4); **saber de memoria** to know by heart
sabroso/a delicious
sacar (qu) to take out; **sacar buenas/malas notas** to get good/bad grades (1); **sacar fotos** to take photos (2); **sacar la basura** to take out the trash/garbage (3)
sacramento sacrament
sacrificado/a sacrificed
sacudir los muebles to dust the furniture (3)
sagrado/a sacred
sal *f.* salt (6)
sala living room; **sala de espera** waiting room (10)
salado/a salty; **agua** (*f. but* **el agua**) **salada** salt water (14)
salarial *adj.* wage; salary
salario *n.* wage; salary, pay (13); **salario mínimo** minimum wage
salchicha sausage (6)
salida departure (10); gate (10)
salir *irreg.* to go out (3); to leave (3); **¿en cuánto sale(n)?** how much is it (are they)? (7); **salir bien/mal** to turn out well/poorly; **salir con** to go out with (*someone*); **salir de** to leave from (*a place*); **salir para** to leave for (*a place*)
salón *m.* large room; living room (5); **salón de clase** classroom (1); **salón formal** living room
salsa sauce; salsa (*music*)
saltar to jump; to raise
salto *n.* jump; waterfall
salud *f.* health (12); **centro de salud** health center (8)
saludable healthy
saludarse to greet each other (5)
saludo greeting (1)
salvadoreño/a Salvadoran (1)
salvaje wild (14)
san Saint; **Día** (*m.*) **de San Valentín** St. Valentine's Day
sancocho *a type of soup* **sandalias** sandals (7)
sandía watermelon
sandinista *n., adj.* Sandinista
sándwich *m.* sandwich (6)
Sanfermines *m. pl.* San Fermín Festival (Running of the Bulls)
sangre *f.* blood (12)
sanitario/a sanitary
sano/a healthy (12)
santo/a saint; holy; **Día** (*m.*) **de Todos los Santos** All Saints' Day; **día del santo** one's saint day (11); **santo patrón, santa patrona** patron saint (11); **Semana Santa** Holy Week (11)
saquear to sack, plunder
saqueo *n.* plundering
sartén *f.* frying pan
satélite *m.* satellite (15); **radio** (*f.*) **por satélite** satellite radio (15)
sauna sauna (3)
saxofón *m.* sax(ophone)
se *ind. obj. pron. before* **lo/a(s)** to/for him/her (6); to/ for you (*form.*) (6); to/for it (6); to/for them (6); *refl. pron.* yourself (*form.*) (5); himself/herself; itself (5); yourselves (*form. Sp.; fam., form. elsewhere*) (5); themselves (5)
secadora dryer (3)
secar (qu) to dry; **secar la ropa** to dry clothes (3); **secarse** to dry off (5); **secarse el pelo** to dry off one's hair (5)
sección *f.* section
secretario/a secretary (13)
secreto secret
sector *m.* sector
secular secular
secundario/a secondary; **escuela secundaria** high school
sed *f.* thirst; **tener** (*irreg.*) **(mucha) sed** to be (very) thirsty (3)
seda silk; **de seda** silk (*adj.*) (7)
sede *f.* seat (*government*)
sedentario/a sedentary
seducir (*like* **conducir**) to seduce
segmento segment
seguida: en seguida right away
seguidamente immediately, straightaway
seguido/a (de) *adj.* followed (by)
seguir (i, i) to continue (3); to follow (3); to go (8); to keep going (8); to pursue (*a career*); **seguir** + *gerund* to keep / still be (*doing something*) (3)
según according to (4)
segundo/a second (5); **segundo piso** third floor (5)
seguridad *f.* security; **control** (*m.*) **de seguridad** security; **pasar por el control de seguridad** to go through security (10)
seguro *n.* insurance; **seguro médico** health insurance (13)
seguro/a sure, certain; secure; **estar** (*irreg.*) **seguro/a (de)** to be sure (of) (12)

seis six (1)
seiscientos/as six hundred (4)
selección *f.* selection; team (*sports*)
seleccionador(a) coach; manager (*sports*)
seleccionar to choose, select
selva jungle
selvático/a *adj.* jungle
semáforo traffic light (8)
semana week (1); **día** (*m.*) **de la semana** day of the week; **días entre semana** weekdays (1); **entre semana** during the week (1); **fin** (*m.*) **de semana** weekend (1); **la semana pasada** last week (6); **la semana que viene** next week (1); **Semana Santa** Holy Week (11); **una vez a la semana** once a week (3)
semanal weekly
semántico/a semantic
sembrador(a) sower
sembrar (ie) to sow, plant
semejante similar
semejanza similarity
semestre *m.* semester
semilla seed
seminario seminary
semisótano semibasement
sencillo/a simple; single (*record*); **habitación** (*f.*) **sencilla** single room (10)
senderismo hiking
sendero path
sentarse (ie) to sit down
sentimental emotional (9); **relación** (*f.*) **sentimental** emotional relationship (9)
sentimiento feeling (12)
sentir (ie, i) to regret; to feel sorry; **sentirse** to feel (5)
señalar to indicate
señalar to point out, show
señor *m.* man; Mr.; sir
señora woman; Mrs.; ma'am
señorita young woman; Miss; Ms.
separación *f.* separation (9)
separado/a separated (4)
separar to separate; **separarse (de)** to separate (9); to get separated (from) (9)
septiembre September (2)
séptimo/a seventh (5)
sequía drought
séquito entourage; **séquito nupcial** wedding party
ser *n. m.* being; **ser humano** human being
ser *irreg.* to be (1); **¿cómo eres?** what are you (*s. fam.*) like? (1); **¿cómo es usted (Ud.)?** what are you (*s. form.*) like? (1); **¿cuál es su nombre?** what's your (*form.*) name? (1); **¿cuál es tu nombre?** what's your (*s. fam.*) name? (1); **¿de dónde eres?** where are you (*s. fam.*) from? (1); **¿de dónde es usted (Ud.)?** where are you (*s. form.*) from? (1); **es absurdo que** it's absurd that (11); **es bueno que** it's good that (12); **es cierto que** it's certain that (12); **es extraño que** it's strange that (11); **es importante que** it's important that (11); **es imposible que** it's impossible that (12); **es improbable que** it's improbable that (12); **es increíble que** it's incredible that (11); **es interesante que** it's interesting that (12); **es la una** it's one o'clock (1); **es mejor que** it's better that (12); **es necesario que** it's necessary that (11); **es obvio que** it's obvious that (12); **es posible que** it's possible that (12); **es probable que** it's probable that (12); **es una lástima que** it's a shame that (11); **es malo que** it's bad that (12); **es urgente que** it's urgent that (12); **es verdad que** it's true that (12); **mi nombre es...** my name is . . . (1); **¿qué hora es?** what time is it? (1); **sea cual sea** whatever; **ser arrogante** to be arrogant; **ser buena onda** to be (a) cool (person); **ser hora de** + *inf.* to be time to (*do something*); **ser mala onda** to be a jerk; **ser orgulloso/a** to be arrogant (12); **son las dos (tres, cuatro,...)** it's two (three, four, . . .) o'clock (1); **soy...** I'm . . . (1); **soy de...** I'm from . . . (1)
sereno/a serene
seriado soap opera
serie *f. s.* series
serio/a serious
serpiente *f.* snake, serpent (14)
serranía mountainous region
servicio service; **servicio comunitario** community service; **servicio social** social service
servilleta napkin (6)
servir (i, i) to serve (3)
sesenta sixty (2)
sesión *f.* session
setecientos/as seven hundred (4)
setenta seventy (2); **los años setenta** the seventies
severo/a severe
sexo sex; gender
sexto/a sixth (5)
si if (1); **por si acaso** just in case (9)
sí yes (1)
sicología psychology (1)
sicólogo/a psychologist (13)
sicu *m.* siku, panpipe (*Andean musical instrument*)
siempre always (3)
sien *f.* temple (*anat.*)
sierra mountain range (14)
siesta nap (3); **dormir (ue, u) la siesta** to nap; **tomar una siesta** to take a nap (3)
siete seven (1)
siglo century
significado *n.* meaning
significar (qu) to mean
significativo/a significant
signo sign
siguiente *adj.* following (4)
sílaba syllable
silencio silence
silla chair (1)
sillón *m.* armchair (5)
silvestre wild
simbolizar (c) to symbolize
símbolo symbol
simpático/a nice (1)
simplemente simply
simplificado/a simplified
sin without (4); **sin amueblar** unfurnished (5); **sin embargo** however; nevertheless; **sin que** + *subj.* without (14)
sinagoga synagogue (3)
sinceramente sincerely
sincretismo syncretism
sinfonía symphony
sinfónico/a *adj.* symphony, symphonic; **música sinfónica** symphonic music (11); **orquesta sinfónica** symphonic orchestra (11)
singular single; singular, unique
sino but (rather); **sino que** but (rather)
sinónimo synonym
sintetizar (c) to synthesize
síntoma *m.* symptom (12)
síquico/a psychological
siquiera: ni siquiera not even
sirvienta maid
sísmico/a seismic
sismo earthquake
sistema *m.* system
sitio site
situación *f.* situation
situado/a situated
smog *m.* smog (14)

SMS *m.* text message
snowboarding *m.* snowboarding; **hacer** (*irreg.*) **snowboarding** to snowboard
sobre *prep.* about; **sobre todo** especially; above all
sobrecogimiento awe
sobredesarrollo overdevelopment
sobrellevar to endure
sobrepantalón *m. s.* overpants
sobrepasar to exceed
sobrepesca *n.* overfishing
sobrepoblación *f.* overpopulation (14)
sobrepoblado/a overpopulated
sobreviviente *n. m., f.* survivor; *adj.* surviving
sobrevivir to survive
sobrino/a nephew/niece (4); *m. pl.* nephews and nieces (4)
sobrio/a frugal
social social; **ciencia social** social science; **estatus** (*m.*) **social** social status; **red** (*f.*) **social** social network; **servicio social** social service
socialista socialist
sociedad *f.* society
socio/a associate
sociología sociology (1)
sociólogo/a sociologist
sofá *m.* sofa (5)
sofisticado/a sophisticated
sois you (*pl. fam. Sp.*) are (1)
soja soy
sol *m.* sun; sunshine; **hace (mucho) sol.** it's (very) sunny. (2); **tomar el sol** to sunbathe (2)
solado tiled (*floor*)
solamente only
solar: energía solar solar power (14); **panel** (*m.*) **solar** solar panel (14)
solas: a solas alone
soldado (male) soldier; **mujer** (*f.*) **soldado** (female) soldier
soledad *f.* solitude
solemne solemn
soler (ue) + *inf.* to usually (*do something*) (3)
solicitar to apply for (13); **solicitar trabajo** to apply for a job (13)
solicitud *f.* application (13)
solidez *f.* strength; solidarity
sólido/a solid; sound; steady
solo *adv.* only (1)
solo/a *adj.* alone; single
solsticio solstice
soltar (ue) (*p.p.* **suelto**) to release, let (*something*) go
soltero/a single (4), unmarried
solución *f.* solution; **solución ambiental** environmental solution (14)
solvencia competence; **tener** (*irreg.*) **solvencia** to be solvent
sombra shadow; **a la sombra de** under the wings/tutelage of (*someone*)
sombrero hat (7); **sombrero Panamá** Panama hat
somos we are (1)
son they are (1); you (*pl. form. Sp.; pl. fam., form. elsewhere*) are (1)
sonar (ue) to ring; to sound
sonido *n.* sound
sonreír (i, i) (sonrío) to smile (9)
sonrisa *n.* smile
soñar (ue) to dream
sopa soup (6)
sopera soup bowl, soup tureen
soroche *m.* altitude sickness
sorprender to surprise (11)
sorprendido/a surprised (2)
sorpresa *n.* surprise; **fiesta de sorpresa** surprise party
sosiego calm (*n.*)
sostenible sustainable
soviético/a: Unión (*f.*) **Soviética** Soviet Union
soy I am (1); **soy de...** I'm from (1)
su(s) *poss. adj.* your (*s. form.*) (1); his (1); her (1); your (*pl. form. Sp.; pl. fam., form. elsewhere*) (1); their (1); **¿cuál es su nombre/apellido?** what's your (*form.*) first/last name? (1)
suave mild; soft
subcampeonato runner-up championship game
subir to go up; to upload (13); **subir (a)** to climb; to get in/on (*a vehicle*) (10)
subjetivo/a subjective
subjuntivo *gram.* subjunctive
substancia substance
subsuelo subsoil
subvencionado/a *adj.* subsidized
sucio/a dirty (3)
sucursal branch (*of a business*)
Sudamérica South America
sudamericano/a South American
suegro/a father-in-law/mother-in- law (4)
sueldo salary (13); **aumento de sueldo** raise (13)
suelo floor; soil; **contaminación** (*f.*) **del suelo** soil pollution (14)
sueño sleep; **tener** (*irreg.*) **sueño** to be sleepy (3)
suerte *f.* luck; **tener** (*irreg.*) **(mucha) suerte** to be (very) lucky (3)
suéter *m.* sweater (7)
suficiente enough
sufrir to suffer; to bear
sugerencia suggestion
sugerir (ie, i) to suggest (6)
sumar to add (up)
sumo/a *adj.* utmost
superar to exceed; to overcome
supercremoso/a extra creamy
superficial superficial
superficie *f.* surface
superior superior; greater; **educación** (*f.*) **superior** higher education
supermercado supermarket (6)
superposición *f.* superposition
supervisar to supervise (13); to oversee (13)
supervisor(a) supervisor
suponer (*like* **poner**) (*p.p.* **supuesto**) to suppose, assume
supuesto: por supuesto of course (9)
sur *m.* south (8); **al sur** (to the) south (8)
sureste *m.* southeast
surfear to surf
surfing: hacer (*irreg.*) **surfing** to surf
surgir (j) to arise, emerge
suroeste *m.* southwest
surrealismo surrealism
surrealista surrealist
suspender to cancel; to suspend
suspendido/a suspended
sustancia substance
sustantivo *gram.* noun
sustitución *f.* substitution
susto fright
suyo/a *poss. adj.* your (*s. form.; pl. form. Sp.; pl. fam., form. elsewhere*) (12); his/her (12); its (12); their (12); *poss. pron.* yours (*s. form.; pl. form. Sp.; pl. fam., form. elsewhere*) (12); his/hers (12); its (12); theirs (12)

T

tabaco tobacco
tabla chart, table
tableta tablet (15)
tacita little cup
tacón *m.* heel; **zapatos de tacón alto** high-heeled shoes (7); **zapatos de tacón bajo** flats (7)
taíno/a *n., adj.* Taino (*pre-Columbian culture of the Caribbean*)
tal such, such a; **con tal (de) que** + *subj.* provided that (14); **¿qué tal?** how's it going? (1); **tal vez** perhaps
tala de árboles tree felling (14)
talento talent

talla (clothing) size (7)
tallado/a carved; **tallado/a en madera** carved-wood
taller *m.* workshop; **taller** (*m.*) **de reparaciones** repair shop
tamal *m.* tamale
tamaño size
tambalearse to wobble
también also, too (2)
tambor *m.* drum
tambora drum (*Afro-Caribbean percussion instrument*)
tampoco neither (5); nor (5); not either
tan so; as; **tan... como** as . . . as (5); **tan pronto como** *conj.* as soon as (13);
tango *dance and music of Argentina*
tanto *adv.* so much (8); so often (8); **tanto como** as much as (5)
tanto/a *adj.* as much, so much; such a; *pl.* so many, as many; **tanto/a(s)... como** as much/many . . . as (5)
tapa appetizer
tapar to cover
tardar to take time
tarde *f.* afternoon; *adv.* late; **buenas tardes** good afternoon (*until evening meal*) (1); **de la tarde** in the afternoon (1); P.M.; **más tarde** later; **por la tarde** in the afternoon (1)
tarea homework (1); chore; task
tarima dais, platform
tarjeta card; **tarjeta de crédito** credit card (6); **tarjeta de embarque** boarding pass (10); **tarjeta postal** postcard (10)
tasa rate
taurino/a *adj.* bullfighting
taxi *m.* taxi (8)
taxista *m., f.* taxi driver
taza (coffee) cup (6)
tazón *m.* bowl
te *dir. obj. pron.* you (*s. fam.*) (5); *indir. obj. pron.* to/for you (*s. fam.*) (6); *refl. pron.* yourself (*s. fam.*) (5)
té *m.* tea (6)
teatro theater (1); **obra de teatro** play (11)
techo roof
teclado keyboard (15)
técnica technique
técnico/a *n.* technician (13); *adj.* technical
tecnología technology
tecnológico/a technological; **avance** (*m.*) **tecnológico** technological advance (15); **recurso tecnológico** technological resource
tejano/a Texan
tejer to weave
tejidos woven goods (7)
tela fabric (7)
tele *f.* T.V.
telefónico/a *adj.* telephone, phone
teléfono telephone (1); **hablar por teléfono** to speak on the phone (1); **llamar por teléfono** to call on the phone (1); **teléfono celular** cell (phone) (1); **teléfono fijo** landline; **teléfono inteligente** smart phone (15); **teléfono móvil** cell phone
telenovela soap opera
telerromance *m.* soap opera
teletrabajable doable via telecommuting
teletrabajo *n.* telecommuting
televisión *f.* television; **mirar la televisión** to watch TV (1); **televisión de alta definición** HD TV (15); **televisión de pantalla ancha** wide-screen TV (15)
televisor *m.* television set; **televisor plasma** plasma television
tema *m.* subject, topic
temblor *m.* tremor
tembloroso/a trembling
temer to fear
temperatura temperature; **tomarle la temperatura** to take (*someone's*) temperature (12)
templo temple
temporada season
temporal *adj.* time; part-time; **conjunción** (*f.*) **temporal** *gram.* temporal conjunction (13)
temprano *adv.* early
temprano/a *adj.* early; premature
tendencia tendency
tender (ie) to hang; **tender la ropa** to hang clothes (3)
tenedor *m.* fork (6)
tener (*irreg.*) to have (3); **¿cuántos años tiene usted (Ud.)?** how old are you (*s. form.*)? (4); **¿cuántos años tienes?** how old are you (*s. fam.*)? (4); **no tener razón** to be wrong (3); **tener... años** to be . . . years old (3); **tener cuidado** to be careful (3); **tener en cuenta** to take into account; **tener éxito** to be successful (3); **tener frío** to be cold (3); **tener ganas de** + *inf.* to feel like (*doing something*) (3); **tener lugar** to take place; **tener miedo (de)** to be afraid (of) (3); **tener (mucha) sed** to be (very) thirsty (3); **tener (mucha) suerte** to be (very) lucky (3); **tener (mucho) calor/frío** to be (very) hot/cold (3); **tener náuseas** to be nauseous; **tener prisa** to be in a hurry (3); **tener pruebas** to have proof; **tener que** + *inf.* to have to (*do something*) (3); **tener razón** to be right (3); **tener solvencia** to be solvent; **tener sueño** to be sleepy (3); **tenerle cariño a** to be fond of (9)
tenis *m.* tennis (2); **cancha de tenis** tennis court; **jugar (ue) (gu) al tenis** to play tennis; **zapatos de tenis** tennis shoes (7)
tensión *f.* tension
tenso/a tense
terapia therapy (12); **terapia de grupo** group therapy (12)
tercer, tercero/a third (5)
termal thermal; **aguas** (*f. but* **el agua**) **termales** hot springs; **baño termal** hot bath
terminación *f.* end
terminar to finish (1)
término term
ternera veal; **carne** (*f.*) **de ternera** veal
terraza terrace (5)
terremoto earthquake
terreno land; territory
terrestre *adj.* land
tertulia *n.* social gathering (*informal talk about politics, literature, and so on*)
tesis *f.* thesis
tesoro treasure
textil textile
texto text; book; **libro de texto** textbook (1)
ti *obj.* (*of prep.*) you (*s. fam.*) (2)
tiburón *m.* shark (14)
tico/a *n., adj. coll.* Costa Rican
tiempo time; weather; **a tiempo** on time; **¿cuánto tiempo hace que... ?** how long has it been since . . . ?; **empleo a tiempo completo/parcial** full-/part-time job (13); **hace (muy) buen/mal tiempo.** it's (very) nice/bad out. (2); **manejar (bien/mal) el tiempo** to manage one's time (well/poorly) (15); **pasar tiempo** to spend time (1); **¿qué tiempo hace?** what's the weather like? (2); **tiempo libre** free time (2)
tienda store (6), shop; **tienda de comestibles** grocery store (6)
tierra land (8); soil (8); **Tierra** Earth (*planet*); **Madre Tierra** Mother Earth
tigre *m.* tiger (14)
tila lime (blossom) tea
timbre *m.* (door)bell, chime
tímido/a timid, shy (4)
tinto/a: vino tinto red wine (6)
tío/a uncle/aunt (4); *m. pl.* aunts and uncles (4); **tío abuelo** great uncle

típico/a typical (1)
tipo type
tira cómica comic, comic strip
tira y afloja *m.* give and take
tirolina zipline
título title; degree (*professional*)
toalla towel
tocaor(a) flamenco musician
tocador *m.* dresser (5)
tocar (qu) to play (*a musical instrument*) (1); to touch
tocino bacon (6)
todavía yet; still
todo *adv.* entirely; completely
todo/a *n.* whole; all; everything; *m. pl.* everybody; *adj.* all; every; each; **ante todo** above all; **Día** (*m.*) **de Todos los Santos** All Saints' Day; **por todas partes** everywhere (9); **sobre todo** especially; above all; **todo derecho** straight ahead (8); **todo el año** all year; **todo el día** all day; **todos los años** every year; **todos los días** every day (1)
tolerante tolerant
toma de posesión (presidential) inauguration
tomar to take (1); to drink (1); **tomar apuntes** to take notes (1); **tomar el sol** to sunbathe (2); **tomar una clase** to take a class (1); **tomar una decisión** to make a decision; **tomar una siesta** to take a nap (3); **tomarle la temperatura** to take (*someone's*) temperature (12)
tomate *m.* tomato (6)
tónico/a: posesivo tónico *gram.* stressed possessive (12)
tono tone
tope *m.* speed bump
tópico topic
toque *m.* touch; detail
torear to fight (*bullfight*)
torero/a bullfighter
tormenta storm
torneo tournament
toro bull; **corrida de toros** bullfight
toronja grapefruit (6)
torpe clumsy (4)
torre *f.* tower
torrente *m.* torrent
torreón *m.* tower
torta sandwich (*Mex.*)
tortuga turtle (14); **tortuga baula** leatherback sea turtle; **tortuga marina** sea turtle
tos *f.* cough (12)
toser to cough (12)
tostado/a toasted; **pan** (*m.*) **tostado** toast (6)
tostón *m.* fried plantain
total *adj.* total; complete; **en total** altogether
totalidad *f.* whole
totora: balsa de totora reed boat
tour *m.* tour, excursion
trabajador(a) hard-working (1)
trabajar to work (1); **trabajar en el jardín** to work in the garden/yard (3)
trabajo work (*general*) (3); **búsqueda de trabajo** job search (13); **Día** (*m.*) **del Trabajo** Labor Day; **horario de trabajo** work schedule (13); **lugar** (*m.*) **de trabajo** workplace (13); **solicitar trabajo** to apply for a job (13)
tradición *f.* tradition
tradicional traditional (6)
traducir (*like* **conducir**) to translate
traductor(a) translator (13)
traer *irreg.* (*p.p.* **traído**) to bring (3)
tráfico traffic (8)
tragedia tragedy
traje *m.* suit (7); **traje de baño** bathing suit (7)
trajinera *flat-bottomed boat used in Xochimilco floating gardens, Mexico City*
tramitación *f.* processing
trámite *m.* step; procedure
trance *m.* trance
tranquilizante *m.* tranquilizer
tranquilo/a calm (4)
transcurrir to take place
transferir (ie, i) to transfer; to move
transformar to transform
transgénico/a: alimentos transgénicos genetically modified foods (15)
tránsito traffic
transmitir to transmit; to pass down
transportar to transport
transporte *m.* transportation; **medio de transporte** mode of transportation (8)
trapear to mop (3); **trapear el piso** to mop the floor (3)
tras after
trascendente important, significant
trascender (ie) to transcend
trasladar to move
trastero junk room
tratado treaty
tratamiento treatment (12); **tratamiento facial** facial treatment
tratar de to be about, deal with; **tratar de** + *inf.* to try to (*do something*)
trato treaty; pact; **trato hecho** it's a deal
través: a través de across; through; throughout
travieso/a mischievous (4)
trece thirteen (1)
treinta thirty (1); **y treinta** half past (1)
treinta y cinco thirty-five (2)
treinta y cuatro thirty-four (2)
treinta y dos thirty-two (2)
treinta y nueve thirty-nine (2)
treinta y ocho thirty-eight (2)
treinta y seis thirty-six (2)
treinta y siete thirty-seven (2)
treinta y tres thirty-three (2)
treinta y uno thirty-one (2)
tremendo/a tremendous
tren *m.* train (8); **tren ligero** light rail
tres three (1); **ciento tres** one hundred three (4); **son las tres** it's three o'clock (1)
trescientos/as three hundred (4)
tribu *f.* tribe
tribunal court (*legal*)
tributario tributary
trimestre *m.* trimester
tripulación *f.* crew (*ship*)
triste sad (2)
tristeza sadness
triunfar to triumph
trofeo trophy
trombón *m.* trombone
trompeta trumpet
tropical tropical (6); **bosque** (*m.*) **tropical** tropical rainforest (14)
tropicalidad *f.* tropical qualities
trozo piece
tú *sub. pron.* you (*s. fam.*) (1); **¿y tú?** and you (*s. fam.*)? (1)
tu(s) *poss. adj.* your (*s. fam.*) (1); **¿cuál es tu nombre?** what's your (*fam.*) name? (1)
tuba tuba
tubo tube
tul *m.* tulle
tumba tomb
tundra tundra
túnel *m.* tunnel
turbina eólica wind turbine
turismo tourism (10); **turismo rural** rural tourism
turista *m., f.* tourist (10)
turístico/a *adj.* tourist
turnarse to take turns
turno turn
tuyo/a *poss. adj.* your (*s. fam.*); *poss. pron.* yours (*s. fam.*)

U

u o (*used instead of* **o** *before words beginning with* **o-** *or* **ho-**)
ubicación *f.* position, location
ubicado/a located (8)
ubicarse (qu) to locate oneself
últimamente *adv.* recently, lately
último/a last; latest; **de última moda** fashionable (7); **la última vez que** the last (preceding) time that (6); **por última vez** for the last time (9)
un(a) *indef. art.* a, an (1); **un poco** a little (1)
un, uno/a one; **es la una** it's one o'clock (1); **uno** one (*number*) (1); **ciento uno** one hundred one (4); **un millón (de)** one million (4); **una vez** once; **una vez a la semana / al mes** once a week/month (3)
unos/as *indef. art.* some (1)
undimotriz: energía undimotriz wave energy
único/a *adj.* only; unique; **hijo/a único/a** only child (4)
unidad *f.* unity
unido/a united; close (*relationship*) (4); **Estados Unidos** United States; **Naciones** (*f.*) **Unidas** United Nations
unifamiliar *adj.* single-family
uniforme *m.* uniform
unión *f.* association; alliance; union, joining; **Unión Soviética** Soviet Union
universal *adj.* universal; world
universidad *f.* university (1)
universitario/a *adj.* university
universo universe; world
urbanización *f.* urbanization
urbano/a urban (8); **desechos urbanos** urban waste (14); **núcleo urbano** city center
urgente urgent; **es urgente que** it's urgent that (11)
uruguayo/a Uruguayan (1)
usar to use
uso *n.* use; usage
usted (Ud.) *sub. pron.* you (*s. form.*) (1); *obj.* (*of prep.*) you (*s. form.*); **¿cómo es usted?** what are you like? (1); **¿cómo está usted?** how are you? (1); **¿cómo se llama usted?** what's your name? (1); **¿cuántos años tiene usted?** how old are you? (4); **¿de dónde es usted?** where are you from? (1); **¿y usted?** and you? (1)
ustedes (Uds.) *sub. pron.* you (*pl. form. Sp.; pl. fam., form. elsewhere*) (1); *obj.* (*of prep.*) you (*pl. form. Sp.; pl. fam., form. elsewhere*)
usuario/a user
utensilio utensil (6); *pl.* silverware (6)
útil *adj.* useful
utilizar (c) to utilize, use
uvas grapes (6)

V

va (*pres. ind. of* **ir**) you (*s. form.*) go, are going; he/she/it goes, is going
vaca cow (8); **ve de vaca** *the letter v*
vacaciones *f.* vacation; **de vacaciones** on vacation (10); **estar** (*irreg.*) **de vacaciones** to be on vacation; **ir** (*irreg.*) **de vacaciones** to go on vacation (9); **vacaciones de primavera** spring break (11); **vacaciones pagadas** paid vacation (13)
vaciar (vacío) to empty
vacuna vaccine
vainilla vanilla (6)
vais (*pres. ind. of* **ir**) you (*pl. fam. Sp.*) go, are going
Valentín: Día (*m.*) **de San Valentín** St. Valentine's Day
valer *irreg.* to be worth; **¿cuánto vale(n)?** how much is it (are they) worth? (7); **valer la pena** to be worth it
valeriana valerian (*medicinal herb*)
válido/a valid
valiente brave (13)
valle *m.* valley (8)
vallenato *Venezuelan folk song*
valor *m.* value, worth
valorar to value
vamos (*pres. ind. of* **ir**) we go, are going
van (*pres. ind. of* **ir**) you (*pl. form. Sp.; pl. fam., form. elsewhere*) go, are going; they go, are going
vapor *m.* steam; **al vapor** steamed
vaquero cowboy
vara stick; rod
varamiento beaching (*n.*)
varar to beach (*a marine animal*)
variación *f.* variation
variado/a varied (6); various
variante *f.* variant
variar (varío) to vary
variedad *f.* variety
varios/as several
vas (*pres. ind. of* **ir**) you (*s. fam.*) go, are going
vasco Basque (*language*)
vasco/a *n., adj.* Basque; **País** (*m.*) **Vasco** Basque Country
vascuence *m.* Basque (*language*)
vaso (water) glass (6)
vasto/a vast
ve de vaca *the letter v*
vecindario neighborhood
vecino/a *n.* neighbor (5); *adj.* neighboring, next door
veedor(a) overseer
vegetación *f.* vegetation (14)
vegetal *adj.* vegetable
vegetariano/a vegetarian (6)
vehículo car
veinte twenty (1)
veinticinco twenty-five (1)
veinticuatro twenty-four (1)
veintidós twenty-two (1)
veintinueve twenty-nine (1)
veintiocho twenty-eight (1)
veintiséis twenty-six (1)
veintisiete twenty-seven (1)
veintitrés twenty-three (1)
veintiún, veintiuno/a *adj.* twenty-one; **veintiuno** twenty-one (*number*) (1)
vejez *f.* old age (9)
vejiga bladder; *a musical instrument made from a dried out animal bladder*
vejigazo *a musical blow to the* ***vejiga*** (*musical instrument*)
vela candle
velocidad *f.* speed; **gran velocidad** high speed
vencer (z) to overcome, conquer
vendedor(a) vendor (6); salesclerk
vender to sell (2)
veneración *f.* adoration
venezolano/a Venezuelan (1)
venir *irreg.* to come (3); **el lunes (martes, miércoles,...) que viene** next Monday (Tuesday, Wednesday, . . .) (1); **el mes que viene** next month; **la semana que viene** next week (1)
venta sale (7); *pl.* sales (*profession*)
ventaja advantage
ventana window (1)
ventanilla: asiento de ventanilla window seat (10)
ventilación *f.* ventilation
ver *irreg.* (*p.p.* **visto**) to see (3); to watch (2); **nos vemos** see you later (*lit.* we'll see each other) **verse** to see each other (5)
verano summer (2)
veras: ¿de veras? really?
verbo *gram.* verb (1); **verbo de duda** *gram.* verb of doubt (11); **verbo de emoción** *gram.* verb of emotion (11);

verbo de voluntad *gram.* verb of volition (desire) (11); **verbo recíproco** *gram.* reciprocal verb (9); **verbo reflexivo** *gram.* reflexive verb (5)

verdad *f.* truth; **es verdad que** it's true that (12); **¿verdad?** right?

verdadero/a true; real

verde green (2); **judía verde** green bean

verdura vegetable (6)

vergüenza shame; **darle** (*irreg.*) **vergüenza** to embarrass (*someone*)

versión *f.* version

verter (ie) to pour

vertiginoso/a dramatic; astounding

vestíbulo lobby

vestido dress (7)

vestimenta clothes, clothing

vestir (i, i) to dress; **vestirse** to get dressed (5)

veterinario/a veterinarian (13)

vez *f.* (*pl.* **veces**) time, occurrence, occasion; **a la vez** at the same time; **a su vez** at the same time; **a veces** sometimes (1); **alguna vez** once; ever; **cada vez más** more and more; **cada vez menos** less and less; **de una vez** at once; **de vez en cuando** from time to time; **en vez de** instead of; **la última vez que** the last (preceding) time that (6); **otra vez** again; **por primera/última vez** for the first/last time (9); **tal vez** perhaps; **una vez a la semana / al mes** once a week/month (3); **una vez** once

vía route, way; means; roadway

viajar to travel (8)

viaje *m.* trip (10); **agencia de viajes** travel agency (10); **agente** (*m., f.*) **de viajes** travel agent; **de viaje** on a trip (10); **viaje de ida** one-way trip; **viaje de ida y vuelta** round trip

viajero/a traveler; **cheque** (*m.*) **de viajero** traveler's check

vibrante vibrant

vicio bad habit, vice (12)

vida life (9); **etapa de la vida** stage/period of life (9); **ritmo de vida** pace of life (15)

vídeo video

videojuego videogame (3)

vidrio glass (*material*)

viejo/a old (4); **casco viejo** old quarter (*part of town*)

viento wind; **hace (mucho) viento.** it's (very) windy. (2)

viernes *m. inv.* Friday (1); **el viernes** on Friday (1); **el viernes pasado** last Friday (6); **el viernes que viene** next Friday (1); **los viernes** on Fridays (1)

vigilar to watch, keep an eye on

vinagre *m.* vinegar (6)

vínculo link, tie

vino wine (6); **vino blanco/tinto** white/red wine (6)

violencia violence

violento/a violent

violeta violet; **de color violeta** violet

violín *m.* violin

violoncelo cello

virgen *n., adj. m., f.* virgin; **la Virgen** Virgin (Mary)

virrey *m.* viceroy

virtuosidad *f.* virtuousness

virtuoso/a virtuous

visado visa (10)

visigodo/a Visigoth

visión *f.* vision

visita *n.* visit

visitante *m., f.* visitor

visitar to visit

vista view; **a primera vista** at first sight

visto/a (*p.p. of* **ver**) seen

vital vital; dynamic

vitamina vitamin

vitrina shop window

viudo/a widowed (4)

vivienda housing (5)

vivir to live (2)

vivo/a alive; brightly colored; **en vivo** live

vocablo word

vocabulario vocabulary

volar (ue) to fly

volcán *m.* volcano (14)

volcánico/a volcanic

vólibol *m.* volleyball (1); **jugar (ue) (gu) al vólibol** to play volleyball (1)

volumen *m.* volume

voluntad *f.* wish, will; **verbo de voluntad** *gram.* verb of volition (desire) (11)

voluntario/a volunteer; **hacer** (*irreg.*) **de voluntario/a** to volunteer

volver (ue) (*p.p.* **vuelto**) to return (*to a place*) (3); **volver + a +** *inf.* to (*do something*) again (3); **volverse +** *adj.* to become + *adj.*

vosotros/as *sub. pron.* you (*pl. fam. Sp.*) (1); *obj.* (*of prep.*) you (*pl. fam. Sp.*)

votar (por) to vote (for)

voy (*pres. ind. of* **ir**) I go, am going

voz *f.* (*pl.* **voces**) voice; **en voz alta** aloud

vuelo flight (10); **asistente** (*m., f.*) **de vuelo** flight attendant

vuelta race (*cycling*); **a la vuelta** upon return(ing); **dar** (*irreg.*) **la vuelta** to turn around; **de vuelta** again; **viaje de ida y vuelta** round trip

vuestro/a(s) *poss. adj.* your (*pl. fam. Sp.*) (1); *poss. pron.* yours (*pl. fam. Sp.*)

vulgar vulgar; common

W

Web: página Web webpage (13)

WiFi: conexión (*f.*) **WiFi** WiFi connection (15)

Y

y *conj.* and (1); **y cuarto/quince** quarter past (1); **y media/treinta** half past (1); **¿y tú?** and you (*s. fam.*)? (1); **¿y usted (Ud.)?** and you (*s. form.*)? (1)

ya already; **ya no** no longer; **ya que** *conj.* since

yerba herb; **yerba medicinal** medicinal herb

yerno son-in-law (4)

yo *sub. pron.* I (1)

yoga *m.* yoga; **hacer** (*irreg.*) **yoga** to do yoga (3)

yogur *m.* yogurt (6)

yuca yucca

Z

zampoña panpipe

zanahoria carrot (6)

zapatería shoe store (7)

zapatos shoes (7); **zapatos de tacón alto/bajo** high-heeled shoes / flats (7); **zapatos de tenis** tennis shoes (7)

zócalo main square; central plaza (*Mex.*)

zona area, zone; **zona ártica** Arctic region (14)

zoológico/a: parque (*m.*) **zoológico** zoo (9); **reserva zoológica** biological reserve

zumo juice (*Sp.*)

Vocabulario inglés-español

A

a, an **un(a)** *indef. art.* (1); a little **un poco** (1)
ability **habilidad** *f.* (13)
able: to be able **poder** *irreg.* (3)
abroad **extranjero** (10)
absurd: it's absurd that **es absurdo que** (11)
accessory **complemento** (7); clothing accessory **complemento** (7)
according to **según** (4)
accountant **contador(a)** (13)
accounting **contabilidad** *f.* (1)
ache **dolor** *m.* (12)
acquainted: to be acquainted with (*person/place*) **conocer** *irreg.* (4)
across from **enfrente de** *prep.* (5)
activity **actividad** *f.* (1)
actor **actor** *m.* (11)
actress **actriz** *f.* (11)
addict: drug addict **drogadicto/a** (12)
addiction **adicción** *f.* (12)
adjective **adjetivo** *gram.* (1); possessive adjective **adjetivo posesivo** *gram.* (1)
administer **administrar** (13)
administration: business administration **administración** (*f.*) **empresarial** (1)
adolescence **adolescencia** (9)
adopted son/daughter **hijo/a adoptivo/a** (4)
adorned **adornado/a** (11)
advance: technological advance **avance** (*m.*) **tecnológico** (15)
adverb **adverbio** *gram.* (8)
advise *v.* **aconsejar** (11)
advisor **consejero/a** (13)
aerobics: to do aerobics **hacer** (*irreg.*) **ejercicio aeróbico** (12)
affect *v.* **afectar** (14)
affection **cariño** (9)
affectionate **cariñoso/a** (4)
affirm **afirmar** (12)
afraid: to be afraid (of) **tener** (*irreg.*) **miedo (de)** (3)
after *conj.* **después de que** (13); *prep.* **después (de)** (1)
afternoon: good afternoon (*until evening meal*) **buenas tardes** (1); in the afternoon **de la tarde** (1), **por la tarde** (1)
again: to (*do something*) again **volver (ue)** (*p.p.* **vuelto**) + **a** + *inf.* (3)
age: old age **vejez** *f.* (9)
agency: travel agency **agencia de viajes** (10)
agricultural **agrícola** *m., f.* (8); agricultural tourism **agroturismo** (10)
agriculture **agricultura** (8)
ahead: straight ahead **derecho** (8); **todo derecho** (8)
air **aire** *m.* (14); air pollution **contaminación** (*f.*) **del aire** (14); clean air **aire puro** (14)
airplane **avión** *m.* (8)
airport **aeropuerto** (8)
aisle seat **asiento de pasillo** (10)
alcohol **alcohol** *m.* (12)
alcoholic **alcohólico/a** *n.* (12); alcoholic drink **bebida alcohólica** (6), **copa** (3)
along **por** (4)
also **también** (2)
always **siempre** (3)
anatomy **anatomía** (1)
and **y** (1); and you (*s. fam.*)? **¿y tú?** (1); and you (*s. form.*)? **¿y usted (Ud.)?** (1)
angry **enojado/a** (2)
animal: domesticated (farm) animal **animal** (*m.*) **doméstico** (8); plant and animal life **flora y fauna** (14); wild animal **animal salvaje** (14)
answer *v.* **contestar** (1)
anti-pollution **anticontaminante** (14)
antibiotic **antibiótico** (12)
apartment **apartamento** (5), **piso** (5); apartment building **edificio de apartamentos** (5); studio apartment **estudio** (5)
apple **manzana** (6)
appliance **aparato doméstico** (3)
applicant **aspirante** *m., f.* (13)
application **solicitud** *f.* (13)
apply for (a job) **solicitar (trabajo)** (13)
April **abril** (2)
archeological ruins **ruinas arqueológicas** (10)
archipelago **archipiélago** (14)
architect **arquitecto/a** (11)
architecture **arquitectura** (1)
Arctic region **zona ártica** (14)
are: how are you (*s. fam.*)? **¿cómo estás?** (1); how are you (*s. form.*)? **¿cómo está usted (Ud.)?** (1); they are **son** (1); you (*s. fam.*) are **eres** (1); you (*s. form.*) are **es** (1); you (*pl. fam. Sp.*) are **sois** (1); you (*pl. form. Sp.; pl. fam., form. elsewhere*) are **son** (1)
Argentine **argentino/a** (1)
argue **discutir** (9)
arm (*body*) **brazo** (12)
armchair **sillón** *m.* (5)
aromatherapy: to do aromatherapy **practicar (qu) la aromaterapia** (12)
arrival **llegada** (10)
arrive **llegar (gu)** (1)
arrogance **orgullo** (12)
arrogant: to be arrogant **ser** (*irreg.*) **orgulloso/a** (12)
art **arte** *f.* (*but* **el arte**) (1); art show **exposición** *f.* (11); arts and crafts **artesanías** (7); fine arts **bellas artes** (1); performing arts **artes escénicas** (11); School of Fine Arts **Facultad** (*f.*) **de Bellas Artes** (1); visual arts **artes plásticas** (11); work of art **obra de arte** (11)
article **artículo** (7); article of clothing **prenda de ropa** (7)
artist **artista** *m., f.* (11)
as: as . . . as **tan... como** (5); as much as **tanto como** (5); as much/many . . . as **tanto/a/os/as... como** (5); as soon as *conj.* **en cuanto** (13), **tan pronto como** (13)
ask **preguntar** (6); to ask a question **preguntar** (6); to ask for **pedir (i, i)** (3)
asleep: to fall asleep **dormirse (ue, u)** (5)
astronomy **astronomía** (1)
at **a** (2); at + *time* **a la(s)** + *time* (1); at least **por lo menos** (4); at night **de la noche** (1), **por la noche** (1); at what time? **¿a qué hora?** (1)
athlete **atleta** *m., f.* (13)
atmosphere **atmósfera** (14)
attachment **adjunto** (15), **documento adjunto** (15)
attend (*a class, event*) **asistir (a)** (2)
attendant: flight attendant **azafata** *m., f.* (10)
August **agosto** (2)
aunt **tía** (4); aunts and uncles **tíos** (4)
avenue **avenida** (5)
avocado **aguacate** *m.* (6)
avoid **evitar** (12)

B

back **espalda** (12)
backpack **mochila** (1)
bacon **tocino** (6)
bad *adv.* **mal** (2); *adj.* **mal, malo/a** (1); bad habit **vicio** (12); it's bad that **es malo que** (12); it's (very) bad out **hace (muy) mal tiempo** (2); to get bad grades **sacar (qu) malas notas** (1); to have a bad time **pasarlo mal** (3)
bag: carry-on bag **maletín** *m.* (10); bag **bolsa** (14)
baggage claim **reclamo de equipaje** (10)
balcony **balcón** *m.* (5)
ballet: ballet dancer **bailarín, bailarina** (11); classical ballet **ballet** (*m.*) **clásico** (11)
banana **banana** (6)
band **conjunto musical** (11)
bank **banco** (8)
banker **banquero/a** (13)
baptism (*ceremony*) **bautizo** (4)
bar (*drinking establishment*) **bar** *m.* (8)
barber **barbero/a** (13)
baseball **béisbol** *m.* (1); to play baseball **jugar (ue) (gu) al béisbol** (1)
basketball **basquetbol** *m.* (1); to play basketball **jugar (ue) (gu) al basquetbol** (1)
bathe (oneself) **bañar(se)** (5)
bathing suit **traje** (*m.*) **de baño** (7)
bathroom **baño** (5)
bay **bahía** (14)
be **estar** *irreg.* (2); **ser** *irreg.* (1); to be (*doing something*) **estar** + *gerund* (2); to be (very) hot **tener** (*irreg.*) **(mucho) calor** (3); to be (very) lucky **tener (mucha) suerte** (3); to be (very) thirsty **tener (mucha) sed** (3); to be . . . years old **tener... años** (3); to be able **poder** *irreg.* (3); to be afraid (of) **tener miedo (de)** (3); to be arrogant **ser orgulloso/a** (12); to be careful **tener cuidado** (3); to be cold **tener frío** (3); to be depressed **estar** (*irreg.*) **deprimido/a** (12); to be familiar with **conocer (zc)** (4); to be fond of **tenerle cariño a** (9); to be in charge (of) (*people*) **estar** (*irreg.*) **a cargo (de)** (13); to be in a hurry **tener prisa** (3); to be located (*buildings*) **quedar** (2); to be right **tener razón** (3); to be sleepy **tener sueño** (3); to be successful **tener éxito** (3); to be sure (of) **estar seguro/a (de)** (12); to be wrong **no tener razón** (3)
beach **playa** (14)
beans **frijoles** *m.* (6); green beans **habichuelas** (6)
bear **oso** (14); polar bear **oso polar** (14)
because **porque** (3)
bed **cama** (3); to make the bed **hacer** (*irreg.*) **la cama** (3)
bedroom **dormitorio** (5); master bedroom **dormitorio principal** (5)
beef **carne** (*f.*) **de res** (6)
beer **cerveza** (6)
before *conj.* **antes de que** + *subj.* (14); *prep.* **antes (de)** (1)
begin **empezar (ie)** (3); to begin to (*do something*) **empezar** + **a** + *inf.* (3)
behind *prep.* **detrás de** (2)
beige **beige** (7)
believe **creer (y)** (*p.p.* **creído**) (2)
bellhop **botones** *m. inv.* (10)
belt **cinturón** *m.* (7)
benefit **benificio** (13)
best friend **mejor amigo/a** (1); the best . . . of/in **el/la/los/las mejor(es)... de** (5)
better than **mejor que** (5); it's better that **es mejor que** (12)
between **entre** *prep.* (2)
beyond **a partir de** (4)
bicycle: to ride a bicycle **andar** (*irreg.*) **en bicicleta** (1)
bilingual **bilingüe** (13)
bill **cuenta** (6); to pay the bills **pagar (gu) las cuentas** (15)
billiards **billar** *m.* (3)
biodiversity **biodiversidad** *f.* (14)
biological reserve **reserva biológica** (10)
biologist **biólogo/a** (13)
biology **biología** (1)
bird: quetzal bird **quetzal** *m.* (14)
birthday **cumpleaños** *m. inv.* (4)
bit: to rest a bit **descansar un rato** (1)
black **negro** (2); black pepper **pimienta negra** (6)
block **cuadra** (8)
blond(e) **rubio/a** (1)
blood **sangre** *f.* (12)
blouse **blusa** (7)
blue **azul** (2)
bluejeans **jeans** *m. pl.* (7)
Bluetooth earphone **auricular** (*m.*) **bluetooth** (15)
board *v.* **embarcar (qu) (en)** (10)
boarding pass **tarjeta de embarque** (10)
boat **barco** (8)
boating: to go boating **pasear en barco** (9)
body: human body **cuerpo humano** (12)
Bolivian **boliviano/a** (1)
bookstore **librería** (1)
boots **botas** (7)
bore *v.* **aburrir** (6)
bored **aburrido/a** (2)
boring **aburrido/a** (1)
boss **jefe/a** (13)
bother **molestar** (6)
bottle **botella** (14)
boulevard **bulevar** *m.* (5)
boutique **boutique** *f.* (7)
boyfriend **novio** (2); to spend time with one's boyfriend **pasar tiempo con el novio** (2)
bracelet **brazalete** *m.* (7)
brain **cerebro** (12)
brave **valiente** (13)
bread **pan** *m.* (6); whole wheat bread **pan integral** (6)
break **romper** (*p.p.* **roto**) (7); to break down (*in accidental* **se** *construction*) **descomponer** (*like* **poner**) (*p.p.* **descompuesto**) (7); to break up with **romper con** (9); spring break **vacaciones** (*f. pl.*) **de primavera** (11)
breakfast **desayuno** (6); to eat breakfast **desayunar** (1)
breathe deeply **respirar profundo** (15)
bricklayer **albañil** *m.* (13)
bride **novia** (9)
bridge **puente** *m.* (8)
bright **lleno/a de luz** (5)
bring **traer** *irreg.* (*p.p.* **traído**) (3)
brother **hermano** (4); half brother **medio hermano** (4)
brother-in-law **cuñado** (4)
brown **color** (*m.*) **café** (2)
brush one's teeth **lavarse los dientes** (5)
building **edificio** (1)
building: apartment building **edificio de apartamentos** (5)
bus **autobús** *m.* (8); bus station **estación** (*f.*) **de autobuses** (8); bus stop **parada (de autobuses)** (8)
business **empresa** (13); (*field*) **negocios** *pl.* (13)
business administration **administración** (*f.*) **empresarial** (1)
businessman **hombre** (*m.*) **de negocios** (13)
businesswoman **mujer** (*f.*) **de negocios** (13)
busy **ocupado/a** (2)
but **pero** *conj.* (1)
butter **mantequilla** (6)
butterfly **mariposa** (14)
buy **comprar** (1)
by **por** (2); by means of **por** (4)

C

cabin: rustic cabin **cabaña rústica** (10)
cafeteria **cafetería** (1)
cake **pastel** *m.* (6)
calendar **calendario** (2)
call **llamar** (1); to call on the phone **llamar por teléfono** (1)
calm **tranquilo/a** (4)
camera **cámara** (15)
camp *v.* **acampar** (9)
camping: to go camping **acampar** (9)
campus **campus** *m.* (1)
Canada Day **Día** (*m.*) **de Canadá** (11)
candies **dulces** *m.* (6)
canoe **canoa** (10); to go canoeing **pasear en canoa** (10)
cap **gorra** (7)
car **carro** (8), **coche** *m.* (5)
caramel custard **flan** *m.* (6)
card: credit card **tarjeta de crédito** (6); playing cards **cartas** (3)
cardboard **cartón** *m.* (14)
care: medical care **cuidado médico** (12); personal care **cuidado personal** (12); to take care of oneself **cuidarse** (12)
career **carrera** (15)
careful: to be careful **tener** (*irreg.*) **cuidado** (3)
Carnival **Carnaval** *m.* (11)
carport **cochera** (5)
carrot **zanahoria** (6)
carry **llevar** (1)
carry-on (bag) **maletín** *m.* (10)
cartoons **dibujos animados** (9)
case: in case **en caso de que** + *subj.* (14); just in case **por si acaso** (9)
cash **en efectivo** (6)
cat **gato** (4)
catch a cold **resfriarse (me resfrío)** (12)
cathedral **catedral** *f.* (8)
cattle **ganado** (8)
cause: to cause pain **dañar** (12)
CD-ROM **CD-ROM** *m.* (15)
celebrate **celebrar** (11)
celebration **celebración** *f.* (11)
cell **celular** *m.* (1); cell phone **teléfono celular** (1)
center: health center **centro de salud** (8)
central **céntrico/a** (5)
centrally located **céntrico/a** (5)
cereal **cereal** *m.* (6)
ceremony: civil ceremony **ceremonia civil** (4)
certain: it's certain that **es cierto que** (12)
chair **silla** (1)
challenge **reto** (15)
champagne **champaña** *m.* (6)
change: climate change **cambio climático** (14)
charge: to be in charge (of) (*people*) **estar** (*irreg.*) **a cargo (de)** (13)
charismatic **carismático/a** (13)
charming **carismático/a** (13)
chat *v.* **charlar** (1)
cheap **barato/a** (7)
check **cuenta** (6); to check in **registrarse** (10); to check luggage **facturar el equipaje** (10)
check-in counter **mostrador** *m.* (10)
check-up **chequeo** (12)
cheese **queso** (6)
chef **chef** *m., f.* (6); **cocinero/a** (13)
chemistry **química** (1)
chest (*anat.*) **pecho** (12); chest of drawers **cómoda** (5)
chicken **pollo** (6)
child: only child **hijo/a único/a** (4)
childhood **niñez** *f.* (9)
children **hijos** (4)
Chilean **chileno/a** (1)
chocolate **chocolate** *m.* (6)
choir **coro** (11)
chop (*cut of meat*) **chuleta** (6); pork chop **chuleta de cerdo** (6)
chore **quehacer** *m.* (3); domestic chore **quehacer doméstico** (3)
chorus (*group*) **coro** (11)
Christmas **Navidad** *f.* (11); Christmas Eve **Nochebuena** (11); Christmas tree **árbol** (*m.*) **de Navidad** (11)
church **iglesia** (3)
city **ciudad** *f.* (2); city map **plano** (8)
civil: civil ceremony **ceremonia civil** (4)
claim: baggage claim **reclamo de equipaje** (10)
class **clase** *f.* (1); (*subject*) **materia** (1); coach class **clase económica** (10); first class **primera clase** (10); to take a class **tomar una clase** (1)
classical: classical ballet **ballet** (*m.*) **clásico** (11); classical music **música clásica** (11)
classmate **compañero/a de clase** (1)
classroom **salón** (*m.*) **de clase** (1)
clay *adj.* **de arcilla** (7)
clean *adj.* **limpio/a** (3); clean air **aire** (*m.*) **puro** (14); to clean the house **limpiar la casa** (3); to clean up the room **arreglar el cuarto** (3)
cleaner: vacuum cleaner **aspiradora** (3)
clear the table **quitar la mesa** (3)
client **cliente/a** (6)
climate change **cambio climático** (14)
climbing: mountain climbing **alpinismo** (9)
clinic **clínica** (1)
clock **reloj** *m.* (1)
close *v.* **cerrar (ie)** (3); *adj.* (*relationship*) **unido/a** (4); close to *prep.* **cerca de** (2)
closet **armario** (5)
clothes **ropa** (1); to dry clothes **secar (qu) la ropa** (3); to fold clothes **doblar la ropa** (3); to hang clothes **tender (ie) la ropa** (3); to iron clothes **planchar la ropa** (3); to wash clothes **lavar la ropa** (1)
clothing **ropa** (7); article of clothing **prenda de ropa** (7); clothing accessory **complemento** (7); clothing size **talla** (7); piece of clothing **prenda de ropa** (7)
cloudy: it's (very) cloudy. **está (muy) nublado.** (2), **hay (muchas) nubes.** (2)
club: dance club **discoteca** (9)
clumsy **torpe** (4)
coach (*person*) **entrenador(a)** (13); coach (class) (*travel*) **clase** (*f.*) **económica** (10)
coat **abrigo** (7)
coffee **café** (3); coffee maker **cafetera** (5); coffee table **mesita** (5)
cognate **cognado** (1)
cold **resfriado** (12); it's (very) cold. **hace (mucho) frío.** (2); to catch a cold **resfriarse (me resfrío)** (12)
color **color** *m.* (2)
Colombian **colombiano/a** (1)
Columbus Day **Día** (*m.*) **de la Raza** (11)
combustion **combustión** *f.* (14)
come **venir** *irreg.* (3)
comedy **comedia** (11)
comfortable **cómodo/a** (7)
common-law couple **pareja de hecho** (9)
communicate (with each other) **comunicarse (qu)** (5)
community **comunidad** *f.* (8)
company **compañía** (13); **empresa** (13)
comparison **comparación** *f.* (4)
compassion **compasión** *f.* (13)
complain **quejarse** (9)
composer **compositor(a)** (11)
computer **computadora** (1); computer science **informática** (1)
concert **concierto** (11)
conductor (musical) **director(a) de orquesta** (11)
congested **resfriado/a** (12)
conjunction: conjunction of contingency and purpose **conjunción** (*f.*) **de dependencia y propósito** *gram.* (14);

temporal conjunction **conjunción temporal** *gram.* (13)
connection: WiFi connection **conexión** (*f.*) **WiFi** (15)
conservation **conservación** *f.* (14)
conserve **conservar** (14)
construction worker **albañil** *m., f.* (13)
container **envase** (*m.*) (14)
content *adj.* **contento/a** (2)
contingency: conjunction of contingency and purpose **conjunción** (*f.*) **de dependencia y propósito** *gram.* (14)
continue **seguir (i, i)** (3)
cook *v.* **cocinar** (3); *n.* **cocinero/a** (13)
cookie **galleta** (6)
cool: it's cool **hace fresco** (2)
copy: to make copies **hacer** (*irreg.*) **copias** (13)
corn **maíz** *m.* (6)
cosmetics **cosméticos** *pl.* (7)
cost: how much does it (do they) cost? **¿cuánto cuesta(n)?** (7)
Costa Rican **costarricense** (1)
cotton *adj.* **de algodón** (7)
cough *v.* **toser** (12); *n.* **tos** *f.* (12); cough syrup **jarabe** *m.* (12)
counselor **consejero/a** (13)
count **contar (ue)** (6)
counter **mostrador** *m.* (10); check-in counter **mostrador** *m.* (10)
country **país** *m.* (2)
country(side) **campo** (5)
couple **pareja** (9); common-law couple **pareja de hecho** (9); married couple **matrimonio** (4)
course: of course **por supuesto** (9)
courtship **noviazgo** (9)
cousin **primo/a** (4)
cow **vaca** (8)
crab (*animal*) **cangrejo** (14)
cracker **galleta** (6)
crafts: arts and crafts **artesanías** (7)
crash (*computer*) **fallar** (15)
crazy **loco/a** (2)
cream: ice cream **helado** (6)
create **crear** (11)
credit card **tarjeta de crédito** (6)
crocodile **cocodrilo** (14)
cross **cruzar (c)** (8)
crude oil **petróleo** (14)
cruise (ship) **crucero** (10)
cry *v.* **llorar** (9)
Cuban **cubano/a** (1)
cube **cubículo** (13); office cube **cubículo** (13)
cup **taza** (6)
currently **actualmente** (8)
custard: caramel custard **flan** *m.* (6)
customs **aduana** (10); to go through customs **pasar por la aduana** (10)
cut the grass **cortar el césped** (3)
CV **currículum** *m.* (13)
cycling **ciclismo** (9)

D

daily **diario/a** (2)
dairy product **producto lácteo** (6)
damage **dañar** (12)
dance *v.* **bailar** (1); *n.* **baile** *m.* (11); **danza** (11); dance club **discoteca** (9)
dancer **bailarín, bailarina** (11), **danzante** *m., f.* (11); ballet dancer **bailarín, bailarina** (11)
dangerous **peligroso/a** (14)
dark (*lighting*) **oscuro/a** (5); (*color*) **oscuro/a** (7)
dark-haired **moreno/a** (1)
dark-skinned **moreno/a** (1)
data: to enter data **anotar datos** (13)
date (*calendar*) **fecha** (2); (*social*) **cita** (9)
daughter **hija** (4)
daughter: adopted daughter **hija adoptiva** (4)
daughter-in-law **nuera** (4)
day **día** *m.* (1); Canada Day **Día de Canadá** (11); Columbus Day **Día de la Raza** (11); day after tomorrow **pasado mañana** (1); day before yesterday **anteayer** (6); Day of the Dead **Día de los Muertos** (11); every day **todos los días** (1); Father's Day **Día del Padre** (11); Independence Day **Día de la Independencia** (11); Mother's Day **Día de la Madre** (11); New Year's Day **Año Nuevo** (11); one's saint day **día del santo** (11); Thanksgiving Day **Día de Acción de Gracias** (11)
day trip **excursión** *f.* (10); to take a day trip **hacer** (*irreg.*) **una excursión** (10)
dead: Day of the Dead **Día** (*m.*) **de los Muertos** (11)
debt **deuda** (15)
December **diciembre** *m.* (2)
deeply: to breathe deeply **respirar profundo** (15)
deforestation **deforestación** *f.* (14)
delete **borrar** (15)
deliver **entregar (gu)** (6)
demanding *adj.* **exigente** (13)
demonstrative **demostrativo** *gram.* (4)
dentist **dentista** *m., f.* (12)
deny **negar (ie) (gu)** (12)
departure **salida** (10)
depressed: to be depressed **estar** (*irreg.*) **deprimido/a** (12)
depression **depresión** *f.* (12)
describe **describir** (*p.p.* **descrito**) (2)
description **descripción** *f.* (1)
desert **desierto** (14)
design **diseño** (7)
designer **diseñador(a)** (13); fashion designer **diseñador(a) de modas** (13)
desire to (*do something*) **desear** + *inf.* (1); verb of desire **verbo de voluntad** *gram.* (11)
desk **escritorio** (1)
dessert **postre** *m.* (6)
destination **destino** (10)
destruction **destrucción** *f.* (14)
diamond *adj.* **de diamantes** (7)
dictionary **diccionario** (1)
die **morir(se) (ue, u)** (*p.p.* **muerto**) (7)
difficult **difícil** (1)
dim **oscuro/a** (5)
dining room **comedor** *m.* (5)
dinner **cena** (6); to eat dinner **cenar** (1)
direct object pronoun **pronombre** (*m.*) **de objeto directo** *gram.* (5)
directions **direcciones** (8)
director **director(a)** (11); personnel director **director(a) de personal** (13)
dirty **sucio/a** (3)
disaster: environmental disaster **desastre** (*m.*) **ambiental** (14)
disco **discoteca** (9)
discount **descuento** (7)
disguise oneself **disfrazarse (c)** (11)
dish: to wash the dishes **lavar los platos** (3)
dishwasher **lavaplatos** *m. inv.* (3)
display emotion **emocionarse** (12)
dissolve **disolver (ue)** (*p.p.* **disuelto**) (9)
divorce **divorcio** (4)
divorced **divorciado/a** (4); to get divorced (from) **divorciarse (de)** (9)
dizzy **mareado/a** (12)
do **hacer** *irreg.* (*p.p.* **hecho**) (3); to do aerobics **hacer ejercicio aeróbico** (12); to do aromatherapy **practicar (qu) la aromaterapia** (12); to do yoga **hacer yoga** (3)
doctor **médico/a** (12)
dog: to take a walk with the dog **pasear con el perro** (2)
doll **muñeca** (9)
dolphin **delfín** *m.* (14)
domestic: domestic chore **quehacer** (*m.*) **doméstico** (3); domestic partner **pareja de hecho** (9)

domesticated animal **animal** (*m.*) **doméstico** (8)
Dominican **dominicano/a** (1)
dominos **dominó** (2)
donkey **burro** (8)
door **puerta** (1)
dorm **residencia** (1); student dorm **residencia estudiantil** (1)
double room **habitación** (*f.*) **doble** (10)
doubt *v.* **dudar** (12); verb of doubt **verbo de duda** *gram.* (12)
down *prep.* **abajo** (5); to break down (*in accidental* **se** *construction*) **descomponer** (*like* **poner**) (7); to lie down **acostarse (ue)** (5)
download **bajar** (13)
downstairs **abajo** (5)
downtown **centro** (5)
drama (*theater*) **drama** *m.* (11)
draw *v.* **dibujar** (9)
drawers: chest of drawers **cómoda** (5)
drawing *n.* **dibujo** (11)
dress **vestido** (7)
dressed: to get dressed **vestirse (i, i)** (5)
dresser (*furniture*) **tocador** *m.* (5)
drink *v.* **beber** (2), **tomar** (1); *n.* **bebida** (6), **copa** (3); alcoholic drink **bebida alcohólica** (6), **copa** (3)
drive **conducir** *irreg.* (*Sp.*) (8), **manejar** (*L.A.*) (8); flash drive **lápiz** (*m.*) **de memoria** (15)
driver's license **carnet** (*m.*) **de conducir** (8)
drop (*in accidental* **se** *construction*) **caer** *irreg.* (7)
drug: drug addict **drogadicto/a** (12); to take drugs **drogarse (gu)** (12)
drum set **batería** (10); drums **batería** (10)
dry: to dry clothes **secar (qu) la ropa** (3); to dry off **secarse** (5); to dry off one's hair **secarse el pelo** (5)
dryer **secadora** (3)
during the week **entre semana** (1)
dust the furniture **sacudir los muebles** (3)
DVD **DVD** (*m.*) (3)
DVD-ROM **DVD-ROM** *m.* (15)

E

each **cada** (4)
eagle **águila** *f.* (*but* **el águila**) (14)
ear **oreja** (12); inner ear **oído** (12)
earphone: Bluetooth earphone **auricular** (*m.*) **bluetooth** (15)
earrings **aretes** *m.* (7)
east: (to the) east **al este** (8)
Easter **Pascua** (11)
easy **fácil** (1)
eat **comer** (2); to eat breakfast **desayunar** (1); to eat dinner **cenar** (1); to eat lunch **almorzar (ue) (c)** (3)
ecological **ecológico/a** (14)
economics **economía** (1)
ecotourism **ecoturismo** (10)
educated: to get educated **formarse** (15)
education **educación** *f.* (1); **formación** (*f.*) **académica** (15); School of Education **Facultad** (*f.*) **de Educación** (1)
egg **huevo** (6)
eight **ocho** (1); eight hundred **ochocientos/as** (4)
eighteen **dieciocho** (1)
eighth **octavo/a** (5)
eighty **ochenta** (2)
either . . . or . . . **o... o...** (5)
electric **eléctrico/a** (14)
electrician **electricista** *m., f.* (13)
elephant **elefante** *m.* (14)
elevator **ascensor** *m.* (5)
eleven **once** (1)
e-mail **e-mail** *m.* (1); to send an e-mail **mandar un e-mail** (6)
emotion: to display emotion **emocionarse** (12); verb of emotion **verbo de emoción** *gram.* (11)
emotional **emocional** (2); emotional relationship **relación** (*f.*) **sentimental** (12)
employee **empleado/a** (13)
employment **empleo** (15)
endangered species **especie** (*f.*) **en peligro de extinción** (14)
energy **energía** (14)
engagement **compromiso** (9); **noviazgo** (9)
engineer **ingeniero/a** (13)
engineering *adj.* **ingeniería** (1)
English (*language*) **inglés** *m.* (1)
enjoy **disfrutar (de)** (10)
enter data **anotar datos** (13)
enterprising *adj.* **emprendedor(a)** (13)
entertainment **distracción** *f.* (3)
environment **medio ambiente** (14)
environmental: environmental disaster **desastre** (*m.*) **ambiental** (14); environmental problem **problema** (*m.*) **ambiental** (14); environmental solution **solución** (*f.*) **ambiental** (14)
envy **envidia** (12)
Epiphany **Día** (*m.*) **de los Reyes Magos** (11)
Equatoguinean **ecuatoguineano/a** (1)
Equatorial Guinea: from Equatorial Guinea **ecuatoguineano/a** (1)
esteem: self-esteem **autoestima** (12)
Eve: Christmas Eve **Nochebuena** (11); New Year's Eve **Nochevieja** (11)
evening: good evening (*after evening meal*) **buenas noches** (1); in the evening **de la noche** (1), **por la noche** (1)
event **evento** (4)
every day **todos los días** (1)
everywhere **por todas partes** (9)
exactly **en punto** (1)
example: for example **por ejemplo** (4)
excited **emocionado/a** (2)
exercise *v.* **hacer** (*irreg.*) **ejercicio** (3)
exhibition **exposición** *f.* (11)
expense **gasto** (15); to manage expenses **controlar los gastos** (15)
expensive **caro/a** (7)
explain **explicar (qu)** (6)
expression **expresión** *f.* (1); impersonal expression **expresión impersonal** *gram.* (11)
extra large (*clothing size*) **extra grande** (7)
eye **ojo** (12)

F

fabric **tela** (7)
face: to wash one's face **lavarse la cara** (5)
factory **fábrica** (14)
fall (*season*) **otoño** (2); to fall asleep **dormirse (ue, u)** (5); to fall in love (with) **enamorarse (de)** (9)
family *n.* **familia** (4); *adj.* **familiar** (4)
fan **aficionado/a** (11)
far **lejos** (2); far from *prep.* **lejos de** (2)
farm **finca** (8); farm animal **animal** (*m.*) **doméstico** (8)
farmer **agricultor(a)** (8); farmer's field **huerta** (8)
fascinate **fascinar** (12)
fashion designer **diseñador(a) de modas** (13)
fashionable **de última moda** (7)
fat **gordo/a** (4)
father **padre** *m.* (4); Father's Day **Día** (*m.*) **del Padre** (11)
father-in-law **suegro** (4)
faucet **grifo** (14); to turn off the faucet **cerrar (ie) el grifo** (14)
feast **festividad** *f.* (11); Feast of the Three Kings **Día** (*m.*) **de los Reyes Magos** (11)
February **febrero** (2)

feel **sentirse (ie, i)** (5); to feel like (*doing something*) **tener** (*irreg.*) **ganas de** + *inf.* (3)
feeling **sentimiento** (12)
felling: tree felling **tala de árboles** (14)
festival **festival** *m.* (11)
festivity **festividad** *f.* (11)
fever **fiebre** *f.* (12)
fiancé(e) **novio/a** (9)
field: farmer's field **huerta** (8)
fifteen **quince** (1)
fifth **quinto/a** (5)
fifty **cincuenta** (2)
fight **pelear(se)** (9)
file *n.* **archivo** (15)
fill out (*a form*) **llenar** (13)
finally **por fin** (4)
find **encontrar (ue)** (3)
fine *adv.* **bien** (2); (*response to greeting*) **bien.** (1); fine arts **bellas artes** (1); School of Fine Arts **Facultad** (*f.*) **de Bellas Artes** (1)
finger **dedo** (12)
finish *v.* **terminar** (1)
fire *v.* **despedir** (*like* **pedir**) (13)
fireplace **chimenea** (5)
fireworks **fuegos artificiales** (11)
firm (*company*) **empresa** (13)
first **primer, primero/a** (5); first class **primera clase** (10); first floor **planta baja** (5); for the first time **por primera vez** (9)
fish (*prepared as food*) **pescado** (6); (*alive*) **pez** *m.* (*pl.* **peces**) (8); *v.* **pescar (qu)** (9)
five **cinco** (1); five hundred **quinientos/as** (4)
fixed **fijo/a** (7); fixed price **precio fijo** (7)
flash drive **lápiz** (*m.*) **de memoria** (15)
flats (*shoes*) **zapatos de tacón bajo** (7)
flexible **flexible** (13)
flight **vuelo** (10); flight attendant **azafata** *m., f.* (10)
float: parade float **carroza** (11)
floor (*of a building*) **piso** (5); first floor **planta baja** (5); ground floor **planta baja** (5); second floor **primer piso** (5); third floor **segundo piso** (5); to mop the floor **trapear el piso** (3); to sweep the floor **barrer el piso** (3)
flower shop **floristería** (7)
flu **gripe** *f.* (12)
fold clothes **doblar la ropa** (3)
folkloric dance **baile** (*m.*) **folclórico** (11)
follow **seguir (i, i)** (3)
following *adj.* **siguiente** (4)
fond: to be fond of **tenerle** (*irreg.*) **cariño a** (9)
food **alimento** (6), **comida** (6); food item **comestible** *m.* (6); genetically modified foods **alimentos transgénicos** (15)
foot **pie** *m.* (12)
football **fútbol** (*m.*) **americano** (1); to play football **jugar (ue) (gu) al fútbol americano** (1)
for **para** (2); **por** (2); for example **por ejemplo** (4); for heaven's sake! **¡por Dios!** (9); for the first time **por primera vez** (9); for the last time **por última vez** (9)
foreign languages **lenguas extranjeras** (1)
foreigner **extranjero/a** (10)
forest **bosque** *m.* (8)
forget (*in accidental* **se** *construction*) **olvidar** (7)
fork **tenedor** *m.* (6)
fortunately **afortunadamente** (8)
forty **cuarenta** (2)
fountain **fuente** *f.* (8)
four **cuatro** (1); four hundred **cuatrocientos/as** (4); it's four o'clock. **son las cuatro.** (1)
fourteen **catorce** (1)
fourth **cuarto/a** (5)
free time **tiempo libre** (2)
French fries **papas fritas** (6)
fresh water **agua** (*f. but* **el agua**) **dulce** (14)
Friday **viernes** *m. inv.* (1)
friend **amigo/a** (1); best friend **mejor amigo/a** (1)
friendly **amable** (9)
friendship **amistad** *f.* (9)
fries: French fries **papas fritas** (6)
frog **rana** (14)
from **de** (1); from the **del** (*contraction of* **de** + **el**) (1)
front: in front of *prep.* **delante de** (5); in front of *prep.* **enfrente de** (2)
fruit **fruta** (6)
fuchsia **de fucsia** (7)
full-time job **empleo a tiempo completo** (13)
fun **divertido/a** (1); fun thing to do **diversión** *f.* (9)
furnished **amueblado/a** (5)
furniture **muebles** *pl. m.* (3); to dust the furniture **sacudir los muebles** (3)

G

gain weight **engordar** (12)
game (*single occurrence*) **partido** (2)
garage **garaje** *m.* (5)
garbage **basura** (3); to take out the garbage **sacar (qu) la basura** (3)
garden **jardín** *m.* (3); to work in the garden **trabajar en el jardín** (3)
garlic **ajo** (6)
gas: gas station **gasolinera** (8); natural gas **gas** (*m.*) **natural** (14)
gate (*airport*) **salida** (10)
generally **por lo general** (4)
genetically modified foods **alimentos transgénicos** (15)
geography **geografía** (1)
get **conseguir** (*like* **seguir**) (3); to get along well/poorly (with each other) **llevarse bien/mal** (5); to get divorced (from) **divorciarse (de)** (9); to get dressed **vestirse (i, i)** (5); to get educated **formarse** (15); to get good/bad grades **sacar (qu) buenas/malas notas** (1); to get high **drogarse (gu)** (12); to get in/on (*a vehicle*) **subir (a)** (10); to get married (to) **casarse (con)** (9); to get off (of) (*a vehicle*) **bajarse (de)** (10); to get separated (from) **separarse (de)** (9); to get undressed **desvestirse** (*like* **vestir**) (5)
gift **regalo** (11)
girlfriend **novia** (2); to spend time with one's girlfriend **pasar tiempo con la novia** (2)
give **dar** *irreg.* (6); to give (*as a gift*) **regalar** (6); to give (*someone*) a shot **ponerle** (*irreg.*) **una inyección** (12)
glass **copa** (6); **vaso** (6); **vidrio** (*material*) (14); water glass **vaso** (6); wine glass **copa** (6)
global warming **calentamiento global** (14)
gloves **guantes** *m.* (7)
go **ir** *irreg.* (2); **seguir (i, i)** (8); how's it going? **¿qué tal?** (1); to be going to (*do something*) **ir** + **a** + *inf.* (2); to go back (*to a place*) **regresar (a)** (1); to go boating **pasear en barco** (9); to go camping **acampar** (9); to go canoeing **pasear en canoa** (10); to go on a hike **dar** (*irreg.*) **una caminata** (9); to go on vacation **ir de vacaciones** (9); to go out **salir** *irreg.* (3); to go shopping **ir de compras** (7); to go through customs **pasar por la aduana** (10); to go through immigration **pasar**

go **ir** *irreg. (cont.)* **por la inmigración** (10); to go through security **pasar por el control de seguridad** (10); to go to (*a class, event*) **asistir (a)** 2 to go to the movies **ir al cine** (3)
goddaughter **ahijada** (4)
godfather **padrino** (4)
godmother **madrina** (4)
godparents **padrinos** (4)
godson **ahijado** (4)
going: how's it going? **¿qué tal?** (1); to be going to (*do something*) **ir** (*irreg.*) + **a** + *inf.* (2)
gold *adj.* **de oro** (7)
golf **golf** *m.* (2)
good *adj.* **buen, bueno/a** (1); good *n.* (*merchandise*) **artículo** (7); good afternoon (*until evening meal*) **buenas tardes** (1); good evening (*after evening meal*) **buenas noches** (1); good morning (*until midday meal*) **buenos días** (1); it's good that **es bueno que** (11); to get good grades **sacar (qu) buenas notas** (1); to have a good time **pasarlo bien** (3); woven goods **tejidos** (7)
good-bye *n.* **despedida** (1); (*greeting*) **adiós** (1); to say good-bye **despedirse** (*like* **pedir**) (5)
gorilla **gorila** *m.* (14)
grades: to get good/bad grades **sacar (qu) buenas/malas notas** (1)
grain **grano** (6)
grandchildren **nietos** (4)
granddaughter **nieta** (4)
grandfather **abuelo** (4)
grandmother **abuela** (4)
grandparents **abuelos** (4)
grandson **nieto** (4)
grapefruit **toronja** (6)
grapes **uvas** (6)
grass: to cut the grass **cortar el césped** (3)
gray **gris** (2)
green **verde** (2); green beans **habichuelas** (6)
greet each other **saludarse** (5)
greeting **saludo** (1)
groceries **comestibles** *m.* (6)
grocery store **tienda de comestibles** (6)
groom *n.* **novio** (9)
ground: ground floor **planta baja** (5)
group: group therapy **terapia de grupo** (12); musical group **conjunto musical** (11)
Guatemalan **guatemalteco/a** (1)
guest: hotel guest **huésped(a)** (10)
gymnasium **gimnasio** (1)

H

habit: bad habit **vicio** (12)
haggle **regatear** (7)
hair: to dry off one's hair **secarse (qu) el pelo** (5); to wash one's hair **lavarse el pelo** (5)
hairdresser **peluquero/a** (13)
half: half brother **medio hermano** (4); half past **y media/treinta** (1); half sister **media hermana** (4)
hallway **pasillo** (5)
ham **jamón** *m.* (6)
hamburger **hamburguesa** (6)
hammock **hamaca** (7)
hand: to hand in **entregar (gu)** (6); to shake hands with each other **darse** (*irreg.*) **la mano** (5); to wash one's hands **lavarse las manos** (5)
handbag **bolso** (7)
handsome **guapo/a** (1)
hang: to hang clothes **tender (ie) la ropa** (3)
happy **alegre** (2), **contento/a** (2); to be happy (about) **alegrarse (de)** (11)
hard-working **trabajador(a)** (1)
hat **sombrero** (7)
hate **odio** (12)
have **tener** *irreg.* (3); to have a good/bad time **pasarlo bien/mal** (3); to have fun **divertirse (ie, i)** (7); to have just (*done something*) **acabar de** + *inf.* (10); to have to (*do something*) **tener que** + *inf.* (3)
hazardous waste **residuos peligrosos** (14)
HD TV **televisión** (*f.*) **de alta definición** (15)
he *sub. pron.* **él** (1); he is **es** (1)
head **cabeza** (12)
headache **dolor** (*m.*) **de cabeza** (12)
health: health center **centro de salud** (8); health insurance **seguro médico** (13)
healthy **sano/a** (12)
hear **oír** *irreg.* (*p.p.* **oído**) (3)
heart **corazón** *m.* (12)
heaven: for heaven's sake! **¡por Dios!** (9)
hello **hola** (1)
help **ayudar** (9)
hen **gallina** (8)
her *dir. obj. pron. f. s.* **la** (5); *poss. adj.* **su(s)** (1); **suyo/a(s)** (12); to/for her *indir. obj. pron.* **le** (6)
here **aquí** (1)
hers *poss. pron.* **suyo/a(s)** (12)
high: high plateau **altiplano** (14); high price **precio alto** (7); to get high **drogarse (gu)** (12)
high-heeled shoes **zapatos de tacón alto** (7)
highway **carretera** (8)
hike **caminata** (9); to go on a hike **dar** (*irreg.*) **una caminata** (9)
him *dir. obj. pron. m. s.* **lo** (5); to/for him *indir. obj. pron.* **le** (6)
hip-hop music **música hip-hop** (11)
his *poss. adj.* **su(s)** (1); *poss. adj.* **suyo/a(s)** (12); *poss. pron.* **suyo/a(s)** (12)
history **historia** (1)
hobby **distracción** *f.* (3)
holiday **día** (*m.*) **festivo** (11)
Holy Week **Semana Santa** (11)
homework **tarea** (1)
Honduran **hondureño/a** (1)
honest **honesto/a** (13), **íntegro/a** (13)
honeymoon **luna de miel** (9)
hopefully **ojalá (que)** + *pres. subj.* (11)
horse **caballo** (8)
hospital **hospital** *m.* (1)
hot: it's (very) hot. **hace (mucho) calor.** (2); to be (very) hot **tener** (*irreg.*) **(mucho) calor** (3)
hotel **hotel** *m.* (10); hotel guest **huésped(a)** (10)
house **casa** (3); to clean the house **limpiar la casa** (3)
housing **vivienda** (5)
how? **¿cómo?** (1); how are you (*s. fam.*)? **¿cómo estás?** (1); how are you (*s. form.*)? **¿cómo está usted (Ud.)?** (1); how many? **cuántos/as?** (1); how much? **¿cuánto?** (1); how much does it (do they) cost? **¿cuánto cuesta(n)?** (7); how much is it (are they)? **¿en cuánto sale(n)?** (7); how much is it (are they) worth? **¿cuánto vale(n)?** (7); how often? **¿con qué frecuencia?** (3); how old are you (*s. fam.*)? **¿cuántos años tienes?** (4); how old are you (*s. form.*)? **¿cuántos años tiene Ud.?** (4); how's it going? **¿qué tal?** (1)
hug each other **abrazarse (c)** (5)
human body **cuerpo humano** (12)
humanities **letras** (1)
humanity: School of Humanities **Facultad** (*f.*) **de Letras** (1)
hundred: one hundred **cien** (4); one hundred ninety-nine **ciento noventa y nueve** (4); one hundred three **ciento tres** (4); one hundred two **ciento dos** (4)
hurry: to be in a hurry **tener** (*irreg.*) **prisa** (3)
hurt **doler (ue)** (12)
husband **esposo** (4)
hybrid **híbrido/a** (14)
hydroelectric power **energía hidroeléctrica** (14)

I

I *sub. pron.* **yo** (1); I am **soy** (1); I would like **me gustaría / quisiera** (6); I'm**... soy**. . . (1); I'm from**... soy de...** (1)

ice **hielo** (14); ice cream **helado** (6)

if **si** (1)

illness **enfermedad** *f.* (12)

immigration: to go through immigration **pasar por la inmigración** (10)

impersonal expression **expresión** (*f.*) **impersonal** *gram.* (11)

important: it's important that **es importante que** (11)

impossible: it's impossible that es **imposible que** (12)

improbable: it's improbable that **es improbable que** (12)

improve **mejorar** (14)

in **en** (2); **por** (4); in case **en caso de que** + *subj.* (14); in front of *prep.* **delante de** (5), **enfrente de** (2); in love (with) **enamorado/a (de)** (9); in order to (*do something*) **para** + *inf.* (4); in the afternoon **de la tarde** (1), **por la tarde** (1); in the evening **de la noche** (1), **por la noche** (1); in the morning **de la mañana** (1), **por la mañana** (1); just in case **por si acaso** (9)

incredible: it's incredible that **es increíble que** (11)

indefinite word **palabra indefinida** *gram.* (5)

independence: Independence Day **Día** (*m.*) **de la Independencia** (11)

indirect object pronoun **pronombre** (*m.*) **de objeto indirecto** *gram.* (6)

individual office **despacho** (1)

inexpensive **barato/a** (7)

infancy **infancia** (9)

inflexible **inflexible** (13)

ingredients **ingredientes** *m.* (6)

in-laws **familia política** *s.* (4)

inline skate **patinar en línea** (2)

inner ear **oído** (12)

insect **insecto** (14)

inside *adv.* **adentro** (5); *prep.* **dentro de** (5)

insist (on) **insistir (en)** (11)

inspect (*luggage*) **revisar** (10)

insurance: health insurance **seguro médico** (13)

interest *v.* **interesar** (6)

interesting **interesante** (1); it's interesting that **es interesante que** (12); to sound interesting (*lit.* to call out for one's attention) **llamar la atención** (6)

international **internacional** (6)

Internet: to surf the Internet **navegar (gu) en Internet** (1)

interview *v.* **entrevistar** (13); *n.* **entrevista** (13)

interviewer **entrevistador(a)** (13)

introduction **presentación** *f.* (1)

iron clothes **planchar la ropa** (3)

irritated **irritado/a** (2)

island **isla** (14)

it *dir. obj. pron. f. s.* **la** (5); *dir. obj. pron. m. s.* **lo** (5); to/for it *indir. obj. pron.* **le** (6)

item: food item **comestible** *m.* (6)

its *poss. adj./pron.* **suyo/a(s)** (12)

J

jacket **chaqueta** (7)

jaguar **jaguar** *m.* (14)

January **enero** (2)

jazz **jazz** *m.* (11)

jealous **celoso/a** (9)

jeans **jeans** *m. pl.* (7)

jewelry **joyería** (7); jewelry store **joyería** (7)

job **empleo** (13), **puesto** (13); full-time job **empleo a tiempo completo** (13); job search **búsqueda de trabajo** (13); part-time job **empleo a tiempo parcial** (13); to apply for a job **solicitar trabajo** (13)

jog *v.* **correr** (2)

journalism **periodismo** (1)

journalist **periodista** *m., f.* (13)

judge *n.* **juez(a)** (13)

juice **jugo** (6)

July **julio** (2)

June **junio** (2)

jungle **selva** (14)

just in case **por si acaso** (9)

K

keep (*doing something*) **seguir (i, i)** + *gerund* (3); to keep going **seguir** (8)

keyboard **teclado** (15)

king: Feast of the Three Kings **Día** (*m.*) **de los Reyes Magos** (11)

kiss each other **besarse** (5)

kitchen **cocina** (5)

kiwi **kiwi** *m.* (6)

knee **rodilla** (12)

knife **cuchillo** (6)

know (*a person*) **conocer (zc)** (4); to know (each other) **conocerse** (5); saber *irreg.* (*a fact*) (4); to know (how to do something) **saber** + *inf.* (4)

knowledge **conocimiento** (13)

L

laboratory **laboratorio** (1)

lake **lago** (8)

lamp **lámpara** (5)

land *n.* **tierra** (8)

landfill **basurero** (14)

landscape **paisaje** *m.* (14)

languages **lenguas** (1); foreign languages **lenguas extranjeras** (1)

laptop **computadora portátil** (1)

large **gran, grande** (1); large (*clothing size*) **grande** (7); extra large (*clothing size*) **extra grande** (7)

laser **láser** *m.* (15)

last: for the last time **por última vez** (9); last Monday (Tuesday, Wednesday, . . .) **el lunes (martes, miércoles,...) pasado** (6); last month **el mes pasado** (6); last night **anoche** (6); the last time that **la última vez que** (6); last week **la semana pasada** (6); last year **el año pasado** (6)

later: see you later **hasta luego** (1)

laugh **reírse (i, i) (me río)** (9)

law **derecho** (1); **leyes** (1); School of Law **Facultad** (*f.*) **de Leyes** (1)

lawn: to mow the lawn **cortar el césped** (3)

lawyer **abogado/a** (13)

lazy **perezoso/a** (1)

learn **aprender** (2); to learn to (*do something*) **aprender a** + *inf.* (2)

least: at least **por lo menos** (4); the least . . . of/in **el/la/los/las menos... de** (5)

leather *adj.* **de cuero** (7), **de piel** (7)

leave **salir** *irreg.* (3); leave taking **despedida** (1); to leave (*in accidental* **se** *construction*) **quedar** (7); to leave behind (*in accidental* **se** *construction*) **quedar** (7)

left: the left (of) **a la izquierda (de)** (2)

leg **pierna** (12)

less: less . . . than **menos... que** (5); less than + *number* **menos de** + *number* (5)

lettuce **lechuga** (6)

library **biblioteca** (1)

license: driver's license **carnet** (*m.*) **de conducir** (8)

lie down **acostarse (ue)** (5)

life **vida** (9); pace of life **ritmo de vida** (15); period of life **etapa de la vida** (9); (wild) plant and animal life **flora y fauna** (14); stage of life **etapa de la vida** (9)

lift weights **levantar pesas** (3)

light (*color*) **claro/a** (7) traffic light **semáforo** (8) like: like this/that **así** (8); I would like **me gustaría / quisiera** (6); to feel like (*doing something*) **tener** (*irreg.*) **ganas de** + *inf.* (3); "to like" (*lit.* to be pleasing) **gustar** (2); what are you (*s. fam.*) like? **¿cómo eres?** (1); what are you (*s. form.*) like? **¿cómo es usted (Ud.)?** (1); what's the weather like? **¿qué tiempo hace?** (2)

likewise **igualmente** (1)

line: to stand in line **hacer** (*irreg.*) **cola** (10)

lion **león** *m.* (14)

listen to **escuchar** (1); to listen to music **escuchar música** (1)

literature **literatura** (1)

little *adj., adv.* **poco** (8); a little **un poco** (1)

live **vivir** (2)

living room **salón** *m.* (5)

loan **prestar** (6); student loan **préstamo estudiantil** (15)

lobster **langosta** (6)

local **local** *adj.* (6)

located **ubicado/a** (8); to be located (*buildings*) **quedar** (2)

location: preposition of location **preposición** (*f.*) **de lugar** *gram.* (2)

lodging **alojamiento** (10)

long: with long sleeves **de manga larga** (7)

look: to look for (something) **buscar (qu) (algo)** (1)

lose **perder (ie)** (3); to lose weight **adelgazar (c)** (12)

lot: parking lot **estacionamiento** (8)

love **amor** *m.* (9); in love (with) **enamorado/a (de)** (9); to fall in love (with) **enamorarse (de)** (9); to love (*lit.* to enchant) **encantar** (6); to love each other **amarse** (9), **quererse** *irreg.* (9)

low price **precio bajo** (7)

lucky: to be (very) lucky **tener** (*irreg.*) **(mucha) suerte** (3)

luggage **equipaje** *m.* (10); to check luggage **facturar el equipaje** (10); to pick up luggage **recoger (j) el equipaje** (10)

lunch **almuerzo** (6); to eat lunch **almorzar (ue) (c)** (3)

lungs **pulmones** *m.* (12)

luxury (*hotel*) **de lujo** *adj.* (10)

M

machine: washing machine **lavadora** (3)

main office **oficina** (1)

major **carrera** (1)

make **hacer** *irreg.* (*p.p.* **hecho**) (2); to make copies **hacer copias** (13); to make the bed **hacer la cama** (3)

maker: coffee maker **cafetera** (5)

makeup: to put on makeup **maquillarse** (5)

mall (*for shopping*) **centro comercial** (7)

man **hombre** *m.* (1)

manage **administrar** (13); to manage expenses **controlar los gastos** (15); to manage one's money/time (well/poorly) **manejar (bien/mal) el dinero/tiempo** (15); **conseguir** (*like* **seguir**) + *inf.* (7)

manager **gerente** *m., f.* (13)

mango **mango** (6)

many: how many? **cuántos/as?** (1)

map: city map **plano** (8)

March **marzo** (2)

marital status **estado civil** (4)

market **mercado** (6); stall in a market **puesto** (7)

marriage **matrimonio** (4)

married **casado/a** (4); married couple **matrimonio** (4)

marry **casarse (con)** (9)

mashed potatoes **puré** (*m.*) **de papas** (6)

massage **masaje** *m.* (3)

master bedroom **dormitorio principal** (5)

masterpiece **obra maestra** (11)

material **material** *m.* (7)

math **matemáticas** *pl.* (1)

matter **importar** (6)

maturity **madurez** *f.* (9)

May **mayo** (2)

me *dir. obj. pron.* **me** (5); to/for me *indir. obj. pron.* **me** (6); with me **conmigo** (2)

meal **comida** (6)

mean *adj.* **antipático/a** (1)

means: by means of **por** (4)

meat **carne** *f.* (6)

medical care **cuidado médico** (12)

medicine **fármacos** (12); **medicina** (1); School of Medicine **Facultad** (*f.*) **de Medicina** (1)

meditate **meditar** (12)

meditation **meditación** *f.* (3)

medium (*size*) **mediano/a** (7)

meet: (each other) (*for the first time*) **conocerse** (5); it's a pleasure to meet you **mucho gusto** (1); to meet up (with each other) **reunirse (me reúno)** (5)

meeting **reunión** *f.* (13); work meeting **reunión de trabajo** (13)

melon **melón** *m.* (6)

memory **recuerdo** (9)

menu **menú** *m.* (6)

metal **metal** *m.* (14)

Mexican **mexicano/a** (P)

microwave **microondas** *m. inv.* (3); microwave oven **horno de microondas** (3)

midnight **medianoche** *f.* (1)

milk **leche** *f.* (6)

mine *poss. pron.* **mío/a(s)** (12)

mineral **mineral** *m.* (14)

minibus **camioneta** (8)

minivan **camioneta** (8)

mint **menta** (6)

mischievous **travieso/a** (4)

miss (*a flight, train, bus*) **perder (ie)** (10)

mode of transportation **medio de transporte** (8)

model **modelo** *m., f.* (13)

modem **módem** *m.* (15)

modern **moderno/a** (7)

modified: genetically modified foods **alimentos transgénicos** (15)

Monday **lunes** *m. inv.* (1); last Monday **el lunes pasado** (6); next Monday **el lunes que viene** (1); on Monday **el lunes** (1); on Mondays **los lunes** (1)

money: to manage one's money (well// poorly) **manejar (bien/mal) el dinero** (15); to save money **ahorrar dinero** (15)

monitor screen **pantalla** (15)

monkey **mono** (14)

month **mes** *m.* (2); last month **el mes pasado** (6); once a month **una vez al mes** (3)

mop the floor **trapear el piso** (3)

more . . . than **más... que** (5); more than + *number* **más de** + *number* (5)

morning: good morning (*until midday meal*) **buenos días** (P)

morning: in the morning **de la mañana** (1); in the morning **por la mañana** (1)

mosque **mezquita** (3)

mosquito **mosquito** (14)

most: the most . . . of/in **el/la/los/las más... de** (5)

mother **madre** *f.* (4); Mother's Day **Día** (*m.*) **de la Madre** (11)

mother-in-law **suegra** (4)

motorcycle **motocicleta** (8)

mountain **montaña** (8); mountain climbing **alpinismo** (9); mountain range **sierra** (14)

mouse **ratón** *m.* (15)

mouth **boca** (12)

move (*from one residence to another*) **mudarse** (5)

movie **película** (3); theater **cine** *m.* (3); to go to the movies **ir** (*irreg.*) **al cine** (3)

mow the lawn **cortar el césped** (3)

much: how much? **¿cuánto?** (1); how much does it (do they) cost? **¿cuánto cuesta (n)?** (7); how much is it (are they)? **¿en cuánto sale(n)?** (7); how much is it (are they) worth? **¿cuánto vale(n)?** (7); not much **poco** (8); so much **tanto** (8); too much **demasiado** *adv.* (7)

mural **mural** *m.* (11)

mushrooms **champiñones** *m.* (6)

music **música** (1); classical music **música clásica** (11); hip-hop music **música hip-hop** (11); pop music **música pop** (11); rock music **rock** *m.* (11); symphonic music **música sinfónica** (11); to listen to music **escuchar música** (1)

musical group **conjunto musical** (11)

musician **músico/a** (11)

my *poss. adj.* **mi(s)** (1); *poss. adj./pron.* **mío/a(s)** (12); my name is . . . **me llamo..., mi nombre es...** (P)

N

name: my name is . . . **me llamo..., mi nombre es...** (1); what's your (*s. fam.*) name? **¿cómo te llamas?, ¿cuál es tu nombre?** (1); what's your (*s. form.*) name? **¿cómo se llama usted (Ud.)?, ¿cuál es su nombre?** (1)

name-brand **de marca** (7)

nap *n.* **siesta** (3); to take a nap **tomar una siesta** (3)

napkin **servilleta** (6)

national **nacional** (11); national park **parque** (*m.*) **nacional** (14)

nationality **nacionalidad** *f.* (1)

natural **natural** (6); natural gas **gas** (*m.*) **natural** (14); natural resource **recurso natural** (14)

nature **naturaleza** (10)

nauseated **mareado/a** (12)

necessary: it's necessary that **es necesario que** (11)

neck **cuello** (12)

necklace **collar** *m.* (7)

need to (*do something*) **necesitar** + *inf.* (1)

negative word **palabra negativa** *gram.* (5)

neighbor **vecino/a** (5)

neighborhood **barrio** (5)

neither **tampoco** (9)

nephew **sobrino** (4); nephews and nieces **sobrinos** (4)

nervous **nervioso/a** (2)

never **nunca** (8), **jamás** (9)

new: New Year's Day **Año Nuevo** (11); New Year's Eve **Nochevieja** (11)

next: next Monday (Tuesday, Wednesday, . . .) **el lunes (martes, miércoles,...) que viene** (1); next to **al lado de** (5); next week **la semana que viene** (1)

next-door **de al lado** (5)

Nicaraguan **nicaragüense** (1)

nice **simpático/a** (1); it's (very) nice out. **hace (muy) buen tiempo.** (2)

niece **sobrina** (4); nephews and nieces **sobrinos** (4)

night: at night **de la noche** (1), **por la noche** (1); last night **anoche** (6)

nightstand **mesita (de noche)** (5)

nine **nueve** (1); nine hundred **novecientos/as** (4)

nineteen **diecinueve** (1)

ninety **noventa** (2)

ninety-nine: one hundred ninety-nine **ciento noventa y nueve** (4)

ninth **noveno/a** (5)

no **no** (1); no one **nadie** (9)

none **ningún, ninguno/a** (9)

non-recyclable products **productos no reciclables** (14)

non-renewable **no renovable** (14)

noon **mediodía** *m.* (1)

nor **tampoco** (9)

north: (to the) north **al norte** (8)

nose **nariz** *f.* (*pl.* **narices**) (12)

not **no** (1); not any **ningún, ninguno/a** (9); not much **poco** (9); not well **mal** *adv.* (2)

note: to take notes **tomar apuntes** (1)

notebook **cuaderno** (1)

nothing **nada** (5)

nourishment **alimento** (6)

novel **novela** (11)

November **noviembre** *m.* (2)

now **ahora** (2)

nuclear power **energía nuclear** (14)

number **número** (P); ordinal number **número ordinal** *gram.* (5)

nurse **enfermero/a** (12)

O

o'clock: it's one o'clock. **es la una.** (1); it's two (three, four, . . .) o'clock. **son las dos (tres, cuatro,...).** (1)

obedient **obediente** (4)

object: direct object pronoun **pronombre** (*m.*) **de objeto directo** *gram.* (5); indirect object pronoun **pronombre de objeto indirecto** *gram.* (6)

obtain **conseguir** (*like* **seguir**) (3)

obvious: it's obvious that **es obvio que** (12)

ocean **océano** (14)

October **octubre** *m.* (2)

of **de** (1); of course **por supuesto** (9); of the **del** (1)

off: to dry off **secarse (qu)** (5); to dry off one's hair **secarse el pelo** (5)

offer *v.* **ofrecer (zc)** (6)

office **despacho** (1), **oficina** (1); individual office **despacho** (1); main office **oficina** (1); office cube **cubículo** (13); post office **oficina de correos** (8)

often: how often? **¿con qué frecuencia?** (3); so often **tanto** (8)

oil **aceite** *m.* (6); oil tanker **petrolero** (14); olive oil **aceite de oliva** (6)

old **viejo/a** (4); old age **vejez** *f.* (9); how old are you (*s. fam.*)? **¿cuántos años tienes?** (4); how old are you (*s. form.*)? **¿cuántos años tiene Ud.?** (4); to be . . . years old **tener** (*irreg.*) **... años** (3)

older than **mayor que** (5)

olive oil **aceite** (*m.*) **de oliva** (6)

on **en** (2); on a trip **de viaje** (10); on Monday (Tuesday, Wednesday, . . .) **el lunes (martes, miércoles...)** (1); on Mondays (Tuesdays, Wednesdays, . . .) **los lunes (martes, miércoles...)** (1); on top of **encima de** (2); on vacation **de vacaciones** (10)

once: once a month **una vez al mes** (3); once a week **una vez a la semana** (3)

one **uno** (1); it's one o'clock. **es la una.** (1); no one **nadie** (9); one hundred **cien** (4); one hundred ninety-nine **ciento noventa y nueve** (4); one hundred three **ciento tres** (4); one hundred two **ciento dos** (4); one million **un millón (de)** (4); one thousand **mil** (4)

onion **cebolla** (6)

only **solo** *adv.* (1); only child **hijo/a único/a** (4)

open **abrir** (*p.p.* **abierto**) (2)

opera **ópera** (11)

orange (*color*) **anaranjado** (2); (*fruit*) **naranja** (6)

orchard **huerta** (8)

orchestra **orquesta** (11); symphonic orchestra **orquesta sinfónica** (11)

order **pedir (i, i)** (3); in order to (*do something*) **para** + *inf.* (4)

ordinal number **número ordinal** *gram.* (5)
organic **orgánico/a** (6)
organized **organizado/a** (13)
other **otro/a** (P)
ought to (*do something*) **deber** + *inf.* (3)
our *poss. adj.* **nuestro/a(s)** (1)
ours *poss. pron.* **nuestro/a(s)** (12)
outgoing **extrovertido/a** (4)
outside **afuera** (5)
outskirts **afueras** *pl.* (5)
oven **horno** (3); microwave oven **horno de microondas** (3)
overpopulation **sobrepoblación** *f.* (14)
oversee **supervisar** (13)
owe **deber** (6)

P

pace of life **ritmo de vida** (15)
pack one's suitcases **hacer** (*irreg.*) **las maletas** (10)
paid vacation **vacaciones** (*f.*) **pagadas** (13)
pain **dolor** *m.* (12); to cause pain **dañar** (12)
paint *v.* **pintar** (9)
painter **pintor(a)** (11)
painting **cuadro** (5), **pintura** (11)
pair: in pairs **en parejas** (4)
pajamas **pijama** *m., f. s.* (7)
Panamanian **panameño/a** (1)
panda **panda** *m.* (14)
pants **pantalones** *m.* (7)
papaya **papaya** (6)
paper **papel** *m.* (1)
parade **desfile** *m.* (11); parade float **carroza** (11)
Paraguayan **paraguayo/a** (1)
parents **padres** *m.* (4)
park **estacionar** (8)
park **parque** *m.* (2); national park **parque nacional** (14)
parking lot **estacionamiento** (8); parking place **estacionamiento** (8)
participate in a sport **practicar (qu) un deporte** (1)
partner **pareja** (9); domestic partner **pareja de hecho** (9)
part-time job **empleo a tiempo parcial** (13)
party **fiesta** (2); to throw a party **hacer** (*irreg.*) **una fiesta** (2)
pass: boarding pass **tarjeta de embarque** (10)
passenger **pasajero/a** (10)
passionate **apasionado/a** (15)
Passover **Pascua judía** (11)
passport **pasaporte** *m.* (10)
past *n.* **pasado** (9); half past **y media/ treinta** (1); quarter past **y cuarto/ quince** (1)
pasta **pasta** (6)
pastel (*colors*) **pastel** *adj.* (7)
pastime **pasatiempo** (2)
patio **patio** (5)
patron saint **santo patrón, santa patrona** (11)
pay *n.* to pay (for) **pagar (gu) (por)** (1); to pay the bills **pagar las cuentas** (15)
peas **guisantes** *m.* (6)
pear **pera** (6)
pearl *adj.* **de perlas** (7)
pelican **pelícano** (14)
pen **bolígrafo** (1)
pencil **lápiz** *m.* (*pl.* **lápices**) (1)
penguin **pingüino** (14)
peninsula **península** (14)
people **gente** *f. s.* (4)
pepper: black pepper **pimienta negra** (6); red pepper **pimienta roja** (6)
performing arts **artes** (*f.*) **escénicas** (11)
perfume **perfume** *m.* (7)
period of life **etapa de la vida** (9)
person **persona** (1); young person **joven** *m., f.* (*pl.* **jóvenes**) (2)
personal: personal care **cuidado personal** (12); personal pronoun **pronombre** (*m.*) **personal** *gram.* (1)
personnel director **director(a) de personal** (13)
Peruvian **peruano/a** (1)
pet **mascota** (4)
petroleum **petróleo** (14)
pharmaceutical **fármaco** (12)
pharmacist **farmacéutico/a** (13)
philosophy **filosofía** (1)
phone: cell phone **teléfono celular** (1); to call on the phone **llamar por teléfono** (1); to speak on the phone **hablar por teléfono** (1)
photographer **fotógrafo/a** (11)
photography **fotografía** (11)
photos: to take photos **sacar (qu) fotos** (2)
physical: physical state **estado físico** (2)
physically strong **fuerte físicamente** (13)
physics **física** (1)
pick up luggage **recoger (j) el equipaje** (10)
pie **pastel** *m.* (6)
pig **cerdo** (8)
pill **pastilla** (12)
pineapple **piña** (6)
pink **rosado** (2)
place *v.* **poner** *irreg.* (*p.p.* **puesto**) (3); *n.* **lugar** (1); parking place **estacionamiento** (8)
plaid **de cuadros** (7)
plain *n.* (*geographical*) **llanura** (14)
plan: retirement plan **plan** (*m.*) **de jubilación** (13); to plan to (*do something*) **pensar (ie)** + *inf.* (3)
plant **planta** (14); plant and animal life **flora y fauna** (14); wild plant **planta salvaje** (14)
plastic **plástico** (14)
plate **plato** (6)
plateau: high plateau **altiplano** (14)
play *v.* (*a game, sport*) **jugar (ue) (gu) (a)** (1); *v.* (*a musical instrument*) **tocar (qu)** (1); *n.* (*dramatic*) **obra de teatro** (11); to play baseball **jugar al béisbol** (1); to play basketball **jugar al basquetbol** (1); to play football **jugar al fútbol americano** (1); to play soccer **jugar al fútbol** (1); to play volleyball **jugar (ue) (gu) al vólibol** (1)
playing cards *n.* **cartas** (3)
playwright **dramaturgo/a** (11)
plaza **plaza** (2)
please **por favor** (4)
pleasure: it's a pleasure (to meet you) **mucho gusto** (1)
plumber **plomero/a** (13)
poet **poeta** *m., f.* (11)
poetry: to write poetry **recitar poesía** (13)
polar bear **oso polar** (14)
political science **ciencias políticas** (1)
polka-dotted **de lunares** (7)
pollute **contaminar** (14)
polluted **contaminado/a** (14)
pollution **contaminación** *f.* (14); air pollution **contaminación del aire** (14); soil pollution **contaminación del suelo** (14); water pollution **contaminación del agua** (14)
pool **billar** *m.* (3); swimming pool **piscina** (2); to swim in the swimming pool **nadar en la piscina** (2)
poorly: to get along poorly (with each other) **llevarse mal** (5); to manage one's money/time poorly **manejar mal el/dinero tiempo** (15)
pop music **música pop** (11)
population **población** *f.* (8)
pork **carne** (*f.*) **de cerdo** (6); pork chop **chuleta de cerdo** (6)
position **puesto** (13)

possessive: possessive adjective **adjetivo posesivo** *gram.* (1); stressed possessive **posesivo tónico** *gram.* (12)
possible: it's possible that **es posible que** (12)
post office **oficina de correos** (8)
postcard **tarjeta postal** (10)
potatoes **papas** (*L.A.*) (6); mashed potatoes **puré** (*m.*) **de papas** (6)
pottery **cerámica** (7)
power **energía** (14); hydroelectric power **energía hidroeléctrica** (14); nuclear power **energía nuclear** (14); solar power **energía solar** (14); wind power **energía eólica** (14)
practice **practicar (qu)** (1)
preceding: the preceding time that **la última vez que** (6)
prefer **preferir (ie, i)** (3)
prepare **preparar** (6)
preposition **preposición** *f., gram.* (2); preposition of location **preposición de lugar** *gram.* (2)
prescribe **recetar** (12)
prescription **receta** (12)
pressure **presión** *f.* (12)
pretty **bonito/a** (1), **guapo/a** (1), **hermoso/a** (4)
price: fixed price **precio fijo** (7); high price **precio alto** (7); low price **precio bajo** (7); price reduction **rebaja** (7)
pride **orgullo** (12)
print *v.* **imprimir** (*p.p.* **impreso**) (15)
printer **impresora** (15)
probable: it's probable that **es probable que** (12)
problem: environmental problem **problema** (*m.*) **ambiental** (14)
product: dairy product **producto lácteo** (6); non-recyclable products **productos no reciclables** (14)
profession **profesión** *f.* (13)
professor **profesor(a)** (1)
programmer **programador(a)** (13)
prohibit **prohibir (prohíbo)** (11)
promise *v.* **prometer** (6)
pronoun: direct object pronoun **pronombre** (*m.*) **de objeto directo** *gram.* (5); indirect object pronoun **pronombre de objeto indirecto** *gram.* (6); personal pronoun **pronombre personal** *gram.* (1)
property **propiedad** *f.* (8)
protect **proteger (j)** (14)
proud **orgulloso/a** (4)
provided that **con tal (de) que** + *subj.* (14)
provoke **provocar (qu)** (14)
psychologist **sicólogo/a** (13)
psychology **sicología** (1)
Puerto Rican **puertorriqueño/a** (1)
puma **puma** *m.* (14)
punctual **puntual** (13)
purple **morado** (2)
purpose: conjunction of contingency and purpose **conjunción** (*f.*) **de dependencia y propósito** *gram.* (14)
put **poner** *irreg.* (*p.p.* **puesto**) (3); to put on makeup **maquillarse** (5)

Q

quarter: quarter past **y cuarto/quince** (1); quarter to **menos cuarto/quince** (1)
question: question word **palabra interrogativa** *gram.* (1); to ask a question **preguntar** (6)
quetzal (bird) **quetzal** *m.* (14)
quit (*doing something*) **dejar de** + *inf.* (12)

R

rabbit **conejo** (8)
radio: satellite radio **radio** (*f.*) **por satélite** (15)
rainforest: tropical rainforest **bosque** (*m.*) **tropical** (14)
raining: it's raining. **está lloviendo. / llueve.** (2)
raise **aumento** (13)
range: mountain range **sierra** (14)
read **leer (y)** (*p.p.* **leído**) (2)
receive **recibir** (2)
reception (*area in a hotel*) **recepción** *f.* (10)
receptionist **recepcionista** *m., f.* (13)
reciprocal verb **verbo recíproco** *gram.* (5)
recommend **recomendar (ie)** (6)
recover **recuperar** (12)
recycle **reciclar** (14)
recycling **reciclaje** *m.* (14)
red **rojo** (2); red pepper **pimienta roja** (6); red wine **vino tinto** (6)
redheaded **pelirrojo/a** (1)
reduce **rebajar** (7)
reduction: price reduction **rebaja** (7)
reflexive verb **verbo reflexivo** *gram.* (5)
refrigerator **refrigerador** *m.* (5)
region: Arctic region **zona ártica** (14)
relationship **relación** *f.* (4); emotional relationship **relación sentimental** (12)
relative **pariente** *m., f.* (4)
relax **relajarse** (5)
relieve **aliviar** (12)
religious **religioso/a** (11)
remember **acordar (ue)** (9)
remove stress **quitarse el estrés** (15)
renewable **renovable** (14)
rent **alquiler** *m.* (15)
report *n.* **informe** *m.* (13)
reptile **reptil** *m.* (14)
reservation **reservación** *f.* (6)
reserve **reserva** (14); biological reserve **reserva biológica** (10)
resign (from) (*a job*) **renunciar (a)** (13)
resolve **resolver (ue)** (*p.p.* **resuelto**) (14)
resource: natural resource **recurso natural** (14)
responsibility **responsabilidad** *f.* (13)
responsible **responsable** (4)
rest *v.* **descansar** (1); to rest a bit **descansar un rato** (1)
restaurant **restaurante** *m.* (6)
résumé **currículum** (*m.*) (13)
retire **jubilarse** (13)
retired **jubilado/a** (4)
retirement plan **plan** (*m.*) **de jubilación** (13)
return (*to a place*) **regresar (a)** (1), **volver (ue)** (*p.p.* **vuelto**) (3)
rice **arroz** *m.* (6)
ride *v.* ride a bicycle **andar** (*irreg.*) **en bicicleta** (1)
right: to be right **tener** (*irreg.*) **razón** (3); to the right (of) **a la derecha (de)** (2)
ring **anillo** (7)
river **río** (8)
road **camino** (8)
roasted **asado/a** (6)
rock **roca** (14); rock music **rock** *m.* (11)
room **cuarto** (3); dining room **comedor** *m.* (5); double room **habitación** (*f.*) **doble** (10); laundry room **lavadero** (5); living room **salón** *m.* (5); single room **habitación sencilla** (10); to tidy/clean up the room **arreglar el cuarto** (3); waiting room **sala de espera** (10)
roommate **compañero/a de cuarto** (1)
route **ruta** (10)
router **router** *m.* (15)
rug **alfombra** (5)
ruin: archeological ruins **ruinas arqueológicas** (10)
run **correr** (2)
run out of (*in accidental* **se** *construction*) **acabar** (7)
rural **rural** (8)
rustic cabin **cabaña rústica** (10)

S

sad **triste** (2)
saint: one's saint day **día** (*m.*) **del santo** (11); patron saint **santo patrón, santa patrona** (11)
sake: for heaven's sake! **¡por Dios!** (9)
salad **ensalada** (6)
salary **sueldo** (13)
sale **venta** (7)
salt **sal** *f.* (6); salt water **agua** (*f. but* **el agua**) **salada** (14)
Salvadoran **salvadoreño/a** (P)
sand **arena** (14)
sandals **sandalias** (7)
sandwich **sándwich** *m.* (6)
satellite **satélite** *m.* (15); satellite radio **radio** (*f.*) **por satélite** (15)
Saturday **sábado** (1)
sauna **sauna** (3)
save (*a file*) **guardar** (13); to save money **ahorrar dinero** (15)
say **decir** *irreg.* (*p.p.* **dicho**) (6); to say good-bye to each other **despedirse** (*like* **pedir**) (5)
scan *v.* **escanear** (15)
scanner **escáner** *m.* (15)
scared **asustado/a** (2)
schedule **horario** (13); work schedule **horario de trabajo** (13)
school **escuela** (8); School of Education **Facultad** (*f.*) **de Educación** (1); School of Fine Arts **Facultad de Bellas Artes** (1); School of Humanities **Facultad de Letras** (1); School of Law **Facultad de Leyes** (1); School of Medicine **Facultad de Medicina** (1); School of Science **Facultad de Ciencias** (1)
science **ciencia** (1); computer science **informática** (1); political science **ciencias políticas** (1); School of Science **Facultad** (*f.*) **de Ciencias** (1)
scientist **científico/a** (13)
screen **pantalla** (15); monitor screen **pantalla** (15)
sculptor **escultor(a)** (11)
sculpture **escultura** (7)
sea **mar** *m.* (14)
seagull **gaviota** (14)
seal **foca** (14)
search: job search **búsqueda de trabajo** (13)
seashell **concha** (14)
season **estación** *f.* (2)
seat **asiento** (10); aisle seat **asiento de pasillo** (10); window seat **asiento de ventanilla** (10)
second **segundo/a** (5); second floor **primer piso** (5)
secretary **secretario/a** (13)
security: to go through security **pasar por el control de seguridad** (10)
see **ver** *irreg.* (*p.p.* **visto**) (3); see you later **hasta luego** (1); see you tomorrow **hasta mañana** (1); to see each other **verse** (5)
self-esteem **autoestima** (12)
selfish **egoísta** (12)
selfishness **egoísmo** (12)
sell **vender** (2)
send **mandar** (6); to send an e-mail **mandar un e-mail** (6)
sentence **oración** *f.* (4)
separate (from) *v.* **separarse (de)** (9)
separated **separado/a** (4); to get separated (from) **separarse (de)** (9)
separation **separación** *f.* (9)
September **septiembre** *m.* (2)
serpent **serpiente** *f.* (14)
serve **servir (i, i)** (3)
set the table **poner** (*irreg.*) **la mesa** (3)
seven **siete** (1); seven hundred **setecientos/as** (4)
seventeen **diecisiete** (P)
seventh **séptimo/a** (5)
seventy **setenta** (2)
shake hands with each other **darse** (*irreg.*) **la mano** (5)
shame: it's a shame that **es una lástima que** (11)
shark **tiburón** *m.* (14)
sharp **en punto** (1)
shave **afeitarse** (5)
she *sub. pron.* **ella** (1); she is **es** (1)
sheep **oveja** (8)
shell **concha** (14)
shellfish **mariscos** *pl.* (6)
shelves **estantería** (5)
ship: cruise ship **crucero** (10)
shirt **camisa** (7)
shoe: shoe store **zapatería** (7); high-heeled shoes **zapatos de tacón alto** (7); shoes **zapatos** (7); tennis shoes **zapatos de tenis** (7)
shop: flower shop **floristería** (7)
shopping: to go shopping **ir** (*irreg.*) **de compras** (7)
shore **orilla** (14)
short (*height*) **bajo/a** (1); with short sleeves **de manga corta** (7)
shortage **escasez** *f.* (14)
shorts **pantalones** (*m.*) **cortos** (7)
shot: to give (*someone*) a shot **ponerle** (*irreg.*) **una inyección** (12)
should (*do something*) **deber** + *inf.* (3)
shoulder **hombro** (12)
show *v.* **mostrar (ue)** (3); *n.* **espectáculo** (11)
shower *n.* **ducha** (5); to take a shower **ducharse** (5)
shrimp **camarones** *m. pl.* (6)
siblings **hermanos** (4)
sick **enfermo/a** (2); **mal** *adv.* (2)
sidewalk **acera** (8)
silk *adj.* **de seda** (7)
silver *adj.* **de plata** (7)
silverware **utensilios** (6)
sing **cantar** (1)
singer **cantante** *m., f.* (11)
single **soltero/a** (4); single room **habitación** (*f.*) **sencilla** (10)
sink **lavabo** (5)
sister **hermana** (4); half sister **media hermana** (4)
sister-in-law **cuñada** (4)
six **seis** (1); six hundred **seiscientos/as** (4)
sixteen **dieciséis** (1)
sixth **sexto/a** (5)
sixty **sesenta** (2)
size **talla** (7); clothing size **talla** (7)
skate *v.* **patinar** (2); to inline skate **patinar en línea** (2)
skill **destreza** (13)
skirt **falda** (7)
skycap **maletero/a** (10)
skyscraper **rascacielos** *m. inv.* (8)
sleep **dormir (ue, u)** (3)
sleepy: to be sleepy **tener** (*irreg.*) **sueño** (3)
sleeve: with long sleeves **de manga larga** (7); with short sleeves **de manga corta** (7)
small **chico/a** (7); **pequeño/a** (1)
smart **listo/a** (4); smart phone **teléfono inteligente** (15)
smile **sonreír (i, i)** (**sonrío**) (9)
smog **smog** *m.* (14)
smoke *v.* **fumar** (12); *n.* **humo** (14)
snack *v.* **merendar (ie)** (6)
snake **serpiente** *f.* (14)
snowing: it's snowing **está nevando / nieva** (2)
so: so much/often **tanto** (8); so that **para que** + *subj.* (14)
soccer **fútbol** *m.* (1); to play soccer **jugar (ue) (gu) al fútbol** (1)
sociology **sociología** (1)
socks **calcetines** *m.* (7)
sofa **sofá** *m.* (5)
soft drink **refresco** (6)

soil **tierra** (8); soil pollution **contaminación** (*f.*) **del suelo** (14)

solar power **energía solar** (14)

solution: environmental solution **solución** (*f.*) **ambiental** (14)

solve **resolver (ue)** (*p.p.* **resuelto**) (14)

some **algún, alguno/a(s)** (9); **unos/as** *indef. art.* (1)

someone **alguien** (9)

something **algo** (9)

sometimes **a veces** (1)

son **hijo** (4); adopted son **hijo adoptivo** (4)

song **canción** *f.* (11)

son-in-law **yerno** (4)

soon: as soon as *conj.* **en cuanto** (13), **tan pronto como** (13)

so-so **regular** (1)

sound interesting (*lit.* to call out for one's attention) **llamar la atención** (6)

soup **sopa** (6)

south: (to the) south **al sur** (8)

Spanish **español(a)** (1); Spanish (*language*) **español** *m.* (1)

speak **hablar** (1); to speak on the phone **hablar por teléfono** (1)

speakers **altavoces** *m.* (15)

specialty store ***boutique*** *f.* (7)

species: endangered species **especie** (*f.*) **en peligro de extinción** (14)

spend: to spend some time **pasar un rato** (1); to spend time **pasar tiempo** (1); to spend time with one's boyfriend/girlfriend **pasar tiempo con el/la novio/a** (2)

spew **arrojar** (14)

spider **araña** (14)

spinach **espinacas** *pl.* (6)

spoon **cuchara** (6)

sport: to participate in a sport **practicar (qu) un deporte** (1)

spring **primavera** (2); spring break **vacaciones** (*f.*) **de primavera** (11)

stable **estable** (15)

stadium **estadio** (1)

stage **escenario** (11); stage of life **etapa de la vida** (9)

stall **puesto** (7); stall in a market **puesto** (7)

stand in line **hacer** (*irreg.*) **cola** (10)

state: physical state **estado físico** (2)

station: bus station **estación** (*f.*) **de autobuses** (8); gas station **gasolinera** (8)

statistics **estadística** (1)

statue **estatua** (8)

status: marital status **estado civil** (4)

stay **estadía** (10); stay (*in a hotel*) **alojarse** (10), stay (*in a place*) **quedarse** (10)

steak **bistec** *m.* (6)

stepbrother **hermanastro** (4)

stepdaughter **hijastra** (4)

stepfather **padrastro** (4)

stepmother **madrastra** (4)

stepsister **hermanastra** (4)

stepson **hijastro** (4)

still be (*doing something*) **seguir (i, i)** + *gerund* (3)

stomach **estómago** (12)

stomachache **dolor** (*m.*) **de estómago** (12)

stop *v.* **parar** (8); *n.* **parada** (8); bus stop **parada (de autobuses)** (8); subway stop **parada (de metro)** (8); to stop (*doing something*) **dejar de** + *inf.* (12)

store **tienda** (6); grocery store **tienda de comestibles** (6); jewelry store **joyería** (7); shoe store **zapatería** (7); specialty store *boutique f.* (7); toy store **juguetería** (7)

story **cuento** (9)

stove **estufa** (3)

straight (*direction*) **derecho** (8); straight ahead **(todo) derecho** (8)

strange: it's strange that **es extraño que** (11)

strawberry **fresa** (6)

street **calle** *f.* (2)

stress **estrés** *m.* (12); to remove stress **quitarse el estrés** (15)

stressed possessive **posesivo tónico** *gram.* (12)

stretch **estirarse** (12)

striped **de rayas** (7)

stroll: to take a stroll (with the dog) **pasear (con el perro)** (2)

strong: physically strong **fuerte físicamente** (13)

student **estudiante** *m., f.* (1); student dorm **residencia estudiantil** (1); student union **centro estudiantil** (1); student loan **préstamo estudiantil** (15)

studio apartment **estudio** (5)

study *v.* **estudiar** (1)

style **estilo** (7)

subject **materia** (1)

suburbs **afueras** *pl.* (5)

subway **metro** (8); subway stop **parada (de metro)** (8)

successful: to be successful **tener** (*irreg.*) **éxito** (3)

sugar **azúcar** *m.* (6)

suggest **sugerir (ie, i)** (6)

suit **traje** *m.* (7); bathing suit **traje de baño** (7)

suitcase **maleta** (10); to pack one's suitcases **hacer** (*irreg.*) **las maletas** (10)

summary **resumen** *m.* (4)

summer **verano** (2)

sunbathe **tomar el sol** (2)

Sunday **domingo** (1)

sunny: it's (very) sunny. **hace (mucho) sol.** (2)

supermarket **supermercado** (6)

supervise **supervisar** (13)

sure: to be sure (of) **estar** (*irreg.*) **seguro/a (de)** (12)

surf the Internet **navegar (gu) en Internet** (1)

surprise **sorprender** (11)

surprised **sorprendido/a** (2)

sweater **suéter** *m.* (7)

sweep the floor **barrer el piso** (3)

swim **bañarse** (5), **nadar** (2)

swimming **natación** *f.* (2); swimming pool **piscina** (2); to swim in the swimming pool **nadar en la piscina** (2)

symphonic: symphonic music **música sinfónica** (11); symphonic orchestra **orquesta sinfónica** (11)

symptom **síntoma** *m.* (12)

synagogue **sinagoga** (3)

syrup: cough syrup **jarabe** *m.* (12)

T

table **mesa** (1); coffee table **mesita** (5); to clear the table **quitar la mesa** (3); to set the table **poner** (*irreg.*) **la mesa** (3)

tablet **tableta** (15)

take **tomar** (1); to take a class **tomar una clase** (1); to take a day trip/tour **hacer** (*irreg.*) **una excursión** (10) to take a nap **tomar una siesta** (3); to take a shower **ducharse** (5); to take a walk/stroll (with the dog) **pasear (con el perro)** (2); to take care of oneself **cuidarse** (12); to take drugs **drogarse (gu)** (12); to take notes **tomar apuntes** (1); to take out the garbage/trash **sacar (qu) la basura** (3); to take photos **sacar fotos** (2); to take (*someone's*) temperature **tomarle la temperatura** (12)

tall **alto/a** (1)

tanker: oil tanker **petrolero** (14)

taste *v.* **probar (ue)** (6)

taxi **taxi** *m.* (8)

tea **té** *m.* (6)

teacher **maestro/a** (13), **profesor(a)** (1)
technician **técnico/a** (13)
technological advance **avance** (*m.*) **tecnológico** (15)
technology **tecnología** (13)
teeth: brush one's teeth **lavarse los dientes** (5)
telephone **teléfono** (1); smart phone **teléfono inteligente** (15)
tell **contar (ue)** (6); **decir** *irreg.* (*p.p.* **dicho**) (6)
temperature: to take (*someone's*) temperature **tomarle la temperatura** (12)
temporal conjunction **conjunción** (*f.*) **temporal** *gram.* (13)
ten **diez** (1)
tennis **tenis** *m.* (2); tennis shoes **zapatos de tenis** (7)
tenth **décimo/a** (5)
terrace **terraza** (5)
textbook **libro de texto** (1)
than: less . . . than **menos... que** (5); less than + *number* **menos de** + *number* (5); more . . . than **más... que** (5); more than + *number* **más de** + *number* (5); older than **mayor que** (5); younger than **menor que** (5)
thank you **gracias** (1), thanks **gracias** (1)
Thanksgiving Day **Día** (*m.*) **de Acción de Gracias** (11)
that *adj.* **ese/a** (4); *pron.* (*concept, unknown thing*) **eso** (4); like that **así** (8); that (over there) *adj.* **aquel, aquella** (4); that (over there) *pron.* (*concept, unknown thing*) **aquello** (4); that one *pron.* **ese/a** (4); that one (over there) *pron.* **aquel, aquella** (4); that which *rel. pron.* **lo que** (6); that's why **por eso** (4)
the **el** *def. art. m. s.*; **la** *def. art. f. s.*; **los** *def. art. m. pl.*; **las** *def. art. f. pl.* (1)
theater **drama** (11); **teatro** (1); movie theater **cine** *m.* (3)
their *poss. adj.* **su(s)** (1); *poss. adj./pron.* **suyo/a(s)** (12)
them *dir. obj. pron. m. pl.* **los**; *dir. obj. pron. f. pl.* **las** (5); to/for them *indir. obj. pron.* **les** (6)
therapy **terapia** (12); group therapy **terapia de grupo** (12)
there: there is/are **hay** (1); there was/ were **hubo** (7);
these *adj.* **estos/as** (4); these ones *pron.* **estos/as** (4)
they **ellos/as** (1)
thin **delgado/a** (4)
thing **cosa** (3); fun thing to do **diversión** *f.* (9)
think (about) **pensar (ie) (en)** (3)
third **tercer, tercero/a** (5); third floor **segundo piso** (5)
thirsty: to be (very) thirsty **tener** (*irreg.*) **(mucha) sed** (3)
thirteen **trece** (1)
thirty **treinta** (1)
this *adj.* **este/a** (1); *pron.* (*concept, unknown thing*) **esto** (4); like this **así** (8); this one *pron.* **este/a** (4)
those *adj.* **esos/as** (4); those (ones) *pron.* **esos/as** (4); those (ones) (over there) *pron.* **aquellos/as** (4); those (over there) *adj.* **aquellos/as** (4)
thousand **mil** (4)
three **tres** (1); Feast of the Three Kings (Epiphany) **Día** (*m.*) **de los Reyes Magos** (11); it's three o'clock. **son las tres.** (1); one hundred three **ciento tres** (4); three hundred **trescientos/as** (4)
throat **garganta** (12)
through **por** (4)
throw: to throw a party **hacer** (*irreg.*) **una fiesta** (2); to throw out **arrojar** (14)
Thursday **jueves** *m. inv.* (1)
ticket **boleto** (*L.A.*) (10)
tidy up the room **arreglar el cuarto** (3)
tie **corbata** (7)
tiger **tigre** *m.* (14)
time: at what time? **¿a qué hora?** (1); for the first time **por primera vez** (9); for the last time **por última vez** (9); free time **tiempo libre** (2); the last/preceding time that **la última vez que** (6); to have a good/bad time **pasarlo bien/mal** (3); to manage one's time (well/poorly) **manejar (bien/mal) el tiempo** (15); to spend some time **pasar un rato** (1); to spend time **pasar tiempo** (1); to spend time with one's boyfriend/girlfriend **pasar tiempo con el/la novio/a** (2); what time is it? **¿qué hora es?** (1)
timid **tímido** (4)
tip **propina** (6)
tired **cansado/a** (2)
toast *n.* **pan** (*m.*) **tostado** (6); to toast (to) **brindar (por)** (11)
today **hoy** (1)
toe **dedo del pie** (12)
toilet **inodoro** (5)
tomato **tomate** *m.* (6)
tomorrow **mañana** (1); see you tomorrow **hasta mañana** (1); the day after tomorrow **pasado mañana** (1)
tonight **esta noche** (3)
too **también** (1); too much **demasiado** *adv.* (7)
tooth **diente** *m.* (12)
toothache **dolor** (*m.*) **de muela** (12)
top: on top of **encima de** (2)
tour **excursión** *f.* (10), **recorrido** (10); to take a tour **hacer** (*irreg.*) **una excursión** (10)
tourism **turismo** (10); agricultural tourism **agroturismo** (10)
tourist **turista** *m., f.* (10)
toward **para** (4)
town **pueblo** (8)
townhouse **casa adosada** (5)
toy **juguete** *m.* (9); toy store **juguetería** (7)
trade **oficio** (13)
traditional **tradicional** (6)
traffic **circulación** *f.* (8), **tráfico** (8); traffic light **semáforo** (8)
train **tren** *m.* (8)
trainer **entrenador(a)** (13)
translator **traductor(a)** (13)
transportation: mode of transportation **medio de transporte** (8)
trash **basura** (3); to take out the trash **sacar (qu) la basura** (3)
travel **viajar** (8); travel agency **agencia de viajes** (10)
treatment **tratamiento** (12)
tree **árbol** *m.* (8); Christmas tree **árbol de Navidad** (11); tree felling **tala de árboles** (14)
trip **recorrido** (10), **viaje** *m.* (10); on a trip **de viaje** (10)
tropical **tropical** (6); tropical rainforest **bosque** (*m.*) **tropical** (14)
truck **camión** *m.* (8)
true: it's true that **es verdad que** (12)
try **probar (ue)** (6)
T-shirt **camiseta** (7)
Tuesday **martes** *m. inv.* (1); last Tuesday **el martes pasado** (6); next Tuesday **el martes que viene** (1); on Tuesday **el martes** (1); on Tuesdays **los martes** (1)
tuition **matrícula** (15)
tuna **atún** *m.* (6)
turkey **pavo** (6)
turn **doblar** (8); to turn off the faucet **cerrar (ie) el grifo** (14); to turn on (*light, appliance*) **poner** (*irreg.*) (3)
turtle **tortuga** (14)
TV: HD TV **televisión** (*f.*) **de alta definición** (15); to watch TV **mirar la televisión** (1); wide-screen TV **televisión de pantalla ancha** (15)
twelve **doce** (1)
twenty **veinte** (1)

twenty-eight **veintiocho** (1)
twenty-five **veinticinco** (1)
twenty-four **veinticuatro** (1)
twenty-nine **veintinueve** (1)
twenty-one **veintiuno** (1)
twenty-seven **veintisiete** (1)
twenty-six **veintiséis** (1)
twenty-three **veintitrés** (1)
twenty-two **veintidós** (1)
twin **gemelo/a** (4)
two **dos** (1); it's two o'clock. **son las dos.** (1); one hundred two **ciento dos** (4); two hundred **doscientos/as** (4); two million **dos millones (de)** (4); two thousand **dos mil** (4)
typical **típico/a** (1)

U

ugly **feo/a** (1)
uncle **tío** (4); aunts and uncles **tíos** (4)
under **debajo de** (2)
understand **comprender** (2), **entender (ie)** (3)
understanding *adj.* **comprensivo/a** (13)
undressed: to get undressed **desvestirse (i, i)** (5)
unfortunately **desafortunadamente** (8), **desgraciadamente** (8)
unfurnished **sin amueblar** (5)
union: student union **centro estudiantil** (1)
university **universidad** *f.* (1)
unless *conj.* **a menos que** + *subj.* (14)
until **hasta que** *conj.* (13)
up **arriba** (5); to break up with **romper con** (9)
upload **subir** (13)
upright (*righteous*) **íntegro/a** (13)
upstairs **arriba** (5)
urban **urbano/a** (8); urban waste **desechos urbanos** (14)
urgent: it's urgent that **es urgente que** (11)
Uruguayan **uruguayo/a** (1)
us *dir. obj. pron.* **nos** (5); to/for us *indir. obj. pron.* **nos** (6)
usually: to usually (*do something*) **soler** + *inf.* (3)
utensil **utensilio** (6)

V

vacation: on vacation **de vacaciones** (10); paid vacation **vacaciones** (*f.*) **pagadas** (13); to go on vacation **ir** (*irreg.*) **de vacaciones** (9)
vacuum *v.* **pasar la aspiradora** (3); vacuum cleaner **aspiradora** (3)
valley **valle** *m.* (8)
vanilla **vainilla** (6)
varied **variado/a** (6)
vegetable **verdura** (6)
vegetarian **vegetariano/a** (6)
vegetation **vegetación** *f.* (14)
vendor **vendedor(a)** (6)
Venezuelan **venezolano/a** (1)
verb **verbo** *gram.* (1); reciprocal verb **verbo recíproco** *gram.* (5); reflexive verb **verbo reflexivo** *gram.* (5); verb of desire **verbo de voluntad** *gram.* (11); verb of doubt **verbo de duda** *gram.* (12); verb of emotion **verbo de emoción** *gram.* (11); verb of volition **verbo de voluntad** *gram.* (11)
very: not very well very well **muy bien** (1)
veterinarian **veterinario/a** (13)
vice **vicio** (12)
videogame **videojuego** (3)
vinegar **vinagre** *m.* (6)
visa **visado** (10)
visual arts **artes** (*f.*) **plásticas** (11)
volition: verb of volition **verbo de voluntad** *gram.* (11)
volleyball **vólibol** *m.* (1); to play volleyball **jugar (ue) (gu) al vólibol** (1)

W

wait *v.* **esperar** (11)
waiter **mesero** (6)
waiting room **sala de espera** (10)
waitress **mesera** (6)
wake up **despertarse (ie)** (5)
walk *v.* **caminar** (1); to take a walk (with the dog) **pasear (con el perro)** (2)
wallet **cartera** (7)
want **querer** *irreg.* (3); to want to (*do something*) **desear** + *inf.* (1)
warming: global warming **calentamiento global** (14)
wash: to wash clothes **lavar la ropa** (1); to wash one's face/hands/hair **lavarse la cara / las manos / el pelo** (5); wash the dishes **lavar los platos** (3)
washer **lavadora** (3)
washing machine **lavadora** (3)
waste **desperdiciar** (14); hazardous waste **residuos peligrosos** (14); urban waste **desechos urbanos** (14)
watch *v.* **ver** *irreg.* (*p.p.* **visto**) (3); *n.* **reloj** *m.* (1); to watch TV **mirar la televisión** (1)
water **agua** *f.* (*but* **el agua**) (6); fresh water **agua dulce** (14); salt water **agua salada** (14); water glass **vaso** (6); water pollution **contaminación** (*f.*) **del agua** (14)
wave **ola** (14)
we *sub. pron.* **nosotros/as** (1); we are **somos** (1)
weather: what's the weather like? **¿qué tiempo hace?** (2)
webpage **página Web** (13)
wedding **boda** (4)
Wednesday **miércoles** *m. inv.* (1); last Wednesday **el miércoles pasado** (6); next Wednesday **el miércoles que viene** (1); on Wednesday **el miércoles** (1); on Wednesdays **los miércoles** (1)
week **semana** (1); during the week **entre semana** (1); Holy Week **Semana Santa** (11); last week **la semana pasada** (6); next week **la semana que viene** (1); once a week **una vez a la semana** (3)
weekdays **días** (*m.*) **de entre semana** (1)
weekend **fin** (*m.*) **de semana** (1)
weight: to gain weight **engordar** (12); to lift weights **levantar pesas** (3); to lose weight **adelgazar (c)** (12)
welcome: you're welcome **de nada** (1)
well **bien** *adv.* (2); to get along well (with each other) **llevarse bien** (5); to manage one's money/time well **manejar bien el dinero/tiempo** (15); very well **muy bien** (1)
well-being well-being **bienestar** (12)
well-lit **lleno/a de luz** (5)
west: (to the) west **al oeste** (8)
whale **ballena** (14)
what? **¿cuál(es)?** (1); **¿qué?** (1) ; *rel. pron.* **lo que** (6); at what time? **¿a qué hora?** (1); what are you (*s. fam.*) like? **¿cómo eres?** (1); what are you (*s. form.*) like? **¿cómo es usted (Ud.)?** (1); what time is it? **¿qué hora es?** (1); what's the weather like? **¿qué tiempo hace?** (2); what's your (*s. fam.*) name? **¿cómo te llamas?, ¿cuál es tu nombre?** (1); what's your (*s. form.*) name? **¿cómo se llama usted (Ud.)?, ¿cuál es su nombre?** (1)
wheat: whole wheat bread **pan** (*m.*) **integral** (6)
when **cuando** (2)
when? **¿cuándo?** (1)
where? **¿dónde?** (1); where (to)? **¿adónde?** (2); where are you (*s. fam.*) from? **¿de dónde eres?** (1); where are you (*s. form.*) from? **¿de dónde es usted (Ud.)?** (1)

which? **¿cuál(es)?** (1)
white **blanco** (2); white wine **vino blanco** (6)
whiteboard **pizarrón** (*m.*) (1)
who? **¿quién(es)?** (1)
whole wheat bread **pan integral** (6)
whom?: with whom? **¿con quién(es)?** (1)
why: that's why **por eso** (4)
why? **¿por qué?** (3);
wide-screen TV **televisión** (*f.*) **de pantalla ancha** (15)
widowed **viudo/a** (4)
wife **esposa** (4)
WiFi connection **conexión** (*f.*) **WiFi** (15)
wild animal **animal** (*m.*) **salvaje** (14); wild plant **planta salvaje** (14)
wind: wind power **energía eólica** (14)
window **ventana** (1); window seat **asiento de ventanilla** (10)
windy: it's (very) windy. **hace (mucho) viento.** (2)
wine **vino** (6); red wine **vino tinto** (6); white wine **vino blanco** (6); wine glass **copa** (6)
winter **invierno** (2)
wireless **inalámbrico/a** (15)
with **con** (1); with short/long sleeves **de manga corta/larga** (7); with whom? **¿con quién(es)?** (1)
without sin (4); **sin que** + *subj.* (14)
woman **mujer** *f.* (1)
wooden **de madera** (7)
wool *adj.* **de lana** (7)
word **palabra** (1); indefinite word **palabra indefinida** *gram.* (5); negative word **palabra negativa** *gram.* (5); question word **palabra interrogativa** *gram.* (1)
work *v.* **trabajar** (1); *n.* (*general*) **trabajo** (3); to work in the garden **trabajar en el jardín** (3); to work in the yard **trabajar en el jardín** (3); work meeting **reunión** (*f.*) **de trabajo** (13); work of art **obra de arte** (11); work schedule **horario de trabajo** (13)
worker: construction worker **albañil** *m., f.* (13)
workplace **lugar** (*m.*) **de trabajo** (13)
worried **preocupado/a** (2)
worry *v.* **preocupar** (6)
worse than **peor que** (5)
worst: the worst . . . of/in **el/la/los/las peor(es)... de** (5)
worth: how much is it (are they) worth? **¿cuánto vale(n)?** (7)
write **escribir** (*p.p.* **escrito**) (2); to write poetry **escribir poesía** (9)
writer **escritor(a)** (11)
wrong: to be wrong **no tener** (*irreg.*) **razón** (3)

Y

yard **jardín** *m.* (3); to work in the yard **trabajar en el jardín** (3)
year **año** (3); last year **el año pasado** (6); New Year's Day **Año Nuevo** (11); New Year's Eve **Nochevieja** (11); to be . . . years old **tener** (*irreg.*)**... años** (3)
yell *v.* **gritar** (9)
yellow **amarillo** (2)
yes **sí** (1)
yesterday **ayer** (6); the day before yesterday **anteayer** (6)
yoga: to do yoga **hacer** (*irreg.*) **yoga** (3)
yogurt **yogur** *m.* (6)
you *subj. pron.* **tú** *s. fam.*, **usted (Ud.)** *s. form.*, **vosotros/as** *pl. fam. Sp.*, **ustedes (Uds.)** *pl. form. Sp.; pl. fam., form. elsewhere* (1); *dir. obj. pron.* **te** *s. fam.*, **lo/la** *s. form.*, **os** *pl. fam. Sp.*, **los/las** *pl. form. Sp.; pl. fam., form. elsewhere* (5); *obj. (of prep.)* **ti** *s. fam.*, **usted (Ud.)** *s. form.*, **vosotros/as** *pl. fam. Sp.*, **ustedes (Uds.)** *pl. form. Sp.; pl. fam., form. elsewhere* (2); and you (*s. fam.*)? **¿y tú?** (1); and you (*s. form.*)? **¿y usted (Ud.)?** (1); how are you (*s. fam.*)? **¿cómo estás?** (1); how are you (*s. form.*)? **¿cómo está usted (Ud.)?** (1); thank you **gracias** (1); to/for you *indir. obj. pron.* **te** *s. fam.*, **le** *s. form.*, **os** *pl. fam. Sp.*, **les** *pl. form. Sp.; pl. fam., form. elsewhere* (6); you (*s. fam.*) are **eres** (1); you (*s. form.*) are **es** (1); you (*pl. fam. Sp.*) are **sois** (1); you (*pl. form. Sp.; pl. fam., form. elsewhere*) are **son** (1); you (*s. fam.*); with you **contigo** (2)
you're welcome **de nada** (1)
young: young person **joven** *m., f.* (*pl.* **jóvenes**) (2)
younger than **menor que** (5)
your *poss. adj.* **tu(s)** *s. fam.*, **su(s)** *s. form., pl. form. Sp.; pl. fam., form. elsewhere*, **vuestro/a(s)** *pl. fam. Sp.* (1)
youth **juventud** *f.* (9)

Z

zero **cero** (1)
zoo **parque** (*m.*) **zoológico** (9)

Credits

Photo Credits

Preface

Page v: © xPACIFICA/Corbis; **p. vi (top):** © David R. Frazier/The Image Works; **p. vi (bottom):** © Jose Luis Pelaez/Getty Images RF; **p. vii (top):** © Adriana M. Garcia; **p. vii (bottom):** © Hughs Hervé/Hemis/Corbis; **p. viii (top):** The McGraw-Hill Companies; **p. ix:** © Fuse/Getty Images RF.

Table of Contents

Page xviii (Unos estudiantes): © Will & Deni Mclntyre/Corbis; **p. xviii (En bicicleta):** © John Mitchell/Alamy; **p. xviii (La cocina):** © Blend Images/PunchStock RF; **p. xviii (El fútbol):** © The McGraw-Hill Companies; **p. xix (Héctor, Miguel):** © The McGraw-Hill Companies; **p. xix (del Rio):** © Pete Norton/The FA Collection/Getty Images; p. xx (Una familia): © José Luis Suárez García; **p. xx (Frigiliana):** © Brenda Kean/Alamy; **p. xx (Una familia en la ciudad):** © The McGraw-Hill Companies; **p. xx (Una cafetería):** © Alejandro Ernesto/Corbis; **p. xx (Un desfile de moda):** © Frazer Harrison/Getty Images Entertainment/Getty Images; **p. xx (La comida):** © The McGraw-Hill Companies; **p. xxi (Ana):** © The McGraw-Hill Companies; **p. xxi (La plaza):** © Image Source/PunchStock RF; **p. xxi (Merfry):** © The McGraw-Hill Companies; **p. xxi (Paella):** © Kevin Sanchez/Cole Group/Getty Images; **p. xxii (Antigua):** © Jon Arnold Images Ltd/Alamy; **p. xxii (Un abuelo):** © Ken Seet/Corbis; **p. xxii (Una rana):** © Kevin Schafer/Corbis; **p. xxii (Perú):** © Corey Rich/Aurora/Getty Images; **p. xxii (Columbia):** © Edgar Dominguez/epa/Corbis; **p. xxii (La música andina):** © The McGraw-Hill Companies; **p. xxiii (Juan, San José):** © The McGraw-Hill Companies; **p. xxiii (Las Torre del Paine):** © Paul Springett 4/Alamy RF; **p. xxiii (María, Lima):** © The McGraw-Hill Companies; **p. xxiii (Los mariachis):** © Hugo Ortuño Suárez/Moment/Getty Images; **p. xxiv (Yoga):** © Bridget Besaw/Aurora Open/SuperStock; **p. xxiv (La chef):** © Per Karlsson/DanitaDelimont.com; **p. xxiv (Buenos Aires):** © The McGraw-Hill Companies; **p. xxiv (Perú):** © Tim Graham/Getty Images News/Getty Images; **p. xxiv (Guatemala):** © PhotoStock-Israel/Alamy; **p. xxv (Federico):** © The McGraw-Hill Companies; **p. xxv (Teléfono celulare):** © Bloomberg/Getty Images; **p. xxv (Héctor):** © The McGraw-Hill Companies.

Chapter 1

Page 2 (Un desfile): © Obermann/Corbis; **p. 2 (El Paso):** © Courtesy of José Luis Suárez García; **p. 2 (Miami):** © Jeff Greenberg/PhotoEdit; **p. 2 (Shakira):** © John Parra/WireImage/Getty Images; **p. 2 (Fajitas):** © Ingram Publishing/SuperStock RF; **p. 3:** © Will & Deni Mclntyre/Corbis; **p. 5:** © Stockbyte/Getty Images RF; **p. 7:** © Frederico Gil/McGraw-Hill Companies; **p. 11:** © Steven Senne/AP Images; **p. 13:** © Goodshoot/PunchStock RF; **p. 16:** © SW Productions/Getty Images RF; **p. 19 (top):** © Steve Granitz/WireImage/Getty Images; **p. 19 (bottom):** © Michael Buckner/Getty Images; **p. 21:** © Adriana M. Garcia; **p. 30:** © Comstock Images/Masterfile RF; **p. 34:** © PhotoAlto/SuperStock RF; **p. 37:** © Cindy Charles/PhotoEdit; **p. 39:** © The McGraw-Hill Companies.

Chapter 2

Page 43 (Teotihuacan): © Jeremy Woodhouse/Getty Images; **p. 43 (Mexico City):** © David R. Frazier/The Image Works; **p. 43 (Quetzal):** © Glenn Bartley/All Canada Photos/Getty Images; **p. 43 (Oaxaca):** © Dave G. Houser/Corbis; **p. 44:** © John Mitchell/Alamy; **p. 48:** © Jose Luis Pelaez/Getty Images RF; **p. 49:** © Fuse/Getty Images RF; **p. 52:** © De Agostini Picture Library/Getty Images; **p. 53:** © Barbara Penoyar/Getty Images RF; **p. 55:** © xPACIFICA/Corbis; **p. 57:** © 20th century *Calavera* (zinc etching) (b/w photo), Posada, Jose Guadalupe (1851–1913)/Private Collection/Giraudon/Bridgeman Images; **p. 62:** © Jose Luis Pelaez Inc/Brand X Pictures/Getty Images RF; **p. 65:** © Royalty-Free/Corbis RF; **p. 66:** © David Young-Wolff/PhotoEdit; **p. 69:** © Eduardo Verdugo/AP Images; **p. 70:** © Hughs Hervé/Hemis/Corbis; **p. 72:** © The McGraw-Hill Companies.

Chapter 3

Page 74: © Blend Images/PunchStock RF; **p. 77:** © Jose Luis Pelaez Inc/Blend Images/age footstock RF; **p. 78:** © Angela Hampton Picture Library/Alamy; **p. 79:** © Hola Images/Alamy RF; **p. 80:** © Ted Foxx/Alamy RF; **p. 81:** © Ryan McVay/Getty Images RF; **p. 83:** © GattoStock; **p. 85:** © Courtesy of author; **p. 89:** © flickr RF/Getty Images RF; **p. 91:** © Ronaldo Schemidt/AFP/Getty Images; **p. 92:** © Angus McComiskey/Alamy; **p. 93:** © Somos Images/Getty Images RF; **p. 95:** © Gary Latham/Alamy; **p. 96:** © Emmanuel Lattes/Alamy; **p. 97:** © John Mitchell/Alamy; **pp. 99, 101:** © The McGraw-Hill Companies; **p. 102 (top):** © Dani Pozo/Stringer/AFP/Getty Images; **p. 102 (bottom):** © Press Association via AP Images; **p. 103:** © Pete Norton/The FA Collection/Getty Images.

Chapter 4

Page 104 (top): © Robert Harding World Imagery/Getty Images; **p. 104 (bottom left):** © graficart.net/Alamy RF; **p. 104 (bottom middle):** © Owen Franken/Corbis; **p. 104 (bottom right):** © Desiree Martin/AFP/Getty Images; **p. 105:** © José Luis Suárez García; **p. 108:** © Tomas Rodriguez/Corbis RF; **p. 111:** © BananaStock/age footstock RF; **p. 114:** © Royalty-Free/Corbis RF; **p. 115:** © Owen Franken/Corbis; **p. 117:** © Jeremy Green/Alamy; **p. 119:** © Scala/Art Resource, NY; **p. 121:** © Cultura/Getty Images RF; **p. 122:** © Pool/Getty Images; **p. 123:** © Mark Baynes/Alamy; **p. 125 (top):** © Comstock Images/Alamy RF; **p. 125 (bottom):** © G. K. & Vikki Hart/Getty Images RF; **p. 126:** © Floresci Productions/OJO Images/Getty Images RF; **p. 127:** © Miguel Pereira/Cover/Getty Images; **p. 129:** © Image Source/PunchStock RF; **p. 130:** © Javier Soriano/AFP/Getty Images; **p. 131:** © Ariel Skelley/Blend Images/Getty Images RF; **p. 133:** © The McGraw-Hill Companies.

Chapter 5

Page 135: © Brenda Kean/Alamy; **p. 138:** © Oscar Garcia Bayerri/age fotostock/Alamy; **p. 139:** © Luis Castaneda Inc./The Image Bank/Getty Images RF; **p. 140:** © John Lund and Nevada Wier/Blend Images/Alamy RF; **p. 143:** © Rob Cousins/Alamy; **p. 144:** © Rob Melnychuk/Stockbyte/Getty Images RF; **p. 147:** © Miguel Vidal/Reuters/Corbis; **p. 149:** © Cesar Rangel/AFP/Getty Images; **p. 152:** © M and M Valledor/age fotostock/Alamy; **p. 153:** © Eric Audras/PhotoAlto/Getty Images RF; **p. 157:** © DEA Picture Library/De Agostini Picture Library/Getty Images; **pp. 160, 162:** © The McGraw-Hill Companies; **p. 163 (top):** © Image Source/PunchStock RF; **p. 163 (bottom):** © Flat Earth Images RF; **p. 164:** © Brand X Pictures/PunchStock RF.

Chapter 6

Page 165 (top): © JFCreative/Stockbyte/Getty Images RF; **p. 165 (bottom left):** © Raul Touzon/National Geographic Stock/Getty Images; **p. 165 (bottom middle):** © Michael Dwyer/Alamy; **p. 165 (bottom right):** © Bob Krist/Corbis; **p. 166:** © Alejandro Ernesto/Corbis; **p. 169:** © Maximilian Stock Ltd/The Image Bank/Getty Images; **p. 170:** © Mario Babiera/Alamy RF; **p. 171:** © Steve Bly/Alamy; **p. 174:** © Travel Ink/Gallo Images/Getty Images; **p. 175:** © Amy Eckert/The Image Bank/Getty Images; **p. 176:** © Kali Nine LLC/iStock Photo/Getty Images RF; **p. 179:** © Burke/Triolo Productions/Photolibrary/Getty Images; **p. 181:** © OAS|Art Museum of the Americas Collection/Amelia Pelaez Foundation; **p. 185:** © Francoise De Mulder/Roger Viollet/Getty Images; **p. 189:** © Radius Images/Alamy RF; **p. 190:** © Amy Neunsinger/The Image Bank/Getty Images; **p. 192:** © The McGraw-Hill Companies.

Chapter 7

Page 195: © Frazer Harrison/Getty Images Entertainment/Getty Images; **p. 199:** © Ismael Lopez/Photolibrary RF; **p. 201:** © Creatas/Jupiterimages RF; **p. 205:** © nobleIMAGES/Alamy; **p. 206:** © Jeff Greenberg/Alamy RF; **p. 209:** © Vova Pomortzeff/Alamy; **p. 211:** © Raul Jose Pimentel Bianco; **p. 214:** © Sylvain Grandadam/age fotostock/Robert Harding; **p. 215:** © Melissa Dmetrichuk/iStock Photo/360/Getty Images RF; **p. 217:** © Janos Csernoch/Alamy RF; **p. 218:** © Kevin Schafer/Corbis; **p. 219:** © Eric Thayer/Reuters/Landov; **p. 221, 224:** © The McGraw-Hill Companies; **p. 225 (top):** © Kevin Sanchez/Cole Group/Getty Images RF; **p. 225 (bottom):** © Mariano Montero/Alamy RF; **p. 226:** © Chang/iStock Photo.

Chapter 8

Page 227 (top): © Marvin del Cid/Moment/Getty Images; **p. 227 (bottom left):** © John Coletti/JAI/Corbis; **p. 227 (bottom middle):** © Bloomberg/Getty Images; **p. 227 (bottom right):** © Yuri Cortez/AFP/Getty Images; **p. 228:** © Jon Arnold Images Ltd/Alamy; **p. 232:** © Neil McAllister/Alamy; **p. 233:** © AFP/Stringer/Getty Images; **p. 238:** © José Enrique Molina/age Fotostock/Alamy; **p. 240:** © Stephen Bay/Alamy; **p. 242:** © Image Source/PunchStock RF; **p. 245:** © Peter Guttman/Corbis; **p. 247:** © De Agostini/Getty Images; **p. 249:** © AFP/Getty Images; **p. 250:** © Education Images/Universal Images Group/Getty Images; **p. 253:** © imagebroker/Alamy; **p. 254:** © Huntstock, LLC/Alamy RF; **p. 256:** © The McGraw-Hill Companies.

Chapter 9

Page 258: © Ken Seet/Corbis; **p. 262:** © Brand X Pictures/Punchstock RF; **p. 264:** © Claudia Uripos/eStock Photo—All rights reserved.; **p. 265:** © Stefano Paterna/Alamy; **p. 266:** © Fuse/Getty Images RF; **p. 268:** © Millard H. Sharp/Photo Researchers; **p. 271:** © AFP/Getty Images; **p. 275:** © Stuart Westmoreland Photography/Image Source/Corbis RF; **p. 279:** © Universal Images Group/Getty Images; **p. 280:** © Orlando Sierra/Getty Images; **p. 282:** © Ripani Massimo/SIME/eStock Photo—All rights reserved; **pp. 284, 286:** © The McGraw-Hill Companies; **p. 287 (top):** © Paul Springett 4/Alamy RF; **p. 287 (bottom):** Giles Bracher/Robert Harding Picture Library/Superstock; **p. 288:** © Amy Toensing/National Geographic Stock.

Chapter 10

Page 289 (top): © David Mitchener/Digital Vision/Getty Images RF; **p. 289 (bottom left):** © Luciano Leon/Alamy; **p. 289 (bottom middle):** © Olivares/Reuters/Corbis; **p. 289 (bottom right):** © Thierry Lauzun/Iconotec.com RF; **p. 290:** © Corey Rich/Aurora/Getty Images; **p. 294:** © John Coletti/The Image Bank/Getty Images; **p. 297:** © Brent Winebrenner/Lonely Planet Images/Getty Images; **p. 298:** © Enrique Castro-Mendivil; **p. 299:** © SSPL/The Image Works; **p. 300:** © Brand X Pictures/Punchstock RF; **p. 303:** © imagebroker.net/SuperStock RF; **p. 304:** © Prisma Bildagentur AG/Alamy; **p. 307:** © *The Street,* 1987 (oil on canvas), Botero, Fernando (b.1932)/Private Collection/James Goodman Gallery, New York, USA/Bridgeman Images/© Contini Galleria d'Arte; **p. 311:** © David R. Frazier Photolibrary, Inc./Alamy; **p. 314:** © Eric Gevaert/Alamy RF; **p. 316:** © James Sparshatt/Corbis; **p. 317:** © Jeremy Pembrey/Alamy; **p. 319:** © The McGraw-Hill Companies.

Chapter 11

Page 321: © Edgar Dominguez/epa/Corbis; **p. 325:** © Eric Gevaert/Alamy; **p. 328:** © Jeremy Horner/Corbis; **p. 329:** © Aurora Photos/Alamy; **p. 330:** © David Mercado/Reuters/Corbis; **p. 333:** © Frans Lemmens/Photographer's Choice/Getty Images; **p. 335:** © Rossmary Valverde; **p. 338:** © Ulf Anderson/Getty Images; **p. 340:** © Paul Kennedy/Alamy; **p. 342:** © Bates Littlehales/National Geographic Stock/Getty Images; **p. 344:** © Getty Images; **p. 345:** © AFP/Stringer/Getty Images; **p. 348, 350:** © The McGraw-Hill Companies; **p. 351 (top):** © Jordi Vidal/Redferns/Getty Images; **p. 351 (bottom):** © Hugo Ortuño Suárez/Moment/Getty Images; **p. 352:** © Frank Micelotta/Getty Images.

Chapter 12

Page 353 (Patagonia): © Natphotos/Photodisc/Getty Images; **p. 353 (Chile):** © Adalberto Rios Szalay/Sexto Sol/Getty Images RF; **p. 353 (Uruguay):** © Richard l'Anson/Lonely Planet Images/Getty Images; **p. 353 (El mate):** © Michael Boyny/LOOK Die Bildagentur der Fotografen GmbH/Alamy; **p. 354:** © Bridget Besaw/Aurora Open/SuperStock; **p. 359:** © Marcos Garcia/AP Images; **p. 361:** © Ricardo Azoury/Corbis; **p. 363:** © Soeren Stache/epa/Corbis; **p. 364:** © Frans Lemmens/SuperStock; **p. 366:** © Jose Luis Pelaez Inc/Blend Images/Getty Images; **p. 369:** © Courtesy of Marcela Donoso; **p. 373:** © Onoky/SuperStock RF; **p. 375:** © Bob Thomas/Getty Images; **p. 377:** © Photodisc/Getty Images RF; **p. 378:** © Mark Sykes/Alamy RF; **p. 381:** © Jules Frazier/Stockbyte/Getty Images RF; **p. 382:** © The McGraw-Hill Companies.

Chapter 13

Page 384: © Per Karlsson/DanitaDelimont.com; **p. 389:** © Keren Su/China Span/Alamy; **p. 390:** © Miguel Rojo/Stringer/Getty Images; **p. 393:** © Grant Faint/Getty Images; **p. 394:** © Jorge Saenz/AP Images; **p. 396:** © Larry Williams/Blend Images/Corbis; **p. 398:** © Carlos Matos/Getty Images; **p. 402:** © Jenny Acheson/Getty Images RF; **p. 404:** © Miguel Rojo/AFP/Getty Images; **p. 407:** © Stephan Hoeck/Getty Images RF; **p. 408:** © Tetra Images/Getty Images RF; **p. 409:** © Purestock/Getty Images RF; **pp. 411, 413:** © The McGraw-Hill Companies; **p. 414 (top):** © Bloomberg/Getty Images; **p. 414 (bottom):** © Mmdi/Digital Vision/Getty Images RF; **p. 415:** © Tony Anderson/Getty Images.

Chapter 14

Page 416 (top): © Diane Bondareff/AP Images; **p. 416 (bottom left):** © Christian Kober/JAI/Corbis; **p. 416 (bottom middle):** © Brian Atkinson/Alamy; **p. 416 (bottom right):** © Pierre-Philippe Marcou/AFP/Getty Images; **p. 417:** © Tim Graham/Getty Images News/Getty Images; **p. 421:** © Tim Laman/National Geographic Stock/Getty Images; **p. 423:** © Createas/Punchstock RF; **p. 424:** © Photodisc/Getty Images RF; **p. 427:** © *The Polar Bear and His Cub Visit London,* 2009 (oil on linen), Rodriguez, Cristina/Private Collection/Bridgeman Images; **p. 430:** © Mint Images Limited/Alamy RF; **p. 432:** © Jay Directo/AFP/Getty Images; **p. 435:** © Mayela Lopez/AFP/Getty Images; **p. 436:** © Pixtal/age footstock RF; **p. 438:** © blickwinkel/Alamy; **p. 440:** © The McGraw-Hill Companies.

Chapter 15

Page 442: © PhotoStock-Israel/Alamy; **p. 445:** © Martin Hughes/Lonely Planet Images/Getty Images; **p. 447:** © Lars A. Niki RF; **p. 448:** © Richard Nowitz/National Geographic Stock/Getty Images; **p. 451:** © Radius Images/360/Getty Images RF; **p. 453:** © *Job,* 2003 (oil on canvas), Cortada, Xavier/Private Collection/Bridgeman Images; **p. 456:** © E+/Getty Images RF; **p. 458:** © Photodisc/Punchstock RF; **p. 460:** © Leon/Riser/Getty Images; **p. 462:** © Westend61/Getty Images RF.

Text Credits

Chapter 7:

Page 219: Quintains, Jessica Mouzo, "Cataluna: De la Casa Blanca a la 080" *El Pais,* January 31, 2014. Copyright © 2014, Ediciones El Pais, S.L. Reprinted by permission. All rights reserved.

Chapter 8:

Page 254: "Los operadores petrolíferos recomiendan medidas para ahorrar combustible" *Europa Press,* June 18, 2010. Copyright © 2010 Europa Press Noticias, S.A. Reprinted by permission. All rights reserved.

Chapter 10:

Page 317: Reymundo, Ana Cristina, "Fin de semana bogotano" *Nexos,* October 2012. Copyright © 2012 American Airlines Publishing. Reprinted by permission. All rights reserved.

Chapter 11:

Page 345: Gonzales, Angela, "Carlos Vives vuelve a nacer," *Nexos* June, 2013. Copyright © 2013 American Airlines Publishing. Reprinted by permission. All rights reserved.

Chapter 12:

Page 380: Cerdas, Maria del Mar, "Meditar es sanar," *Nexos,* April 2010. Copyright © 2010, American Airlines Publishing. Reprinted by permission. All rights reserved.

Chapter 13:

Page 409: Giganti, Estefania, "El teletrabajo, el gran sueño de los argentines" Apertura.com, August 17, 2010. Copyright © 2012 Apertura.com. Reprinted by permission. All rights reserved.

Chapter 15

Page 462: Vidales, Raquel, "Papá, prefiero tener una tableta a un coche," *El Pais,* January 16, 2014. Copyright © 2014, Ediciones El Pais, S.L. Reprinted by permission. All rights reserved.

Index

Note: There are two parts to this index. The Grammar Topics include a vocabulary list. The Cultural Topics index includes references to Spanish speaking nations as well as cultural features.

GRAMMAR TOPICS

MÉXICO, AMÉRICA CENTRAL Y EL CARIBE
0
250
500
750 MILLAS
0
250
500
750 KILÓMETROS
ELEVACIÓN
METROS
PIES
3050
10000
1525
5000
610
2000
305
1000
152.5
500
0
0
N
S
E
W
ESTADOS UNIDOS
MÉXICO
GUATEMALA
BELICE
HONDURAS
EL SALVADOR
NICARAGUA
COSTA RICA
PANAMÁ
COLOMBIA
VENEZUELA
CUBA
BAHAMAS
JAMAICA
HAITÍ
REPÚBLICA DOMINICANA
PUERTO RICO
OCÉANO ATLÁNTICO
OCÉANO PACÍFICO
Golfo de México
MAR CARIBE
Golfo de California
Baja California
Península de Yucatán
Cozumel
Chichén Itzá
Trópico de Cáncer
Ecuador
Canal de Panamá
Río Grande
Río Misisipi
SIERRA MADRE OCCIDENTAL
SIERRA MADRE ORIENTAL
SIERRA MADRE DEL SUR
Santa Fe
Albuquerque
Phoenix
San Diego
Mexicali
Tijuana
Tucson
El Paso
Nogales
Ciudad Juárez
Hermosillo
Chihuahua
Dallas
Austin
San Antonio
Houston
Nuevo Laredo
Memphis
Atlanta
Mobile
Nueva Orleáns
San Agustín
Orlando
Tampa
Miami
Nassau
Monterrey
Durango
Mazatlán
Cabo San Lucas
Guadalajara
Guanajuato
México, D.F.
Puerto Vallarta
Cuernavaca
Puebla
Veracruz
Acapulco
Oaxaca
Mérida
Campeche
Belmopan
Guatemala
San Salvador
Tegucigalpa
Managua
San José
Panamá
La Habana
Santiago de Cuba
Guantánamo
Port-au-Prince
Kingston
Santo Domingo
San Juan
Barranquilla
Cartagena
Maracaibo
Caracas
Mérida
Medellín
Cali
Bogotá

AMÉRICA DEL SUR
0 250 500 750 MILLAS
0 250 500 750 KILÓMETROS
Elevación
Metros Pies
3050 10000
1525 5000
610 2000
305 1000
152.5 500
0 0
MAR CARIBE
NICARAGUA
COSTA RICA
PANAMÁ
Barranquilla
Maracaibo
Caracas
Río Orinoco
VENEZUELA
Medellín
Bogotá
Cali
COLOMBIA
Georgetown
GUYANA
Paramaribo
Cayenne
GUAYANA FRANCESA
SURINAM
OCÉANO ATLÁNTICO
Quito
ECUADOR
Guayaquil
Ecuador
Manaus
Belém
Río Amazonas
CORDILLERA DE LOS ANDES
OCÉANO PACÍFICO
PERÚ
BRASIL
Recife
Lima
Machu Picchu
Cusco
Lago Titicaca
BOLIVIA
Arequipa
La Paz
Sucre
Brasilia
OCÉANO PACÍFICO
Isla Pinta
Isla Marchena
Isla San Salvador
Isla Santa Cruz
Isla Isabela
Isla San Cristóbal
Puerto Baquerizo Moreno
ISLAS GALÁPAGOS (ECUADOR)
0 100 MILLAS
0 100 KILÓMETROS
Antofagasta
PARAGUAY
São Paulo
Rio de Janeiro
Trópico de Capricornio
CHILE
Asunción
Puerto Iguazú
0 8 MILLAS
0 8 KILÓMETROS
Cabo Cummings
Hanga Roa
Mataveri
Cabo Sur
OCÉANO PACÍFICO
ISLA DE PASCUA (CHILE)
Córdoba
Río Paraná
Valparaíso
Santiago
Rosario
ARGENTINA
URUGUAY
Buenos Aires
Montevideo
OCÉANO ATLÁNTICO
Río de la Plata
Concepción
Bahía Blanca
San Carlos de Bariloche
OCÉANO PACÍFICO
Estrecho de Magallanes
Islas Malvinas
Punta Arenas
Tierra del Fuego
Cabo de Hornos